Takashi Ogishima
Suomalais – japanilainen
opiskelusanakirja

フィンランド語日本語小辞典

荻島　崇　著

東京　**大学書林**　発行

はしがき

　1997年6月大学書林より「フィンランド語辞典」が出版されたが，その後その簡略版をとの要望があり，それに応えてまとめたのが本書である。従って全く新しいフィンランド語－日本語の辞典ではなく，あくまでも「フィンランド語辞典」を基礎にした辞典である。

　本書をまとめるにあたって「フィンランド語辞典」をどのように簡略化したのか，その主な点を次にあげてみる。

1) 「フィンランド語辞典」にあった名詞・形容詞・動詞の4つの基本形と変化形の番号のうち見出語を除く3つの基本形を省き，変化形の番号を残した。その番号は巻末の「名詞・形容詞の変化表」「動詞の活用表」の番号と一致する。例えば「フィンランド語辞典」ではmaa maan maata maita 28 と書いてあるが，本書ではmaa 28 だけである。その代わり巻末の「名詞・形容詞の変化表」「動詞の活用表」は「フィンランド語辞典」のそれより更に詳しくなっている。

2) 「フィンランド語辞典」にあった例文の多くを省いた。特に名詞に付けられた例文は殆ど省いた。

3) 様態を表わす副詞を多く省いた。例えばnöyrästi（謙虚に）という副詞が無くてもnöyrä（謙虚な）という形容詞があれば充分だと考えたからである。

4) 北欧とフィン・ウゴールに関係した国名と言語名は残したが，それ以外は省いた。例えばmeksikolainen

はしがき

(メキシコの) などは省いた。

5) フィンランド語も日本語も同じ単語を用いているため無くても理解できると思われる単語は省いた。例えば kamera（カメラ）など。

6) 古語・雅語・方言などを省いた。

「フィンランド語辞典」のはしがきにも書いたが，「フィンランド語辞典」は取りあえずのつもりで出した辞典であって決して決定版ではない。それを更に簡略化した本書はフィンランド語－日本語の辞書としては本当に小さいものである。しかしこれがフィンランド語学習者に少しでも役に立てば幸いである。

1999年11月

荻島　崇

凡　例

1. 見出し語の右上の＊はその語に子音階程交替が起こることを表わす。
2. 見出し語の後の番号は変化形のパターンを表わす。巻末の「名詞・形容詞の変化表」「動詞の活用表」の番号と一致する。巻末の「名詞・形容詞の変化表」「動詞の活用表」の中で同一の番号に二つの変化表が記載されている場合，最初のが子音階程交替が起こらない語，次が子音階程交替が起こる語である。例「名詞・形容詞の変化表」の１の場合 aamu は子音階程交替が起こらない語の例であり，katu は子音階程交替が起こる語の例である。（　）の中の形は余り使われない形である。
3. ［　］の中は品詞の略号である。

   ［名］名詞　　　　　　　［疑代］疑問代名詞
   ［複名］複数名詞　　　　［関代］関係代名詞
   ［形］形容詞　　　　　　［不代］不定代名詞
   ［動］動詞　　　　　　　［相互代］相互代名詞
   ［基数］基数詞　　　　　［副］副詞
   ［序数］序数詞　　　　　［関副］関係副詞
   ［不数］不定数詞　　　　［接］接続詞
   ［人代］人称代名詞　　　［後］後置詞
   ［指代］指示代名詞　　　［前］前置詞

凡例　　　　　　　　　[iv]

4. 〈 〉の中は略語である。

- b 〈蔑〉軽蔑的
  〈文〉文学
- c 〈地〉地学
  〈地質〉地質学
  〈蝶〉蝶類
  〈鳥〉鳥類
  〈虫〉虫類
- d 〈電〉電気
  〈動〉動物
  〈動医〉動物医学
- f 〈服〉服装
- g 〈雅〉雅語
  〈学〉学生用語
  〈楽〉音楽
  〈劇〉演劇用語
  〈言〉言語学
  〈現〉現代語
  〈戯〉戯語
  〈技〉技術用語
  〈軍〉軍隊用語
  〈漁〉漁業
  〈魚〉魚類
- h 〈卑〉卑語
  〈方〉方言
  〈法〉法律用語
- i 〈医〉医学
  〈印〉印刷・出版
- j 〈常〉日常語
- k 〈化〉化学
  〈解〉解剖学
  〈絵〉絵画
  〈海〉海語
  〈革〉皮革細工
  〈経〉経済学
  〈建〉建築用語
  〈幾〉幾何学
  〈気〉気象学
  〈稀〉余り使われない
  〈菌〉菌類
  〈金〉金属・冶金
  〈古〉古語・古用法
  〈鉱〉鉱物学
  〈考〉考古学
  〈甲殻〉甲殻類
- m 〈民〉民間詩
  〈民俗〉民俗学
  〈木工〉木工業
- n 〈農〉農業
- r 〈ラ〉ラジオ
  〈理〉物理学

	〈林〉林業		〈植〉植物
	〈料〉料理		〈狩〉狩猟
s	〈政〉政治		〈手〉手工芸
	〈声〉音声学		〈宗〉宗教
	〈聖〉聖書		〈測〉測量
	〈生物〉生物学		〈ス〉スポーツ
	〈生理〉生理学		〈数〉数学
	〈生徒〉生徒用語	t	〈体〉体操
	〈写〉写真		〈哲〉哲学
	〈史〉歴史		〈鉄〉鉄道
	〈詩〉詩語		〈天〉天文学
	〈詩学〉詩学・韻律		〈塗〉塗装
	〈心〉心理学	w	〈話〉話しことば
	〈神〉神話学	y	〈薬〉薬剤
	〈商〉商業		〈幼〉幼児語
	〈織〉織物	z	〈俗〉俗語

5．( )の中の語について。

aina[副](alati, alinomaa, lakkaamatta)常に，いつも，いつでも，絶えず。aina kun (= joka kerta kun) 〜する時はいつでも。

1) (alati, alinomaa, lakkaamatta) は aina と同義語であるか，aina の説明語である。

2) (=joka kera kun) は aina kun と同義語である。

A

aakkonen 63 [名] ABCなどの文字；活字. *aakkoset* アルファベット.
aakkosjärjestys 64 [名] ABC順.
aallonharja 10 [名] 波の峰, 波頭.
aallonmurtaja 16 [名] 防波堤.
aallonpohja 11 [名] (波間の)谷.
aalto* 1 [名] 波, 波を思わせる物.
aaltoilla 29 [動] 海がうねる.
aaltolevy 1 [名] 波板, 生子板.
aaltomainen 63 [形] 波状の, 波打った.
aaltopituus* 65 [名] 〈理〉波長.
aamiainen 63 [名] 朝食.
aamiaisleipä* 11 [名] 朝食のパン.
aamu 1 [名] 朝. *aamulla* 朝に. huomenna *aamulla* 明朝に, 明日の朝に. tänä *aamuna* 今朝.
aamuhämärä 12 [名] 夜明け.
aamuinen 63 [形] 朝の.
aamuisin [副] 毎朝, 朝ごとに.
aamujuna 11 [名] 朝の列車.
aamukahvi 4 [名] 朝のコーヒー.
aamulaulu 1 [名] 朝の歌.
aamunkoi 27 [名] 夜明け.
aamunkoite* 78 [名] (aamunkoitto) (抽象的に)夜明け. historian *aamunkoite* 歴史の夜明け.
aamupuoli 32 [名] 午前中, 明け方.
aamupäivä 11 [名] 午前. *aamupäivällä* 午前に.
aamurusko 1 [名] 朝焼け.
aamutakki* 4 [名] 化粧着.
aamutuimaan [副] 朝早く.
aamutähti* 8 [名] 明けの明星, 金星.
aamuvuoro 1 [名] (列車・バスなどの)朝の便.

aamuyö 30 [名] 深夜すぎ, 夜が朝に変わるころ.
aapinen 63 [名] ABC の本, 初級教科書, ABC 入門書.
aapiskirja 10 [名] 入門書.
aapiskukko* 1 [名] ABC 入門書の表紙のオンドリ.
aarni 4(8) [名] 〈神〉大木；巨人.
aarnikuusi 32 [名] kuusi の大木. ☞ kuusi.
aarniometsä 11 [名] 原始林, 原生林.
aarre* 78 [名] 宝物, 宝.
aarrekirstu 1 [名] 宝箱.
aarteisto 2 [名] 宝物類.
aasi 4 [名] ロバ.
aate* 78 [名] 考え, 思想.
aateli 5 [名] 貴族.
aatelinen 63 [形] 貴族の, 貴族的な.
aatos 64 [名] 〈詩〉考え, 思い. *aatoksissa* 物思いにふけって. Hän on *aatoksissaan*. 彼は考え込んでいる.
aatteellinen 63 [形] 観念的な, イデオロギーの, 思想的な.
aatto* 1 [名] 前夜, 祭日の前夜.
aattoilta* 10 [名] 祝祭日の前夜, 祝祭日の前日の夕方.
aava 10 [名] (aukea, ulappa)広場, 開けた場所；広い海, 大海. [形] 開けた, 広い, 広大な, 広々とした. *aava* ulappa 広い外海.
aave 78 [名] 幽霊, 化け物, 妖怪.
aavikko* 2 [名] 砂漠.
aavistaa 2 [動] (arvata)予感する, 想像する, 思いめぐらす.
aavistamaton* 57 [形] 予想外の, 突然の, 考えられない, 想像できない.
aavistus 64 [名] 予想, 予測, 予感, 想像, 先入観.
abortti* 6 [名] 〈医〉流産, 早産.
adjektiivi 4 [名] 〈言〉形容詞.
adoptoida 18 [動] 養子にする.
adverbi 4 [名] 〈言〉副詞.
affrikaatta* 10 [名] 〈声〉破擦音.

ahomansikka

agentti* 6 [名] 代理者, 代理店；〈言〉受動の行為者.

agronomi 4 [名] 農学者, 農学士.

ahava 10 [名] 冷たい春風.

ahdas* 66 [形] 狭い, 限られた, きゅう屈な；困難な.

ahdasmielinen 63 [形] 気持ちが小さい, 視野が狭い.

ahdata* 35 [動] 〈海〉荷物を船に積み込む.

ahdinko* 2 [名] (pula, puute)不足, 欠乏. Olen taloudellisessa *ahdingossa*. (=Olen rahapulassa. =Olen rahan puutteessa.)私にはお金がない.

ahdistaa 2 [動] (vaivata, kiusata)苦しめる, 悩ます, 困らす, 息苦しくする, 締め付ける, 押しつける. henkeä *ahdistaa* 息が苦しい.

ahdistella 28 [動] 圧迫する, 押しつける.

ahdistua 1 [動] 狭くなる, 窮屈になる.

ahdistus 64 [名] (tuska)苦痛, 窮屈, 難儀.

ahertaa* 6 [動] 努力する, 全力を尽くす.

ahjo 1 [名] 鍛冶場.

ahkera 12 [形] 勤勉な, 熱心な, せっせと働く.

ahkerasti [副] 勤勉に, 熱心に.

ahkeruus* 65 [名] 勤勉なこと, 熱心なこと, 勤勉, 努力.

ahkio 3 [名] 底が平らでボートのような雪の上の乗物.

ahma 10 [名] 〈動〉クズリ(イタチ科). 学名 Gulo gulo.

ahmaista 24 [動] がつがつ食べる.

ahmia 17 [動] 呑み込む, むさぼり食う.

ahnas 66 [形] むさぼり食う, 意地きたない.

ahne 78 [形] 欲張りの, けちな, 貪欲の.

ahnehtia* 17 [動] 熱望する, 渇望する.

aho 1 [名] 取り入れの後草が生えている状態の畑, 広くて耕作していない土地, 焼き畑の後に草が生えてきた牧草地.

ahomansikka* 15 [名] 〈植〉野イチゴの一種. 学名 Fragaria vesca.

ahtaa* 9 [動] (sulloa)詰める，詰め込む.
ahtaasti [副] 狭く.
ahtaus* 65 [名] 狭さ.
ahtautua* 44 [動] 狭い所を無理に通る.
ahven 55 [名] 〈魚〉パーチ(パーチ科パーチ属). 学名 Perca fluviatilis.
aidata* 35 [動] 塀で囲う，垣根を築く.
aie* 78 [名] つもり，考え，意向，計画，意図. *olla aikeissa* + 不定詞 ～するつもりである.
aiempi* 22 [形] 以前の，古い.
aihe 78 [名] 原因，理由，話題，動機.
aiheellinen 63 [形] 根拠のある，もっともな，正当な.
aiheeton* 57 [形] 根拠のない，道理に合わない，理由のない.
aiheuttaa* 2 [動] 原因となる，引き起こす.
aiheutua* 44 [動] 始まる，起こる，生まれる.
1. **aika*** 10 [名] 時間，時；期間；季節；時代. *aikaa myöten* 時がたつと. /*aikanaan* (=eräänä aikana, joskus myöhemmin)丁度よい時に，適当な時に，しかるべき時に. /*aikansa* (=jonkin aikaa)しばらくの間，かなりの時間. /*aikoja sitten* ずっと以前に，かなり前に. /*aikojen myötä* 時と共に. /*ajan mittaan* 時がたつと. /*ennen aikaan* 昔. /*hetken aikaa* しばらくの間，少しの間. /*hyvissä ajoin* (=ajoissa)よい時に，しかるべき時に，なるべく早く. /*joksikin aikaa* しばらくの間. /*juuri samaan aikaan* 丁度その時. /*kaiken aikaa* (=koko ajan)始終，その間ずっと，絶え間なく. /*kauan aikaa sitten* ずっと以前，ずっと前. /*kuukauden aikana* 1 か月間に. /*mihin aikaan* 何時に. /*myöhempinä aikoina* 後に，後になって. /*oikeaan aikaan* (=aikanaan)丁度よい時に，適当な時に，しかるべき時に. /*pitkien aikojen kuluessa* 長い時間かかって. /*pitkän ajan kuluttua* 長い時間かかって. /*puoliyön aikaan* 真夜中に，深夜に. /*saada aikaan* (=aiheuttaa, saada tehdyksi)作る，作り出す. /*samaan aikaan* 同時に. /*samaan aikaan kuin* ～と同時に. /*samoi-*

hin aikoihin 同じ時に, ほぼ同じ時に. ／*siihen aikaan* その頃. ／*sillä aikaa* その時, その間. ／*tähän aikaan* この時に. ／*vielä jonkin aikaa eteenpäin* まだ暫くの間. ／*viime aikoina* 最近, このごろ. ／*vähän aikaa* 少しの間.

2. **aika** (不変化)［形］かなりの, 相当の. *aika kyytiä* (＝nopeasti)急いで, 早く. ［副］かなり, 相当.

aikaansaada 19［動］やり遂げる, 成し遂げる, 完成する, 作る, 生み出す, 引き起こす.

aikaansaannos 64［名］実現, 結果.

aikaaviepä* 11［形］(hidas)時間がかかる, 遅い, ゆっくりとした.

aikaero 1［名］時差.

aikaihminen 63［名］大人, 成人.

aikailla 29［動］(viivytellä, hidastella)ゆっくりする, ぐずぐずする.

aikailmoitus 64［名］時刻の報知.

aikainen 63［形］早い, 早朝の, 以前の；はしりの(果物など)；〜の時代の.

aikaisemmin［副］以前に, 以前, 昔；より早く.

aikaisimmin［副］一番早く.

aikaisin［副］(varhain)朝はやく, 初期に, 早く, 以前に, 早目に.

aikaisintaan［副］一番早くても. Tulen *aikaisintaan* kello kuudelta. 一番早くて6時に来ます.

aikakausi* 40［名］時期, 時代, エポック.

aikakauslehti* 8［名］定期刊行物, 雑誌.

aikalailla［副］かなり, ずいぶん.

aikalainen 63［名］同時代の人, 同時代に生きている人.

aikamerkki* 4［名］時の知らせ, 時報.

aikamies 72［名］おとな, 成人.

aikamoinen 63［形］(aika)そうとうな, かなりの, かなりの量の, かなり大きい.

aikamääräinen 63［形］時間の, 時間に従った.

aikanaan［副］丁度よい時に, しかるべき時に.

aikansa［副］(jonkin aikaa)暫くの間.

aikataulu 1［名］時間表, 時刻表.

aikoa* 1 ［動］～するつもりである，計画する，～しようと思う，～する意図である.
aikoinaan ［副］(kerran)嘗て，昔.
aikomus 64 ［名］意向，考え.
aikuinen 63 ［形］成長した，成人した，おとなの. ［名］成人，おとな.
ailakki* 6 ［名］〈植〉ナデシコ科フシグロ属の植物の総称.
aimo （不変化）［形］(kunnon, hyvä, kelpo, runsas)立派な，よい，かなりの，多くの. Hän on aika mies. 彼は立派な人である.
aina ［副］(alati, alinomaa, lakkaamatta)1. 常に，いつも，いつでも，絶えず. 2. 場所を表す語と共に使われて強調の意味を表す. *aina* kun (=joka kerta kun)～する時はいつでも. *Aina* kun puhumme siitä. 我々がそれについて話す時はいつでも.
ainainen 63 ［形］いつもの，常時の，絶え間ない，ひっきりなしの.
ainakaan ［副］（否定文で使われ）少なくとも～ない.
ainakin ［副］（否定文では，ainakaan)1. 少なくとも，とにかく，しかし，どうしても，まさに. 2. kun 又は niin kun と共に使われ，比較の意味を表す. あたかも，まるで.
aine 78 ［名］材料，物質，原料；学科，科目；教材.
aineellinen 63 ［形］物質的. *aineellinen* ja taloudellinen arvo 物質的経済的価値.
aineenmukainen 63 ［形］内容に従った，内容による.
aineenvaihdunta* 15 ［名］〈生理〉新陳代謝.
aineisto 2 ［名］資料，材料.
ainekirjoitus 64 ［名］作文.
aines 64 ［名］要素，成分.
ainiaaksi ［副］(iäksi)ずっと，いつまでも，永久に.
ainoa 19 ［形］唯一の，唯一人の，唯一つの.
ainoalaatuinen 63 ［形］唯一つの，一つだけの；特別の，目立つ.
ainoastaan ［副］ただ，～だけ，～のみ，単に，わずかに.

ainutkertainen 63 [形] 一回の，ただ一回の.
ainutlaatuinen 63 [形] 比べ物のない，この種で唯一の.
airo 1 [名] 舟のオール，かい.
aisa 10 [名] (馬車の)ながえ.
aisti 4 [名] 感覚，センス.
aistikas* 66 [形] 風流な，風雅な，粋な，上品な.
aistillinen 63 [形] 感覚的な；肉欲の，肉欲的な.
aistillisuus* 65 [名] 肉欲，色情.
aistin 56 [名] 感覚，感覚器官；味覚.
aita* 10 [名] 塀，柵，垣，囲い；〈ス〉ハードル.
aitajuoksu 1 [名] 〈ス〉ハードル競争.
aitaus 64 [名] 塀・柵などで囲まれた土地.
aitio 3 [名] (劇場などの)ボックス席.
aitiopaikka* 10 [名] 特別席，ボックス席.
aito* 1 [形] 現実の，本当の，真の，真実の，確かな.
aitta* 10 [名] 倉庫，物置.
aivan [副] (peräti, vallan)全く，非常に，完全に. *aivan kuin* 〜のように，〜みたいに. Samassa Mikon silmät *aivan kuin* sokaistuivat. その時 Mikko の目はみえなくなったようだった.
aivastaa 2 [動] くしゃみする.
aivastus 64 [名] くしゃみ.
aivastuttaa* 2 [動] (3人称単数形で)くしゃみする. Minua *aivastuttaa*. 私はくしゃみをする.
aivina 14 [名] 亜麻布.
aivohalvaus 64 [名] 〈医〉卒中.
aivot 1 [複名] 脳，頭脳.
aivotärähdys 64 [名] 〈医〉脳震盪(のうしんとう).
aivovuoto* 1 [名] 〈医〉脳出血.
ajaa 9 [動] 運転する，〜に乗って行く；追いやる，追いかける，追う，駆り立てる. *ajaa* autoa 自動車を運転する. *ajaa* läpi 実現する，目的を達する. *ajaa* pakoon 追い返す. *ajaa* partaa ひげを剃る. *ajaa* pois 追い払う. *ajaa* takaa 〈常〉(＝tavoitella) 追いかける，追求する. *ajaa* yli (自動車などが人を)ひく.
ajaja 16 [名] 御者，運転手.

ajallinen 63 [形] 一時的の；〈宗〉現世の.
ajamaton* 57 [形] 通行不可能な, 動かない；(ひげを)剃っていない. (髪を)刈っていない.
ajanhukka* 11 [名] 時間の空費, 時間の無駄づかい.
ajanjakso 1 [名] 時期, 期間, 時代.
ajankohta* 11 [名] 時, 瞬間.
ajankohtainen 63 [形] 今日の, 現在の, 現実の. *ajankohtainen* aihe 今日の問題, トピック.
ajankulu 1 [名] (ajanviete)気晴らし, なぐさみ, 娯楽.
ajanlasku 1 [名] 暦, カレンダー, 紀元.
ajanmukainen 63 [形] 時代に合った, モダンな.
ajanviete* 78 [名] (huvitus, ajankulu)気晴らし, なぐさみ, 娯楽.
ajatella* 28 [動] 思う, 考える；計画する.
ajattaa* 2 [動] 追い払う, 追いやる.
ajattelematon* 57 [形] 考えのない, 無思慮な, 不注意の, 軽率な.
ajattelemattomuus* 65 [名] 無分別, 不注意, 軽率.
ajattelevainen 63 [形] 注意深い, 慎重な, 見通しのきく.
ajattelevaisesti [副] もの思いにふけった様子で, 考え深く.
ajattelu 2 [名] 考え.
ajatuksenjuoksu 1 [名] 思想の展開, 考え方の発展.
ajatuksenkulku* 1 [名] (ajatuksenjuoksu)思想の展開, 考え方の発展.
ajatus 64 [名] 考え, 思考；意見；意向；思想.
ajatusaika* 10 [名] 考える時間, 考えるゆとり.
ajatusoppi* 4 [名] (logiikka)論理学.
ajatustapa* 10 [名] 考え方, 思考方法.
ajatustenvaihto* 1 [名] (keskustelu). 対話, 話し合い.
ajatusviiva 10 [名] ダッシュ(―)という記号.
ajautua* 44 [動] 進んでゆく, 運ばれる, 動く.
ajelehtiva 13 [形] 漂う, 漂流する.

alainen

ajella 28 [動] (乗って)走る, 乗る, 乗って進む, 乗って行く, ドライブする.

ajettua* 1 [動] (paisua, turvota)腫れる. *ajettuneet* kasvot はれぼったい顔.

ajo 1 [名] 通行；ドライブ；追い払うこと, 追い立てること, 狩り出し. ajo kielletty 通行禁止, 通行止め.

ajohiekka* 10 [名] (lentohiekka)風に運ばれた砂.

ajoissa [副] (hyvissä ajoin)よい時に, しかるべき時に, なるべく早く.

ajoittain [副] (silloin tällöin, välistä, toisinaan)時には, 時としては, 時々, 折々.

ajoittua* 1 [動] 時代(時期)が推定される.

ajokaista 10 [名] 道路の車線.

ajokki* 5 [名] (ウマ・ラクダ等の)乗物としての動物.

ajokortti* 4 [名] 運転免許証.

ajoneuvo 1 [名] 車；(複数で)車両, 乗り物.

ajopuu 29 [名] 流木.

ajorata* 10 [名] 車道.

ajotie 30 [名] 道路, 車道.

ajuri 5 [名] ぎょ者, 運転手.

akana 12 [名] (通常は複数形で)穀物のから.

akka* 10 [名] (eukko)おばあさん, おばさん, 老婆.

akku* 1 [名] (akkumulaattori)〈技〉自動車のバッテリー.

akkuna 17 [名] (ikkuna)窓.

ala 10 [名] 地域, 分野, 場所, 領域, 空き, 空間, 職業, 専門分野. voittaa *alaa* 支配的になる, 固定する, 定着する.

ala- 下の, 下位の, などの意味を表わす.

ala-arvoinen 63 [形] 下位の, 下等の, 劣った. [名] 下位, 下等.

alahuuli 32 [名] 下唇.

alaikäinen 63 [形] 未成年の. [名] 未成年.

alainen 63 [形] 下の, 従属した；(属格と共に)～の下の, ～の下にある, ～の権力下の. 属格 + *vaikutuksen alaisena* ～の影響下にある. *olla keskustelun alaisena* 討議中である, 考慮中である. [名] 下

役, 部下.
alajuoksu 1 [名] 川の下流.
alakerros 64 [名] (alakerta)一階, 下の階.
alakerta* 10 [名] (alakerros)一階, 下の階.
alakuloinen 63 [形] (apea)元気のない, 意気消沈した, 気持ちが沈んだ, 憂うつな.
alakuu 29 [名] 下弦の月.
alakynteen [副] 敗れて, 敗者の側に.
alaleuka* 10 [名] 下あご.
alaluomi 36 [名] 下まぶた.
alamainen 63 [名] 家来, 臣下. [形] (誰か, 何かに)従属している.
alamäki* 8 [名] (myötämäki)下り坂.
alanko* 2 [名] 〈地〉(alanne)低地, 窪地.
alankomaa 28 [名] 〈地〉低地, 海面すれすれの土地. Alankomaat (Hollanti)オランダ.
alanumero 2 [名] 内線番号.
alapuolella [後] (属格と共に)〜の下に, 下で.
alapuolelle [後] (属格と共に)〜の下へ, 下方へ.
alapuolelta [後] (属格と共に)〜の下から.
alapuoli 32 [名] 下方, 下半分, 下部.
alas [副] 下へ, 下方へ, 下向きに. Hän juoksi portaita *alas*. 彼は階段を駆け下りた.
alasmeno 1 [名] 下降, 下へ向かうこと.
alaspäin [副] 下流に向かって, 下の方へ, 下って. virtaa *alaspäin* 流れを下流に向かって.
alaston* 57 [形] 裸の, むき出しの.
alati [副] (aina, alinomaa, lakkaamatta)引き続いて, 休まずに, 絶えず, 常に, いつも.
alava 13 [形] (matala)低い.
alavirta* 10 [名] 川下, 下流.
alavuode* 78 [名] 下段ベッド.
alempana [副] (matalammalla)さらに下に, より下に, 下に, もっと低く. Asun kerrosta *alempana*. 私は一階下に住んでいる.
alempi* 22 [形] より下級の, より劣等の.
alennus 64 [名] 下がること, 低下すること；品位をさげること；割引, 減価.

alennusmyynti* 4 [名]〈商〉安売り, バーゲンセール, 値下げ.
alentaa* 8 [動] 低くする, 下げる;(値段を)安くする;(品を)落とす;(人を)けなす, 悪く言う.
alentua* 1 [動] (aleta)かがむ, 低くなる.
aleta 34 [動] (alentua)かがむ, 低くなる.
alhaalla [副] 下に, 低い所に, 下の方に.
alhaalle [副] 下へ, 下の方へ.
alhaalta [副] 下から, 下の方から
alhainen 63 [形] (高さの)低い;低級の, 劣等な, 賎しい.
aliarvioida 30 [動] 安く見積もる;軽べつする.
alikäytävä 13 [名] 立体交差で鉄道の下を通る道路.
alilääkäri 5 [名] 研修医.
alimmainen 63 [形] 一番下の, 一番下にある.
alin* 59 [形] (pienin, vähin)一番小さい, 一番少ない;一番下の.
alinna [副] 一番下に.
alinomaa [副] (aina, alati, lakkaamatta, yhtä mittaa)いつも, 常に, 絶え間なく, 引き続いて.
alinomainen 63 [形] (ainainen, alituinen)常時の, 常の.
aliravitsemus 64 [名] 栄養不足, 栄養失調.
alistaa 2 [動] 従属させる, 従わせる, 服従させる. *alistava* lause 〈言〉従属させる節=主節.
alisteinen 63 [形]〈言〉従属の. *alisteinen* lause 従属節.
alistua 1 [動] (入格と共に)～に忍従する, 従う, 服従する.
alistuvainen 63 [形] 謙虚な, 人の意見に耳を傾ける, 順応性がある.
alitajunta* 15 [名]〈心〉潜在意識.
alitse [副] 下を, 下を通って.
alittaa* 2 [動] 一定の数量を下回る.
alituinen 63 [形] 絶え間のない, ひっきりなしの.
alivalotus 64 [名]〈写〉露出不足.
alkaa* 9 [動] 1. 始める, 開始する. 2. 開く, 開ける. 3. (不定詞と共に)始める. 4. 始まる. Tytöt

alkoivat selittää asiaa. 少女は物事の説明を始めた.
alkajaiset 63 [複名] 開会, 開始.
alkajaisjuhla 11 [名] 開式, 開会式.
alkeellinen 63 [形] 原始的な, プリミティブな, 原初の.
alkeet* 78 [複名] 初歩, ABC.
alkeiskoulu 1 [名] 小学校.
alkeisopetus 64 [名] 初等教育.
alku* 1 [名] 始まり, 最初, 出発点, 発端, 起原, 起こり. *alkuun* (=alussa)最初に, まず. panna *alulle* (=aloittaa)始める, 開始する, 着手する. saada *alulle* (=aloittaa)始める. *alun* perin 当初は, 最初は. *alussa* 最初に, まず.
alkuaan [副] (alkujaan, ensi alussa)最初に, 始めに.
alkuaika* 10 [名] 原始時代, 太古. alkuaikoina 原始時代に, 太古に.
alkuaine 78 [名] 〈化〉元素；要素, 成分.
alkuasukas* 66 [名] 原住民.
alkuerä 11 [名] 〈ス〉トラック競技の予選.
alkukantainen 63 [形] 原始的, 原始の.
alkulause 78 [名] 前置き, 序文.
alkuperä 11 [名] 起源. alkuperältään 起源からして, 起源からすると.
alkuperäinen 63 [形] 元の, 最初の, 原始の, 本源の, 本来の.
alkuruoka* 11 [名] 前菜.
alkusoitto* 1 [名] 前奏曲, 序曲.
alkutieto* 1 [名] (pohjatieto) (通常は複数形で)基礎知識.
alkuunpanija 14 [名] 創始者, 発起人.
alla [後] (属格と共に)～の下に, もとに.
allamainittu* 1 [形] 下記の, 以下に述べる.
allapäin [副] 落胆して.
allas* 66 [名] 水槽.
alle [後] (属格と共に)～の下へ. [副] 下に, 少なく, 不足して.
allekirjoittaa* 2 [動] 署名する, 記名する.

ammattimainen

allekirjoitus 64 [名] 署名, サイン.
almu 1 [名] (armeliaisuuslahja)施し, 恵み.
aloite* 78 [名] 発議, 発端, 発起.
aloiterunsaus* 65 [名] 豊かな指導力.
aloittaa* 2 [動] 始める, 開く.
aloittelija 14 [名] 初心者, 初学者.
alokas* 66 [名] (ensikertalainen)初心者.
alppiaurinko* 2 [名] 水銀灯.
alta [後] (属格と共に)〜の下から.
altis* 69 [形] (halukas, aulis)〜を快くする, 熱心な, 喜んで〜する, 進んで〜する.
alttius* 65 [名] 勤勉, 一生懸命, 熱心, 犠牲をいとわぬこと, 好意.
alue 78 [名] 地域, 地方；領域.
alueellinen 63 [形] 地域の, 地域的.
alus 64 [名] 1. 船, ボート, 小舟. 2. 土台, 基礎, 基底.
alusastia 14 [名] (病人の下に入れる)便器.
alushame 78 [名] スリップ.
alushousut 1 [複名] パンツ.
aluspaita* 10 [名] 肌着.
alusta 15 [名] シャーシー, 車台.
alustaa 2 [動] 捏ねる.
alustella 28 [動] 捏ねる.
alustus 64 [名] 準備；開始, 着手.
alusvaate* 78 [名] (通常は複数形で)下着, 肌着, シャツ.
amiraali 4 [名] 1. 海軍大将. 2. 〈蝶〉タテハチョウの一種. 学名 Vanessa atalanta.
ammahtaa* 2 [動] 牛が鳴く.
ammatillinen 63 [形] 職業の, 商売にする, 本職の.
ammatti* 6 [名] 職業, 商売.
ammattijärjestö 2 [名] 労働者組織.
ammattikoulu 1 [名] 職業学校.
ammattikunta* 11 [名] 同業者の組合, ギルド.
ammattilainen 63 [名] 職人, 名人, プロ.
ammattiliitto* 1 [名] 労働組合.
ammattimainen 63 [形] 職業的, 職人的.

ammattimies 72 [名] 職人, 工人, 技術者.
ammattitaito* 1 [名] 専門技能.
ammattitermi 4 [名] 専門用語.
ammattityöläinen 63 [名] 職人, 名人, プロ.
ammattiyhdistys 64 [名] 労働組合.
amme 78 [名] 浴槽, たらい, 桶.
ammentaa* 8 [動] (液体を)すくう, 汲む, 汲み上げる.
ammoin [副] 久しい以前に, むかしに.
ammoinen 63 [形] 古い. *ammoisina* aikoina ずっと前.
ammottaa* 2 [動] 開いている.
ammottava 13 [形] 口を広く開けた.
ammua 1 [動] モーモー鳴く.
ammunta* 15 [名] 発射, 狙撃, 射撃.
ammus 64 [名] 〈軍〉(複数形で)大砲.
ampaista 24 [動] (syöksähtää, pinkaista)とび出す, ダッシュする.
ampiainen 63 [名] 〈虫〉ハチ.
ampua* 1 [動] 打つ, 射る, 撃つ, 発射する, 射撃する.
ampuja 16 [名] 射撃する人, 射手.
ampuma-ase 78 [名] 鉄砲, 銃砲.
ampumarata* 10 [名] 射撃の練習場・競技場.
ampumatarvike* 78 [名] (通常は複数形で)射撃の道具.
ampumataulu 1 [名] 的, 標的.
ampumavarat 10 [複名] (ampumatarvikkeet)銃砲.
ananas 64 [名] パイナップル.
anastaa 2 [動] (varastaa, ryöstää)手に入れる, 盗む, 横領する, 強奪する, 奪う.
ani [副] (aivan, erittäin, hyvin)非常に, 大変.
ankara 12 [形] (voimakas, kova)強い, 厳しい, 激しい, 厳格な, 容赦のない, ひどい.
ankea 21 [形] (surumielinen, apea)〈詩〉悲しい, 気持ちが沈んだ, 意気消沈した.
ankerias 66 [名] 〈魚〉ウナギ(ウナギ科, ウナギ属).

学名 Anguilla anguilla.
ankka* 10 ［名］〈鳥〉アヒル.
ankkuri 5 ［名］(リレーなどの)アンカー；船の錨.
ankkuroida 30 ［動］船を繋ぐ，錨で止める.
annin* 56 ［名］(lunnontuote)海の幸山の幸，(通常は複数形で)産物，天の恵.
anniskelu 2 ［名］強い酒類の販売.
annos 64 ［名］提供された料理．(食物の)分け前；(薬の)一服.
anoa 1 ［動］(物・事を)請う，頼む，求める，願う.
anoja 16 ［名］請う人，頼む人，請願者.
anomus 64 ［名］願い，頼み.
anoppi* 6 ［名］配偶者の母，義理の母，姑.
ansa 10 ［名］罠，落とし穴.
ansaita 31 ［動］稼ぐ，得る，受け取る権利がある，収入を得る，報酬を得る，手に入れる，もうける；〜に値する. *ansaita* leipänsä パンを得る，生活をする，生計を立てる. saada *ansaitun* rangaistuksen 当然受けるべき罰を受ける.
ansio 3 ［名］(avu)メリット，手柄，功績；稼ぎ高，もうけ，利得. 属格 + *ansiosta* 〜のおかげで，〜の力で，〜の功績により.
ansiokas* 66 ［形］賞賛すべき，ほむべき.
ansiollinen 63 ［形］(ansiokas)うまくいく，成功する.
ansioluettelo 2 ［名］履歴書.
ansioton* 57 ［形］役に立たない，うまくゆかない
antaa* 9 ［動］与える，渡す，やる，ゆずる，贈る；許す，〜させる. *antaa* anteeksi(罪を)許す. *Annahan olla* ほら，さて(注意を喚起する言い方). mutta *annahan olla* さてどうなるでしょうか(命令形で注意を促す). *antaa* tietä 道をあける. *antaa* ylen (＝oksentaa)吐く. (属格＋不定詞と共に)〜させる，〜するのを許す. *antaa* myöten 曲がる，折れ曲がる；手離す.
antaja 16 ［名］与える人，贈与者，施す人.
antaumus 64 ［名］(hartaus, innostus)熱意，情熱.
antautua* 44 ［動］身を任せる，同意する，〜にふけ

anteeksi

る,専心する;(敵に)降伏する. *antautua puheisiin* + 属格 + *kanssa* 話し始める.
anteeksi [副] すみません,失礼.
anteeksiantamaton* 57 [形] 人を赦さない;赦されない.
anteeksianto* 1 [名] 許すこと,勘弁.
anteeksipyyntö* 1 [名] ことわり,陳謝.
antelias 66 [形] 気前のよい,大まかな.
anti* 4 [名] (lahja)プレゼント,贈り物.
antiikki* 6 [名] ギリシャ・ローマなどの古代.
antoisa 13 [形] 実り豊かな,有益な,生産力のある. *antoisat kukat* 役にたつ草花.
antura 14 [名] 靴の底.
apaja 16 [名] 〈漁〉網を張る場所,網を打つこと.
apea 21 [形] (alakuloinen, masentunut)意気消沈した,気持ちが沈んだ,元気のない. *olla apealla mielellä* 意気消沈している,気持ちが沈んでいる.
apeamielinen 63 [形] 悲しい,気持ちが沈んだ.
apila 14 [名] (apilas) 〈植〉「ツメクサ」あるいは「クローバ」.
apina 14 [名] 〈動〉サル.
appelsiini 4 [名] オレンジ.
appi* 8 [名] しゅうと,義理の父.
appivanhemmat* 22 [複名] 義理の両親.
aprikoida 30 [動] 熟考する,思案する,考える.
apteekkari 5 [名] 薬剤師.
apteekki* 6 [名] 薬局,薬屋.
apu* 1 [名] 助け,援助,手伝い. *apua tarvitseva* 助けを必要とする. *olla avuksi* 助けになる. *pyytää apua* + 離格 ～に手助けを乞う. *tulla apuun* 助けに来る.
apuhoitaja 16 [名] 准看護婦.
apukeino 1 [名] (apuneuvo)補助手段,補助的な方法.
apulainen 63 [名] 手伝い人,助けになる人,助手.
apulanta* 10 [名] 科学肥料.
apuneuvo 1 [名] (apukeino)補助手段,補助的な方法.
apuraha 10 [名] 助成金,補助金.
apuri 5 [名] (apumies, apulainen)助手,手伝い人.

apuväki* 8 ［名］援軍，増援部隊.
arastella 28 ［動］ひるむ，小さくなる，びくびくする，しりごみする.
arasti ［副］おずおずと，遠慮がちに.
aravalaina 10 ［名］arava 法による住宅ローン.
areena 14 ［名］競技場.
aresti 6 ［名］放課後学校に残される罰.
arina 14 ［名］暖炉の床.
aristaa 2 ［動］(tuntua aralta)敏感に感じる.
aristella 28 ［動］敏感に感じる.
arka* 10 ［形］デリケートな，神経がぴりぴりしている，神経過敏な，感じやすい，敏感な；(寒暑に)痛み易い；気の弱い，内気な.
arkailla 29 ［動］しりごみをする，おどおどする，びくびくする，はにかむ，はずかしがる.
arkala 14 ［名］*ei ole arkalasta* kotoisin (＝ei ole arka)びくびくしない，こわがらない.
arkaluonteinen 63 ［形］感じやすい，びくびくした，神経質な.
arki* 8 ［名］平日，日常，ウィークデー.
arkihuone 78 ［名］居間.
arkikieli 32 ［名］話し言葉.
arkinen 63 ［形］(arkipäiväinen)平日の，普段の.
arkipäivä 11 ［名］週日，平日，ウィークデー.
arkisin ［副］週日には.
arkisto 2 ［名］記録保存所，文書室.
arkivaate* 78 ［名］(通常は複数形で)普段着.
arkki* 4 ［名］ノアの箱舟；(紙の)一枚.
arkku* 1 ［名］〈建〉橋脚；衣装箱，大形の荷箱.
armahdus 64 ［名］勘弁；恩赦；憐れみ.
armahtaa* 2 ［動］気の毒に思う，かわいそうに思う，哀れむ.
armas 66 ［形］(ihana, rakas, kallis)心温まる，すばらしい，愛する，親愛な，いとしい，やさしい，愛らしい. ［名］愛する人.
armeija 15 ［名］〈軍〉陸軍，軍隊.
armeijakunta* 11 ［名］〈軍〉部隊.
armelias 66 ［形］なさけ深い，憐れみ深い. 慈悲深

い.
armo 1 [名] 憐れみ, 情け, 恵み, 恩恵.
armollinen 63 [形] 恵み深い, なさけ深い.
armoton* 57 [形] 無慈悲な, 情け容赦ない, 無情な, きびしい.
armottomasti [副] 無慈悲に, 情け容赦なく.
armottomuus* 65 [名] 無慈悲.
aro 1 [名] ステップ, 大草原, 草原地帯, サヴァンナ.
aromaattinen 63 [形] よい香りの, 芳香性の.
arpa* 10 [名] くじ, 当りくじ, 富くじ. *lyödä arpaa* くじを引く.
arpajaiset 63 [複名] 宝くじ, 福引き.
arpi* 8 [名] 傷跡.
arpoa* 1 [動] 将来を占う.
artikkeli 5 [名] (新聞・雑誌の)記事, 論説；〈法〉(法律・条約などの)個条, 条項；〈言〉冠詞.
arvaamaton* 57 [形] 思いもよらない, 意外な.
arvailla 29 [動] 推察する, 推量する；予想する, 推測する, あてる, 言い当てる.
arvata 35 [動] 推察する, 推量する；予想する, 推測する, あてる, 言いあてる.
arvatenkin [副] (arvattavasti, luultavasti) 多分.
arvattavasti [副] (arvatenkin, luultavasti) 多分.
arvella 28 [動] (luulla) 考える, 思う, 推測する.
arvelu 2 [名] 推察, 推量；予想, 推測.
arveluttaa* 2 [動] 疑惑を起こさせる, 推測させる.
arveluttava 13 [形] (siveellisesti epäilyttävä) 道徳的に問題の多い.
arvio 3 [名] 見積もり, 概算, 評価, 査定.
arvioida 30 [動] 合計する, 合計額を出す, 見積もる, 概算する, 値踏みする, 評価する.
arviolasku 1 [名] 推定数, 予想される数.
arvo 1 [名] 地位, 称号；価値, 値打ち. *antaa arvoa* 高く評価する. *panna arvoa* 高く評価する. *pitää arvossa* 高く評価する.
arvoaste 78 [名] 階級, 等級, 順位.
arvoesine 78 [名] 貴重品, 宝石, 有価物.
arvoinen 63 [形] (属格と共に)～の価値がある,

〜に値する，貴重な．
arvoisa 13 [形] 有益な，価値のある，大切な，尊敬された，尊重された．
arvoituksellinen 63 [形] (arvoituksenomainen, hämärä)謎めいた，謎の多い，不確定な．
arvoitus 64 [名] 謎．
arvokas* 66 [形] 価値ある，〜に値する，〜にふさわしい．
arvolause 78 [名] 評価，成績表の成績．
arvomerkki* 4 [名] 意味を持ったしるし，バッチなど身分・階級を表すしるし．
arvonanto* 1 [名] (kunnioitus)尊敬，敬意．
arvonimi 8 [名] 称号．
arvonmukainen 63 [形] 相応しい，尊敬する価値がある．
arvonta* 15 [名] 将来の占い．
arvosana 10 [名] 評点，点数；成績．
arvostaa 2 [動] 尊ぶ，重んじる，尊重する，評価する，値段をつける．
arvostaminen 63 [名] 評価．
arvostelija 14 [名] 批評家，評論家，批判者．
arvostella 28 [動] 批評する．
arvostelu 2 [名] 批評，判定．
arvostelukyky* 1 [名] 批判力，判断力，批評眼．
arvoton* 57 [形] 値打ちのない，つまらない．
arvottomuus* 65 [名] 無価値，無意味．
arvovalta* 10 [名] 権威，権力．
arvovaltainen 63 [形] 権威ある．
ase 78 [名] 1. 〈軍〉武器，兵器．2. 道具．*riisua aseet* 武装解除する．
aseellinen 63 [形] 武器の，武器による．
aseidenriisunta* 15 [名] (aseriisunta, aseistariisuminen)武装解除．
aseistaa 2 [動] 武装させる，武器を持たせる．
aseistautua* 44 [動] 武装する，武器を持つ．
aselaji 4 [名] 〈軍〉(歩兵・砲兵・騎兵など)直接戦闘に参加する兵士．
aselepo* 1 [名] 〈軍〉戦闘中止，休戦．

asema 13［名］駅；位置；状態.
asemakaava 10［名］用地計画.
asemasilta* 10［名］(asemalaituri)駅のプラットホーム.
asemesta［後］(属格と共に)〜の代わりに.
asenne* 78［名］(suhtautuminen, kanta)態度, 立場, 姿勢.
asennoitua* 1［動］態度を決める.
asennus 64［名］〈技〉据え付け, 機械の据え付け.
asentaa* 8［動］〈技〉据え付ける, 機械を据え付ける.
asentaja 16［名］据え付ける人, 機械を据え付ける人.
asento* 2［名］姿勢, 構え.
aseriisunta* 15［名］(aseidenriisunta)武装解除.
asetella* 28［動］順序よく並べる, 構成する.
asetelma 13［名］順序よく並べること, 構成.
asettaa* 2［動］置く, (めがねを)かける, 立てる；(手形を)振出す；鎮圧する, 阻止する. *asettaa* lasit silmilleen眼鏡を掛ける. *asettaa* virkaan公務につかせる. *asettaa* entiselleen復旧させる.
asettua* 1［動］身を置く, 位置する, 横になる, 座る. *asettua* asumaan住みつく. *asettua* asumaan＋入格　住居を定める, 落ち着く. *asettua* pitkälleen寝る, 横になる.
asetus 64［名］〈法〉法令, 法規, 規則, 規定.
asevarustelu 2［名］武装.
asevoima 11［名］武力, 武器の力. asevoimin武力で.
asia 14［名］用事, 物事, 事柄, 出来事, 事件, 物質, 材料. *itse asiassa*(＝tosiasiallisesti, oikeastaan)現実に, 本当に, 本当は, 実際に, 事実上.
asiakas* 66［名］(店の)客, 顧客, 得意先き, 買手.
asiakirja 10［名］文書, 書類.
asiallinen 63［形］(oikeudenmukainen)適切な, 要領を得た, 事実の, 事実上の.
asiamies 72［名］代表者.
asianajaja 16［名］弁護士, 法律家.

asianajo 1［名］弁護.
asianajotoimisto 2［名］弁護士事務所.
asianhaara 10［名］物事の一面, 事実.
asianharrastaja 16［名］愛好家, アマチュア.
asianlaita* 10［名］事実, 事態, 状況, 状態, 事情.
asianmukainen 63［形］事柄に役立つ, ふさわしい, 適当な.
asianomainen 63［名］(kyseessä oleva)該当.［形］当該の, 該当する, 関係する.
asianomistaja 16［名］〈法〉原告.
asianosainen 63［名］(契約などの)片方, 一方.
asiantuntemus 64［名］(perehtyneisyys)知識, 物事に明るいこと.
asiantunteva 13［形］精通している, 専門的な.
asiantuntija 14［名］専門家, 熟練家, 玄人.
asiaton* 57［形］無関係な, 用事がない, 相応しくない.
asioida 30［動］用事をする.
asioimisto 1［名］〈商〉代理業, 代理店.
asioitsija 14［名］(agentti)〈商〉代理業者, 代理店.
askar 82［名］(家庭の)働き, 仕事.
askaroida 30［動］仕事をする, 働く.
askarrella* 28［動］(puuhailla, hommata)仕事をする, 働く.
askarruttaa* 2［動］気持ちを重くする, 精神的に重くのしかかる.
askeettinen 63［形］(karu, koruton)飾りのない, 装飾のない.
askel 82［名］足取り, 歩み, 足の運び, 一歩, 歩き方, ステップ, 足音. *kulkea pitkin askelin* 大股で歩く.
askelittain　［副］一歩ずつ, 少しずつ.
askelma 13［名］階段, 段々.
aski 4［名］(rasia, laatikko)〈常〉小箱, 箱.
aste 78［名］(気温の)度；度合, 段階, 階級, 階段.
asteikko* 2［名］(skaala)目盛り.
asteittain　［副］一段一段, 一段ごとに, 段階を踏んで.

asteittainen 63 [形] 段々の, 漸次の, 段階的な.
astella 28 [動] (kävellä)進む, 歩く.
asti [副] 〜まで(主に入格と共に). [後] 〜まで. *mihin asti* どこまで. *siitä asti* そこから. *tähän asti* ここまで. *tähän päivään asti* 今日まで.
astia 14 [名] 食器, 皿, 容器, うつわ.
astianpesupöytä 11 [名] 流し台.
astiasto 1 [名] 食器類, 同じ種類の食器.
astua 1 [動] 歩く, 進む, あゆむ. *astua* esiin 前進する. *astua* huoneeseen 部屋に入る. *astua* junaan 汽車に乗り込む. *astua* sisään 入る. *astua* ulos 外へ出る. *astua* virkaan 公務につく.
asu 1 [名] (puku, vaatteet)衣服, 身なり, 装い.
asua 1 [動] (asustaa)住む, 居住する. asettua *asumaan* 住みつく.
asuinhuone 78 [名] 部屋, 居室.
asuinpaikka* 10 [名] 住所.
asuja 16 [名] 住人.
asukas* 66 [名] 住民, 住人, 居住者.
asukasluku* 1 [名] 人口(住民数).
asuma-alue 78 [名] (asuinalue)居住地, 居住区.
asumaton* 57 [形] 人の住まない, 無人の.
asumus 64 [名] (asunto)住居, 住まい.
asunto* 2 [名] (asumus)住居, 住まい, 住所, 居所.
asuntola 14 [名] 寄宿舎, 合宿所.
asuskella 28 [動] 住む.
asustaa 2 [動] (asua)住む, 居住する.
asuste 78 [名] 帽子・ネクタイなども含む主に男性の衣類.
asuttaa* 2 [動] 〜を居住地とする.
asuttu* 1 [形] 人の住む, 住民のいる.
asutus 64 [名] 居住, 定住；居住者, 住民.
asutustoiminta* 15 [名] 土地を持たない農民に耕地及び住宅地を提供する公の仕事.
ateria 15 [名] 食事.
atomi 6 [名] 〈化〉〈理〉原子.
atomipommi 4 [名] 〈軍〉原子爆弾.
atomivoimala 14 [名] 原子力発電所.

atulat 14 [複名] (pinsetit) ピンセット.
aueta* 34, 36 [動] 開く, 開ける, 結び目が解ける.
aukaista 24 [動] 開く, あける, 解く.
aukea 21 [形] (aava, lakea) 広い, 開けた, 樹木が生えていない. [名] (lakeus, aukeama) 広い場所, 開けた場所.
aukeama 13 [名] (aukea, aukio) 広い場所, 開けた場所.
auki [副] (avoinna) 開いて, あいて, 開け放して, 打ち明けて.
aukio 3 [名] 広場.
aukioloaika* 10 [名] 営業時間.
aukko* 1 [名] 空間, 穴, すきま, 割れ目.
aukoa* 1 [動] (avata) 開く, あける.
aula 10 [名] ホール.
aulis 69 [形] 気前のよい, 大らかな, 同情的な.
aura 10 [名] 鋤.
aurata 35 [動] 除雪する, (田畑を) 耕す.
auraus 64 [名] 除雪.
auringonkukka* 11 [名] ヒマワリ. 学名 Helianthus annuus.
auringonlasku 1 [名] 日の入り, 日暮れ, 日没.
auringonnousu 1 [名] 日の出.
auringonpaiste 78 [名] 日光, 太陽の輝き.
auringonpimennys 64 [名] 日食.
auringonsäde* 78 [名] 太陽の光線.
auringonvalo 1 [名] 太陽の光, 日光.
aurinko* 2 [名] 太陽, 日. *auringon* lasku 日の入り, 落日.
aurinkolasi 4 [名] (複数形で) サングラス.
autio 3 [形] 人の住まない, 荒れ果てた, さびしい.
autioitua* 1 [動] 荒れ果てる, 荒廃する.
autiomaa 28 [名] 〈地〉砂漠.
auto 1 [名] 自動車.
autohajottamo 2 [名] 自動車解体業, 自動車解体屋.
autohuolto* 1 [名] 自動車の修理・点検.
autoilija 14 [名] 自動車の運転手.
autokorjaamo 2 [名] 自動車修理屋.

automaattinen 63 [形] 自動の, 自動的な.
automekaanikko* 2 [名] 自動車の修理工.
autonajaja 16 [名] 自動車運転手.
autonalusta 15 [名] 自動車の車台, シャーシー.
autonkuljettaja 16 [名] 自動車の運転手.
autontorvi 8 [名] クラクション, 警笛.
autonvuokraus 64 [名] カーレンタル.
auto-onnettomuus* 65 [名] 自動車事故.
autotalli 4 [名] ガレージ, 車庫.
autovaja 10 [名] (autotalli)自動車の車庫, ガレージ.
auttaa* 10 [動] 1. 助ける, 手伝う, 支える；役立つ. *Auta* minua!私を助けて！. 2. （3人称単数形で, 通常は否定文で）～する以外はない, ～するしかない, ～しなければならない. Minun ei *auttanut* muuta, kuin odottaa. (＝En voinut muuta kuin odottaa.)私は待つしかなかった.
auttaja 16 [名] 手伝い人, 助手.
auttamaton* 57 [形] 元に戻せない, 救いがたい, どうしようもない.
auttavainen 63 [形] (avulias)他人を助ける, 他人に奉仕する.
autuas 66 [形] 幸せな, 恵まれた, 多幸な.
avaamaton* 57 [形] 開かれない, 開かれたことがない, 閉じられたままの.
avain 56 [名] 鍵, 開ける物.
avainkimppu* 1 [名] 鍵の束.
avainnippu* 1 [名] 鍵の束.
avajaiset 63 [複名] 開会式.
avanne* 78 [名] 〈医〉ろう管.
avanto* 2 [名] 氷のあけた穴, 氷にできた穴.
avara 12 [形] 広い, 広大な, 広々とした.
avarakatseinen 63 [形] 視野の広い.
avartaa* 6 [動] (laajentaa)広くする, 広げる.
avartua* 1 [動] 広がる, 広くなる, 開く.
avaruus* 65 [名] 宇宙, 大空.
avaruusaika* 10 [名] 宇宙時代.
avaruusalus 64 [名] 宇宙船.

avata 40 [動] (aukoa)開く, 開ける, 解く.
avaus 64 [名] 開くこと, 開けること.
avautua* 44 [動] 開ける, 開く.
avioero 1 [名] 離婚, 離縁.
avioliitto* 1 [名] 結婚. *solmia avioliitto* 婚姻を結ぶ, 結婚する.
aviomies 72 [名] 夫.
aviopari 4 [名] 夫婦.
aviopuoliso 2 [名] 配偶者.
aviorikos 64 [名] 姦通, 不義密通.
avioton* 57 [形] 結婚によらない, 婚姻関係以外の. *avioton* lapsi 不義の子, 私生児, 庶子.
aviovaimo 1 [名] 妻.
avoin 56 [形] 開いている, 空(から)の, 開けっぱなしの.
avoinna [副] 開いて, あいて.
avojaloin [副] はだしで, 素足で.
avomaa 28 [名] (aukea maa)平地.
avomielinen 63 [形] 隠していない, あからさまの.
avonainen 63 [形] 開いている, オープンの.
avopäin [副] 帽子をかぶらずに, 帽子無しに.
avu 1 [名] (ansio)メリット, 功績.
avulias 66 [形] 助けになる, 世話好きの, 親切な, よく世話をする, 人を助ける.
avunanto* 1 [名] 助力, 援助.
avunpyyntö* 1 [名] 救済・援助の求め.
avuntarve* 78 [名] 救済・援助の必要.
avustaa 2 [動] 手助けする, 助力する；助けるためにかけつける.
avustaja 16 [名] 手伝い人, 助手；援助者.
avustus 64 [名] 支持, 援助；寄付.
avuton* 57 [形] 途方にくれた, 寄りどころのない.

B

baari 4 [名] 酒場, バー.
banaani 6 [名] 〈植〉バナナ(の木・実).
bensiini 6 [名] (bentsiini)ガソリン.
bensiiniasema 13 [名] 給油所, ガソリンスタンド.
betoni 6 [名] コンクリート.
betonimylly 1 [名] セメント混合機, セメントミキサー.
boorihappo* 1 [名] 〈化〉硼酸.
boorivesi* 40 [名] 〈化〉硼酸水.
bordelli 6 [名] 売春宿.
brutto* 1 [名] 〈商〉総体, 総計.
budjetti* 6 [名] 予算, 予算案.
bussi 4 [名] 〈常〉バス.

C

celsiuslämpömittari 5 [名] 摂氏寒暖計.
charterlento* 1 [名] チャーター便, チャーター機.
cirrus 64 [名] 〈気〉絹雲.
cumulus 64 [名] 〈気〉積雲.

D

degeneraatio 3 [名] 衰え,退歩.
degeneroitua* 1 [動] 衰える,退歩する.
dekkari 5 [名] 〈常〉探偵小説.
demokraatti* 4 [名] 民主主義者.
demokratia 15 [名] 民主主義.
desinfioiminen 63 [名] 消毒.
desinfiointi* 4 [名] 消毒,殺菌.
dia 10 [名] スライド.
diabeetikko* 2 [名] 糖尿病患者.
dieetti* 6 [名] 〈医〉ダイエット.
diffuusi 6 [形] 散らばった,広がった.
diplomaatti* 4 [名] 外交官.
diplomaattinen 63 [形] 外交の,外交に関する.
divaani 6 [名] 窓際に置く長椅子,背のないソファー.
dokumenttielokuva 11 [名] 記録映画.
donitsi 4 [名] ドーナツ.
dosentti* 6 [名] 大学の講師.
duetto* 2 [名] 〈楽〉デュエット,二重奏.
duuri 4 [名] 〈楽〉長調,長音階.
dyyni 4 [名] (hiekkakinos) 〈地〉砂丘.

E

edelle [副] (場所・時間に関して)先に,前に. [後] (属格と共に) (場所・時について)〜の前に, 〜より先に.

edelleen [副] 1. (場所について) (eteenpäin, edemmäksi) 前へ, 前方へ, 遠くへ. 2. (時について) (jatkuvasti, yhä, vielä) 引き続き, 今でも, なお, まだ, 更に, その上. *yhä edelleen* 引き続き, 今でもなお. *ja niin edelleen* (jne. と省略) などなど.

edellimmäinen 63 [形] 〈古〉先頭の, 一番前の.

edellinen 63 [形] 1. (時について) (viime, aiempi) 前の, この前の. *edellisenä päivänä* 前日に 2. (順序について) 前の. *viimeisen edellinen* 最後から2番目の 3. 前述の. (名詞的に) 前述のこと. 4. 前者の.

edellyttää* 2 [動] 想定する, 仮定する, 条件づける.

edellytys 64 [名] (ehto, premissi) 前提, 条件. itsestään selvänä *edellytyksenä* 明白な前提として.

edellä [副] 1. (場所について) 先に, 前に, 先頭に. 2. (時について) 前に, 以前に; 時計が進んで. Kello on *edellä*. 時計が進んでいる. 3. (ensiksi) 最初に, 先ず. [後] [前] (属格又は分格と共に) (時と場所について) 〜の前に.

edelläkävijä 14 [名] 先駆者.

edellämainittu* 2 [形] 前述の, 上記の.

edeltä [副] 1. (ennen muita) 先頭に, 前に. 2. (etukäteen) 前もって, 以前に. [後] (属格と共に) 〜の前から, 〜の所から.

edeltäjä 16 [名] 1. (edelläkulkija) 先行者. 2. (uranuurtaja) 先駆者, 開拓者.

edeltäkäsin [副] 前以て, あらかじめ.

edeltäpäin [副] (etukäteen) 前もって.

edeltää* 5 [動] 先に立つ, 前を行く, 〜に先立つ.

edemmä [副] (edemmäksi, kauemmaksi) もっと遠くへ.

edemmäksi [副] (kauemmaksi) 1. もっと遠くへ. 2. より前方に, 前へ進んで.

edempänä [副] (kauempana) より遠くに, もっと遠くに.

edentyä* 1 [動] (edetä) 進む, 前進する.

edes [副] 1. (肯定文において) (ainakin, vähintään) 少なくとも, 最低. 2. (否定文において)

〜さえも, 〜すら. He eivät aina *edes* tervehdi toisiaan. 彼らはお互いに挨拶すらしない. *ei edes* 〜 saati sitten まして, ましてや.

edesmennyt 77 [形] 亡くなった, 死んだ, 故. *edesmennyt* opettaja. 亡くなった恩師.

edesottamus 64 [名] 行動, 行為.

edespäin [副] 1. (場所について) (eteenpäin)前へ, 前方へ. 2. (時について) (edelleen)引き続き. *ja niin edespäin*. (=ja niin edelleen) (jne. と省略). などなど.

edessä [副] 前に. [後] [前] (属格と共に)〜の前に.

edestakainen 63 [形] 往復の. *edestakainen* lippu 往復切符.

edestakaisin [副] 前後に, 往復して.

edestä [副] 前から. [後] [前] (属格と共に)〜の前から.

edetä* 34 [動] (kulkea eteenpäin)前進する, 進む, 動く.

edistyksellinen 63 [形] 進歩の, 発展の.

edistys 64 [名] (kehitys, valistus)前進, 発展.

edistyä 1 [動] (mennä eteenpäin)進行する, 前進する, 進歩する, はかどる.

edistää 2 [動] 1. (viedä eteenpäin)前進させる, 発展させる. 2. (hyödyttää)利益になる, 助ける. 3. 時計が進む.

editse [副] 前に, 前方に.
[後] (属格と共に)〜の前に, 〜の前方に.

edullinen 63 [形] 経済的な, 有利な, 好都合な.

edullisesti [副] 経済的に, 有利に, 好都合に.

edullisuus* 65 [名] 経済的なこと, 有利なこと, 好都合なこと.

eduskunta* 11 [名] (valtiopäivät)〈政〉国会.

eduskuntatalo 1 [名] 国会議事堂.

edusta 15 [名] 前庭, 何かの前にある空き地・広場.

edustaa 2 [動] 代表する, 代理をする, かわりをする.

edustaja 16 [名] 代表者；国会議員.

edustajakokous 64 [名] 代表者の集まり・会議・集

会.
edustalla [後]（属格と共に）(edessä)（場所について）～の前に.
edustalle [後]（属格と共に）(eteen)（場所について）～の前に.
edustus 64 [名] 代表.
eestiläinen 63 [形] (virolainen)エストニアの. [名] エストニア人.
ehdokas* 66 [名] 志願者, 志望者, 立候補者.
ehdollinen 63 [形] 条件付きの, 条件のある.
ehdonvalta* 10 [名] (mielivalta)行動・選択の自由.
ehdoton* 57 [形] 無条件の, 無制約の.
ehdottaa* 2 [動] 提案する, 申し入れる.
ehdottomasti [副] 疑いもなく, 無条件に.
ehdotus 64 [名] 申し込み, 提案, 提議.
eheys* 65 [名] 完全, 無傷.
eheä 21 [形] 完全な, 無傷な.
ehjä 11 [形] (eheä)完全な, 無傷な.
ehkä [副] たぶん, おそらく.
ehkäistä 24 [動] 食い止める, 阻む, 妨害する.
ehkäisy 2 [名] 妨げ, 妨害, 邪魔.
eho 1 [形]〈雅〉(eheä, kaunis)美しい, 素晴らしい, 完全な.
ehostua 1 [動]〈稀〉化粧する.
ehostus 64 [名] 化粧.
ehtimiseen [副] (vähän väliä)絶えず.
ehtiä 17 [動] 1.（不定詞と共に）～する時間がある, ～に間に合う. 2. (tulla, päästä)来る.
ehto* 1 [名] 条件. *sillä ehdolla*, että... ～という条件で.
ehtoohetki 8 [名] 人生のたそがれ.
ehtymätön* 57 [形] 尽きない, 無尽蔵の.
ehtyä* 1 [動] 1. 泉の水が涸れる, 牛の乳がでなくなる. 2. 乾く, 水がなくなる.
ehättää* 2 [動] 1. (ehtiä)時間を持つ. 2. (kiiruhtaa, rientää)急ぐ.
ei [動]（活用は en, et, ei, emme, ette, eivät）本動詞に付いて否定の意味を表す.

eikä (enkä, etkä, eikä, emmekä, ettekä, eivät-kä) ［接］(ja ei)そして～ない.
eilen ［副］昨日, きのう.
eilinen 63 ［形］昨日の.
eilisaamu 1 ［名］昨日の朝.
eittää*2 ［動］否定する, 反対する. *eittämättä* (ehdottomasti)疑いもなく, 無条件に.
eksyksiin ［副］道に迷って. *joutua eksyksiin* 道に迷う.
eksyksissä ［副］迷って. *olla eksyksissä* 道に迷う.
eksynyt 77 ［形］道に迷った, はぐれた.
eksyttää* 2 ［動］(harhauttaa)迷わせる；間違わせる, 誤らせる.
eksyä 1 ［動］道に迷う, 迷子になる.
elanto* 2 ［名］くらし, 生活.
elatus 64 ［名］生活, 生存, 生活の資.
elatuskeino 1 ［名］〈稀〉生活手段, 生活方法.
elatusraha 10 ［名］〈俗〉(eläkeraha)年金.
ele 78 ［名］顔や手の動き.
eli ［接］(1. と省略)すなわち；言い換えれば.
elikko* 2 ［名］(kotieläin)〈俗〉飼っている動物.
elikkä ［接］(eli)〈古〉〈俗〉すなわち；言い換えれば.
elimellinen 63 ［形］(orgaaninen)有機の.
elimistö 1 ［名］〈生物〉有機体, 有機物, 生物.
elin 56 ［名］機関. (複数形で)器官.
elinaika* 10 ［名］生涯, 終生.
elinehto* 1 ［名］生存(生活)条件, (通常は複数形で)収入の条件.
elinikä* 11 ［名］(elinaika)生涯, 終生.
elinikäinen 63 ［形］終身の, 一生の.
elinkautinen 63 ［形］一生の, 終生の, 生涯の.
elinkeino 1 ［名］生活手段, 職業, ビジネス.
elinkustannukset 64 ［複名］生活費.
elintapa* 10 ［名］暮らし振り, 生活方法.
elintarvike* 78 ［名］生活必需品.
elintarvikemyymälä 15 ［名］日用品店, 食料品店.
elintaso 1 ［名］生活水準.

elinvoima 11 ［名］生活力, バイタリティー.
elinvoimainen 63 ［形］生命力に満ちた, 活力に満ちた.
elinympäristö 1 ［名］生活環境.
eliö 3 ［名］〈生物〉微生物.
ellei ［接］(jos ei)もし～でなければ.
ellostava 13 ［形］(ellottava) (主に匂いと味について)いやな, 不愉快な, まずい.
elo 1 ［名］1. 生命, いのち. *jäädä eloon* 生き残る. *olla elossa* 生存している. 2. 穀物.
elohopea 21 ［名］水銀.
eloisa 13 ［形］生き生きとした, 活力がある, 生きた.
eloisasti ［副］陽気に, 明るく.
elokuu 29 ［名］8月.
elokuva 11 ［名］映画；(複数形で)映画館. *käydä elokuvissa* 映画を見に行く.
elokuvateatteri 5 ［名］映画館.
elollinen 63 ［形］生きている, 生命のある.
elonkorjuu 25 ［名］収穫, 刈り入れ.
elonleikkuu 25 ［名］刈り入れ, 取り入れ, 収穫.
eloton* 57 ［形］生命のない, 死んだ, 生気・活気のない.
elpyä* 1 ［動］元気を回復する, 全快する.
eltaantua* 1 ［動］1. バターや脂肪などが腐っていやな匂いを出す. 2. むっとする, いやな匂いを出す.
elukka* 15 ［名］〈常〉(eläin)動物；家畜.
elvyttää* 2 ［動］活発にする.
elähdyttävä 13 ［形］(elähyttävä)活気・元気・生気を与える.
elähdyttää* 2 ［動］生気を与える, 活気づける, 元気づける.
elähyttävä 13 ［形］活気・元気・生気を与える.
eläimellinen 63 ［形］1. 動物の. 2. 動物のような, 動物的な.
eläimistö 1 ［名］(eläinkunta)動物たち, 動物全体.
eläin 56 ［名］動物.
eläinlääketiede* 78 ［名］獣医学.
eläinlääkäri 5 ［名］獣医.

eläinsuojelu 2 [名] 動物愛護・保護.
eläintarha 10 [名] 動物園.
eläintiede* 78 [名] 動物学.
eläjä 16 [名] 生き物, 動物, 人間.
eläke* 78 [名] 恩給, 年金.
eläkeläinen 63 [名] 恩給・年金生活者.
elämys 64 [名] 経験, 体験, 見聞.
elämä 13 [名] 生命；人生；生活.
elämäkerta* 10 [名] 伝記, 一代記.
elämänilo 1 [名] 人生の喜び.
elämänkaari 32 [名] 人生.
elämäntilitys 64 [名] 人生の総決算.
elämäntyö 30 [名] 一生の仕事.
elättää* 2 [動] (動物などに)食物を与える, 飼う, 養う. *elättää* perheen 家族を養う.
elävä 13 [名] 生き物, 動物, 人間；〈常〉(複数形で)映画館, 映画. [形] 生きている. 活発な.
eläväinen 63 [形] (elävä)活発な.
eläytyä* 44 [動] (mukautua, sopeutua)適応する, 馴れる.
elää 2 [動] 生きる, 生活する；住む.
emakko* 2 [名] (emäsika)母豚.
emali 5 [名] エナメル, うわぐすり.
emo 1 [名] 1. (emä)動物の母親. 2. 〈詩〉(äiti)母.
empiä* 17 [動] ちゅうちょする, ぐずぐずする, ためらう.
emä 11 [名] (emo)動物の母親.
emäkansa 10 [名] 祖先.
emännöitsijä 14 [名] 家政婦.
emäntä* 13 [名] 女主人, 主婦, 妻,
emätin* 56 [名] 〈解〉膣.
enemmistö 1 [名] 大多数. 多数派.
enemmän [副] より多く, もっと多く. *yhä enemmän ja enemmän*. もっと多く, 益々多く.
enempi* 22 [形] より多い, さらに多い, もっと多い.
enentää* 8 [動] (lisätä, suurentaa)増やす, 増す, 多くする, 大きくする.
enetä 34 [動] (lisääntyä, suureta)増える, 多くな

る, 大きくなる.
enimmiten [副]〈古〉(enimmäkseen)主に, 第一に, 大部分, ほとんど, 多くは, 大抵.
enimmäkseen [副] 主に, 第一に, 殆ど. (pääasiallisesti, suurimmaksi osaksi)ほとんど, 大部分, 多くは, 大抵は.
enin* 59 [形] (runsain, suurin)一番多い, 最も多い;多くの.
enintään [副] 多くても, 一番多くても, せいぜい.
eniten [副] 一番多く.
enkeli 5 [名] 天使, エンゼル.
ennakkoluulo 1 [名] 先入観, 偏見.
ennakkoluuloton* 57 [形] 先入観に捕らわれない, 偏見に捕らわれない.
ennakkomaksu 1 [名] 前金, 前払い金.
ennakkotoimenpide* 78 [名] 前準備, 予備行動.
ennakolta [副] 前以って, 予め, 前から.
ennallaan [副] 以前のように, 変わりなく, 元のまで.
ennalleen [副] 今までどおりに, 変わらずに.
ennemmin [副] (aikaisemmin)より早く, 前もって.
ennen [副] 以前に, 昔. *ennen kuin*～より以前に, ～より前に. [前・後] (分格と共に)～の前に, ～の以前に. *ennen pitkää* すぐに, まもなく.
ennenaikainen 63 [形] (liian aikainen)時期が早すぎる.
ennenkuin [接] (通常は ennen kuin)～より前に.
ennenkuulumaton* 57 [形] 前代未聞の.
ennennäkemätön* 57 [形] 今まで見たことがない.
ennenvanhaan [副] (通常は ennen vanhaan)昔.
ennestään [副] 以前から, 前から.
ennustaa 2 [動] 前もって言う, 予告する, 予言する.
ennustaja 16 [名] 予言者.
ennustus 64 [名] 予言, 予測.
ennättää* 2 [動] 1. 到達する. 2. ～する時間がある, 時間をかけてする, できる, ゆとりがある, 間に合う.

ennätys 64 ［名］1.（tulos, saavutus）結果，成果. 2. 最高のでき，最高の結果. 3.〈ス〉記録，レコード.

eno 1 ［名］おじ(母の兄弟).

ensi ［形］(不変化)最初の；次の. *ensi sijassa* 主に，何よりもまず. *ensi tilassa* (pian)なるべく早く，都合がつき次第，都合がよい時に.

ensiapu* 1 ［名］応急手当. 応急処置.

ensiarvoinen 63 ［形］重要な，大切な；一流の，一級の.

ensi-ilta* 10 ［名］劇・オペラなどの初日・初演.

ensikertalainen 63 ［名］初めての人，初心者. ［形］初めての.

ensiksi ［副］(ensin)最初に，先ず.

ensiluokkainen 63 ［形］一流の，一級の；重要な，大切な.

ensimmäinen 63 ［形］［序数］第一の，最初の. *ensimmäisenä* (ensin)最初に. *ensimmäinen laatuaan* この種の最初のもの.

ensin ［副］(ensiksi)最初に，先ず.

ensinkään ［副］(否定文で)(ollenkaan, lainkaan) 少しも〜ない.

ensinmainittu* 2 ［形］初めに述べた，前述の.

ensinnä ［副］(ensiksi)最初に.

ensisijaisesti ［副］第一位に.

enteillä 28 ［動］(arvella, otaksua)予感させる，予感を起こさせる，推測させる.

enteily 2 ［名］予感，推測.

entinen 63 ［形］以前の，昔の，前の.

entisaika* 10 ［名］昔，以前.

entistys 64 ［名］元通り，復旧.

entistää 2 ［動］元通りにする，復旧する.

entisyys* 65 ［名］既往，過去，昔.

entisöidä 18 ［動］(entistää)元通りにする，復旧する.

entuudestaan ［副］(ennestään, entiseltään)以前から，昔から.

entä ［副］(entäs)それでは，じゃあ，〜はどうか,

〜については. *entä jos* 〜だとしたらどうだろう.
entäs [副] (entä)それでは, じゃあ, 〜はどうか, 〜については.
enää [副] (肯定文で)まだ, ただ単に. (否定文で)もう〜ない.
epäaistillinen 63 [形] 肉欲的ではない, 官能的ではない.
epäedullinen 63 [形] 利益のない, 不利な, 儲からない, 損な.
epähuomio 3 [名] 不注意. *epähuomiossa*=huomaamatta 知らずに, いつのまにか.
epäilemättä [副] (kieltämättä, ilmeisesti)疑いもなく, 明らかに.
epäileväinen 63 [形] (epäilevä, epäuskoinen)疑い深い, 疑っている, 信用しない.
epäilevästi [副] 疑って, 迷って.
epäilijä 14 [名] 疑う人, 疑い深い人.
epäillä 29 [動] 疑う, 疑問に思う；ためらう, 迷う.
epäiltävä 13 [形] (epäilyttävä)疑わしい.
epäily 2 [名] 疑うこと.
epäilys 64 [名] (epäily)疑い. *joutua epäilyksen alaiseksi* 疑われる.
epäilyttävä 13 [形] (epäiltävä, kyseenalainen)疑わしい, 問題のある.
epäilyttää* 2 [動] ためらわせる, ためらう.
epäinhimillinen 63 [形] 人間的ではない, 人道的ではない.
epäitsekäs* 66 [形] (pyyteetön, aulis)利己的ではない, 献身的な.
epäjohdonmukainen 63 [形] 非論理的な, 矛盾した, 不合理な.
epäjohdonmukaisuus* 65 [名] 矛盾, 不合理.
epäjärjestys 64 [名] 無秩序, 不整頓, 混乱.
epäkansallinen 63 [形] 反国家的な.
epäkohta* 11 [名] (väärä seikka, vääryys)間違い, 誤り, 不都合, よくない点.
epäkohtelias 66 [形] 無作法な, 無しつけな, 失礼な.

epäkristillinen 63 [形] 反キリスト教的な.
epäkunto* 1 [名] 無秩序, 規律がないこと. *epäkun-nossa* 無秩序に, 乱れて.
epäkuntoinen 63 [形] 無秩序な, 欠陥のある, 機械が作動しない.
epäkäytännöllinen 63 [形] 非実用的な, 実用にならない, 不適当な.
epäluonnollinen 63 [形] 反自然的な, 不自然な.
epäluottamus 64 [名] (epäluulo, epäusko) 不信, 信用しないこと.
epäluulo 1 [名] 不信.
epämiellyttävä 13 [形] 気持ちの悪い, いやな.
epämoraalinen 63 [形] 不道徳な.
epämukava 13 [形] 不快な.
epämuodostuma 13 [名] 不格好, 奇形.
epämääräinen 63 [形] 不明確な, はっきりしない.
epäoikeudenmukaisuus* 65 [名] 不法, 無法, 不正.
epäoikeutettu* 2 [形] (aiheeton, perusteeton) 不正な, 根拠のない.
epäonnistua 1 [動] 成功しない, しくじる, 失敗する, 落第する.
epärehellisyys* 65 [名] 不正直.
epäröidä 30 [動] ぐずぐずする, ちゅうちょする, ためらう, 疑う.
epäselvä 11 [形] 明らかでない, あいまいな, ぼんやりした.
epäsikiö 3 [名] 怪物, 不自然な物事.
epäsiveellinen 63 [形] (siveetön, sopimaton) 不道徳な, 正しくない, 相応しくない.
epäsointu* 1 [名] 1. 〈楽〉不協和音. 2. 不和, 不調和, 仲たがい.
epäsopu* 1 [名] 意見の相違, 不和, 仲たがい.
epäsuhde* 78 [名] 不均衡.
epäsuopea 21 [形] 意地悪な, 不親切な.
epäsuora 11 [形] 間接の. *epäsuora* esitys 〈言〉間接話法.
epäsuosio 3 [名] 好きでないこと, 嫌い, 寵愛のなさ.

epäsäännöllinen 63 ［形］不規則の，変則の，一様でない．

epätasainen 63 ［形］平坦でない，でこぼこした，不揃いの，むらのある．

epäterveellinen 63 ［形］健康によくない，健康を損なう，体に害のある，不健康な．

epätietoinen 63 ［形］(出格と共に)～について疑わしい，定かでない．

epätoivo 1 ［名］気落ち，失望，絶望．

epätoivoinen 63 ［形］失望した，絶望した，沈んだ，意気消沈した．

epätyydyttävä 13 ［形］不満足な．

epätäydellinen 63 ［名］不完全な，欠点のある．

epävakainen 63 ［形］(muutteleva, epävarma)不定の，不確定の，変化する．

epävarma 10 ［形］不確かな，不確実な．

epävirallinen 63 ［形］非公式の，私的の．

epäystävällinen 63 ［形］不親切な，不人情な，思いやりのない．

erakko* 2 ［名］行者，仙人．

erakkomaja 10 ［名］行者・仙人の庵．

erehdys 64 ［名］誤り，間違い．

erehdyttää* 2 ［動］(harhauttaa, eksyttää)誤らせる，誤解させる．

erehtyä* 1 ［動］間違う．

erhe 78 ［名］(erehdys)間違い，誤り．

erheellinen 63 ［形］(virheellinen, väärä)誤った，間違った．

eri (不変化) ［形］異なった，違った．

eri-ikäinen 63 ［形］異なった年齢の，異なった年代の．

erikoinen 63 ［形］(epätavallinen, poikkeuksellinen)特殊な，特別な，普通とは違う． *erikoisen* 特に，特別に． *erikoinen* piirre 特徴．

erikoisala 10 ［名］専門分野，専門領域．

erikoisasema 13 ［名］特殊な地位，特別な地位．

erikoisesti ［副］特別に．

erikoisetu* 1 ［名］利点，特別な利益．

erikoiskohta* 11 [名] 特別な点, 留意点.
erikoisliike* 78 [名] 特別な動き；専門店.
erikoislääkäri 5 [名] 専門医.
erikoispiirre* 78 [名] 特徴.
erikoistua 1 [動] 専門化する, 特殊化する.
erikoisuus* 65 [名] 特徴.
erikokoinen 63 [形] 大きさの違う, 違うサイズの.
erikseen [副] 別々に, 別に.
erilaatuinen 63 [形] 質の違う, 違った質の.
erilainen 63 [形] 違う種類の, 異なった.
erilaisuus* 65 [名] 違い.
erille [副] 別に, 引き離して.
erilleen [副] (出格と共に) (irti, vapaana)〜から別れて, 〜から離れて. *erilleen toisista* 他の人々から離れて.
erillinen 63 [形] 独自の, 離れ離れになった.
erillään [副] (出格と共に)〜から別れて・離れて. *erillään muista* 皆とは離れて.
erimielisyys* 65 [名] (epäsopu)意見・考え方の違い, 相違.
erinomainen 63 [形] 優れた, 特別の.
erinäinen 63 [形] 1. ある, ある種の. 2. (数について)ある, 幾つかの；〈常〉たくさんの, 多くの.
eripurainen 63 [形] (epäsopuinen)不和の, 仲が悪い.
eriskummallinen 63 [形] 奇妙な, 変な, 独特な.
erisnimi 8 [名] (propri)〈言〉固有名詞.
eriste 78 [名]〈技〉絶縁体.
eristin 56 [名]〈技〉絶縁体.
eristys 64 [名] 分離；隔離. (eristäminen, isolaatio)湿気・騒音などを防ぐこと, 絶縁.
eristää 2 [動] (erottaa)分ける, 分離する, 隔離する.
eritellä* 28 [動] 分割する, 分ける.
eritoten [副] (varsinkin, nimenomaan)特に.
erittely 2 [名] 分析.
erittäin [副] 特に, 非常に.
erittää* 2 [動] (植物が)分泌する.

erityinen 63 [形] 特別の.
erityisesti [副] 特に.
eriävä 13 [形] (eroava, erilainen)違った, 異なった.
erkaantua* 1 [動] 離れる, 分離する, 遠ざかる.
erkanee erkani 34 [動] (3人称単数形のみ使われerata, erannut などの形は使われない). (etääntyä, loitota)別れる, 遠ざかる.
ero 1 [名] 1. 分離, 別れ. 2. 距離.
eroamaton* 57 [形] 離れられない, 分割・分離不可能な.
eroavuus* 65 [名] 差異, 違い.
erojuhla 11 [名] (erojaiset)さよならパーティー.
erota 38 [動] 違う, 異なる;～から離れる;割れる, 壊れる. (出格と共に)～と区別される.
erottaa* 2 [動] (出格と共に)～から分ける, 区別する.
erottautua* 44 [動] 引き離される, 分けられる.
erotuomari 5 [名] スポーツやゲームの審判員, レフェリー.
erä 11 [名] (vuoro, jakso, vaihe)一回, 一度, 段階. *yhtenä eränä* 一度に, いちどきに. *vähin erin* 少しずつ.
eräalue 78 [名] 〈史〉政治の中心地から離れた農・漁業・狩猟地.
erämaa 28 [名] 深い森, 人の住まない土地, 荒れ地.
eränkävijä 14 [名] 狩人, ハンター.
eräs 66 [不代] ある人, ある誰か.
[形] ある. *eräänä päivänä* ある日.
eräänlainen 63 [形] ある, ある種の.
erääntymisaika* 10 [名] 支払い時期.
erääntyä* 1 [動] 〈商〉支払い期日になる.
esi- 前の, プレ-.
esihistoria 15 [名] 先史, 文献が残っていない時代の歴史.
esiin [副] 前に. *kaivaa esiin* 発掘する.
esiinpistävä 13 [形] 目立つ, 注意をひく.
esiintyminen 63 [名] 出現, 現れ.

esiintyä* 1 [動] 現れる, 出現する.
esi-isä 11 [名] 先祖.
esikaupunki* 5 [名] 郊外.
esikoinen 63 [名] 初めての子, 長子.
esikunta* 11 [名] 〈軍〉参謀, 幕僚.
esikuva 11 [名] 模範, 手本.
esiliina 10 [名] エプロン.
esille [副] 前へ. *panna esille* 並べる, 陳列する.
esillä [副] 前に, 目の前に, 見えるように.
esilläoleva 13 [形] 前にある, 眼前の, 見えている.
esim. (esimerkiksi の略)例えば.
esimerkki* 4 [名] 例, 手本. *esimerkiksi* (esim. と省略)例えば.
esimies 72 [名] (johtaja, päällikkö)代表者, 指導者, 上司.
esine 78 [名] 物, 品物, 道具；対象.
esirippu* 1 [名] (väliverho)舞台の幕, 境のカーテン, どんちょう.
esite* 78 [名] ラベル, カタログ, 商品目録.
esitellä* 28 [動] 紹介する；説明する.
esitelmä 13 [名] 講演, 演説, スピーチ.
esitelmöidä 30 [動] 講演する, 演説する.
esitelmöitsijä 14 [名] 発表者, 演説者.
esittelijä 14 [名] 説明者.
esittely 2 [名] 説明, 例示.
esittäjä 16 [名] 見せる人, 説明する人, 提示者.
esittäytyä* 44 [動] (näyttäytyä, osoittautua)現れる, 見える.
esittää* 2 [動] 表す, 示す, 見せる；説明する；紹介する. *esittää asiansa* (selittää)説明する.
esitys 64 [名] 提示, 見せること；演奏, 公演, 展示, 上演.
esivalta* 10 [名] 国家, 政府. その筋, 権威. Meillä oli *esivallan* turva. 我々はその筋の保護を受けた.
esivanhemmat* 22 [複名] (esi-isät)祖先.
este 78 [名] 障害物, 邪魔物.
esteetön* 57 [形] (vapaa, estämätön)邪魔物がない, 妨げがない, 開けた.

estejuoksu 1 [名]〈ス〉障害物競争.
estellä 28 [動] 妨げる, 禁じる.
estyä 1 [動] (第3不定詞出格と共に)妨げられる.
estävästi [副] 妨げて, 邪魔して.
estää 2 [動] 防ぐ, 妨げる, 邪魔する. (第3不定詞出格と共に)〜を妨げる.
etana 18 [名] ナメクジ.
eteen [副] 前へ. [後] (属格と共に)〜の前へ, 〜の前に.
eteenpäin [副] 前方へ, 引き続いて. vielä jokin aika *eteenpäin* まだ暫くの間.
eteinen 63 [名] 玄関先, ロビー.
etelä 12 [名] 南；南国；南風.
eteläinen 63 [形] 南の, 南からの.
etemmä [副] (edemmä)(比較級.)もっと遠くへ.
etemmäksi [副] (edemmäksi)(比較級.)もっと遠くへ, より前方に, 前へ進んで.
etenkin [副] (ennen kaikkea, varsinkin)特に, 特別に, とりわけ, 殊に.
etevä 13 [形] (erinomainen, hyvä)すばらしい, よい.
etevämmyys* 65 [名] (paremmuus)より優れていること, 優越.
etiketti* 4 [名] (esite, nimilappu)ラベル.
etikka* 15 [名] 酢.
etsintä* 15 [名] 探すこと, 捜索, 〜探し.
etsiskellä 28 [動] 探す.
etsivä 13 [名] 捜査係の警察官.
etsivästi [副] 探るように, 注意深く.
etsiytyä* 44 [動] (入格と共に)〜への道を見つける.
etsiä 17 [動] 探す, 求める；目指す.
ettei [接] (että ei)〜しないために.
että [接] (直接目的語の働きをする節を導き出す接続詞, 名詞節を導き出す接続詞)〜という事を. 〜するために.
etu* 1 [名] 長所, 取りえ.
etuajo-oikeus* 65 [名] 通行優先権.
etujalka* 10 [名] 前足.

etukansi* 40［名］表紙.
etukäpälä 12［名］(動物の)前足.
etukäteen ［副］前もって, 事前に.
etumainen 63［形］一番前の, 突出した.
etumatka 10［名］(競争での距離や時間の)リード.
etunenässä ［副］前に, 先頭に. ［後］(属格と共に)〜の前に, 〜の先頭に.
etunimi 8［名］名前(姓に対して).
etuoikeus* 65［名］優先権, 特権.
etupenkki* 4［名］前の座席.
etupuoli 32［名］前.
etupäässä ［副］主に, 先頭に.
eturivi 4［名］前列, 最前線. *nousta eturiviin* 第一人者になる. *nostaa eturiviin* 第一人者にする.
etusija 10［名］1. 前列, 前の席. 2. 最優先, 最上.
etusormi 8［名］人指し指.
etuus* 65［名］1. 優秀, 利点. 2. 権利.
etuvalo 1［名］前照灯.
etuvartio 3［名］〈軍〉前哨, 前哨隊.
etäinen 63［形］(kaukainen)遠い, 遠くにある.
etäisyys* 65［名］距離.
etäälle ［副］遠くへ, 遠くまで.
etäällä ［副］(出格と共に)〜から離れて, 遠くに, 遠い所で.
etäältä ［副］遠くから.
etääntyä* 1［動］隔たる, 遠くなる.
eukko* 1［名］おばあさん, 老婆, 奥さん, おばさん, 女の人.
eukkonen 63［名］愛する妻.
evakko* 2［名］〈話〉移住者.
evakuoida 18［動］移住する.
evakuointi* 4［名］移住.
eversti 6［名］〈軍〉大佐.
evä 11［名］魚のひれ.
eväs 66［名］弁当.
evästää 2［動］1. 弁当を作る. 2. (neuvoa, opastaa)注意を与える, 指導する.
evätä* 35［動］否定する, 同意しない.

F

falsetti* 5 [名] 裏声, 仮声.
faneeri 6 [名] プライウッド, 合板.
farkut* 1 [複名] ジーパン.
farmariauto 1 [名] ステーションワゴン車.
farmaseutti* 4 [名] 薬剤師.
fasaani 6 [名] 〈鳥〉キジ. 学名 Phasianus colchicus.
fasadi 6 [名] 建物の正面.
filmata 35 [動] フィルムに写す, 撮影する, 映画化する.
firma 10 [名] 〈常〉会社, 商店.
flyygeli 5 [名] 〈楽〉グランドピアノ.
fosfori 5 [名] 〈化〉燐, 燐素.
fossiili 6 [名] (kivettymä)化石.

G

gastriitti* 6 [名] 〈医〉胃カタル.
geografia 15 [名] 地理学.
geologia 15 [名] 地質学.
geometria 15 [名] 幾何学.
goljatti* 5 [名] 〈常〉大男, 力持ち.
grafiikka* 15 [名] 印刷芸術.
gramma 10 [名] (gと省略)グラム.
graniitti 6 [名] 花こう岩.
greippi* 4 [名] グレープフルーツ.
grogi 4 [名] グログ(ウィスキーとソーダ水の飲物).

H

haaksirikko* 1 [名]〈海〉難破船.
haaksirikkoinen 63 [形] 難破した.
haaksirikkoutua* 44 [動] 難破する.
haalari 5 [名] (overall, suojapuku)〈話〉仕事着, 上っ張り.
haalea 21 [形] (hailea)なまぬるい, ぬるい. *haalea vesi* ぬるま湯.
haalia 17 [動]〈常〉集める. *haalia kokoon* 集める.
haalistaa 2 [動] 色褪せさせる.
haalistua 1 [動] 色褪せる.
haamu 1 [名] (hahmo)姿, 形, 外見.
haapa* 10 [名]〈植〉ヤマナラシの一種(ヤナギ科ハコヤナギ属). 学名 Populus tremula.
haara 10 [名] 枝別れ, 分岐.
haaraantua* 1 [動] 別れる, 分岐する.
haarahaukka* 10 [名]〈鳥〉トビ(ワシタカ科). 学名 Milvus migrans.
haaraliike* 78 [名] 支店, 出張所.
haaratie 30 [名] 分かれ道, 小道.
haarauma 13 [名] (言語学上の)枝, 語派.
haarautua* 44 [動] (haaraantua, jakautua)分かれる, 枝分かれする.
haarautuma 13 [名] (haara)枝分かれ, 分枝.
haarikallinen 63 [名] haarikka 一杯の量.
haarikka* 15 [名] 木製のジョッキ.
haarniska 15 [名]〈史〉金属性の鎧.
haarukka* 15 [名] フォーク.
haaska 10 [名] 動物の死骸.
haaskata 35 [動] 浪費させる.
haastatella* 28 [動] インタビューする.
haastattelija 14 [名] インタビューする人, 会見記

者.
haastattelu 2 [名] インタビュー.
haaste 78 [名] 呼出し状, 挑戦状.
haastella 28 [動] 話す, 話し合う.
haastemies 72 [名] 〈法〉法廷の呼び出し係.
1. **haava** 10 [名] 傷, 怪我.
2. **haava** 10 [名] *tällä haavaa* 今回, 今度, 今, 現在.
haave 78 [名] 空想, 夢想.
haaveellinen 63 [形] (haavemielinen, uneksiva)空想的, 夢想的.
haaveilija 14 [名] 空想家, 夢想家.
haaveilla 28 [動] 空想にふける.
haavoittaa* 2 [動] 傷つける.
haavoittua* 1 [動] (saada haavoja)傷つく.
haavoittunut 77 [形] 傷ついた.
haeskella 28 [動] 探し求める, 探す.
hahmo 1 [名] 姿, 形.
hahmottelu 2 [名] アウトラインを描くこと, スケッチすること.
hahmottua* 1 [動] 姿を見せる, 形を現す.
hahmoutua* 44 [動] 姿を見せる, 形を現す.
hahtuva 13 [名] 粒, 小さな塊.
hai 27 [名] (haikala) 〈魚〉サメ. (総称)
haihatella* 28 [動] 空想にふける.
haihattelu 2 [名] 空想, 空想にふけること.
haihtua* 1 [動] 蒸発する, 発散する, 消え失せる.
haikala 10 [名] (hai) 〈魚〉サメ. (総称)
haikara 15 [名] 〈鳥〉主に kattohaikara(コウノトリ)を指す.
haikea 21 [形] 悲しい, 辛い.
hairahdus 64 [名] 過ち, 間違い, 思い違い.
hairahtua* 1 [動] 間違いをする, 過ちをおかす.
haista 24 [動] 匂いを撒き散らす；(離格と共に)〜の匂いがする. *Haisee* hyvältä. いい匂いがする. *Haisee* pahalta. 悪い匂いがする.
haistaa 10 [動] 嗅ぐ, 嗅覚で感じる, 匂いを嗅ぐ.
haitallinen 63 [形] 害になる, 不健全な.
haitari 5 [名] (harmonikka) 〈常〉アコーディオン.

haitata* 35［動］妨げる.
haitta* 10［名］不便, 不都合, 不利益. *ei ole haitaksi* 悪くはない,
hajaantua* 1［動］無くなる, 散り散りになる, 散る.
hajallaan［副］散り散りに, ばらばらに.
hajalleen［副］ばらばらに, きれぎれに.
hajallinen 63［形］散らばった, 散りじりになった.
hajamielinen 63［形］うっかりしている, ぼんやりしている.
hajamielisyys* 65［名］ぼんやり, うっかり, 放心, 不注意.
hajanainen 63［形］脈絡のない, 離ればなれの.
hajota 38［動］散る, 広がる, ばらばらになる.
hajottaa* 2［動］散り散りにする, 広がらせる.
hajotus 64［名］分散, 散らばること.
haju 1［名］におい.
hajuaisti 4［名］嗅覚.
hajuinen 63［形］〜のにおいがする, 〜の香りを持った.
hajusuola 10［名］嗅ぎ薬, 気付け薬.
hajuvesi* 40［名］香水.
haka* 10［名］止め金, ホック；囲い牧場.
hakamaa 28［名］(囲いがあって, 木も生えている)牧草地.
hakametsä 11［名］haka(柵で囲った牧草地)の中にある小さな森.
hakanen 63［名］(通常は複数形で)角がっこ〔　〕の記号.
hakaneula 10［名］安全ピン.
hakata* 35［動］切る, 刈る, 切り倒す；打つ, 叩く.
hakea 13［動］探し求める, 取る, 連れる；申し込む.
hakemisto 1［名］見出し, 索引.
hakemus 64［名］〈法〉申請.
hakemuskaavake* 78［名］〈法〉申請用紙.
hakemuslomake* 78［名］〈法〉申請用紙.
hakeutua* 44［動］道を見つける, 方法を見つける.

hakija 14 [名] 候補者, 希望者.
hakkaus 64 [名] 切断, 木の伐採.
hakkuu 25 [名] 切断, 木の伐採.
hako* 1 [名] 切りおとされた針葉樹の枝.
hakotarha 10 [名] 牛が休むために針葉樹の枝を敷いた tarha(tarha の項).
haku* 1 [名] 入手, 取得, 手に入れること, 求めること.
hakuaika* 10 [名] 申告期間, 申込み期間.
hakusana 10 [名] 見出し語.
hakuteos 64 [名] 事典, 百科事典, 参考作品, 参考書.
halailla 29 [動] 抱擁する, 愛撫する.
halaista 24 [動] (halkaista)割る, 裂く. *ei halaistua sanaa* 一言も話さない.
halata 35 [動] (kaulata, syleillä)抱く, 抱擁する.
haljeta* 36 [動] 割れる, 裂ける.
halkaisija 14 [名] 直径.
halkaista 24 [動] 割る, 裂く, 二つにする, 叩き割る.
halkeama 13 [名] (repeämä, puhkeama)割れ目, 裂け目, 破れ.
halki [後] (属格と共に)〜を通って. [副] 割れて, 裂けて.
halkinainen 63 [形] 割れた, 壊れた.
halko* 1 [名] 薪.
halkoa* 1 [動] 波を切って進む.
halkovaja 10 [名] 薪小屋.
halla 10 [名] 霜.
hallainen 63 [形] 霜がある, 霜がおりる.
hallayö 30 [名] 霜の夜.
halli 4 [名] ホール；マーケット.
hallinnollinen 63 [形] 行政上の.
hallinnollisesti [副] 行政的に.
hallinta* 15 [名] 習得；支配.
hallinto* 2 [名] 政府；政治.
hallintoneuvosto 2 [名] 行政評議会.
hallinto-oikeus* 65 [名] 〈法〉行政法.

hallita 31 [動] (言語などを)修得する；支配する，治める；管理する.
hallitseva 13 [形] 支配的な.
hallitsija 14 [名] 支配者，統治者.
hallitus 64 [名] 政府，行政，統治；(会社の)幹部.
hallitusmuoto* 1 [名] 政治体制.
hallussa [後] (属格と共に)〜の手中に，〜の支配下に.
hallusta [後] (属格と共に)〜の手中から，〜の支配下から.
halme 78 [名] (laiho)実った穀物.
halonhakkuu 25 [名] (薪にする)木を切る仕事.
halpa* 10 [形] (値段が)安い；無価値な. *pitää halpana* 軽視する，重きを置かない.
halpamainen 63 [形] 不品行の，下品な.
halpamaisuus* 65 [名] 下品，低俗.
halpamielinen 63 [形] (考えが)下品な，劣悪な，悪い.
halpuus* 65 [名] 安価.
halstari 5 [名] 〈常〉肉や魚を焼く網.
haltia 14 [名] 妖精.
haltiatar* 54 [名] (haltijatar)女の妖精.
haltija 14 [名] (omistaja)所有者，持ち主.
haltioissaan [副] 1. うっとりして，陶酔して. 2. 大喜びして，狂喜して.
haltioitua* 1 [動] 心が高揚する，気持ちが高ぶる.
haltuun [後] (属格と共に)〜の手中へ，〜の支配下へ. *saada haltuunsa* 手に入れる.
haltuunotto* 1 [名] 入手，手中にすること.
halu 1 [名] 望み，願い.
haluinen 63 [形] (haluava, halukas)(属格と共に)〜を好む，〜を望む.
halukas* 66 [形] (入格又は向格と共に)〜を望む，熱心に〜したい.
halukkaasti [副] 喜んで，快く.
halusta [副] (mielellään)喜んで，進んで.
haluta 39 [動] 望む，願う.
haluton* 57 [形] 無関心な.

haluttaa* 2 [動] 望ませる, 望む.
halvasti [副] 1. 値段を安く, 安価に. 2. 無価値に, 低俗に.
halvaus 64 [名] 麻痺, 中風.
halvausvesi* 40 [名] 民間療法の液体の塗り薬.
halveksia 17 [動] 軽蔑する, 見くびる.
halveksinta* 15 [名] 軽蔑, 軽視, 低い評価.
halveksua 1 [動] (halveksia)軽蔑する.
halveksunta* 10 [名] 軽蔑.
halventaa* 8 [動] 1. (alentaa)値段を下げる. 2. (vähentää, pienentää)少なくする, 小さくする. 3. 恥ずかしがらせる, 恥ずかしい思いをさせる.
hame 78 [名] スカート.
hameniekka* 10 [名] 女性, 婦人.
hammas* 66 [名] 歯. *pysyvä hammas* 永久歯.
hammasharja 10 [名] 歯ブラシ.
hammasiskos 64 [名] (hammaskitti)〈医〉歯痛薬.
hammaskipu* 1 [名] 歯痛.
hammaslääkäri 5 [名] 歯医者.
hammaspyörä 11 [名] 歯車.
hammasrata* 10 [名] 〈鉄〉アプト式線路.
hammasratas* 66 [名] 〈技〉歯車.
hammassärky* 1 [名] 歯痛.
hammastahna 10 [名] 歯磨き.
hammastikku* 1 [名] つまようじ.
hammasvalli 4 [名] 歯茎.
hampaanotto* 1 [名] 抜歯.
hampaantäyte* 78 [名] 〈医〉虫歯に詰める物.
hamppu* 1 [名] 麻, 麻の繊維, 麻布.
hampsia 17 [動] 1. (hapsia)手当たり次第集める. 2. (lampsia)大股で歩く.
hampurilainen 63 [名] ハンバーガー.
hampurilaispaikka* 10 [名] ハンバーガーレストラン.
hamuta 39 [動] 1. 手当たり次第集める, あちらこちらから取る. 2. (harhailla)手探りで進む, 手探りで探す, 迷う.
-han(**-hän**) [接尾辞] 付加された語の意味が明白で

あることを現す.
hana 10 [名] 水道の栓, 蛇口.
hangata* 35 [動] こする.
hanhi 8 [名] 〈鳥〉ガン. (総称)
hankala 12 [形] (vaikea)大変な, 骨の折れる；不快な.
hankaluus* 65 [名] 面倒臭いこと, 大変さ, 骨折り.
hankausäänne* 78 [名] (frikatiivi)〈声〉摩擦音.
hanke* 78 [名] (aikomus, yritys, projekti, suunnitelma)意向, つもり, 試み, 計画.
hanki* 8 [名] 積もった雪.
hankinta* 15 [名] 調達, 〈商〉仕入れ.
hankkia* 17 [動] 手に入れる. *hankkia lähtöä* 出発の準備をする.
hankkija 14 [名] 取得者, 手に入れる人.
hankkiutua* 44 [動] 準備をする, 旅行の準備をする.
hanko* 1 [名] 〈農〉干草用の三つ又.
hansikas* 66 [名] 手袋, グローブ.
hanska 10 [名] 〈常〉革の手袋.
hanuri 5 [名] (harmonikka)〈常〉アコーディオン.
hapan* 56 [形] 酸っぱい；すねた.
hapankaali 4 [名] 酢漬けのキャベツ.
hapanleipä* 83 [名] 醗酵したパン, 酸っぱいパン.
hapanlimppu* 83 [名] 醗酵した丸くて長いパン.
haparoida 30 [動] 手探りする, 暗中模索する.
haparoiva 13 [形] 手探りの.
hapata* 34 [動] 酸っぱくなる.
hapattaa* 2 [動] 酸っぱくする, 酸味をつける.
hapettua* 1 [動] (oksidoitua, happeutua)〈化〉酸化する.
happamaton* 57 [形] 酸っぱくない, 醗酵させない.
happi* 8 [名] 酸素.
happo* 1 [名] 〈化〉酸.
happosade* 78 [名] 酸性雨.
hapsi 46 [名] 〈雅〉(hius)髪の毛, 毛髪.
hapuilla 29 [動] (haparoida, hamuilla)手探りする, 手探りで進む, 探す.

hara 10 ［名］〈農〉大まぐわ.
harakka* 15 ［名］〈鳥〉カササギ(カラス科). 学名 Pica pica.
harallaan ［副］別々の方向に, あちらこちらに.
harata 35 ［動］〈農〉大まぐわを使う, 大まぐわで耕す.
harava 12 ［名］熊手.
haravoida 30 ［動］かき集める.
harhaan ［副］誤って, 間違って, 迷って. *osua harhaan, joutua harhaan* 誤る, 間違う.
harhaanjohtava 13 ［形］誤らせる, 間違った方に導く, 迷わせる, 紛らわしい.
harhaantua* 1 ［動］道に迷う.
harha-askel 82 ［名］よろけ, 踏みはずし；(erehdys)間違い, 誤り.
harhailla 29 ［動］さまよう, 迷って歩き回る.
harhakuva 11 ［名］間違った理解, 誤解.
harhaluulo 1 ［名］間違った考え.〈心〉妄想.
harhata 35 ［動］〈詩〉あてどもなく歩く, 迷う.
harhatie 30 ［名］間違った道.
harhauttaa* 2 ［動］(eksyttää)誤らせる, 誤解させる, 間違った方に連れてゆく, 道を誤らせる.
harja 10 ［名］1. ブラシ. 2.〈地〉分水嶺. 3. (魚の)背ビレ. 4. (馬の)たてがみ.
harjaantua* 1 ［動］修練を積む, 練習を重ねる.
harjanne* 78 ［名］〈地〉尾根, 分水嶺, 山の背.
harjannostajaiset 63 ［複名］棟上げ式.
harjastaa 2 ［動］毛を生やす.
harjata 35 ［動］ブラシをかける, 髪をとく.
harjoitella* 28 ［動］(第3不定詞入格と共に)〜の練習をする.
harjoitelma 13 ［名］〈絵〉美術作品の習作, スケッチ.
harjoittaa* 2 ［動］行う, 練習する. *harjoittaa kauppaa* 商売をする.
harjoittaja 16 ［名］訓練させる者, 先生；練習する者；行使者, 行為者.
harjoittelija 14 ［名］見習い.

harjoitus 64 [名] 練習, 訓練.
harju 1 [名] 尾根.
harkinta* 15 [名] 熟考.
harkita 31 [動] 考える, 計画する.
harkitsemattomuus* 65 [名] 無思慮, 無分別, 考えのなさ.
harmaa 23 [形] ねずみ色の, 灰色の；薄暗い.
harmaakivi 8 [名] 灰色の御影石, 花こう岩.
harmaus* 65 [名] 灰色.
harmi 4 [名] 迷惑, 退屈.
harmillinen 63 [形] (harmittava, kiusallinen)いやな, 苦しめる, 苦労させる.
harmistua 1 [動] 怒る, じれる, いらいらする.
harmitella* 28 [動] (olla harmissaan, tuskitella) 苦しむ, 苦しめられる.
harmiton* 57 [形] 無害な, 悪意のない.
harmittaa* 2 [動] 苦しめる, 困らせる, いやがらせる, いらいらさせる, いらだたせる.
harmonia 15 [名] 1. 〈楽〉ハーモニー, 和声 2. 調和.
harmonikka* 15 [名] アコーディオン.
harpata* 35 [動] (loikata, ponkaista)大股に歩く.
harppailla 29 [動] 大股で歩く；急ぐ.
harppaus 64 [名] 大股の歩き.
harppi* 4 [名] コンパス, 円を描く道具.
harppu* 1 [名] 〈楽〉ハープ, 竪琴.
harras* 66 [形] 熱心な.
harrastaa 2 [動] 興味を持つ.
harrastaja 16 [名] 熱中する人, 興味を持つ人；アマチュア.
harrastelija 14 [名] しろうと, アマチュア, 愛好家.
harrastus 64 [名] 趣味, 興味.
harsia 17 [動] 縫う.
harso 1 [名] ガーゼ.
harsokangas* 66 [名] ガーゼ.
hartaasti [副] まじめに, 熱心に.
hartaus* 65 [名] 熱心, 熱意；信心.
harteet 21 [複名] 肩.

hartia 15 [名] 肩.
hartiahuivi 4 [名] ショール, 肩掛け.
hartiasuojus 64 [名] (アイスホッケーの)肩のプロテクター.
harva 10 [不代] 幾らかの. *harva se päivä* ほとんど毎日. [形] 薄い, まばらな, わずかの.
harvakseen [副] (hitaasti)ゆっくりと.
harvalukuinen 63 [形] 数の少ない.
harvasanainen 63 [形] (harvapuheinen)言葉が少ない, 口数が少ない.
harvemmin [副] もっと少なく, もっと稀に.
harventaa* 8 [動] 薄くする, まばらにする, 行間をあける.
harventua* 1 [動] 少なくなる, 稀になる.
harvinainen 63 [形] 稀な, 珍しい. *harvinaisen* 非常に.
harvinaisesti [副] 稀に.
harvinaisuus* 65 [名] 稀なこと.
harvoin [副] 稀に, 珍しく；めったに〜しない.
hassu 1 [形] ばかな, 愚かな.
hatara 12 [形] (建物が)隙間だらけの, 穴だらけの；ずさんな, 不完全な.
hattara 17 [名] 綿菓子.
hattu* 1 [名] 帽子. *hiki hatussa* 大急ぎで, 大変な努力をして.
haudansija 10 [名] 墓のある場所；墓地.
haudata* 35 [動] 葬る, 埋葬する.
haukahdus 64 [名] 吠えること.
haukata* 35 [動] 食いちぎる；そそくさと食事を取る.
hauki* 8(*4) [名] 〈魚〉カワカマス. 学名 Esox lucius.
haukka* 10 [名] 〈鳥〉ワシタカ目の総称として「ワシ」, 「タカ」あるいは「ハヤブサ」など.
haukkua* 1 [動] ほえる；人を悪く言う.
haukkumasana 10 [名] 罵り言葉.
haukotella* 28 [動] あくびをする.
haukotus 64 [名] あくび.

hauli 4 [名] 弾丸, 小さな金属の球.
haulikko* 2 [名] 猟銃, ショットガン.
haulipanos 64 [名] 弾丸の発射.
hauras 66 [形] 壊れやすい.
hauska 10 [形] 快適な, 心地よい, 楽しい.
hauskannäköinen 63 [形] 見かけのいい, 外見が美しい, 見るのが心地好い.
hauskasti [副] 快適に.
hauskuus* 65 [名] 楽しみ, 気晴らし.
hauta* 10 [名] 1. 墓 2. 深み 3. 海溝. Japanin *hauta* 日本海溝.
hautajaiset 63 [複名] 葬式.
hautakivi 8 [名] 墓石.
hautaus 64 [名] 死者の埋葬.
hautausmaa 28 [名] 墓地.
hautoa* 1 [動] 暖める, 卵を抱く；計画する, 企む.
hautuumaa 28 [名] (hautausmaa)墓地.
hauva 10 [名] 〈幼〉犬.
havahtua* 1 [動] (herätä)目覚める.
havainnoida 30 [動] 認める.
havainnointi* 4 [名] 認めること, 見つけること, 気付くこと.
havainnollinen 63 [形] 目に見える, 知覚できる.
havainnollisesti [副] 分かりやすく, 具体的に, 図式で.
havainnollistaa 2 [動] 図で表す, 明確にする, 分かりやすくする.
havainto* 2 [名] 知覚.
havaintoväline 78 [名] 観察道具.
havaita 31 [動] 見る, 知覚する, 気づく. *havaittava* 明白な, 知覚し得る.
havittelu 2 [名] 1. 試み, 努力 2. 〈商〉投機.
havu 1 [名] 針葉樹の枝.
havumetsä 11 [名] 針葉樹林.
havupuu 29 [名] 針葉樹.
he (変化形は付録の変化表参照) [人代]. 彼ら, かの女ら(3人称・複数).
hedelmä 13 [名] 果実, くだもの.

hedelmäkauppa* 10 [名] 果物屋, 果実店.
hedelmällinen 63 [形] 肥沃な, よく実る.
hedelmäpuu 29 [名] 果樹.
hedelmätön* 57 [形] 実を結ばない, 実らない.
hedelmöidä 30 [動] 実を結ぶ, 実る.
hedelmöittää* 2 [動] 土地を肥沃にする；発展させる, 豊かにする, よい影響を与える.
hehku 1 [名] 灼熱.
hehkua 1 [動] 熱く燃える.
hehkulamppu* 1 [名] ガス・電気など熱を出す灯火.
hehkuttaa* 2 [動] 熱くもやす.
hehkuva 13 [形] 灼熱の, 熱く燃える.
heijastaa 2 [動] 〈理〉光を反射させる, 音を反響させる.
heijastin 56 [名] 〈理〉〈技〉反射する物, 反射器, 反射鏡.
heijastua 1 [動] 光が反射する, 音が反響する.
heijastus 64 [名] 〈理〉反射, 反映, 反響.
heikentyä* 1 [動] (heiketä, heikontua)弱くなる, 弱まる, 少なくなる, 下がる.
heikentää* 8 [動] (heikontaa)弱くする, 弱める, 少なくする, 下げる.
heiketä* 34 [動] (heikentyä)弱くなる, 弱まる.
heikko* 1 [形] 弱い, 悪い, 気力のない.
heikkomielinen 63 [形] 精神の弱い, 意志の弱い.
heikkonäköinen 63 [形] 視力の弱い, 弱視の.
heikkous* 65 [名] 弱いこと, 弱々しさ.
heikkovirta* 10 [名] 〈電〉低電圧電流.
heikontaa* 8 [動] 消耗させる, 弱らせる.
heikontua* 1 [動] 弱くなる, 衰弱する.
heikosti [副] 弱く.
heikäläinen 63 [形] 彼(女)らに特徴的な, 彼(女)らの側に立つ. [名] 彼(女)らの側に立つ人.
heila 10 [名] 〈常〉愛人, 恋人.
heilahdus 64 [名] 〈理〉振動, 振ること.
heilahtaa* 2 [動] (keinahtaa, kiikahtaa)ゆれ動く, すぐに変化する, よく変わる.
heilahtelu 2 [名] 揺れ動くこと, 振動.

heilimöidä 30 ［動］（特にライムギが）実る.
heilua 1 ［動］振り子のように動く, 行ったり来たりする, 波うつ.
heiluri 5 ［名］(pendeli)振り子.
heilutella* 28 ［動］振る, 動かす.
heiluttaa* 2 ［動］振る, ゆすぶる.
heimo 1 ［名］一族, 部族.
heimolainen 63 ［名］親戚, 親戚の人, 同族の人.
heinikko* 2 ［名］（集合的に）草, 草むら.
heinä 11 ［名］干し草, 牧草.
heinähaasia 14 ［名］（干し草を乾かすために架ける）木の柵.
heinäkuorma 11 ［名］干し草の荷物, 荷台に積んだ干し草.
heinäkuu 29 ［名］7月.
heinänteko* 1 ［名］飼料にする干し草を作る仕事.
heinäpieles 64 ［名］干し草の山.
heinäsirkka* 10 ［名］〈虫〉イナゴの一種. 学名 Psophus stridulus.
heinäsuova 11 ［名］干し草の山.
heinävuosi* 40 ［名］干し草を作る年.
heisimato* 1 ［名］条虫類の寄生虫.
heitellä* 28 ［動］投げる, 投げつける.
heitteille ［副］荒廃して, 捨てられて.
heittiö 3 ［名］やくざ者, ごろつき.
heitto* 1 ［名］投げること.
heittäytyä* 44 ［動］身を投げだす, 横たわる, 横になる.
heittää* 2 ［動］投げる；残しておく；見捨てる, 叩いて追い払う.
helakanpunainen 63 ［形］明るい赤の.
heleä 21 ［形］1. (kirkas, loistava)（色や光について）鮮明な, 明るい. 2. (kirkas, raikas)（音について）よく響く, 響きのよい.
heleästi ［副］1. 鮮明に, 明るく. 2. よく響いて.
helinä 14 ［名］鈴の鳴る音.
helistä 41 ［動］乾いた音を立てる, 軽い音をたてる, チリンチリン鳴らす.

helisyttää* 2 ［動］チリンチリン鳴らす.
helkkyä* 1 ［動］明るい音をたてる.
hella 10 ［名］〈常〉料理用のコンロ.
helle* 78 ［名］暑さ；苦悩.
hellitellä* 28 ［動］可愛がる, 甘やかす；解き放す.
hellittämätön* 57 ［形］辛抱強い, 根気のよい.
hellittää* 2 ［動］リラックスさせる, ゆるめる.
hellitä* 37 ［動］リラックスする. (出格と共に)～を手離す, 離れる, 外れる, 取れる.
hellytellä* 28 ［動］気持ちを和らげる.
hellä 11 ［形］優しい, 親切な.
hellästi ［副］優しく, 暖かく.
helläsydäminen 63 ［形］心のやさしい, 親切な.
hellävarainen 63 ［形］優しい, 注意深い, 心のこもった.
hellävaraisesti ［副］(hellävaroen) 繊細に, 優しく, 注意深く.
helma 10 ［名］端, 縁, 衣類の裾. 属格+*helmassa*, ～の中で, ～に包まれて.
helmi 8 ［名］真珠.
helmikuu 29 ［名］2月.
helminauha 10 ［名］真珠のネックレス.
helmiäinen 63 ［名］貝の内部の真珠層.
helottaa* 2 ［動］(paistaa) 輝く, 照る.
helposti ［副］簡単に.
helpota* 34 ［動］(helpottua) 緩和される, ゆるくなる, 楽になる.
helpottaa* 2 ［動］やさしくする；安心させる.
helppo* 1 ［形］簡単な, 容易な, 易しい.
helppokäyttöinen 63 ［形］使いやすい, 簡単に使える.
helppotajuinen 63 ［形］平易な, 理解しやすい.
helskyttää* 2 ［動］軽い音を立てる, カタカタ音を立てる. *helskyttää kangaspuita* (=kutoa) 織る.
helteinen 63 ［形］むし暑い, 暑苦しい.
heltiämätön* 57 ［形］しっかりした, 堅固な, 動揺することはない.
heltta* 10 ［名］とさか.

henkihieverissä

heltyä* 1 [動] 1. (aristua, kipeytyä)敏感になる, 痛む, 痛くなる. 2. (herkistyä, lauhtua)心や気持ちが和らぐ, 優しくなる.
helve* 78 [名] 穂のような花を包む柔らかい葉.
helvetti* 5 [名] 地獄.
hely 1 [名] (koru)アクセサリー.
helähdys 64 [名] 音, 鳴る音.
helähtää* 2 [動] 鳴る.
heläyttää* 2 [動] 音を出す, 鳴らす.
hemmotella* 28 [動] 甘やかす, 我がままにする.
hemmottelu 2 [名] 甘やかし.
hempeä 21 [形] (suloinen)美しい, 優しい, 優美な.
hengellinen 63 [形] 心霊的, 宗教的.
hengenahdistus 64 [名] 〈医〉呼吸困難, 息苦しさ.
hengenheimolainen 63 [名] (aatetoveri)同じ考えを持つ者たち.
hengenpelastus 64 [名] 人命救助.
hengenrauha 10 [名] 安らぎ, 落ち着き.
hengenvaara 10 [名] (kuolemanvaara)命の危険, 死の危険.
hengenvaarallinen 63 [形] 命に危険がある, 非常に危険な.
hengenveto* 1 [名] 呼吸.
hengetön* 57 [形] (eloton, kuollut)1. 息のない, 死んだ. 2. 元気がない. 生気がない, 活気がない.
hengiltä [副] (kuoliaaksi)死ぬように, 死にそうに. *pistää hengiltä* 刺し殺す.
hengittää* 2 [動] 1. 呼吸する. 2. 生きる.
hengitys 64 [名] 息づかい, 呼吸.
hengähdysaika* 10 [名] (hengähdystauko)休憩, 休み.
hengästyä 1 [動] 息切れする.
henkevä 13 [形] (älykäs, sukkela)理知的な, 生き生きとした, 活発な.
henki* 8 [名] 息, 呼吸; 雰囲気; 生命; 精神, 霊, 幽霊. virvoittaa *henkiin* 生き返らせる. *vähissä hengin* 命からがら, 半死半生で.
henkihieverissä [副] (kuolemaisillaan)死にそうに

なって.
henkikirja 10 [名] 戸籍簿, 国勢調査簿.
henkikirjoitus 64 [名] 人口調査, 住民登録.
henkikirjoituspaikka* 10 [名] 住民登録地.
henkilökil 2 [名] 人, 個人, 人物.
henkilöauto 1 [名] 乗用車.
henkilökohtainen 63 [形] 個人的な.
henkilökohtaisesti [副] 自分自身で, 個人的に.
henkilökunta* 11 [名] 従業員, 全職員.
henkilöllisyys* 65 [名] (persoonallisuus)個性, 人格, 人柄.
henkilöllisyyskortti* 4 [名] 身分証明カード.
henkilöllisyystodistus 64 [名] 身分証明書.
henkilöpuhelu 2 [名] 電話のパーソナルコール.
henkilöstö 1 [名] 職員, 人員.
henkilötieto* 1 [名] 個人の情報.
henkilötodistus 64 [名] 人物証明書.
henkilövaaka* 10 [名] 体重計.
henkilövaunu 1 [名] 〈鉄〉客車.
henkimeneissä [副] (henkimenossa) 〈方〉〈古〉生命の危険にさらされて.
henkimenossa [副] (henkimeneissä) 〈方〉〈古〉生命の危険にさらされて.
henkinen 63 [形] 1. 精神的な, 霊的な. 2. (数を表す語と合成語を作る)～人の.
henkivakuutus 64 [名] 生命保険.
henkivartija 14 [名] 護衛, ガードマン.
henkäillä 29 [動] 呼吸する, 息を吐き出す.
henkäys 64 [名] 息;風.
henkäyssointi* 4 [名] 〈声〉気音.
hennoa 1 [動] (否定文で)1. (節約の気持ちからあるいはけちな気持ちから)～できない. 2. (可愛そうで)～できない.
hento* 1 [形] かよわい, 心細い, 貧弱な.
hentoinen 63 [形] 細い, 弱い, 上品な.
hepokatti* 4 [名] 〈虫〉バッタ. (総称)
hera 10 [名] ミルクから分離した水のような液体. 〈生理〉乳漿.

herahtaa* 2 ［動］溢れ出る.
hereille ［副］めざめて.
hereillä ［副］目がさめて, 目覚めて.
heristää 2 ［動］注意する, 聞き耳を立てる；(こぶしを)振り回す. *heristää nyrkkiään* こぶしを振り回す(怒りの表現).
herjata 35 ［動］ののしる, 悪口をいう, 中傷する.
herjaus 64 ［名］悪口, 悪態.
herjetä* 36 (34) ［動］(lakata, tauota)(出格と共に)やめる, 中止する.
herkeämättä ［副］絶え間なく.
herkku* 1 ［名］おいしいもの.
herkkuruoka* 11 ［名］ご馳走.
herkkyys* 65 ［名］感じやすさ.
herkkä* 11 ［形］感じやすい, 敏感な.
herkkäluontoinen 63 ［形］感じやすい性格の, 傷つきやすい性格の.
herkkäuskoinen 63 ［形］だまされ易い, 信じ易い.
herkullinen 63 ［形］おいしい.
herkutella* 28 ［動］御馳走を食べる.
hermo 1 ［名］〈解〉〈生理〉神経.
hermokohtaus 64 ［名］〈解〉〈生理〉神経興奮.
hermosto 2 ［名］〈解〉〈生理〉神経系統.
hermostollinen 63 ［形］〈医〉神経質な, 神経的な.
hermostua 1 ［動］神経質になる.
hermostuneesti ［副］いらいらして.
hermostuneisuus* 65 ［名］〈医〉神経疲労, 神経興奮.
hermostunut 77 ［形］神経質になった, 神経過敏になった.
hermostuttaa* 2 ［動］神経質にさせる, 神経質になる.
hermotauti* 4 ［名］〈医〉神経病.
herne 78 ［名］グリンピース.
herneenpalko* 1 ［名］豆のさや.
hernekeitto* 1 ［名］〈料〉豆スープ.
herpaantua* 1 ［動］(lamaantua, uupua)元気がなくなる, 意気消沈する, 疲れ果てる.

herra 10 [名] 男の人, 紳士, 主人, 男性に対する敬称. hra と省略. monta *herran* vuotta 何年も, 長い間.
herraskartano 2 [名] 貴族などの邸宅.
herrasmies 72 [名] 紳士.
herrastella 28 [動] 高貴な男になる, 高貴な男として生きる.
herrasväki* 8 [名] (säätyläiset)貴族, 身分の高い人達.
herruus* 65 [名] 支配, 優越.
hertta* 10 [名] (sydämenkuva)ハートの形；トランプのハート.
herttainen 63 [形] (sydämellinen, suloinen)心からの, 心のこもった, 善良な；楽しい, 可愛い, 魅力的な.
herttua 20 [名] 公爵.
herttuakunta* 11 [名] 公爵領.
herua 1 [動] (水などが)流れ出る, 溢れる；(知識などが)溢れる.
herutella* 28 [動] 乳の出をよくさせる, 上手に乳絞りをする.
hervoton* 57 [形] たるんだ, 力のぬけた, ぐったりした.
herännyt 77 [形] 目覚めた.
heräte* 78 [名] (alkusysäys, virike)衝動, 推進力, 刺激.
herättää* 2 [動] 呼び起こす, 呼びさます, 目覚めさせる.
herätys 64 [名] 目覚め；改心.
herätyskello 1 [名] 目ざまし時計.
herätä 40 [動] 目を覚ます, 起きる.
heti [副] すぐに, ただちに；近くに.
hetimmiten [副] (heti)すぐに.
hetkellinen 63 [形] 瞬間の, 束の間の.
hetki 8 [名] 瞬間, 少しの間, 時. *hetken* 少しの間. *hetken* aikaa 少しの間. *hetken* kuluttua 少ししてから. *samalla hetkellä* 同時に. *viime hetkellä* ぎりぎりに, 最後に. *viime hetkessä* ぎりぎりに, 最後に.

hetkinen 63 ［名］少しの時間.
hetkittäin ［副］(silloin tällöin)時々.
hevin ［副］(否定文で)容易に，やすやすと.
hevonen 63 ［名］〈動〉ウマ.
hevosenkenkä* 11 ［名］蹄鉄.
hevoskilpailu 2 ［名］競馬.
hevoskuorma 11 ［名］馬の荷物.
hevosmarkkinat 14 ［複名］馬市.
hevosurheilu 2 ［名］乗馬など馬を使ったスポーツ.
hevosvoima 11 ［名］馬力.
hidas* 66 ［形］遅い，ゆっくりした，時間がかかる.
hidasluonteinen 63 ［形］おっとりした，ゆったりとした.
hidastella 28 ［動］(viivytellä)遅れる，時間がかかる.
hidastua 1 ［動］1. (tulla hitaaksi)遅れる，遅くなる. 2. (vauhti vähenee)スピードが落ちる.
hidastuttaa* 2 ［動］遅れさせる，遅延させる.
hieho 1 ［名］1才以上で仔を産んだことのない雌牛.
hiekka* 10 ［名］砂.
hiekka-aavikko* 2 ［名］砂漠.
hiekkainen 63 ［形］砂の，砂だらけの.
hiekkakinos 64 ［名］砂丘.
hiekkalaatikko* 2 ［名］(公園の)砂場.
hiekkaläjä 11 ［名］砂山.
hiekkaranta* 10 ［名］砂浜.
hiekkariutta* 10 ［名］砂州，水面に現れた砂地.
hiekkasärkkä* 11 ［名］砂州，砂の堆積.
hieman ［副］(vähän)少し.
hieno 1 ［形］薄い；優れた，上品な，上等な.
hienomekaanikko 83 ［名］精密機械工.
hienontaa* 8 ［動］精製する，製粉する，上等にする，優れたものにする.
hienosteleva 13 ［形］きらびやかな，きざな，上品ぶった.
hienostella 28 ［動］きざに振る舞う，上品ぶる.
hienosti ［副］上品に.
hienosäikeinen 63 ［形］美しい糸でできている.

hienotunteinen 63 [形] 感情の細かい, 思いやりがある, 心の優しい；上品な, 優雅な.
hienous* 65 [名] 上品, きゃしゃ, 細やかさ.
hieroa 1 [動] こする, マッサージする.
hieroja 16 [名] マッサージ師.
hieronta* 15 [名] マッサージ, こすること.
hiestyä 1 [動] (tulla hikeen) 汗をかく.
hieta-aavikko* 2 [名] 砂漠.
hievahtaa* 2 [動] 動く, 身動きする.
hiha 10 [名] 袖, 袂.
hihaton* 57 [形] 袖なしの.
hihkua 1 [動] 大声を出す, 高い声で叫ぶ, 甲高い声を出す, 叫ぶ.
hihna 10 [名] 革紐, ゴム紐, 紐. 〈技〉(モーターの)ベルト. *antaa hihnaa* 鞭打つ.
hihnanen 63 [名] 細紐.
hiihto* 1 [名] スキーすること, スキー競技.
hiihtokeli 4 [名] スキーができる雪面.
hiihtokilpailu 2 [名] 〈ス〉スキー競技.
hiihtäjä 16 [名] スキーヤー.
hiihtää* 2 [動] スキーをする.
hiilenmusta 11 [形] 炭のように黒い, 真っ黒な.
hiili 32 [名] 炭, 石炭.
hiilidioksidi 6 [名] 〈化〉二酸化炭素.
hiilihanko* 1 [名] 石炭の火かき棒.
hiilihappo* 1 [名] 炭酸.
hiilihappoinen 63 [形] 炭酸の.
hiilikaivos 64 [名] 炭鉱.
hiilipaperi 5 [名] カーボン紙.
hiillos 64 [名] 暖炉で燃える石炭.
hiiltyä* 1 [動] 炭化する；燃え尽きる.
hiipiä* 17 [動] こっそりと進む, 抜き足差し足で進む.
hiippakunta* 11 [名] 司教区.
hiirenharmaa 23 [形] ねずみ色の.
hiirenkarvainen 63 [形] ねずみ色の.
hiirenkorva 11 [名] 新芽(特に白樺の).
hiirenloukku* 1 [名] *joutua hiirenloukkuun* 罠に落

ちる，罠にはまる．
hiiri 32 ［名］〈動〉ネズミ．(総称)
hiisi* 40 ［名］森や水の精(巨大で邪悪な)，悪魔．
hiiskahtaa* 2 ［動］つぶやく，ささやく．
hiiskua 1 ［動］(通常否定文で)ささやく，言う．
hiiva 10 ［名］イースト菌，酵母．
hiiviskellä 28 ［動］這う，這ってゆく，四つ足で進む．
hiki* 8 ［名］汗．
hikinen 63 ［形］汗の出る，汗をかく．
hikka* 10 ［名］(nikka)しゃっくり．
hikoilla 29 ［動］(hiota)汗をかく．
hiljaa ［副］静かに；ゆっくりと．
hiljainen 63 ［形］静かな，平和な；ゆっくりとした；小さい，弱い．
hiljaisesti ［副］静かに，ゆっくりと．
hiljaisuus* 65 ［名］沈黙，静けさ．
hiljakkoin ［副］(äskettäin)少し前，最近．
hiljakseen ［副］静かに．
hiljalleen ［副］(hiljaa)静かに，ゆっくりと．
hiljan ［副］最近，少し前．
hiljattain ［副］(äskettäin, hiljakkoin)最近．
hiljemmin ［副］(hiljaa の比較級)もっと静かに；もっとゆっくりと．
hiljentyä* 1 ［動］静かになる，おさまる．
hiljentää* 8 ［動］静かにさせる，(スピードを)落とす．
hiljetä 34 ［動］(hiljentyä)静かになる，おとなしくなる；スピードが落ちる．
hilkka* 10 ［名］あご紐の付いた帽子．
hilla 10 ［名］〈植〉キイチゴの一種．
hilliintyä* 1 ［動］(rauhoittua)穏やかになる，静かになる．
hillintä* 15 ［名］防止，阻止，制止．
hillitty* 1 ［形］ひっそりとした，地味な．
hillittömästi ［副］抑制できないで，荒々しく，理性を失って，冷静さを欠いて．
hillitysti ［副］ひっそりと．

hillitä 31 [動] 静める, 抑える, 阻む.
hillitön* 57 [形] (hillitsemätön, pidättämätön)抑えられない, 抑えきれない, 激しい.
hillo 1 [名] 〈料〉ジャム.
hillosipuli 5 [名] ラッキョウ.
hillota 38 [動] ジャムを作る.
hilpeys* 65 [名] 上機嫌, 陽気, 活気.
hilpeä 21 [形] 元気のいい, 朗らかな, 愉快な.
hilpeästi [副] (vilkkaasti, eloisasti)陽気に, 明るく.
hilse 78 [名] 薄片.
himmennin* 56 [名] (カメラの)絞り.
himmentää* 8 [動] 暗くする, 曇らす.
himmeä 21 [形] 曇った, ほの暗い, あいまいな.
himmeästi [副] ほの暗く, 鈍く.
himo 1 [名] 強い欲望, 熱望.
-himoinen 63 [形] 〜を欲しがる, 〜の情欲にかられた.
himoita 31 [動] むさぼる, 熱望する.
himokas* 66 [形] 情欲的な, 情欲にかられた, 熱烈な, 燃えるような.
himoton* 57 [形] 情欲的ではない, 控えめな.
hinaaja 16 [名] 曳航船.
hinata 35 [動] 引き摺る, 引っぱって行く.
hinkalo 2 [名] 牛小屋の雌牛の場所.
hinkuyskä 11 [名] 百日咳.
hinnanalennus 64 [名] 〈商〉値引き, 割引き.
hinnankorotus 64 [名] 〈商〉値上げ, 価格の上昇.
hinnasto 2 [名] (hintaluettelo)価格表, 値段表.
hinta* 10 [名] 値段, 価格.
hintainen 63 [形] 〜の値段の.
hintalappu* 1 [名] 値札.
hintaluettelo 2 [名] (hinnasto)価格表, 値段表.
hintelä 12 [形] (heikko, hento)弱い, 虚弱な, 薄弱な.
hioa 1 [動] 磨く, (刃物を)とぐ, 猫が頭をこすりつける.
hiomaton* 57 [形] 磨かれていない, 仕上げられてい

ない, 未完成の, 粗野な.
hiostua 1 [動] 汗をかく, ガラスが曇る.
hipaista 24 [動] 軽く触れる, 接触する.
hipiä 14 [名] 皮膚.
hirmu 1 [名] (pelko, kammo)恐れ, 恐怖.
hirmu- とても, 非常に, 恐ろしく. *hirmukorkea* とても高い. *hirmuleveä* とても幅の広い. *hirmupitkä* とても長い.
hirmuinen 63 [形] 恐ろしい, 物すごい.
hirmumyrsky 1 [名] 暴風雨.
hirmuvalta* 10 [名] (terrorismi, despotismi)恐怖政治, 専制政治, 独裁政治.
hirmuvaltias 66 [名] (tyranni)暴君.
hirnua 1 [動] (馬が)いななく.
hirsi* 42 [名] 丸太.
hirsinen 63 [形] 丸太の, 丸太でできた.
hirsitalo 1 [名] 丸木小屋, 丸太小屋.
hirssi 4 [名] 〈植〉キビ, アワ, モロコシなどをさす.
hirtto* 1 [名] 絞首刑.
hirttää* 2 [動] 首吊りの木にかけて殺す. *hirttää itsensä* 首吊り自殺する.
hirvas 66 [名] 雄トナカイ.
hirveys* 65 [名] 恐ろしさ, 恐怖.
hirveä 21 [形] (hirvittävä)恐ろしい.
hirveästi [副] 恐ろしく.
hirvi 8 [名] 〈動〉ヘラジカ. 学名 Alces alces.
hirvittävä 13 [形] (hirveä)恐ろしい, 恐怖感を与える, 恐ろしがらせる.
hirvittää* 3 [動] (kauhistuttaa, pelottaa)怖がらせる, 恐ろしがらせる.
hirvitä 37 [動] (hirvetä)できる. 勇気を出して〜する.
hirviö 3 [名] 怪物.
hissi 4 [名] エレベーター.
hissun kissun [副] 〈常〉ゆっくりと, 静かに.
historia 15 [名] 歴史; 歴史学.
historiallinen 63 [形] 歴史の.
hitaasti [副] ゆっくりと.

hitsaaja 16 [名] 溶接工.
hitsata 35 [動]〈金〉溶接する.
hitsaus 64 [名]〈金〉溶接.
hitunen 63 [名] (hiukkanen)細かい粒, 微粒子, かけら.
hiukaista 24 [動]（3人称形で)空腹や乾きで苦しむ.
hiukan [副] 少し, 少々, いくらか.
hiukka* 10 [名] 少し, 少量.
hiukkanen 63 [名]〈理〉〈化〉〈技〉細かい粒, 微粒子.
hius 64 [名] (複数形で)頭髪, 髪.
hiusharja 10 [名] ヘアブラシ.
hiuslaite* 78 [名] (tukkalaite, kampaus)髪型, ヘアスタイル.
hiustenleikkuu 25 [名] 散髪, 調髪.
hiustenlähtö* 1 [名] 毛髪の抜け落ちること, 脱毛.
hiustenpesu 1 [名] 洗髪.
hiusverkko* 1 [名] ヘアネット.
hiusöljy 1 [名] ヘアオイル.
hiutale 78 [名] 薄片, 雪片.
hivellä 28 [動] (sivellä)軽く触れる, 撫でる, さする.
hiven(*) 82 [名] 粒.
hohde* 78 [名] 日ざし, 光, 輝き.
hohkakivi 8 [名] 軽石.
hohtaa* 2 [動] 輝く, 赤くなる.
hohtimet* 56 [複名] ペンチ.
hohto* 1 [名] (hohde)光, ほのかな光, 輝き, 光沢.
hohtokivi 8 [名] きらきら光る宝石.
hoidella* 28 [動] 世話をする.
hoidokas* 66 [名] (hoidokki)被養育者, 被保護者.
hoikka* 11 [形] ほっそりした, 細長い, きゃしゃな.
hoiperrella* 28 [動] よろよろと動く.
hoitaa* 4 [動] 世話をする, 看護する.
hoitaja 16 [名] 世話をする人.
hoitajatar* 54 [名] 世話をする女性, 看護婦.
hoitamaton* 57 [形] ほったらかしの, 世話をする人のいない.

hoito* 1 [名] 世話, 看護.
hoivata 35 [動] (hoitaa)世話をする, 面倒を見る.
hokea* 13 [動] 繰り返して言う.
hoksata 35 [動] (keksiä, huomata) 〈常〉気付く, 思う, 考える.
holhokki* 5 [名] 被保護者.
holhooja 16 [名] 保護者, 後見人.
holhota 38 [動] 世話をする, 面倒をみる.
holkki* 4 [名] (hela, hylsy)(傘の先端のような)はめる金具, さす金具.
holvi 4 [名] 〈建〉アーチ型の天井.
home 78 [名] カビ, カビ菌.
homehtua* 1 [動] かびが生える.
homeinen 63 [形] かび臭い, かびた.
homma 11 [名] 〈常〉なすべき事.
hommakas* 66 [形] 〈常〉仕事熱心な, 忙しい.
hommata 35 [動] 〈常〉せわしなく仕事をする.
honka* 11 [名] 〈植〉枝が枯れ上がってしまい, 老木の特徴を現している mänty(松)をいう. また, kelo(樹皮がはげ落ちたまま立ち枯れている木)と同義語. ☞ mänty.
honottaa* 2 [動] 鼻に抜ける発音をする.
hopea 21 [名] 銀, 銀器, 銀貨, 銀色.
hopea-astia 14 [名] 銀食器.
hopeahäät 28 [複名] 銀婚式.
hopealusikka* 15 [名] 銀のスプーン.
hopeamarkka* 10 [名] 銀貨.
hopeaseppä* 11 [名] 1. 銀細工師 2. (pintapyöriö) 〈虫〉ミズスマシ. 学名 Gyrinus substriatus.
hopeinen 63 [形] 銀の.
hoppu* 1 [名] (kiire, hätä) 〈常〉急ぎ, 危急, 多忙, 困惑.
hoputtaa* 2 [動] (jouduttaa, kiirehtiä)急がせる.
horista 41 [動] 口ごもる, もぐもぐ言う.
horjahdus 64 [名] よろけること, よろけて倒れること.
horjahtaa* 2 [動] よろける, つまずく.
horjua 1 [動] 揺れ動く, ふらふらする.

horjumaton* 57 [形] 揺るがし難い，確固とした.
horjuttaa* 2 [動] よろめかせる，ぐらぐらさせる.
horjuva 13 [形] しっかりしない，ぐらぐらする.
horjuvuus* 65 [名] 不安定，ぐらぐらすること.
horros 64 [名] (昆虫や動物の)冬眠，休眠.
horrostaa 2 [動] 冬眠する.
hosua 1 [動] (viuhtoa, huitoa)目茶苦茶に叩く，盲滅法振り回す.
hotaista 24 [動] (ahmaista)がつがつ食べる.
hotelli 6 [名] ホテル.
hotelliyö 30 [名] ホテルでの宿泊.
hotkaisu 2 [名] がつがつ食べること，がぶ飲みすること. *yhdellä hotkaisulla* 一口で，丸呑みして.
houkka* 11 [形] 考えのない，愚かな，馬鹿げた. [名] 馬鹿.
houkutella* 28 [動] 誘惑する，そそのかす.
houkutin* 56 [名] 餌，引き付ける物，誘惑する物.
houkutteleva 13 [形] そそのかす，誘惑する，引きつける.
houkuttelija 14 [名] 誘惑者.
houkutus 64 [名] 誘い，いざない.
housunkannattimet* 56 [複名] サスペンダー.
housut 1 [複名] ズボン.
hovi 4 [名] 宮廷.
hoviherra 10 [名] 位の高い廷臣.
hovimestari 5 [名] ウェーター長，給仕長.
hovioikeus* 65 [名] 〈法〉上告裁判所.
huhta* 11 [名] (kaski)焼き畑. *raataa huhdan* 焼き畑を作る.
huhtikuu 29 [名] 4月.
huhu 1 [名] うわさ.
huhuilla 29 [動] 大声で呼ぶ.
huhuta 39 [動] (huhuilla)大声で呼ぶ，呼び掛ける.
huidella 28 [動] 振り回す.
huijari 5 [名] 詐欺師.
huijata 35 [動] だます.
huikata* 35 [動] 叫ぶ.
huikea 21 [形] (ylen suuri)非常に大きい，強い，激

hulttio

しい.
huikeasti [副] 非常に大きく・強く・激しく.
huilu 1 [名] 〈楽〉フルート.
huima 11 [形] (hurja)激しい.
huimaava 13 [形] 目の眩むような.
huimata 35 [動] (3人称・単数の形で)くらくらさせる, 目まいさせる.
huimaus 64 [名] めまい.
huimentaa* 8 [動] (kiirehtiä)急がせる, 走らせる. *huimentaa vauhtia* 大急ぎで走る.
huippu* 1 [名] 頂, 頂上；最高位.
huippukohta* 11 [名] 最高点, 最高地点；ハイライト, 最高潮, クライマックス.
huiskahdella* 28 [動] (木などが風に)なびく.
huiskia 17 [動] 振る, 振り回す, 打ち振る, 動かす.
huiskuttaa* 2 [動] 振る.
huitaista 24 [動] 振り回す, 打ち振る, なぐる.
huitoa* 1 [動] 手を振る, 杖を振る, 手足をバタバタする；打つ, 叩く.
huivi 4 [名] ネッカチーフ, スカーフ.
hujauttaa* 2 [動] 大きな音を立てて打つ, 叩きつける.
hukata* 35 [動] 無くす, 失う.
hukka* 11 [名] 1. 喪失, 無くなること 2. (susi) 狼.
hukkaantua* 1 [動] なくなる, 消える, 滅びる.
hukkua* 1 [動] 溺れる, 水死する.
hukuttaa* 2 [動] 溺れさせる, 水死させる.
hullu 1 [形] 愚かな, 気の狂った. [名] 愚かな人, 狂人.
hullunkurinen 63 [形] 変な, おかしな.
hullusti [副] 愚かに；都合悪く.
hulluus* 65 [名] 愚かさ, 気違いざた.
hulmahtaa* 2 [動] ひらひらする, 漂う.
hulmu 1 [名] (旗が)はためくこと, はためき.
hulmuta 39 [動] (liehua, heilua)風になびく, たなびく.
hulttio 3 [名] ごろつき, ろくでなし.

humahdella* 28［動］ヒューヒュー音を立てる.
humala 12［名］酔わせること.〈植〉(ビール醸造用の)ホップ.
humalainen 63［形］(juopunut)酔っぱらった,酒に酔った.［名］酔っぱらい.
humaltua* 1［動］(päihtyä)泥酔する,酔っぱらう.
humina 14［名］(風などの)ヒューヒュー,ビュービューという音.
humista 41［動］風がそよぐ,風がヒューヒュー・ザワザワ音を立てる.
hunaja 16［名］蜂蜜.
huntu* 1［名］ヴェール.
huoahtaa* 2［動］(huokaista)深く息をする,溜め息をつく.
huoata* 35［動］溜息をつく.
huohottaa* 2［動］溜め息をつく,あえぐ.
huojentaa* 8［動］(lieventää, helpottaa)和らげる,容易にする,軽減する.
huojua 1［動］揺らぐ,ぐらつく.
huojuva 13［形］ぐらぐらする,揺れ動く.
huokailla 29［動］溜め息をつく.
huokaista 24［動］ため息をつく.
huokaus 64［名］溜め息.
huokea 21［形］(halpa)安い.
huokeahintainen 63［形］安い値段の,安価な.
huokoinen 63［形］多孔性の.
huoku* 1［名］息づかい.
huokua* 1［動］(静かに)呼吸する.
huolehtia* 17［動］(出格と共に)〜に気を配る,〜に留意する.
huolehtivainen 63［形］(huolehtiva, huolellinen)心配する,心配な,気掛かりな.
huolellinen 63［形］注意深い.
huolellisesti［副］注意深く.
huolellisuus* 65［名］注意深さ.
huolenpito* 1［名］世話,心配.
huolestua 1［動］心配する,くよくよする.
huolestunut 77［形］心配した,気をつかった.

huolestuttaa* 2 ［動］(huolettaa)心配させる.
huoleti ［副］(rauhassa)心配しないで.
huoleton* 57 ［形］不注意な, 軽率な, のん気な.
huolettaa* 2 ［動］(huolestuttaa)心配させる.
huolettomuus* 65 ［名］心配のないこと, のん気.
huoli 32 ［名］心配, 世話, 面倒. *pitää huolta*＋出格 〜の世話をする.
huolia 17 ［動］(通常否定文で, 不定詞と共に)気にかける, 留意する.
huolimaton* 57 ［形］無頓着な, だらしない.
huolimatta ［後・前］(出格と共に)〜にもかかわらず.
huolimattomasti ［副］無頓着に.
huolimattomuus* 65 ［名］不注意, 無頓着.
huolinta* 16 ［名］〈商〉発送, 運送.
huolissaan ［副］心配して, 恐がって. *olla huolissaan*＋出格. 心配である.
huolitsija 14 ［名］〈商〉運送業者.
huoltaa* 5 ［動］世話をする, 気に掛ける.
huolto* 1 ［名］世話.
huoltoasema 13 ［名］サービスステーション.
huomaamaton* 57 ［形］気づかない, 人目を引かない.
huomaamatta ［副］人目を引かずに, こっそりと, いつのまにか.
huomaavainen 63 ［形］注意ぶかい, 良く気をつける.
huomata 35 ［動］認める, 気付く, 理解する.
huomattava 13 ［形］特筆すべき, 目立った.
huomattu* 2 ［形］卓越した, 顕著な, 有名な.
huomauttaa* 2 ［動］注意を促す, 気付かせる.
huomautus 64 ［名］説明, 注釈.
huomen 55 ［名］〈詩〉〈雅〉明日；朝. *Hyvää huomenta* おはよう. *huomenna* 明日.
huomenaamu 1 ［名］(huomisaamu)明朝, 明日の朝. *huomenaamuna* 明朝に.
huomenna ［副］明日に.
huominen 63 ［形］あしたの, 明日の. *huominen sanomalehti* あしたの新聞.

huomio 3 [名] 注目, 注意. *kiinnittää huomiota*+入格 〜に注意を向ける. *kohdistaa huomionsa*+入格 〜に注意を向ける. *ottaa huomioon* 注意を払う.

huomioida 30 [動] (huomata, havaita)気付く, 知る, 識別する.

huomioitsija 14 [名] 観察者, 観測者.

huone 78 [名] 部屋.

huoneenvaraus 64 [名] 部屋の予約.

huoneisto 2 [名] 住宅, アパート.

huonekalu 1 [名] 家具.

huonekalusto 2 [名] 家具一式, 家具類.

huonetoveri 5 [名] 同室者, 部屋仲間.

huoneusto 2 [名] (huoneisto)住宅.

huono 1 [形] 悪い, へたな, 病弱な.

huonokuuloinen 63 [形] 難聴の, よく聞こえない.

huonomaineinen 63 [形] (pahamaineinen)悪い噂の.

huonommuus* 65 [名] 悪化, 一段と悪くなること.

huonomuistinen 63 [形] 覚えの悪い, 忘れっぽい.

huonontaa* 8 [動] (価値, 美感を)損なう, 悪くする.

huonontua* 1 [動] (品質, 病気などが)悪くなる, 悪化する.

huononäköinen 63 [形] 視力の弱い.

huono-olo 1 [名] 苦しい状態, 気持ち悪い状態.

huono-osainen 63 [形] (onneton, köyhä)不幸な, 貧しい, 気の毒な.

huonopäinen 63 [形] 頭の悪い, 低能な, 知力の足りない.

huonosti [副] へたに.

huonota 34 [動] 悪くなる.

huonous* 65 [名] 下手.

huonovointinen 63 [形] 健康がすぐれない, 気持が悪い.

huopa* 11 [名] 毛布, フェルト.

huopakynä 11 [名] マジックペン.

huopapeite* 78 [名] 毛布, フェルトのカバー.

huostassa [名] (huostassa, huostasta, huostaan

の形しかない)(後置詞のように使われる)世話に，手の中に. *jäädä*＋属格＋*huostaan* 〜の世話になる.
huounta* 15 ［名］息づかい.
hupainen 63 ［形］(huvittava)楽しい，ふざける.
hupaisa 13 ［形］(hupainen)楽しい.
hupelo 2 ［形］愚かな，ばかな. ［名］愚かな人，ばかな人.
huppu* 1 ［名］フード.
hupsu 1 ［形］ばかな，愚かな. ［名］ばかな人，愚かな人.
hurahtaa* 2 ［動］急ぐ，走る.
hurauttaa* 2 ［動］(kiitää)急ぐ.
hurja 11 ［形］荒々しい.
hurjannäköinen 63 ［形］恐ろしい顔つきの.
hurjapäinen 63 ［形］向こう見ずな，荒々しい.
hurjastella 28 ［動］荒々しく振る舞う，乱暴な行動をする.
hurjasti ［副］荒々しく.
hurmaantua* 1 ［動］魅惑される，うっとりさせられる.
hurmata 35 ［動］うっとりさせる，魅惑する.
hurmio 3 ［名］恍惚，気持ちの高揚，熱心.
hurskas 66 ［形］〈宗〉敬虔な，信心深い，熱心な.
hurskaus* 65 ［名］〈宗〉信心深いこと，敬虔，熱心.
hurtta* 11 ［名］猟犬.
hutiloida 30 ［動］不注意に行動する，ぞんざいにする.
hutkia 17 ［動］(piestä)叩く，打つ.
huudahdus 64 ［名］叫び，叫び声.
huudahtaa* 2 ［動］叫ぶ，大声で言う.
huuhdella* 28 ［動］ゆすぐ，水を流す，うがいする，洗い流す.
huuhkaja 16 ［名］〈鳥〉ワシミミズク(フクロウ科). 学名 Bubo bubo.
huuhtelu 2 ［名］洗い，ゆすぎ，すすぎ，洗浄.
huuhtoa* 1 ［動］すすぐ，ゆすぐ.
huuhtoutua* 44 ［動］自分を洗う，洗われる.
huuli 32 ［名］唇.

huuliharppu* 1 [名] ハーモニカ.
huulipuikko* 1 [名] 口紅のスティック.
huulipuna 11 [名] 口紅.
huuma 11 [名] 意識不明, 朦朧とした状態.
huumata 35 [動] ふらふらにさせる, 意識を失わせる, 朦朧とさせる.
huumaus 64 [名] ふらふら, 意識不明, 朦朧.
huumausaine 78 [名] 麻薬.
huumautua* 44 [動] ふらふらになる.
huume 78 [名] 1. (huuma, huumaustila)意識不明, 朦朧とした状態. 2. (huumausaine)麻薬.
huumori 5 [名] ユーモア.
huumorintaju 1 [名] ユーモアのセンス.
huumorintajuinen 63 [形] ユーモアたっぷりの, ユーモアを理解する.
huurre* 78 [名] 〈気〉霜.
huurteinen 63 [形] 霜のおりた.
huutaa* 3 [動] 大声を出す, 叫ぶ;公言する.
huutelu 2 [名] 鳴くこと.
huuto* 1 [名] 叫び, 叫び声.
huutokauppa* 10 [名] 競り, 競売.
huutomerkki* 4 [名] 感嘆符.
huveta* 34 [動] (vähetä)少なくなる, 減る, 消える.
huvi 4 [名] 娯楽, 気晴らし.
huvila 14 [名] 別荘.
huvimaja 10 [名] あずま屋.
huvimatka 10 [名] 遊覧旅行.
huvinäytelmä 13 [名] (komedia)喜劇.
huvipuisto 1 [名] 遊園地.
huviretki 8 [名] 娯楽旅行, 気晴らし旅行.
huvitella* 28 [動] 楽しませる.
huvittaa* 2 [動] 楽しませる.
huvittava 13 [形] (hupainen, hauska)楽しい, 面白い, 興味深い.
huvittelu 2 [名] 娯楽, 気晴らし.
huvitus 64 [名] 楽しみ, 娯楽, 趣味.
hyinen 63 [形] 氷の.
hylje* 78 [名] 〈動〉アザラシ.

hylkeenpyynti* 4 [名] アザラシ漁.
hylkiä* 17 [動] (hyljeksiä, syrjiä)軽視する, 価値を認めない, 退ける, 排斥する.
hylky* 1 [名] 廃物, 捨てられた物, 無価値な物.
hylkäys 64 [名] 見捨てること, 放棄.
hylly 1 [名] 棚.
hylätä* 40 [動] 見捨てる, 退ける.
hymistä 41 [動] 歌や音がここちよく響く.
hymy 1 [名] ほほ笑み. *suu hymyssä* ほほえみながら.
hymyillä 29 [動] ほほ笑む.
hymyily 2 [名] ほほ笑み.
hypellä* 28 [動] 跳ぶ.
hypiskellä 28 [動] 跳ぶ, ジャンプする.
hypistellä 28 [動] 指でさわる.
hypitellä* 28 [動] ジャンプさせる, とび跳ねさせる.
hyppely 2 [名] 飛び跳ねる事, ダンス.
hyppiä* 17 [動] 跳ぶ.
hyppy* 1 [名] ジャンプ.
hyppäys 64 [名] 跳ぶこと.
hypähtää* 2 [動] 跳ぶ, 跳ねる.
hypätä* 35 [動] 跳ぶ, はねる, とび越える.
hyreksiä 17 [動] ハミングする.
hyristä 41 [動] かすかな音を立てる.
hyrrä 11 [名] 独楽(こま).
hyrske 78 [名] (hyrsky)流れや波の音.
hyrähtää* 2 [動] 静かな音を立てる. *hyrähtää itkuun*(=puhjeta hiljaiseen itkuun.)さめざめと泣く.
hyräillä 29 [動] 小声で歌う.
hytistä 41 [動] (vapista)震える. *hytistä kylmästä* 寒さで震える.
hytkiä 17 [動] 揺れ動く, 動く.
hytkyä 1 [動] 揺れ動く, 動く.
hytkähtää* 2 [動] 震える, 震動する.
hytti* 4 [名] 列車のコンパートメント, 船室.
hyttipaikka* 10 [名] (船・列車の)寝台.
hyttynen 63 [名] 〈虫〉蚊. (総称)
hyttysenpurema 13 [名] 蚊がさすこと, 蚊にさされた所.

hyttysvoide* 78 [名] 虫さされ薬.
hyve 78 [名] 善行, 徳.
hyveellinen 63 [形] 有徳の, 徳が高い.
hyvillään [副] (hyvillä mielin, iloissaan)喜んで, 満足して, 機嫌よく.
hyvin [副] よく, じょうずに；非常に；ほとんど.
hyvinvointi* 4 [名] 繁栄.
hyvinvoipa* 11 [形] 働きのよい, 豊かな, 金持ちの.
hyvitellä* 28 [動] (hellitellä, hyväillä)可愛がる, 愛する.
hyvittää* 2 [動] 弁償する, つぐなう.
hyvitys 64 [名] 債権, つぐない.
hyvyys* 65 [名] 良いこと, 親切, やさしさ.
hyvä 11 [形] よい, 善良な；じょうずな. 属格+ *hyväksi* 〜のために, 〜の利益のために.
hyväillä 29 [動] 善意を表現する, 可愛がる, 愛撫する.
hyväksikäyttö* 1 [名] (hyödyksikäyttö)有効利用, 活用.
hyväksyvästi [副] 好意的に.
hyväksyä 1 [動] (変格と共に)〜であると認める, 是認する.
hyväkäs* 66 [名] あいつ, 奴.
hyvälahjainen 63 [形] 才能ある, 有能な.
hyväluontoinen 63 [形] 人の良い, 善良な, 気立てのよい.
hyvämaineinen 63 [形] よい噂の, 名声高い.
hyvämuistinen 63 [形] 記憶のよい, 覚えのよい.
hyvänen 63 [形] *hyvänen aika* おやおや(驚き, 不満などを表す).
hyvänlainen 63 [形] (kohtalainen, melkoinen)かなりの, かなりよい, まあまあの.
hyvänmakuinen 63 [形] 味のよい, おいしい.
hyvänpuoleinen 63 [形] (hyvänlainen, kohtalainen)かなりの, かなりよい, まあまあの.
hyväntahtoinen 63 [形] 善意の, 情け深い, 親切な.
hyväntekeväinen 63 [形] 慈善の, 善行の.

hyvästellä 28 [動] (sanoa hyvästit)別れを告げる.
hyvästely 2 [名] 別れを告げること, さようならを言うこと.
hyväsydäminen 63 [形] 情け深い, 親切な.
hyvätuloinen 63 [形] 収入の多い, よい収入の.
hyväätarkoittava 13 [形] 善意の, よい事を目的とした.
hyydyttää* 2 [動] 固まらせる, 凝固させる.
hyysätä 35 [動] 〈常〉(hoitaa)世話をする.
hyytelö 2 [名] 〈料〉ゼリー.
hyytyminen 63 [名] (血液などの)凝結.
hyytyä* 1 [動] 固まる.
hyytää* 4 [動] 凍らせる, 固まらせる.
hyödyke* 78 [名] 〈経〉日用品, 必需品.
hyödyllinen 63 [形] 有益な, 利益のある.
hyödyllisesti [副] 有効に;有用に.
hyödyllisyys* 65 [名] 有効性;有用なこと.
hyödyttää* 2 [動] 利益をもたらす, 恩恵をもたらす, ためになる.
hyödytön* 57 [形] 役に立たない, 無益な.
hyökkäillä 29 [動] 攻撃する.
hyökkäys 64 [名] 攻撃.
hyökkääjä 16 [名] 侵略者.
hyökkäämättömyyssopimus 64 [名] (nonaggressiosopimus)相互不可侵条約.
hyökyä* 1 [動] (hyrskytä)激しく波立つ, 激しく泡立つ.
hyökätä* 35 [動] 攻撃する. *hyökätä kimppuun* 攻撃する.
hyönteinen 63 [名] 昆虫.
hyörinä 14 [名] 騒ぎ.
hyöriä 17 [動] あちらこちら行く・動く.
hyöty* 1 [名] 利益, 恩恵. *olla hyödyksi* 有益である. *saada hyötyä* 益を得る.
hyötyisä 13 [形] 1. (hyväkasvuinen)成長が早い, よく育った. 2. (hyödyllinen)有益な.
hyötyä* 1 [動] 利益を受ける, 恩恵を受ける.
hädänalainen 63 [形] (hädässä oleva)困っている,

困難に陥った.
häijy 1 [形] (paha, ilkeä)悪い, 意地悪な.
häijyys* 65 [名] 悪意, 意地悪さ.
häikäilemätön* 57 [形] 大胆な, びくびくしない, 恥知らずな.
häikäillä 29 [動] (arastella, ujostella)びくびくする, ためらう, 恥ずかしがる.
häikäisevästi [副] きらきらと, 目をくらませるように.
häikäistä 24 [動] (huikaista, sokaista)目を眩ませる. *häikäisevän* kirkas 眩しい, 目が眩むような.
häilyvä 13 [形] (epävakainen, horjuva)ぐらぐらする, しっかりしない.
häilyä 1 [動] ゆれ動く.
häilähdellä* t 28 [動] 揺れ動く, 見えかくれする.
häipyä* 1 [動] 少しずつ消える, なくなる.
häiriintyä* 1 [動] 邪魔される.
häiritsemätön* 57 [形] 邪魔されない.
häiritsevä 13 [形] 迷惑な, 困惑させる.
häiritä 31 [動] 邪魔をする, 迷惑をかける.
häiriö 3 [名] 迷惑, 妨げ.
häiriönpoisto 1 [名] 〈ラ〉放送の雑音防止.
häkki* 4 [名] かご, おり.
häkkirattaat* 66 [複名] 干し草などを運ぶかご付き荷車.
häkä* 11 [名] 石炭・木炭などのガス, 一酸化炭素.
häkälöyly 1 [名] 最初にサウナに入ること.
hälinä 15 [名] 喧騒, 騒ぎ.
häly 1 [名] 騒ぎ.
hälyttää* 2 [動] 危険を知らせる, 警報を発する, 安全な所に集める.
hälytys 64 [名] 〈軍〉警報.
hälytyskello 1 [名] 警報ベル, 火災報知器.
hämilleen [副] 当惑して, 困惑して. saattaa *hämilleen* 当惑させる, 困惑させる.
hämillään [副] どぎまぎして, うろたえて, 驚いて, 当惑して.
hämmennys 64 [名] (sekaannus, epäjärjestys)混

乱, 無秩序；当惑, 困惑.
hämmentynyt 77 ［形］混ざった, 混乱した；当惑した, 困惑した.
hämmentyä* 1 ［動］1. 混ざる, ごちゃごちゃになる, 無秩序になる, 混乱する. 2. 当惑する, 困惑する.
hämmentää* 8 ［動］1. 混ぜる, ごちゃごちゃにする, 無秩序にする, 混乱させる. 2. 当惑させる, 困惑させる, 妨げる.
hämminki* 6 ［名］(sekaannus, hämmennys)混乱, 無秩序；当惑, 困惑.
hämmästellä 28 ［動］(ihmetellä)驚く.
hämmästynyt 77 ［形］驚いた, びっくりした, あきれた.
hämmästys 64 ［名］驚き, 当惑, 困惑.
hämmästyttävä 13 ［形］(yllättävä, ihmeellinen)驚くべき.
hämmästyttää* 2 ［動］びっくりさせる, 驚かせる.
hämmästyä 1 ［動］驚く, 当惑する, 困惑する.
hämy 1 ［名］〈詩〉薄明かり, たそがれ.
hämähäkki* 4 ［名］〈虫〉クモ. (総称)
hämäläinen 63 ［名］Häme 地方の人. ［形］Häme 地方の.
hämärtyä* 1 ［動］ぼんやりとなる.
hämärtää* 6 ［動］暗くなる.
hämäryys* 65 ［名］うす暗さ；不明瞭.
hämärä 12 ［形］うす暗い, ぼんやりした.
hämäräperäinen 63 ［形］起源・出生・発生などがはっきりしない.
hämärästi ［副］うす暗く, ぼんやりと.
hämärätarina 14 ［名］不思議な話, 聞いたことがない話.
hämätä 35 ［動］混乱させる, 困惑させる, 困らせる.
hän (変化形は付録の変化表参照) ［人代］彼, 彼女(3人称・単数).
hänenlaisensa 63 ［形］(hänenkaltaisensa)彼(女)のような, 彼(女)と同じような.
hännystakki* 4 ［名］燕尾服.

hännällinen 63 [形] 尾のある, 尾を持った.
hännännenä 11 [名] 尾の先.
häntä* 11 [名] (動物の)尾.
häntäniekka* 10 [形] 尾のある, 尾を持った.
häntäpää 28 [名] (peräpää, takapää)後ろ, 後尾, 後部.
häpeissään [副] 恥ずかしがって.
häpeä 21 [名] 恥.
häpeällinen 63 [形] (kunniaton)恥ずべき, 恥ずかしい, 卑しい.
häpeämätön* 57 [形] (hävytön)恥ずかしくない, 恥を知らない, 図々しい.
häpäisijä 14 [名] 名誉を傷つける人, 辱めを与える人.
häpäistä 24 [動] 辱める.
härkä* 11 [名] 雄牛.
härnätä 35 [動] 怒らせる, 苛立たせる, からかう.
hätistää 2 [動] 追い払う.
hätkähtää* 2 [動] 恐くなる, 恐れる.
hätyyttää* 2 [動] 苦しめる, なやます, 妨害する, 追いかける, 追いつめる, 攻撃する.
hätä* 11 [名] 困惑, ピンチ. *hengen hädässä* 命からがら. *olla hädissään* 困り果てている.
hätähuuto* 1 [名] 助けをよぶ声.
hätäillä 29 [動] 心配する, 大騒ぎする, ピンチにおちいる.
hätäinen 63 [形] 1. (hätääntynyt, levoton)困り果てた, ピンチの, そわそわした. 2. (harkitsematon)突然の, あわただしい, 予期しない.
hätäjarru 1 [名] 〈鉄〉急ブレーキ.
hätäkeino 1 [名] 緊急対策, 緊急策.
hätälasku 1 [名] 緊急着陸, 不時着.
hätämerkki* 4 [名] SOSの信号, 緊急信号.
hätäpuhelin 56 [名] 非常電話.
hätäpuolustus 64 [名] (hätävarjelu(s))非常防衛手段.
hätäside* 78 [名] 応急処置の包帯.
hätätila 10 [名] 緊急事態, 非常事態.

hätätilanne* 78 ［名］緊急の場合.
hätävara 10 ［名］非常時の予備.
hätääntyä* 1 ［動］(hätäytyä, hämmentyä)困り果てる, ピンチにおちいる, 慌てる, 困惑する.
häveliäs 66 ［形］(ujo, vaatimaton)控えめな, 恥ずかしがる, 謙虚な.
hävettää* 2 ［動］恥ずかしがらせる, 恥ずかしがる, (3人称の形で分格と不定詞と共に)恥ずかしい.
hävetä* 36 ［動］恥ずかしいと思う.
hävittäjä 16 ［名］〈軍〉滅亡者, 破壊者.
hävittää* 2 ［動］破壊する, 破滅させる.
hävitys 64 ［名］破壊, 破壊行為.
hävitä 37 ［動］無くなる, 消える, 負ける.
häviämätön* 57 ［形］(pysyvä, katoamaton)不滅の, 継続的.
häviö 3 ［名］(tappio)敗北, 没落.
hävyttömyys* 65 ［名］ずうずうしさ, 厚かましさ.
hävytön* 57 ［形］恥知らずの, ずうずうしい.
häväistys 64 ［名］侮辱, 辱め, 名誉棄損.
häväistä 24 ［動］(häpäistä)侮辱する, 辱める, 聖なる物を汚す,
häälahja 10 ［名］婚礼の贈り物.
häämatka 10 ［名］新婚旅行.
häämöttää* 2 ［動］ぼんやりと見える.
hääriä 17 ［動］(häärätä, puuhata)熱心に働く.
häärätä 35 ［動］熱心に働く.
häät häitä 28 ［複名］結婚式.
häätää* 4 ［動］(karkottaa, poistaa)追い払う, 遠ざける.
hökötys 64 ［名］〈常〉1. (laite)品物, 道具. 2. 粗末な建物, 粗悪な建物.
hölkkä* 11 ［名］(馬術で)短節速歩.
höllentää* 8 ［動］(löysätä, hellittää)(ベルトなどを)緩める, 規制などを緩和する.
höllä 11 ［形］(löysä)(ベルトなどが)緩い, 締まりがない；緊張感が無い, だらしがない.
hölmö 1 ［名］ばか者, 愚かな人.
hölmöläinen 63 ［名］民話に登場する愚鈍な人.

höperöidä 30 [動] 愚かな言動をする.
höpsö 1 [形] ばかな, 愚かな. [名] ばかな人, 愚かな人.
höpöttää* 2 [動] 繰り返し言う.
höristä 41 [動] 唸る, 低い音を出す(蠅や蜂が)ブンブンいう.
höristää 2 [動] *höristää korviaan* 聞き耳を立てる.
hörppiä* 17 [動] (ryystää, härppiä)音を立てて飲む, すする.
hötäkkä* 15 [名] 〈常〉大騒ぎ.
höyhen 55 [名] 羽毛, 綿毛.
höyli 4 [形] (ystävällinen, avulias) 〈俗〉親切な, 人助けをする.
höylä 11 [名] かんな.
höylänlastu 1 [名] かんな屑.
höylätä 35 [動] かんなをかける.
höyläys 64 [名] かんなをかけること.
höyläämö 2 [名] かんなかけをする仕事場.
höyry 1 [名] 〈理〉蒸気, 湯気；もや.
höyrykylpy* 1 [名] スチームバス, 蒸気(蒸し)風呂.
höyrylaiva 10 [名] 蒸気船.
höyrymylly 1 [名] 蒸気製粉機.
höyrytä 39 [動] 湯気を立てる.
höyste 78 [名] (maustin, mauste) 〈料〉調味料, 他の食べ物に添えられる食べ物.
höystää 2 [動] (maustaa, ryydittää) 〈料〉味をつける, 食べ物を添える.

I

iankaiken [副] いつも, つねに.
iankaikkinen 63 [形] 〈宗〉(ainainen, ikuinen)永遠の, 永久の, 恒久の, 終わりがない.
iankaikkisuus* 65 [名] 〈宗〉永久, 永遠.

ien* 55 [名] (通常は複数形で)歯茎.
ies* 67 [名] (juko) 2匹の雄牛を繋ぐくびき.
ihailevasti [副] 感心して, 感嘆して, 賛美して.
ihailija 14 [名] 尊敬者, 崇拝者, 思慕者.
ihailla 29 [動] 感心する, 感嘆する, 賛美する.
ihailtava 13 [形] (kunnioitettava)感嘆すべき, 驚くべき, 賛美される.
ihailu 2 [名] 感心, 感嘆, 驚き, 賛美.
ihan [副] 非常に, 大へん, 全く.
ihana 12 [形] 美しい, よい, すばらしい;楽しい, 快い.
ihanasti [副] 美しく, すばらしく;楽しく.
ihanne* 78 [名] (esikuva, ideaali)理想, 典型, 手本, 目標.
ihannoida 18 [動] (ihanteellistaa, idealisoida)理想化する, 誇張する.
ihanteellinen 63 [形] (idealistinen)理想的な, 素晴らしい.
ihanuus* 65 [名] 素晴らしさ, 優れていること.
ihastella 28 [動] (ihailla)感心する, 感嘆する, 賛美する.
ihastua 1 [動] (mielistyä)好きになる, 好む, 愛する.
ihastus 64 [名] 喜び, うっとりする事, 感嘆.
ihastuttava 13 [形] (viehättävä)喜ばせる, うっとりさせる.
ihka [副] (ihan)全く, とっても.
ihme 78 [名] 驚き, 驚異, 不思議.
ihmeellinen 63 [形] 不思議な, 考えられない, 驚くべき;素晴らしい.
ihmeissään [副] 驚いて.
ihmetellä* 28 [動] 感心する, 驚く, 不思議に思う.
ihmettely 2 [名] 感心, 驚き.
ihmetyttää* 2 [動] (kummastuttaa, hämmästyttää)驚かせる, 不思議がらせる, 奇妙に思わせる.
ihmetyö 30 [名] 不思議な出来事. (キリスト教の)奇跡.
ihminen 63 [名] 人, 人間, 個人.
ihmishenki* 8 [名] 人間の生命.

ihmisikä* 11 ［名］人の生涯, 人の一生.
ihmiskunta* 11 ［名］人間, 人類.
ihmismäinen 63 ［形］人間的な, 人間のような；人道的な.
ihmistaimi 35 ［名］(pieni lapsi)子供.
ihmisvilinä 14 ［名］人々の動き, 群衆の動き.
ihmisystävä 13 ［名］博愛主義者.
ihmisystävällinen 63 ［形］人間らしい, 人情のある, 博愛の.
ihmisyys* 65 ［名］人間の高貴な特性, 人間性, 文明.
iho 1 ［名］〈生物〉皮膚, 肌.
ihojauhe 78 ［名］(puuteri)おしろい, パウダー.
ihomaali 4 ［名］(sminkki)化粧品.
ihopaita* 10 ［名］(ihokas)肌着, 下着.
ihotauti* 4 ［名］〈医〉皮膚病.
ihottuma 13 ［名］〈医〉発疹, 吹き出物.
ihra 10 ［名］動物の脂肪.
iiris 64 ［名］〈植〉アヤメ.
iki ［副］1. 〈詩〉(aina, ikuisesti)常に, 永遠に. 2. (合成語の前の部分に使われ)〈詩・雅〉常に, 永遠に；非常に, 大変.
ikinä ［副］決して～ない, かつて～ない.
ikioma 11 ［形］自分の, 好きな, 愛する.
ikivanha 10 ［形］(hyvin vanha, ammoinen)非常に古い, 昔の, 大昔の.
ikkuna 17 ［名］窓.
ikkunankehys 64 ［名］窓枠.
ikkunaruutu* 1 ［名］窓ガラス.
ikkunaverho 1 ［名］窓用カーテン.
ikuinen 63 ［形］永遠の, 常時の, 永続的な, 長続きする.
ikuisesti ［副］永遠に.
ikuistaa 2 ［動］永遠にする.
ikuisuus* 65 ［名］永遠, 来世.
ikä* 11 ［名］年令, 人生. *koko ikänsä* 生涯を通じて. *iän kaiken*(=iänkaiken)永遠に.
ikäinen 63 ［形］～才の, 年令の.
ikäkausi* 40 ［名］年代, 世代, 時代.

ikäkulu 1 [形] 古くてすりへった.
ikäluokka* 11 [名] 同年代の人・物.
ikävystyttää* 2 [動] 退屈させる, うんざりさせる.
ikävystyä 1 [動] いやになる.
ikävyys* 65 [名] 1. 単調, 変化のなさ. 2. 無気力, 退屈.
ikävä 13 [形] 退屈な, いやな; 残念な.
[名] (pitkästyneisyys, kyllästymys)退屈, 意気消沈; 恋慕. *ikävissään* 退屈の余り, 退屈しのぎに.
ikävästi [副] 退屈して, 残念にも, さびしくて, 悪く.
ikävöidä 30 [動] 思い焦がれる, 慕う, あこがれる.
ikään [副] *ikään kuin* あたかも〜のように. *niin ikään* 同様に, 〜と同時に. *kuin 〜 ikään*(=aivan kuin)〜のように, 〜みたいに.
ilahduttaa* 2 [動] 喜ばせる.
ilakoida 30 [動] 1. (osoittaa iloansa)上機嫌である, 談笑する. 2. (pitää iloa)喜ぶ.
iljanko* 2 [名] (iljanne)地表の氷, 氷.
iljanne* 78 [名] (iljanko)地表の氷, 氷.
iljanteinen 63 [形] 凍ってつるつるの, 滑りやすい, 氷でおおわれた.
iljettää* 2 [動] (inhottaa)不愉快にさせる, いやな思いをさせる.
iljetä* 34, (36) [動] (否定文で)恥ずかしくてできない.
ilkeys* 65 [名] 意地悪, 悪意.
ilkeä 21 [形] 1. (paha, häijy)悪い, 意地悪な, 卑劣な. 2. (epämiellyttävä)いやな, 不愉快な.
ilkeämielinen 63 [形] 悪意のある, 意地悪い, 腹黒い.
ilkeästi [副] (pahasti)悪く.
ilkikurisuus* 65 [名] 悪行.
ilkityö 30 [名] 意地悪, 悪行, 悪戯.
ilkivalta* 10 [名] (pahanteko, vallattomuus)悪行, わがまま.
ilkivaltainen 63 [形] (ilkikurinen, vallaton)悪い, 意地悪な, わがままな.

ilkiö 3 ［名］(ilkimys)悪者.
ilkkua* 1 ［動］(pilkata, ivata)あざ笑う, 嘲笑する, 馬鹿にする, からかう.
illallinen 63 ［名］夕食.
illansuu 29 ［名］(illan alku, alkuilta)夕方, たそがれ時. *illansuussa* たそがれ時に.
illanvietto* 1 ［名］夕方の楽しさ, 楽しい夕方の過ごし方.
illastaa 2 ［動］夕食を取る, 夕食を与える.
ilma 10 ［名］空気, 大気；天気, 気候.
ilmaantua* 1 ［動］(入格と共に)〜をしに現れる, 〜のために現れる.
ilmailija 14 ［名］飛行士.
ilmailu 2 ［名］飛行.
ilmainen 63 ［形］1. (maksuton)無料の, ただの. 2. (合成語の後の部分を構成して)〜の天気の. *huonoilmainen* 悪い天気の, 悪天候の.
ilmaiseksi ［副］無料で, ただで.
ilmaista 24 ［動］表わす, 表現する, 示す.
ilmaisu 2 ［名］現れ, 表現.
ilmakehä 11 ［名］(atmosfääri)大気.
ilmakerros 64 ［名］空気層, 大気の層.
ilmakuoppa* 11 ［名］空気(大気)中の溝, エアポケット.
ilmalaiva 10 ［名］飛行船.
ilman ［前］1, (分格と共に)〜なしに. *ilman muuta* 問題なく, もちろん. *ilman selityksiä* 説明なしに. 2. 〈古・方〉(欠格と共に)〜なしに. *ilman selityksittä* 説明なしに. ［副］不足して, 無一物で. *ilmankin*(muutenkin)そうでなくても.
ilmanala 10 ［名］(ilmasto)天気, 気候.
ilmanennustus 64 ［名］天気予報.
ilmanmuutos 64 ［名］(säänmuutos)天候・気候の変化.
ilmanpaine 78 ［名］〈気〉気圧.
ilmanpitävä 13 ［形］(hermeettinen)空気を通さない, 密閉した.
ilmansuunta* 11 ［名］方角.

ilmanvaihdos 64 [名] 気象の変化.
ilmanvaihto* 1 [名] 換気, 通風.
ilmapallo 1 [名] 風船.
ilmapatja 10 [名] 空気マット.
ilmapiiri 4 [名] 雰囲気.
ilmapuntari 5 [名] 気圧計.
ilmarengas* 66 [名] 空気タイヤ.
ilmasto 2 [名] 天候, 気候.
ilmastointilaite* 78 [名] 空調設備, エアコン.
ilmasuoja 11 [名] 〈軍〉空襲避難所.
ilmatiede* 78 [名] (meteorologia)気象学.
ilmaton* 57 [形] 空気の無い, 真空の.
ilmaus 64 [名] 表現；〈言〉言語表現.
ilmava 13 [形] 1. (huokoinen)空気を含んだ, スポンジ状の. 2. (avara, tilava)広い, ゆったりとした.
ilmavoimat 11 [複名] 〈軍〉空軍.
ilme 78 [名] 表現.
ilmeikäs* 66 [形] (luonteikas, elävä)表情豊かな, 生き生きとした.
ilmeinen 63 [形] 明らかな, 明白な.
ilmeisesti [副] 明らかに, 明白に；多分, おそらく.
ilmentää* 8 [動] 表す, 見せる.
ilmestys 64 [名] 1. 表示, 表明. 2. 〈宗〉黙示.
ilmestyä 1 [動] 現れる, 見える, 表現される.
ilmetä 34 [動] (osoittautua)明らかになる, 明白になる, 現れる, 示される.
ilmi [副] (julki)公に, 明らかに. *antaa ilmi*(ilmaista, paljastaa)明らかにする, 表す. *käydä ilmi* 明らかになる. *saada ilmi* 明らかになる, はっきりする. *tulla ilmi*(paljastua)明らかになる.
ilmiriita* 10 [名] 公開論争.
ilmiö 3 [名] 現象, 出来事.
ilmiömäinen 63 [形] 自然現象の.
ilmoittaa* 2 [動] 告げる, 知らせる, 公表する, 通知する.
ilmoittautua* 44 [動] 申し込む, 参加申し込みをする.

ilmoittautuminen 63 ［名］申し込み, 参加申し込み.
ilmoitus 64 ［名］通知, 公表, 発表, 新聞広告.
ilmoitustaulu 1 ［名］掲示板.
ilo 1 ［名］喜び. *olla iloissaan* 喜んでいる.
iloinen 63 ［形］嬉しい, 喜ばしい, 楽しい.
iloisesti ［副］嬉しげに, 喜んで.
iloisuus* 65 ［名］嬉しさ, 喜び.
iloita 31 ［動］喜ぶ.
ilomieli 32 ［名］うれしい気持ち, 喜び.
ilomielin ［副］(mielellään, iloisesti) 喜んで, 楽しげに.
ilomielinen 63 ［形］機嫌の良い, 陽気な.
ilonpito* 1 ［名］(ilakointi) 娯楽, 楽しみ.
ilostua 1 ［動］喜ぶ, うれしくなる.
ilotella* 28 ［動］(ilakoida, iloilla) 楽しむ, 喜ぶ, 気楽に時間を過ごす.
ilotulitus 64 ［名］花火.
ilta* 10 ［名］夕がた, 夕暮, 晩. *Hyvää iltaa!* こんばんは. *illan suussa* よいの口. *tänä iltana* 今晩.
ilta-aurinko* 2 ［名］夕日.
iltahämärä 12 ［名］夕暮れ. ［形］夕暮れの.
iltaisin ［副］(illoin) 夕方に, 毎夕, 毎晩, 夕方にはいつも.
iltajuna 11 ［名］夜行列車.
iltalehti* 8 ［名］夕刊紙 (新聞の).
iltama 13 ［名］1. (illanvietto) 夕方開かれるパーティー. 2. 〈方〉夕方.
iltanen 63 ［名］1. 夕方, 夕暮れ. 2. (illallinen) 夕食.
iltapäivä 11 ［名］午後.
iltarusko 1 ［名］夕焼け.
iltasella ［副］(illalla, iltaisin) 夕方に.
iltayö 30 ［名］真夜中前の夜, 夕暮れから深夜まで.
ilveillä 28 ［動］(kujeilla, hassutella) ふざける, 道化を演じる, 馬鹿な真似をする.
ilveily 2 ［名］ふざけ, 道化, 馬鹿な真似.
ilves 64 ［名］〈動〉オオヤマネコ. 学名 Lynx lynx.
imaista 24 ［動］吸い込む.

imarrella* 28 ［動］(mairitella, mielistellä)褒めそやす, おもねる, へつらう, こびる.
imartelu 2 ［名］お世辞, へつらい.
imelä 12 ［形］(makea)甘い.
imettäjä 16 ［名］1. 乳母. 2.〈詩〉(äiti, emo)母.
imettäväinen 63 ［形］哺乳の. ［名］哺乳動物.
imettää* 2 ［動］乳を飲ませる.
imeä 13 ［動］吸う.
impi* 8 ［名］〈詩〉〈雅〉(neitsyt, neito)少女, 処女, 乙女.
imu 1 ［名］吸うこと.
imuke* 78 ［名］たばこの吸い口.
imukärsä 11 ［名］(imuputki)吸引のための昆虫の吻.
imuputki 8 ［名］(imukärsä)吸引のための昆虫の吻.
imurauhanen 63 ［名］(imusolmuke)〈解〉リンパ腺.
imusolmuke* 78 ［名］リンパ腺.
inessiivi 4 ［名］〈言〉内格.
inhimillinen 63 ［形］人間的な, 人間味のある.
inhimillisesti ［副］人間的に, 人道的に.
inhimillisyys* 65 ［名］人間的であること, 人道的であること.
inho 1 ［名］憎悪, 憎しみ.
inhota 38 ［動］憎む；軽蔑する.
inhottaa* 2 ［動］憎しみを起こさせる, 憎ませる.
inhottava 13 ［形］大嫌いな, 気にくわない, 忌々しい.
Inkerinmaa 28 ［名］イングリア地方.
inkivääri 4 ［名］生姜.
innoittaa* 2 ［動］奮い立たせる.
innoittavasti ［副］奮い立たせるように.
innoitus 64 ［名］霊感, インスピレーション.
innokas* 66 ［形］熱心な, 勤勉な.
innokkaasti ［副］熱心に, 一生懸命に.
innostaa 2 ［動］(innostuttaa)情熱を燃え立たせる, 熱心にさせる.
innostella 28 ［動］熱をこめて言う, 熱心に言う.
innostua 1 ［動］興味を示す, 情熱を燃やす, 熱心に

なる.
innostus 64 [名] 熱心さ.
insinööri 4 [名] 技術者, エンジニア.
intensiteetti* 4 [名] 強烈, 激烈.
intiaanikesä 11 [名] 秋の終わりのぽかぽかとした暖かい陽気.
into* 1 [名] 熱心, 熱意, 熱中. *olla innoissaan* 熱心である, 熱中している.
intohimo 1 [名] 情熱, 情欲, 欲.
intohimoinen 63 [形] 情熱的な, 情欲的な.
intoilija 14 [名] 熱狂者, 狂信者.
inttää* 2 [動] 言い張る, 主張する.
inua 1 [動] 〈常〉(pyydellä) 求める.
invalidi 4 [名] 傷病兵, 傷病者. 戦争による身体障害者.
ipana 17 [名] 男の子, 女の子.
irrallaan [副] 緩んで, ゆったりして, ぐらぐらして.
irrallinen 63 [形] (erillinen, irto-) 離れた, 分離した, くっついていない.
irrota* 38 [動] 外れる, 剥がれる, 崩れる, 取れる.
irrottaa* 2 [動] ゆるめる, 解く；離す, 分離させる.
irrottautua* 44 [動] (出格と共に)〜から離れる.
irrottua* 1 [動] 〜から離れる, 分離する.
irstailija 14 [名] 道楽者, 放蕩者.
irstailla 29 [動] 淫らな生活を送る, 乱れる.
irstas 66 [形] 1. 頽廃的, 自堕落な, ずぼらな. 2. 〈方〉活発な, ここちよい.
irtaimisto 2 [名] 動産.
irtautua* 44 [動] 割れる, 壊れる.
irti [副] ゆるく, 離れて, 分離して. *päästä irti* 離れる, 自由になる, 解消する. *saada irti* 手に入れる, できる, 可能である. *sanoa irti* 契約解消を申し出る.
irtokappale 78 [名] 単品, 単体.
irtolainen 63 [名] (kulkuri) 住む家を持たない人, 路上生活者, 放浪者.
irtolehti* 8 [名] 本などに添付された紙, 別紙.

irtonainen 63 [形] (irti oleva)離れている, 分離している.

irtopohja 11 [名] (通常は複数形で)(kengänpohjallinen)靴の中敷き, 敷革.

irtoväki* 8 [名] 流れ者, 放浪者.

irvessä [名] (変化形は irvessä, irvissä, irveen, irviin のみ)歯をむきだしにして, 牙をむきだしにして, 冷笑して.

irvissä [名] きばをむき出しにして. *hampaat irvissä* しかめっ面をして.

irvistellä 28 [動] 1. 歯をむきだす, 牙をむきだす. 2. 冷笑する, 嘲笑する.

irvistää 2 [動] 1. 歯をむきだす, 牙をむきだす. 2. 冷笑する, 嘲笑する.

irvokas* 66 [形] 異様な, こっけいな, グロテスクな.

iskelmä 13 [名] ヒット曲.

iskeytyä* 44 [動] 捕らえる, くっつく.

iskeä 13 [動] 打つ, たたく, つつく, 打ちつける, 叩きつける. *iskeä silmää* ウインクする, 意味ありげな視線を送る.

iskos 64 [名] 〈建〉パテ.

isku 1 [名] 打撃, 打つこと.

iskulause 78 [名] スローガン.

Islanti* 4 [名] アイスランド(国).

islantilainen 63 [形] アイスランドの. [名] アイスランド人.

iso 1 [形] 大きい, たくさんの, 強大な.

isoisä 83 [名] 祖父.

isojako* 85 [名] 土地分配.

isokokoinen 63 [形] (kookas)大きい, 大きいサイズの.

isorokko* 84 [名] 天然痘.

isosisko 84 [名] 姉, 長姉.

isotella* 28 [動] (mahtailla)威張る, 横柄な態度を取る.

isovanhemmat* 83 [複名] 祖父母.

isoveli 84 [名] 兄.

isoäiti * 83 [名] 祖母.
istahtaa * 2 [動] 座る.
istua 1 [動] 座る, 腰掛ける.
istuin 56 [名] (tuoli, penkki)椅子, 腰掛け, シート.
istuinpaikka * 10 [名] 座席, 席, 議席.
istukas * 66 [名] 1.〈農〉キャベツなどの苗. 2.〈林〉苗木.
istumapaikka * 10 [名] 乗物の座席.
istunto * 2 [名] 会議, 話し合い.
istuttaa * 2 [動] 座らせる, 植樹する.
istutus 64 [名] 苗・苗木を植えること, 植樹.
istuutua * 1 [動] 座る.
isä 11 [名] 1. 父. 2. (複数形で)先祖.
isänisä 11 [名] 祖父(父親の父親).
isänmaa 28 [名] 祖国, 母国.
isänmaallinen 63 [形] 祖国愛の, 祖国愛に満ちた.
isänmaanystävä 13 [名] 愛国者, 祖国愛に満ちた人.
isännöitsijä 14 [名] 店・企業などの代表者, マネージャー.
isäntä * 11 [名] 主人, 所有者.
isäntäväki * 8 [名] 主人一家, 主人の家族.
isänäiti * 4 [名] 祖母(父の母親).
isäpuoli 32 [名] 母の新しい夫.
isätön * 57 [形] 父なしの, 父のいない.
itara 12 [形] (saita)欲張りな, 欲が深い, けちな.
itikka * 15 [名] (hyttynen)蚊.
itkettää * 2 [動] 泣かせる.
itkeä 13 [動] 泣く, 涙を流す, 悲しむ.
itku 1 [名] 泣くこと, 涙を流すこと.
itkusilmin [副] 目に涙をためて.
itkuvirsi * 42 [名] 哀歌, 哀泣歌(主に葬儀や婚礼で即興的に歌われる民詩).
itse 9(複数形では 8) [不代] (強調の意味を持つ)~自身.
　[不代] 関係する名詞を強調する. (語順が itse＋名詞の場合 itse は不変化. 名詞＋itse の場合 itse は名詞と同じ格におかれ, 所有接尾辞を伴う. ただし名詞

が主格の場合 itse は不変化.)
[再代] (所有接尾辞を伴って)自分自身. *itse asiassa* (tosiasiallisesti, oikeastaan)本当は.

itsehallinnollinen 63 [形] (autonominen)自治の, 自主的な.
itsehallinto* 2 [名] (autonomia)自治.
itsehillintä* 15 [名] (maltti)自制, 我慢.
itsehyväisyys* 65 [名] (omahyväisyys)自己満足.
itseisarvo 1 [名] 固有の価値, 持ち前の価値.
itsekeskeinen 63 [形] (omakeskeinen)自己中心的な.
itsekkyys* 65 [名] (egoismi)自己中心, 自己本位.
itsekohtainen 63 [形] (henkilökohtainen)個人的な, 個人の.
itsekseen [副] (itseksensä) 1 人で, 自身で. *aprikoida itsekseen* 自問する, 一人で考える. *nauraa itsekseen* 一人笑いをする. *puhua itsekseen* 独言を言う. *tuumailla itsekseen* 自問する, 一人で考える.
itsekäs* 66 [形] (egoistinen)自己中心的な, 自己本位な, 利己的な.
itselaukaisin 56 [名] 〈写〉セルフタイマー.
itseluottamus 64 [名] 自信, 確信.
itsemurha 11 [名] 自殺.
itsemääräämisoikeus* 65 [名] 自治権.
itsenäinen 63 [形] (erillinen, riippumaton)独立の, 独立した, 依存していない.
itsenäisyys* 65 [名] 独立, 自立.
itsenäisyyspäivä 11 [名] 独立記念日(フィンランドでは12月6日).
itseoppinut 77 [形] 自分で習得した, 自学自習の.
itsepalvelu 2 [名] 〈商〉セルフサービス.
itsepintainen 63 [形] (itsepäinen)頑固な, 譲らない.
itsepintaisesti [副] かたくなに, 頑固に.
itsepuolustus 64 [名] 自己防衛, 自衛.
itsepäinen 63 [形] (itsepintainen)頑固な, 譲らない.
itserakas* 66 [形] 自惚れの強い；独りよがりの.
itsesuojelu 2 [名] 自己防衛.

itsestään [副] 自分から, 自然に, 自ずから.
itsesäilytysvaisto 1 [名] 自己保存の本能.
itsetietoinen 63 [形] (ylpeä)自分を知っている, 自分の価値を知っている, 誇りを持った.
itu* 1 [名] 発芽, 新芽.
itä* 11 [名] 東;東洋;東風.
itäinen 63 [形] 東の. *itäinen* pituus 東経.
Itämeri 32 [名] バルト海.
itävyys* 65 [名] 〈農〉〈植〉発芽力.
itää* 2 [動] 発芽する.
iva 10 [名] 皮肉, 嘲笑, ばかにすること.
ivailla 29 [動] 皮肉を言う, あざ笑う, ばかにする, 見下す.
ivallinen 63 [名] [形] (ivaava)皮肉っぽい, ばかにした.
ivata 35 [動] 皮肉を言う, 軽蔑する, ばかにする.
iäinen 63 [形] (ikuinen)永遠の, 永続的な, 常時の.
iäksi [副] (ainiaaksi)ずっと, いつまでも.
iäkäs* 66 [形] (vanha)高齢の, 年を取った.
iänikuinen 63 [形] 太古の.
iänkaiken [副] 永遠に.
iäti [副] 永遠に, 永久に.

J

ja [接] ～として, そして.
jaella* 28 [動] 分配する.
jahdata* 35 [動] 〈常〉(pyydystää)退治する.
jahka [接] (kun)～するであろう時(未来の意味を表す)
jahti* 4 [名] (pyydystys)狩り, 捕らえること, 捕獲.
jahtikoira 11 [名] 猟犬.
jahtitorvi 8 [名] (metsästystorvi)狩りの角笛.
jakaa* 9 [動] 分ける, 分割する, 分配する.

jakaja 16 [名] 分配者, 配分者.
jakaus 64 [名] 髪の分け目.
jakautua* 44 [動] 分かれる, 割れる, 分配される, 分裂する.
jakelu 2 [名] 分配, 配給.
jakkara 15 [名] 背のない腰掛け, 踏み台.
jako* 1 [名] 分けること, 分配.
jakoavain 56 [名] 〈技〉モンキースパナー.
jakolasku 1 [名] 〈数〉割り算, 除法.
jakoperä 11 [名] (通常は複数形で)分配し余った物, 半端.
jaksaa 9 [動] できる. niin nopeasti kuin *jaksaa* できるだけ早く. *minkä jaksaa* できるだけ, 可能な限り.
jakso 1 [名] (時・場所・大きさについて)全体の中の一部分.
jalan [副] (jalkaisin)徒歩で, 歩いて.
jalankulkija 14 [名] 歩行者.
jalansija 10 [名] 1. 立っている場所；足跡. 2. 評判, 地位. *saada jalansijaa* しっかりした地位を確立する, よい評判を得る.
jalava 16 [名] 〈植〉ニレ(ニレ科の樹木の総称).
jalka* 10 [名] 足. フィート(長さの単位). saappaat *jalassa* ブーツをはいて.
jalkaisin [副] (kävellen, jalan)徒歩で, 歩いて.
jalkakäytävä 13 [名] 歩道.
jalkamatto* 1 [名] 敷居の前のマット.
jalkapallo 1 [名] 〈ス〉サッカー.
jalkapalloilija 14 [名] サッカー選手.
jalkapohja 11 [名] 足の裏.
jalkapuu 29 [名] 〈史〉足枷.
jalkaväki* 8 [名] 1. 歩行者. 2. 〈軍〉歩兵, 歩兵隊.
jalkeilla [副] 1. (liikkeellä)活動して, 動いて. 2. (pystyssä)直立して, 立って, 真っ直ぐに. *olla jalkeilla* 起きる.
jalkeille [副] 1. (liikkeelle)活動して, 動いて. 2. (pystyyn)直立して, 立って, 真っ直ぐに. kavahtaa *jalkeille*(=nousta)立ち上がる.

jalkopää 28 [名] 一方の端.
jalo 1 [形] 気高い, 高貴な.
jaloitella* 28 [動] (kävellä)散歩する, 動き回る, ぶらつく.
jalokivi 8 [名] 宝石.
jalomielinen 63 [形] 慈悲深い, 気高い, 寛大な.
jalomielisyys* 65 [名] 慈悲深いこと, 気高いこと, 寛大.
jalostaa 2 [動] 加工する.
jalostamo 2 [名] (jalostuslaitos)加工場所, 加工工場.
jaloviina 10 [名] コニャックや強い酒類.
jalusta 15 [名] 台, 台座, 土台.
jano 1 [名] (のどの)かわき.
janoinen 63 [形] のどの渇いた; 渇望する.
janottaa* 2 [動] 渇きを感じさせる, のどが渇く. Minua *janottaa*. (Minun on jano.)私はのどが渇いた.
jaollinen 63 [形] 分割可能な, 分けられる.
jaosto 1 [名] 部門, 部, 課.
jaottaa* 2 [動] (jakaa, osittaa)分ける, 分割する.
jaottelu 2 [名] 分割.
Japani 6 [名] 日本.
japanilainen 63 [形] 日本の. [名] 日本人.
jarru 1 [名] 〈技〉ブレーキ.
jarrupoljin* 56 [名] ブレーキペダル.
jarruttaa* 2 [動] 〈技〉ブレーキをかける.
jatkaa 9 [動] 続ける, つなぐ, 長くする.
jatkaja 16 [名] 継承者.
jatko 1 [名] 継続. joukon *jatkoksi*(=muiden mukaan)他の人といっしょに.
jatkokoulutus 64 [名] 補修教育, 専修教育.
jatko-ottelu 2 [名] スポーツなどの延長戦.
jatkosota* 11 [名] 継続戦争(1941年から44年のフィンランドとソビエトとの戦争).
jatkua 1 [動] つづく, 持ちこたえる.
jatkuva 13 [形] (yhtäjaksoinen)続く, 継続する.
jatkuvasti [副] 絶えず, 間断なく, 続けざまに.

jauhaa 9 [動] 1. ひいて粉にする. 2. 繰り返し言う.
jauhe 78 [名] (pulveri)粉, 粉状のもの.
jauheliha 10 [名] ひき肉.
jauho 1 [名] (通常は複数形で)小麦粉, 粉.
jauhopuuro 1 [名] おかゆ状の食べ物.
jauhovelli 4 [名] おかゆ状の食べ物.
jazzyhtye 78 [名] 〈楽〉ジャズバンド.
jenkka* 10 [名] (saksanpolkka)二拍子のダンスの一つ；そのダンスの曲.
JK. 又は **JK** [名] (jälkikirjoitus の略)追伸.
jne. (ja niin edelleen, 又は ja niin edespäin の略)などど.
jo [副] もう, 既に. *jo* nyt jotakin へー, 何だって(驚嘆の気持ちを表す).
joenhaara 10 [名] 川の支流.
joensuu 29 [名] 川口.
johdannainen 63 [名] 1. 派生した物. 2. 〈言〉派生語.
johdanto* 2 [名] (esipuhe)前書き, 前文, はしがき.
johdattaa* 2 [動] 案内する, 導く, 指導する.
johdatus 64 [名] 案内, 指導, 序論, 緒論.
johde* 78 [名] (ohjain, johdatin)水路などの案内標識.
johdin* 56 [名] 1. 〈電〉電線. 2. 〈言〉派生語尾.
johdonmukainen 63 [形] 論理的.
johdonmukaisuus* 65 [名] 論理性, 論理一貫.
johdosta [後] (属格と共に)(perusteena, perusteella, vuoksi)〜にあたって, 〜に関して, 〜の故に, 〜の結果として.
johtaa* 2 [動] 導く, 連れて行く, 指導する. (道が)通じている. *johtaa* harhaan 誤解させる, 誤り導く.
johtaja 16 [名] 指導者, 社長, 上に立つ人.
johtajatar* 54 [名] 女性の校長先生, 女性の社長, 女性支配人.
johto* 1 [名] 1. 指導；指導的地位・立場. 2. 〈ス〉リード. 3. 〈電〉ワイヤー, 電線. 4. 〈技〉水道管, ガス管.
johtoasema 13 [名] 指導的地位, リーダーシップ.

johtokunta* 11 ［名］実行委員会.
johtolanka* 10 ［名］〈電〉電線.
johtopäätös 64 ［名］(päätelmä)結論, 決定.
johtua* 1 ［動］(出格と共に)～から発生する. ～に由来する.
1. **joka** (不変化) ［不代］どの～も皆, おのおの, 各自. *joka päivä* 毎日. *joka suhteessa* あらゆる点で. *joka tunti* 毎時, 一時間ごとに.
2. **joka** (変化形は付録の変化表参照) ［関代］(先行詞が人と事物の場合に用いられる)～する～.
joka-ainoa 19 ［不代］(名詞的に)ほとんど皆, ほとんど誰も. (形容詞的に)ほとんどの.
jokainen 63 ［不代］(名詞的に)どの人も皆. (形容詞的に)どの～も.
jokapäiväinen 63 ［形］毎日の, 日々の.
jokaviikkoinen 63 ［形］毎週の.
jokavuotinen 63 ［形］毎年の.
jokeltaa* 5 ［動］幼児が片言(かたこと)を言う.
joki* 8 ［名］川. *jokea alas* 川を下って, 下流へ. *jokea ylös* 川を上って, 上流へ.
jokin (変化形は付録の変化表参照) ［不代］(動物や事物について)(名詞的に)ある物. (形容詞的に)ある, ある種の. *jo nyt jotakin* へー, 何だって(驚嘆の気持ちを表す). *jonkin verran* 幾らか, 多少, ある程度.
jokinen 63 ［形］川の, 川のある.
joko ［接］ *joko - tai* ～かまたは…, どちらかを.
jokseenkin ［副］(jotakuinkin)ほとんど, 大部分.
joku (変化形は付録の変化表参照) ［不代］1. (名詞的に)ある人. 2. (形容詞的に)ある, ある種の；幾つかの, 幾らかの. 3. (疑問文又は不明確な文において)ある, 幾つかの.
jolkutella* 28 ［動］静かに走る.
jolkuttaa* 2 ［動］静かに走る.
jollainen 63 ［形］(関係代名詞的に)そのようなもの.
jollei (jos ei)もし～でないならば.
jolloin ［副］(関係的に)～の時.
jolloinkin ［副］1. 一度, かつて. 2. 時々.
jolloinkulloin ［副］(toisinaan, silloin tällöin)

時々.

joltinenkin 63 [形] (kohtalainen, melkoinen)かなりの.

jommoinen 63 [形] (関係的に)〜のような.

jompikumpi* 84 [不代] 1. (名詞的に)二つのうちどちらか. 2. (形容詞的に)二つのうちどちらかの.

jonkinlainen 63 [形] (事物について)ある, ある種の.

jonkinmoinen 63 [形] (jonkinlainen)ある, ある種の.

jonne [関副] 〜する所の場所へ, その場へ.

jonnekin [副] (johonkin)どこかへ.

jono 11 [名] 列, 並び, つらなり. seisoa *jonossa* 列に並ぶ.

jonottaa* 2 [動] 並ぶ.

jopa [副] 〜でさえも, 例え〜でも.

jos [接] もし〜ならば, 〜だとしても. *jos kohta*(= vaikka, joskin)〜だけれども, 〜だとしても.

joskaan [接] (否定文で用いられる)例え〜でないとしても.

joskin [接] (vaikka, jos, jos kohta)〜だけれども, 〜だとしても.

joskus [副] 時々, ある時.

jota [関副] *jota*+比較級 - sitä+比較級, 〜であればある程〜.

jotakuinkin [副] ほとんど.

joten [関副] (niin että)それで, 従って, それ故に, そういうわけで, その結果.

jotenkin [副] いくらか; どうにかして.

jotenkuten [副] (jollakin tavoin)なんらかの方法で.

jotta [接] 1. (niin että)その結果. 2. (直接話法を文中に取り入れる時に用いる)次のように, 〜と. 3. (目的を表す)〜するために.

jottei [接] (jotta ei)〜しないために.

jouduttaa* 2 [動] 急がせる, せき立てる.

jouhi 32 [名] 1. 動物特に馬のたてがみ又は尻尾の毛. 2. 〈楽〉弦楽器の弦.

joukko* 1 [名] (suuri määrä)たくさん,多数; valtava *joukko* おおぜい,多数,たくさん. *joukon jatkoksi* (muiden mukaan)他の人といっしょに.
joukkokokous 64 [名] 大衆集会,大勢の集会.
joukko-osasto 2 [名] 〈軍〉部隊.
joukkotuote* 78 [名] 大量生産された品物.
joukkue 78 [名] ある目的で作られたグループ,チーム.
joukoittain [副] (suurin joukoin)グループで,大勢で.
joulu 1 [名] クリスマス.
jouluaatto* 1 [名] クリスマスの前夜.
jouluilta* 10 [名] クリスマスの夜.
joulujuhla 11 [名] クリスマスの祭.
joulukuu 29 [名] 12月.
joulukuusi 32 [名] クリスマスのモミの木. ☞ kuusi.
joululahja 10 [名] クリスマスプレゼント.
jouluieivos 64 [名] クリスマスのケーキ.
joulupukki* 4 [名] サンタクロース.
joulupuu 29 [名] クリスマスツリー.
joulu-ukko* 1 [名] サンタクロース.
jouluvirsi* 42 [名] クリスマスの賛美歌.
jousi 32 [名] 1. 弓. 2.〈楽〉弦楽器をひく時の弓. 3.〈技〉スプリング.
jousisoitin* 56 [名] 〈楽〉弦楽器.
joustaa 2 [動] はずむ,はねる,弾力がある.
joutaa* 4 [動] 1. (ehtiä, ennättää)～する時間がある,～する機会がある. *joutaa* lainaksi 借りられる. 2. 空いている,使われていない.
joutava 13 [形] 1. (tarpeeton)不必要な,いらない. 2. (mitätön, arvoton)価値がない,取るに足りない.
jouten [副] (toimettomana, joutilaana)何もしないで,怠けて.
joutessaan [副] (toimettomana ollen)どうしようもなくて.
joutilaisuus* 65 [名] 怠惰,何もしないこと.
joutilas 66 [形] 手があいている,ぶらぶらしている,

jouto* 1 [形] (joutilas)怠け者の, 仕事のない, 自由な.
joutsen 55 [名] 〈鳥〉ハクチョウ(総称).
joutua* 1 [動] 1. 間に合う, 時間前に着く. 2. (saapua)～に着く, ～に達する. 3. (第3不定詞入格と共に)～の状態におちいる, ～することになる. *joutua kiinni*. 捕らえられる, 明らかになる. *joutua keskelle*+分格 ～の中に入り込む. *joutua tekemisiin*+属格+*kanssa* ～と接触する, ～と関係を持つ.
joutuin [副] (kiireesti, pian)すぐに, 急いで.
joutuisa 13 [形] 早い, 急な, 急速な.
joutuisasti [副] (nopeasti)急いで.
juhla 11 [名] 祝い, 祝祭.
juhla-asu 1 [名] 晴れ着, 訪問着.
juhla-ateria 15 [名] 1. 宴会のご馳走. 2. 宴会.
juhlaillallinen 63 [名] (通常は複数形で)祝祭の夕食, 晩餐会.
juhlallinen 63 [形] 祝祭的な, 荘厳な, 儀式張った.
juhlasali 4 [名] 祝祭場, 式場.
juhlatilaisuus* 65 [名] 祝祭, 祝典.
juhlavuosi* 40 [名] 記念の年, ～年祭.
juhlia 17 [動] 祝う；祝いのパーティーをする.
julistaa 2 [動] 宣言する.
juliste 78 [名] 宣言.
julistus 64 [名] 公布, 公表, 発表.
julkaisija 14 [名] 出版社, 発行者.
julkaista 24 [動] 出版する.
julkaisu 2 [名] 1. 出版, 発表. 2. 出版物.
julkea 21 [形] ずうずうしい, 無礼な.
julki [副] 公に, 公然と, 明白に.
julkinen 63 [形] 公の, 公然の, 公開の.
julkipano 1 [名] 〈法〉公示, 告示.
julkisivu 1 [名] (fasadi)建物の正面.
julkisuus* 65 [名] 公になること, 知れ渡ること.
julkituoda 21 [動] (esittää, ilmaista)示す, 発表する, 表す.
julma 11 [形] 残酷な, 無情な, 冷酷な.

julmistua 1 [動] 激怒する.
julmuus* 65 [名] 残酷, 無情, 冷酷.
jumala 53 [名] 神. *Jumala* キリスト教の神.
jumalallinen 63 [形] 神の：神のような；神聖な.
jumalanpalvelus 64 [名] 礼拝式.
jumalanpelko* 1 [名] 神への畏敬・恐れ.
jumalaton* 57 [形] 神を信じない, 神に背いた.
jumaluus* 65 [名] 神性, 神格.
jumpata* 35 [動] 〈生徒〉(voimistella)体操をする.
jumppa* 11 [名] 〈生徒〉(voimistelu)体操.
jumppasali 4 [名] 体育館.
juna 11 [名] 列車.
junankuljettaja 16 [名] 列車の運転手.
junanvaihto* 1 [名] 列車の乗換え.
juntata* 35 [動] 〈建〉杭を打つ；土を固める.
juoda 21 [動] 飲む.
juoksennella* 28 [動] 走りまわる, かけまわる.
juoksentelija 14 [名] 走り回っている者.
juokseva 13 [形] 走る；流れる.
juoksija 14 [名] ランナー, 走者.
juoksu 1 [名] 走ること, ランニング.
juoksunumero 2 [名] 継続番号, 通し番号, バックナンバー.
juoksurata* 10 [名] 〈ス〉トラック.
juoksuttaa* 2 [動] 走らせる.
juolahtaa* 2 [動] *juolahtaa mieleen* 心に浮かぶ.
juoma 11 [名] 飲み物, 飲料.
juomalasi 4 [名] ガラスのコップ.
juomaraha 10 [名] チップ.
juomari 5 [名] 大酒飲み.
juominki* 5 [名] (通常は複数形で)強い酒の出るパーティー.
juomu 1 [名] 筋, しま, 線, 皺.
juoni 38 [名] 策略, 悪い計略, 陰謀.
juonitella* 28 [動] 企む, 陰謀を企てる.
juonti* 4 [名] 飲むこと.
juontua* 1 [動] 発生する, 派生する. (出格又は離格と共に)(olla peräisin, olla alkuisin)～から伝わ

る，発生する，由来する．
juopotella* 28［動］強い酒をがぶ飲みする，酔いつぶれる．
juoppo* 1［名］酒呑み，酔っ払い．
juopua* 1［動］(päihtyä, humaltua)酔う，酔っぱらう．
juoru 1［名］うわさ話，悪口．
juoruilija 14［名］告げ口をする人．
juoruta 39［動］悪口を言う，噂を言いふらす．
juosta 32［動］走る；流れる．
juotava 13［名］(juoma)飲み物．
juotin* 56［名］〈技〉ハンダごて，ハンダづけの道具．
juottaa* 2［動］1. 飲ませる．2.〈技〉ハンダづけする．
juova 11［名］筋，しま．
juovuksissa［副］(juopuneena)酔っぱらって．
jupista 24［動］小声で話す，独り言を言う．
juro 1［形］(vähäpuheinen)きまじめな，口数が少ない．
jurottaa* 2［動］黙る，黙りこくる，不機嫌で黙る．
jurrata 35［動］きしむ，きしんだ音を立てる．
justiinsa［副］〈常〉(juuri)本当に，まさに．
jutella* 28［動］話す．
juttu* 1［名］話，物語．
jutustella 28［動］(jutella)話す．
juupeli 5［名］(hitto)あいつ，奴，ごろつき．
1. **juuri**［副］たった今，しがた，まさに，ちょうど，本当に．*juuri kun* 丁度その時．
2. **juuri** 39［名］根，根源，起源．*juuria myöten*(=perustuksia myöten)すっかり，完全に．*juurta jaksain*(=perin pohjin, perusteellisesti)根本的に，詳しく．
juurikas* 66［名］〈植〉ビート，サトウダイコン．
juurikasvi 4［名］〈植〉地下茎；根菜．
juurtua* 1［動］根付く，根を張る．(入格と共に)～に根をおろす，～に定着する．
juusto 1［名］チーズ．
juustovoileipä* 11［名］〈料〉チーズオープンサンド．
juutas* 66［名］〈民〉悪霊，悪者．
juuttua* 1［動］(tarttua, takertua)くっつく，固

定される.
jyhkeys* 65 [名] どっしりしていること, 重厚さ.
jyhkeä 4 [形] どっしりした, 重厚な.
jykevä 13 [形] 巨大な, がっしりした, 丈夫な.
jylhä 11 [形] (karu, autio)寂しい, 人の住まない, 不毛の, 荒れた, 深い(森), ごつごつした, 岩だらけの.
jylinä 14 [名] 低く響く音・声, 轟音, 大声.
jylkyttää* 2 [動] ゴロゴロ音を立てる.
jyminä 14 [名] 低く響く音. ゴトゴト(ガタガタ)という音.
jymistä 41 [動] 低く轟く.
jymistää 2 [動] ドンドン叩く.
jyrinä 14 [名] 雷・大きい機械や車輪の音, 轟音.
jyristellä 28 [動] ドシンドシン・ゴロゴロなど低くて大きな音を立てる.
jyristä 41 [動] 雷が鳴る, 大きい機械や車輪が大きな音を出す.
jyristää 2 [動] ドンドン叩く.
jyrkkä* 11 [形] (崖, 山などが)険しい;(要求が)きびしい.
jyrkänne* 78 [名] 崖.
jyrsijä 14 [名] 〈動〉(nakertaja)齧歯類(げっしるい). 学名 Rodentia. リス, ネズミ, モルモットなど, 齧るのが特徴的な動物.
jyrsinkone 78 [名] 〈技〉フライス盤.
jyrä 11 [名] (地面を固め平らにする)ローラー. 畑の土を砕いてならす農具.
jyrähdys 64 [名] 轟き, 轟音, 雷鳴.
jyskiä 17 [動] (jyskyä)機械が音を立てる. ゴーゴー音を立てる.
jyskyttää* 2 [動] 騒音を立てる, 騒音を出す.
jyskyä 1 [動] (jyskiä)機械が音を立てる.
jysähtää* 2 [動] 音が響く.
jytinä 14 [名] ゴトゴト(ガタガタ), ゴツンなどの重い音.
jytistä 41 [動] ドンドン大きな音を立てる.
jytistää 2 [動] (jymistää, jyristää)ドシンドシン,

ドンドンなど低い音を立てる，ドンドン叩く．
jyty* 1 [名] (jytinä, jyminä)ドスンという音，ゴトゴト(ガタガタ)という音．
jyvä 11 [名] つぶ(粒)，穀粒．
jähmettyä* 1 [動] (液体が)固まる，凝固する；(顔や体が)かた苦しくなる，こわ張る．
jähmetys 64 [名] 凝固．
jähmeä 21 [形] (kiinteä)固い，固まった，凝固した． *jähmeä kappale* 固体．
jäidenlähtö* 1 [名] (jäänlähtö)氷融け，雪解け．
jäinen 63 [形] 氷の，氷った，氷でできた，冷たい．
jäkälä 12 [名] 〈植〉ハナゴケ(総称)．
jäljekkäin [副] 前後に並んで，一列になって．
jäljelle [副] (taakse)後方に，後ろに．
jäljellä [副] 残って，引き続いて．
jäljennös 64 [名] 写し，コピー．
jäljentää* 8 [動] 写す，模写する．
jäljessä [副] (場所的に)後ろに；(時間的に)後れて，のちに．[後] (属格と共に)(場所的に)〜の後ろに；(時間的に)〜より遅れて，〜の後に．
jäljestä [副] (場所的に)後ろから．[後] (属格と共に)(場所的に)〜の後ろから；(時間的に)〜の後から，〜の後に．
jäljitellä* 28 [動] 真似る，模倣する．
jäljittely 2 [名] 模倣すること，真似ること．
jälkeen [副] 後に(場所にも時にも)．[後] (属格と共に)〜の後に(場所にも時にも)．
jälkeenjäänyt 77 [形] 死後に残った，生き残った．
jälkeenpäin [副] 後になって．
jälkeentuleva 13 [形] 後に続く，後続の，後の．
jälkeinen 63 [形] あとの，その後の，次の．属格+ *jälkeinen* 〜後の．
jälkeläinen 63 [名] 子孫，後継者，跡継ぎ，子供．
jälki* 8 [名] 足跡，跡，わだち． *jättää jälkiä* 足跡を残す．
jälkikasvu 1 [名] (nuorennos)ひこばえ(伐採後にその切り株から生えた若い芽)；子供，子孫．
jälkimaailma 15 [名] 後代，後の世代．

jälkimmäinen 63 ［形］二つのうち後の, 後者の, 後半の.
jälkipolvi 8 ［名］後の世代.
jälkiruoka* 11 ［名］デザート.
jälkisäädös 64 ［名］〈法〉遺言, 遺言状.
jälkivaatimus 64 ［名］〈商〉代金引換払い.
jälkivaikutus 64 ［名］後に現れる影響, 余波.
jälleen ［副］再び.
jälleennäkeminen 63 ［名］再会, 再見.
jälleenrakennustyö 30 ［名］再建の仕事, 再建, 再構.
jälleenvakuutus 64 ［名］再保険.
jäniksenajo 1 ［名］ウサギ追い, ウサギ狩り.
jänis 64 ［名］〈動〉ウサギ.
jäniskoira 11 ［名］ウサギ狩り用猟犬.
jänne* 78 ［名］1. 体内の筋. 2. 弓の弦.
jänniteväli 4 ［名］〈技〉スパン, 支間.
jännittyä* 1 ［動］1. 引っ張られる, 引きつる. 2. こわばる, 緊張する.
jännittävä 13 ［形］どきどきさせる.
jännittää* 2 ［動］1. 張り詰める, (綱などを)ぴんと張る 2. 緊張させる.
jännitys 64 ［名］引く・張ること；緊張.
jäntere 82 ［名］(jänner)(通常は複数形で)体内の筋.
järeä 21 ［形］(vankka, tanakka)がっしりした, どっしりした, 重厚な, 大きい.
järin ［副］(否定文で)(kovin)それ程.
järistys 64 ［名］揺れ, 震動.
järistä 24 ［動］揺れる, 震動する, ぐらつく.
järjellinen 63 ［形］理性のある, 理性的な.
järjenmukainen 63 ［形］理知的な, 理論的な.
järjenvastainen 63 ［形］理性に従わない, 道理を弁えない, 不合理の.
järjestelmä 13 ［名］システム.
järjestelmällinen 63 ［形］組織的な, 系統的な.
järjestely 2 ［名］組織, 編成, 整理, 整列.
järjestys 64 ［名］秩序. *järjestyksessä* 調子よく.
järjestysluku* 1 ［名］〈言〉序数詞.

järjestysmies 72［名］地域・組織などの秩序を保つ人.
järjestysrikos 64［名］(järjestysrikkomus)法や秩序を破ること.
järjestyä 1［動］整えられる, 整理される, 整頓される.
järjestäjä 16［名］準備する人, 組織だてる人.
järjestäytyä* 44［動］整えられる.
järjestää 2［動］整える, 整頓する, 系統だてる.
järjestö 2［名］組織, 構成, 体系.
järjetön* 57［形］(älytön, hullu)理性のない, 考えのない, 愚かな.
järkevä 13［形］道理を弁える, 理性のある, 賢明な, 理性的な, 理知的な.
järki* 8［名］道理, 理性.
järkiperäinen 63［形］1. (järjenmukainen)理性的な, 理性に基づいた. 2. (tarkoituksenmukainen)合理的な, 理にかなった.
järkkyä* 1［動］震動する, 揺れ動く.
järkyttävä 13［形］感動させる.
järkyttää* 2［動］(horjuttaa)動かす, 震動させる.
järkytys 64［名］1. 震動. 2. 心の動揺.
järkähtämätön* 57［形］揺るがない, 動かない, しっかりした.
järkähtää* 2［動］大きな物が動く, 震動する.
järvi 8［名］湖.
järvialue 78［名］湖沼地帯.
järvitaimen 55［名］〈魚〉ミズウミヨーロッパマス. 学名 Salmo turtta lacustris.
jäsen 55［名］1. 手足. 2. 会員, メンバー.
jäsenistö 1［名］会員たち, グループ.
jäsenmaksu 1［名］会費.
jäsentely 2［名］分割, グループ分け.
jäsenyys* 65［名］会員であること.
jäsenäänestys 64［名］会員の選挙.
jäte* 78［名］残り物, 食べ残し.
jätetuote* 78［名］副産物.
jätevesi* 40［名］よごれ水, 下水.

jättiläinen 63 ［名］巨人.
jättiläismäinen 63 ［形］巨大な.
jättimäinen 63 ［形］(jättiläismäinen)巨大な.
jättäytyä* 44 ［動］残される, 捨てられる, 捨て去られる.
jättää* 2 ［動］1. (luovuttaa)手放す, 置く, 忘れる, 残す, 放置する. 2. (mennä edelle)ゲームなどで他を引き離す. *jättää sikseen*(=jättää toteuttamatta) 捨てる, 実現させない. *jättää jälkiä* 足跡を残す. *jättää heitteille* 投げ捨てる. *jättää maan* 国を離れる.
jätättää* 2 ［動］時計が遅れる.
jäykistyä 1 ［動］固くなる, こわばる, 硬直する.
jäykkä* 11 ［形］硬直した, 硬い.
jäykkäkouristus 64 ［名］〈医〉破傷風.
jää 28 ［名］氷.
jäädä 19 ［動］留まる, 残る. *jäädä alakynteen* 破れる, 負ける. *jäädä lukemaan läksyjä* 残って宿題をする. *jäädä mieleen* 心に残る, 印象を与える. *jäädä paikoilleen* その場に残る. *jäädä sisälle* 中に残る, 家に残る. *jäädä vähälle* 少しだけ貰う. *jäädä mikä minnekin* 各人が好む所にいる. *jäädä vähemmälle* 静かになる, 平和になる. *jäädä sille tielle* 行ったまま帰ってこない.
jäähdytin* 56 ［名］冷却させる物, 特に自動車のラジエーター.
jäähdyttää* 2 ［動］冷やす, 冷却させる.
jäähdytyslaitos 64 ［名］食料品を冷却して保存する建物, 冷蔵場所.
jäähile 78 ［名］薄氷.
jäähtyä* 1 ［動］さめる, 冷える, 冷たくなる.
jäähyväiset 63 ［複名］(hyvästit, hyvästely)長い間の別れ.
jäähyväislaulu 1 ［名］別れの歌.
jääkaappi* 4 ［名］冷蔵庫.
jääkarhu 1 ［名］〈動〉北極地方に生息する白熊.
jääkausi* 40 ［名］〈地質〉氷河時代.
jääkiekko* 1 ［名］〈ス〉アイスホッケー.

jääkiekkoilija 14 ［名］アイスホッケーの選手.
jääkiekkoilu 2 ［名］(jääkiekko)アイホッケー.
jääkiekkomaila 10 ［名］アイスホッケーのスティック.
jääkylmä 11 ［形］氷のように冷たい.
jääkäri 5 ［名］第1次世界大戦中ドイツで訓練を受けたフィンランド人の将校.
jäälautta* 10 ［名］浮氷.
jäämeri 32 ［名］氷海, 極洋. *Jäämeri* 北極海.
jäämistö 2 ［名］〈法〉遺産.
jäänlähtö* 1 ［名］(jäidenlähtö)川・湖などの氷が融けること, 雪解け.
jäänmurtaja 16 ［名］〈海〉砕氷船.
jäännös 64 ［名］1. 生き残り, 残り. 2. 残り物, 食べ残し.
jääpuikko* 1 ［名］つらら.
jäärä 11 ［名］1. 〈動〉〈古〉去勢していない子山羊. 2. 〈虫〉カミキリムシ(総称).
jäätelö 2 ［名］〈料〉アイスクリーム.
jäätikkö* 2 ［名］〈地〉〈地質〉氷河.
jäätymispiste 78 ［名］〈理〉氷点, 特に水の氷点.
jäätyä* 1 ［動］凍る, 冷たくなる.
jäätön* 57 ［形］氷の無い, 不凍の.
jäävuori 32 ［名］氷山.
jäävätä 35 ［動］〈法〉欠格者と認定する.
jöröttää* 2 ［動］黙る, 黙りこくる, 不機嫌で黙る.

K

kaakao 3 ［名］ココア.
kaakeli 5 ［名］〈建〉瓦, タイル瓦.
kaakko* 1 ［名］南東.
kaakkoinen 63 ［形］南東方の.
kaali 4 ［名］キャベツ.

kaalinkerä 11 ［名］キャベツの球.
kaamea 21 ［形］(kauhea, kammottava)恐ろしい, 恐怖心を起こさせる, 薄気味の悪い.
kaamosaika* 10 ［名］〈俗〉北国の真冬に太陽が昇らない時期.
-kaan (-kään)～も～でない.
kaapata* 35 ［動］ハイジャックする.
kaapia* 17 ［動］擦る, 削る.
kaappaaja 16 ［名］(kaappari)ハイジャックする人.
kaappari 5 ［名］(kaappaaja)ハイジャックする人.
kaappaus 64 ［名］ハイジャック.
kaappi* 4 ［名］戸棚, たんす.
kaapu* 1 ［名］ガウン(教授, 法官の正服), 法衣, 僧服.
kaaputtaa* 2 ［動］(kaapia)擦る, 削る.
kaareilla* 28 ［動］(へびが)とぐろを巻く, 蛇行する.
kaareva 13 ［形］弓形の, アーチ形の.
kaari 32 ［名］屈曲, 湾曲, 弓形, アーチ.
kaarna 10 ［名］樹皮.
kaarre* 78 ［名］(道路などの)カーブ.
kaarrella* 28 ［動］カーブする, 蛇行する；迂回する.
kaarros 64 ［名］曲がること, 曲がり, カーブ.
kaartaa* 12 ［動］曲げる, 上空を旋回する, ～の回りを回る.
kaarto* 1 ［名］曲がること, カーブ, 湾曲.
kaartua* 1 ［動］曲がる, カーブする.
kaasu 1 ［名］〈理〉ガス. (自動車の)アクセル.
kaasujohto* 1 ［名］ガス管.
kaasukeitin* 56 ［名］ガスこんろ.
kaasulaitos 64 ［名］ガス工場.
kaasumainen 63 ［形］ガス質(状)の.
kaasumittari 5 ［名］ガスメーター.
kaasunhaju 1 ［名］ガスの匂い.
kaasupoljin* 56 ［名］アクセルペダル.
kaasutin* 56 ［名］気化器, キャブレター.
kaasuttaa* 2 ［動］〈技〉ガスにする, 気体化する.
kaataa* 9 ［動］引っくり返す, 倒す；殺す；注ぐ.
kaatosade* 78 ［名］集中豪雨.

kaatua* 1 [動] 引っくり返る, 倒れる; 死ぬ; 流れ出る.
kaatumatauti* 4 [名] 〈医〉てんかん.
kaava 10 [名] 模範, 手本, 規範; 型紙.
kaavake* 78 [名] 書式用紙.
kaavamainen 63 [形] 形式どおりの, 型にはまった.
kaavio 3 [名] 図式, 型, 原型.
kaaviokuva 11 [名] (kaviopiirros, skeema)図式, 図解.
kaaviopiirros 64 [名] (kaaviokuva)図式, 図解.
kaavoittaa* 2 [動] 1. 地域計画を立てる. 2. 計画する, 企画する, アウトラインを描く.
kade* 78 [形] (kateellinen)嫉妬深い, 羨む.
kadehdittava 13 [形] (kateutta herättävä)嫉妬心を起こさせる, 羨ましい, 羨ましがらせる.
kadehtia* 17 [動] (olla kateellinen)(他人を)羨む, そねむ, ねたむ. 嫉妬する.
kadoksissa [副] (kadonneena, hukassa)失われて, 無くなって. olla *kadoksissa* 失われて, 見つからなくて.
kadota* 38 [動] 消える, いなくなる, なくなる.
kadottaa* 2 [動] 失わせる.
kadotus 64 [名] 没落, 破滅; 〈宗〉地獄に落ちること, 天罰.
kadunkulma 11 [名] 曲がりかど, 街角.
kadunristeys 64 [名] 十字路, 交差点.
kadunylitys 64 [名] 道路の横断.
kaduttaa* 2 [動] 後悔させる.
kahahdus 64 [名] (kahaus)カサカサという音.
kahakka* 15 [名] 小競り合い, 騒ぎ, 喧嘩, 殴り合い.
kahaus 64 [名] (kahahdus)カサカサという音.
kahdareisin [副] (kahtareisin)足を組んで.
kahdeksan 16 [基数] 8 (八).
kahdeksankymmentä 16+55 [基数] 80(八十).
kahdeksantoista 16 (toista は不変化) [基数] 18(十八).
kahdeksas* 75 [序数] 8 番目の.

kahdeksikko* 2 [名] 八の数(字). 8字形(のもの).
kahden [副] 二人で.
kahdenkesken [副] 二人で, 二人の間で.
kahdenkeskinen 63 [形] 二人だけの, 二人の間に起こる, 秘密の.
kahdenlainen 63 [形] 二種類の.
kahdentaa* 8 [動] 倍(二重)にする, 倍加する.
kahdestaan [副] (kaksistaan)二人で.
kahdesti [副] 二度, 二回.
kahdestoista* 75 (toista は不変化) [序数] 12番目.
kahista 41 [動] カサカサ音を立てる.
kahlaaja 16 [名] 〈鳥〉水辺や干潟など, 水の浅い所を歩きまわる鳥の総称. 渉禽類.
kahlaamo 2 [名] (川などの)歩いて渡れる所, 浅瀬.
kahlata 35 [動] 歩いて渡る, 徒渉する.
kahle 78 [名] (ketju)鎖, 足かせ, 手かせ.
kahlehtia* 17 [動] 縛り付ける, 束縛する.
kahmaista 24 [動] (siepata)取る.
kahmaloittain [副] (kahmalokaupalla, runsaasti) 豊富に, たくさん.
kahmia 17 [動] 手当たり次第集める.
kahnaus 64 [名] こすること, 摩擦.
kahtaalla [副] 双方で, 両方で.
kahtaalle [副] 双方に, ふたてに.
kahtaalta [副] 双方から, 両方から.
kahtareisin [副] (kahdareisin)足を組んで.
kahtia [副] 二つに, 二部分に(分かれて).
kahtiajako* 1 [名] 二分, 二等分.
kahva 10 [名] ドアの把手, ハンドル.
kahvi 4 [名] コーヒー.
kahvikuppi* 4 [名] コーヒー茶碗.
kahvikutsut 1 [複名] コーヒーパーティー.
kahvila 15 [名] 喫茶店.
kahvileipä* 11 [名] コーヒー菓子.
kahvipannu 1 [名] コーヒー沸かし, コーヒー注ぎ.
kahvipöytä* 11 [名] コーヒーテーブル.
kai [副] 多分.
kaide* 76 [名] 手摺, 欄干.

kaihdin* 56 [名] (varjostin)日除け.
kaiho 1 [名] 熱望, あこがれ.
kaihomielinen 63 [形] あこがれの, 切望する.
kaihota 38 [動] 思い焦がれる, 切望する.
kaihtaa* 10 [動] 1. (karttaa, välttää)避ける, よける, 遠ざける. 2. (peittää, varjostaa)覆う, 光を遮る.
kaikenlainen 63 [形] (monenlainen)あらゆる種類の, いろいろな.
kaiketi [副] (kai)多分, おそらく.
kaikinpuolinen 63 [形] 各方面(から)の, 全般の.
kaikitenkin [副] (kaiketi, kai)多分.
kaikkein [副] (最上級と共に)総ての中で, もっとも. *kaikkein* suurin 全ての中で一番大きい. *kaikkein* paras 全ての中で一番よい.
kaikkeus* 65 [名] 宇宙, 万有.
kaikki* 8 [不代] (名詞的に)すべて, 皆. (形容詞的に)すべての. *ennen kaikkea* まず第一に, 主に, 特に. *kaikesta päättäen* 総合して考えると, 全ての事から判断すると. *kaikin puolin*(=joka suhteessa)あらゆる点で. *kesken kaiken*(=yhtäkkiä)急に, 突然に. *tehdä kaikkensa* ベストを尽くす.
kaikkiaan [副] (yhteensä)全部で, 合計で, 合わせて. *kerta kaikkiaan*(=kokonaan)まったく, 完全に.
kaikkialla [副] どこでも, 至る所に.
kaikkialle [副] いたる所へ.
kaikkialta [副] いたる所から.
kaikkinainen 63 [形] (kaikenlainen)あらゆる種類の.
kaikkitietävä 13 [形] すべてを知っている, 全知の.
kaikkivaltias 66 [名] 全能者, 全能の神. [形] 全能の.
kaikota* 38 [動] (hävitä, kadota)逃げる, 遠ざかる, なくなる.
kaiku* 1 [名] 反響, こだま, やまびこ.
kaikua* 1 [動] こだまする.
kaima 10 [名] 同名の人.
kainalo 2 [名] わきの下, *kainalossa* 脇に抱えて.

kainalosauva 10 [名] 松葉杖. nojata *kainalosauvoihin* 松葉杖にすがる, 松葉杖をつく.
kaino 1 [形] (ujo)内気な, 恥ずかしがる.
kainostella 28 [動] (ujostella)きまり悪く思う, 気がねする.
kainostelu 2 [名] (ujostelu)物怖じ, 小心.
kainous* 65 [名] (ujous)はにかみ, 内気, 恥ずかしがり.
kaipailla 29 [動] 熱望する, 憧れる.
kaipaus 64 [名] (kaipuu)熱望, 切望, 憧れ.
kaipuu 25 [名] (kaipaus)熱望, 切望, 憧れ.
kaira 10 [名] きり, ドリル.
kaisla 10 [名]〈植〉カヤツリグサ科の植物をいう.
kaista 10 [名] 細長い土地, 道路の車線.
kaistale 78 [名] (kaista)細長い土地.
1. **kaita** 31 [動] (valvoa, varjella)守る.
2. **kaita*** 10 [形] (kapea, soukka)狭い, 細長い.
kaitafilmi 4 [名] ハミリ(フィルム・映画).
kaitainen 63 [形] (kaita)狭い, 細い.
kaitsija 14 [名] 動物の世話係.
kaiutin* 56 [名]〈電〉〈ラ〉スピーカー.
kaiutinkotelo 2 [名] スピーカーボックス.
kaiuton* 57 [形] 反響しない.
kaivaa 9 [動] 掘る, (特に日常語で=etsiä)探す. *kaivaa esiin* 発掘する.
kaivaja 16 [名] 掘る人, 穴掘り人.
kaivannainen 63 [名]〈地質〉地下資源.
kaivanto* 2 [名] 縦穴.
kaivata* 40 [動] 熱望する. *kaipaamatta* 懐かしむことなく, 情け容赦なく.
kaivaus 64 [名] 発掘.
kaivautua* 44 [動] 穴を掘る.
kaivella 28 [動] 掘る.
kaiverrus 64 [名] 彫刻, 彫刻品.
kaivertaa* 6 [動] 彫る, かじる.
kaivertaja 16 [名] 彫刻師.
kaivinkone 78 [名] 掘削機, パワーショベル.
kaivo 1 [名] 井戸. *kaivon* vintti(=vintti)棒と錘で

水を汲み上げる仕掛けの井戸.
kaivos 64［名］鉱坑, 炭坑.
kaivoskenttä* 11［名］鉱物の産地, 炭田.
kaivoslaitos 64［名］鉱山, 炭鉱, 採掘場.
kaivosmies 72［名］坑夫.
kaivosonnettomuus* 65［名］鉱山事故・災害.
kaivospölkky* 1［名］坑木, 坑内支柱.
kaivosteollisuus* 65［名］鉱業, 採鉱.
kajahdella* 28［動］ひびく.
kajahdus 64［名］ひびくこと, 鳴ること, 反響.
kajahtaa* 2［動］鳴る, ひびく, 反響する.
kajastaa 2［動］(sarastaa)(夜が明けて)少し明るくなる, 淡い光がさす.
kajauttaa* 2［動］大きな音を立てて叩く.
kajota 38［動］(入格と共に)言及する, 述べる, 触れる.
kajuutta* 15［名］商船の船員の部屋.
kakara 15［名］子供,〈俗〉ガキ.
kakata* 35［動］(ulostaa)〈幼〉大便をする.
kakeksia 15［名］(näivettyminen, kuihtuminen)〈医〉衰弱.
kakistella 28［動］咳払いをする.
kakka* 10［名］(uloste)〈幼〉大便.
kakkara 15［名］(kakku, leipä)丸パン.
kakkonen 63［名］1. 数字の2. 2. 2番の人・物.
kaksi* 51［基数］2(二).
kaksikerroksinen 63［形］二階の(家など).
kaksikielinen 63［形］二ヵ国語を話す.
kaksikymmentä 51+55［基数］20(二十).
kaksimielinen 63［形］1. (kaksimerkityksinen)二とおりの意味を持つ, 二とおりに理解される. 2. あいまいな, はっきりしない.
kaksinainen 63［形］(kahdenlainen)二種類の, 二とおりの.
kaksinkerroin［副］重なって, 二重に.
kaksinkertainen 63［形］二重の.
kaksinottelu 2［名］〈ス〉一騎打ち.
kaksintaistelu 2［名］決闘.

kaksio 3 [名] 二部屋の住居.
kaksipiippuinen 63 [形] 1. (銃について)二つの銃身を持った. 2. 〈常〉二つの, 二とおりの, 両面を備えた.
kaksipuolinen 63 [形] 両面の, 両側の.
kaksisilmäinen 63 [形] 二つ目の. *kaksisilmäinen* peilikamera 二眼レフ.
kaksistaan [副] (kahdestaan)二人で.
kaksitahtimoottori 5 [名] 二サイクル機関.
kaksiteräinen 63 [形] もろ刃の.
kaksitoista 51 (toista は不変化)[基数] 12(十二).
kaksittain [副] ふたりで.
kaksivuotias 66 [形] 二歳の.
kaksoissisar 54 [名] ふたごの姉妹.
kaksoisveli 8 [名] ふたごの兄弟.
kaksonen 63 [名] (通常は複数形で)ふたご, 双生児.
kala 10 [名] 魚. *lähteä kalaan* 魚を取りに行く. *mennä kalaan* 魚を取りに行く.
kalahuttaa* 2 [動] (kalauttaa)(鐘・鈴などを)鳴らす.
kalainen 63 [形] (kalaisa)魚の多い.
kalakanta* 10 [名] (kalasto)魚類.
kalakauppias 66 [名] さかなや, さかな商人.
kalakeitto* 1 [名] 〈料〉魚のスープ.
kalakukko* 1 [名] 〈料〉魚の詰めものをしたパイ.
kalalokki* 4 [名] 〈鳥〉カモメ(カモメ科). 学名 Larus canus.
kalamies 72 [名] 漁師, 釣師.
kalanmaksaöljy 1 [名] 肝油.
kalanpyynti* 4 [名] 漁業, 魚釣.
kalanviljely 1 [名] 養魚.
kalaonni 8 [名] 豊漁.
kalaparvi 8 [名] 魚の群れ.
kalaruoka* 11 [名] 魚料理.
kalastaa 2 [動] 漁をする, 魚をとる.
kalastaja 16 [名] 漁夫.
kalasto 2 [名] 魚類.
kalastus 64 [名] 漁, 漁業.

kalasääski 8 ［名］〈鳥〉ミサゴ. 学名 Pandion haliaetus.
kalaton* 57 ［形］魚のいない.
kalauttaa* 2 ［動］(鐘・鈴などを)鳴らす.
Kalevala 12 ［名］フィンランドの叙事詩集.
kalikka* 15 ［名］丸木, 丸い枝, 丸い木の棒.
kalista 24 ［動］カチカチ鳴る, カチカチ音を出す.
kalja 10 ［名］麦で作った無アルコールあるいは軽度のアルコール飲料.
kalju 1 ［名］禿頭. ［形］はげた, 毛のない.
kaljupäinen 63 ［形］はげ頭の.
kaljupää 28 ［形］(kaljupäinen)はげ頭の, 禿頭の.
kalkattaa* 2 ［動］(鐘が)鳴る.
kalke* 78 ［名］斧の音, コツコツという音.
kalkita 31 ［動］石灰で消毒する, 石灰をふりかける.
kalkki* 4 ［名］石灰.
kalkkilaasti 4 ［名］〈建〉石灰モルタル.
kalkkuna 17 ［名］七面鳥.
kalkutella* 28 ［動］カランカラン音を立てる(鐘, カウベルなどの音).
kallellaan ［副］(kallistuneena)傾いて.
kallelleen ［副］(…の方へ)傾いて, 傾斜して.
kalleus* 65 ［名］値段の高いこと, 高価；貴重品.
kallio 3 ［名］岩, 岩場.
kallioinen 63 ［形］岩の, 岩だらけの.
kalliokielo 1 ［名］〈植〉アマドコロ (ユリ科). 学名 Polygonatum odoratum.
kallionrinne* 78 ［名］岩の斜面.
kallioperäinen 63 ［形］岩の, 岩だらけの.
kallis 69 ［形］高価な, 大切な, 親愛な.
kallisarvoinen 63 ［形］高価な.
kallishintainen 63 ［形］(値段の)高い, 高価な.
kallistaa 2 ［動］傾ける, 曲げる.
kallistua 1 ［動］1. (値段が)上がる, 高くなる. 2. もたれる, 傾く.
kallo 1 ［名］頭の骨, 頭.
kalopsi 6 ［名］〈料〉フリカッセ(一種のシチュー).
kalossi 6 ［名］オーバーシューズ.

kalpea 21 [形] 青白い, 青ざめた.
kalsea 21 [形] 1. (viileä, kolea)涼しい, 寒い. 2. (karhea, karu)粗い, ざらざらした, すべすべしていない, 固い. 3. (kova, karu)ぶっきらぼうな, 無愛想な.
kalskahtaa* 2 [動] 甲高い声を出す, 大声を出す.
kaltainen 63 [形] (属格と共に)〜に似ている.
kalteva 13 [形] 傾いた, 斜めの.
kalu 1 [名] 〈古〉〈常〉物, 物体, 品物, 道具.
kalustaa 2 [動] 家具を入れる, 家具を付ける.
kaluste 78 [名] (通常は複数形で)(huonekalu)家具, 家具類.
kalusto 2 [名] 道具, 家具.
kalustus 64 [名] (kalusteet, huonekalut)家具, 家具類.
kaluta 39 [動] 噛む, かじる.
kalvaa 9 [動] 1. (vaivata)苦しめる, 悩ます, 押しつぶす. 2. (比喩的に)押しつぶす, 気持ちを暗くする. 3. かじる. *kalvaa mieltä* 気持ちを暗くする.
kalveta* 34 [動] (kelmetä, vaaleta)青ざめる, 色褪せる, 色を失う.
kalvo 1 [名] 表面, 静かな水面, 粘膜.
kalvosin 56 [名] 衣類の袖口.
kalvosinnappi* 4 [名] カフスボタン.
kamala 12 [形] 恐ろしい, 物すごい.
kamana 17 [名] 鴨居.
kamara 17 [名] 表面, 地表.
kamari 5 [名] 寝室.
kamarimusiikki* 6 [名] 室内楽.
kamaripalvelija 14 [名] 王宮に仕える人.
kamferi 5 [名] 樟脳.
kamfertti* 6 [名] 樟脳.
kammata* 35 [動] 櫛を入れる. *tukka kampaamatta* 髪の毛をとかさないで.
kammertaa* 6 [動] ゆっくり歩く.
kammio 3 [名] 倉, 小部屋, 小屋, 物置.
kammo 1 [名] (voimakas pelko)恐れ.
kammoa 1 [動] 恐くなる, 恐れる.

kammoksua 1 [動] (kammoa)恐くなる, 恐れる.
kammota 38 [動] (pelätä)恐れる.
kammottaa* 2 [動] 恐れさせる, 恐れる.
kammottava 13 [形] おそろしい, こわい, 物すごい.
kampa* 10 [名] 櫛.
kampaaja 16 [名] 美容師, セットする人.
kampaamo 2 [名] 美容院.
kampanja 15 [名] キャンペーン.
kampaus 64 [名] セット, 髪の形.
kampi* 8 [名] クランク, 操縦ハンドル.
kamppailla 29 [動] 苦闘する.
kampura 14 [名] 足の遅い人・動物.
kamreeri 6 [名] 簿記(記帳)係, 会計係.
kana 10 [名] 〈鳥〉にわとり(雌). kukko は雄.
kanahaukka* 10 [名] 〈鳥〉オオタカ(ワシタカ目, ワシタカ科). 学名 Accipiter gentilis.
kanala 14 [名] 鶏舎.
kananhoito* 1 [名] 養鶏(業).
kananliha 10 [名] 鶏肉.
kananmuna 11 [名] 鶏卵.
kananpoika* 11 [名] ひな, ひよこ.
kanava 16 [名] 水路, 海峡, 運河.
kaneli 6 [名] シナモン, 肉けい.
kanerva 13 [名] 〈植〉ヒース(ツツジ科). 小灌木で鐘状の花をつける. 学名 Calluna vulgaris.
kangas* 66 [名] 布, 布地.
kangasnukke* 9 [名] 縫いぐるみ.
kangasperhonen 63 [名] 〈蝶〉シジミチョウの一種で緑色. 学名 Callophrys rubi.
kangaspuut 29 [複名] 織機.
kangastaa 2 [動] 1. 蜃気楼が見える. 2. (häämöttää)ぼんやり見える, かすかに見える.
kangistua 1 [動] 固くなる, こわばる.
kaniini 6 [名] 飼いうさぎ.
kanisteri 5 [名] 金属容器, かん.
kankea 21 [形] (jäykkä)こわばった, 固い.
kanki* 8 [名] 棒, 竿; 把手.
kankuri 5 [名] 織り工, 織り屋.

kannanotto* 1 ［名］(mielipide)考え，意見.
kannas 64 ［名］地峡.
kannatin* 56 ［名］支え，支柱，突っ張り.
kannatinpuu 29 ［名］コートなどをかけておく木.
kannattaa* 2 ［動］1. 支える. 2. 〜してもよい. 価値がある. 3. (否定文で，3人称・単数で)〜する甲斐がない，〜しても無駄である.
kannattaja 16 ［名］支持者.
kannattava 13 ［形］有利な，もうかる.
kannattavuus* 65 ［名］〈商〉もうかること，有利.
kannattomuus* 65 ［名］支えのないこと，根拠のないこと.
kannatus 64 ［名］支持，支え.
kanne* 78 ［名］〈法〉訴え，告訴，告発；訴訟事件.
kannel* 82 ［名］(kantele)カンテレ.
kannella* 28 ［動］告げ口をする，密告する.
kannellinen 63 ［形］蓋付きの，蓋のある.
kannikka* 15 ［名］(パンについて)ふち，耳，固いところ.
kannu 1 ［名］やかん，ポット.
kannus 64 ［名］拍車.
kannustaa 2 ［動］あぶみで蹴って馬を走らせる.
kannustin 56 ［名］励まし，起動力，原動力.
kansa 10 ［名］国民，民族；住民，人々.
kansainoikeus* 65 ［名］国際法.
kansainvälinen 63 ［形］国際的な，国際間の.
kansakoulu 1 ［名］小学校.
kansakunta* 11 ［名］国民.
kansalainen 63 ［名］市民.
kansalaisluottamus 64 ［名］公民権.
kansalaisoikeus* 65 ［名］公民権，市民権.
kansalaissota* 11 ［名］内戦.
kansalaisuus* 65 ［名］国籍.
kansalaisvelvollisuus* 65 ［名］市民・国民の義務.
kansallinen 63 ［形］民族の，国民の.
kansallishenki* 8 ［名］国民精神.
kansallishymni 4 ［名］国歌.
kansalliskiihko 1 ［名］国家主義，ナショナリズム.

kansallislaulu 1 [名] 国歌.
kansallismuseo 3 [名] 国立博物館.
kansallispuisto 1 [名] 国立公園.
kansallispuku* 1 [名] 晴れ着の民族衣装.
kansallisuus* 65 [名] 国民性.
kansanedustaja 16 [名] 国会議員.
kansaneläke* 78 [名] 国民年金.
kansanjoukko* 1 [名] 大衆, 群衆.
kansankieli 32 [名] 日常語.
kansanlaulu 1 [名] 民謡.
kansanmies 72 [名] 社会の広い層, 特に農民層に属する男性.
kansannainen 63 [名] 社会の広い層, 特に農民層に属する女性.
kansanomainen 63 [形] 民衆の, 大衆の.
kansanomistama 13 [形] 人民の, 人々の.
kansanopisto 2 [名] 国民高等学校.
kansanruno 1 [名] 古いカレヴァラ調の詩.
kansanrunous* 65 [名] 民族詩, 民間詩.
kansansoittaja 16 [名] 民俗音楽の演奏家.
kansantajuinen 63 [形] ポピュラーな, 容易に理解できる.
kansantaloudellinen 63 [形] 国民経済の.
kansantalous* 65 [名] 国民経済.
kansantaloustiede* 78 [名] 国民経済学.
kansantanhu 1 [名] (kansantanssi)民俗舞踊, フォークダンス.
kansantulo 1 [名] 〈経〉国民所得.
kansanvalistus 64 [名] 国民教育.
kansanvalta* 10 [名] 民主主義.
kansanvaltainen 63 [形] 民主的な.
kansanäänestys 64 [名] 国民投票.
kansatiede* 78 [名] 民族学.
kansi* 44 [名] 表紙, 蓋. vakka ja *kansi*(比喩的に)ぴったりと. 似合って.
kansikuva 11 [名] 口絵.
kansio 3 [名] 書類かばん.
kansleri 5 [名] 事務局長.

kanslia 15 ［名］事務所.
kanssa ［後］（属格と共に）〜と共に. ［副］〈話〉軽蔑の意味をこめた間投詞的な副詞.
kanssaihminen 63 ［名］隣人.
kanssakäyminen 63 ［名］交際.
kanssakäynti* 4 ［名］交際, 交わり.
kanta* 10 ［名］見地, 基礎, 根拠. 属格+*kannalta* 〜の見地から.
kantaa* 9 ［動］運ぶ；耐える；（実を）結ぶ；届く, 達する. *kantaa kaunaa*+分格+*kohtaan* 〜に対して激しく怒る, 〜に対して強い復讐心を持つ. *kantaa kortensa kekoon* 共同の仕事に参加する.
kantaesitys 64 ［名］初演, 封切り.
kantaisä 11 ［名］先祖(男).
kantaja 16 ［名］ポーター.
kantakaupunki* 5 ［名］市街地, 下町.
kantakirja 10 ［名］（動物の）血統書；一覧表；（本などの）原典.
kantama 13 ［名］届く距離(範囲), 到達距離.
kantamus 64 ［名］荷物, 一度に運べる荷物.
kantapää 28 ［名］踵.
kantarelli 4 ［名］〈菌〉☞ keltavahvero.
kantautua* 44 ［動］運ばれる.
kantava 13 ［形］知られた, 有名な；重要な；強力な, 強い.
kantavuus* 65 ［名］支える力. katon *kantavuus* 積雪を屋根が支える力.
kantaäiti* 4 ［名］女の先祖.
kantele 82 ［名］カンテレ(楽器).
kantelo 2 ［名］(kantele) 〈詩〉カンテレ.
kantelu 2 ［名］運搬, 苦労して運ぶこと；重荷, 苦労.
kanto* 1 ［名］（樹木の）切株, 根株.
kantokyky* 1 ［名］積載能力.
kantopaarit 4 ［複名］担架.
kantosiipialus 64 ［名］水中翼船.
kanttiini 6 ［名］病院内の売店.
kapakala 10 ［名］乾しざかな.
kapakka* 15 ［名］酒場.

kapalo 2 [名] うぶ着, 赤ちゃんの服.
kapalolapsi 45 [名] 腕の中の子供.
kapea 21 [形] 狭い, 細い, 薄い.
kapearaide* 78 [名] 〈鉄〉狭軌.
kapellimestari 5 [名] 〈楽〉指揮者, 楽長.
kapeus* 65 [名] 狭さ, 細さ, 薄さ.
kapina 14 [名] 反乱. nousta *kapinaan* 反乱を起こす.
kapinahanke* 78 [名] 反乱計画.
kapinallinen 63 [形] 反抗する.
kapine 78 [名] (esine, tavara)道具.
kapinoida 30 [動] (vastustaa)反対する, 反感を抱く.
kapinointi* 4 [名] (vastustus)反対, 反感.
kapiot 3 [複名] 新居へ運ぶ新妻の衣類.
kappa* 10 [名] 1. ガウン. 2. 窓の上部の飾りカーテン.
kappalainen 63 [名] 小聖堂の牧師.
kappale 78 [名] 個, 一部分, 作品. *kappale matkaa* 少しの距離.
kappeli 5 [名] 礼拝堂, チャペル.
kapsahtaa* 2 [動] 跳び上がる, 急に立ち上がる, とびつく. *kapsahtaa kahdelle jalalle* 急に立ち上がる.
kapse 78 [名] 馬の足音.
kapsäkki* 4 [名] 〈常〉旅行かばん, スーツケース.
kapula 18 [名] 円筒形の木ぎれ, 棒.
karahuttaa* 2 [動] 急ぐ(馬に乗って).
karahvi 6 [名] ガラス製の水差し.
karaista 24 [動] 固くする, 鍛える, 鍛錬する.
karaistua 1 [動] (体を自分で)鍛錬する, きたえる.
karanteeni 4 [名] 検疫.
karata* 35 [動] 1. (paeta)逃げる, いなくなる. 2. (rynnätä)跳びかかる. *karata*+入格+*kiinni*(=käydä käsiksi)つかまえる, 〜に跳びかかる.
karauttaa* 2 [動] 急いで行く.
kardinaalinen 63 [形] 基本の. *kardinaalinen lukusana* 基数, 基本数詞.
karhea 21 [形] ざらざらした, きめの粗い, (音声の)かれた, しゃがれた.

karhi 4 [名]〈農〉まぐわ.
karhu 1 [名]〈動〉クマ, 正しくはヒグマ. 学名 Ursus arctos.
karhunajo 1 [名] くま狩り.
karhunpentu* 1 [名] 子熊.
karhuta 39 [動] 借金を取り立てる.
kari 4 [名] 岩礁, 暗礁. *joutua karille* 座礁する.
karike* 78 [名] 木から落ちた枝・葉・実など.
karista 24 [動] (putoilla, tippua)落ちる.
karistaa 2 [動] ふるい落とす, 振り払う.
karitsa 15 [名] 小羊.
karitsanliha 10 [名] 子羊の肉.
karja 10 [名] 家畜主に牛.
karjaista 24 [動] 叫ぶ, 怒って叫ぶ.
karjakanta* 10 [名] 家畜保有数.
karjakko* 2 [名] 酪農場で働く女.
Karjala 12 [名] カレリア, カレリア地方.
karjalanpiirakka* 15 [名]〈料〉カレリア風パイ.
karjamaa 28 [名] 牧場.
karjanhoito* 1 [名] 牧畜, 畜産業.
karjapiha 10 [名] 夏の間牛を戸外で飼うために柵で囲った土地.
karju 1 [名] 雄豚.
karjua 1 [動] 太い声で叫ぶ, 怒って大声を出す, わめく, 吠える.
karkaus 64 [名] 逃亡, 逃走.
karkausvuosi* 40 [名] うるう年.
karkea 2 [形] (hienostumaton, epähieno)大ざっぱな, 粗雑な.
karkeahko 1 [形] 大ざっぱな, 粗雑な.
karkeatukkainen 63 [形] (髪の毛について)もじゃもじゃの.
karkelo 2 [名] 民俗舞踊, フォークダンス.
karkeloida 18 [動] (tanssia, tanhuta)踊る.
karkeus* 65 [名] 粗野なこと, 乱暴なこと.
karko(i)ttaa* 2 [動] (ajaa pois, poistaa)遠ざける, 追い払う, 追放する.
karkotus 64 [名] 追い出し, 放逐, 追放.

karku* 1 [名] 逃亡, 逃走. *päästä karkuun*+出格 〜から逃れる.
karkuri 5 [名] (karkulainen)逃亡者, 脱走者.
karkutiellä [副] 逃亡して.
karmea 21 [形] ラフな, 粗い.
karmi 4 [名] 枠.
karpalo 2 [名] 〈植〉ツルコケモモの仲間の総称.
karsas 66 [形] 1. (kiero, vino)斜めの, 曲がった, 歪んだ. 2. (epäsuopea, nurja)意地悪な, 不親切な. *karsas*+分格+*kohtaan* 〜に対して意地悪な, 不親切な.
karsia 17 [動] 1. 枝を切り落とす, 不要物を取り除く, 摘み取る. 2. 寒さの感覚が走る, 感じられる.
karsinta* 15 [名] 枝を切り落とすこと, 不要物の除去. 〈ス〉フィールド競技の予選.
karsintakilpailu 2 [名] 〈ス〉予選.
karskua 1 [動] (kirskua)きしむ.
kartano 2 [名] 荘園, 邸宅.
kartasto 2 [名] 地図帳.
kartio 3 [名] 〈幾〉円すい(形).
kartiomainen 63 [形] 円すい形の.
kartoittaa* 2 [動] 〈測〉地図を描く, 見取り図を作る.
kartta* 10 [名] 地図.
karttaa* 10 [動] 避ける, 遠ざける, 捨てる.
karttamerkki* 4 [名] 1. 地図の記号. 2. (leimamerkki)収入印紙.
karttapallo 1 [名] 地球儀.
karttua* 1 [動] (kasvaa, lisääntyä)増える, 増す.
karttuisa 13 [形] 実り豊かな, 効果の多い.
kartuttaa* 2 [動] 殖やす, 増す, 豊富にする.
karu 1 [形] 不毛の; 飾り気のない, 装飾のない.
karva 10 [名] 動物の体の毛.
karvainen 63 [形] 毛のある, 毛深い, 毛だらけの.
karvalakki* 4 [名] 毛皮の帽子.
karvas 66 [形] (kitkerä, katkera)(味と匂いについて)苦い, 強い, 鋭い.
karviaismarja 10 [名] グーズベリー, セイヨウスグ

リ(の実).
kasa 10 [名] 積み重ね, 堆積.
kasaantua* 1 [動] 積み重ねる.
kasakka* 15 [名] ロシアの騎兵.
kasarmi 6 [名] 〈軍〉兵舎.
kasata 35 [動] 積み重ねる, 積み上げる.
kaskas 66 [名] 〈虫〉セミ(総称)(アワフキムシを含む).
kaskenpoltto* 1 [名] 畑にするために森林を焼くこと.
kaskiviljely 2 [名] (kaskiviljelys)焼畑農業.
kaskiviljelys 64 [名] (kaskiviljely)焼畑農業.
kasku 1 [名] 逸話.
kasoittain [副] (röykkiöittäin, läjittäin)山となって, 積み重なって.
kassa 10 [名] 出札口, 支払場所. hoitaa *kassaa* 出納を扱う.
kassakaappi* 4 [名] 金庫.
kassakuitti* 4 [名] レシート.
kassanhoitaja 16 [名] 会計係, 出納係.
kassi 4 [名] 手さげ袋, 買い物袋.
kastaa 10 [動] (水で)湿らせる, ぬらす; 〈宗〉洗礼を授ける.
kastaja 16 [名] 〈宗〉洗礼を行う人.
kastanja 15 [名] 栗.
kastanjanruskea 21 [形] 栗色の. [名] 栗色.
kaste 78 [名] 露(つゆ), 朝つゆ; 〈宗〉洗礼式.
kastella 28 [動] 水をやる.
kastelu 2 [名] 濡らすこと, 湿らすこと, 打ち水.
kastemalja 10 [名] 〈宗〉洗礼盤.
kastemato* 1 [名] 〈動〉大型のミミズ, ツリミミズ. 学名 Lumbricus terrestris. 体長15〜25cm.
kastetodistus 64 [名] 〈宗〉洗礼証書.
kastike* 78 [名] ソース.
kastua 1 [動] びしょぬれになる, 湿る.
kasvaa 9 [動] 1. 育つ, 成長する. 2. 生む, 生じる.
kasvain 56 [名] (自然物の)こぶ, いぼ; 〈医〉おでき.

kasvattaa* 2 ［動］育てる，成長させる．
kasvattaja 16 ［名］飼育者，栽培者；教育者，先生．
kasvatti* 5 ［名］被教育者，生徒；養子．
kasvatti-isä 11 ［名］養父．
kasvattilapsi 45 ［名］養子，里子．
kasvattiäiti* 4 ［名］乳母，養母．
kasvatuksellinen 63 ［形］教育の，教育的な．
kasvatus 64 ［名］教育．
kasvatuslaitos 64 ［名］1. 教育を施す場所，学校． 2. 少年院．
kasvatusoppi* 4 ［名］教育学．
kasvatustiede* 78 ［名］教育学．
kasvi 4 ［名］植物．
kasvihuone 78 ［名］温室．
kasvikunta* 11 ［名］植物界．
kasvillisuus* 65 ［名］植物全体，草木．
kasvioppi* 4 ［名］植物学．
kasvis 64 ［名］(通常は複数形で)野菜，根菜．
kasvisravinto* 2 ［名］植物性食品，菜食．
kasvisruoka* 11 ［名］植物性の食物．
kasvisto 2 ［名］植物界．
kasvitarha 10 ［名］小畑(家の近くにあってその家庭で食べる程度の作物を作る)．
kasvitiede* 78 ［名］植物学．
kasvitieteellinen 63 ［形］植物学の．
kasvojenilme 78 ［名］表情．
kasvonilme 78 ［名］(kasvojenilme, kasvojen ilme) 表情．
kasvot 1 ［複名］顔．
kasvu 1 ［名］成長，向上．
kasvullisuus* 65 ［名］(hyväkasvuisuus, tuottavuus) 豊作，生育のよさ，豊かな実り．
kasvupaikka* 10 ［名］植物の成長場所．
kataja 16 ［名］〈植〉常緑高木のセイヨウビャクシン(ヒノキ科，ビャクシン属)．学名 Juniperus communis.
katala 12 ［形］悪い，下劣な．
kate* 78 ［名］おおい，カバー．

kateellinen 63 [形] 嫉妬深い, 羨む.
kateissa [副] (kadoksissa)失われて, 見つからないで. *olla kateissa* 無くなる, 見つからない.
kateus* 65 [名] ねたみ, そねみ, しっと.
katkaisija 14 [名] 〈電〉電気のスイッチ.
katkaisin 56 [名] 〈電〉スイッチ.
katkaista 24 [動] 二つに分ける, 破る, 裂く.
katkaisu 2 [名] 中止, 中断, しゃ断.
katkaisupihdit* 4 [複名] ペンチ.
katkarapu* 1 [名] エビの一種.
katkeama 13 [名] 破壊, 切断, 骨折.
katkelma 13 [名] 断片, 細片.
katkera 12 [形] 1. (vihamielinen)怒っている. 2. (kitkerä, karvas)(主に味について)苦い, 強い.
katkeruus* 65 [名] 深い悲しみ；苦さ, 苦しさ.
katketa 36 [動] 途絶える. *katkeamatta* とぎれないで, 連続して.
katkoa 1 [動] 断つ, 折る.
katkonainen 63 [形] 切れている, 断片的な, 揃っていない, 欠陥のある.
kato* 1 [名] 不作, 凶作.
katoamaton* 57 [形] 不滅の, 不朽の.
katoavainen 63 [形] はかない, 束の間の.
katoavaisuus* 65 [名] はかないこと, 無常.
katonharja 10 [名] 〈建〉屋根の棟(ﾑﾈ).
katos 64 [名] 1. 片流れ屋根(競技場の観客席のように屋根があって一方が開いている場所). 2. (peite)カバー, 覆い.
katovuosi* 40 [名] 凶作の年.
katras 66 [名] (lammaslauma)羊の群れ.
katsahdus 64 [名] 一見, 一べつ.
katsahtaa* 2 [動] 見る, (入格と共に)〜を見る. *katsahtaa ylös* 見上げる.
katsantokanta* 10 [名] 見方, 見解, 意見.
katsastaa 2 [動] 1. 見る. 2. 検査する, 調べる.
katsaus 64 [名] 概観.
katse 78 [名] 視線, 目. *kääntää katseensa*+向格 〜に目を向ける.

katselija 14 ［名］見物人，見学者．
katsella 28 ［動］見る，眺める．*katsella ympärilleen* 見回す．(入格または向格と共に)〜を見る．(分格と共に)〜を見る．
katselmus 64 ［名］視察；検査．
katsoa 1 ［動］見る，視線を送る．(入格または向格と共に)〜を見る．入格＋*katsomatta*(＝huomioon ottamatta, 出格＋välittämättä)〜に関係なく，〜を見ないで，〜を気にとめないで．
katsoja 16 ［名］見る人，観客．
katsomo 2 ［名］観客席．
katsomus 64 ［名］(mielipide)見方，見解，考え，意見．
kattaa* 9 ［動］覆う；〈料〉食卓の準備をする．*kattaa pöytä* 食卓の準備をする．
kattaja 16 ［名］屋根ふき職人；食卓の準備をする人．
katti* 4 ［名］〈蔑〉猫．*kattia kans'* 馬鹿だなあ．
kattila 15 ［名］料理鍋，シチュー鍋．
katto* 1 ［名］屋根，天井．
kattohaikara 15 ［名］〈鳥〉コウノトリ．学名 Ciconia ciconia.
kattohuopa* 11 ［名］屋根の断熱材．
kattokruunu 1 ［名］シャンデリア．
kattonopeus* 65 ［名］最高速度．
kattopäre 79 ［名］〈建〉こけら板．
kattoteline 78 ［名］車のルーフラック．
kattotuoli 4 ［名］〈建〉屋根組み．
katu* 1 ［名］通り．
katua* 1 ［動］後悔する．
katukivi 8 ［名］敷き石．
katukuva 11 ［名］街頭風景．
katukäytävä 13 ［名］歩道．
katulyhty* 1 ［名］街灯．
katumapäälle ［副］後悔して．*tulla katumapäälle* 後悔する．
katumus 64 ［名］後悔，悔い改め．
katuoja 11 ［名］道路脇の溝，排水口，どぶ．
katusulku* 1 ［名］道路の通行を遮断する物，バリケ

—ド.

katuvainen 63 [形] 後悔している, 悔やんでいる.
katuvieri 32 [名] 道路脇.
katve 78 [名] (siimes, varjo)覆われた場所, 隠れた場所, 物陰.
kauaa [副] (kauan)(否定文で)長い間.
kauaksi [副] 1. (場所について)(kauas)遠くまで, 遠くへ. 2. (時間について)(pitkäksi aikaa)長い間, 長時間.
kauan [副] 長い間. kauan aikaa sitten ずっと以前, ずっと前.
kauas [副] (pitkän matkan päähän, etäälle)遠くへ.
kauemmaksi [副] もっと遠くへ, もっと遠くまで.
kauemmas [副] もっと遠くへ, もっと遠くまで.
kauemmin [副] (kauan の比較級)より長い間, もっと長い間.
kauempana [副] (edempänä) (kaukana の比較級)より遠くに, もっと遠くに.
kauha 10 [名] ひしゃく.
kauhea 21 [形] 恐ろしい；非常な；醜い. [名] 恐ろしい事, 恐ろしいでき事.
kauhistaa 2 [動] こわがらせる, 恐れさせる.
kauhistua 1 [動] 恐れる, 恐がる.
kauhistus 64 [名] (kauhistuminen)恐れ, 恐怖, 恐れること.
kauhu 1 [名] (kammo, kauhistus)恐れ, 恐怖.
kauimmin [副] (kauan の最上級)最も長い間.
kauimpana [副] (kaukana の最上級)一番遠くに.
kaukaa [副] (pitkän matkan päästä, etäältä)遠くから.
kaukainen 63 [形] 遠い, 遠くにある.
kaukalo 2 [名] おけ, こねばち.
kaukana [副] (pitkän matkan päässä, etäällä)遠くに.
kaukojuna 11 [名] 長距離列車.
kaukokirjoitin* 56 [名] テレタイプ.
kaukokäynnistys 64 [名] 遠隔操作, リモートコン

トロール.
kaukoliikenne* 78 [名] 長距離運輸；長距離通話.
kaukonäköinen 63 [形] 先見の明がある.
kauko-ohjattu* 2 [形] 遠隔操作の，リモートコントロールによる.
kaukopuhelinkeskus 64 [名] 電話の長距離通話交換局.
kaukopuhelu 2 [名] 長距離電話.
kaukoputki 8 [名] 望遠鏡.
kaula 10 [名] 首.
kaulahuivi 4 [名] えり巻き，スカーフ.
kaulailla 29 [動] 手を相手の首において抱擁する，愛撫する.
kaulakoriste 78 [名] 首飾り.
kaulakoru 1 [名] ネックレス.
kaulaliina 10 [名] マフラー.
kaulanauha 10 [名] 1. (犬などの)首輪. 2. ネクタイ.
kaulata 35 [動] 手を相手の首に置いて抱擁する，愛撫する.
kaulatusten [副] 肩に手を掛け合って.
kauluksennappi* 4 [名] カラーボタン.
kaulus 64 [名] カラー，襟.
kauna 10 [名] 激しい怒り，強い復讐心. *kantaa kaunaa*+分格+*kohtaan* 〜に対して激しく怒る，〜に対して強い復讐心を持つ.
kauneudenhoito* 1 [名] 美容法，化粧.
kauneus* 65 [名] 美しさ.
kaunis 69 [形] 美しい，立派な.
kaunistaa 2 [動] 美しくする，飾り付ける.
kaunistelematon* 57 [形] 飾らない，ありのままの，醜い，むきだしの.
kaunistella 28 [動] 美化する，言いつくろう，うわべを飾る.
kaunistua 1 [動] 美しくなる.
kaunokirjailija 14 [名] 作家.
kaunokirjallisuus* 65 [名] 文学.
kaunoluistelija 14 [名] フィギュアスケーター.

kaunoluistelu 2 [名] フィギュアスケート.
kaunoluistin 56 [名] (通常は複数形で)フィギュアスケート靴.
kaunotar* 54 [名] 美人.
kaupallinen 63 [形] 商業の, 貿易の.
kaupankäynti* 4 [名] 商売, 商取り引き.
kaupanpito* 1 [名] 1. 商業化, 売り物にすること. 2. 商店経営.
kaupanpäällinen 63 [名] おまけ, 景品.
kaupanteko* 1 [名] 商売.
kaupata* 35 [動] (myydä)売り出す, 売り物に出す, 提供する.
kaupinta* 15 [名] 〈商〉取り次ぎ手数料.
kaupita 31 [動] (kaupata)売る, 商売する.
kaupitella* 28 [動] (kaupata)売る, 提供する.
kauppa* 10 [名] 商店, 商売. *harjoittaa kauppaa* 商売をする, 商う. *käydä kauppaa* 商売する. *olla kaupan* (=olla myytävänä, olla myytäväksi)売る, 商売する.
kauppa-apulainen 63 [名] (liikeapulainen)店の手伝い, 店員.
kauppaedustus 64 [名] 大使館の通商代表部.
kauppahalli 4 [名] 市場, マーケットホール.
kauppakirja 10 [名] 売買契約書.
kauppakorkeakoulu 83 [名] 商科大学.
kauppakoulu 1 [名] 商業学校.
kauppala 15 [名] 小さい町.
kauppalaivasto 2 [名] 商船隊.
kauppamatkustaja 16 [名] 商業旅行者.
kauppamies 72 [名] 商人.
kauppaneuvos 64 [名] 商業顧問(商人・工場経営者などに与えられる称号).
kauppapuoti* 4 [名] 商店, みせ.
kauppasopimus 64 [名] 通商条約.
kauppatase 78 [名] 〈商〉貿易の収支決算.
kauppatori 4 [名] 朝市, 青空市場.
kauppavaihto* 1 [名] 〈経〉商取引, 貿易.
kauppayhdistys 64 [名] 貿易協会.

kauppias 66［名］商人.
kaupunginoikeus* 65［名］地区裁判所.
kaupunginosa 11［名］市内の一区域, 市区.
kaupungintalo 1［名］市役所, 市庁.
kaupunginvaltuusto 2［名］市会, 町会.
kaupunginvouti* 4［名］市の差押え役人.
kaupunki* 5［名］市, 都会.
kaupunkilainen 63［名］市民, 町民.
kaupunkisuunnittelu 2［名］都市計画.
kaupustelija 14［名］商人, 行商人.
kaupustella 28［動］売る, 商売する, 行商する.
kaupustelu 2［名］商売, 行商.
kaura 10［名］カラス麦, エンバク(燕麦).
kauraliemi 35［名］カラス麦のおもゆ(オートミールのおもゆ).
kaurapuuro 1［名］カラス麦のおかゆ(オートミール).
kauraryyni 4［名］(通常は複数形で)カラス麦の粒.
kauris 68［名］1. 山羊. 2.〈天〉山羊座.
kausi* 40［名］期間, 時代.
kausilippu* 1［名］定期券.
kautsu 1［名］ゴム, 生ゴム.
kautta［後］(属格と共に)〜経由で, 〜を通って.
［前］(属格と共に)〜を通って, 〜じゅうで. *kautta rantain* (=epäsuorasti)遠回しに, 間接的に. *kautta vuoden* 一年中.
kauttaaltaan［副］まったく, まるっきり.
kauttakulku* 1［名］通り抜け, 通過, (旅行の)トランジット.
kavahtaa* 2［動］(ponnahtaa)跳び起きる, 跳び上がる, 恐れや驚きから立つ. *kavahtaa jalkeille* 立ち上がる. *kavahtaa pystyyn* 元気よく起き上がる. とび起きる.
kavala 12［形］(petollinen, viekas)狡猾な, 人を騙す, 邪悪な. *kavala aate* 悪い考え.
kavallus 64［名］横領, だまし, 詐欺.
kavaltaa* 5［動］裏切る, だます;(お金を)使い込む.

kavaltaja 16 [名] 裏切り者, 詐欺師.
kavaluus* 65 [名] 狡猾さ.
kaventaa* 8 [動] 狭くする, つめる.
kaveri 5 [名] 〈常〉仲間, 友人.
kaveta* 34 [動] 狭くなる. *kapeneva tie* 幅員減少.
kavio 3 [名] (有蹄動物の)ひづめ.
kavuta* 39 [動] (kiivetä)登る.
kehahdella* 28 [動] 自慢する, 偉そうな口をきく.
kehahtaa* 2 [動] 自慢する.
kehaista 24 [動] 自慢する, いばる.
kehdata 35 [動] (voida)できる, あつかましく～する, 思い切って～する, 勇気を出して～する.
kehitellä* 28 [動] 発展させる.
kehittymätön* 57 [形] 未発達の, 未開の, 教育のない.
kehittyä* 1 [動] 1. 進歩する, 発展する. 2. (kasvaa)育つ.
kehittää* 2 [動] 1. 発達させる, 発展させる. 2. 〈写〉(写真を)現像する.
kehitys 64 [名] 1. 進歩, 発達. 2. 〈写〉(写真の)現像.
kehityskanta* 10 [名] 発展段階.
kehitysmaa 28 [名] 発展途上国.
kehitysoppi* 4 [名] 進化論.
kehiä 17 [動] 巻く, 巻き付ける, からませる.
kehkeytyä* 44 [動] (muodostua, syntyä)生まれる, 生ずる.
kehno 1 [形] (huono, heikko)悪い, 弱い, 粗末な.
keho(i)ttaa* 2 [動] 許す. (第3不定詞入格と共に)～するよう勧める, ～するよう力説する.
keho(i)tus 64 [名] 勧めること, 奨励.
kehruu 25 [名] 紡績.
kehruutehdas* 66 [名] 紡績工場.
kehruutuote* 78 [名] 紡いだ物.
kehrä 11 [名] 円盤. *päivän kehrä* 太陽.
kehräin 56 [名] 〈織〉紡錘, ボビン, 糸巻き棒.
kehrätä 35 [動] 紡ぐ, 糸にする, 猫がのどをならす.
kehrääjä 16 [名] (kehrääjälintu) 〈鳥〉ヨーロッパ

ヨタカ. 学名 Caprimulgus europaeus.
kehräämö 2 [名] 紡績工場.
kehto* 1 [名] 揺りかご.
kehtolaulu 1 [名] 子守歌.
kehua 1 [動] 1. 褒める, 賞賛する. 2. 自慢する.
kehuskella 28 [動] (kehahdella)自慢する, 偉そうな口をきく.
kehys 64 [名] 窓わく; 額縁.
kehystää 2 [動] 枠で囲む, 額縁にはめる.
kehä 11 [名] 円, 丸, 圏, 円周.
kehäsaha 10 [名] 丸のこ.
kehätuomari 5 [名] 〈ス〉ボクシングのレフェリー, 審判.
keidas* 66 [名] (kosteikko)オアシス.
keihäs 66 [名] 槍.
keihästää 2 [動] 槍で突く, 槍で刺す, 槍で刺し殺す.
keihäänheitto* 1 [名] 〈ス〉槍投げ.
keijua 1 [動] 〈文〉ぶらんこで揺れる, ぶらぶら揺れる.
keikahtaa* 2 [動] 傾く, 転落する, 倒れる.
keikailla 29 [動] きどる, もったいぶる.
keikari 5 [名] にやけ男, しゃれ男.
keikauttaa* 2 [動] 落とす, 倒す, 下ろす; 振る.
keikkua* 1 [動] ゆれる, 身を振り動かす, 動き回る.
keila 10 [名] ボーリングのピン.
keilailu 2 [名] 〈ス〉ボーリング.
keimaileva 13 [形] (女性に関して)なまめかしい.
keimailija 14 [名] なまめかしい女性.
keimailla 29 [動] 媚びる, しなをつくる.
keimailu 2 [名] 女性のなまめかしさ, 誘惑.
keinahdella* 28 [動] 揺れ動く.
keinahtaa* 2 [動] 揺れ動く, ゆらゆら動く.
keino 1 [名] 方法, 手段. *Millä keinoin*? どんな方法で.
keino- 人工の, 人工的な.
keinokastelu 2 [名] 人工かんがい.
keinokuitu* 1 [名] (tekokuitu)人造(化学)繊維.

keinonahka(*) 10 [名] (tekonahka)人工皮革.
keinosiemennys 64 [名] 人工受精.
keinotekoinen 63 [形] 人造の,人工の;作為の,人為的な.
keinotella* 28 [動] 1. だまし取る,不正な手段で手に入れる. 2. (spekuloida)〈商〉投機をする,相場に手を出す.
keinottelija 14 [名] 投機家,山師.
keinottelu 2 [名] 投機,やま,思惑買い.
keinovalo 1 [名] (tekovalo)人工的な光,人工的な明かり.
keinu 1 [名] ぶらんこ,シーソー.
keinua 1 [動] 揺れ動く.
keinutuoli 4 [名] 揺りいす.
keisarinkruunu 1 [名] 1. 皇帝の権力. 2. 〈植〉クルマユリの仲間. 学名 Lilium bulbiferum.
keitellä* 28 [動] 料理・調理する.
keitin* 56 [名] こんろ.
keitos 64 [名] (keitto)スープ.
keittiö 3 [名] 1. 台所,キッチン. 2. (keitin)沸かす物.
keittiöastia 14 [名] 台所道具.
keittiöpöytä* 11 [名] 料理台.
keitto* 1 [名] スープ.
keittokala 10 [名] 食用魚.
keittokirja 10 [名] 料理の本.
keittolevy 1 [名] 料理用鉄板. 電熱器.
keittosuola 10 [名] 食塩.
keittotapa* 10 [名] 調理法,料理法.
keittäjä 16 [名] 料理人,コック.
keittäjätär* 54 [名] 女の料理人,炊事婦.
keittää* 2 [動] 煮る,沸かす,ゆでる. *keitetty* muna ゆで卵. *keitetty* peruna ゆでたジャガイモ.
kekkeri 5 [名] (通常は複数形で)祝宴,宴会.
keko* 1 [名] 乾し草積み,いなむら,堆積;円錐形の物. kantaa kortensa *kekoon* 共同の仕事に参加する.
kekseliäisyys* 65 [名] 発明能力,独創力.

kekseliäs 66 [形] すぐ考えつく，苦境を脱する，創造的な，利口な，賢明な．
keksi 4 [名] ビスケット，クッキー．
keksijä 14 [名] 発明者，発案者．
keksintö* 2 [名] 発明．
keksiä 17 [動] 1. 考え出す． 2. (huomata, havaita) 気付く，見つける．
kekäle 78 [名] 燃えている薪．
kela 10 [名] 糸まき枠，糸まき車，(釣りの)リール．
keli 4 [名] 道路の状態，地面の状態．
kelirikko* 1 [名] 雪解けなどで道路状態が悪くなること．
kelju 1 [形]〈常〉いやらしい，大きらいな．
kelkka* 10 [名] そり．
kelkkamäki* 8 [名] そり滑りの丘，リュージュ滑走路．
kellari 5 [名] 穴蔵，地下室，むろ．
kellarikerros 64 [名] 地階，地下．
kellastua 1 [動] 黄色になる，黄ばむ．
kellertävä 13 [形] 黄ばんだ，黄色がかった．
kelletellä* 28 [動] (lekotella, venyä)横になる，横たわる．
kello 1 [名] 時計，時刻；鐘，鈴．
-kello 1 [名]〈植〉キキョウ科ホタルブクロ属の植物，花の形がつりがね状である．(例) kissankello.
kellokukka* 11 [名]〈植〉つりがね状の花をつけるホタルブクロ属の植物の総称．
kellonaika* 10 [名] 時刻．
kellonjousi 32 [名] 時計のぜんまい．
kellonkoneisto 2 [名] 時計の機械部分．
kellonlyönti* 4 [名] 鐘を打つこと，鐘の音，時を知らせる鐘．
kellonosoitin* 56 [名] 時計の針．
kellonsoitto* 1 [名] 鐘の(鳴る)音．
kellonviisari 5 [名] (kellonosoitin)時計の針．
kelloseppä* 11 [名] 時計職人．
kellotapuli 5 [名] 鐘楼，釣り鐘塔．
kellotaulu 1 [名] 時計の文字盤．

kellotorni 4 [名] 鐘塔, 鐘楼.
kellua 1 [動] 漂う, 水面を揺れ動く, 揺れる.
kelmi 4 [名] (veijari)不誠実な人, 悪者.
kelo 1 [名] 立ち枯れた松.
kelottua* 1 [動] (keloutua)木が立ち枯れる.
keloutua* 44 [動] (kelottua)木が立ち枯れる.
kelpaamaton* 57 [形] 役に立たない.
kelpaava 13 [形] 役に立つ, 有用な.
kelpo (不変化) [形] 優れた, 立派な, よい. *kelpo lailla* (=kovasti)激しく.
kelpoinen 63 [形] (kelpaava, pätevä)～に適した.
kelpoisuus* 65 [名] 適性, 適すること.
kelta* 10 [名] 黄色.
keltainen 63 [形] 黄色い. [名] 黄色.
keltaisuus* 65 [名] 黄色.
keltakutri 4 [名] 金髪の巻き毛.
keltasieni 32 [名] 〈菌〉アンズタケ. ☞ keltavahvero.
keltasuodatin* 56 [名] 〈写〉黄色フィルター.
keltatauti* 4 [名] 〈医〉黄疸(おうだん).
keltavahvero 2 [名] 〈菌〉アンズタケ. 地方名 kantarelli, keltasieni. 学名 Cantharellus cibarius.
keltuainen 63 [名] 卵の黄身, 卵黄.
kelvata* 35 [動] ～の価値がある. ～にふさわしい. (変格と共に)～に適する.
kelvollinen 63 [形] 整った, ちゃんとした.
kelvoton* 57 [形] 役に立たない, 不適当な.
kemikaalikauppa* 10 [名] 薬屋, ドラッグストア.
kemut 1 [複名] 祝宴, 宴会.
ken (単数主格 ken, その他の格は kuka と同じ)1. 〔疑代〕誰. 2. 〔関代〕～する人. 3. 〔不代〕誰か, 誰でも.
kengittää* 2 [動] ひづめを付ける.
kengänkanta* 10 [名] 靴のかかと.
kengänkiilloke* 78 [名] 靴クリーム.
kengänkiillottaja 16 [名] 靴みがき(人).
kengänkorko* 1 [名] (靴の)かかと.
kengännauha 10 [名] 靴ひも.

kengänpaikkaus 64 ［名］靴の修理・修繕.
kenkä* 11 ［名］靴.
kenkäkauppa* 10 ［名］靴店.
kenkäraja 10 ［名］ぼろ靴.
kenkävoide* 78 ［名］靴クリーム.
kenossa ［副］傾けて, 後ろに曲げて.
kenties ［副］多分.
kenttä* 11 ［名］野原, 平地.
kenttäkeittiö 3 ［名］野営炊事場.
kenttätyö 30 ［名］フィールドワーク.
kenttäurheilu 2 ［名］陸上競技.
kepeä 21 ［形］軽い, 軽快な, 手ごろな, 扱い易い.
keppi* 4 ［名］杖, 棒切れ.
keppihevonen 63 ［名］杖の頭に馬の頭がついた子供の遊び道具.
kepponen 63 ［名］(悪意のない)軽いいたずら, からかい, 悪さ.
kepsahtaa* 2 ［動］身軽に動く.
kera ［後］(属格と共に)〜と一緒に.
kerake* 78 ［名］〈言〉(konsonantti)子音.
keralla ［後］(kanssa)(属格と共に)〜と一緒に, 〜と共に.
keramiikka* 10 ［名］窯業, 焼き物, 陶器.
kerho 1 ［名］集い, 会, クラブ.
kerinlaudat* 10 ［複名］(kerinpuut)糸車.
kerinpuut 29 ［複名］糸車.
keritsimet 56 ［複名］羊の毛を刈るはさみ.
1. **keritä*** 37 ［動］時間がある.
2. **keritä** 31 ［動］羊の毛を刈る.
keriä 17 ［動］(糸玉に)巻き付ける.
kerjuu 25 ［名］乞食すること, 物乞い.
kerjäläinen 63 ［名］物乞いをする人.
kerjäläispoika* 11 ［名］物乞いの少年.
kerjätä 35 ［動］物乞いをする.
kerkeä 21 ［形］〈雅〉すばしこい, 機敏な.
kerma 10 ［名］生クリーム.
kermakko* 2 ［名］(卓上の)クリーム入れ.
kermanekka* 10 ［名］〈常〉(kermakko)(卓上の)ク

リーム入れ.
kerrakseen [副] (kerrassaan)一度に.
kerralla [副] 1. (yhdellä kertaa)一度に, 同時に. 2. (heti)すぐに, 直ちに.
kerrallaan [副] 一度に, 同時に.
kerran [副] 一度. (過去の)ある時. (未来の)いつか. *ensi kerran* 初めて. *kerrankin* (vihdoinkin, lopultakin)とうとう, ついに, やっとのことで.
kerrassaan [副] 一度に. (kokonaan)全く.
kerrasto 2 [名] 下着, 下着全部, シャツとズボン.
kerrata* 35 [動] 復習する, 繰り返す.
kerroin* 56 [名] 〈数〉係数.
kerros 64 [名] (建物の)階, 階層；積み重ね. *ylin kerros* 建物の最上階.
kerrostalo 1 [名] 数階建ての住宅, アパートメント.
kerrostuma 13 [名] 堆積物.
kerskailija 14 [名] 威張る人, 威張りちらす人, 傲慢な人.
kerskailla 29 [動] 自慢する, いばる.
kerskailu 2 [名] 高慢, いばること, 自慢.
kerskua 1 [動] 威張る, 威張りちらす, 自慢する.
kerskuja 16 [名] 威張る人, 威張りちらす人, 傲慢な人.
kerskuri 5 [名] (kerskailija, kerskuja)威張る人, 威張りちらす人, 傲慢な人.
kerta* 10 [名] 回, 度, ～倍. ／*ensi kerran* 初めて. ／*ensi kertaa* 初めて(物事の一番始め, 例えば1年生が初めて学校へ行く). ／*ensimmäistä kertaa* 初めて(何回かあるうちの初めて, 例えば2学期に初めて学校へ行く). ／*kerta kaikkiaan* 今回限り, これっきり. ／*monen monta kertaa* 何度も. ／*monta kertaa* 何度も. ／*samalla kertaa* 同時に, 取りも直さず. ／*tähän kertaan* この一回で. ／*tällä kertaa* 今度は. ／*useita kertoja* 何回も. ／*uudemman kerran* (＝uudestaan)再び, もう一度. ／*yhdellä kertaa* 一回で, 一度に.
kertaakaan [副] (否定文で)一回も～ない.
kertalippu* 1 [名] 回数券.

kertaus 64［名］繰り返し.
kerto* 1［名］〈詩学〉(kertaus)繰り返し.
kertoa* 1［動］物語る, 話す.
kertoja 16［名］ナレーター, 物語る人.
kertolasku 1［名］〈数〉掛算, 乗法.
kertomaruno 1［名］叙事詩, 史詩.
kertomataulu 1［名］九九の表.
kertomus 64［名］物語, 説明.
kerttunen 63［名］〈鳥〉ヨシキリ(総称).
kertyä* 1［動］(kokoontua)集まる, 手に入る, 増える.
kerä 11［名］糸玉, (キャベツなどの)結球.
keräillä 29［動］集める, 収集する.
kerätä 35［動］(切手などを)集める, 手にいれる. *kerätä yhteen* 集める.
keräys 64［名］集めること, 収集, 採集.
keräyslista 10［名］集めたものの一覧表.
kerääjä 16［名］収集家, 採集家, 集める人.
herääntyä* 1［動］集まる, 集結する.
kesakko* 2［名］そばかす.
kesanto* 2［名］休閑農地, 耕されていない畑.
keskeinen 63［形］1. 中心に位置する, 中心になる. 2. (olennainen)本質的な, 大切な.
keskelle［副］中央へ, 中心へ.［後］(属格と共に)〜の中央へ, 〜の中心へ.［前］(分格と共に)〜の中央へ, 〜の中心へ. *joutua keskelle*＋分格 〜の中へ入り込む.
keskellä［副］中央に.［後］(属格と共に)〜の中央に.［前］(分格と共に)〜の中央に.
kesken［後］(属格と共に)〜の間に, 〜の最中に. *kahden kesken* 二人で. *kesken kaiken* (＝yhtäkkiä) 急に, 突然.［副］(lopettamatta, loppuun suorittamatta)途中で, 終了しないで. *jäädä kesken* 途切れる, 中断する. *jättää kesken* 中断する.
keskenaikainen 63［形］早まった, 早すぎる.
keskeneräinen 63［形］未完成の.
keskenään［副］(toistensa kanssa, toistensa suhteen)互いに, 互いの間に.

keskeyttää* 2 [動] 中断する, 中止する.
keskeytys 64 [名] さえぎること, 中絶, 中止.
keskeytyä* 44 [動] 中断する, 中止する.
keskiaika* 10 [名] 中世.
keskiarvo 1 [名] 〈数〉平均.
keskihinta* 10 [名] 平均値段.
keski-ikä* 11 [名] 中年, 壮年.
keski-ikäinen 63 [形] 中年の, 壮年の.
keskikaupunki* 5 [名] 市の中心地, 市街地.
keskikokoinen 63 [形] 中位の大きさの, 並の大きさの.
keskikoulu 1 [名] 中学校.
keskilaatuinen 63 [形] 平均的, 中位の, まあまあの.
keskimmäinen 63 [形] 中央の, 真ん中の.
keskimäärin [副] (keskimääräisesti, noin, suunnilleen)平均して, 大体.
keskimääräinen 63 [形] 平均の, 平均的.
keskinen 63 [形] (keski-)中央の.
keskinkertainen 63 [形] (keskilaatuinen)平均的, 中位の, まあまあの.
keskinäinen 63 [形] お互いの, 相互の.
keskipakovoima 11 [名] 〈理〉遠心力.
keskipiste 78 [名] 中心(点).
keskipäivä 11 [名] 昼間, 日中.
keskisarja 10 [名] 〈ス〉ミドル級.
keskisormi 8 [名] 中指.
keskisuuri 39 [形] 中位の大きさの, 中程度の. *keskisuuri* ja pienyritys 中小企業.
keskitaso 1 [名] 平均水準.
keskitse [副] まん中を貫いて.
keskittyä* 1 [動] 集中する, 専念する.
keskittää* 2 [動] 集める.
keskitys 64 [名] 集中, 精神集中.
keskitysleiri 4 [名] 強制収容所.
keskivaihe 78 [名] 途中, 中途の段階, 真ん中, 中央.
keskiviikko* 1 [名] 水曜日.
keskivuode* 78 [名] 中段ベッド.
keskiväli 4 [名] 中間, なかば, 中間点, 真ん中.

keskiyö 30 [名] (puoliyö)真夜中, 深夜.
keskiyönaurinko* 2 [名] 夜中の太陽.
keskonen 63 [名] 未熟児.
keskus 64 [名] 中心, 中央.
keskusasema 13 [名] 中央駅, 本駅.
keskuslämmitys 64 [名] セントラルヒーティング.
keskusta 15 [名] 1. 中心, 中心地. 2. 中道派.
keskustella 28 [動] 会話する, 対話する.
keskustelu 2 [名] 会話, 対話.
keskuudessa [後] (属格と共に)(joukossa, parissa)〜の中に, 〜の間に.
kessutella* 28 [動] とぼとぼ歩く(老人が歩く様子).
kesti 4 [名] (通常は複数形で)(pidot, kemut)もてなし, 招待, パーティー.
kestitys 64 [名] もてなし, 馳走.
kestitä 31 [動] もてなす, 御馳走する.
kesto 1 [名] 継続, 持続.
kestämätön* 57 [形] 不安定な.
kestävyys* 65 [名] 持久力, 耐久力, 粘り強さ.
kestävyysjuoksu 1 [名] 〈ス〉長距離競走, 耐久レース.
kestävä 13 [形] 継続する, 持続する, 根気強い, 〜に耐える.
kestää 2 [動] 支える, 耐える, 持ちこたえる, 続く, 継続する. *kestää kauan* 時間がかかる, 長時間かかる. *Ei kestä!* どういたしまして.
kesy 1 [形] (動物が人間に)馴れている.
kesyttää* 2 [動] 手なずける, 飼い慣らす.
kesä 11 [名] 夏. *kesän mittaan* (=kesän aikana, kesän kuluessa)夏の間に, 夏の経過と共に. *kaiken kesää* 夏じゅう.
kesäinen 63 [形] 夏の, 夏らしい.
kesäkuu 29 [名] 6月.
kesäloma 11 [名] 夏休み.
kesämökki* 4 [名] サマーハウス.
kesäpuku* 1 [名] 夏服.
kesäsiirtola 14 [名] 夏の林間学校, 夏のキャンプ.
kesäyö 30 [名] 夏の夜.

ketju 1 [名] 鎖, チェーン.
keto* 1 [名] 耕作していない草の生えた土地.
ketterä 12 [形] すばやい, 敏捷な.
kettu* 1 [名] 〈動〉キツネ, 正しくはキタキツネ. 学名 Vulpes vulpes.
keuhko 1 [名] 肺.
keuhkokuume 78 [名] 〈医〉肺炎.
keuhkopussintulehdus 64 [名] 〈医〉ろく膜炎.
keuhkotauti* 4 [名] 肺病.
keuhkotulehdus 64 [名] 肺炎.
keula 10 [名] (船・そりなどの)先頭の部分, へさき.
keventää* 8 [動] 1. 軽くする, 荷物を減らす. 2. (lieventää, helpottaa)苦痛を和らげる, 楽にする.
keveä 21 [形] 軽い.
kevyt 73 [形] 軽い, 軽快な, 簡単な.
kevytmielinen 63 [形] (ajattelematon, huolimaton)軽率な, 軽薄な, 考えが浅い, 無思慮な, 不注意な.
kevytsarja 10 [名] 〈ス〉ライト級.
keväinen 63 [形] 春の, 春のような, 春めいた.
kevät 74 [名] 春.
kevätkesä 11 [名] 初夏.
kevätlukukausi* 40 [名] 春学期.
kevätpäiväntasaus 64 [名] 春分.
kevättalvi 8 [名] 晩冬.
kevätvilja 10 [名] 春蒔き穀物.
kide* 78 [名] 結晶, 水晶.
kidekone 78 [名] (kidekoje, kidevastaanotin) 〈ラ〉鉱石検波受信機(初期のラジオ受信機).
kidukset 64 [複名] (魚などの)えら.
kiduttaa* 2 [動] 苦しめる, いじめる, 拷問にかける.
kidutus 64 [名] 責め苦, 拷問.
kiehahtaa* 2 [動] 煮たたせる, 沸き立たせる.
kiehtoa* 1 [動] 夢中にさせる, 引き寄せる, 魅きつける.
kiehua 1 [動] 沸く, 沸騰する, 煮える.
kiehumapiste 78 [名] 〈理〉沸(騰)点.
kiehuttaa* 2 [動] 沸騰させる, 煮る, わかす.

kiekko* 1 ［名］円盤, 円板.
kiekonheitto* 1 ［名］〈ス〉円盤投げ.
kiekua* 1 ［動］雄鶏が鳴く；金切り声を出す.
kieleke* 78 ［名］(uloke)形が舌を思わせる物, 突き出した部分, 張り出した部分.
kielellinen 63 ［形］ことばの, 言語(上)の.
kielenkärki* 8 ［名］舌の先端.
kielenkääntäjä 16 ［名］翻訳者, 通訳.
kielenparsi* 42 ［名］言い回し, 語法, 表現法.
kielentutkija 14 ［名］言語学者.
kieli 32 ［名］舌；言語；(弦楽器の)弦. *suomen kieli* フィンランド語.
kielikello 1 ［名］(juoruilija)告げ口をする人.
kielimies 72 ［名］語学(研究)者, 言語学者.
-kielinen 63 ［形］〜語の；〜の言葉を話す；〜の弦を持った. *kaksikielinen* 二か国語の. *viisikielinen kantele* 五弦のカンテレ.
kielioppi* 4 ［名］文法.
kieliriita* 10 ［名］(kielitaistelu)言語論争.
kielisoitin* 56 ［名］弦楽器.
kielitaistelu 2 ［名］(kieliriita)言語論争.
kielitaito* 1 ［名］主に外国語の能力・知識.
kielitaitoinen 63 ［形］外国語に精通した.
kielitiede* 78 ［名］言語学.
kielo 1 ［名］〈植〉スズラン. 学名 Convallaria majalis.
kielteinen 63 ［形］否定の.
kielto* 1 ［名］禁止, 禁制.
kieltämätön* 57 ［形］(eittämätön, selvä)否定できない, 明白な, 明らかな.
kieltävä 13 ［形］拒否の, 否定的.
kieltäytyä* 44 ［動］(出格と共に)〜を拒む, 〜に同意しない.
kieltää* 5 ［動］禁じる(分格及び第3不定詞出格と共に)(分格及び出格と共に). *kieltämättä* (epäilemättä, ehdottomasti)明らかに.
kiemura 14 ［名］カーブ.
kiemuroida 30 ［動］とぐろを巻く, カーブする.

Käärme *kiemuroi*. 蛇がとぐろを巻いている.
kiemurrella* 28［動］カーブする, 曲がる, 回る.
kiemurrella naurusta 笑い転げる.
kiemurtaa* 6［動］カーブする, 曲がる.
kieppi* 4［名］糸のかせ.
kieppua* 1［動］(pyöriä, kiertää)回る, 回転する, (足元に)つきまとう.
kierittää* 2［動］転がす, 転がして行く.
kieriä 17［動］転がる, 回転する.
kiero 1［形］斜めの, はすの；曲がった, ゆがんだ. *katsoa kieroon* 横目で見る, ぬすみ見る.
kieroilla 29［動］(juonitella, vehkeillä)狡猾に振る舞う, 騙す.
kierre* 78［名］ぐるぐる巻き, ねじ.
kierrellä* 28［動］(〜のまわりを)めぐる, まわる.
kierreportaat 66［複名］回り階段, らせん階段.
kierretulppa* 11［名］ねじ式留め金・栓・ふた.
kierros 64［名］1. (piiri, kehä)円, サークル；ぐるぐる巻きにした物. 2. (トラック競技やカーレースなどの)回る事, 一周；(軸あるいは点の回りの)一回転. 3. 病院の医師の回診のように)次々と訪れる事. 4. 迂回, 回り道. 5. (ボクシングの一ラウンドのような)全体の一部, 一部分.
kierrosluku* 1［名］〈技〉回転数.
kierrätystuote* 78［名］リサイクル製品.
kierto* 1［名］回転, (血液の)循環.
kiertoajelu 2［名］周遊, 遊覧.
kiertokirje 78［名］多人数に出す同一の手紙.
kiertokulku* 1［名］(血液, 空気, 水などの)循環, (貨幣などの)流通.
kiertokysely 2［名］アンケート, 世論調査.
kiertokäynti* 4［名］一周, 一巡, 巡回.
kiertolippu* 1［名］周遊券.
kiertomatka 10［名］周遊旅行.
kiertorata* 10［名］(鉄道)環状線.
kiertoretki 8［名］一周(旅行), 周遊.
kiertotie 30［名］う回路, 回り道.
kiertotähti* 8［名］惑星.

kiertyä* 1 [動] 1. (pyöriä)回る. 2. 丸くなる.
kiertää* 6 [動] 回す, 回転させる；～の回りを回る, 回る, 回転する.
kierukka* 15 [名] 〈数〉渦巻き曲線, ら線.
kiesit 4 [複名] (kääsit)二輪馬車.
kietoa* 1 [動] (品物を)包み巻く, 巻き付ける.
kietoutua* 44 [動] (sekaantua)まざる, 一つになる.
kievari 5 [名] (majatalo)宿屋.
kihara 18 [名] カールした髪, もじゃもじゃの髪.
kiharoida 30 [動] 縮らせる, パーマをかける.
kihistä 41 [動] (sihistä, sähistä)シューシュー・ジュージュー・ザーザーなどの音を立てる. 例えば焚き火に水を掛けた時, 肉が焼ける時, やかんから蒸気が吹き出す時, 川が急流となって流れる時など.
kihlajaiset 63 [複名] 婚約のお祝い・パーティー.
kihlakalu 1 [名] 婚約指輪や婚約プレゼント.
kihlakunnanoikeus* 65 [名] kihlakunta(行政区域)にある裁判所.
kihlakunta* 11 [名] lääni より小さい行政区域.
kihlasormus 64 [名] 婚約指輪, エンゲージリング.
kihlat 10 [複名] 婚約指輪, 婚約プレゼント. *mennä kihloihin* 婚約する. *olla kihloissa* 婚約している.
kihlaus 64 [名] 婚約.
kihlautua* 44 [動] 婚約する.
kihnutella* 28 [動] こする.
kihnuttaa* 2 [動] (hangata, hieroa)擦る, 擦り付ける.
kihota 38 [動] しみ出る, しみ通る.
kihti* 4 [名] 〈医〉痛風, 関節炎.
kiidättää* 2 [動] 1. 急がせる, 急いでつれてゆく. 2. 急ぐ, 急いで行く.
kiihdyke* 78 [名] 刺激.
kiihdyksissä(än) [副] 興奮して, 怒って, 激しく.
kiihdyttää* 2 [動] 1. 活発にする, 盛んにする. 2. 興奮させる, 怒らせる, いら立たせる.
kiihkeys* 65 [名] 情熱.
kiihkeä 21 [形] 熱烈な, 燃えるような.
kiihko 1 [名] 熱情, 激情.

kiihkoilija 14［名］熱中者, 熱狂者, ファン.
kiihkoinen 63［形］(kiihkomielinen)情熱的な, 熱烈な, 激しい.
kiihoke* 78［名］(kiihotin)刺激.
kiihotin* 56［名］刺激, 刺激物, 発奮材料.
kiihottaa* 2［動］気持ちを高ぶらせる, 焚きつける.
kiihotus 64［名］興奮, 騒乱.
kiihotusaine 78［名］興奮剤.
kiihtymys 64［名］興奮；憤怒, 激怒.
kiihtyä* 1［動］興奮する；怒る, 激怒する.
kiihtää* 2［動］(kiihottaa, kiihdyttää)〈詩〉活動させる, 駆り立てる.
kiikari 5［名］望遠鏡, 双眼鏡.
kiikastaa 2［動］狭くする, 絞る.
kiikkerä 12［形］(keikkuva, huojuva)ぐらぐらする, 揺れ動く.
kiikku* 1［名］ぶらんこ.
kiikkua* 1［動］(keinua, heilua)揺れ動く.
kiikkutuoli 4［名］揺り椅子.
kiikuttaa* 2［動］1. (keinuttaa, keikuttaa)揺り動かす. 2. (kantaa)運ぶ, 持ってゆく.
kiila 10［名］くさび, くさび形の物.
kiille* 78［名］1. 雲母. 2. エナメル.
kiillellä* 28［動］(kimallella, hohdella)ほのかに光る.
kiilloittaa* 2［動］(kiillottaa)磨く, ぴかぴかにする.
kiillottaa* 2［動］(hangata kirkkaaksi, kirkastaa)磨く, ぴかぴかにする.
kiilto* 1［名］つや, 光沢.
kiiltokenkä* 11［名］エナメルぐつ.
kiiltokivi 8［名］(jalokivi)宝石.
kiiltomato* 1［名］〈虫〉ホタル, 正しくはカラフトボタル. 学名 Lampyris noctiluca.
kiiltävälehtinen 63［形］光沢のある葉をもった. 照葉樹の.
kiiltää* 5［動］光る, 輝く, ピカピカ光る.
kiilua 1［動］(hohtaa, kimmeltää)光る, 仄かに光る, 反射する.

kiima 10 [名] 発情, さかり.
kiima-aika* 10 [名] 発情期.
kiimainen 63 [形] さかりのついた.
kiinnekohta* 11 [名] よりどころ, 手がかり.
kiinnelaastari 5 [名] 〈医〉ばんそうこう.
kiinni [副] 閉まっている; しっかりと, 堅く; すぐそばに. *ottaa kiinni* 逮捕する. *panna ovi kiinni* 戸をしめる. *päästä kiinni* 捕らえる, 到達する. *saada kiinni* 捕らえる.
kiinnike* 78 [名] 固定する物; 握り, 取っ手, 柄.
kiinnipano 1 [名] 閉じること, しめること, 閉鎖.
kiinnittyä* 1 [動] (tarttua)くっつく, 結びつく; 注意を向ける.
kiinnittää* 2 [動] (ベルトを)締める, 結び付ける, つなぐ, くっつける. *kiinnittää huomiota*+入格, ～に注意を向ける.
kiinnitys 64 [名] (kiinnittäminen, kiinnittyminen) 締めること, 留めること, 付着, 結合.
kiinnostaa 2 [動] おもしろがらせる.
kiinnostua 1 [動] 興味を持つ. *olla kiinnostunut*+出格 ～に関心のある.
kiinnostus 64 [名] 興味, 関心.
kiinnostuttaa* 2 [動] 興味を持たせる.
kiinteistö 1 [名] 〈法〉不動産.
kiinteä 21 [形] 1. (pysyvä)固定した, 不動の. 2. (tiivis)コンパクトな, ひとまとめになった. 3. (jatkuva, alituinen)永続的な, 絶え間ない.
kiintiö 3 [名] (kontingentti)輸出入の割当量.
kiintoisa 13 [形] 興味深い, 興味を起こさせる.
kiintojää 28 [名] 張りつめた固い氷.
kiintokuutio 3 [名] 樹木・木材の実質の体積, 1㎥角材単位.
kiintonainen 63 [形] 固定した, 不動の.
kiintotähti* 8 [名] 恒星.
kiintymys 64 [名] 愛着, 引きつけられること, 傾き, 魅惑.
kiintyä* 1 [動] 心が傾く, 好きになる.
kiipeillä 28 [動] 登る.

kiire 78 [名] 急ぎ, 急用, 多忙. *kovalla kiireellä* 急いで. *olla kiireissään* 急ぐ. *pitää kiirettä* 急いでいる. [形] 急ぎの, 忙しい.

kiireellinen 63 [形] 急ぎの, 急いでいる, 急の.

kiireenvilkkaa [副] (kiireesti)急いで.

kiirehtiä* 17 [動] 1. (jouduttaa)急がせる. 2. (rientää)急ぐ.

kiireimmiten [副] 大急ぎで, できるだけ急いで.

kiireinen 63 [形] さし迫った, 緊急の.

kiiruhtaa* 2 [動] 1. (rientää) 急ぐ. 2. (jouduttaa) 急がせる.

kiiruimmiten [副] (kiireimmiten, mahdollisimman kiireesti)大急ぎで, できるだけ急いで.

kiisseli 5 [名] 〈料〉デザートの一種(果物, ベリーなどの入った甘い飲物).

kiista 10 [名] (väittely, erimielisyys)論争.

kiistakapula 18 [名] (論争・戦争などの)火種・原因.

kiistakirjoitus 64 [名] (poleeminen kirjoitus)論争書, 論争の書き物.

kiistakysymys 64 [名] 論争点, 論争の疑問点.

kiistaton* 57 [形] 争う余地のない, 疑う余地のない.

kiistellä 28 [動] 討論する.

kiistämätön* 57 [形] 議論する余地のない, 論争する余地のない, 明白な.

kiistää 2 [動] 議論する, 論争する. *kiistää vastaan* ～に対して異議を申し立てる.

kiitellä* 28 [動] ほめる, 賞賛する.

kiitettävä 13 [形] 賞賛に値する, あっぱれな.

kiitollinen 63 [形] ありがたく思う, 感謝している.

kiitorata* 10 [名] 滑走路.

kiitos 64 [名] 感謝, (お礼の時に)ありがとう. *Parhaat kiitokset kaikesta.* いろいろどうもありがとう.

kiittämätön* [形] 恩知らずの.

kiittää* 2 [動] (ylistää, kehua)ほめる, 賞賛する, 感謝する. *Ei kiittämistä!* どういたしまして.

kiitäjä 16 [名] (kiitäjäperhonen) 〈蝶〉スズメガ(総称).

kiitäjäperhonen 63 [名] (kiitäjä) 〈蝶〉スズメガ.

☞ kiitäjä
kiitää* 4 [動] 急ぐ, 急いで走る, 飛ぶ.
kiivailla 29 [動] (kiihkoilla)熱心に話す, 〜の側に立って話す, 擁護する. *kiivailla*+分格+*vastaan* けなす, 反対する.
kiivas 66 [形] 激しい. (helposti kiihtyvä, kuumaverinen)すぐかっとなる, 怒り易い.
kiivastua 1 [動] 気持ちが高ぶる, かっとなる.
kiivetä* 36 [動] 登る.
kilahdus 64 [名] ガチャンという音.
kilistä 41 [動] 明るい音を立てる.
kilistää 2 [動] チャリンと鳴らす. *kilistää lasia* グラスを合わせて乾杯する.
kiljahtaa* 2 [動] 叫ぶ.
kiljaista 24 [動] かん高い声を出す, 叫ぶ.
kiljua 1 [動] (ライオンなどが)吠える, (人が)怒鳴る.
killistellä 28 [動] (tuijottaa)眺める.
kilo 1 [名] (kilogramma)(kg と省略)キログラム.
kilometri 4 [名] (km と省略)キロメートル.
kilpa* 10 [名] 競争.
kilpaa [副] 競争して, 競って.
kilpa-ajo 1 [名] レース, 競馬.
kilpahiihto* 1 [名] スキー競技.
kilpailija 14 [名] 競争者, 相手, ライバル.
kilpailla 29 [動] 競う.
kilpailu 2 [名] 競争.
kilpajuoksu 1 [名] 競走.
kilpakysymys 64 [名] 懸賞問題, 賞金クイズ.
kilpapurjehdus 64 [名] ヨットレース.
kilpapyörä 11 [名] 競輪用自転車.
kilparata* 10 [名] コース, トラック, 走路.
kilparatsastus 64 [名] 競馬.
kilpasoutu* 1 [名] ボートレース.
kilpaurheilija 14 [名] レースの選手.
kilpi* 8 [名] 表札, 看板, プラカード.
kilpikonna 11 [名] 〈動〉カメ(総称).
kilpirauhanen 63 [名] 〈解〉甲状せん.
kiltteys* 65 [名] おりこうなこと.

kiltti* 4［形］(特に子供について)おりこうな，よく言う事を聞く.

kimalainen 63［名］〈虫〉ハナバチ(総称). *kimalais-kuningatar* ハナバチの女王蜂.

kimalaiskärpänen 63［名］〈虫〉ツリアブの一種.

kimaltaa* 5［動］きらきら光る.

kimeä 21［形］かん高い，高いピッチの.

kimmo 1［名］〈技〉弾力，伸縮性.

kimmoinen 63［形］(kimmoisa)弾力がある，伸縮する.

kimmoisa 13［形］(kimmoinen)弾力がある，伸縮する.

kimmoisuus* 65［名］弾力.

kimmota(*) 38［動］(ponnahtaa)弾む.

kimpaantua* 1［動］(kimpautua, suuttua)怒る.

kimpale 78［名］大きめの塊.

kimpautua* 44［動］(suuttua)怒る.

kimpoilla 29［動］弾む.

kimppu* 1［名］(ぶどうなどの)ふさ，束.

kimppuun［副］攻撃して，襲いかかって. *käydä kimppuun* 攻撃する，襲う.

kimpussa［後］(ääressä)～の傍らで. (属格と共に)～の中で(仕事をする).

-kin 文中の強調された語に付いて「～も」「～さえも」の意味をあらわす小辞.

kina 10［名］口論，議論.

kinastella 28［動］議論・論争する.

kinastelu 2［名］口論，口げんか.

kinata 35［動］(kiistellä, riidellä)議論する. *kinata vastaan* 反論する.

kinkku* 1［名］〈料〉ハム.

kinnas* 66［名］ミトン. *viitata kintaalla* 無視する.

kinner* 82［名］馬などの後ろ足の一部で人間の踵に相当する. *kintereillä* 後について，ぴったりとついて.

kinos 64［名］雪の吹きだまり，積もった雪.

kinttu* 1［名］1. 動物の後ろ足の kinner のあたり. 2.〈常〉人間の足.

-kinttuinen 63 [形] 〈常〉～の足を持った，～の足をした.

kiperä 12 [形] 1. 曲がっている，鉤形の. 2. (täpärä)落ちそうな，滅びそうな，大変そうな，困難な.

kipeä 21 [形] 痛い，痛みをおこさせる，辛い，悲しい.

kipinä 14 [名] 小片，破片，細片，火花.

kipinöidä 30 [動] きらめく，キラキラ光る，火花を発する.

kipollinen 63 [名] kippo 一杯の量.

kippo* 1 [名] 茶碗，コップ，小さめの食器.

kipsata 35 [動] しっくいを塗る.

kipu* 1 [名] 痛み.

kipulääke* 78 [名] (särkylääke)痛み止めの薬，鎮痛剤.

kipuraha 10 [名] 〈法〉(通常は複数形で)損害賠償金，弁償.

kirahtaa* 2 [動] きしむ.

kireä 21 [形] きつい，窮屈な.

kiristys 64 [名] 締めつけ，緊張. *hammasten kiristys* 歯噛み，歯ぎしり.

kiristyä 1 [動] 綱が締まる，固くなる，窮屈になる.

kiristä 41 [動] 軽い音・シューシューという音を立てる. 例，歯ぎしり，スキーの下の雪，フライパンの肉など.

kiristää 2 [動] (ねじなどを)締める，きつくする，締めつける. *kiristää vauhtia* スピードを上げる，急ぐ.

kiriä 17 [動] 〈ス〉(kiristää vauhtia)スピードを上げる，急ぐ.

kirja 10 [名] 本. *pitää kirjaa*＋出格 ある事を帳面につける.

kirjahylly 1 [名] 本棚.

kirjailija 14 [名] 著者.

kirjailla 29 [動] 文書を書く，著作する.

kirjaimellinen 63 [形] 文字どおりの.

kirjain 56 [名] 字，文字.

kirjakaappi* 4 [名] 書棚.

kirjakauppa* 10 [名] 本屋.
kirjakieli 32 [名] 文語, 文章語.
kirjallinen 63 [形] 書いた, 筆記の, 文字の.
kirjallisuus* 65 [名] 文学, 文献.
kirjaltaja 16 [名] 印刷屋.
kirjaluettelo 2 [名] 図書目録.
kirjanen 63 [名] パンフレット.
kirjankansi* 44 [名] 本の表紙.
kirjankustantaja 16 [名] 出版業者.
kirjanmerkki* 4 [名] 本のしおり.
kirjanpainaja 16 [名] 印刷屋, 印刷業.
kirjanpito* 1 [名] 簿記.
kirjanpitäjä 16 [名] 管財人, 帳簿係り.
kirjansitoja 16 [名] 製本屋.
kirjantekijä 14 [名] 著者, 筆者, 著作者.
kirjapaino 1 [名] 本の印刷所.
kirjasto 2 [名] 図書館, 図書室.
kirjastonhoitaja 16 [名] 図書館司書.
kirjata 35 [動] 飾り付ける, 記録する.
kirjava 13 [形] (monivärinen)多色の, 色の混じった, 派手な.
kirje 78 [名] 手紙.
kirjeellinen 63 [形] 手紙の.
kirjeenkantaja 16 [名] (postinkantaja)郵便配達人.
kirjeensaaja 16 [名] 手紙の受取人.
kirjeenvaihtaja 16 [名] 1. 会社などで通信を担当する事務員. 2. 新聞に記事を送る通信員.
kirjeenvaihto* 1 [名] 文通. *käydä kireenvaihtoa*+属格+*kanssa* ～と文通する.
kirjekuori 32 [名] 封筒.
kirjelaatikko* 2 [名] ポスト, 郵便受け.
kirjelmä 13 [名] 公文書, 書簡.
kirjeopisto 2 [名] 通信教育研究所.
kirjepaperi 5 [名] 便箋.
kirjesähke 78 [名] 電報.
kirjo 1 [名] 〈理〉スペクトル.
kirjoittaa* 2 [動] 書く, 手紙を書く. *kirjoittaa koneella* タイプで打つ. *kirjoittaa muistiin* メモする,

記録にとる. *kirjoittaa väärin* 書き損なう, 書き間違う.
kirjoittaja 16 [名] 作家.
kirjoitus 64 [名] 書くこと, 著作.
kirjoituskone 78 [名] タイプライター.
kirjoituspaperi 5 [名] 筆記用紙.
kirjoituspöytä* 11 [名] 事務机, デスク.
kirjoitusvihko(*) 1 [名] 帳面, ノート.
kirjoitusvirhe 78 [名] 綴り上の誤り.
kirjolohi 33 [名] 〈魚〉ニジマス. 学名 Salmo gairdneri.
kirjonta* 15 [名] 〈手〉刺繍.
kirjuri 5 [名] 書記, 書記官.
kirkaista 24 [動] 大声をあげる.
kirkaisu 2 [名] 叫び.
kirkas* 66 [形] 光り輝く, (水が)澄んだ, (空が)よく晴れた, (声が)きれいな.
kirkassilmäinen 63 [形] 澄んだ目の, 明るい目の.
kirkastaa 2 [動] 明るくする, 晴ればれしくする.
kirkastua 1 [動] (天気が)晴れ上がる, 澄む.
kirkkaus* 65 [名] 輝き, (水の)澄んでいること, 晴天, (声の)美しさ.
kirkko* 1 [名] 教会.
kirkkoherra 10 [名] 牧師.
kirkkokansa 10 [名] 信者, 教会に行く人々.
kirkkoväki* 8 [名] 教会を訪ねる人, 教会の儀式の参加者.
kirkollinen 63 [形] 教会の, 宗教上の.
kirkonkello 1 [名] 教会の鐘.
kirkonkylä 11 [名] 教会のある村.
kirkonmies 72 [名] 牧師, 聖職者.
kirkua* 1 [動] 金切り声をたてる.
kirnu 1 [名] ミルクを撹拌してバターを作る時の容器.
kiroilla 29 [動] 悪態をつく, 毒づく；呪いの言葉を吐く.
kirota 38 [動] 呪いの言葉を吐く.
kirous 64 [名] 呪い, 悪態, 悪口.

kirpeä 21 ［形］鮮やかな，味や刺激が強い．
kirppu* 1 ［名］蚤(⑨)．
kirsi* 42 ［名］(routa)霜．
kirsikka* 15 ［名］桜の木；さくらんぼ．
kirsikkapuu 29 ［名］桜の木．
kirstu 1 ［名］1. (arkku)箱．2. (ruumisarkku)棺，ひつぎ．
kirva 10 ［名］〈虫〉アブラムシあるいはアリマキ(総称)．
kirvellä 28 ［動］痛くする；痛む，うずく．
kirves 67 ［名］斧．
kirvesmies 72 ［名］大工．
kirvinen 63 ［名］〈鳥〉タヒバリ(総称)(セキレイ科)．
kirvota* 38 ［動］解ける，ほどける；離れる．
kisa 10 ［名］ゲーム，競技．
kiskaista 24 ［動］(vetäistä, tempaista)引く，引っ張る．
kisko 1 ［名］レール．
kiskoa 1 ［動］1. 引く，引っ張る(出格と共に)．2. 搾取する，過度に(代価・料金を)請求する．
kiskonta* 15 ［名］引く事．
kissa 10 ［名］猫．
kissanpoikanen 63 ［名］子猫．
kisälli 5 ［名］(徒弟期間を終えた)一人前の職人．
kita* 10 ［名］1. 動物の口．2. ぽっかり開いた所，穴，口．
kitakupuinen 63 ［名］〈声〉(kakuminaali)そり舌音．
kitalaki* 8 ［名］〈解〉(suulaki)口蓋．pehmeä kitalaki (kitapurje)軟口蓋．
kitapurje 78 ［名］〈解〉(pehmeä kitalaki)軟口蓋．
kitata* 35 ［動］セメントで着ける，セメントを詰める．
kiteinen 63 ［形］水晶の，結晶の，水晶でできた．
kiteytyä* 44 ［動］固くなる，固体になる．
kitistä 41 ［動］ギーギー音を立てる．
kitka 10 ［名］〈理〉こすること，摩擦．
kitkerä 12 ［形］(katkera, karvas)(味と匂いについて)苦い，鋭い，強い．

kitkeä 13 [動] 刈り取る(比喩的にも).
kitsas 66 [形] (itara, saita)けちな.
kitsastella 28 [動] (olla kitsas)けちである,物を上げない.
kitti* 4 [名] 不満や軽蔑を表す声.
kitua* 1 [動] 苦しみながら生きる,やつれる,憔悴する.
kitulias 66 [形] 虚弱な,病気がちの,哀れな.
kiukku* 1 [名] (suuttumus)怒り,憎しみ.
kiukkuinen 63 [形] 怒っている,悪い,腕白な,意地悪な.
kiukkuluontoinen 63 [形] 怒りっぽい,怒りっぽい性格の.
kiukutella* 28 [動] 不満である,機嫌が悪い.
kiulu 1 [名] 取っ手が一つの器.
kiuru 1 [名] (leivonen) 〈鳥〉ヒバリ(学名 Alauda arvensis). ヒバリの仲間の総称でもある.
kiusa 10 [名] (harmi, vaiva)嫌がらせる・不機嫌にさせる行為・物事,嫌がらせ,うるさがらせ.
kiusaaja 16 [名] 苦しめる人,嫌がらせる人.
kiusallinen 63 [形] 面倒な,悩ませる.
kiusata 35 [動] 苦しめる,悩ます,迷惑を掛ける.
kiusaus 64 [名] 誘惑.
kiusoitella* 28 [動] 口先でいじめる.
kiva 10 [形] 〈常〉きれいな,感じのいい;すばらしい,すてきな.
kivenhakkaaja 16 [名] 石工.
kivennäinen 63 [名] 鉱物;ミネラル.
kivennäisvesi* 40 [名] ミネラルウォーター.
kivenveistäjä 16 [名] (kivenhakkaaja)石工.
kives 64 [名] こう丸.
kivettymä 13 [名] 〈生〉〈地質〉化石.
kiveys 64 [名] 舗装,敷き石.
kivi 8 [名] 石,岩.
kivihiili 32 [名] 石炭.
kivihiilikaivos 64 [名] 炭鉱,炭坑.
kivijalka* 10 [名] 〈建〉礎石,土台.
kivikausi* 40 [名] 石器時代.

kivikova 11 ［形］石のように固い.
kivikuori 32 ［名］岩盤, 地殻.
kivilaatta* 10 ［名］板状の石.
kivilaji 4 ［名］〈地質〉岩石, 鉱物.
kivilouhos 64 ［名］採石場, 石切り場.
kivimuru 1 ［名］小石.
kivinen 63 ［形］石の, 石造りの.
kivipainos 64 ［名］(litografia)石版印刷, 平版. リトグラフ.
kivirakennus 64 ［名］石造りの建物・ビル.
kivistää 2 ［動］痛くする, 痛む.
kivittää* 2 ［動］石を投げる:石を投げて殺す.
kivulloinen 63 ［形］虚弱な, 病気がちの.
kivääri 6 ［名］小銃, ライフル銃.
kiväärinpiippu* 1 ［名］銃身.
klassinen 63 ［形］(klassillinen)古典の, 古典的.
klaveeri 6 ［名］〈楽〉(昔の)ピアノ.
klemmari 5 ［名］〈常〉クリップ.
klikkiytyä* 1 ［動］引っ込みたがる, 退きたがる.
klo (kello の略)〜時. klo kolme 3 時.
kloori 4 ［名］〈化〉塩素.
km (kilometri の略)キロメートル.
ko. (kyseessä oleva)〜に関して, 問題の.
-ko ［接尾辞］(疑問の意味を表す)〜か.
kodikas* 66 ［形］家庭的な, 気楽な, 居心地がよい, 気持ちがよい.
kodikkuus* 65 ［名］家庭的なこと, 気楽さ.
koditon* 57 ［形］家がない, 家なしの.
koe* 78 ［名］試験, 実験.
koeaika* 10 ［名］試用期間, 見習い期間.
koeajo 1 ［名］試運転.
koelaitos 64 ［名］試験所, 研究所.
koete* 78 ［名］試み, 試験；見本品, 試供品.
koetella* 28 ［動］試す, 調べる, 吟味する.
koetin* 56 ［名］〈医〉細管, 消息子, ゾンデ.
koettaa* 2 ［動］試みる, 試す, やってみる.
koettelemus 64 ［名］苦しみ, 試練.
koetus 64 ［名］(koettelemus)苦しみ, 試練.

koetusaika* 10 ［名］試用期間，試験期間.
kohahtaa* 2 ［動］水音を立てる.
kohauttaa* 2 ［動］(肩を)上げる，高める，もたげる.
kohdakkoin ［副］(lähiaikoina, piakkoin)間もなく，すぐに.
kohdalla ［後］(属格と共に)～に関して，～の点で.
kohdalle ［後］(属格と共に)～に関して，～の点で.
kohdalta ［後］(属格と共に)～に関して，～の点から.
kohdata* 35 ［動］出会う，遭遇する.
kohde* 78 ［名］対象，目的物.
kohdella* 28 ［動］取扱う，扱う.
kohden ［副］yhdessä kohden (=paikoillaan)一か所で，その場で. ［後］(分格と共に)～の方へ，～に向かって. *henkeä kohden* 一人あたり.
kohdentaa* 8 ［動］正しい方向に向ける，矯正する，整える.
kohdistaa 2 ［動］向ける. *kohdistaa huomionsa*＋入格　注意を向ける.
kohdistua 1 ［動］向けられる，狙われる.
kohennella* 28 ［動］持ち上げて位置を直す(暖炉の薪，眼鏡，ズボンなど). *kohennella tulta* 薪をつぎ足す.
kohentaa* 8 ［動］進歩させる，改良する.
kohentautua* 44 ［動］自分を高くする.
kohentua* 1 ［動］高くなる.
kohina 14 ［名］風や水の音.
kohista 41 ［動］(水の流れが)音を立てる，(森などが)ざわつく.
kohju 1 ［名］〈医〉ヘルニア，脱腸.
kohmeinen 63 ［形］寒さで固くなった.
koho 1 ［名］(釣りの)うき.
kohoama 13 ［名］高地，丘陵.
kohoaminen 63 ［名］隆起.
kohokohta* 11 ［名］頂上，山頂；頂点，全盛.
kohokuva 11 ［名］浮き彫り，レリーフ.
koholla ［副］上に，上で，表面に.

kohota 38 [動] 上がる, (自分を)持ち上げる, 高くする.

kohottaa* 2 [動] 上げる, 持ち上げる.

kohotus 64 [名] 高くすること, 上昇.

1.**kohta*** 11 [名] 1. 場所, 地点. 2. 書物中の箇所, 契約書・法律などの条文. 3. 時, 時期, 段階. ／内格＋*kohdin* 〜の点について, 〜に関して.

2.**kohta** [副] すぐに, 間もなく；近くに. *jos kohta* (=vaikka, joskin)〜けれども, 〜だとしても.

kohtaan [後] (分格と共に)〜に, 〜に向かって.

kohtalainen 63 [形] 1. 中庸の, 並の. 2. (風の強さについて)中位の. 3. (melko suuri)かなりの, かなり大きい.

kohtalo 2 [名] 運命.

kohtalokas* 66 [形] 宿命的な, 不吉な.

kohtapuoleen [副] 間もなく.

kohtaus 64 [名] 1. (tapaaminen)出会い, 遭遇. 2. 病気の発作.

kohtauspaikka* 10 [名] 会う場所, 集合場所, 集合地点.

kohteliaisuus* 65 [名] 丁寧, いんぎん.

kohtelias 66 [形] 丁重な, 礼儀正しい.

kohtelu 2 [名] もてなし.

kohti [副] そちらに, その方向に. [後][前] (分格と共に)〜の方へ；〜につき, 〜あたり. *henkeä kohti* 一人につき.

koht'ikään [副] まもなく, やがて, すぐ続いて.

kohtisuora 11 [形] 垂直の, たての.

kohtsillään [副] (kohtapuoleen)間もなく.

kohtu* 1 [名] 〈解〉子宮. *kohdussa*(比喩的に)〜のふところで, 〜に抱かれて.

kohtuullinen 63 [形] 適当な, 適度な.

kohtuus* 65 [名] (kohtuullisuus)適正, 適度, 適当. *kohtuuden mukaan* 適正に, 理に叶って.

kohtuuton* 57 [形] 適切ではない, 不適当な, 過度の, 節度のない, 中庸を欠いた.

koi 27 [名] 朝の薄明, あけぼの. 〈蝶〉イガ(幼虫は羊毛を食害).

koikkua* 1 ［動］カラスがカーカー鳴く.
koillinen 63 ［名］北東.［形］北東の.
kointähti* 8 ［名］(aamutähti, Venus)暁の明星, 金星.
koipi* 8 ［名］1. 動物の後ろ足の脛(すね). 2. 〈常〉人間の足.
koira 11 ［名］犬.
koiranleuka* 10 ［名］(irvihammas)軽蔑, 侮辱；軽蔑する人, 侮辱する人.
koiras 70 ［名］動物の雄.
koiravaljakko* 2 ［名］犬橇.
koiruus* 65 ［名］(ilkikurisuus)悪行, 恥知らずな行為.
koite* 78 ［名］(koitto, sarastus)夜明け, 薄明かり. *päivän koite* 夜明け.
koittaa* 2 ［動］(sarastaa, valjeta)夜が明ける, 仄かに明るくなる.
koitua* 1 ［動］起こる, 結果として起こる.
koivikko* 2 ［名］シラカバ林.
koivu 1 ［名］〈植〉シラカバ.
koje 78 ［名］(実験用などの)一組の器具.
kojelauta* 10 ［名］計器板.
koju 1 ［名］小屋, 屋台.
kokea* 13 ［動］経験する.
kokeellinen 63 ［形］経験の, 経験による, 実験の, 実験による.
kokeilla 28 ［動］(koetella)実験する. (湯加減などを手で)ためす.
kokeilu 2 ［名］実験.
kokelas 66 ［名］志願者, 志望者.
kokematon* 57 ［形］経験のない, 未熟な.
kokemus 64 ［名］経験.
kokenut 77 ［形］経験のある, 熟練した.
kokka* 11 ［名］船首部.
kokkare 78 ［名］小さい塊り, つちくれ. 〈料〉だんご.
kokko* 1 ［名］1. 〈民〉(祝いの)かがり火.
kokkotuli 32 ［名］(祝いの)かがり火.

1. **koko*** 1［名］1. サイズ, 大きさ. 2. 積み重ね, ひと山.
2. **koko** (不変化)［形］全部の, 〜じゅう, いつも. *koko ajan* いつも. *koko lailla* かなり, 随分. *koko matkan* (=alinomaa)ずっと, いつも, 引き続いて, 旅の間じゅう. *koko päivän* 一日中. *koko yön* ひと晩中.
kokoelma 13［名］収集したもの.
kokoilla 29［動］集める, 収集する.
kokoinen 63［形］〜の大きさの.
kokonaan［副］全く, 完全に, すっかり.
kokonainen 63［形］1. (koko, täysi)全体の, 全部の, 欠けていない, まるごとの. 2. (複数形の名詞や数詞と共に)かなりの, 全くの.
kokonaishahmo 1［名］全体像.
kokonaisuus* 65［名］全体, 全部, ひとかたまり. *kokonaisuudessaan* (kokonaise-naan, kokonaan)全体で, そっくりそのまま.
kokonaisvaikutelma 13［名］全体の感じ, 全体像.
kokooja 16［名］収集家, 採集家.
kokoon［副］小さく；一緒に, 一つに. *mennä kokoon* 小さくなる.
kokoonkutsuminen 63［名］(国会の)召集.
kokoonpano 1［名］組み立て, 構成.
kokoontua* 1［動］(kertyä)集まる.
kokoontumisaika* 10［名］集合期間, 集合時間.
kokoontumisvapaus* 65［名］集会の自由.
kokopaino 1［名］総重量.
kokopäiväinen 63［形］一日中の, フルタイムの.
kokous 64［名］集まり, 集会, 会合. *kokouksen jäsen* 会議出席者.
kokouspäivä 11［名］集合日, 会議日.
kolahtaa* 2［動］衝突音を出す, バタンと音を立てる, 音をたててぶつかる.
kolari 5［名］〈常〉衝突, 交通事故.
kolea 21［形］1. 涼しい, ひんやりした. 2. 冷たい, 冷ややかな(視線, 無関心, 笑い, 声など). 3.〈稀〉ざらざらした, でこぼこの.

kolhia 17 [動] 1. 大きい物で何度も叩く, 重い物を何度もぶつける.
kolhiutua* 1 [動] 突き当たる, ぶつかる, 壊れる.
kolikko* 2 [名] 硬貨, コイン.
kolina 14 [名] 〈常〉主に車輪のゴロゴロいう音.
kolista 41 [動] カチカチ鳴る, カチカチ音を出す.
kolistella 28 [動] コツコツ音を立てる.
koljatti* 5 [名] 〈常〉(goljatti)大男, 力持ち.
kolkata* 35 [動] 打つ, 打ち殺す.
kolke* 78 [名] ガタンという音.
kolkka* 11 [名] (perukka)隅.
kolkko* 1 [形] 物悲しい, 淋しい, 暗い.
kolkkua* 1 [動] ガタンと音を立てる.
kolkuttaa* 2 [動] (ドアなどを)たたく, ノックする.
kolli 4 [名] (uroskissa)雄猫.
kolmannes 64 [名] (kolmasosa) 3 分の 1.
kolmas* 75 [序数] 3 番目の.
kolmasosa 85 [名] (kolmannes) 3 分の 1.
kolmasti [副] 三度, みたび.
kolmastoista* 75 (toista は不変化) [序数] 13番目.
kolme 9, 複数は8 [基数] 3 (三).
kolmekymmentä 9+55 [基数] 30(三十).
kolmenlainen 63 [形] 三種の.
kolmesti [副] 3 回.
kolmetoista 9 (toista は不変化) [基数] 13(十三).
kolmijako* 1 [名] 三分割.
kolmijalka* 10 [名] 三脚.
kolmikerroksinen 63 [形] 三階の, 三層の.
kolmikulmainen 63 [形] 三角の, 三角形の.
kolmiloikka* 11 [名] 〈ス〉三段跳び.
kolminaisuus* 65 [名] 1. (kolmikko)三人一組, 三つ一組. 2. 〈宗〉三位一体.
kolminkertainen 63 [形] 1. 三倍の. 2. 三回の, 三階の, 三重の, 三層の.
kolmio 3 [名] 〈幾〉三角形.
kolmisen (不変化) [数] 三つ位の. *kolmisen* kappaletta 三個ぐらい.
kolmisin [副] 三人で.

kolmisointu* 1 [名]〈楽〉三和音.
kolmiulotteinen 63 [形] 立体的な.
kolmonen 63 [名] 1. 三の数. 2. (複数形で)三つ子.
kolo 1 [名] 穴, くぼみ.
kolpakko* 2 [名] 杯, グラス, ジョッキ.
kolttu* 1 [名] 子供服.
koluta 39 [動] 1. ガタガタ音を立てる, ノックする. 2. 取ってくる, 持ってくる, 手に入れる;調べる. 3. 訪れる, 行く, 歩き回る.
komea 21 [形] すばらしい, 美しい, 豪華な.
komennus 64 [名] 命令, 命令する行為.
komentaa* 8 [動] 命令する.
komentaja 16 [名]〈軍〉指揮者, 指令官.
komentokansi* 44 [名]〈海〉(komentosilta)船の指令室.
komentosilta* 10 [名]〈海〉(komentokansi)船の指令室.
komero 2 [名] 押入れ, 物置き.
komeus* 65 [名] すばらしさ, 美しさ, 豪華さ.
komiikka* 10 [名] おかしさ, こっけいさ.
kommellus 64 [名] 不幸, 不運, 誤り, 躓き.
kompastua 1 [動] つまずく, ころぶ.
kompressi 6 [名]〈医〉ガーゼ.
kompuroida 30 [動] よたよた歩く, よろよろ歩く, つまずきながら歩く. *kompuroida* pimeässä 暗闇の中を手探りで歩く.
komu 1 [名] 箱, ケース, 容器.
kone 78 [名] 機械, 飛行機.
koneellinen 63 [形] 機械の, 機械的な.
koneellistaa 2 [動] 機械化する.
koneenasentaja 16 [名] 組み立て工, 機械工.
koneenhoitaja 16 [名] 機械係, 技師.
koneenkäyttäjä 16 [名] (koneenhoitaja)機械係, 技師, 機関士.
konehihna 10 [名] 機械のベルト.
koneistaa 2 [動] (koneellistaa)機械化する.
koneisto 2 [名] 機械装置.
konekirjoittaja 16 [名] タイピスト.

konekivääri 6 [名]〈軍〉機関銃.
konepaja 10 [名] 機械工場.
konepistooli 6 [名]〈軍〉自動けん銃.
konerikko* 1 [名] 機械の故障.
koneteollisuus* 65 [名] 機械製作, 機械工学.
kongruenssi 4 [名]〈言〉(yhdenmukaisuus)名詞と形容詞の一致のような文法上の一致.
kongruentisti [副]〈言〉(yhdenmukaisesti)(文法的に)一致して.
kongruentti* 4 [形]〈言〉(yhdenmukainen)(文法的に)一致する.
konkurssi 6 [名] 破産.
konna 11 [名] (rupikonna, rupisammakko)〈動〉ヒキガエル. 学名 Bufo bufo；無頼漢.
konnankoukku* 1 [名] きたない騙し.
konsanaan [副] 1. まさに, 丁度. 2. (否定文で) 決して〜ない.
konsti 4 [名]〈常〉(kuje, keino, temppu)魔術, たくらみ, トリック, 方法.
kontata* 35 [動] 四つんばいになる, 這う.
kontillinen 63 [名] kontti(樹皮でできた背負いかご)一杯の量.
kontu* 1 [名] (koti, talo)自分の家.
kookas* 66 [形] 大きい.
kookospähkinä 15 [名] 椰子の実.
koolla [副] いっしょに, 共に, 集まって.
koolle [副] いっしょに, 共に, 集まって.
koollekutsuminen 63 [名] (国会などの)召集.
koommin [副] (否定文で使われる) *sen koommin* それ以来, その時から.
koossa [副] (kasassa, läjässä)集まって, 重なって, 山になって. *pitää koossa* ひとまとめにする. *pysyä koossa* まとまる, 統一を保つ.
koostaa 2 [動] 一緒にする, まとめる, 形作る, 形成する.
koostua 1 [動] 〜から成る, 〜から作られる.
koota* 38 [動] 集める, まとめる.
kopata* 35 [動] 1. (siepata, äkkiä tarttua)引った

kopea 168

くる,急いで手に取る,掴む,捕らえる,ひっ掴む.
2. (temmata)持ち上げる.
kopea 21 [形] (mahtava)傲慢な.
kopeilla 28 [動] 威張る,自慢する.
kopeloida 30 [動] 手探りする.
kopistaa 2 [動] コツコツ音を立てる,叩いて軽い音を出す.
kopistella 28 [動] 軽く叩く,(雪などを)叩いて払い落とす.
kopla 11 [名] (joukko)一団,徒党.
koppa* 11 [名] (kori)かご,バスケット.
koppakuoriainen 63 [名] (kovakuoriainen)〈虫〉甲虫.カブトムシやコガネムシなどの甲虫類すべてをさす.
koppeli 5 [名] (koppi)小屋.
koppi* 4 [名] (kammio, komero)小部屋,物置,犬小屋.
koputella* 28 [動] (naputella)コツコツ叩く.
koputtaa* 2 [動] ノックする,コツコツと叩く.
koraali 6 [名] 聖歌,賛美歌.
koralliriutta* 10 [名] 珊瑚礁.
korea 21 [形] 素晴らしい,美しい.
korento* 2 [名] 〈虫〉トンボ(総称).
kori 4 [名] バスケット,かご.
koripallo 1 [名] 〈ス〉バスケットボール(ゲームもボールも).
koristaa 2 [動] 飾る,装飾する.
koriste 78 [名] 飾り,装飾物.
koristus 64 [名] 飾り.
korjaamo 2 [名] 修理場,修理工場.
korjaantua* 1 [動] (korjautua)修正される,修復される,修繕される,回復する,復興する.
korjata 35 [動] 1. 間違いを正す,修理する,直す. *korjata entiselleen* 更新する,刷新する. *korjata pois* 片付ける. *korjata* vuode 寝床を整える. 2. (kerätä yhteen, koota)集める,(作物などを)収穫する.
korjaus 64 [名] 修理,修繕.
korjauspaja 10 [名] 修理工場.

korjauttaa* 2 [動] 修繕・修理させる.
korjautua* 44 [動] 修正される, 修復される, 修繕される, 回復する, 復興する.
korjuu 25 [名] (穀物などの)取り入れ, 収穫.
korkea 21 [形] 高い, 高度な, 高貴な.
korkeajännite* 78 [名] 〈電〉高圧.
korkeakoulu 83 [名] (大学・専門学校など)高等教育の学校.
korkealla [副] 高く, 高い所で.
korkealle [副] 高く, 上の方へ.
korkealta [副] 高い所から.
korkeapaine 83 [名] 〈気〉高気圧.
korkeintaan [副] (enintään) 一番多くても, 最高に.
korkeus* 65 [名] 高さ.
korkeushyppy* 1 [名] 〈ス〉走り高跳び.
korko* 1 [名] 1. 靴のかかと. 2. 〈商〉利子. *kasvaa korkoa* 利子を生む. *korkoa korolle* 複利. 3. 〈言〉(musikaalinen aksentti)高さアクセント.
korkokanta* 10 [名] 〈商〉利率.
korkokuva 11 [名] レリーフ, 浮き彫り.
korkuinen 63 [形] (属格と共に)〜の高さの.
koroittaa* 2 [動] 〈古〉(korottaa)(位を)上げる.
koroke* 78 [名] 人工的な高い場所, 演壇, 教壇.
koronkiskominen 63 [名] 不当な利子を取ること.
korostaa 2 [動] 強調する.
korostua 1 [動] 高くなる, 上がる, 高まる.
korostus 64 [名] アクセント, 強調.
koroton* 57 [形] 1. 靴のかかとがない. 2. 〈商〉無利子の, 利子のない. 3. 〈言〉アクセントのない, 無アクセントの.
korottaa* 2 [動] 1. 高くする, 上げる. 2. 声を大きくする, 強調する.
korotus 64 [名] 高くすること, 増加, 上昇.
korpi* 8 [名] (erämaa, salo)深い森.
korpimaa 28 [名] 深い森.
korppi* 4 [名] 〈鳥〉ワタリガラス(カラス科). 学名 Corvus corax.

korppu* 1 ［名］ラスク(パンの一種).
korsi* 42 ［名］植物の茎. *kantaa kortensa kekoon* 共同の仕事に参加する.
korskea 21 ［形］〈雅〉1. (ylpeä, mahtava)威張っている, 誇り高い. 2. (komea, uljas)美しい, 立派な.
korskua 1 ［動］馬が鼻を鳴らす.
korsu 1 ［名］〈軍〉地下壕, 防空壕, 待避所.
kortisto 2 ［名］図書カード, カード.
kortteeri 6 ［名］〈俗〉宿, 宿泊所.
kortteli 5 ［名］ブロック(4本の通りに囲まれた区域), 量の単位 0.327リットル.
kortti* 4 ［名］カード, トランプ, はがき. *lyödä* (pelata) *korttia* トランプをする.
korttipeli 4 ［名］トランプ遊び.
koru 1 ［名］アクセサリー, 装飾品.
koruesine 78 ［名］アクセサリー.
koruliike* 78 ［名］宝石店.
koruompelu 2 ［名］刺しゅう, 縫い取り.
koruton* 57 ［形］飾り気のない, 装飾のない.
korva 11 ［名］耳. *höristää korviaan* 聞き耳を立てる.
korvaamaton* 57 ［形］取り替えられない, 償いができない；比べ物がない, 優れた, ただ一つの.
korvakalvo 1 ［名］鼓膜.
korvakipu* 1 ［名］耳痛.
korvakuulo 1 ［名］聞くこと, 聞き取り.
korvakuuloke* 78 ［名］イヤホーン.
korvalehti* 8 ［名］耳の外に突き出た部分, 耳殻(じかく).
korvallinen 63 ［名］1. 耳の形をしたボウルの把手. 2. 耳の後ろの辺り.
korvalääkäri 5 ［名］耳の医者, 耳鼻科医.
korvanipukka* 15 ［名］耳たぶ.
korvapuusti 4 ［名］耳への平手打ち.
korvarengas* 66 ［名］イヤリング.
korvasieni 32 ［名］〈菌〉シャグマアミガサタケ(猛毒). 学名 Gyromitra esculenta.
korvasokkelo 2 ［名］〈解〉内耳.

korvata 35 [動] 報いる, 補う, 補償する, 置き換える.

korvatulehdus 64 [名] 〈医〉中耳炎.

korvaus 64 [名] 謝礼.

korvautua* 44 [動] 代わりになる, 代理になる, 償いをする.

korvike* 78 [名] 代用；代用品.

korvo 1 [名] (saavi)二つ耳の底の丸い壺.

kosia 17 [動] 求婚する.

kosija 14 [名] 求婚者.

kosioretki 8 [名] 求婚の旅.

koska [副] いつ. [接] 〜なので, なぜならば.

koskaan [副] (否定文で)いつも〜でない, 決して〜ない. *ei koskaan* 一度も〜ない.

koskea 13 [動] 触れる, さわる. 分格+*koskeva* 〜に関する.

koskematon* 57 [形] 触れられない, 手のつけていない.

koskenlaskija 14 [名] ボート・筏などで流れを下る人.

koskenlasku 1 [名] ボート・筏などで流れを下ること.

kosketella* 28 [動] (手・指などで)さわってみる, 触れてみる.

kosketin* 56 [名] 〈楽〉(ピアノ・オルガンなどの)キー, 鍵盤.

koskettaa* 2 [動] (手を)触れる, さわってみる.

kosketus* 64 [名] 接触.

koski 8 [名] 急流.

koskinen 63 [形] 急流の.

kosolti [副] (runsaasti)たくさん, 多量に, 大変.

kostaa 2 [動] 復讐する, 仇を討つ, 報いをする.

kostautua* 44 [動] 報復される, 仕返しされる.

kostea 21 [形] 湿った, 湿気の多い.

kosteikko* 2 [名] 砂漠のオアシス.

kosteus* 65 [名] 湿気.

kosto 1 [名] 復讐.

kostotoimi 35 [名] 報復措置, 圧力.

kostua 1 [動] 1. 湿る. 2. (saada etua)益を得る.
kostuttaa* 2 [動] しっとりさせる, 湿らせる.
kota* 11 [名] テント, 小屋, 炊事小屋.
kotelo 2 [名] さなぎ；鞄, ケース.
koteloitua* 1 [動] さなぎになる.
koti* 4 [名] 家庭, 家.
kotiapulainen 63 [名] 家事使用人, お手伝いさん.
kotieläin 56 [名] 家畜.
kotihiiri 32 [名] 〈動〉ハツカネズミ. 学名 Mus musculus.
kotihirmu 1 [名] 内弁慶.
koti-ikävä 13 [名] ホームシック.
kotiin [副] 家へ, 自宅へ.
kotiinlähetys 64 [名] 宅配.
kotiintulo 1 [名] 帰宅.
kotikaupunki* 5 [名] 故郷の町.
kotikontu* 1 [名] (koti)家.
kotikutoinen 63 [形] 手織の. ホームスパンの.
kotilainaus 64 [名] 図書貸出.
kotilo 2 [名] 〈動〉カタツムリ, マイマイ, など陸生の巻貝の仲間とカワニナのように水生の巻貝の仲間の両方をさす.
kotimaa 28 [名] 祖国, 自国, 発生地.
kotimaanlento* 1 [名] 国内便, 国内線.
kotimainen 63 [形] 自国の. 自国製の.
kotimaisuus* 65 [名] 自国のもの, 自国製のもの.
kotimatka 10 [名] 帰途, 帰路.
kotimetsä 11 [名] 家の森.
kotiolot 1 [複名] 家庭の事情・状況.
kotipaikka* 10 [名] 家のある場所, 幼少時代を過ごした場所, 出身地.
kotipuoli 32 [名] 出身地.
kotirouva 11 [名] 主婦.
kotiseutu* 1 [名] 出身地, 故郷.
kotisirkka* 10 [名] 〈虫〉家こおろぎ.
kotitalous* 65 [名] 家政, 家計.
kotitarve* 78 [名] (通常は複数形で)家庭での必要, 家庭での需要.

kotitekoinen 63 [形] 自分で作った,自家製の.
kotiteollisuus* 65 [名] 家内工業.
kotiutua* 1 [動] 1. (perehtyä)馴れる. 2. (palata kotiin)帰宅する,帰省する,帰国する.
kotiväki* 8 [名] 親族,身内.
kotivävy 1 [名] 妻の実家に住む義理の息子.
kotka 11 [名] 〈鳥〉イヌワシ.学名 Aquila chrysaetos.
kotkannenä 11 [名] わし鼻,かぎ鼻.
kotkottaa* 2 [動] 雌鳥が鳴く.
kotoa [副] 家から,自宅から.
kotoinen 63 [形] 家の,家の近くの,家庭の,家庭的な.
kotoisin [副] ～出身で,～の出で. *olla kotoisin* Helsingistä ヘルシンキ出身である. *ei ole arkalasta kotoisin*(=ei ole arka)びくびくしない,こわがらない.
kotolainen 63 [名] (外出者に対して)家に残った者,(客に対して)家族.
kotona [副] 家に,自宅に.
kottarainen 63 [名] 〈鳥〉ホシムクドリ(ムクドリ科).学名 Sturnus vulgaris.
kotva 11 [名] 短い時間,(しばらくの)間.
koukero 2 [名] (道路・線路などの)カーブ.
koukeroinen 63 [形] 曲がった,カーブした.
koukistaa 2 [動] 曲げる,かがめる,折り曲げる.
koukku* 1 [名] 鈎,掛け釘,ホック,釣針.
koukkuinen 63 [形] 鈎状の,先が曲がった.
koulia 17 [動] 訓練する,鍛錬する,鍛える.
koulita 31 [動] (koulia)訓練する,鍛錬する.
koulu 1 [名] 学校,学派. *käydä koulua* 学校に通う.
kouluaine 78 [名] 学科,教科.
kouluateria 15 [名] 給食.
kouluhallitus 64 [名] 学校教育委員会.
koulukunta* 11 [名] 学派.
koululainen 63 [名] 生徒.学生.
koululaitos 64 [名] 学校教育組織,教育制度.
koulumaksu 1 [名] 学校の授業料.
kouluneuvos 64 [名] 教育委員.

koulunjohtaja 16 [名] 校長.
koulunkäynti* 4 [名] 通学, 学校への出席.
koulunuoriso 2 [名] 学童, 生徒.
koulunuudistus 64 [名] 学制改革.
koulunvahtimestari 5 [名] 学校の守衛, 門番.
kouluopetus 64 [名] 学校教育.
koulupakko* 1 [名] 就学の義務, 義務教育.
koulutodistus 64 [名] 学校の成績表.
koulutoveri 5 [名] 学友.
kouluttaa* 2 [動] 1. 学校へ行かせる, 通学させる. 2. 教える, 教育する.
koulutus 64 [名] 教育, トレーニング.
kouluvelvollinen 63 [形] 就学義務のある.
koura 11 [名] 握りこぶし, げんこつ, 手, 手のひら. *olla*+属格+*kourissa* 〜の支配下にある.
kouraantuntuva 13 [形] 知覚できる, 明白な.
kouraista 24 [動] 掴む.
kourallinen 63 [名] 一掴みの量.
kouristaa 2 [動] 掴む, しっかり持つ；圧迫する, 押しつける.
kouristautua* 44 [動] しがみつく, 自分を曲げる.
kouristus 64 [名] 〈医〉けいれん, (筋肉の)ひきつけ.
kouru 1 [名] みぞ, 水路.
kourussa [副] 内側に曲がって.
kova 11 [形] 固い, しっかりした, 難しい.
kovakorvainen 63 [形] (tottelematon, itsepäinen) 不従順な, 言うことをきかない, 我が強い.
kovakuoriainen 63 [名] 甲虫目の昆虫. いわゆるカブトムシ, コガネムシなど.
kovaluontoinen 63 [形] 無情な, 情け知らずの.
kovaonninen 63 [形] (kovaosainen)不幸な, 不運な.
kovaosainen 63 [形] 不しあわせの. 不運の.
kovapäinen 63 [形] 1. (tyhmä)ばかな, 愚かな. 2. (itsepäinen)我が強い.
kovasin 56 [名] 砥石.
kovasydäminen 63 [形] 無情な, 情け知らずの, 薄情な.
kovaääninen 63 [形] 声が大きい, 大声の. [名] ス

ピーカー.
koventaa* 8 ［動］強くする，強める，増加する.
kovera 12 ［形］窪んだ，曲がった.
kovertaa* 6 ［動］窪みを作る，曲げる.
koveta 34 ［動］固くなる，強くなる.
kovettaa* 2 ［動］固くする，かためる，厳しくする.
kovettua* 1 ［動］固くなる，厳しくなる.
kovikekangas* 66 ［名］バックラム(のりなどで固めた亜麻布).
kovin ［副］非常に，大変.
kovistaa 2 ［動］厳しくする，厳しく接する；要求する，せがむ.
kovuus* 65 ［名］固いこと，厳しさ.
kpl (kappale の略)〜個.
krapula 12 ［名］ふつか酔い.
kravatti* 5 ［名］ネクタイ.
kreivi 4 ［名］伯爵.
kriisi 4 ［名］危機，運命の分かれ目.
kristillinen 63 ［形］キリスト教の，キリスト教的.
kristinusko 1 ［名］キリスト教の信仰.
kristitty* 2 ［名］キリスト教徒.［形］キリスト教になった.
krooninen 63 ［形］慢性の，長わずらいの，慢性的.
krouvi 4 ［名］(kapakka)酒場.
kruunajaiset 63 ［複名］戴冠式.
kruunata 35 ［動］冠を戴かせる，栄誉を授ける，王位に就かせる.
kruunaus 64 ［名］戴冠，戴冠式.
kruunu 1 ［名］冠，王冠，王位.
kruununmies 72 ［名］役人.
kruununprinsessa 15 ［名］皇太子妃.
kruununprinssi 4 ［名］皇太子.
kruunupäinen 63 ［形］冠をかぶった.
kruunupää 28 ［形］(kruunupäinen)冠をかぶった.
［名］(hallitsija)王，支配者，権力者.
kude* 78 ［名］(織物の)横糸.
kudelma 13 ［名］織物，編み物.
kudin* 56 ［名］編み物.

kudinneula 10 [名] (kudinpuikko)編み針(棒).
kudonnainen 63 [名] (kutomatuote, tekstiili)織物, 織られた物.
kudonta* 15 [名] 織物, 織ること.
kudos 64 [名] 織物, 布地.
kuherrella* 28 [動] 恋人とデートする, 愛する者と一緒にいる.
kuherruskuukausi* 40 [名] 新婚期間.
kuhilas 66 [名] 刈り取った麦の束をもたせ掛けて作る円錐.
kuhista 41 [動] 群がる, たかる, 集まる.
kuhmu 1 [名] 〈医〉こぶ, 腫れ物.
kuhnailla 29 [動] (vitkastella)ぐずぐずする, ゆっくり行動する, 時間を取る.
kuhnustella 28 [動] (kuhnailla)ぐずぐずする, ゆっくり行動する, 時間を取る.
kuihduttaa* 2 [動] 消耗させる, 弱らせる.
kuihtua* 1 [動] 痩せる, 枯れる, 花がしぼむ.
kuilu 1 [名] 深い谷.
kuin [接] 〜のように. (比較文で)〜よりも. *kuin* 〜 *ikään*(=aivan kuin) 〜のように, 〜みたいに.
kuinka [副] どのように, いかに. *kuinka monta* どれだけ, どの位多く. *kuinkas muuten*(=tietysti, totta kai)もちろん. *kuinka...tahansa* どんなに…でも. *kuinka paljon* いくつ, いくら. *vaikka kuinka* どんなに〜だとしても.
kuiskaaja 16 [名] 〈劇〉プロンプター, 舞台の黒子, せりふの付け役.
kuiskata 35 [動] 小声で話す, ささやく.
kuiskaus 64 [名] ささやき, 耳打ちすること.
kuisti 4 [名] バルコニー, ベランダ.
kuitata* 35 [動] 1. 受領証を書く. 2. 支払う, 返済する, 義務を果たす.
kuitenkin [副] しかし, それでも. (否定文では kuitenkaan).
kuitti* 4 [名] 領収書, レシート.
kuitu* 1 [名] 繊維, ファイバー.
kuiva 11 [形] 乾いた, 乾燥した.

kuivaamo 2 ［名］乾燥室，干し場.
kuivata 35 ［動］乾かす.
kuivatelakka* 15 ［名］〈海〉ドック，乾ドック.
kuivattaa* 2 ［動］かわかす，乾燥させる.
kuivaushuone 78 ［名］(kuivausriihi)乾燥室，干し場.
kuivettua* 1 ［動］(kuivua)乾く，乾いて枯れる.
kuivua 1 ［動］乾く.
kuivumaton* 57 ［形］乾かない.
kuivuri 5 ［名］乾燥機.
kuivuus* 65 ［名］乾燥；ひでり，かんばつ.
kuja 11 ［名］小道，小路，路地.
kujanen 63 ［名］小道.
kujanne* 78 ［名］(kuja)小道，路地.
kuje 78 ［名］罪のないいたずら，騙し.
kujeilla 28 ［動］ふざける，いたずらする.
kujertaa* 6 ［動］鳩がクークー鳴く.
kuka (変化形は付録の変化表参照) ［疑代］誰. *kuka* hyvänsä, *kuka* tahansa 誰であっても.
kukaan (変化形は付録の変化表参照) ［不代］(否定文で)誰も. (疑問文で)誰か.
kukallinen 63 ［形］花のある，花模様の.
kukaties ［副］(kenties, ehkä)多分，おそらく.
kukikas* 66 ［形］花のような，花で被われた，美しい.
kukin ［不代］(形容詞的に)各々の，それぞれの. 3 kappaletta *kutakin* 各々に3個ずつ.
kukinta* 15 ［名］開花.
kukistaa 2 ［動］打ち倒す.
kukistua 1 ［動］くつがえる，滅びる.
kukittaa* 2 ［動］花で飾る.
kukka* 11 ［名］花.
kukkaishaltia 14 ［名］花の精.
kukkakaali 4 ［名］カリフラワー.
kukkakauppa* 10 ［名］花屋.
kukkakimppu* 1 ［名］花束.
kukkakärpänen 63 ［名］〈虫〉ヒラタアブの一種.
kukkalaite* 78 ［名］花束，花篭.
kukkamaa 28 ［名］花の咲く所，花壇.
kukkamaljakko* 2 ［名］花びん.

kukkanen 63 ［名］小さな花.
kukkapenkki* 4 ［名］花壇.
kukkapuutarha 10 ［名］花園.
kukkaro 2 ［名］財布.
kukkaruukku* 1 ［名］植木鉢.
kukkavihko(*) 1 ［名］花束, ブーケ.
kukkea 21 ［形］花咲く, 花開く, 栄える.
kukkia* 17 ［動］咲く, 栄える.
kukko* 1 ［名］おんどり. *ei kunnian kukko laula* いい事はない, 悪い事が起こる.
kukkua* 1 ［動］カッコウが鳴く.
kukkula 15 ［名］丘, 小高い所.
kukkurallaan ［副］あふれるくらいいっぱいの, 多すぎる.
kukkurapäinen 63 ［形］入れ物いっぱいの.
kukoistaa 2 ［動］栄える.
kukoistus 64 ［名］盛り, 栄え, 絶頂.
kukonlaulu 1 ［名］雄鶏の鳴き声. *kukonlaulun aikaan* 鶏が鳴く時に, 朝早く.
kukoton* 57 ［形］おんどりのいない.
kukunta* 15 ［名］カッコウが鳴く事.
kulaus 64 ［名］一口, 一飲み.
kulho 1 ［名］ボウル(容器).
kulissi 6 ［名］(舞台の)背景, 側景.
kulista 41 ［動］(kalista, kolista)金貨・鈴・金属などがリンリン音を立てる.
kuljeksia 17 ［動］さまよう.
kuljeskella 28 ［動］(kuljeksia)動く, 移動する, 動き回る.
kuljettaa* 2 ［動］運ぶ, 連れて行く, 動かす, 運転する. *kuljettaa salaa* 密輸(出・入)する.
kuljettaja 16 ［名］運転手.
kuljetus 64 ［名］輸送.
kuljetushihna 10 ［名］コンベヤベルト.
kuljetusliike* 78 ［名］運送業, 運送店.
kuljetusväline 78 ［名］運輸手段, 運送機関.
kulkea* 13 ［動］行く, 歩く, 通る, 進む. (mennä sinne tänne, vaellella)動き回る. *kulkea alas* 下りる.

kulkeutua* 44 [動] (joutua, ajautua, kulkea tahtomattaan)行く, 彷徨う, 彷徨い歩く.
kulkija 14 [名] 旅人, 歩き回る人.
kulku* 1 [名] 行く事, 行き, 歩み. *olla kulussa* (kulkea)列車が運行する.
kulkukauppa* 10 [名] 行商, 戸別販売.
kulkukelpoinen 63 [形] 通れる, 通行可能な.
kulkukoira 11 [名] 野良犬.
kulkukäytävä 13 [名] 通路, 通り抜け.
kulkulaitos 64 [名] (liikennelaitos)運輸, 交通, 交通手段.
kulkuneuvo 1 [名] 交通機関.
kulkuri 5 [名] 放浪者.
kulkutauti* 4 [名] 伝染病.
kulkuväylä 11 [名] 航路, 通路.
kullankaivaja 16 [名] 金を探す人, 金を採掘する人.
kullata* 35 [動] 金を被せる, 金メッキする.
kulloinenkin 63 [形] それぞれの.
kulloinkin [副] その都度, 毎度.
kulma 11 [名] 1. 角, かど, 隅. 2. こめかみの上. 3. (通常は複数形で, kulmakarvat)眉毛.
-kulmainen 63 [形] ～角の, ～の角のある.
kulmakarvat 10 [複名] 眉毛.
kulmakivi 8 [名] 礎石.
kulmapotku 1 [名] 〈ス〉コーナーキック.
kulmaus 64 [名] かど, 曲がりかど.
kulo 1 [名] 山火事, 森の火事.
kulovalkea 21 [名] 森火事の火.
kulta* 11 [名] 1. 金, 金色. 2. 高価な物, 愛する物. *ei kuuna kullan valkeana* (ei milloinkaan)もう決して～ない.
kultahäät 28 [複名] 金婚式.
kultainen 63 [形] 1. 金色の, 黄金の. 2. 愛する, 大切な.
kultakala 10 [名] 〈魚〉金魚.
kultakanta* 10 [名] 〈経〉金本位制.
kultakolikko* 2 [名] 金貨.
kultakruunu 1 [名] 黄金の冠.

kultamäärä 11 [名] 金含有量, 金の純度.
kultanauha 10 [名] 金色のリボン.
kultaseppä* 11 [名] 金細工師.
kultasiipi* 8 [名] 〈蝶〉シジミチョウの一種. ベニシジミの仲間. 学名 Lycaena dispar.
kultatähti* 8 [名] 金色の星.
kultaus 64 [名] 金粉を被せること, 金メッキ.
kulttuuri 6 [名] 文化, 文明.
kulu 1 [名] 1. (通常は複数形で)(meno, maksu, kustannus)費用, 〜費. 2. 時間の経過. *ajan kuluksi* 暇つぶしに, 余暇に.
kulua 1 [動] (時が)経過する, 過ぎる. 属格+*kuluttua* 〜後に, 〜が過ぎると. *kuukauden kuluttua* 一ヶ月後に. *viikon kuluttua* 一週間後に. *vuoden kuluttua* 一年後に. 属格+*kuluessa* 〜以内に.
kulunki* 5 [名] 出費, 雑費, 経費.
kulunut 77 [形] 1. 使い古した, すり減った. 2. 毎日の, 変化のない, 平板な.
kuluttaa* 2 [動] 1. 使いつくす, 使い古す. 2. 無駄使いする, 浪費する.
kuluttaja 16 [名] 消費者.
kuluttajahintaindeksi 6 [名] 消費者物価指数.
kulutus 64 [名] 消費, 消耗.
kumara 12 [形] 1. 腰の曲がった, 猫背の. 2. 曲がった, 屈曲した.
kumarassa [副] 身を屈めて.
kumarrella* 28 [動] お辞儀をする.
kumarrus 64 [名] お辞儀.
kumartaa* 6 [動] お辞儀する, 身を屈める, 下げる.
kumartua* 1 [動] 屈む, 身を屈める, 体を低くする.
kumea 21 [形] (声や音について)低い, 響く, 轟く.
kumi 4 [名] ゴム, 消しゴム.
kuminauha 10 [名] ゴムひも.
kumista 41 [動] 低い声や音を出す, 轟く, 響く.
kumitossu 1 [名] スニーカー.
kumma 11 [名] (kummastus, ihmetys)奇妙, 驚き, おかしな事. *kumma kyllä* おかしな事だが. *olla*

kummissaan 驚く，びっくりする．[形] 奇妙な，変な．

kummallinen 63 [形] 奇妙な，ユニークな，異常な．

kummankinpuoleinen 63 [形] 両側の，双方の．

kummastella 28 [動] (ihmetellä, kummeksua)不思議に思う，奇妙に思う．

kummastua 1 [動] びっくりする，あきれる，不思議に思う．

kummastus 64 [名] 不思議に思うこと，驚嘆．

kummastuttaa* 2 [動] びっくりさせる．

kummeksia 17 [動] (kummeksua, kummastella)不思議に思う．

kummeksua 1 [動] 不思議に思う．

kummi 4 [名] (kasteentodistaja)子供の洗礼の保証人．

kummiinsa [副] 奇妙に，不思議に．*käydä kummiinsa* 奇妙に思う，不思議に思う．

kummilapsi 45 [名] kummi の世話になる子供．

kumminkaan [副] (否定文で)しかしながら．

kumminkin [副] (kuitenkin)しかしながら．

kummitella* 28 [動] 幽霊が現れる，幽霊となって現れる．

kummitus 64 [名] 化け物，お化け．

kummuta* 39 [動] (井戸，泉が)湧き出る，吹き出る，ほとばしる．

kumoon [副] 逆さまに，あべこべに，ひっくり返って．*kaataa kumoon* ひっくり返す．

kumossa [副] 逆さまに，あべこべに，ひっくり返って．

kumota 38 [動] 1. ひっくり返す．2. 無意味にする，無価値にする，無効にする，だめにする．

kumottaa* 2 [動] 微光を放つ，鈍く光る．

kumouksellinen 63 [形] 革命の，革命的．

kumous 64 [名] ひっくり返すこと；(政府を)転覆すること，革命．

kumpainen(kin) (変化形は付録の変化表参照) [不代] (kumpikin)どちら，どちらの．

kumpare 78 [名] 小さい丘．

kumpi* (変化形は付録の変化表参照) [疑代] (名詞的に) どちら. (形容詞的に) どちらの.

kumpikin* 22 [不代] (否定文では kumpikaan) (名詞的に) どちらも. (形容詞的に) どちらの～も.

kumpu* 1 [名] 高地, 小山, 丘.

kun [接] 1. ～する時；～ので. *kun taas* 他方, これに対して. 2. ～であろうとは(嘆きを表す). *kunpa*＋条件法＝jospa＋条件法＝驚きを表す. 3. oh-hoh, voi のような間投詞と共に「何て」「何と」のような感嘆の意味を表す. *sen jälkeen kun* ～ ～のあとで. *sen kun vain* ただ～だけ. *sillä välin kun* ～ ～する間ずっと.

kuningas* 66 [名] 王.
kuningaskunta* 11 [名] 王国.
kuningatar* 54 [名] 王妃.
kuninkaallinen 63 [形] 国王の, 王家の.
kuninkuus* 65 [名] 王位, 王権.
kunnallinen 63 [形] 地方自治体の, 市・町・村の.
kunnallishallinto* 2 [名] 地方自治, 市町村自治.
kunnallisvero 1 [名] 住民税.
kunnanvaltuusto 2 [名] 地方議会, 地方自治体議会, 市会, 町会, 村会.
kunnes [接] ～まで, ～に至るまで.
kunnia 14 [名] 名声, 名誉, 光栄. *ei kunnian kukko laula* いい事はない, 悪い事が起こる. *olla kunniaksi* ある人の誉れとなる. *tehdä kunnia* あいさつする, 敬礼する.

kunniajäsen 55 [名] 名誉会員.
kunniakas* 66 [形] 栄誉ある, 名誉ある.
kunniakirja 10 [名] 賞状.
kunniallinen 63 [形] 尊敬すべき, 名誉な.
kunniamerkki* 4 [名] 勲章, 名誉章.
kunnianarvoinen 63 [形] 敬うべき, あがめるべき.
kunnianhimo 1 [名] 名誉心, 功名心.
kunnianhimoinen 63 [形] 名誉心のある, 功名心のある.
kunnianloukkaus 64 [名] 名誉棄損, 侮辱, 無礼.
kunnianosoitusa 64 [名] 敬意の表示.

kunniasana 10 ［名］名誉にかけた約束(誓約).
kunniaton* 57 ［形］恥知らずな, 破廉恥な.
kunniavieras 66 ［名］主賓, 招待客.
kunnioitettava 13 ［形］尊敬される, 尊敬されるべき, 尊敬に値する.
kunnioitettu* 2 ［形］光栄ある, 尊敬されている.
kunnioittaa* 2 ［動］尊敬する.
kunnioitus 64 ［名］尊敬, 尊重, 敬意.
kunnollinen 63 ［形］(kunnon, kelpo)よい, 優れた, 十分な, ちゃんとした, 正式な, 正しい, きちんとした. *kunnollinen* mies 正しい人. *kunnolliset* vaatteet きちんとした服装.
kunnon (不変化)［形］(kuntoの属格だが形容詞的に使われる)(kunnollinen, kelpo, hyvä)誠実な, 正直な, 善良な, 名誉ある. *kunnon* kansalainen 善良な国民. *kunnon* mies 立派な人.
kunnossapito* 1 ［名］維持, 保守.
kunnostaa 2 ［動］修繕する, 回復する.
kunnostautua* 44 ［動］優れる, 傑出する, 尊敬を得る.
kunnoton* 57 ［形］役に立たない, 不適格な, 無能な.
kunta* 11 ［名］地方自治体, 市・町・村.
kunto* 1 ［名］状態, 良い状態. *kunnossa* 正常である. *pitää kunnossa* きちんとしておく. *saattaa kuntoon* きちんとする, 処理する.
kuohahtaa* 2 ［動］1. 泡が出る, 泡立つ, 沸く, 噴出する. 2. 興奮する, 逆上する.
kuohita 31 ［動］去勢する.
kuohkea 21 ［形］ゆるい, ゆるんだ, しまりのない.
kuohu 1 ［名］泡, あぶく.
kuohua 1 ［動］1. 泡が出る, 泡立つ, 沸く, 噴出する. 2. 興奮する, 逆上する.
kuohukerma 10 ［名］ホイップクリーム.
kuohunta* 13 ［名］1. 泡立ち. 2. 興奮, 逆上, 気持ちの高揚.
kuokka* 11 ［名］鍬(農具).
kuola 11 ［名］よだれ, 口の泡.

kuolema 13 [名] 死. *tehdä kuolemaa* 臨終を迎える.

kuolemanilmoitus 64 [名] (kuolinilmoitus)死亡通知, 死亡広告.

kuolemanrangaistus 64 [名] 死刑, 死刑の刑罰.

kuolemansairas 66 [形] 瀕死の, 危篤の, 臨終の. [名] 瀕死の人, 危篤の人, 臨終の人.

kuolemantapaus 64 [名] 死亡.

kuolemantuomio 3 [名] 死刑宣告.

kuolematon* 57 [形] 不死の.

kuolemattomuus* 65 [名] 不死, 不滅.

kuolettaa* 2 [動] 1. (tappaa, surmata)殺す, 命を奪う. 2. 失望させる, 落胆させる. 3. 負債を償却する, 減債する.

kuoletus 64 [名] 〈医〉麻痺すること, 無知覚. 〈商〉(負債の)償却, 減債.

kuolevainen 63 [形] 死すべき, 必滅の.

kuoliaaksi [副] 死んだ, 死んでいる.

kuolinliina 10 [名] 死体を巻く・くるむ布.

kuolinpesä 11 [名] あとに残したもの, 遺産.

kuolintodistus 64 [名] 死亡証明書.

kuolinvuosi* 40 [名] 死亡の年, 没年.

kuolio 3 [名] (nekroosi)壊疽(ｴｿ)(病気).

kuolla 25 [動] 死ぬ, 枯れる, 滅びる. (入格と共に) 〜で死ぬ.

kuolleisuus* 65 [名] 死すべきこと, 死亡率.

kuollut 77 [名] 死者. [形] 死んだ.

kuolo 1 [名] 〈雅〉(kuolema)死.

kuomu 1 [名] 乗り物の屋根.

kuona 11 [名] 燃えかす, 炭がら.

kuono 1 [名] 動物の鼻面, 鼻先.

kuonokoppa* 11 [名] 口輪, はみ(馬の口のはめ金具).

kuopata* 35 [動] 穴に埋める.

kuopia* 17 [動] (犬などが足で)地を掻く, 穴を掘る.

kuoppa* 11 [名] 穴, 落とし穴.

kuopus 64 [名] 末っ子.

kuori 32 [名] 1. 樹皮. 2. 封筒.

kuoria 17 [動] 樹皮を剝ぐ.

kuorimo 2 [名] 樹皮を剝ぐ場所.
kuorma 11 [名] 荷物, 積み荷, 貨物, 重荷.
kuorma-auto 1 [名] トラック.
kuormalaituri 5 [名] (kuormasilta)荷物用桟橋, 貨物専用埠頭.
kuormallinen 63 [名] 車・橇・荷車などにいっぱいの量の荷物.
kuormasilta* 10 [名] (kuormalaituri)荷物用桟橋, 貨物専用埠頭.
kuormata 35 [動] 積み込む, 積む, 載せる.
kuormittaa* 2 [動] 積む, 載せる.
kuormitus 64 [名] 積載, 荷物の積み込み.
kuoro 1 [名] コーラス.
kuorolaulu 1 [名] 合唱歌.
kuorsata 35 [動] いびきをかく.
kuorsaus 64 [名] いびき.
kuosi 4 [名] (洋服などの)流行.
kuosikas* 66 [形] 趣味のよい, 趣きのある.
kupari 5 [名] (vaski)銅, 銅貨.
kuparilantti* 4 [名] 銅貨.
kuparinen 63 [形] 銅の.
kuparipiirros 64 [名] 銅版彫刻, 銅版画.
kupata* 35 [動] 治療のために血を抜く・吸う.
kupera 12 [形] アーチ形の, 外側に膨らんだ, 凸面の.
kuperkeikka* 10 [名] 宙返り, とんぼ返り.
kupillinen 63 [名] 茶碗一杯の量.
kupla 11 [名] あわ, あぶく, 気泡.
kuppari 5 [名] kupata する人.
kuppariämmä 11 [名] kupata する女性・婦人.
kuppatauti* 4 [名] 〈医〉梅毒.
kuppelehtia* 17 [動] 跳びはねる.
kupsahtaa* 2 [動] (特に〈常〉で=kuolla)死ぬ, 死んで地面に横たわる.
kupu* 1 [名] 1. 帽子・ヘルメットのような丸くて内部が空洞の物. 2. 丸屋根, 丸天井. 3. 小山, 小さな丘. 4. 鳥のそのう, 餌袋.
kupukaali 4 [名] 玉菜, キャベツ.

kura 11 [名] 泥, 泥土.
kurahtaa* 2 [動] (hurahtaa)急ぐ, 走る.
kure 78 [名] 折り目, ひだ.
kureliivi 4 [名] コルセット.
kuri 4 [名] 1. 規律, 秩序, 訓練. 2. 罰, 体罰. 3. ごまかし, 騙し, 冗談.
kurikka* 15 [名] 木製のハンマー. (nuija)棒.
kurimus 64 [名] 流れにできる渦巻き.
kurinpidollinen 63 [形] 規律正しい, 規律上の.
kurista 41 [動] (murista, kurnia)(おなかが空腹で)グーグーいう・なる.
kuristaa 2 [動] 首をしめる, 絞め殺す.
kuristua 1 [動] 息が詰まる, 窒息する.
kuriton* 57 [形] 規律がない, 訓練されていない, わがままな, 自由奔放な.
kurittaa* 2 [動] 罰する, 体罰を与える.
kuritus 64 [名] 体罰.
kuritushuonevanki* 4 [名] 刑務所の受刑者.
kurja 11 [形] かわいそうな, 惨めな, 哀れな.
kurjenmiekka* 10 [名] 〈植〉キショウブ(アヤメ科). 学名 Iris pseudacorus.
kurjistua 1 [動] みじめになる, 窮乏する.
kurjuus* 65 [名] 惨めさ.
kurki* 8 [名] 〈鳥〉クロヅル(ツル科). 学名 Grus grus.
kurkistaa 2 [動] のぞく, のぞき見る, 盗み見する.
kurkkia* 17 [動] のぞく, のぞき見る.
kurkku* 1 [名] 1. のど. 2. キュウリ.
kurkkumätä* 11 [名] 〈医〉(difteria)ジフテリア.
kurkottaa* 2 [動] (kurottaa)1. 手を伸ばす, 手を伸ばして取る. 2. 背伸びする.
kurlata 35 [動] うがいをする.
kurlausvesi* 40 [名] うがい薬.
kurnia 17 [動] お腹がグーグー鳴る.
kuroa 1 [動] (supistaa)閉じる.
kurottaa* 2 [動] (kurkottaa)1. 手を伸ばす, 手を伸ばして取る. 2. 背伸びする.
kurpitsa 15 [名] カボチャ.

kursailematon* 57 ［形］気にしない，物おじしない，遠慮のない，ストレートな．
kursailematta ［副］物おじしないで，遠慮しないで．
kursailla 29 ［動］気にする，物おじする，遠慮する．
kursiivi 6 ［名］イタリック体文字．
kursivoida 18 ［動］イタリック体で書く．
kurssi 4 ［名］1. 進路，コース．2. 〈商〉レート．3. 授業，講習．
kurttuinen 63 ［形］しわの寄った，しわくちゃの．
kuru 1 ［名］谷間(tunturi の間にあるような浅い小さな谷)．
kustannus 64 ［名］出費，費用；出版．
kustannusarvio 3 ［名］見積り，概算．
kustannusyhtiö 3 ［名］出版社．
kustantaa 8 ［動］費用を支払う；出版する．
kustantaja 16 ［名］出版社，発行者．
kustantamo 2 ［名］出版社，発行所．
kuta ［関副］（形容詞・副詞の比較級と共に）〜につれて，〜になればなる程．
kutakuinkin ［副］(melko, aika)ほどよく，かなり．
kutea* 13 ［動］（魚や蛙が水中に）産卵する．
kuten ［接］〜と同じように．
kutista 41 ［動］かゆい，むずむずする．
kutistaa 2 ［動］引き集める，引き寄せる，すぼめる，縮める．
kutistua 1 ［動］(mennä kokoon)小さくなる，ちぢむ．
kutittaa* 2 ［動］くすぐる．
kutkuttaa* 2 ［動］むずむずさせる．
kutoa* 1 ［動］織る，編む．
kutoja 16 ［名］織り手，編む人．
kutomakone 78 ［名］織り物機械．
kutomakurssi 4 ［名］織物講習会．
kutomateollisuus* 65 ［名］織物工業，繊維産業．
kutomatuote* 78 ［名］織物，織られた物．
kutomiskurssi 4 ［名］(kutomakurssi)織物講習会．
kutomo 2 ［名］織物工場．
kutsu 1 ［名］招き，招待．

kutsua 1 [動] 招く, 招待する, 〜と呼ぶ. *kutsua*＋分格＋変格 〜を〜と呼ぶ.
kutsukirje 78 [名] 招待状.
kutsukortti* 4 [名] 招待状.
kutsumus 64 [名] 内心の傾向, 好み, 特に職業に対する好み.
kutsunta* 15 [名] 1. 呼ぶこと, 呼ばれること. 2. 〈軍〉徴兵.
kutu* 1 [名] 魚や蛙の産卵.
kuu 29 [名] (天体の)月, (12か月の)月. *ei kuuna kullan valkeana* (ei milloinkaan) もう決して〜ない.
kuudes* 75 [序数] 6番目の.
kuukausi* 40 [名] (kk と省略) 1か月.
kuukautinen 63 [形] 毎月の, 月ごとの.
kuukautiset 63 [複名] 月経, メンス.
kuukkeli 5 [名] 〈鳥〉アカオカケス (カラス科). 学名 Perisoreus infaustus.
kuula 11 [名] 弾丸, 砲丸.
kuulakärkikynä 11 [名] ボールペン.
kuulalaakeri 5 [名] 〈技〉玉軸受け, ボールベアリング.
kuulantyöntö* 1 [名] 〈ス〉砲丸投げ.
kuulas 66 [形] 透明な, 透き通った.
kuulema 13 [名] 聞くこと, 聞いたこと. *kuulemiin* (電話やラジオで) さようなら. *ensi kuulemalta* 少し聞いただけで.
kuulemma [副] 聞いたところでは, 聞いた限りでは.
kuuliainen 63 [形] (tottelevainen, nöyrä) 従順な, 素直な, 言うことをきく.
kuuliaisuus* 65 [名] すなおなこと, 従順.
kuulija 14 [名] 聞く人, 聞き手.
kuulla 25 [動] 聞く. *kuulla väärin* 聞きそこなう. *olla kuulevinaan* 聞こえるふりをする.
kuulo 1 [名] 聴覚, 聴力.
kuuloke* 78 [名] 受話器.
kuulokoje 78 [名] 補聴器.
kuulonsuojain 56 [名] サイレンサー (両耳に当てる

騒音よけ).
kuulostaa 2 [動] 聞こえる.
kuulotorvi 8 [名] 1. 補聴器. 2. 〈医〉聴診器.
kuulovikainen 63 [形] 耳が遠い. [名] 耳が遠い人.
kuultaa* 5 [動] ぼんやり見える.
kuultokuva 11 [名] 1. 透明な絵画(例. ステンドグラス). 2. (diapositiivi)スライド.
kuulua 1 [動] 1. 聞こえる. 2. ～に属する. *Mitä kuuluu*? ごきげんいかがですか. 3. (否定文で, 分格と共に)不明である, 知られていない. 4. (属格及び不定詞と共に)～の義務である.
kuuluisa 13 [形] (maineikas, nimekäs)(出格と共に)～で有名な, ～でよく知られた.
kuuluisuus* 65 [名] 有名, 名高いこと, 評判.
kuuluma 13 [名] 1. 聞こえる範囲. 2. (複数形で)ニュース, 消息.
kuulumaton* 57 [形] 聞こえない, 聞きとれない.
kuulustaa 2 [動] 問い合わせる, 照会する.
kuulustelija 14 [名] 試験官.
kuulustella 28 [動] 1. 試験をする. 2. 聞き取る, 質問する.
kuulustelu 2 [名] 尋問, 審問；試験.
kuuluttaa* 2 [動] 知らせる, 告知・公告する.
kuuluttaja 16 [名] アナウンサー.
kuulutus 64 [名] 結婚の公示, (julkinen tiedoksianto)ふれ, 通告.
kuuma 11 [形] 熱い, 暑い. [名] 熱さ, 暑さ.
kuumankestävä 13 [形] 耐熱の.
kuume 78 [名] (病気の時に出る)熱；情熱.
kuumeinen 63 [形] 1. 熱のある, 熱っぽい. 2. 興奮している, 情熱的な.
kuumemittari 5 [名] 体温計.
kuumentaa* 8 [動] 熱くする, 熱する, 温める.
kuumentua* 1 [動] 熱くなる.
kuumeta 34 [動] 熱くなる, 過熱する.
kuumottaa* 2 [動] 鈍く光る, チラチラ光る.
kuumuus* 65 [名] 熱さ, 暑気, 暑さ.
kuunari 5 [名] 〈海〉スクーナー(二本又は三本マス

トの縦帆式帆船).
kuunnella* 28［動］聞く, 聞き従う.
kuunnelma 13［名］放送劇.
kuunpimennys 64［名］月食.
kuuntelija 14［名］傾聴者, 傍聴者.
kuuntelu 2［名］聞くこと, 聴取.
kuura 11［名］霜.
kuurainen 63［形］霜のおりた.
kuurata 35［動］〈常〉擦りみがく, こすってきれいにする.
kuuro 1［形］(kuulematon)聞こえない, 聴覚障害の. ［名］聞こえない人, 聴覚障害者.
kuuromykkä* 83［形］ろうあの. ［名］ろうあ者.
1. **kuusi** 32［名］〈植〉ヨーロッパトウヒ. 学名 Picea abies. クリスマスツリーとして使われるので, 物語の中などでは, モミの木と訳されることがある.
2. **kuusi*** 40［基数］6 (六).
kuusikko* 2［名］ヨーロッパトウヒの林・(森). 物語の中ではモミの林(森)と訳すことがある.
kuusikymmentä 40+55［基数］60(六十).
kuusipeura 10［名］〈動〉シカの一種, ダマジカ. 学名 Cervus dama.
kuusitoista 40 (toista は不変化)［基数］16(十六).
kuutamo 2［名］月の光, 月光.
kuutio 3［名］立方体.
kuutiometri 4［名］立方メートル.
kuutiomäärä 11［名］体積, 容積.
kuva 11［名］絵, 写真.
kuvaamataide* 78［名］造形芸術.
kuvaamataito* 1［名］図画.
kuvaamaton* 57［形］言い表せない.
kuvaava 13［形］記述的な, 特徴的な.
kuvaelma 13［名］劇の絵, 劇の場面.
kuvailla 29［動］(kuvata, esittää)描写する, 描く, 述べる.
kuvain 56［名］(kuvajainen, varjo)影.
kuvajainen 63［名］(kuvain, varjo)影.
kuvakirja 10［名］絵本.

kuvakortti* 4 [名] 絵はがき.
kuvakudos 64 [名] 壁掛け.
kuvalaatta* 10 [名] 〈印〉電気版, ステロ版.
kuvalehti* 8 [名] 写真入りの雑誌・新聞・画報.
kuvallinen 63 [形] 図(解)入りの, さし絵入りの.
kuvanheitin* 56 [名] (projektori)スライドプロジェクター.
kuvanveisto 1 [名] 彫刻.
kuvanveistos 64 [名] 彫刻, 彫像.
kuvanveistäjä 16 [名] 彫刻家.
kuvapatsas 66 [名] 彫像.
kuvapostikortti* 4 [名] 絵はがき.
kuvastaa 2 [動] 反射する, 反映する, 映す.
kuvastella 28 [動] 反射する, 写す.
kuvastin 56 [名] (peili)鏡, 手鏡.
kuvastua 1 [動] 反射する, 見える.
kuvata 35 [動] 絵や写真を使って説明する, 表す, 明らかにする.
kuvatus 64 [名] 怪物, 化け物.
kuvaus 64 [名] 描写, 叙述.
kuve* 78 [名] 1. 腰. 2. (sivu)サイド, 脇.
kuvio 3 [名] 姿, 形, 外形, 図形, 形状.
kuvitella* 28 [動] (kuvailla mielessään, ajatella) 想像する. (変格と共に)~であると思う, ~であると思い込む.
kuvitelma 13 [名] 想像.
kuvittaa* 2 [動] さし絵を入れる, 描く.
kuvittelu 2 [名] 幻想, 妄想, 想像, 空想.
kyetä* 34 [動] (入格の名詞又は第3不定詞入格と共に)可能である, できる.
kyhjöttää* 2 [動] 身をかがめる, うずくまる, 縮まる.
kyhmy 1 [名] こぶ, 出っ張り.
kyhniä 17 [動] (kyhnyttää)擦る, 撫でる.
kyhnyttää* 2 [動] こすりつける, 撫でる.
kykenemättömyys* 65 [名] 無能, 不能; 無資格.
kykenemätön* 57 [形] (入格と共に)~が不可能である.

kykenevä 13 ［形］～ができる，～をする能力・資格・才能がある．
kyky* 1 ［名］能力． *parhaan kykynsä mukaan* 一生懸命に．
-kykyinen 63 ［形］～の才能のある，～の能力のある，～できる．
kyljys 64 ［名］(小牛の)カツレツ．
kylki* 8 ［名］1. 体の側面．2. 器物などの側面，脇．
kylkiluu 29 ［名］あばら骨，肋骨．
kylliksi ［副］(riittävän paljon, riittävästi)充分に，たっぷり．
kyllin ［副］(kylliksi)充分に，かなり，たっぷり．
kyllä ［副］はい，確かに．
kylläinen 63 ［形］満足した，満ち足りた，満腹した，飽きた．
kyllältänsä ［副］(kylliksi, kyllältä)充分に．
kyllästyminen 63 ［名］あきあきすること，飽食．
kyllästynyt 77 ［形］うんざりした，あいそがつきた．
kyllästyttää* 2 ［動］満足させる，満腹させる．
kyllästyä 1 ［動］(pitkästyä, ikävystyä)(入格と共に)～に飽きる，あきあきする．
kyllästää 2 ［動］たんのうさせる，しみ込ませる．
kylmentää* 8 ［動］冷やす，冷たくする．
kylmettyä* 1 ［動］かぜをひく，かぜにかかる．
kylmetä 34 ［動］冷える，冷却する．
kylmyys* 65 ［名］寒さ，冷たさ．
kylmä 11 ［形］寒い，冷たい．［名］寒さ，冷たさ．
kylmäkiskoinen 63 ［形］無とんじゃくな，無関心な，冷淡な．
kylmänarka* 10 ［形］寒さに弱い．
kylmäverinen 63 ［形］熱意のない，冷淡な．
kylpeä* 13 ［動］浴びる，入浴する．
kylpy* 1 ［名］ふろ，入浴． *käydä kylvyssä* ふろに入る．
kylpyamme 78 ［名］ふろ桶，浴槽．
kylpyhuone 78 ［名］浴室．
kylpyliina 10 ［名］バスタオル．
kylpylä 15 ［名］湯治場．
kylpypyyhe* 78 ［名］バスタオル．

kylpytakki* 4 [名] バスローブ.
kyltti* 4 [名] (kilpi)看板.
kyltymätön* 57 [形] 飽きることがない.
kylvettäjä 16 [名] (saunottaja)入浴させる人, サウナやバスタブで体を洗って上げる人.
kylvettää* 2 [動] (saunottaa)入浴させる, サウナやバスタブで他人の体を洗う.
kylvää 2 [動] 種を播く.
kylvö 1 [名] 種蒔き.
kylvökone 78 [名] 種蒔き機.
kylvös 64 [名] まかれた種.
kylä 11 [名] 村. (副詞的に)外に. *mennä kylään* 訪問する. *käydä kylässä* 訪問する.
kyläläinen 63 [名] 村人.
kymmen 55 [基数] 10, 10年.
kymmenen (変化形は ☞ kymmen 55) [基数] 10(十).
kymmenes* 75 [序数] 10番目の.
kymmenjärjestelmä 13 [名] 十進法.
kymmenkertainen 63 [形] 十倍の.
kymmenkunta* 11 [不数] (noin kymmenen, suunnilleen kymmenen)約10の, 10くらいの.
kymmenpäinen 63 [形] グループが約10人でできている, 10人の, 10頭の.
kymmenvuotias 66 [形] 10才の.
kymmenys 64 [名] 1. 〈数〉(desimaali)小数. 2. 〈史〉(複数形で)十分の一税.
kymmenysluku* 1 [名] 小数.
kymppi* 4 [名] 〈常〉10(十), 10マルカコイン.
kyniä 17 [動] 鳥の毛をむしる, 鳥の毛を引き抜く.
kynnys 64 [名] 敷居.
kynnysmatto* 1 [名] (jalkamatto)敷居の前のマット.
kynsi* 44 [名] 爪.
kynsienhoito* 1 [名] マニキュア.
kynsiharja 10 [名] 爪ブラシ.
kynsilakka* 10 [名] マニキュア用エナメル.
kynsilaukka* 10 [名] ニンニク.
kynsisakset 8 [複名] 爪切りばさみ.

kynsiä 17 [動] 引っ掻く.
kynttelikkö* 2 [名] ろうそくなどを使った照明具, シャンデリア.
kynttilä 15 [名] ろうそく.
kynttilänjalka* 10 [名] (kynttiläjalka)ろうそく立て, 燭台.
kyntäjä 16 [名] 耕す人, 耕作者.
kyntää* 2(8) [動] すく, 耕す.
kyntö* 1 [名] 鋤くこと, 耕すこと.
kyntömies 72 [名] 耕す人.
kynä 11 [名] ボールペン(kuulakärkikynä)・鉛筆 (lyijykynä)など書く道具. *kynän käyttäjä* (kynämies)作家, 物を書く人.
kynämies 72 [名] 作家, 物を書く人.
kypsentää* 8 [動] 1. 焼く, あぶる, 煮る. 2. 人を向上させる, 成熟させる.
kypsymätön* 57 [形] 熟さない, 未熟の, なまの.
kypsyä 1 [動] 実る, 熟する, 成熟する, 煮える, 焼ける.
kypsä 11 [形] 1. 果実が熟した. 2. 煮たり焼いたりした物が食べられる. 3. 人が成熟した, 向上した.
kypärä 12 [名] ヘルメット, かぶと.
kyse 78 [名] 問題. *olla kyseessä* 問題である, 重要である.
kyseenalainen 63 [形] 問題の多い.
kyseinen 63 [形] 例の, 話題の.
kysellä 28 [動] 尋ねる.
kysely 2 [名] 尋ねること, 質問, 照会.
kyselylomake* 78 [名] アンケート用紙, 質問用紙.
kysyjä 16 [名] 尋ねる人, 質問者.
kysymyksenalainen 63 [形] 問題の, 問題となる.
kysymys 64 [名] 疑問, 質問, 問題. *Mistä on kysymys?* 何が問題なのか, どういう意味か..
kysymysmerkki* 4 [名] 疑問符.
kysyntä* 15 [名] 商品に対する需要.
kysyä 1 [動] 1. 質問する. 2. (vaatia)要求する, 必要とする.
kyteä* 13 [動] いぶる, くすぶる.

kytkentä* 15 ［名］1. 結合，連結. 2. 〈電〉接続.
kytkeä 13 ［動］結び付ける.
kytkin 56 ［名］〈技〉クラッチ，〈電〉スイッチ.
kyttyrä 14 ［名］（ラクダなどの）背こぶ.
kyttyräselkäinen 63 ［形］せむしの，猫背の.
kytätä* 35 ［動］待ち伏せする，うかがう.
kyvykäs* 66 ［形］〜ができる，実力・才能・資格がある.
kyvytön* 57 ［形］無能な，資格のない.
kyy 29 ［名］(kyykäärme)〈動〉クサリヘビ. 毒ヘビの一種なのでマムシと訳されることがある. 学名 Vipera berus.
kyyditys 64 ［名］車・船などで人を運ぶこと.
kyydittä 31 ［動］乗り物で運ぶ，連れてゆく.
kyyhkynen 63 ［名］〈鳥〉ハト（総称）.
kyykistyä 1 ［動］かがむ，しゃがむ，うずくまる.
kyykkiä* 17 ［動］かがむ，膝を付いている，うずくまる；兎が跳んで歩く，兎跳びをする.
kyykkysillään ［副］しゃがんで.
kyykäärme 78 ［名］〈動〉毒ヘビの一種. ☞ kyy.
kyyköttää* 2 ［動］しゃがむ，うずくまる.
kyynel 82 ［名］涙.
kyynelsilmä 11 ［名］涙一杯の目，涙ぐんだ目. *kyynelsilmin* 涙を溜めて，涙ぐんで.
kyyneltyä* 1 ［動］涙ぐむ，涙を浮かべる.
kyynillinen 63 ［形］無情な，冷淡な，冷たい.
kyyninen 63 ［形］(kyynillinen)無情な，冷淡な，冷たい.
kyynärpää 28 ［名］ひじ.
kyynärsuojus 64 ［名］アイスホッケーのL字形のプロテクター.
kyynärvarsi* 42 ［名］前腕.
kyynärä 12 ［名］長さの単位で0.594メートル.
kyyristellä 26 ［動］うずくまる.
kyyristyä 1 ［動］曲がる，かがむ，うずくまる.
kyyry 1 ［形］曲がっている，かぎ形の. *olla kyyryssä* しゃがむ，うずくまる.

kyyröttää* 2 [動] うずくまる, 座り込む.
kyyti* 4 [名] 行き, 行程, 乗物で行くこと. *aika kyytiä*(=nopeasti)急いで, 早く. *saada kyytiä* 乗る, 行く.
kädenanto* 1 [名] 握手.
kädenlyönti* 4 [名] 握手.
kädensija 10 [名] ハンドル, 引手, 取手, 柄.
kähertää* 6 [動] 髪や髭を縮らせる, パーマをかける.
kähera 12 [形] (kähärä)縮れた, 巻き毛の.
käheä 21 [形] (音声が)かれた, しゃがれ声の.
kähistä 41 [動] かすれた声で話す.
kähmiä 17 [動] よたよた歩く, こっそり歩く, のろのろ歩く.
kähniä 17 [動] (kähmiä)よたよた歩く, こっそり歩く, のろのろ歩く;(kuhnailla)遅らせる, 時間を取る.
kähärä 12 [形] (kihara)もじゃもじゃ毛の.
käki* 8 [名] 〈鳥〉カッコウ(ホトトギス科). 学名 Cuculus canorus.
käkikello 1 [名] かっこう時計.
käly 1 [名] 義姉, 義妹.
kämmen 55 [名] 手のひら.
kämmenenlevyinen 63 [形] 手のひらの幅の.
kämppä* 11 [名] 山番小屋, 森の中の小屋.
kämäleuka* 10 [形] (kämäleukainen, väkäleukainen)下顎が突き出した. [名] 下顎が突きだした人.
kämäleukainen 63 [形] (väkäleukainen)下顎が突き出した.
känsä 11 [名] 〈医〉(皮膚の)たこ, まめ(足指の)うおの目.
käpertyä* 1 [動] 縮れる, 小さくなる.
käpristyä 1 [動] (käpertyä)縮れる, 小さくなる, 背中が曲がる.
käpy* 1 [名] 針葉樹の球果, 松かさ.
käpykasa 10 [名] 松かさの山.
käpylintu* 1 [名] 〈鳥〉イスカ(スズメ目, アトリ

科). 学名 Loxia curvirostra.
käpytikka* 10 [名]〈鳥〉アカゲラ(キツツキ科). 学名 Dendrocopos major.
käpälä 12 [名] 1. 爪を持った動物の足先. 2.〈戯〉人間の手足.
käriste 78 [名] 炒め物.
käristyä 1 [動] 焦げる, 焼ける, 炒めものができあがる.
käristä 41 [動] シューシューと音を立てる.
käristää 2 [動] 油で焼く, フライにする.
kärjistyä 1 [動] とがる, 先鋭化する.
kärjistää 2 [動] 鋭くする, 先鋭化する.
kärkevä 13 [形] (kärjellinen, teräväkärkinen)鋭い, 先が尖った；(terävä)鋭い, 先鋭的.
kärki* 8 [名] 先端.
kärkkyä* 1 [動] 欲しがる, 手に入れたがる, 狙う, こっそり狙う.
kärkäs* 66 [形] 欲しがる, 欲しくてたまらない.
kärppä* 11 [名]〈動〉オコジョ(イタチ科イタチ属). 学名 Mustela erminea.
kärpänen 63 [名]〈虫〉はえ(蝿). kaksi *kärpästä* yhdellä iskulla 一石二鳥.
kärpäslätkä 11 [名] はえ叩き.
kärpässarja 10 [名]〈ス〉フライ級.
kärri 4 [名] (kärry)馬車.
kärry 1 [名] (通常は複数形で)馬車, 荷馬車.
kärsimys 64 [名] 苦しみ.
kärsimättömyys* 65 [名] 我慢できないこと, 不忍耐, じれったさ.
kärsimätön* 57 [形] 辛抱しきれない, じれったがる, いらいらする.
kärsivällinen 63 [形] (maltillinen, hermostumaton) 我慢強い, 柔和な, いらいらしない. *olla kärsivällinen* (kärsiä, sietää)耐え忍ぶ, 我慢する.
kärsivällisyys* 65 [名] 辛抱強さ, 忍耐.
kärsiä 17 [動] 苦しみを耐える, 辛抱する.
kärsä 11 [名] 象の鼻.
kärttää* 2 [動] せがむ, 繰り返し願う, しつこく頼

む.

kärtyinen 63 [形] ふきげんな,気むずかしい,怒りっぽい.
kärventyä* 1 [動] 焦げる,焼かれる.
kärventää* 8 [動] 焼く,焦がす.
kärvetä 34 [動] 〈稀〉(kärventyä)焦げる.
käry 1 [名] (haju)におい,焼ける臭い,焦げる臭い.
kärytä 39 [動] 匂う,香る.
käräjäjuttu* 1 [名] 訴訟手続き,訴訟.
käräjät 16 [複名] (地方での)審問,審理.
käräjöidä 30 [動] 訴訟を起こす,裁判ざたにする.
käsi* 40 [名] 手,腕. *ensi kädessä* 何はさておき,まず第一に. *käsi kädessä* 手をつないで. *käsin (käsillä, käsien* avulla)手で,手作りで. *kätten* työ 手仕事. *käydä käsiksi*+入格 ～に近づく. *ottaa käteensä* 手に取る. *saada käsiinsä* 手に入れる. 向格+tulee hätä *käteen*. ～にピンチが訪れる.
käsiala 10 [名] 筆跡.
käsientaputus 64 [名] 拍手,かっさい.
käsijarru 1 [名] ハンドブレーキ.
käsikirja 10 [名] 便覧,案内書,手引.
käsikirjoitus 64 [名] 手書き,原稿.
käsikivi 8 [名] 石臼.
käsikkäin [副] 手に手をとって,並んで;協力して.
käsikoukku* 1 [名] 肱.
käsiksi [副] 1. 捕まえるために,捕まえようとして. 2. (動詞と共に)手中に. *päästä käsiksi*+入格 ～を取る,～を掴む. 3. 着手して,始めて. *käydä käsiksi*+入格 ～に着手する,～を始める.
käsikynkkä* 11 [名] (käsikoukku)肱.
käsikähmä 11 [名] 殴り合い,格闘.
käsilaukku* 1 [名] ハンドバッグ.
käsiliina 10 [名] タオル,手ぬぐい.
käsimatkatavara 15 [名] 手荷物.
käsin [副] ～の方へ,～向かって,～から.
käsine 78 [名] (通常は複数形で)手袋.
käsinkivi 8 [名] 石臼.
käsintehty* 1 [形] 手製の,ハンドメイドの.

käsipallo 1 [名]〈ス〉ハンドボール.
käsipuoli 32 [形] 片手の, 片腕の. [名] 腕.
käsipuu 29 [名] てすり, 欄干.
käsiraha 10 [名]〈商〉契約手付金, 保証金.
käsitavara 15 [名] 手荷物.
käsite* 78 [名] 概念.
käsitellä* 28 [動] 取り扱う.
käsitettävä 13 [形] わかる, 理解される.
käsittely 2 [名] 1. 取扱い；仕上げ, メッキ. 2. 処理, 処置.
käsittäminen 63 [名] 理解.
käsittämätön* 57 [形] 理解できない, 不可解な.
käsittää* 2 [動] 含む；認める, 理解する.
käsitys 64 [名] 理解, 考え.
käsityskanta* 10 [名] 理解の立場, 見地, 見方.
käsityskyky* 1 [名] 理解力.
käsityö 30 [名] 手仕事, 手工業.
käsityöliike* 78 [名] 民芸品店.
käsityöläinen 63 [名] 職人, 手工業者.
käsivarsi* 42 [名] 腕.
käskeä 13 [動] 命令する, (vaatia)要求する.
käsky 1 [名] 命令, 戒告.
käteinen 63 [形] 現金の. [名] 現金.
käteismaksu 1 [名] 現金払い.
käteisraha 10 [名] 現金.
kätellä* 28 [動] 握手する.
kätevä 13 [形] (taitava)上手な, 巧みな, 器用な. *kätevä* käsistään 手先が器用な.
kätilö 2 [名] 助産婦.
kätkeytyä* 44 [動] 1. 隠れる. 2. 見えなくなる.
kätkeä 13 [動] 隠す.
kätkyt 73 [名] (kehto)揺りかご.
kätkö 1 [名] 隠れ場, 避難所.
kättentaputus 64 [名] 拍手, 拍手かっさい.
kävellä 28 [動] 歩く.
kävely 2 [名] 散歩, ぶらぶら歩き.
kävelymatka 10 [名] 遠足, ハイキング.
kävelypuku* 1 [名] 女性の外出着, 女性の戸外での

服.

kävelyttää* 2［動］歩かせる，散歩させる.

kävijä 14［名］訪問者，来客.

käväistä 24［動］訪れる，行く. *käväistä* ulkona 外に出る，外に行く.

käydä 23［動］1. 歩く，行く，入る. *Käykää sisään!* どうぞお入り下さい. 2.（内格・所格と共に）〜へ行く，訪れる，訪問する. *käydä* kylvyssä 入浴する. *käydä* saunassa サウナに入る. 3. 往復・反復の動きを表す. Ovi *käy*. ドアが開閉される. 4. (sopia, kelvata)許される，可能である，ふさわしい. *Ei käy*. よくない，許されない. 5. (sattua, tapahtua)起こる. 6.（出格と共に）〜だと見られる，〜だと見なされる. 7.（変格と共に）(muuttua)〜になる，変わる. *käydä* vaikeaksi. 苦しくなる，難しくなる. 8. その他の熟語的用法. ① *käydä* kimppuun 攻撃する，襲いかかる. ② *käydä* kiinni (入格と共に)(tarttua)掴む. ③ *käydä* kylässä (vierailla)訪問する,

käymälä 15［名］手洗所，洗面所.

käynnistin 56［名］〈技〉スターター，始動機.

käynnistysmoottori 5［名］〈技〉自動車のスターター.

käynnistyä 1［動］始まる，始動する，スタートする.

käynnistää 2［動］始動させる，おこす.

käynti* 4［名］歩く事，機能，作用.

käyntiinpano 1［名］運転，開始，始動.

käyntikortti* 4［名］名刺.

käypä* 11［形］1. 流通している，ふつうに用いられている. 2. 効力のある，有効な.

käyrä 11［形］曲がった，ゆがんだ，いびつの.

käyskennellä* 28［動］(astua, kävellä)歩く，ぶらぶらする.

käyttäjä 16［名］使用者，利用者. *kynän käyttäjä* (kynämies)作家，物を書く人.

käyttämätön* 57［形］利用されない，使われない，使っていない.

käyttäytymistapa* 10 ［名］方法, 行為, ふるまい, 行動.

käyttäytyä* 44 ［動］振る舞う.

käyttää* 2 ［動］使う, 用いる. asettaa *käytettävissä* 自由に使わせる, 用立てる. *käyttää* hyväkseen 利用する. *käyttää* hyödykseen～を利用する. *käyttää* loppuun 使い尽くす. *käyttää* väärin らん用する, 悪用する. olla+属格+*käytettävissä* ～に奉仕する, ～の役に立つ, ～の自由になる, ～に雇われている.

käyttö* 1 ［名］使用, 利用, 活用. olla *käytössä* 使われている.

käyttökelpoinen 63 ［形］役に立つ, 便利な, 使える.

käyttökelvoton* 57 ［形］使えない, 役に立たない, いらない.

käyttöohje 78 ［名］使用法.

käyttöohjekirja 10 ［名］取り扱い説明書.

käyttöoikeus* 65 ［名］〈法〉収益権, 使用権.

käyttövoima 11 ［名］動力(蒸気・電気など).

käytännöllinen 63 ［形］実際的な, 実用的な.

käytännöllisyys* 65 ［名］実用, 実際的なこと.

käytäntö* 2 ［名］1. 使用, 実用, 利用. *jäädä käytännöstä* 使われなくなる. olla *käytännössä* 使われる, 行われる. ottaa *käytäntöön* (=alkaa käyttää)実用化する, 使い始める, 導入する, 採用する, 取り入れる. 2. 習慣, やり方.

käytävä 13 ［名］廊下, 通路, 歩道.

käytäväpaikka* 10 ［名］通路側座席.

käytös 64 ［名］態度, ふるまい, 行動.

käytöstapa* 10 ［名］行い, ふるまい, 方法, やり方.

käänne* 78 ［名］1. 道路や川の曲がり角, コーナー. 2. 運命やできごとの岐路, 分岐点, 転機, 転換期.

käännekohta* 11 ［名］変わり目, 転換点.

käännellä* 28 ［動］ひっくり返す, 方向転換させる, 回転させる.

käännähtää* 2 ［動］向きを変える.

käännös 64 ［名］向きを変えること；翻訳.

käänteentekevä 13 ［形］(ratkaiseva, mullistava) 決定的な, 方向を決定する, 変化を与える.

kääntéinen 63 ［形］逆の, さかさまの, あべこべの.
kääntyä* 1 ［動］曲がる, 向きが変わる. *kääntyä* jälleen 振り向く, 振り返る. *kääntyä* takaisin 戻る, 引き返す. *kääntyä* ympäri 反対に向きを変える. *kääntyä*＋属格＋puoleen ～の方に向く.
kääntäjä 16 ［名］翻訳者.
kääntää* 42 ［動］1. 引っくり返す, 裏返す. 2. 向きを変える. *kääntää* katseensa＋向格 ～に目を向ける. 3. 翻訳する.
kääntö* 1 ［名］方向転換, 変化.
kääntökaulus 64 ［名］ダブルカラー.
kääntölava 10 ［名］〈鉄〉転車台.
kääntöpiiri 4 ［名］〈地〉回帰線. Kauriin *kääntöpiiri* 南回帰線.
kääntöpuoli 32 ［名］裏側. *kääntöpuolella* 裏側に.
kääntösilta* 10 ［名］はね橋.
kääpiö 3 ［名］小人.
kääpiömäinen 63 ［形］小人の, 小人のような.
kääpiösarja 10 ［名］〈ス〉バンタム級.
kääre 78 ［名］包み紙；湿布.
käärepaperi 5 ［名］包装紙, 包み紙.
kääretorttu* 1 ［名］ロールケーキ.
käärinliina 10 ［名］(kuolinliina)死体を巻く・くるむ布.
kääriytyä* 1 ［動］くるまる, 身をおおう, おおわれる.
kääriä 17 ［動］(kietoa, kiertää)丸める, 巻く, 包む.
käärme 78 ［名］〈動〉ヘビ(総称).
kääryle 78 ［名］〈料〉ルーラード(巻き肉).
käärö 1 ［名］たば(束), 包み.
kääsit 4 ［複名］(kiesit)馬車.
-kö ［接尾辞］(疑問の意味を表す)～か.
kökötellä* 28 ［動］じっとしている.
kököttää* 2 ［動］(nököttää)じっと座っている, じっとしている, 同じ場所に留まる.
köli 4 ［名］〈海〉船の龍骨, キール.
köllötellä* 28 ［動］ゆったりと座る, ゆったりと横に

なる,リラックスする.
köllöttää* 2 [動] リラックスする, ゆったりする.
kömmähdys 64 [名] 1. 驚き, 恐れ. 2. 間違い, 誤り, 躓き.
kömpelö 2 [形] 不器用な, ぎこちない, みっともない, 野暮な.
kömpiä* 17 [動] (köntystää)ぎこちなく歩く, 這って進む.
köntystää 2 [動] (kömpiä)ぎこちなく歩く.
könöttää* 2 [動] じっとしている.
köryyttää* 2 [動] (köröttää)乗物に乗って行く.
köröttää* 2 [動] (köryyttää)乗物に乗って行く.
köydenpunoja 16 [名] 縄をなう人.
köydenveto* 1 [名] 綱引き.
köyhdyttää* 2 [動] 貧乏にする, 貧困化する.
köyhtyä* 1 [動] 貧しくなる.
köyhyys* 65 [名] 貧乏, 貧困.
köyhä 11 [形] 貧しい, みすぼらしい, 僅かな. [名] 貧乏人.
köyhälistö 1 [名] (köyhät, proletariaatti)貧乏人, 無産階級, プロレタリア.
köykistää 2 [動] 曲げる, ゆがめる.
köykyssä [副] (kumarassa, koukussa)うなだれて, 前屈みになって, 曲がって.
köykäinen 63 [形] (kevyt)軽い, 軽量の.
köynnös 64 [名] 1. 花輪, 花環, 花冠. 2. (liaani, kiipijäkasvi)つる植物.
köynnöskasvi 4 [名] つる植物(つた, ふじ等).
köyry 1 [形] 曲がっている, かぎ形の, 腰をこごめた.
köysi* 40 [名] 縄, 紐, ロープ.
köysiportaat* 66 [複名] 縄ばしご.
köysirata* 10 [名] ロープウェイ.
köysitikkaat* 66 [複名] (köysiportaat)縄ばしご.
köyttää* 2 [動] (紐・綱・縄等で)結びつける, 締めつける.
Kööpenhamina 14 [名] コペンハーゲン(デンマークの首都).

L

laadinta* 15 ［名］したく，調理，調合.
laadullinen 63 ［形］質の，質的な，性質(上)の.
laahata 35 ［動］(苦労して)引っ張る，引きずる.
laaja 10 ［形］広い，大きい. sanan *laajimmassa* merkityksessä 広義では，広い意味では.
laajalti ［副］広く.
laajennus 64 ［名］拡張，拡大.
laajentaa* 8 ［動］広げる，大きくする.
laajentua* 1 ［動］広がる，大きくなる.
laajentuma 13 ［名］肥大.
laajeta 34 ［動］大きくなる，広くなる.
laajuinen 63 ［形］包括的な，全般にわたる，広範な.
laajuus* 65 ［名］広さ，大きさ.
laaka* 10 ［名］板，板金，皿，平皿，板状のもの.
laakea 21 ［形］広い，伸びた，平たい.
laakeri 5 ［名］〈技〉ベアリング.
laakeriseppele 82 ［名］月桂樹の花冠.
laakso 1 ［名］谷.
laaksopato* 1 ［名］ダム.
laari 4 ［名］倉庫の中の小部屋.
laastari 5 ［名］〈薬〉バンドエイド，傷テープ.
laasti 4 ［名］〈建〉モルタル，しっくい.
laatia* 17 ［動］設置する，作る，整える.
laatija 14 ［名］著者，作者.
laatikko* 2 ［名］箱.
laatta* 10 ［名］(平・薄・床)板，板状のもの；看板，標札，ネームプレート.
laatu* 1 ［名］品質，性質，種類. olla sitä *laatua*, että ～(=olla sen laatuinen, että ～)～という性質である，～という性格である. *käydä laatuun* うまくいく，可能である.

laatuinen 63 [形] (属格と共に)～という性質の, ～という性格の.

laatuunkäypä* 11 [形] まあまあの, かなりの.

laavakivi 8 [名] 玄武岩.

ladata* 35 [動] 1. lata を使う. 2. バッテリーを充電する.

lahdeke* 78 [名] (lahdelma)入江, 小さい湾.

lahdelma 13 [名] (lahdeke)入江, 小さい湾.

lahja 10 [名] 贈り物, プレゼント.

lahjakas* 66 [形] 才能豊かな, 有能な.

lahjakkuus* 65 [名] 才能.

lahjakortti* 4 [名] 保証書, 引き替え証, 商品券.

lahjapakkaus 64 [名] 贈答品セット, 贈答品の詰め合わせ.

lahjaton* 57 [形] 才能のない.

lahje* 78 [名] ズボンのすそ.

lahjoa 1 [動] 買収する, 金銭や物品を贈る.

lahjoittaa* 2 [動] プレゼントする, 与える, 贈る.

lahjoittaja 16 [名] 贈り主.

lahjomaton* 57 [形] 買収されない. 他から惑わされることのない.

lahjus 64 [名] 〈法〉賄賂, 贈与.

lahko 1 [名] 宗派.

laho 1 [形] (ränsistynyt)枯れた, 腐った. [名] 腐食, かび.

lahonsuojaus 64 [名] 防腐.

lahonsuojausaine 78 [名] 防腐剤.

lahota 38 [動] 腐る, 朽ちる.

lahti* 8 [名] 湾, 入り江.

laide* 78 [名] 側, 方(前後・左右などの), 面, 側面; 様相, 観点.

laidun* 56 [名] (karjamaa)牧場, 牧草地. *olla laitumella* 放牧されている, 牧草を食べている.

laidunmaa 28 [名] 牧草地.

laiha 10 [形] やせた, 細い.

laihdutus 64 [名] やせ衰えること.

laiho 1 [名] (halme)実った作物, 実った穀物の粒.

laihtua* 1 [動] やせる, やつれる.

laihuus* 65 ［名］やせていること,細さ.
laikuttaa* 2 ［動］表面に色の違いを生む.
lailla ［副］〜のやり方で(属格又は所有接尾辞と共に). *kelpo lailla*(=kovasti)激しく. *koko lailla* かなり,随分.
laillinen 63 ［形］適法の,正当な,法律の認める.
laillistaa 2 ［動］正当と認める,公認する,認定する.
laimea 21 ［形］気の抜けた,味のうすい,弱々しい,活気のない.
laimentaa* 8 ［動］(酒などを)薄くする,薄める.
laimentua* 1 ［動］弱くなる.
laimeta 34 ［動］弱まる,衰える,和らぐ,ゆるむ,薄れる.
laiminlyödä 21 ［動］怠る,おろそかにする,放っておく,油断する.
laiminlyönti* 4 ［名］だらしないこと,投げやりなこと,怠慢.
laina 10 ［名］貸付,貸借. *antaa lainaksi* 貸す,貸し出す. *saada lainaksi* 借りる,借り出す.
lainaaja 16 ［名］借用人.
lainakirjasto 2 ［名］貸出し文庫,図書館.
lainalainen 63 ［形］合法の,適法の.
lainanantaja 16 ［名］貸し主,貸与者,債権者.
lainanottaja 16 ［名］(lainansaaja)債務者.
lainapyyntö* 1 ［名］図書貸出申請.
lainata 35 ［動］借りる,借金する,貸す.
lainaus 64 ［名］借りること;引用句.
lainausmerkki* 4 ［名］引用符(" ").
laine 78 ［名］波.
lainehtia* 17 ［動］波うつ.
lainkaan ［副］(否定文で用いられる)決して〜ない,少しも〜ない.
lainmukainen 63 ［形］法律(上)の,正当な,合法な.
lainoittaa* 2 ［動］〈商〉貸し付ける.
lainoitus 64 ［名］貸付,ローン. *valtionlainoitus* 政府の貸付.
lainopillinen 63 ［形］法律(上)の,法学(上)の.
lainoppi* 4 ［名］法学.

lainrikkomus 64 [名] 法律違反.
lainsäädäntö* 2 [名] 〈法〉立法.
lainvastainen 63 [形] 違法の, 非合法の.
lainvoimainen 63 [形] 確定力のある, 法律上効力のある.
laisinkaan [副] (否定文で)(lainkaan)少しも〜ない.
laiska 10 [形] 怠惰な. [名] 怠け者.
laiskotella* 28 [動] 怠ける, のらくらしている.
laiskuri 5 [名] 怠け者.
laiskuus* 65 [名] 怠惰, 怠けること.
laita* 10 [名] 1. (reuna)ふち, 脇. 2. (tila, laatu)状態, 現状.
laitakaupunki* 5 [名] 町はずれ.
laitama 13 [名] (通常は複数形で)(laita, reuna, syrjä)端, はずれ.
laitattaa* 2 [動] 整える, こしらえる.
laite* 78 [名] 一組の機械.
laitella* 28 [動] (valmistella)作る, 整える.
laitimmainen 63 [形] (reunimmainen, äärimmäinen)一番外の, 最も遠い, 一番はずれの.
laiton* 57 [形] 不法の, 違法の.
laitos 64 [名] 工場, 研究所, 公共機関；(文学作品などの)版.
laittaa* 10 [動] 作る, 製造する, 仕上げる.
laituri 5 [名] 桟橋, 〈鉄〉プラットホーム.
laiva 10 [名] 船.
laivakulku* 1 [名] 航海, 航行, 海運.
laivalaituri 5 [名] 船着き場, 埠頭, 桟橋.
laivaliikenne* 78 [名] 海運, 船舶交通.
laivanisäntä* 11 [名] 船主, 船舶所有者.
laivanvarustamo 2 [名] 船会社, 船舶業.
laivanveistämö 2 [名] 造船所.
laivareitti* 4 [名] 航路.
laivasilta* 10 [名] (laivalaituri)船着き場, 埠頭, 桟橋.
laivasto 2 [名] 艦隊, 船隊, 船団, 海軍, 船舶.
laivata 35 [動] 船積みする.

laivatelakka* 15 [名] ドック, 造船台.
laivuri 5 [名] 〈海〉小さな船の船長.
laji 4 [名] 種類, 類.
lajitella* 28 [動] えり分ける, 選別する.
lajitelma 13 [名] (valikoima)種別品, 選別品.
lajittelija 14 [名] えり分け人, 選別人.
lajittelu 2 [名] えり分け, 選別.
lakaista 24 [動] 箒ではく, きれいにする, 掃除する.
lakana 18 [名] シーツ.
lakastua 1 [動] しぼむ, しおれる, 枯れる; (色が)あせる; 衰える, よわる.
lakata* 35 [動] やめる, 中断する.
lakea 21 [形] 広い, 広々とした, 平らな, 平たい.
lakeerata 35 [動] ラッカーを塗る.
lakeinen 63 [名] 天井にあけてある煙を出す穴.
lakeus* 65 [名] 平地, 広野.
1. **laki*** 8 [名] 頂上, 最上部, 天井, 屋根.
2. **laki*** 4 [名] 法律, おきて, きまり.
lakikokoelma 13 [名] 法典.
lakimies 72 [名] 法律家.
lakimääräinen 63 [形] 〈法〉法律の, 法で定められた.
lakitiede* 78 [名] (lainoppi, oikeustiede)法律学, 法学.
lakivaliokunta* 11 [名] 〈政〉法律委員会.
lakiäänne* 78 [名] (palataali) 〈声〉硬口蓋音.
lakka* 10 [名] 1. 猟師などが針葉樹の枝をかけて作る仮小屋. 2. 〈植〉(hilla, muurain, suomuurain)キイチゴの一種.
lakkaamatta [副] 絶え間なく, 無限に.
lakkari 5 [名] (tasku) 〈俗〉ポケット.
lakkauttaa* 2 [動] 断つ, 折る; やめる, 中止する.
lakki* 4 [名] ふちのない帽子.
lakko* 1 [名] ストライキ, 同盟罷業. *olla lakossa* ストライキをする.
lako* 1 [名] 雨や嵐で地面に倒れた麦や牧草.
lakritsi 4 [名] ラクリッツ(かんぞうの根又はエキスから作った菓子).

lama 10 ［名］〈経〉(lamatila, depressio)不振, 不景気, 不況.
lamaantua* 1 ［動］たるむ, 気力をなくす, ぐったりする.
lamakausi* 40 ［名］不況, 不景気, 沈滞.
lamatila 10 ［名］不振, 不景気, 不況.
lamauttaa* 2 ［動］抑圧する, 不景気にする.
lammas* 66 ［名］〈動〉ヒツジ.
lammaslauma 10 ［名］羊の群れ.
lammaspaimen 55 ［名］羊飼い.
lammasturkis 64 ［名］(通常は複数形で)羊の毛皮.
lammikko* 2 ［名］池.
lampaanhoito* 1 ［名］羊の飼育.
lampaankyljys 64 ［名］〈料〉羊のカツレツ.
lampaanliha 10 ［名］羊肉.
lampaanpaisti 4 ［名］〈料〉ロース焼きの羊肉.
lampaanvilla 10 ［名］羊毛.
lampi* 8 ［名］池.
langaton* 57 ［形］無線の.
langeta* 36 ［動］(kaatua)倒れる, 転ぶ, 落ちる. (入格と共に)～で転ぶ.
langettaa* 2 ［動］〈法〉判決を言い渡す, 公にする. *langettaa tuomio* 刑を宣告する.
lanka* 10 ［名］糸, ワイヤー.
lankakerä 11 ［名］糸玉, 毛糸玉.
lankarulla 11 ［名］糸まき, 糸まき車.
lankavyyhti* 8(4) ［名］(より糸などの)かせ.
lankeemus 64 ［名］つまずき, 転落；堕落.
lankku* 1 ［名］板.
lanko* 1 ［名］義理の兄弟.
lankous* 65 ［名］〈法〉親族関係.
lanne* 78 ［名］腰.
lannistaa 2 ［動］従わせる, 弱まらせる, 衰えさせる.
lannistua 1 ［動］(masentua)がっかりする.
lannoite* 78 ［名］(lannoitusaine)〈農〉(化学)肥料.
lannoittaa* 2 ［動］肥料を施す.
lanta* 10 ［名］肥料.

lantavesi* 40 [名] 水肥, 下肥.
lantio 3 [名] 骨盤.
lantti* 4 [名] 硬貨, コイン, 貨幣.
lanttu* 1 [名] かぶ(蕪).
laota* 38 [動] 横になる, 横たわる.
lapa* 10 [名] 牛の肩.
lapaluu 29 [名] 肩の骨, 肩胛骨.
lapanen 63 [名] 毛糸のミトン.
lapikas* 66 [名] 先端がまくれ上がっているブーツ.
lapio 3 [名] シャベル.
lapioida 30 [動] シャベルですくう, (土などを)かける.
lappalainen 63 [名] ラップ人. [形] ラップ人の.
Lappi* 4 [名] ラップランド.
lappu* 1 [名] (紙の)切れっぱし, 紙片, ビラ, ポスター.
lapsellinen 63 [形] 子供らしい, あどけない, 子供っぽい.
lapseneläke* 78 [名] 〈法〉養育費, 扶養料.
lapsenlapsi 45 [名] 孫.
lapsenomainen 63 [形] 子供らしい.
lapseton* 57 [形] 子供のない.
lapsi 45 [名] 子供.
lapsihalvaus 64 [名] 〈医〉小児まひ.
lapsilisä 11 [名] 児童手当て.
lapsivuode* 78 [名] お産の床, 産じょく(褥).
lapsonen 63 [名] 〈詩〉(lapsukainen)子供.
lapsukainen 63 [名] (lapsonen)子供.
lapsuudenkoti* 4 [名] 幼年時代の家.
lapsuudenystävä 13 [名] 幼な友達.
lapsuus* 65 [名] 幼年期, 幼少.
laputtaa* 2 [動] (juosta)さっさと去る.
lasi 4 [名] ガラス, ガラスのコップ, グラス.
lasilevy 1 [名] 板ガラス.
lasillinen 63 [形] コップ一杯の. [名] コップ一杯の量.
lasimestari 5 [名] ガラス工.
lasinen 63 [形] ガラスの.

lasinpuhaltaja 16 [名] ガラス吹き工.
lasipurkki* 4 [名] びん詰め用びん.
lasiruutu* 1 [名] 窓ガラス, ガラス板, 板ガラス.
lasitavara 15 [名] ガラス製品.
lasitehdas* 66 [名] ガラス工場, ガラス製造所.
lasivilla 10 [名] グラスファイバー.
laskea 13 [動] 1. おろす;数える, 計算する;解放する. 2. おりる, 下がる, 少なくなる.
laskelma 13 [名] 見積もり, 評価, 計算.
laskelmoida 30 [動] 計算する.
laskematon* 57 [形] 数え切れない, 計れない.
laskento* 2 [名] 数えること, 計算.
lasketella* 28 [動] 言葉を出す, 言う.
laskeutua* 44 [動] 下りる, 降りる.
laskeutuminen 63 [名] 着陸.
laskevainen 63 [形] 打算的な, 抜け目のない.
laskiainen 63 [名] 謝肉祭, カーニバル.
laskimo 2 [名] 〈解〉静脈.
laskos 64 [名] 折り目, ひだ, しわ.
laskostaa 2 [動] 折りたたむ, 折り曲げる, ひだを取る, しわを付ける.
lasku 1 [名] 降下;計算, 〈商〉請求書.
laskuerehdys 64 [名] 計算の誤り.
laskukone 78 [名] 計算機.
laskumäki* 8 [名] 斜面, 傾斜.
laskusilta* 10 [名] はね橋.
laskutapa* 10 [名] 計算法.
laskuvarjo 1 [名] パラシュート.
laskuviivoitin* 56 [名] 計算尺.
lasta 10 [名] (ナイフ状の)へら.
lastata 35 [動] (laivata)船積みする.
lastauslaituri 5 [名] 積み降ろし用ランプ(斜面), 埠頭.
lastenkamari 5 [名] 子供部屋.
lastenkoti* 4 [名] 児童養護施設.
lastenlippu* 1 [名] 小児切符.
lastenseimi 8 [名] (昼間あずかる)託児所.
lastentarha 10 [名] 幼稚園.

lastenvaunut 1 [複名] 乳母車.
lasti 4 [名] 積荷.
lastilaiva 10 [名]〈海〉貨物船.
lastiruuma 11 [名]〈海〉船倉.
lastu 1 [名] 木の切れ端, おが屑.
lastulevy 1 [名] 合成板.
lataus 64 [名]〈電〉バッテリーの充電；(力や知識が)みなぎる事, 一杯になる事.
latautua* 44 [動] バッテリーが充電される.
lato* 1 [名] 干草や穀物保存のための小屋.
latoa* 1 [動] (活字を)組む.
latoja* 16 [名] 植字工.
lattea 21 [形] 平らな, 平たい.
lattia 14 [名] 床(ゆか).
latu* 1 [名] 小道, スキーでできた2本の線, シュプール. *hiihtolatu* スキー用の小道, コース. *juosta vanhaa latuaan* スムーズに動く.
latva 10 [名] 頂, てっぺん；川の上流, 源.
lauantai 27 [名] 土曜日.
laude* 78 [名] (サウナの)段.
laudoittaa* 2 [動] 板を張る, 板張りにする.
laueta* 36 [動] 魔法がとける；(緊張が)弛む.
lauha 10 [形] (天気・気象について)穏やかな.
lauhdutin* 56 [名] (kondensaattori)〈技〉コンデンサ, 蓄電器.
lauhduttaa* 2 [動] 和らげる, 穏やかにする.
lauhkea 21 [形] (rauhallinen, tyyni)性格が穏やかな；(天気・気象について)穏やかな.
lauhtua* 1 [動] 落ち着く, 気を静める, 安心する.
laukaista 24 [動] 発砲する.
laukata* 35 [動] (馬が)ギャロップで駆ける, 疾走する.
laukaus 64 [名] 銃声, 爆音.
laukka* 10 [名] 馬などが大急ぎで走る走り方, ギャロップ. *täyttä laukkaa* 大急ぎで.
laukkailla 29 [動] laukka で走る.
laukkoa* 1 [動] 飛ぶように走る.
laukku* 1 [名] バッグ, かばん.

laulaa 9 [動] 歌う，(小鳥が)さえずる．*ei kunnian kukko laula* いい事はない，悪い事が起こる．
laulaja 16 [名] 歌う人，歌手，鳴き鳥．
laulajatar* 54 [名] 歌手，女流声楽家．
laulatella* 28 [動] 歌わせる．
laulattaa* 2 [動] 歌わせる．
laulella 28 [動] 歌う．
laulelma 13 [名] 歌，詩，小曲．
laulu 1 [名] 歌，(小鳥の)さえずり．
laulujoutsen 55 [名] 〈鳥〉オオハクチョウ(ガンカモ科)．学名 Cygnus cygnus．
laulukirja 10 [名] 歌の本，歌曲集．
laulukuoro 1 [名] 合唱団，(教会の)聖歌隊．
laululintu* 1 [名] 鳴き声が美しい鳥．
laulutaito* 1 [名] 歌う技術．
lauma 10 [名] 群れ．
laupeudentyö 30 [名] 慈善行為．
laupeus* 65 [名] 〈宗〉あわれみ，慈悲．
laupias 66 [形] 情深い，恵み深い，慈悲深い．
lausahtaa* 2 [動] (virkahtaa)言う．
lause 78 [名] 文，文章．
lauselma 13 [名] ことば，金言．
lauseoppi* 4 [名] 〈言〉(syntaksi)文章論．
lauseyhteys* 65 [名] 〈言〉(文の)前後関係，文脈．
lausua 1 [動] 言う，述べる，発音する．
lausuma 13 [名] (意見などの)発表，表明．
lausunta* 15 [名] 朗読，朗誦．
lausunto* 2 [名] 陳述，言ったこと，声明．
lauta* 10 [名] 板．
lautakunta* 11 [名] 委員会．
lautamies 72 [名] 陪審員．
lautanen 63 [名] 皿．
lautasellinen 63 [名] 皿一杯の量．
lautasliina 10 [名] ナプキン．
lautasliinateline 78 [名] ナプキン立て．
lautatapuli 5 [名] 保存・乾燥のため積み重ねた板の山．
lautta* 10 [名] フェリー，渡し船；水面を漂流する

lauttamies 72 [名] 渡し舟の船頭.
lautturi 5 [名] (lauttamies, lossimies)渡し舟の船頭.
lava 10 [名] ステージ.
lavantauti* 4 [名]〈医〉腸チフス.
lavastaa 2 [動]〈劇〉演出する, 監督する.
lavastus 64 [名]〈劇〉舞台装置.
lavea 21 [形] 広い, 広範な.
lavealti [副] (laajalti)広く.
laventaa* 8 [動] 広げる.
lavitsa 15 [名] (penkki)ベンチ, 寝台, ベッド.
lehahtaa* 2 [動] 状態が変化する, 静かに動く, 突然入り込む. *lehahtaa punaiseksi* 顔が急に赤くなる. *lehahtaa lentoon* 軽く飛び上がる.
lehdetön* 57 [形] 葉のない, 落葉した.
lehdistö 2 [名] 木の葉.
lehmitarha 10 [名] 牛の牧場.
lehmus 64 [名] 菩提樹.
lehmä 11 [名]〈動〉雌ウシ.
lehotella* 28 [動] 飛ぶ.
lehtevä 13 [形] 葉の多い.
lehti* 8 [名] 葉；紙片；新聞, 雑誌.
lehtikanta* 10 [名] 枝と結合する木の葉の根本の部分.
lehtikuja 11 [名] 並木路, 並木遊歩道.
lehtileike* 78 [名] 新聞の切り抜き.
lehtimaja 10 [名] あずまや, 庭園に休息のため作られた木造の簡素な小屋.
lehtimetsä 11 [名] 広葉樹林.
lehtimies 72 [名] ジャーナリスト, 新聞(雑誌)記者.
lehtipuu 29 [名] 闊葉樹, 広葉樹.
lehto* 1 [名] 落葉樹の小森.
lehtolapsi 45 [名] (äpärälapsi, avioton lapsi)不義の子, 私生児, 庶子.
lehtori 5 [名] 大学の講師.
lehvä 11 [名] 葉の付いた枝.
leija 10 [名] 凧(たこ).
leijailla 29 [動] 空中を遊泳する, 空中を漂う.

leijona 16 [名] ライオン.
leikata* 35 [動] 切る, 刈る, 刻む, 割る.
leike* 78 [名] 1. (新聞などの)切り抜き. 2. 〈料〉油で揚げた肉片.
leikillinen 63 [形] 冗談の, からかいの, 茶化した.
leikinlasku 1 [名] (leikinteko)冗談, しゃれ, たわむれ.
leikkaus 64 [名] 断面図; 〈医〉手術.
leikkaushaava 10 [名] 切り傷.
leikkaussali 4 [名] 手術室.
leikkele 78 [名] 〈料〉コールド・ミート, 冷肉.
leikki* 4 [名] 遊び, ゲーム, 気晴らし; 危険な仕事. *lyödä leikiksi* 遊びと考える, 重きを置かない.
leikkikalu 1 [名] おもちゃ, 玩具.
leikkikenttä* 11 [名] 遊び場.
leikkikumppani 5 [名] 遊び友達.
leikkimökki* 4 [名] おもちゃの家.
leikkisä 13 [形] ふざける, ふざけた, おどけた.
leikkiä* 17 [動] 遊ぶ, 気晴らしをする.
leikkokukka* 11 [名] 切り花.
leikkuri 5 [名] 切断機.
leikkuu 25 [名] 収穫, 取り入れ.
leikkuukone 78 [名] 穀物刈取り機.
leikkuulauta* 10 [名] まな板.
leikkuupuimuri 5 [名] 〈農〉コンバイン(一台で刈取り機と脱穀機とを兼ねる機械).
leili 4 [名] 水筒.
leima 10 [名] 印(しるし), 印鑑. *antaa oman leimansa*+向格 特徴づける, 印象づける.
leimahtaa* 2 [動] ひらめく, 光る.
leimasin 56 [名] 印判. スタンプ.
leimata 35 [動] 捺印する, スタンプを押す.
leipoa* 1 [動] (パン・ケーキなどを)焼く.
leipomo 2 [名] パン屋, パン製造所.
leipuri 5 [名] パン屋.
leipurinpuoti* 4 [名] パン屋.
leipä* 11 [名] パン.
leipäkyrsä 11 [名] (leivänkyrsä)固くなったパン.

leipämuru 1 [名] (leivänmuru)パンのかけら.
leipäpala 10 [名] パンの一切れ.
leipäviipale 78 [名] パンの一切れ.
leiri 4 [名] キャンプ.
leirintäalue 78 [名] キャンプ場.
leiriytyä* 1 [動] 天幕を張る, 設営する.
leivinpulveri 5 [名] (leivinjauhe)ベーキングパウダー, ふくらし粉.
leivinuuni 4 [名] パン焼きがま, オーブン, 天火.
leivo 1 [名] (kiuru) 〈鳥〉ヒバリ.
leivonen 63 [名] (kiuru) 〈鳥〉ヒバリ. ☞ kiuru.
leivonnainen 63 [名] クッキー, ケーキ, 菓子パン.
leivos 64 [名] 菓子, ショートケーキ.
lekotella* 28 [動] 快適に過ごす.
lekottaa* 2 [動] 落ち着いてある場所にいる, 座る.
lellitellä* 28 [動] 甘やかす, 甘やかしてわがままにする.
lelu 1 [名] おもちゃ.
lemahdella* 28 [動] (lemuta)匂いをまき散らす, (離格と共に)〜の匂いがする.
lemmenkukka* 11 [名] 〈植〉ワスレナグサ.
lemmikki* 5 [名] 1. 〈植〉ムラサキ科ワスレナグサ属の植物の総称. *luhtalemmikki* ワスレナグサ. *puistolemmikki* エゾムラサキ. 2. お気に入り(の人・動物).
lemmitty* 2 [名] (rakastettu, rakas)恋人, 愛人.
lempeä 21 [形] 暖かい.
lempiharrastus 64 [名] 大好きな(気に入りの)趣味.
lempilapsi 45 [名] (lemmikki, suosikki)ちょう児, 愛する子.
lempiruoka* 11 [名] 大好物. 好きな食べ物.
lempo* 1 [名] (paha olento, paholainen)悪魔.
lemu 1 [名] (haju)匂い, 香り.
lemuta 39 [動] 匂いをまき散らす, (離格と共に)〜の匂いがする.
leninki* 5 [名] 〈話〉ワンピース.
lenkki* 4 [名] 〈常〉輪, 環, 指環.
lennellä* 28 [動] 飛ぶ.

lennokas* 66 ［形］活発な，元気な，生き生きした.
lennokki* 5 ［名］模型飛行機.
lennätin* 56 ［名］電信機.
lennättää* 2 ［動］投げる，投げ飛ばす.
lento* 1 ［名］飛行，飛ぶこと. lehahtaa *lentoon* 軽く飛び上がる. *suora lento* 直行便.
lentoaika* 10 ［名］飛行時間.
lentoasema 13 ［名］空港.
lentoemäntä* 13 ［名］スチュアーデス.
lentojoukot* 1 ［複名］〈軍〉空軍.
lentokapteeni 6 ［名］パイロット.
lentokenttä* 11 ［名］空港，飛行場.
lentokirje 78 ［名］航空書簡.
lentokone 78 ［名］飛行機.
lentokorkeus* 65 ［名］飛行高度.
lentolehtinen 63 ［名］リーフレット.
lentolippu* 1 ［名］航空券.
lentomatka 10 ［名］飛行機旅行.
lentomuurahainen 63 ［名］羽蟻.
lentonumero 2 ［名］フライト番号.
lentopallo 1 ［名］〈ス〉バレーボール.
lentoposti 4 ［名］航空便.
lentosatama 13 ［名］飛行場.
lentoteitse ［副］飛行機で，航空便で.
lentovuoro 1 ［名］飛行，飛ぶこと，航空勤務，空輸，航空定期便.
lentäjä 16 ［名］飛行家，飛行士.
lentää* 8 ［動］飛ぶ. lentää *selälleen* 開く，はじける，破裂する.
lepakko* 2 ［名］〈動〉コウモリ（総称）.
lepinkäinen 63 ［名］〈鳥〉モズ（総称）.
lepo* 1 ［名］休息. *mennä levolle* 床に入る，寝る.
lepohetki 8 ［名］休みの時間，（短い）休養の時間.
lepohoito* 1 ［名］安静治療.
lepokoti* 4 ［名］保養所，娯楽休養センター.
lepopaikka* 10 ［名］休息所.
lepopäivä 11 ［名］安息日，日曜日.
lepotuoli 4 ［名］デッキチェア，安楽いす，肘掛けい

す.

leppoisa 13 [形] (leppeä)落ち着いた, 平静な, 平然とした.

leppymätön* 57 [形] 仲直りできない. 和解しがたい.

leppyä* 1 [動] 仲直りする, 和解する.

leppäkerttu* 1 [名] てんとう虫.

lepyttää* 2 [動] (tyynnyttää)おだやかにする.

lepäillä 29 [動] 休息する.

lerpallaan [副] だらんと下がって.

leskenlehti* 8 [名] 〈植〉フキタンポポ(キク科). 学名 Tussilago farfara.

leski 8 [名] やもめ.

letkaus 64 [名] 〈稀〉悪口, あざけり, 皮肉, いやみ.

letku 1 [名] ホース.

leuhka 10 [形] 〈話〉あつかましい, ずうずうしい.

leuhkia 17 [動] 〈話〉(kehuskella)自慢する, 偉そうな口をきく.

leuka* 10 [名] あご.

leukaluu 29 [名] あご骨.

leukasuojus 64 [名] アイスホッケーの顎のプロテクター.

leuto* 1 [形] (lauhkea, lauha)おだやかな, のどかな.

levennys 64 [名] 拡張, 拡大.

leventää* 8 [動] 広くする.

levetä 34(36) [動] 広くなる, 拡がる.

leveys* 65 [名] 幅.

leveysaste 78 [名] 〈地〉緯度.

leveä 21 [形] 幅広い, 〜の幅がある. *suu leveässä hymyssä* 微笑んで, 口許に笑みを湛えて.

leveästi [副] 幅広く.

levikki* 6 [名] 普及, 流布, 広まること.

levittäytyä* 44 [動] 広がる.

levittää* 2 [動] 広げる. *levittää kätensä* 手を広げる.

levitä 37 [動] 広がる.

levollinen 63 [形] (海・天候などが)穏やかな, 静かな; (心が)落ち着いた, 平和な.

levoton* 57 [形] 落ち着かない, そわそわした, くよ

くよする.
levottomuus* 65 [名] 落ち着きのなさ, 動揺, 不安.
levy 1 [名] レコード；薄板.
levyinen 63 [形] ～の幅である.
levyseppä* 11 [名] ブリキ屋, 管工.
levysoitin* 56 [名] レコードプレーヤー. CD-levysoitin CD プレーヤー.
levä 11 [名] 〈植〉藻, 海草.
levähdys 64 [名] 中休み, 休憩, 休息.
levähtää* 2 [動] 休息する.
levälleen [副] 広く開いて, 広く.
levällään [副] 広がって, 伸びて.
leväperäinen 63 [形] (välinpitämätön, huolimaton) おろそかにする, ぞんざいな, いいかげんな.
levätä* 40 [動] 休息する.
liata* 35 [動] 汚す, 不潔にする, けがす；(家名を)けがす, 傷つける.
liehua 1 [動] (旗などが)ひらめく, はためく, ひるがえる.
liehuttaa* 2 [動] (ハンカチや旗を)振る.
lieju 1 [名] ぬかるみ.
liejuinen 63 [形] ぬかるみの.
liekki* 4 [名] 炎.
liekuttaa* 2 [動] (keinuttaa, tuudittaa)揺する, 揺り動かす.
liemi 35 [名] スープ.
liemikauha 10 [名] (料理の)スープ用のひしゃく.
lieriö 3 [名] 〈幾〉円筒, 円柱；〈技〉シリンダ.
liesi* 40 [名] いろり, ファイアプレース, 炉.
liete* 78 [名] 沖積土, 沖積層；スラッジ, 沈積物.
lietsoa 1 [動] (ひもで)くくる, 縛る, ゆわえる.
lietteinen 63 [形] 泥々の, 泥の多い.
liettyä* 1 [動] 泥だらけになる.
lieve* 78 [名] ふち, へり.
lieventää* 8 [動] (helpottaa, keventää)痛みを和らげる, 苦しみを和らげる.
lievittää* 2 [動] (lieventää)痛みを和らげる, 苦しみを和らげる.

lievyys* 65 [名] 軽微, 僅少.
lievä 11 [形] (vähäinen, heikko) 軽い, 僅かな. lievä kuume 微熱. lievä leukosytoosi 僅かな白血球増加.
liftata 35 [動] 〈常〉ヒッチハイクする.
liha 10 [名] 肉.
lihahyytelö 2 [名] 〈料〉ゼリー入り肉.
lihakarja 10 [名] (teuraskarja)と殺(食肉)用家畜.
lihakauppa* 10 [名] 肉屋.
lihakauppias 66 [名] 肉屋.
lihaksinen 63 [形] 筋肉の, 筋肉逞しい.
lihaliemi 35 [名] 〈料〉コンソメスープ.
lihamuhennos 64 [名] 〈料〉一種のシチュー料理.
lihamureke* 78 [名] 〈料〉ひき肉料理.
lihansyöjä 11 [名] 肉食動物. [形] 肉食の.
lihapiirakka* 15 [名] 〈料〉肉のパイ.
lihapulla 11 [名] 〈料〉ミートボール.
lihapyörykkä* 15 [名] 〈料〉ミートボール.
liharuoka* 11 [名] 肉料理.
lihas 64 [名] 筋肉.
lihava 13 [形] 太った, 厚い.
lihavuus* 65 [名] 太っていること, 厚さ.
lihoa 1 [動] 太る.
lihota 38 [動] 太る, 肥る.
lihottaa* 2 [動] 太らせる, 肥育する.
liiaksi [副] (liian paljon)余りにも.
liiallinen 63 [形] 過多な, 過度な.
liian [副] 余りにも, 必要以上に.
liika* 10 [形] 余りにも多い, 過度な, 過大な. [副] 余りに. [名] あまり, 残り, 過剰.
liikaa [副] 過度に, 極端に.
liika-asutus 64 [名] 人口過剰(過密).
liikahtaa* 2 [動] 動く, 動き出す.
liikamäärä 11 [名] 過分, 過多, 過度.
liikanainen 63 [形] よけいな, 不必要な.
liikapaino 1 [名] 重さが多すぎること, 重量超過.
liikarasitus 64 [名] 負担過重.
liikata* 35 [動] (ontua, nilkuttaa)びっこをひく.

liikavarvas* 66 [名] 魚(うお)の目.
liike* 78 [名] 1. 動き, 運動. 2. 商店. *panna liikkeelle*(=ottaa käytäntöön)全ての力や業を利用・活用する. *panna liikkeelle taivaan ja maan*. 何でもする, あらゆる事をする.
liikeala 10 [名] 専門, 部門, 分科, 学科.
liikeapulainen 63 [名] 販売人, 売子.
liikeasia 14 [名] 商用.
liikehtiä* 17 [動] 動いている, 活動している.
liikekeskus 64 [名] ビジネスセンター.
liikemies 72 [名] 商人, 実業家.
liikeneuvo 1 [名] 交通機関.
liikenne* 78 [名] 交通, 輸送.
liikennehäiriö 3 [名] 交通妨害, 交通混乱.
liikennemajakka* 15 [名] 交通信号灯.
liikennemerkki* 4 [名] 交通標識.
liikennemääräys 64 [名] 交通標識.
liikenneonnettomuus* 65 [名] 交通事故.
liikennepulma 11 [名] 交通混雑, 交通問題.
liikenneruuhka 11 [名] 交通渋滞.
liikennesääntö* 1 [名] 交通規則.
liikennevalo 1 [名] 交通信号.
liikennöidä 30 [動] 往来する, 通行する.
liikennöitsijä 14 [名] 運送業者.
liikepääoma 11 [名] 〈経〉経営資本, 運転資本.
liiketoveri 5 [名] 参加者, 関与者, 社員, 組合員.
liikevaihto* 1 [名] 売り上げ(高), 売れ行き.
liikeyhteys* 65 [名] 取引関係.
liikkeelle [副] 活動して, 動いて.
liikkeellä [副] 活動して, 動いて.
liikkeenharjoittaja 16 [名] 商人, 商社員.
liikkeenhoitaja 16 [名] (業務・事務)管理者, 支配人, 事務長.
liikkua* 1 [動] 動く, 移動する.
liikkuma-ala 10 [名] (liikkumatila)余地, 自由に動ける範囲, ゆとり.
liikkumaton* 57 [形] 動かない, 不動の.
liikunta* 15 [名] 体操, 体育, 動き.

liikuntakasvatus 64 ［名］(fyysinen kulttuuri)体育.
liikuntakulttuuri 6 ［名］保健体育.
liikunto* 2 ［名］(liike)動き.
liikuskella 28 ［動］動き回る，歩き回る.
liikutella* 28 ［動］動かす.
liikuttaa* 2 ［動］動かす，移動させる；感動させる.
liikutus 64 ［名］心の動き，感動.
liima 10 ［名］糊.
liimata 35 ［動］(糊などで)付ける，くっつける，固める.
liina 10 ［名］布.
liinainen 63 ［形］布製の.
liinakangas* 66 ［名］麻布，亜麻布，ズック.
liinatukkainen 63 ［形］亜麻色の髪の，麻色の髪の.
liinavaate* 78 ［名］シーツ・カバー類.
liinaöljy 1 ［名］あまに油.
liioin ［副］(myöskään)(否定文で否定を繰り返す時に)～もない. *ei...ei liioin～* も～もない.
liioitella* 28 ［動］大袈裟に言う，誇張する.
liipaisin 56 ［名］銃の掛けがね，取っ手.
liipotella* 28 ［動］浮遊する.
liiskaksi ［副］(mäsäksi)粉々に.
liiste 78 ［名］薄板，木の薄片.
liisteri 5 ［名］のり，ペースト.
liite* 78 ［名］つなぎ目，ジョイント；追加，付録.
liiteri 5 ［名］〈常〉物置小屋.
liitolentokone 78 ［名］滑空機，グライダー.
liitos 64 ［名］継ぎ目，ジョイント.
liitto* 1 ［名］同盟，連邦，連合.
liittokunta* 11 ［名］連合，連盟，総同盟.
liittolainen 63 ［名］同盟者，同盟(連合)国.
liittopäivät 11 ［複名］連邦議会.
liittotasavalta* 10 ［名］連邦共和国.
liittoutua* 44 ［動］連盟になる，組合になる.
liittymä 13 ［名］連合，結合，結び付き.
liittymäkohta* 11 ［名］接触点，結合点.
liittyä* 1 ［動］結びつく.
liittää* 2 ［動］合わせる，つぐ.

liitu* 1 [名] チョーク.
liitää* 4 [動] 鳥が羽を動かさずに飛ぶ, 滑空する.
liivate* 78 [名] ゼラチン.
liivi 4 [名] チョッキ.
lika* 10 [名] あか, 不潔物, 汚物.
likaantua* 1 [動] よごれる, 汚くなる.
likainen 63 [形] よごれた, きたない.
likaisuus* 65 [名] よごれ.
likasanko* 1 [名] ごみバケツ.
likavesi* 40 [名] 汚水.
likeinen 63 [形] 近い(親族, 隣人など), 親しい.
likellä [前] (分格と共に)〜の近くに. [後] (属格と共に)〜の近くに.
likentää* 8 [動] (lähentää)近付ける.
liketä 34 [動] (lähetä, lähestyä)(分格と共に)〜に近付く.
liki [副] すぐ近くに, すぐそばで.
likimain [副] (lähes)ほとんど.
likimäärin [副] だいたいの, 近似の, ほぼ.
likinäköinen 63 [形] 近視の;近視眼的な, 目の前しか見えない.
likinäköisyys* 65 [名] 近眼, 近視.
likipitäen [副] ほぼ, おおよそ, だいたい.
likistää 2 [動] (puristaa, pusertaa)はさむ, 締めつける, 押しつぶす.
lilja 10 [名] ゆり.
lima 10 [名] 痰(たん).
limakalvo 1 [名] 〈解〉粘膜.
limittäin [副] 重ねて.
limppu* 1 [名] 長くて丸いパン.
lingota* 38 [動] (heittää)投げ飛ばす.
linja 10 [名] 線, 線路, 進路;(学校の)コース, 課程.
linja-auto 1 [名] 路線バス.
linja-autoasema 13 [名] バスターミナル.
linkku* 1 [名] 取っ手, 掛けがね.
linkkuveitsi 47 [名] (折りたたみ・ジャック)ナイフ.
linko* 1 [名] パチンコ(子供のおもちゃ), 投てき器.
linna 10 [名] 城, とりで.

linnake* 78 [名]〈軍〉とりで,要塞.
linnoitus 64 [名]〈軍〉要塞,とりで,城廓.
linnunlaulu 1 [名] 鳥の歌,鳥のさえずり.
linnunpaisti 4 [名] (lintupaisti)鳥肉.
linnunpelätin* 56 [名] (linnunpelätti)かかし.
linnunrata* 10 [名] 銀河,天の川.
linnunratajärjestelmä 13 [名]〈天〉銀河系.
linnustaa 2 [動] 鳥を打つ,鳥を取る.
linssi 4 [名] レンズ.
lintu* 1 [名] 小鳥,鳥.
lintuhäkki* 4 [名] 鳥かご.
lintunen 63 [名] 小鳥.
lintupaisti 4 [名] 鳥肉.
lintuparvi 8 [名] 鳥の群れ.
lintutiede* 78 [名] 鳥類学.
liota* 38 [動] (液体に)ひたる,つかる.
liottaa* 2 [動] (水などに)浸す,漬ける.
lipaista 24 [動] なめる.
lipas* 66 [名] 小箱.
lipasto 2 [名] たんす,(文房具・書類などを入れる)手箱.
lipeä 21 [名] あく(灰汁).〈化〉アルカリ液.
lipeäkala 10 [名]〈料〉棒だら.
lipeäkivi 8 [名]〈化〉苛性ソーダ.
lipittää* 2 [動] 1. (liikkua nopeasti)急ぐ,急いで行く,急いで動く. 2. 少しずつ飲む,すする.
lippa* 10 [名] 鳥打帽のような帽子のつば.
lippalakki* 4 [名] 前びさし付き帽子.
lippo* 1 [名]〈漁〉すくい網.
lippu* 1 [名] 旗;切符,券.
lippuluukku* 1 [名] 出札口,乗車券発売口.
lipputanko* 1 [名] 旗竿.
lipsauttaa* 2 [動] (鋏で)切る. lipsauttaa poikki 鋏で切り取る.
lipunkantaja 16 [名] 旗手;指導者.
lipunmyyjä 11 [名] 出札係.
lipunmyynti* 4 [名] 乗車券,入場券などの発売.
lipuntarkastus 64 [名] 検札.

liputtaa* 2 ［動］旗を掲げる.
liputus 64 ［名］旗を掲げ飾ること.
liristä 41 ［動］さらさら音を立てて流れる.
lirkuttaa* 2 ［動］甘い声で話しかける, 鳥がさえずる.
lisko 1 ［名］〈動〉トカゲ(総称). イモリ(総称).
lista 10 ［名］薄板(机のへりなどにはりつける細い薄い板); (窓などの)ふち, へり; 目録, カタログ, リスト.
listiä 17 ［動］根菜の葉の部分を切り落とす; 切り落とす. *listiä pää* 首を切り落とす.
lisä 11 ［名］追加, 増加, おかわり.
lisäarvo 1 ［名］付加価値.
lisäjoki* 8 ［名］〈地〉支流.
lisäjuna 11 ［名］臨時列車.
lisäke* 78 ［名］付け足し, 添え物.
lisäksi ［後］(属格と共に)〜に加えて. *kaiken lisäksi* 更に, それらに加えて.
lisälehti* 8 ［名］付録, 号外.
lisämaksu 1 ［名］追加料金, 追加払い.
lisämaksullinen 63 ［形］割り増し料金のいる.
lisänimi 8 ［名］別名, 異名, あだ名.
lisätä 35 ［動］加える, 増やす.
lisäys 64 ［名］増加, 増大; 生育, 成長.
lisää ［副］もっと, 一層, その上に.
lisääntymisvietti* 4 ［名］増殖本能.
lisääntyä* 1 ［動］増す.
litistyä 1 ［動］壊れる, めちゃくちゃになる, 押しつぶされる.
litistää 2 ［動］押しつける, 締めつける, 平らにする.
litteä 21 ［形］平らな, 平たんな.
liudennus 64 ［名］〈声〉口蓋化.
liudentua* 1 ［動］〈声〉口蓋化する.
liuentaa* 8 ［動］解く, ほどく, 分解する.
liueta* 34 ［動］分解する, 溶解する.
liukas* 66 ［形］すべりやすい.
liukastua 1 ［動］すべる, 滑りころぶ.
liukeneva 13 ［形］溶ける, 可溶性の.

liukua* 1 [動] すべるように動く, ずれ動く.
liukuhihna 10 [名] 〈技〉流れ作業列, コンベヤベルト.
liukuportaat* 66 [複名] エスカレーター.
liuos 64 [名] 溶液.
liuottaa* 2 [動] 解く, ほどく, 開く.
liuska 10 [名] 細長いもの, 筋.
liuskakivi 8 [名] スレート, 粘板岩.
liuta* 10 [名] 〈常〉(joukko)群れ, 集団.
livahtaa* 2 [動] 1. 滑る, 滑るように動く. 2. (pujahtaa)忍び足で急ぐ, こっそり動く, 逃げる.
liverrellä* 28 [動] (鳥が)さえずる.
liverrys 64 [名] 鳥のさえずり.
livertää* 6 [動] さえずる, 声をふるわせて歌う.
livistää 2 [動] 急ぐ, こそこそ逃げる.
lohdullinen 63 [形] 慰めに満ちた, 慰めになる.
lohduton* 57 [形] 慰めることのできない, 悲しみに沈んだ.
lohduttaa* 2 [動] 慰める, 和らげる.
lohdutus 64 [名] 慰め, 慰安.
lohenpyynti* 4 [名] サケ漁.
lohi 33 [名] 〈魚〉サケ, 正しくはタイセイヨウサケ. 学名 Salmo salar.
lohikala 10 [名] (lohi) 〈魚〉サケ.
lohikäärme 78 [名] 竜.
lohjeta* 36 [動] (erota, irtautua)割れる, 壊れる, 分離する.
lohkaista 24 [動] 部分に分ける, 分割する.
lohkare 78 [名] 岩や石の大きな塊.
loihtia* 17 [動] 〈稀〉(taikoa)魔法をかける.
loihtu* 1 [名] 〈稀〉〈古〉(taika, loitsu, lumous)魔法.
loikata* 35 [動] とび起きる, とび跳ねる；大股に歩く.
loikka* 11 [名] (hyppy)ジャンプ.
loikkaus 64 [名] ひとまたぎ, ひと跳び, 跳躍.
loikkia* 17 [動] 跳びはねる.
loikoa* 1 [動] 横たわる, 横になる.

loikoilla 29 ［動］長々と横になる．
loimu 1 ［名］勢いよく燃える火．
loimuta 39 ［動］燃える，燃え上がる．
loinen 63 ［名］(loiseläin, loiskasvi)宿無しの動物や植物．
loiskasvi 4 ［名］寄生植物．
loiske 78 ［名］水音．
loiskia 17 ［動］(水などが)ピチャピチャ音をたてる．
loistaa 2 ［動］輝く，光る．
loistava 13 ［形］華やかな，華美な，美しい．
loiste 78 ［名］光，輝き．
loistella 28 ［動］(太陽などが)輝く．
loisto 1 ［名］輝き．
loitolla ［副］遠くに，遠く隔たって．
loitompana ［副］(kauempana)もっと遠くに．
loitota* 34 ［動］(出格と共に)～から離れる，～から遠くなる．
loitsia 17 ［動］(noitua)まじなう，魔法を使う．
loitsija 14 ［名］呪術師．
loitsu 1 ［名］呪文．
loiva 11 ［形］緩やかに傾斜した．
loivuus* 65 ［名］坂などがゆるやかなこと，傾斜が少ないこと．
lojua 1 ［動］(loikoa, maata)横たわる，横になる．
loka* 11 ［名］泥，ぬかるみ．
lokakuu 29 ［名］10月．
lokero 2 ［名］(箱や棚などの)仕切り，区切り．
lokki* 4 ［名］〈鳥〉カモメ(総称)．
loma 11 ［名］休暇，休憩；すき間．
lomake* 78 ［名］書式用紙．
lomakylä 11 ［名］休暇村．
lomanvietto* 1 ［名］休暇を過ごすこと．
lomittain ［副］並べて，並んで．
lompakko* 2 ［名］財布．
lonkka* 11 ［名］坐骨部，臀部．
lonkkaluu 29 ［名］〈解〉坐骨，腰骨．
lopettaa* 2 ［動］終える．
loppu* 1 ［名］1. 終わり，最後，残り．2. (jäljellä

oleva)残り物. /*saattaa loppuun* 整う,できあがる.
/*olla lopussa* 無くなった,終わった.
loppua* 1 [動] 終わる,(入格と共に)～で終わる.
loppuerä 11 [名] 〈ス〉決勝ラウンド,ファイナル.
loppukerto* 1 [名] 〈楽〉折り返し,〈詩学〉畳句,リフレイン.
loppukilpailu 2 [名] 〈ス〉(スポーツの)決勝.
loppukiri 4 [名] ラストスパート.
loppulause 78 [名] 結び,結語.
loppumaton* 57 [形] 絶え間のない,やまない,無限の.
loppupuolisko 2 [名] 後半. *loppupuoliskolla*(=lopussa, loppupuolella)後半に.
loppupää 28 [名] 果て,最後.
loppupäätös 64 [名] 推論,結論.
loppusumma 11 [名] 残高,残金.
loppuunmyynti* 4 [名] 〈商〉大売り出し.
lopuksi [副] ついに,最後に.
lopullinen 63 [形] 最後の,最終的.
lopulta [副] とうとう,ついに.
loputon* 57 [形] 終わりがない.
loru 1 [名] 長話,むだ話,うわさ話.
loruta 39 [動] つまらない事・無意味な事を話す.
lossi 4 [名] 渡し船.
lossimies 72 [名] 渡し船の船頭.
lotista 41 [動] (vavista)震える.
louhi 32 [名] 大岩,岩場.
louhia 17 [動] (トンネルなどを)掘る.
louhikko* 2 [名] 岩,大岩.
louhimo 2 [名] (louhos)製錬所.
louhos 64 [名] (louhimo)製錬所.
loukata* 35 [動] 傷つける(具体的にも抽象的にも).
loukkaamaton* 57 [形] 傷つけられていない,無傷の.
loukkaantua* 1 [動] 傷つく.
loukkaus 64 [名] 心を傷つけること,無礼,侮辱.
loukko* 1 [名] (nurkka)片隅,角.
loukku* 1 [名] 〈狩〉上下に木を置き上の木が落ちて

動物・鳥などを殺す仕掛の罠. *lyödä loukkua*(=täristä, tutista)震える.

lounainen 63 ［形］南西の, 西南の.
lounaistuuli 32 ［名］南西の風.
lounas 66 ［名］1. 南西. 2. 昼食.
lounastauko* 1 ［名］昼休み, 昼食後の休憩時間.
lovi 8 ［名］穴.
lude* 78 ［名］〈虫〉カメムシ.
luennoida 30 ［動］講義・講演をする.
luennoitsija 14 ［名］講演者.
luento* 2 ［名］講義.
luentosali 4 ［名］教室.
lueskella 28 ［動］読む, 研究する.
luetella* 28 ［動］箇条書きにする.
luettelo 2 ［名］表, 一覧表, カタログ.
luhistaa 2 ［動］落とす, 倒す, ひっくり返す.
luhistua 1 ［動］(sortua)崩れ落ちる, 倒れる.
luhtalemmikki* 5 ［名］〈植〉ワスレナグサ(ムラサキ科). 学名 Myosotis scorpioides.
luikerrella* 28 ［動］(へびが)とぐろを巻く, 蛇行する, うねる.
luikertaa* 6 ［動］(みみず・蛇などが)はう, はって進む.
luikkia* 17 ［動］急ぐ, 逃げる.
luikku* 1 ［名］(pyssy)銃, 小銃.
luikua* 1 ［動］(liukua)〈常〉すべる, 滑走する.
luimussa ［副］(luimuun)(動物が)耳を後ろにねかせて.
luinen 63 ［形］骨の, ごつごつした, 骨のある.
luiskahtaa* 2 ［動］すり抜ける, 滑る.
luistaa 2 ［動］滑る.
luistelija 14 ［名］スケーター, スケートする人.
luistella 28 ［動］スケートをする.
luistelu 2 ［名］アイススケート.
luistin 56 ［名］スケート靴.
luistinrata* 10 ［名］スケート場, 室内スケート場.
luistinretki 8 ［名］スケートで行くこと.
luisua 1 ［動］スリップする, すべる.

luja 11 [形] 丈夫な, がんじょうな, 強い.
lujatahtoinen 63 [形] 意志の強い.
lujentaa* 8 [動] 防備を固める, 固定する.
lujeta 34 [動] 強固になる, 安定する.
lujittaa* 2 [動] 強くする, 堅固にする.
lujittua* 1 [動] 強固になる, 安定する.
lujuus* 65 [名] 堅固, 堅実, 決意の固さ.
lukea* 13 [動] 読む, 勉強する；数える. *lukea mukaan* 含む. *mukaan luettuna* 中に含まれて. 出格(又は離格)＋*lukien* ～から, ～も含めて, ～から数えて.
lukematon* 57 [形] 数え切れない, たくさんの.
lukeminen 63 [名] 読書, 読み方.
lukemisto 1 [名] 読本.
lukeutua* 44 [動] 属する, (数に)入れる, 一員である.
lukija 14 [名] 読者.
lukio 3 [名] 高等学校.
lukiolainen 63 [名] 高等学校生.
lukita 31 [動] 錠をかける, 締める, 閉じる, 閉じこめる.
lukkari 5 [名] 鐘つき人, 教会の鐘つき.
lukko* 1 [名] 錠前, ロック. *panna lukkoon* 錠をおろす.
lukkoneula 10 [名] (hakaneula)安全ピン.
luku* 1 [名] 1. 読み, 2. 数. *ottaa lukuun* 考慮する.
lukuaika* 10 [名] 勉強時間；勉学期間.
lukuhalu 1 [名] 読書熱.
lukuinen 63 [形] (lukuisa)多数の, たくさんの.
lukuisa 13 [形] 多数の, 沢山の.
lukujärjestys 64 [名] (学校の)時間割り.
lukukausi* 40 [名] (学校の)学期.
lukukausitodistus 64 [名] 学期末の成績表.
lukukirja 10 [名] 読本.
lukumäärä 11 [名] 数量, 総数.
lukusali 4 [名] 読書室, 勉強室.
lukusana 10 [名] 〈言〉数詞. kardinaalinen *lukusana* 基数, 基本数詞. ordinaalinen *lukusana* 序数

詞.

lukutaito* 1［名］読み書きの能力.

lukuunottamatta ［副］(lukuun ottamatta)数に入れないで, 留意しないで.

lukuvalo 1［名］読書灯.

lumensekainen 63［形］雪のまじった.

lumeton* 57［形］雪のない.

lumi 35［名］雪. sataa *lunta* 雪が降る.

lumiaura 10［名］除雪プラウ, 雪かき器, 雪すき.

lumihanhi 8［名］〈鳥〉ハクガン(ガンカモ科). 学名 Anser caerulescens.

lumihiutale 78［名］雪の細片.

lumikinos 64［名］雪の吹き寄せ(吹き積もり), 雪の積もった所.

lumikko* 2［名］〈動〉コエゾイタチ, イイズナ. 学名 Mustela nivalis. 冬は真っ白になる.

luminen 63［形］雪におおわれた, 雪をいただいた.

lumipeite* 78［名］積雪, 根雪.

lumipyry 1［名］〈気〉吹雪.

lumipyörre* 78［名］吹雪.

lumiräntä* 11［名］みぞれ.

lumisade* 78［名］雪降り, 降雪.

lumituisku 1［名］〈気〉吹雪.

lumiukko* 1［名］雪だるま, 雪人形.

lumivalkea 21［形］雪のように白い, 純白の.

lumivalkoinen 63［形］雪のように白い.

lumivyöry 1［名］雪なだれ.

lumme* 78［名］〈植〉スイレン(総称).

lumo 1［名］(複数形が多い)魔力, 魔法. *olla*＋属格＋*lumoissa* ～に魅せられて. *joutua lumoihin* ～の魅力に取りつかれる.

lumoava 13［形］魅力のある, うっとりさせる.

lumota 38［動］1. (taikoa, loihtia)魔法をかける. 2. (viehättää)うっとりさせる.

lumous 64［名］魔法.

lumpeenkukka* 11［名］〈植〉スイレンの花.

lumppu* 1［名］ぼろ, ぼろきれ, ぼろ着物.

lunastaa 2［動］1. 買う, 手に入れる, 補う. 2.

(pelastaa, vapauttaa)救う,自由にする.
lunastus 64 [名] 購入, 入手.
lunastusmaksu 1 [名] 料金, 使用料.
lunnas 66 [名] (通常は複数形で)保釈金.
luntata* 35 [動]〈生徒〉カンニングする.
luo [後] (luokse)(属格と共に)〜の所に. 〜の家に.
luoda 21 [動] 1. 向ける, 向きを変える. *luoda katse* 目を向ける. 2. 創造する. 3. 示唆する.
luode* 78 [名] 北西.
luodikko* 2 [名] 銃.
luoja 11 [名] 創作者, 創造者, 考案者.
luokka* 11 [名] (lk. と省略)階級;学年;グループ.
luokkaerotus 64 [名] 階級の区別.
luokkahuone 78 [名] 教室.
luokkataistelu 2 [名] 階級闘争.
luokkatoveri 5 [名] 同級生, 同窓生, 級友.
luokse [後] (luo)(属格と共に)〜の所に. 〜の家に.
luoksepääsy 1 [名] 接近, 立ち入り, 通路.
luola 11 [名] 洞穴.
luoma 11 [名] 1. (神の)創造物. 2. ほくろ.
luomakunta* 11 [名] (神の)創造物.
luomi 36 [名] まぶた;生まれつきのあざ.
luona [後] (属格と共に)〜のもとに.
luonne* 78 [名] 性格, 特性, 特質.
luonnehtia* 17 [動] 特徴を表す. 特色づける.
luonnistaa 2 [動] うまくいく, 成功する.
luonnollinen 63 [形] 自然の, ありのままの.
luonnollisesti [副] 自然に;もちろん, 当然.
luonnonhistoria 15 [名] 博物学.
luonnonilmiö 3 [名] 自然現象.
luonnonkuvaus 64 [名] 自然描写.
luonnonlahja 10 [名] 才能.
luonnonlaki* 4 [名] 自然の法則.
luonnonoppi* 4 [名] 物理学, 自然科学.
luonnonpuisto 1 [名] 自然公園.
luonnonrikkaus* 65 [名] 自然の豊かさ, 海の幸山の幸.
luonnonsuojelualue 78 [名] 自然保護地区, 風致地

区.

luonnontiede* 78［名］自然科学.
luonnontuote* 78［名］海の幸山の幸.
luonnontutkija 14［名］博物学者.
luonnonvarainen 63［形］野育ちの, 野生の, 未開の.
luonnonvastainen 63［形］自然の理にそむく, 不自然な.
luonnonvoima 11［名］(自然界に現れる)自然力.
luonnos 64［名］概略, アウトライン.
luonnoton* 57［形］不自然な, きざな.
luontainen 63［形］自然の, 生まれつきの, 自明の.
luonteenomainen 63［形］(ominainen, olennainen) 独特な, 特徴的な.
luonteenpiirre* 78［名］特徴, 特色.
luonteinen 63［形］〜の性質をもった.
luonteva 13［形］自然な, 無理のない.
luonto* 1［名］1. 自然. 2. 性質.
luontoinen 63［形］属格＋ *luontoinen* 〜の性格をした.
luontokappale 78［名］(eläin)動物.
luopua* 1［動］(出格と共に)〜をあきらめる, 手放す, 〜を放棄する.
luopumus 64［名］〈雅〉放棄, 断念.
luostari 5［名］修道院, 尼僧院.
luota ［後］(属格と共に)〜から(離れる).
luotain 56［名］はんだ.
luoteinen 63［形］北西の.
luoteispuoli 32［名］北西側.
luotettava 13［形］信頼できる.
luoti* 4［名］弾丸, 拳銃の玉.
luoto* 1［名］小島.
luotsi 4［名］〈海〉水先案内人, パイロット.
luotsialus 64［名］水先案内船.
luotsiasema 13［名］水先案内船の停留地.
luottaa* 2［動］信用する, 信頼する.
luottamuksellinen 63［形］信用している, 頼みになる, 打ちとけた.
luottamus 64［名］信任, 信用.

luottamusmies 72 ［名］腹心の者，支配人.
luottamustoimi 35 ［名］名誉職，責任のある地位.
luottavainen 63 ［形］信じている，信頼している.
luottavasti ［副］信用して.
luotto* 1 ［名］〈商〉(銀行からの)融資.
luottokortti* 4 ［名］クレジットカード.
luovuttaa* 2 ［動］(antaa)与える. *luovuttaa verta* 献血する.
luovuttamaton* 57 ［形］譲渡(売却)できない.
luovutus 64 ［名］譲り渡し，譲渡，委任.
lupa* 11 ［名］許可. (入格と共に)～に対する許可. *luvatta* 密かに，許可なしに.
lupaava 13 ［形］有望な，末頼もしい.
lupahakemus 64 ［名］許可申請.
lupaus 64 ［名］約束，期待.
lupautua* 44 ［動］結婚の約束をする，婚約する.
lurjus 64 ［名］(vintiö)野郎，奴，悪党.
lusikallinen 63 ［名］スプーン一杯の量.
lusikka* 15 ［名］スプーン.
lusikoida 30 ［動］スプーンで食べる.
lusto 1 ［名］年輪.
luu 29 ［名］骨.
luukku* 1 ［名］蓋，小さなドア，穴を塞ぐ板.
luulla 25 ［動］信じる，思う.
luulo 1 ［名］考え，意見，所見.
luulotella* 28 ［動］思い込む，信じ込ませる.
luultava 13 ［形］(oletettava, todennäköinen)あり得る，考えられる. *hyvin luultavaa onkin, että...* ～という事は充分考えられる.
luultavasti ［副］多分，おそらく.
luumu 1 ［名］プラム，すもも.
luunmurtuma 13 ［名］(luunkatkeama)〈医〉骨折，骨の損傷.
luuranko* 1 ［名］骨，骨の集まり.
luuta* 11 ［名］箒.
luuttu* 1 ［名］〈常〉掃除のぼろ布.
luuvalo 1 ［名］痛風，関節炎.
luvallinen 63 ［形］許された，合法的な.

luvanpyyntö* 1 [名] 頼み, 願い, 許可.
luvata* 35 [動] 約束する, 同意する, 期待させる, 〜を与えることに同意する.
luvaton* 57 [形] 許されない, 禁じられた, 不法の.
lyhde* 78 [名] 刈取った麦の束.
lyhennys 64 [名] 短縮, 省略.
lyhentää* 42 [動] 短くする, つめる, (語などを)省略・要約する.
lyhty* 1 [名] 光, あかり, 灯火.
lyhyeen [副] 手短に, 短く, 早く.
lyhyt 73 [形] 短い, 低い.
lyhytaikainen 63 [形] 短期(間)の, 急な.
lyhythihainen 63 [形] 半袖の.
lyhytkasvuinen 63 [形] ずんぐりした.
lyhytnäköinen 63 [形] 近視の.
lyhytsulku* 1 [名] 〈電〉短絡, ショート.
lyhyttavara 15 [名] 〈商〉小間物, 小物.
lyhyys* 65 [名] 短さ, 低さ.
lyijy 1 [名] 鉛.
lyijyhohde* 78 [名] 〈鉱〉方鉛鉱.
lyijykynä 11 [名] 鉛筆.
lyijyttää* 2 [動] 鉛で封印する.
lykkäys 64 [名] 延期, 猶予, 〈法〉執行猶予.
lykkääntyä* 1 [動] 延び延びになる, 遅れる.
lykästää 2 [動] 〈常〉(3人称単数形)(käydä hyvin) うまくゆく, 成功する.
lykätä* 35 [動] 延期する, 延ばす; (työntää)押す.
lymyillä 29 [動] 姿を隠す, 隠れる.
lymypaikka* 10 [名] 待ち伏せの場所, 隠れ場所.
lypsy 1 [名] 乳搾り, 搾乳.
lypsylehmä 11 [名] 乳牛.
lypsää 2 [動] 乳を搾る, 牛が乳を出す.
lysoli 5 [名] 〈化〉リゾール(消毒薬).
lysti 4 [名] 〈常〉(huvi, hauskutus)気晴らし, 楽しみ, 娯楽. *pitää lystiä* 気晴らしをする, 楽しむ.
lystikäs* 66 [形] (hauska, mukava, rattoisa)安楽な, 楽な, 楽しい.
lystätä 35 [動] 〈常〉(haluta, mieliä)望む.

lysyssä　[副]　(lytyssä)圧縮されて.
lysähtää*　2　[動]　(lyyhistyä)うずくまる，倒れる.
lyyhistyä　1　[動]　(lysähtää)うずくまる，倒れる.
lyyhätä　35　[動]　(kulkea vaivalloisesti)苦労して歩く.
lyödä　21　[動]　1. 打つ，叩く，なぐる. 2. (panna äkkiä)突然置く. *lyödä leikiksi* 遊びと考える，重きを置かない. *lyödä arpaa* くじを引く. *lyödä loukkua* (＝täristä, tutista)震える.
lyönti*　4　[名]　鐘などを打つこと.
lyöttymä　13　[名]　すり傷，擦過傷.
lyöttäytyä*　44　[動]　1. 一緒になる，一緒に行く. 2. (asettua)身を置く.
lähde*　78　[名]　泉，源.
lähdekirjallisuus*　65　[名]　参考書，文献，引用文.
lähdevesi*　40　[名]　泉の水，清水.
läheinen　63　[形]　近い，親しい. *olla läheisessä yhteydessä*＋属格＋*kanssa*　～と近い関係にある.
läheisesti　[副]　密接に，近くに.
läheisyys*　65　[名]　近く，近所；接近，近似.
lähekkäin　[副]　ぴったりくっついて，近くで.
lähelle　[副]　近くへ. [後] (属格と共に)～の近くへ. [前] (分格と共に)～の近くへ.
lähellä　[副]　近くに. [後] (属格と共に)～の近くに. [前] (分格と共に)～の近くに.
läheltä　[副]　近くから. [後] (属格と共に)～の近くから. [前] (分格と共に)～の近くから.
lähemmin　[副]　もっと詳しく.
lähemmä　[副]　(lähemmäs, lähemmäksi)近くへ，もっと近くへ.
lähemmäksi　[副]　もっと近くへ.
lähemmäs　[副]　近くへ，もっと近くへ.
lähempänä　[副]　もっと近くに.
lähempää　[副]　もっと近くから.
lähennellä*　28　[動]　近付く，近寄る.
lähentää*　8　[動]　近付ける，近くに移す.
lähes　[副]　約，ほとんど.
lähestyä　1　[動]　近付く.

lähetin* 56 ［名］送信機.
lähetti* 6 ［名］使いの者, メッセンジャー.
lähettiläs 66 ［名］1.〈史〉(派遣された)代理人. 2. 外交使節, 全権大使.
lähettyville ［後］(属格と共に)～の近くへ.
lähettyvillä ［後］(属格と共に)～の近くに.
lähettäjä 16 ［名］荷送人, 送り主, 差出し人.
lähettää* 2 ［動］送る, 派遣する.
lähetys 64 ［名］放送.
lähetysasema 13 ［名］(無電の)発信所, 放送局.
lähetyssaarnaaja 16 ［名］伝道師, 宣教師.
lähetystyö 30 ［名］伝道の仕事.
lähetystö 1 ［名］大使館, 代表団.
lähetystösihteeri 5 ［名］公使館書記官.
lähetä 34 ［動］(分格と共に)～に近付く.
lähiaika* 10 ［名］近い将来, 近日. *lähiaikoina*(＝lähipäivinä, pian, kohdakkoin)間もなく, 近日中に.
lähikuva 11 ［名］クローズアップ像.
lähimain ［副］だいたい, ほとんど, ほぼ.
lähimmäinen 63 ［形］最も近い, 隣の.［名］〈宗〉近所の人, 隣人.
lähin* 59 ［形］一番近い.
lähinnä ［副］1. 一番近くに. 2. (ennen kaikkea) 中でも, 何よりも先ず.
lähipuhelu 2 ［名］市内通話, 近距離通話.
lähipäivä 11 ［名］近日. *lähipäivinä* 近日中に.
lähistö 2 ［名］近さ, 近辺, 周囲.
lähiö 3 ［名］集合住宅.
lähteä* 16 ［動］出る, 出かける, 出発する；取れる, 離れる. *lähtien*(出格・離格を伴って後置詞のように使われる)～から, ～以後. *tästä lähtien* 今後. *siitä lähtien* それ以後. *minkä lähtee* 主動詞の意味を強める. ajaa *minkä* hevosta *lähtee*＝niin kovaa kuin hevonen vain pääsee 馬はできるだけ早く走る. *lähteä pakoon* 逃げる. *lähteä karkuun* 逃げる.
lähtö* 1 ［名］出発, 分離.
lähtöisin ［副］*olla lähtöisin*＋出格　～の出身である.

lähtölaituri 5［名］発車ホーム.
lähtölaukaus 64［名］〈ス〉出発の合図のピストル音.
lähtömerkki* 4［名］スタート合い図, 離陸の合い図.
lähtöportti* 4［名］搭乗口, 出発ゲート.
lähtöselvitys 64［名］出発手続き.
läikkyä* 1［動］細かく揺れる, さざ波が立つ.
läikyttää* 2［動］(水・泥などを)はねかける.
läiske 78［名］物がぶつかって出す軽い音, 鳥の羽音, 水の音.
läjittäin ［副］(kasoittain, röykkiöittäin)山となって, 積み重なって.
läjä 11［名］(kasa)積み重ね, 山.
läjäyttää* 2［動］(paukauttaa)バタンと大きな音を立てる. 叩いて大きな音をたてる.
läkkipelti* 4［名］ブリキ, トタン板.
läkkirasia 15［名］ブリキかん.
läksiäiset 63［複名］送別会, さよならパーティー.
läksy 1［名］宿題.
läkähtyä* 1［動］1. 息苦しくなる. 2. (menehtyä)息が止まる.
lämmetä* 34［動］暖かくなる.
lämmin* 58［形］暖かい, 温暖な.［名］暖かさ.
lämminsydäminen 63［形］温情のある, 思いやりのある.
lämmitellä* 28［動］あたためる.
lämmittäjä 16［名］暖房係, かまたき.
lämmittää* 2［動］熱する, 温める.
lämmitys 64［名］加熱, 暖房.
lämmitä* 37［動］(部屋などが)暖まる.
lämpiö 3［名］劇場・コンサートホールなどの休憩室.
lämpö* 1［名］温度, 熱.
lämpöaste 78［名］温度, 熱度.
lämpöeristys 64［名］断熱.
lämpöinen 63［形］あたたかい, 温暖な.
lämpöjohto* 1［名］暖房装置.
lämpömittari 5［名］温度計, 寒暖計.
lämpömäärä 11［名］〈理〉温度, 気温, 体温.

lämpöpatteri 5 [名] ラジエーター, 放熱器.
lämpötila 10 [名] 気温.
länsi* 44 [名] 西, 西洋, 西風.
länsimaa 28 [名] (通常は複数形で)西洋の国, 欧米の国.
länsimaalainen 63 [形] 西洋の, 欧米の.
länsipuoli 32 [名] 西側.
länsituuli 32 [名] 西風.
länteenpäin [副] 西の方へ, 西へ, 西部へ.
läntinen 63 [形] 西の, 西方の.
1. **läpi*** 8 [名] (reikä, kolo, aukko)穴, 裂け口.
2. **läpi** [後][前] (属格と共に)〜を横切って, 〜を通り抜けて. [副] くまなく, 〜じゅう.
läpikotaisin [副] (perin pohjin)徹底的に.
läpikulku* 1 [名] (kauttakulku)通り抜け, 通行. *Läpikulku* kielletty! 通り抜け禁止.
läpikuultava 13 [形] 半透明の, 透き通った.
läpikäynti* 4 [名] 通路, 通り抜け, 通行.
läpikäytävä 13 [名] 通路.
läpikäyvä 11 [形] 通過する, 貫通する.
läpileikkaus 64 [名] 1. 〈建〉断面図. 2. (人の)横顔, プロフィール.
läpimitta* 10 [名] 直径.
läpinäkyvä 13 [形] 透明な, 明りょうな.
läpipääsy 1 [名] 通り抜けの道, 通路.
läpivalaista 24 [動] レントゲンで透視する.
läpiveto* 1 [名] 通風, 換気.
läppä* 11 [名] ふた, (封筒などの)折り返し.
läpsähtää* 2 [動] (はだしで床を歩く時のような)ペタペタと音を立てる.
läpäistä 24 [動] しみ込ませる; (困難に)打ち勝つ, 通り抜ける, 成功する.
läpättää* 2 [動] 小刻みに動く.
läsnä [副] olla läsnä 出席している, いる, ある.
läsnäoleva 13 [形] 出席している, 現に来ている.
läsnäolija 14 [名] 出席者, 居合わせている人.
läsnäolo 1 [名] 出席, 列席.
lättänä 15 [形] (litteä)平たい, 平らな, 平凡な.

lätäkkö * 2 [名] 水たまり.
lävistää 2 [動] 貫く, さし通す.
lävitse [副] 通って, 貫いて, ずっと.
läväyttää * 2 [動] 大きな音を立てて打つ.
läähättää * 2 [動] ハーハー息をする.
lääke * 78 [名] 薬.
lääkeannos 64 [名] 一服, (服用)量.
lääkemääräys 64 [名] 処方箋.
lääketiede * 78 [名] 医学, 薬学.
lääketieteellinen 63 [形] 医学の, 医学的な, 薬用の.
lääkintälaitos 64 [名] 保健(制度), 衛生行政制度.
lääkitä 31 [動] 薬を使って治療する.
lääkäri 5 [名] 医者. *lääkärin* käynti 医者の往診.
lääkärinhoito * 1 [名] 治療, 処置, 手当て.
lääkärintodistus 64 [名] (医者の)証明書, 診断書.
lääkärintutkimus 64 [名] 診察.
lääni 4 [名] 区域, 範囲.
löydös 64 [名] 〈考〉発見物, 出土品.
löyhentää * 8 [動] 緩める, ほどく.
löyhkä 11 [名] いやな臭い, 悪臭.
löyhtyä * 1 [動] ゆるむ, たるむ, 解ける, ほぐれる.
löyhä 11 [形] (löysä, hölla) ゆるい, 緊張感がない.
löyly 1 [名] サウナの熱気.
löylynlyömä 11 [形] (vajaaälyinen)〈常〉馬鹿な, 愚かな.
löylynottaja 16 [名] 熱いサウナを好む人.
löylyttää * 2 [動] 打つ, 打ちのめす.
löylytys 64 [名] 鞭打ち, 叩くこと, 打つこと.
löysä 11 [形] (衣類などの)締まりのない, ゆるんだ.
löysätä 35 [動] 緩める, ほどく.
löytyä * 1 [動] 見つかる.
löytäjä 16 [名] 発見者.
löytää * 3 [動] 見付ける, 発見する.
löytö * 1 [名] 見出すこと, 発見.
löytöesine 78 [名] 発見物.
löytöpalkkio 3 [名] 拾得者への謝礼.
löytöretki 8 [名] 探検旅行.

löytötavaratoimisto 2［名］遺失物取扱所．

M

maa 28［名］地球；地面；土地，国；いなか；地方．*näillä main* このあたりで．*jättää maan* 国を離れる．*viljellä maata* 土地を耕す．*laskea maihin* 上陸する．*tuoda maahan* 輸入する．*viedä maasta* 輸出する．
maahanlasku 1［名］上陸，陸揚げ．
maahanmuutto* 1［名］（外国からの）来住，移住．
maahantuonti* 4［名］輸入；輸入品．
maaherra 10［名］総督，知事，司令官．
maailma 15［名］世界，地球；世間，世の中．
maailmanennätys 64［名］世界記録．
maailmanhistoria 15［名］世界史．
maailmankaikkeus* 65［名］(universumi, kosmos)宇宙，世界，天地万物，森羅万象，人間世界，全人類．
maailmankatsomus 64［名］世界観，人生観．
maailmankauppa* 10［名］世界貿易．
maailmankuulu 1［形］世界周知の，世界的な名声のある，世に名高い．
maailmanloppu* 1［名］世界の最後，最後の審判日．
maailmanmarkkinat 14［複名］世界市場．
maailmanmestari 5［名］世界的選手．
maailmanmestaruus* 65［名］〈ス〉世界選手権．
maailmannäyttely 2［名］世界博覧会．
maailmansota* 11［名］世界大戦．
maailmanvalta* 10［名］世界支配権，世界的強国．
maajohto* 1［名］〈電〉接地，アース．
maakaasu 1［名］天然ガス．
maakerros 64［名］地階．
maakirja 10［名］土地台帳．
maakotka 11［名］〈鳥〉イヌワシ（ワシタカ科）．学

名 Aquila chrysaetos.
maakunta* 11 ［名］地方.
maalainen 63 ［形］いなかの, 地方の.
maalaiskunta* 11 ［名］地方自治体.
maalaisliitto* 1 ［名］農民党.
maalaistalo 1 ［名］農家, 田舎の家.
maalaistuote* 78 ［名］農産物.
maalaisväestö 2 ［名］田舎の住民, 農村人口.
maalari 5 ［名］ペンキ屋(人), 画家.
maalata 35 ［動］塗る, 絵を描く；ペンキを塗る.
maalaus 64 ［名］絵, 絵画, 絵を描くこと.
maalausliike* 78 ［名］ペンキ屋(店).
maalaustaide* 78 ［名］絵画, 美術.
maali 4 ［名］ペンキ, 塗るもの；(射撃などの)まと, 目標；目的地.
maaliskuu 29 ［名］3月.
maalitaulu 1 ［名］標的.
maalivahti* 4 ［名］〈ス〉ゴールキーパー.
maalla ［副］地方で, いなかで；地上で.
maallikko* 2 ［名］平信徒；しろうと, 門外漢；世俗の人, 俗人.
maallinen 63 ［形］世俗の, 俗世間の.
maaltapako* 1 ［名］地方から都市への移住.
maamies 72 ［名］(maanviljelijä)農業家, 農夫.
maamyyrä 11 ［名］〈動〉モグラ, 正しくはヨーロッパモグラ. 学名 Talpa europaea.
maanalainen 63 ［形］地下の. ［名］(maanalainen rautatie)地下鉄.
maanantai 27 ［名］月曜日.
maanjäristys 64 ［名］地震.
maankavallus 64 ［名］(maanpetos)反逆, 国事犯.
maankulkija 14 ［名］(maankulkuri)浮浪人.
maankulkuri 5 ［名］浮浪人.
maankuori 32 ［名］地かく.
maankuulu 1 ［形］(kuuluisa)有名な.
maanmies 72 ［名］同国人, 同郷人.
maanmittari 5 ［名］土地測量師.
maanosa 11 ［名］ヨーロッパ, アジアなど地球上の

大陸.
maanpako* 1 [名] 亡命, 国外脱出.
maanpetos 64 [名] 叛逆(罪), 国事犯.
maanpinta* 10 [名] 地面, 地表.
maanpuolustus 64 [名] 国防, 国土の防衛.
maanpäällinen 63 [形] 地上の.
maanselkä* 11 [名] (maanselänne)山の背, 尾根; 分水嶺.
maantie 30 [名] 国道, 公道, 大通り.
maantiede* 78 [名] 地理学.
maantiekartta* 10 [名] 道路地図.
maantieteellinen 63 [形] 地理学の.
maantieto* 1 [名] 地理.
maantuote* 78 [名] 農産物, 農家で作られる物.
maantärähdys 64 [名] 地震, 鳴動.
maanvajoama 13 [名] 地すべり, 山崩れ.
maanviljelijä 14 [名] 農夫, 農民, 百姓.
maanviljelys 64 [名] (maanviljely)農業, 耕作.
maaottelu 2 [名] 〈ス〉2国間の競技大会.
maapallo 1 [名] 地球.
maapalsta 10 [名] 一区画の土地, 分譲地.
maapato* 1 [名] ダム.
maaperä 11 [名] 地面, 地表, 土地, 土台.
maapähkinä 15 [名] 落花生.
maar [副] 〈話〉(kai, kyllä)たしかに, 本当に.
maaraja 10 [名] (maanraja)国境線.
maaseutu* 1 [名] 地方, いなか.
maasilta* 10 [名] 高架橋; 陸橋.
maastamuutto* 1 [名] (他国への)移住, 出かせぎ.
maastavienti* 4 [名] 輸出.
maasto 1 [名] 地形.
maata* 35 [動] 横になる, 寝る. *panna maata*(= mennä nukkumaan)眠る.
maatalo 1 [名] いなかの家.
maataloudellinen 63 [形] 農業の.
maatalous* 65 [名] 農業.
maataloustiede* 78 [名] 農学.
maatila 10 [名] 農地, 農場, 荘園; 地所, 所有地.

maatilatalous* 65 [名] 農耕, 農業.
maattaa* 9 [動]〈電〉接地する, アースをつける.
maatua* 1 [動] 黴だらけになる, 腐爛する, 土に返る.
maatyöläinen 63 [名] 農夫, 作男.
maavoimat 11 [複名] 陸軍.
madaltua* 1 [動] (laskeutua, aleta)沈下する, 下がる.
madella* 28 [動] はう, 腹ばっていく.
maha 10 [名]〈常〉胃, 腹.
mahahaava 10 [名] 胃潰瘍.
mahahappo* 1 [名] 胃酸.
mahalaukku* 1 [名] 胃, 腹部.
mahallaan [副] うつ伏せになって, 腹ばいになって.
mahaneste 78 [名] 胃液.
maharauhanen 63 [名]〈解〉すいぞう.
mahdikas* 66 [形] 力のある, 権力のある, 強大な, 偉大な.
mahdollinen 63 [形] 可能な, 起こり得る, ありそうな. *mikäli mahdollista* なるべく. *niin...kuin mahdollista* できるだけ. *mahdollisimman pian* できるだけすぐに.
mahdollisesti [副] たぶん, おそらくは.
mahdollistaa 2 [動] 可能にする, 容易にする.
mahdollisuus* 65 [名] 可能性, 起こり得ること, 見込み, 期待.
mahdoton* 57 [形] 1. 不可能な, 考えられない, 不合理な. 2. (tavattoman suuri)とても大きい, 巨大な.
mahla 10 [名] 主に落葉樹の樹液.
maholehmä 11 [名] 子供を生まない雌牛.
mahonki* 5 [名] マホガニ(材).
mahtaa* 9 [動] 〜しそうだ, ありうる, 〜という可能性がある, かもしれない. Minkä sille *mahtaa*. 仕方がない. Sille ei *mahda* mitään. どうしようもない.
mahtaileva 13 [形] 傲慢な, 居丈高な.

mahtailla 29 [動] いばる，誇示する，自慢する．
mahtava 13 [形] 1. 権力がある，力強い，強力な．2. 傲慢な，うぬぼれの強い，いばっている．
mahtavuus* 65 [名] 権力のあること，力強いこと．
mahti* 4 [名] 力，権力；能力；支配力．
mahtipontinen 63 [形] 威丈高な，いばっている．
mahtua* 1 [動] 1. (入格又は第3不定詞入格と共に) 余裕がある，入る． 2. 間に合う．
maidonmyynti* 4 [名] ミルク販売．
maihinlasku 1 [名] (船からの)陸揚げ，上陸．
maihinlaskupaikka* 10 [名] 桟橋．
maihinnousu 1 [名] (船からの)上陸．
maila 10 [名] 〈ス〉(卓球，テニスなどの)ラケット．
maine 78 [名] 評判，好評，名声；噂． *saada mainetta* 名を立てる，名を上げる．
maineikas* 66 [形] 有名な．
mainetyö 30 [名] 英雄的行為，武勲．
maininta* 15 [名] 記述．
mainio 3 [形] すばらしい，優秀な；有名な．
mainita 31 [動] 述べる． *edellä mainittu* 上述の，前述の．
mainittava 13 [形] 特筆すべき，語られるべき，目立った．
mainonta* 15 [名] 宣伝，広告．
mainos 64 [名] 広告．
mainosmies 72 [名] 宣伝広告業に携わる男．
mainostaa 2 [動] 広告をする，広告を出す，宣伝する，勧める，プロパガンダする．
mairea 21 [形] (suloinen, makea)甘い，優しい． (余りよくない意味)． *mairea hymy* 下心のある微笑． *mairea ilme* 下心のある優しい表情．
mairitella* 28 [動] (imarrella)おべっかを使う，媚びる．
maisema 13 [名] 景色，光景，風景．
maisemakortti* 4 [名] 絵葉書き．
maiskutella* 28 [動] 打つ，(舌や口を)ならす，むしゃむしゃ食べる．
maissa [後] (属格と共に)頃． *kello 9 maissa* 9時頃．

maistaa 10 ［動］味わう，食べる，試食する，風味する．
maistiaiset 63 ［複名］食べ物，試食用食べ物．
maistua 1 ［動］味がある，口にあう，〜の味がする．
maito* 1 ［名］牛乳，ミルク．
maitohorsma 11 ［名］〈植〉ヤナギラン(アカバナ科アカバナ属)．学名 Epilobium angustifolium.
maitokannu 1 ［名］牛乳入れ．
maitokauppa* 10 ［名］牛乳屋，牛乳店．
maitokiulu 1 ［名］ミルク桶．
maitopirtelö 2 ［名］ミルクシェーキ．
maitotuote* 78 ［名］乳製品．
maitotölkki* 4 ［名］牛乳パック．
maitovelli 4 ［名］牛乳スープ．
maitse ［副］陸上で，陸上輸送で．
maittaa* 10 ［動］(maistua hyvältä)おいしい味がする．(人を向格に)〜の気持ちを引きつける．
maja 10 ［名］コテージ，小屋，あばらや．
majailla 29 ［動］宿泊する．
majakka* 15 ［名］灯台，信号所．
majatalo 1 ［名］宿屋．
majava 13 ［名］〈動〉ビーバー．学名 Castor canadensis(アメリカビーバー)．Castor fiber(ヨーロッパビーバー)．
majoittaa* 2 ［動］宿らせる，泊まらせる，宿泊させる，寄宿させる．
majoittua* 1 ［動］宿る，宿泊する，下宿する．
makailla 29 ［動］横たわる，眠る．
makasiini 4 ［名］倉庫．
makea 21 ［形］甘い，優しい．
makeavesi* 40 ［名］淡水．
makeinen 63 ［名］菓子．
makkara 15 ［名］腸詰め，ソーセージ．
makkarakeitto* 1 ［名］ソーセージスープ．
makoinen 63 ［形］(maukas, makuisa, makoisa)おいしい．
maksa 10 ［名］〈解〉肝臓．
maksaa 9 ［動］1.支払う．2.〜の値段である，〜か

かる. 3. 報いる, 補償する. 4. (損害を)つぐなう. *maksaa viulut*(=maksaa kulut)費用を払う. *kuitataan maksetuksi* 領収する.

maksalaatikko* 2 ［名］レバーグラタン(オーブン料理).
maksamaton* 57 ［形］不(未)払いの.
maksatauti* 4 ［名］肝臓病.
maksu 1 ［名］1. 支払い. 2. 報酬, 手当, 給料. 3. 料金, 手数料, 郵便料金.
maksuaika* 10 ［名］支払期限, 支払期日.
maksuehto* 1 ［名］支払い条件.
maksuerä 11 ［名］分割払いの1回分.
maksukuitti* 4 ［名］受領(領収)書.
maksukyky* 1 ［名］支払い能力.
maksullinen 63 ［形］手数料のいる, 有料の.
maksumääräys 64 ［名］為替・手形などの支払指図(書).
maksupäivä 11 ［名］支払い日.
maksuton* 57 ［形］(ilmainen)無料の.
maku* 1 ［名］味, 味覚.
makuaisti 4 ［名］味覚, 味感.
makuasia 14 ［名］趣味, 好み.
makuisa 13 ［形］風味の良い.
makuu 25 ［名］横になること. *olla makuulla* 横たわっている.
makuuhaava 10 ［名］床ずれ.
makuuhuone 78 ［名］寝室.
makuupaikka* 10 ［名］寝場所.
makuupussi 4 ［名］寝袋.
makuutila 10 ［名］ベッド, 寝場所.
makuuvaatteet* 78 ［複名］寝具, 夜具.
makuuvaunu 1 ［名］(鉄道の)寝台車.
malja 10 ［名］杯, グラス；鉢, ボウル. *juoda malja* 乾杯をして〜の幸福を祈る.
maljakko* 2 ［名］花びん, つぼ, かめ.
maljapuhe 78 ［名］乾杯の辞.
mallasjuoma 11 ［名］ビールなど麦から作られたアルコール飲料.

malli 4 [名] 手本, モデル；形, タイプ；模型.
mallikelpoinen 63 [形] 模範(標準)的な.
mallimitta* 10 [名] 標準, 基準.
mallinen 63 [形] (muotoinen, tyyppinen)(属格と共に)～型の, ～タイプの. kauniin *mallinen* 美しいタイプの. tämän *mallinen* このタイプの.
malmi 4 [名] 鉱物, あらがね(粗鉱).
malmiesiintymä 13 [名] 〈地質〉(malmio)鉱石の層.
malmio 3 [名] 鉱石の層.
maltaat* 66 [複名] 麦芽.
maltillinen 63 [形] 落ち着いた, 冷静な；よく考えた, 思慮分別のある, まじめな.
maltiton* 57 [形] (malttamaton)思慮のない, 無分別の, 軽率な.
malttaa* 10 [動] 耐える, 我慢する；よく考える, 心・気を落ちつける.
malttavainen 63 [形] 慎重な, 思慮のある.
maltti* 4 [名] 自制, 克己. säilyttää *malttinsa* 自制心を保つ, 自制する.
mammanmaija 10 [名] 甘えっ子.
mana 10 [名] (tuonela)死者の国, 死者のいる場所.
manailla 29 [動] 呪う.
manala 15 [名] 死者の国.
manata 35 [動] (kirota)呪う, 呪いの言葉をはく
mandariini 4 [名] みかん.
mankeli 5 [名] 洗濯物のしわを伸ばす圧搾ロール.
mannaryyni 4 [名] (通常は複数形で)ひきわり麦.
manner* 82 [名] 大陸, 陸地；本土.
mannermaa 28 [名] 大陸.
mansikka* 15 [名] いちご.
manteli 5 [名] アーモンド.
mantere 82 [名] (manner)大陸. Aasian *mantere* アジア大陸.
marakatti* 4 [名] 〈動〉おながざる.
margariini 4 [名] マーガリン.
marista 24 [動] 不平を言う, 文句を言う.
marja 10 [名] ベリー(いちご, こけももなど). olla *marjassa* ベリー摘みをしている. *mennä marjaan* ベ

リー摘みに行く. *lähteä marjaan* ベリー摘みに行く.

marjakuusi 32［名］〈植〉常緑高木のイチイの一種（イチイ科イチイ属）. 学名 Taxus baccata. 日本のイチイ(Taxus cuspidata)同様赤い実をつける.

markka* 10［名］(mk と省略)マルッカ(フィンランドの貨幣の単位).

markkinat 14［複名］市場, フェアー, 市. *pitää markkinoita* 市を開く.

marmattaa* 2［動］怒って声を出す, 不平を言う.

marraskuu 29［名］11月.

marsalkka* 10［名］元帥.

marssia 17［動］行進する, 進む.

masennus 64［名］降下, 不況; 調子の低下; 意気消沈, 落胆.

masentaa* 8［動］圧迫する; 意気消沈させる, がっかりさせる, 弱らせる.

masentua* 1［動］気が沈む, がっかりする, 落胆する, 失望する, ひるむ.

massa 10［名］塊, 集まり, 大量, 多数; 船荷, 巨大な物; 集団, グループ.

massauttaa* 2［動］両唇又は上あごと舌で音を出す（馬を走らせる時によく使う）. *massauttaa hevosen liikkeelle* 馬を走らせる.

massutella* 28［動］むしゃむしゃ食べる.

masuuni 6［名］溶鉱炉.

matala 12［形］低い; 浅い; 浅薄な; (声の)低い; (温度の)低度の.

matalapaine 78［名］〈気〉低気圧.

matalikko* 2［名］砂州, 浅瀬.

matelija 14［名］爬虫類, はう動物.

matemaattinen 63［形］数学の, 精密な.

matematiikka* 10［名］数学.

materiaali 4［名］原料, 材料.

matka 10［名］移動, 旅行; 距離, 行程. /*koko matkan*(=alinomaa)ずっと, いつも, 引き続いて, 旅の間じゅう. /*lähteä matkalle* 旅に出る. /*matkassa*(=mukana)一緒に. /*olla matkalla* 旅行中. /*onnea matkalle!* 良いご旅行を！/*pitkien*

matkojen päästä(=takaa)遠くから. /*pitkin matkaa*(=koko ajan, alinomaa)ずっと, 始終.
matka-apteekki* 6 [名] 旅行用薬箱.
matka-arkku* 1 [名] 旅行かばん, トランク.
matkailija 14 [名] 旅行家, 旅客, 旅人.
matkailla 29 [動] 動く, 動き回る; 旅をする, 旅行する.
matkailu 2 [名] 旅行, 漫遊.
matkailulippu* 1 [名] 周遊券.
matkailuopas* 66 [名] ガイド, 旅行案内人; 旅行案内書.
matkakreditiivi 4 [名] 信用状.
matkakuponki* 5 [名] 旅行クーポン.
matkakustannukset 64 [複名] 旅行の費用, 旅費.
matkalainen 63 [名] 旅行者, 旅人, 巡礼者.
matkalaukku* 1 [名] 旅行カバン, スーツケース.
matkalippu* 1 [名] (交通機関に乗るための)切符, 乗車券.
matkamuisto 1 [名] おみやげ, 土産物.
matkaopas* 66 [名] ガイド, 旅行案内者; ガイドブック, 旅行案内書.
matkapassi 4 [名] 旅券, パスポート.
matkaradio 3 [名] ポータブルラジオ, トランジスターラジオ.
matkasekki* 4 [名] 旅行小切手, トラベラーズチェック.
matkassa [副] (mukana)一緒に, 共に.
matkata 35 [動] 旅行をする, 旅に出る.
matkatavara 15 [名] 旅行用品.
matkatavarasäilö 1 [名] 手荷物一時預かり所.
matkatoimisto 2 [名] 旅行案内所, 旅行社.
matkia 17 [動] まねる, 模倣する.
matkue 78 [名] (retkikunta)旅仲間, 同一グループの旅行者.
matkustaa 2 [動] 旅行する. *matkustaa peukalokyydillä* ヒッチハイクする.
matkustaja 16 [名] 旅行者, 旅人.
matkustajajuna 11 [名] 旅客列車.

matkustajakoti* 4 ［名］旅館, やどや.
matkustella 28 ［動］旅行する.
mato* 1 ［名］ミミズ, ウジ虫.
matoinen 63 ［形］みみずがいる；よごれた, みじめな, はかない. tässä *matoisessa* maailmassa このはかない世の中で, このみじめな世の中で.
matruusi 6 ［名］水夫, 船員.
maukas* 66 ［形］おいしい, うまい, 風味のよい.
mauseri 5 ［名］〈技〉ノギス.
maustaa 2 ［動］味をつける, 風味をつける, 薬味を入れる.
mauste 78 ［名］薬味, 香料.
mauton* 57 ［形］味のない, 風味のない, まずい.
me （変化形は付録の変化表参照）［人代］我々（1人称, 複数）；王, 皇帝などが minä の意味で使う. meillä 我々の家で, 我々の国で.
mehevä 13 ［形］樹液の多い, みずみずしい.
mehiläinen 63 ［名］〈虫〉ミツバチ.
mehiläispesä 11 ［名］ミツバチの巣.
mehiläispönttö* 1 ［名］ミツバチの巣箱.
mehu 1 ［名］ジュース.
mehukas* 66 ［形］みずみずしい, 樹液の多い.
mehuste 78 ［名］水分・水気を増やす物；〈化〉抽出物, エキス.
meijeri 5 ［名］（農場の）搾乳所, 酪農場, 酪農工場.
meikata* 35 ［動］(ehostaa)化粧する.
meikkaus 64 ［名］化粧.
meikkipussi 4 ［名］化粧品入れ.
meikäläinen 63 ［形］［名］我々の中の（人）, 我々の国（種族, 階級・家族・グループなど）に属する（人）.
meinata 35 ［動］(aikoa, suunnitella)企てる, …するつもりである.
meisseli 5 ［名］〈技〉木工用のみ.
mekaanikko* 2 ［名］機械技師.
mekaaninen 63 ［形］機械的な, 機械に関する.
mekastus 64 ［名］騒ぎ, 騒音.
mekko* 1 ［名］前開きでシャツのような形の上着.
mela 10 ［名］（小舟, ボートなどの）水かき, かい, ス

カル.
melkein ［副］ほとんど，大体.
melko （不変化）［形］(melkoinen, aimo)かなりの. ［副］かなり.
melkoinen 63 ［形］(joltinenkin, aikamoinen)ほとんどの，かなりの. *melkoinen määrä* かなりの量. *melkoinen* sekasorto かなりの混乱.
mellakka* 15 ［名］騒ぎ，騒動，平穏を乱すこと，動乱.
mellastaa 2 ［動］(raivota)荒れ狂う.
meloa 1 ［動］櫂で漕ぐ.
meloja 16 ［名］櫂で漕ぐ人.
meloni 5 ［名］メロン，まくわうり.
melonta* 15 ［名］櫂で漕ぐこと，漕艇.
melske 78 ［名］(melu, meteli)騒ぎ，騒音.
melu 1 ［名］大騒ぎ，やかましい物音.
meluisa 13 ［形］(meluava)騒音を出す，うるさい.
meluntorjunta* 15 ［名］騒音防止.
meluta 39 ［動］騒ぐ，やかましくする，騒々しい音を立てる.
menehtyä* 1 ［動］ほろびる，破滅する；屈する，負ける；(入格と共に)〜でやつれる，〜でやつれて死ぬ，〜で滅びる.
menekki* 5 ［名］販売；商品，製品；消費，消費量.
menestyksellinen 63 ［形］成功をおさめた，うまくいった.
menestys 64 ［名］成功.
menestysromaani 5 ［名］ベストセラー小説.
menestyä 1 ［動］(onnistua)成功する，うまくゆく，良くなる，栄える，うまく生きる.
menetellä* 28 ［動］行動する.
menetelmä 13 ［名］方法，やり方.
menettely 2 ［名］行為，行動，振舞；やり方，方法.
menettelytapa* 10 ［名］方法，処置，やり方.
menettää* 2 ［動］失う，無くす. *menettää henkensä* 死ぬ，生命を失う.
menetys 64 ［名］失うこと，なくすこと，損失.
menneenvuotinen 63 ［形］(viimevuotinen)昨年の.

menneisyys* 65 [名] 過去.
mennyt 77 [形] 過ぎ去った, 過去の.
mennä 27 [動] 1. 行く, 過ぎる. 2. 旅立つ, 出発する. 3. 移り変わる. 4. 支出する. /*huomiseen mennessä* 明日まで. /入格+*mennessä* 〜まで, 〜以前に. /*mennä kalaan* 魚を取りにゆく. /*mennä kokoon* 小さくなる. /*mennä käymään*+属格+*luona* 〜の所へ行く, 〜を訪ねる. /*mennä maata* 休みに行く. /*mennä myttyyn* くじける, 失敗する. /*mennä tasan* 引き分けになる. /*mennä tiehensä* 逃げる. /*mennä*+属格+*yli* 〜をこえる. /*mennä ylös* 登る. /*siihen mennessä* その時まで, その時より以前に. /*tähän mennessä* 現在まで.
meno 1 [名] 1. 行くこと；行き, (事の)成り行き, 進行. 2. 移り変わり. 3. (通常は複数形で)支出, 支出金, 経費. *meno ja paluu* 往復. *yhteen menoon* (=*samaan menoon, keskeytyksettä*)引き続いて, ノンストップで.
menoarvio 3 [名] 費用の見積り, 予算案.
menojohto* 1 [名] (*poistojohto*)排気管, 排水管.
menolippu* 1 [名] 片道切符.
menomatka 10 [名] 片道旅行, 往路, 往き.
menopaluulippu* 1 [名] 往復切符.
merenkulku* 1 [名] 航海, 航行.
merenlahti* 8 [名] 入江, 湾.
merenneito* 1 [名] 人魚.
merenpinta* 10 [名] 海の表面.
merenranta* 10 [名] (*rannikko*)海岸.
merentakainen 63 [形] 海外の.
meri 32 [名] 海, 大洋, 海洋.
merieläin 56 [名] 海獣.
merihanhi 8 [名] 〈鳥〉ハイイロガン(ガンカモ科). 学名 Anser anser.
merihevonen 63 [名] 竜の落とし子.
merihätä* 11 [名] 難船, 海難. *joutua merihätään* 難船する.
merikapteeni 6 [名] 船長, 艦長.
merikelpoinen 63 [形] 航海に耐える, 航行可能な.

merikipeä 21 ［形］（merisairas）船に酔った．
merikotka 11．［名］〈鳥〉オジロワシ(ワシタカ科)．学名 Haliaeetus albicilla．
merileijona 16 ［名］〈動〉トド．
merilevä 11 ［名］海草．
meriliike* 78 ［名］(merenkulku)航海．
merilokki* 4 ［名］〈鳥〉オオカモメ(カモメ科)．学名 Larus marinus．
merimies 72 ［名］船員，水夫．
meripelastus 64 ［名］海難救助．
meripihka 10 ［名］琥珀．
meriraja 10 ［名］領海線．
merirapu* 1 ［名］かに．
merisairas 66 ［形］船に酔った．
meritauti* 4 ［名］(merisairaus)船酔い．
meritse ［副］船で，海上輸送で．
merituuli 32 ［名］海風．
meritähti* 8 ［名］ひとで．
merivaltio 3 ［名］海洋国家．
merivirta* 10 ［名］海流．lämmin *merivirta* 暖流．kylmä *merivirta* 寒流．
merivoimat 11 ［複数］〈軍〉海軍力．
merivuokko* 1 ［名］〈動〉イソギンチャク．
meriväki* 8 ［名］商船・軍艦の乗員．
merkillepantava 13 ［形］注目すべき，特記すべき．
merkillinen 63 ［形］奇妙な，妙な．
merkinanto* 1 ［名］合図．
merkintä* 15 ［名］マーク，しるし；印をつけること．
merkintö* 2 ［名］マーク，しるし．
merkittävä 13 ［形］(huomattava, tärkeä)注目すべき；著しい；重要な；目立った．
merkityksellinen 63 ［形］(merkittävä, arvokas)重要な；目立った；価値のある，有意義な．
merkityksetön* 57 ［形］重要でない，無意味な．
merkitys 64 ［名］意味，意義；重要性．sanan laajimmassa *merkityksessä* 広義では，広い意味では．ahtaammassa *merkityksessä* 狭い意味では，狭義では．

merkitä 31 [動] 印をする, 書き記す；意味する.

merkki* 4 [名] 印 (しるし), 記号；品種, 銘柄. *panna merkille* (= ottaa huomioon) 留意する, 注意を払う.

merkkimuoto* 1 [名] 〈言〉基本形(それが基になって他の変化形が導き出される形).

merkkipäivä 11 [名] 記憶すべき日, 記念すべき日, 記念日.

merkkitorvi 8 [名] サイレン, 警笛.

mesi* 40 [名] 花の蜜.

messu 1 [名] 〈宗〉ミサ；ミサ曲；(複数形で) 〈商〉見本市.

messuta 39 [動] 牧師がミサで歌う；〈話〉大声で歌う・話す・泣く；〈商〉見本市を開く.

mestaaja 16 [名] 死刑執行人, 看守.

mestata 35 [動] 死刑にする, 死刑囚の首をはねる.

metakka* 15 [名] (melu, meteli)騒音.

meteli 5 [名] 騒ぎ.

meteorologia 15 [名] (ilmatiede)気象学.

metka 10 [形] 〈常〉(hauska, mukava)楽しい, 快適な, 心地よい.

metku 1 [名] (temppu, kepponen, kuje)悪行, 悪だくみ, 騙し, トリック.

metri 4 [名] (mと省略)メートル.

metrimitta* 10 [名] メートル度量衡(長さ, 量などの).

metsikkö* 2 [名] 小森.

metso 1 [名] 〈鳥〉キバシオオライチョウ(ライチョウ科). 学名 Tetrao urogallus.

metsä 11 [名] 森, 森林, 山林. *lähteä metsälle* 森へ出かける.

metsähallitus 64 [名] 林野庁.

metsähanhi 8 [名] 〈鳥〉ヒシクイ(ガンカモ科). 学名 Anser fabalis.

metsäinen 63 [形] 森のような, 森の多い, 樹木の茂る.

metsäjänis 64 [名] 〈動〉ユキウサギ. 学名 Lepus timidus.

metsäkana 10 [名]〈鳥〉(riekko)ヌマライチョウ. 学名 Lagopus lagopus.
metsäkauris 68 [名]〈動〉ノロジカ(シカ科ノロ属). 学名 Capreolus capreolus.
metsämarja 10 [名] 森に生えるベリー類.
metsämies 72 [名] (metsästäjä)猟師.
metsämyyrä 11 [名]〈動〉ヤチネズミ, 正しくはヨーロッパヤチネズミ. 学名 Clethrionomys glareolus.
metsäneläin 56 [名] 森の動物.
metsänhaaskaus 64 [名] 森林破壊.
metsänhakkuu 25 [名] 伐採.
metsänhoitaja 16 [名] 森林官, 林務官.
metsänhoito* 1 [名] 山林管理, 森林経営.
metsänistutus 64 [名] (metsänviljelys)造林.
metsänranta* 10 [名] (metsänreuna)森の端.
metsänreuna 10 [名] 森の端.
metsänriista 10 [名] 森でとれる鳥やけもの.
metsäpalo 1 [名] 山火事, 森の火事.
metsäpirtti* 4 [名] 森の小屋.
metsäsika* 10 [名]〈動〉アナグマ.
metsästys 64 [名] 狩り.
metsästyslupa* 11 [名] 狩猟許可, 狩猟鑑札.
metsästäjä 16 [名] 猟師, 狩猟家.
metsästää 2 [動] 狩猟する, …を狩る.
metsätaloudellinen 63 [形] 林業の.
metsätalous* 65 [名] 森林業, 林業；林学.
metsätie 30 [名] 森の道.
metsätiede* 78 [名] 林学.
metsätorppa* 11 [名] 森の小屋.
metsätyöläinen 63 [名] 森林労働者, きこり.
miehekäs* 66 [形] 男らしい, 勇ましい, 勇敢な.
miehenpuku* 1 [名] 男の服.
miehinen 63 [形] 男性の；男性的な, 勇敢な.
miehistyä 1 [動] 大人になる, 成人する, 男性的になる.
miehistää 2 [動] より男らしくする, 男性的にする.
miehistö 2 [名] 1. 男たち. 2. 一組, 一団. 3. 乗組員, 乗務員.

mieletön

miehittää* 2 ［動］ 1. 人を配置する. 2. (täyttää)満たす, 一杯にする.
miehitys 64 ［名］ 守備隊；乗組員.
miehuus* 65 ［名］ 男らしいこと, 雄々しさ, 勇敢.
miekka* 10 ［名］ 刀. *vetää esiin miekkansa*(＝paljastaa miekkansa) 刀を抜く.
miekkailla 29 ［動］ 刀で戦う.
miekkailu 2 ［名］ 剣術, フェンシング.
miekkonen 63 ［名］ (mies)男.
mieleenpainuva 13 ［形］ 印象の強い, 忘れられない.
mieleinen 63 ［形］ 快適な, 好ましい.
mielekäs* 66 ［形］ (järkevä)意味深い；道理にかなった.
mielellään ［副］ 喜んで, こころよく, 進んで.
mielenhäiriö 3 ［名］ 精神異常, 狂気.
mielenilmaus 64 ［名］ 意見の表明, 公表.
mielenkiinnoton* 57 ［形］ 興味のない, おもしろくない.
mielenkiinto* 1 ［名］ 関心, 興味. osoittaa mielenkiintoa＋入格 〜に興味を示す.
mielenkiintoinen 63 ［形］ おもしろい, 興味をおこさせる.
mielenliikutus 64 ［名］ 感激, 感動.
mielenmaltti* 4 ［名］ 心の落ち着き, 心の平静, 沈着.
mielenmuutos 64 ［名］ 考え・意見が変わること；改心, 変心.
mielenosoittaja 16 ［名］ デモ(示威運動)参加者.
mielenosoituksellinen 63 ［形］ 意志表示の, 示威的な.
mielenosoitus 64 ［名］ デモ, 示威運動.
mielenterveys* 65 ［名］ 心の健康.
mielentila 10 ［名］ 気持, 気分, 心もち, 心の状態.
mielenvikainen 63 ［形］ 精神病の. ［名］ 精神病患者.
mielettömästi ［副］ (älyttömästi, hillittömästi)理性を失って, 冷静さを欠いて.
mieletön* 57 ［形］ (järjetön, hullu)無分別の, 軽率な, ばかげた, 狂気じみた.

mieli 32 ［名］精神, 気持ち；考え, 意見, 意図, 所存. 属格+*mielen mukaan* 〜の考えにしたがって, 〜の考えで. ／(*minun*) *mielestäni* 私の考えでは. ／*mieltä myöten* 随意に, 意のままに. ／*olla apealla mielellä* 意気消沈している, 気持ちが沈んでいる. ／*olla eri mieltä*+出格 〜と違う意見である. ／*olla hyvillä mielin* 機嫌が良い. ／*olla*+向格+*mieleen*(=mielihyväksi, iloksi)〜にとって喜びである, 嬉しいことである, 好ましいことである. ／*olla pahoilla mielin* 気持ちが沈んでいる. ／*olla yhtä mieltä* 賛成する. ／*tehdä mieli* 〜を欲しがる, 〜したい.

mieliala 10 ［名］(mielentila, tunnelma)気分, きげん, 精神状態.

mielihalu 1 ［名］(kaipaus)欲望, 望み.

mieliharmi 4 ［名］(harmi, kiusa)心配, なやみ, 苦労；困りごと, いらだたしいこと.

mieliharrastus 64 ［名］趣味.

mielihyvin ［副］喜んで, こころよく(…する).

mielihyvä 11 ［名］(hyvämieli)喜び, うれしさ, 楽しみ, 愉快, 満足. *mielihyvällä* 喜んで, 満足して.

mielikirja 10 ［名］お気に入りの本.

mielikuva 11 ［名］(kuvitelma)想像, 形象, 心象, 概念.

mielikuvitus 64 ［名］空想力, 想像力, 幻想.

-mielinen 63 ［形］〜の気持の. *ilkeämielinen* 悪意の, 腹黒い. *ystävällismielinen* 親切な.

mielipaha 10 ［名］不愉快, 嘆き, 悲しみ, 失望.

mielipide* 78 ［名］考え, 意見. yleinen *mielipide* 世論.

mielipide-ero 1 ［名］(mielipide-eroavuus)意見の相違.

mielipuoli 32 ［形］［名］(mielisairas)理性を失った(人), 無分別な(人), 精神病の(人).

mieliruoka* 11 ［名］好物, 気に入りの食べ物.

mielisairaala 14 ［名］精神病院.

mielissään ［副］喜んで, 満足して.

mielistellä 28 ［動］(imarrella)おもねる, こびへつ

らう, お世辞をいう, 機嫌をとる.
mielistyä 1 [動] 気に入る(入格と共に).
mielisuosio 3 [名] (suosio, suopeus)愛顧, 親切.
mielivalta* 10 [名] 行動の自由；わがまま, 気まま, 勝手.
mielivaltainen 63 [形] 自由な, わがままな, 勝手な.
mieliä 17 [動] 望む, 欲しがる(haluta, tahtoa).
miellyttävä 13 [形] 楽しい, 喜ばせる, こころよい；心をひきつける.
miellyttää* 2 [動] 喜ばせる, 楽しませる.
mieltyä* 1 [動] 気に入る, 愛する, (…に)ほれこむ.
mieltäjärkyttävä 13 [形] 心を打つ, 心を騒がせる, 扇動する.
mieltäliikuttava 13 [形] 感動させる, 物の哀れを感じさせる.
mieluimmin [副] 最も好んで, 一番喜んで.
mieluinen 63 [形] (mieluisa)楽しい, 気持ちのよい, 快適な, 気に入りの, 好きな.
mieluisa 13 [形] (mieluinen)歓迎される, 快適な, 気持ちのよい, 楽しい, 楽しませる.
mieluiten [副] 好んで, 喜んで.
mieluummin [副] 喜んで.
mies 72 [名] 1. 男, 夫, 人. 2. 召使い. 3. 勇気, 勇敢. *olla miestä kuin meren mutaa*(=suuri joukko)大勢の人がいる, たくさんの人がいる. *muina miehinä* 何事もないかのように, 平静を装って. *miehissä*(=joukolla)グループで, グループになって.
mieshenkilö 2 [名] 男.
miespolvi 8 [名] (人の)一代, 世代, ジェネレーション.
miespuolinen 63 [形] 男の, 男性の.
miete* 78 [名] 思考, 思想, 考え. *mietteissä* 物思いにふけって.
mietelause 78 [名] 金言, 格言.
mietelmä 13 [名] (miete, ajatus)考え, 思想, 観念.
mietintäaika* 10 [名] (miettimisaika)熟考期間, 猶予期間.
mietintö* 2 [名] 報告, 報道, 通信；覚え書；答申.

komitean *mietintö* 委員会の答申.

mietiskellä 28 [動] (miettiä, pohtia) 熟慮する, 熟考する.

mieto* 1 [形] 温和な, 穏やかな, 優しい;軽い(罰など).

miettiä* 17 [動] 考える, 熟考する.

mihin [副] どこへ, どの方へ;何のために.

miilu 1 [名] 炭焼きがま.

miina 10 [名] 〈軍〉地雷, 水雷.

miksi [副] なぜ. miksei=miksi ei.

mikä (変化形は付録の変化表参照) 1. [疑代] (名詞的に)何. (形容詞的に)どの. *millä hinnalla?* 幾ら. / *mitä tehdä* (=mitä pitäisi tehdä) 何をしなければならないか. / *mitä varten* 何のために. 2. [関代] ～する物・事. / *minkä* (=niin paljon kuin suinkin) できるだけ. *minkä jälkeen* ～の後で. 3. [不代] *mikä hyvänsä* 何であっても. / *mikä minnekin* 到る所へ. / *mikä tahansa* 何であっても. / *vaikka minkä verran* どの位でも, どの位であろうとも.

mikäkin [不代] kuin を伴って強調の意味を表す.

mikäli [副] ～する限りでは.

mikään (変化形は付録の変化表参照) [不代] (否定文で)何も～ない. (形容詞的に)少しの～も～ない, だれも…ない. *ei mikään* だれも何も…ない. *mitään* ei ole tehtävissä どうしようもない, 処置なし. *mitään* ei voi tehdä どうしようもない, 処置なし.

miljardi 5 [基数] 10億.

miljoona 16 [基数] 百万.

miljoonas 75 [序数] 百万番目の.

millainen 63 [形] どのような, どんな種類の, どんなたちの.

millimetri 4 [名] ミリメートル.

milloin [副] いつ. *milloin missäkin* ある時はある場所で. *aina milloin* いつでも.

milloinkaan [副] (肯定)いつか, ある時;(否定)決して…しない.

milloinkin [副] いつも.

millänsäkään [副] *ei ole millänsäkään* +出格

～について気にしない，気に掛けない. *ei ole millän-säkään* vaarasta 危険を気にしない.

miltei [副] (melkein)ほとんど.

mineraalivilla 10 [名] ミネラルウール，断熱材.

ministeri 5 [名] 大臣；公使.

ministeriö 3 [名] 省.

miniä 14 [名] 義理の娘，息子の嫁.

minkinlainen 63 [形] 各々の.

minkälainen 63 [形] (millainen)どのような.

minkävuoksi [副] どうして，何のために，なぜ.

minkäänlainen 63 [形] (否定文，疑問文に使われる)どんな，どのような.

minne [副] (mihin)どこへ. *ties minne* どこかへ. *mikä minnekin* 到る所へ.

minuutti* 6 [名] (min と省略)分.

minuuttiviisari 5 [名] 時計の分針.

minä (変化形は付録の変化表参照) [人代] 私(1人称・単数). *minusta* 私の考えでは.

missä [副] どこ，どこに，どこで. *missä* päin どこで.

missään [副] どこにも～ない.

mistä [副] どこから；何から.

mitali 5 [名] メダル，記章，勲章.

mitata* 35 [動] 計る，測定する；評価する.

miten [副] どのように，どんな方法で；(感嘆を現わす)どれ程強く，何と.

mitenkään [副] (否定文で)決して～ない，どのようにしても～ない.

mitta* 10 [名] 度，尺度；量，容量；寸法，大きさ；標準，単位. *Mitta on täysi*. もう我慢ができない.

mittaamaton* 57 [形] 測ることのできない，はてしない，ばく大な.

mittaan [後] (属格と共に)～の時に，～の経過する時に. *kesän mittaan* 夏の間に，夏の経過と共に. *vuoden mittaan* 一年の経過にともなって.

mittailla 29 [動] 測る，測定する；(astella, kävellä)歩く.

mittainen 63 [形] (vertainen, arvoinen)～に匹敵

する，〜の価値がある.

mittakaava 10 [名] 地図などの縮尺.
mittakannu 1 [名] 計量カップ.
mittalusikka* 15 [名] 計量スプーン.
mittanauha 10 [名] 巻き尺.
mittapuu 29 [名] 物差し.
mittari 5 [名] ゲージ，メーター，測定器；測量士.
mittarimato* 1 [名] 〈蝶〉シャクトリムシ(シャクガの仲間の幼虫の総称).
mittariperhonen 63 [名] 〈蝶〉シャクガ(総称).
mittasuhde* 78 [名] 割合，比率；(複数形で)(koko, laajuus)サイズ，大きさ.
mittaus 64 [名] 測ること，測量，測定.
mittausoppi* 4 [名] (geometria)幾何学.
mittava 13 [形] (iso, kookas)大きい，巨大な，膨大な.
mitä [副] 1. 〈常〉(miksi, minkä takia)なぜ，どうして，どういうわけで，2. *mitä sitten*(=saati sitten)ましてや，明らかに. 3. 最上級に付いてその意味を強める. *mitä* kaunein. 絶対に美しい. 4. mitä＋比較級…sitä＋比較級. 〜であればある程，〜になればなる程.
mitätön* 57 [形] 無益な，役に立たない，無意味な，無価値な.
mk (markka の略)マルッカ.
mm. 1. (muun muassa の略)中でも. 2. ミリメートル
moikaa* 2 [動] 鐘が鳴る.
moike* 78 [名] 鐘の音.
moikina 14 [名] 鐘の音.
moinen 63 [形] そのような
moite* 78 [名] 非難；けん責.
moitteeton* 57 [形] (nuhteeton, erinomainen)非の打ち所のない，立派な，完全な，すばらしい.
moittia* 17 [動] (paheksua, haukkua) 咎める，非難する.
moittimisaika* 10 [名] (valitusaika)異議申立て期間.

mokkanahka(*) 10 [名] スエード皮.
mokoma 13 [名] 数量, 多さ. [形] そのような. *kaikin mokomin* 無条件に, ぜひとも, 必ず.
molemmat* 22 [不代] (名詞的に) 両者, どちらも. (形容詞的に) どちらの〜も, 両方の. *molemmin puolin* 両側に.
molemminpuolinen 63 [形] 両側の, 両側からの.
molskia 17 [動] 水面ではねる.
monasti [副] いくたびも.
monenkertainen 63 [形] 数倍の, 重なった, 幾重にもなった.
monenlaatuinen 63 [形] (monenlainen) いろいろな, いろいろな種類の, 多種の.
monenlainen 63 [形] (monenkaltainen) いろいろな, いろいろな種類の, 多種の.
mones* 75 [不代] *kuinka mones* 何番目の. *monesko* 何番目の.
monesti [副] (monta kertaa, usein) 何回も, 何度も, しばしば. *kuinka monesti tahansa* 何回でも.
moni 38 [不代] (名詞的に) 多くの人, 多くの物. (形容詞的に) 多くの. *monin tavoin* 多くの方法で, いろいろなやり方で, 多くの点で.
monias 66 [不代] (muutama) 幾つかの.
monikielinen 63 [形] 1. (楽器について) 多くの弦を持った, 多弦の. 2. 多言語の, 多言語を話す.
monikko* 2 [名] 〈言〉(pluraali) 複数.
monikulmio 3 [名] 多角形, 多辺形.
monilukuinen 63 [形] 多数の, 沢山の.
monimielinen 63 [形] 1. 意見・考えが多い. 2. 意見・考えが変わりやすい. 3. 意味が多い.
monimuotoisuus* 65 [名] 多形, 多くの形があること.
monimutkainen 63 [形] 入り組んだ; 複雑な; こみいった, 面倒な.
moninainen 63 [形] 1. (monenlainen) 多種類の. 2. (monilukuinen) 多数の, 多くの.
monipuolinen 63 [形] 多面的な, 多くの面を持った, 多才な.

monisanainen 63［形］語彙の豊富な；口数の多い, 多弁な.
monistaa 2［動］増やす, コピーをとる.
moniste 78［名］増やされた物, コピー.
monistus 64［名］増やすこと, コピーをとること.
monitahoinen 63［形］多面の；多方面の, 博識の.
monituinen 63［不代］moni と共に使われ, moni の意味を強める.
moniulotteinen 63［形］たくさんの広がりをもった.
monivaiheinen 63［形］変化に富んだ.
monivärinen 63［形］多色の.
moottori 5［名］モーター, エンジン.
moottorikelkka* 10［名］スノーモービル.
moottoripyörä 11［名］モーターバイク, オートバイ.
moottoritie 30［名］高速道路.
moottorivaunu 1［名］〈鉄〉動力車, 機関車, 電車.
moottorivene 78［名］モーターボート.
morsian 56［名］花嫁, 新婦；婚約中の女性.
morsius* 65［名］新婦であること.
morsiushuntu* 1［名］花嫁のヴェール.
morsiuspari 4［名］新郎新婦.
motskari 5［名］〈俗〉モーターバイク.
moukari 5［名］（鍛冶屋が両手で使う）大ハンマー, 大槌.
moukarinheitto* 1［名］〈ス〉ハンマー投げ.
muassa［副］共に, 一緒に.［後］（属格と共に）〜と共に, 〜と一緒に. *muun muassa* 中でも, とりわけ.
muhennos 64［名］シチュー.
muhkea 21［形］(upea, komea, kookas)立派な, 凛々しい, 堂々とした, 大きい.
muikistaa 2［動］口を歪める, 顔をしかめる.
muikku* 1［名］〈魚〉モトコクチマス(サケ科コクチマス属). 学名 Coregonus albula.
muilutus 64［名］主に政治的理由で人を他の場所へあるいは国外へ無理に移送すること.
muinainen 63［形］昔の, 古い.
muinaisaika* 10［名］（通常は複数形で）古代, 原始時代, 昔.

muinaislöytö* 1 ［名］考古学上の発見物.
muinaistiede* 78 ［名］(arkeologia)考古学.
muinaistutkija 14 ［名］(arkeologi)考古学者.
muinoin ［副］(muinaisina aikoina, kauan sitten) 昔, 古来.
muinoinen 63 ［形］(muinainen)昔の.
muistaa 2 ［動］記憶する, 思い出す. *muistaakseni* 私の記憶によると, 私の記憶に間違いがなければ.
muistamaton* 57 ［形］記憶がない, 覚えていない.
muistaminen 63 ［名］思い出すこと, 覚えること.
muistella 28 ［動］思い起こす, 思い出す, 記憶している, 覚えている.
muistelma 13 ［名］1. (muisto)記憶, 思い出. 2. (通常は複数形で)回顧録, 自伝, 思い出の記.
muistettava 13 ［形］記憶すべき, 重要な.
muisti 4 ［名］記憶, 思い出；記憶力. panna *muistiin* 記憶する.
muistiinmerkintä* 15 ［名］記録すること, 書き込むこと.
muistiinpano 1 ［名］(muistiinmerkintä)メモ, ノート, 覚え書き, 備忘録.
muistikirja 10 ［名］筆記帳, 備忘録, ノートブック.
muistilista 10 ［名］覚え書きのリスト.
muisto 1 ［名］記憶, 思い出；記念品, かたみ.
muistoesine 78 ［名］思い出の印, 記念品.
muistomerkki* 4 ［名］記念の印, 記念物, 記念碑.
muistopatsas 66 ［名］記念像, 銅像.
muistopäivä 11 ［名］記念日.
muistotilaisuus* 65 ［名］記念祭, 記念式典.
muistua 1 ［動］思い出す, 回顧する. *muistuu mieleeni että* 〜 〜を思い出す.
muistuttaa* 2 ［動］思い出させる, 思い起こさせる；連想させる.
muistutus 64 ［名］注意を喚起すること, 思い出させること, 思い出させる事物；叱責, 非難. *muistutus*＋分格＋*vastaan* 〜に対する批評.
muka ［副］多分, 恐らくは；(副詞的表現で名詞的に)sitä *mukaa* kuin 〜につれて, 〜と共に.

mukaan [副] (keralle, matkaan)一緒に, 共に. *mukaan luettu(i)na* ～を含んで, ～を入れて. [後] (属格又は所有格接尾辞と共に)～と一緒に, ～と共に：～によると. *parhaan kykynsä mukaan* 一生懸命に. ／*parhaansa mukaan* 一生懸命に, 最善を尽くして. ／*ottaa mukaansa* 持ってゆく, 連れてゆく.

mukaelma 13 [名] 模写, 模造(品).
mukailla 29 [動] 模倣する.
mukainen 63 [形] (属格と共に)～と一致した, ～に従った, ～による.
mukaisesti [副] (属格と共に)～と一致して, ～に従って, ～によれば.
mukana [副] (samalla matkalla, seurassa)一緒に, 共に. *olla mukana*+内格 ～に積極的に参加する, ～のため積極的に働く. [後] (属格又は所有接尾辞と共に)～と共に, ～につれて. *sen mukana* それと共に, それにつれて.
mukautua* 44 [動] (mukaantua)適合する, 適応する, 順応する, 従う, 合わせる.
mukautumaton* 57 [形] 適応できない, 順応できない, 合わない.
mukautumiskyky* 1 [名] 順応力, 適応能力.
mukautuva 13 [形] 順応する, 従順な.
mukava 13 [形] 快適な, ふさわしい, 気持ちよい.
mukavuus* 65 [名] 快適なこと, ふさわしいこと, 気持ちよいこと.
mukiinmenevä 13 [形] (sopiva, kohtalainen)ふさわしい, かなりの, まあまあの.
mukista 24 [動] ぶつぶつ言う, 不平を言う, 苦情を言う；すねる, 反抗する.
mukula 14 [名] 球根.
muljauttaa* 2 [動] 目を動かす.
mulkoilla 29 [動] 見つめる.
mullistaa 2 [動] (kumota, kaataa)引っくり返す, くつがえす, めちゃめちゃにする；変化させる, 変える.
mullistava 13 [形] (radikaali)急進的な.

multa* 11 [名] 土, 腐食土.
multahiven(*) 82 [名] 細かい土, 土埃, 土砂.
multainen 63 [形] 土の.
multakeko* 1 [名] 円錐形の土, 土の円錐. maamyyrän *multakeot* もぐらが作った土の円錐.
mumista 24 [動] もぐもぐ言う, つぶやく.
mummi 4 [名] (mummo, isoäiti)(愛情をこめて)おばあちゃん, 祖母.
mummo 1 [名] (akka, eukko)老婆, お婆さん；祖母.
muna 11 [名] 卵, 鶏卵. *paistettu muna* 〈料〉目玉焼き.
munakas* 66 [名] オムレツ.
munakokkeli 5 [名] 〈料〉いり卵.
munalukko* 1 [名] 南京錠.
munankeltuainen 63 [名] 卵の黄身, 卵黄.
munanruskuainen 63 [名] (munankeltuainen)卵の黄身, 卵黄.
munanvalkuainen 63 [名] 卵の白身.
munia 17 [動] 卵を生む.
munkki* 4 [名] 1. 修道者, 修道士. 2. 〈料〉ドーナッツ.
munuainen 63 [名] (通常は複数形で)腎臓.
munuaistauti* 4 [名] 腎臓病.
muodikas* 66 [形] (服装について)ファショナブルな, モダンな, 流行の.
muodollinen 63 [形] 形式的の, 形式上の.
muodollisuus* 65 [名] 形式にこだわること, 固苦しさ.
muodostaa 2 [動] 形作る, 作る, 構成する.
muodostelma 13 [名] 構成, 形成, 編成.
muodostua 1 [動] (kehittyä, syntyä)作られる, 形成される, 生まれる, 〜になる.
muodostus 64 [名] 形成, 形態.
muodoton* 57 [形] 不規則な形の, 定形のない, 出来そこないの, 不かっこうな, みにくい.
muokata* 35 [動] 機械・道具を使って作り出す, 製作する；機械・道具を使って地面を掘り起こす, 耕

muokkaamaton* 57 ［形］未加工の；生の.
muokkaus 64 ［名］機械・道具を使っての製作；機械・道具を使っての耕作；文章の書き直し.
muona 11 ［名］〈農〉農作業の報酬としての食料品：(ruoka)食料, 食料品；〈軍〉兵士の食料.
muonitus 64 ［名］兵士に食料を与えること.
muori 4 ［名］(akka, mummo)おばあさん.
muoti* 4 ［名］流行, ファッション.
muotilehti* 8 ［名］ファッション雑誌.
muotinäytös 64 ［名］ファッションショウ.
muoto* 1 ［名］形, 姿, 外見, 顔かたち. *ei millään muotoa* どうしても〜ない, どんな場合も〜ない. *niin muodoin* その結果, そのようにして, そのために.
muotoinen 63 ［形］(属格と共に)〜の形をした.
muotokuva 11 ［名］描写, ポートレート.
muotti* 4 ［名］鋳型, 型.
muovaaja 16 ［名］こねて作る人.
muovailla 29 ［動］形作る, こねて作る.
muovata 35 ［動］(muodostaa, muovailla)作る, 形作る.
muovautua* 44 ［動］(muodostua, hahmottua)作られる, 形作られる.
murahtaa* 2 ［動］唸る, 低い声で言う, 口ごもる.
muratti* 6 ［名］蔦.
murea 21 ［形］やわらかい, 砕けやすい, 壊れやすい.
murehtia* 17 ［動］1. (surra)悲しむ. 2. (huolehtia)心配する, 心にかける.
murennella* 28 ［動］細かくする, 細かく砕く.
murentaa* 8 ［動］圧しつぶす, 砕きつぶす, 粉砕する.
mureta 34 ［動］(murentua)壊れる, 砕ける, 細かくなる.
murha 11 ［名］人殺し, 殺人行為.
murhaaja 16 ［名］(murhamies)殺害者, 刺客.
murhapoltto* 1 ［名］(tuhopoltto)放火.
murhata 35 ［動］殺害する, 人殺しをする, 暗殺す

murhayritys 64 [名] 暗殺計画, 暗殺の試み.
murhe 78 [名] 深い悲しみ；心配, 心痛.
murheellinen 63 [形] (murheinen, surullinen)悲しい, 悲しませる；いたましい, 哀れな.
murheissa(an) [副] 悲しんで.
murhenäytelmä 13 [名] (tragedia)悲劇；不幸.
murina 14 [名] 1. 動物の唸り声. 2. 人の低い話し声, はっきりしない話し声, 怒り不平などの声.
murista 41 [動] 1. 動物が低い声で鳴く, 唸る. 2. 人が低い声で話す, 口ごもる, 怒る, 不平を言う. 3. おなかがグーグーいう.
murjottaa* 2 [動] 不機嫌に黙り込む, ふさぎ込む.
murre* 78 [名] 方言, 国なまり, 地方なまり.
murros 64 [名] 1. 倒木, 地面に散らばった木の枝. 2. 急激な変化, 深刻な変化, 急変.
murrosikä* 11 [名] 思春期.
murskaantua* 1 [動] (murskautua)壊れる, 砕ける, 粉々になる.
murskata 35 [動] 1. 壊す, 砕く, 粉々にする, ひねりつぶす, 押しつぶす. 2. (musertaa, masentaa)だめにする, 無にする, (希望・夢などを)くじく.
murskautua* 44 [動] (murskaantua)壊れる, 砕ける, 粉々になる.
mursu 1 [名] セイウチ. 学名 Odobenus rosmarus.
murtaa* 6 [動] 1. 破る, 割る, こわす, 粉砕する, 圧しつぶす. 2. 押し開く, 壊して進む. 3. 方言で語る.
murtautua* 44 [動] 1. 壊す, 破り開く. 2. (戸を)こじあける.
murteellinen 63 [形] 方言(的)の.
murto* 1 [名] 1. 壊すこと, 壊れること, 破壊. 2. 〈法〉家宅侵入. 3. 〈軍〉前線突破. 4. (risukko)倒木, 地面に散らばった木の枝.
murtokivisora 11 [名] (moreeni)氷河による堆石.
murtoluku* 1 [名] 〈数〉分数.
murtomaajuoksu 1 [名] (maastojuoksu)クロスカントリーレース.

murtovakuutus 64 ［名］盗難保険.
murtovaras* 66 ［名］家宅侵入者, 押し入り泥棒, 強盗.
murtovarkaus* 65 ［名］押し込み, 家宅侵入.
murtoviiva 10 ［名］〈数〉分母と分子を分ける線.
murtua* 1 ［動］壊れる, 砕ける, さける, 割れる；折れる.
murtumaton* 57 ［形］こわれにくい, 割れない, 丈夫な, 堅固な, 固い.
muru 1 ［名］(palanen, sirpale)かけら, 小片, 粉, 粒.
musertaa* 6 ［動］(murskata, rouhia)破壊する, 壊す, 叩き壊す, ひねりつぶす, 砕く.
musiikki* 6 ［名］音楽.
musikaali 4 ［名］ミュージカル, 音楽映画, 音楽劇.
musikaalinen 63 ［形］音楽の；音楽的な, 音のよい；音楽好きの.
musta 11 ［形］黒い, 暗い；黒ずんだ, どす黒い. ［名］黒.
mustaherukka* 85 ［名］〈植〉クロフサスグリ(ユキノシタ科スグリ属). 学名 Ribes nigrum.
mustalainen 63 ［名］ジプシー.
mustanpuhuva 13 ［形］黒っぽい.
mustasukkainen 63 ［形］しっと深い, そねむ, ねたむ, やきもちやきの.
mustata 35 ［動］1. 黒くする, 黒く塗る. 2. 悪く言う, 悪口を言う.
muste 78 ［名］1. インキ, インク, 墨. 2. イカやタコの墨. 3. 靴墨.
musteta 34 ［動］黒くなる.
mustikka* 15 ［名］〈植〉ブルーベリー(ツツジ科コケモモ属あるいはスノキ属). 学名 Vaccinium myrtillus. 日本でいうブルーベリー(Vaccinium corymbosum)は北米原産で樹高が 1 m〜 3 m ぐらい迄あるが本種は大きくても20cm 程である.
mustua 1 ［動］黒くなる；(光沢が)くもる, 曇りがかかる, よごれる.
mustuus* 65 ［名］黒くなること, 暗いこと；陰うつ.
muta* 11 ［名］泥, 水底の土. *olla miestä kuin*

meren mutaa(=suuri joukko). 大勢の人がいる, たくさんの人がいる.

mutista 24 [動] つぶやく；もぐもぐ言う；ぶつぶつ不平などを言う.

mutka 11 [名] 曲がり, 屈曲；曲がり目, 曲がり角；困難. *muitta mutkitta* まっすぐに.

mutkailla 29 [動] (mutkitella)曲がる, 蛇行する.

mutkainen 63 [形] 曲がりくねった, カーブが多い.

mutkikas* 66 [形] 1. (mutkallinen, mutkitteleva)曲がりくねった, 曲がった, 蛇行する. 2. (vaikea, sekava)面倒な, 厄介な, 困難な.

mutkistaa 2 [動] 錯綜させる；複雑にする.

mutkitella* 28 [動] 1. 曲がる, 屈曲する, 蛇行する. 2. (temppuilla, keinotella)面倒にする, 厄介にする, 複雑にする.

mutkitteleva 13 [形] 曲がりくねった.

mutta [接] しかし.

mutteri 5 [名] 〈技〉ナット.

muu 29 [不代] (名詞的に)その他の人, その他の物. (形容詞的に)その他の, 別の. ／*ilman muuta* もちろん. ／*ennen muuta* まず第一に, 主に. ／*muilta osin* その他については. ／*muina miehinä* 何事もないかのように, 平静を装って. ／*mitä muuta*？他には？

muualla [副] よそで.

muualle [副] どこかよそへ, どこかあちらへ.

muualta [副] よそから.

muuan* 61 [不代] (eräs)ある, ひとつの.

muukalainen 63 [名] 見知らぬ人, よその人, 他国人, 外人.

muuli 4 [名] 〈動〉ラバ.

muunlainen 63 [形] 他(別)種の.

muunmuassa [副] (muun muassa)なかんずく, 中でも.

muunnella* 28 [動] 1. 変える, 修正する. 2. 変わる, 変化する.

muunnelma 13 [名] 変化, 変動；変種；〈楽〉変奏曲.

muunnos 64 [名] 変化, 変形, 変種.
muuntaa* 8 [動] 1. (形状・状況などを一部)変える, 変化させる. 2. (形状・状況などが一部)変わる, 変化する.
muuntaja 16 [名] 〈電〉変圧器.
muuntaja-asema 13 [名] 変電所.
muurahainen 63 [名] あり.
muurahaiskeko* 1 [名] 蟻塚.
muurain 56 [名] 〈植〉ホロムイイチゴ(バラ科キイチゴ属). 別名 lakka, hilla. 学名 Rubus chamaemorus. 黄色い実で生食したり, リキュール酒にする.
muurari 5 [名] 石工, れんが積み工;フリーメーソン.
muurata 35 [動] 石で作る, 石で建てる.
muurauslasta 10 [名] 石工が使うこて.
muuri 4 [名] 1. 壁, 城壁;障害, 障壁. 2. 〈俗〉かまど, 炉.
muuripata* 10 [名] かまどに作り付けになった大鍋.
muusikko* 2 [名] 音楽家.
muutama 13 [不代] (名詞的に)数人, 数箇. (形容詞的に)いくらかの.
muutella* 28 [動] 1. 移す, 移動させる, 動かす;変える, 改める. 2. 引っ越す, 住居を変える;鳥が渡る.
muuten [副] 他の方法で, さもなければ;ところで. *kuinkas muuten*(=tietysti, totta kai)もちろん. *muutenkin* そうでなくとも.
muutoin [副] (muuten)さもなければ, 他の場合には. *ellei muutoin* 他の理由からでないとしても.
muutos 64 [名] 1. 変わること, 変化, 変更. 2. 変えること.
muuttaa* 2 [動] 1. (siirtää)移す, 移動させる, 動かす;変える, 改める. 2. 移る, 移動する;引っ越す;鳥が渡る;死ぬ. *muuttaa* pois 引っ越しをする. *muuttaa* vaatteita 洋服を着替える.
muuttamaton* 57 [形] 変化しない, 変わらない;変えられない.

muuttelevainen 63 [形] 変わりやすい,不定の,無常の.

muutto* 1 [名] 移すこと,動かすこと,移動;変えること,改めること,変更. 2. 移ること:引っ越し;鳥の渡り;死.

muuttohaukka* 10 [名] はやぶさ. 学名Falco peregrinus.

muuttoilmoitus 64 [名] 移転届け.

muuttolintu* 1 [名] 渡り鳥.

muuttotavara 15 [名] 引っ越し荷物.

muuttotodistus 64 [名] 移動証明書.

muuttua* 1 [動] 変わる,変化する.

muuttumaton* 57 [形] 変わらない,不変の.

muuttuva 13 [形] 変わりやすい,不定の,無常の.

myhäillä 29 [動] ほほえむ,にっこりする,微笑する.

mykistyä 1 [動] 黙る,沈黙する.

mykkä* 11 [形] 1. 物が言えない,話せない. 2. 話さない,沈黙している,黙っている.

myllerrys 64 [名] 混乱,混沌,狂乱.

mylly 1 [名] 水車,製粉所,製粉機.

mylläri 5 [名] 製粉屋の主人.

myrkky* 1 [名] 毒;毒液,害毒;毒素.

myrkyllinen 63 [形] 毒のある,有害な;悪意のある.

myrkyttää* 2 [動] 毒を入れる;毒殺する.

myrkytys 64 [名] 毒を入れること,毒殺;中毒.

myrsky 1 [名] 強風,あらし;激動.

myrskyinen 63 [形] (myrskyisä)暴風雨の;はげしい,狂暴な.

myrskytä 39 [動] 1. 天気が荒れる,大風が吹く. 2. 海や湖が大風で荒れる. 3. 気持ちが荒れる,荒れ狂う.

myrttipuu 29 [名] ミルタ,てんにんかの木.

myrtyä* 1 [動] 1. ミルクが腐敗する,酸化する. 2. (suuttua, pahastua)怒る,気を悪くする.

myssy 1 [名] (hilkka)子供の帽子,ボンネット.

mytty* 1 [名] 束,包み,一かたまり. *mennä*

myttyyn. (=epäonnistua) くじける, 失敗する, 不成功に終わる, うまくゆかない.
myydä 20 [動] 売る, 販売する, 売り渡す. *myydä loppuun* 売り切れる.
myyjä 11 [名] 店員, 売り手.
myyjäiset 63 [複名] バザー.
myyjätär* 54 [名] 女店員, 女の売手.
myymälä 15 [名] 店, 露店, キオスク.
myynti* 4 [名] 販売, 売り.
myyrä 11 [名] 〈動〉モグラ.
myyskennellä* 28 [動] 売る.
myytti* 4 [名] 神話.
myödätä* 35 [動] 〈稀〉1. (taipua, venyä) 曲がる, しなる, へこむ. 2. (hellittää) ロープなどを弛める.
myöhemmin [副] 後(ᶜᵒ)に, 遅れて. tuntia *myöhemmin* (=tunnin kuluttua) 一時間後に. vuotta *myöhemmin* 一年後に.
myöhä 11 [形] 1. 時間が遅い, 時期が遅い. 2. (名詞的に) 遅い時間, 遅い時期. *myöhempinä aikoina* 後に, 後になって.
myöhäinen 63 [形] 時間がかかる, 遅れる, (時間が) おそい.
myöhäis- 遅い, 終わりの, 晩期の, などの意味を表す. *myöhäissyksy* 晩秋.
myöhäiseen [副] 遅くまで, 夕方遅くまで.
myöhäisintään [副] 一番遅くとも.
myöhäisyys* 65 [名] おそいこと, 遅刻.
myöhästys 64 [名] 遅滞, 遅刻.
myöhästyä 1 [動] 遅れる. *myöhästyä junasta* 列車に乗り遅れる.
myöhään [副] (時間的に) おそく.
myönnellä* 28 [動] 賛成する, 同意する.
myönnytys 64 [名] 同意, 承諾, 認可.
myönteinen 63 [形] 肯定的な.
myöntymys 64 [名] 同意, 賛成.
myöntymätön* 57 [形] 譲歩しない, 屈しない, 強情な.
myöntyväinen 63 [形] 逆らわない, 従順な; 曲がり

やすい.

myöntyä* 1 [動] 同意する. (意見などに)従う, ゆずる；一致する, 受け入れる.

myöntää* 8 [動] 認める, 是認する.

myös [副] (samoin, edelleen)～もまた, 同じく, 同様に.

myöskin [副] (myös)～もまた, 同じく, 同様に.

myöskään [副] (否定文で使われて)～もない, ～もまたない.

myöten [後] (分格と共に)～に至るまで, ～も含めて. *sitä myöten kuin*(=sen mukan, sikäli kuin)～するにつれて. *antaa myöten*(=myödätä, hellitä)曲がる, しなる, へこむ, 弛む.

myötä [後] (mukana, kanssa)(属格と共に)～と共に, ～に応じて, ～に伴って.

myötäinen 63 [形] 1. (属格と共に)～にぴったりの, ～によく合う. *pään myötäinen lakki*. 頭にぴったりの帽子. 2. (風や流れについて)順行の, 好都合な. 3. (suotuisa, edullinen)好都合な, 有益な.

myötäjäiset 63 [複名] 持参金.

myötäkäyminen 63 [名] 成功.

myötämäki* 8 [名] (alamäki)下り坂.

myötätunto* 1 [名] 同情, 同感.

myötätuuli 32 [名] 追い風.

myötävaikutus 64 [名] 協力, 援助, 働きかけ.

myötävirta* 10 [名] 順行の流れ.

mädätä* 34 [動] (mädäntyä, muuttua mädäksi)腐る.

mäenlaskija 14 [名] 〈ス〉滑降・ダウンヒルのスキーヤー.

mäenlasku 1 [名] 山をスキーや橇で下ること；スキー競技の滑降, ダウンヒル.

mäenrinne* 78 [名] 傾斜, 坂, 山腹.

mäentöyräs 66 [名] 丘の斜面.

mäjähdys 64 [名] ドシンと落ちる事.

mäjähtää* 2 [動] ぶつかって大きな音を立てる.

mäjäyttää* 2 [動] (paiskata)打ちつける.

mäki* 8 [名] 丘, 坂.

mäkinen 63 [形] 丘陵の, 丘陵の多い.
mäkärä 12 [名] 〈虫〉ブヨ.
mäkäräinen 63 [名] ブヨ.
mämmi 4 [名] 〈料〉イースターに食べるライムギで作られるお菓子(オーブンで作る).
männikkö* 2 [名] 松林.
männynlatva 10 [名] 松の木のいただき.
mänty* 1 [名] 〈植〉オウシュウアカマツ. 学名 Pinus sylvestris.
mäntä* 11 [名] 〈技〉ピストン.
märehtijä 14 [名] 反芻動物.
märkiä* 17 [動] 化膿する.
märkä* 11 [形] 湿った, 濡れた, 水気を含んだ. [名] うみ, 膿汁.
märkäinen 63 [形] 化膿性の, 化膿した, 膿状の.
mäsäksi [副] 粉々に.
mäti* 4 [名] 〈魚〉魚卵, はららご.
mätkähtää* 2 [動] (pudota)大きな物が落ちる.
mätä* 11 [形] 腐った, 腐敗した; 無価値な, 惨めな. [名] 腐敗; 化膿; 腐敗・化膿した箇所.
mätäneminen 63 [名] 腐敗, 化膿. *mätänemistä estävä* 防腐(処理)の.
mätäs* 66 [名] 苔・下草などが密生している小高い所.
mäyrä 11 [名] 〈動〉(metsäsika)アナグマ. 学名 Meles meles. 体長70cm位.
määkiä* 17 [動] (羊や山羊が)メーと鳴く.
määrite* 78 [名] (määre)修飾語, 限定語.
määritellä* 28 [動] 限定する, きめる, 明確にする; 定義する.
määritelmä 13 [名] 定義.
määrittely 2 [名] 意味を明確にすること, 定義づけること.
määritys 64 [名] (植物, 昆虫などの)分類; 明らかにすること. *tehdä määritystä* 明らかにする.
määrä 11 [名] 数, 多数; 分量; 最大限の数量, 限度; 合計; 目的, 条件. */valtava määrä* 多量, 大量, たくさん. */huomattavassa määrin* 顕著に, 顕著な程度に. */siinä määrin* その位, その程度. */jossa-

kin määrin ある程度, 少しは.
määräaika* 10 [名] 決められた時, 定められた期日, 期限, 期間.
määräillä 29 [動] (määrätä)決定する, 決心する.
määräinen 63 [形] (属格と共に)〜の大きさの, 〜の長さの, 〜の広さの, 〜のサイズの, 〜の数量の.
määrällinen 63 [形] 数量に関する, 量の, 分量の.
määränpää 28 [名] 目的地.
määräpaikka* 10 [名] 目的地, 約束の場所, 決まった場所.
määrätietoinen 63 [形] 目的が明白な, 計画的な.
määrätietoisesti [副] 明白な目的をもって.
määrätty* 2 [形] 定められた；一定の, 確定的の.
määrätynlainen 63 [形] (tietynlainen)明確な性質の, 明確な種類の.
määrätä 35 [動] 決定する；(属格＋第3不定詞入格と共に)命令する.
määrätön* 57 [形] (ääretön, rajaton)数え切れない, 無数の, 無限の, 途方もない.
määräys 64 [名] 命令, 指図；指令, 指示.
määräämisoikeus* 65 [名] 決定権.
määräämätön* 57 [形] 不明瞭な, 漠然とした.
möhömaha 10 [名] 非常に肥った人.
mökki* 4 [名] 小屋, バンガロー.
mökkipaha 10 [名] あばら家.
mököttää* 2 [動] ふさぎこむ. istua *mököttää* ふさいで座り込む.
mönjä 11 [名] 〈化〉鉛丹(防錆剤).
mönkijä 14 [名] 地を這う虫.
mönkiä* 17 [動] (liikkua hitaasti, kömpiä, madella)ゆっくり動く, 這う.
mörinä 14 [名] 低い声で鳴くこと, 低い声を出すこと.
möristä 41 [動] 低い声で言う・話す・歌う.
mörkö* 1 [名] お化け, 幽霊.
möry 1 [名] (mörinä)低い声で鳴く事, 低い声を出す事.
möyhentää* 8 [動] 軟らかくする.
möyriä 17 [動] 土を掘る, 掘り起こす.

N

naama 10 [名] 顔.
naamari 5 [名] マスク, 仮面.
naamiaiset 63 [複名] 仮面舞踏会.
naamio 3 [名] マスク, 仮面, 仮装.
naamioida 30 [動] 仮面を着ける, 仮装する, 変装する.
naapuri 5 [名] 近所の人, 隣人；隣国.
naaras 66(70) [名] 動物の雌.
naarmu 1 [名] かき傷, つめきず.
nahjus 64 [名] のろま, のらくら者, なまけ者.
nahjustella 28 [動] のろのろ歩く, ぐずぐずする, ぐずつく.
nahka(*) 10 [名] 毛皮, 皮革, 動物の皮.
nahkainen 63 [形] 革製の.
nahkatuote* 78 [名] 革製品.
nahkuri 5 [名] なめし皮業者.
naida 18 [動] 1.〈文〉結婚する, 嫁ぐ. 2.〈話〉セックスする.
naimahanke* 78 [名] 結婚するつもり, 結婚の考え.
naimailmoitus 64 [名] 結婚相手を探す新聞広告.
naimaton* 57 [形] 未婚の, 独身の.
naiminen 63 [名]〈文〉結婚. *mennä naimisiin* 結婚する. *olla naimisissa* 結婚している.
nainen 63 [名] 女性, 婦人.
nainut 77 [形] 結婚した, 既婚の.
naisasia 14 [名] 婦人問題, 婦人解放問題, 女性の権利の問題.
naisellinen 63 [形] 女らしい, 女性的な, 婦人にふさわしい, やさしい.
naisennustaja 16 [名] 女予言者.
naislääkäri 5 [名] 女医.

naispuolinen 63 ［形］女性の，婦人の．
naistenhuone 78 ［名］婦人の部屋，婦人室．
naistentauti* 4 ［名］婦人病，婦人科病．
naistentautilääkäri 5 ［名］〈医〉婦人病の医者，婦人科専門医．
naistietäjä 16 ［名］女性の治療師．
naistyöläinen 63 ［名］女性労働者．
naisväki* 8 ［名］婦人，女性．
naittaa* 10 ［動］結婚させる．
nakata* 35 ［動］(heittää)投げる．
nakertaa* 6 ［動］ガリガリかじる．かじって穴をあける．
nakki* 4 ［名］(nakkimakkara)1. 〈料〉ウインナソーセージ. 2. 弦の力を利用した罠．
nakutus 64 ［名］(軽く)打つこと，ノックすること．
nalkuttaa* 2 ［動］不愉快な音を立てる，がみがみ言う，犬が吠え続ける．
nalliainen 63 ［名］発育不良の男の子．
nallikka* 15 ［名］発育不良の男の子．
napa* 10 ［名］へそ；北極，南極．
napamaa 28 ［名］〈地〉(通常は複数形で)北極・南極を取り囲む地方．
napanuora 11 ［名］へその緒．
napapiiri 4 ［名］北極圏，南極圏. eteläinen *napapiiri* 南極圏．
napata* 35 ［動］(siepata, kaapata)手に入れる，獲得する．
napinläpi* 8 ［名］ボタンの穴．
napinreikä* 11 ［名］ボタン穴．
napista 24 ［動］(nurkua, nurista)不満を述べる，つぶやく．
napittaa* 2 ［動］ボタンをかける，ボタンでとめる．
nappi* 4 ［名］ボタン，押しボタン. *painaa nappia* ボタンを押す. *päästää napista* ボタンをはずす．
nappula 12 ［名］スイッチ，ボタン．
napsahtaa* 2 ［動］軽くぶつかる，ぶつかって軽い音を立てる．
napsauttaa* 2 ［動］ぶつかって音を立てる．

naputella* 28 [動] コツコツ叩く.
naputtaa* 2 [動] (koputtaa)ノックする.
narahtaa* 2 [動] (narista)ギーッと音がする.
narrata 35 [動] だます, 軽い嘘をつく.
narskua 1 [動] きしむ, キュッキュッと音を立てる.
narttu* 1 [名] 1. 雌犬. 2. 〈蔑〉みだらな女, 意地わる女.
naru 1 [名] 紐.
naseva 13 [形] 適当(適切)な, 活発な.
nasta 10 [名] びょう, とめがね, くぎ.
nastarengas* 66 [名] スパイクタイヤ.
nato* 1 [名] 〈民〉夫の姉妹, 義理の姉妹.
naudanliha 10 [名] 牛肉.
nauha 10 [名] リボン, テープ, 紐.
nauhakenkä* 11 [名] (通常は複数形で)ひもで締めるくつ.
nauhoittaa* 2 [動] テープ録音をする.
nauhuri 5 [名] テープレコーダー.
naukaista 24 [動] 猫が鳴く.
naukku* 1 [名] 〈話〉強い酒.
naukua* 1 [動] 1. 猫が鳴く. 2. 床板. ドアなどがきしむ.
naula 10 [名] 釘, ピン.
naulakko* 2 [名] コート掛け.
naulata 35 [動] 釘で打ちつける.
nauraa 9 [動] 笑う. *nauraa kohti kurkkuaan* 大声で笑う, 笑い転げる.
naurahtaa* 2 [動] 笑う, 吹き出す.
naurattaa* 2 [動] 笑わせる, 笑う.
naurettava 13 [形] おかしい, こっけいな.
nauris 68 [名] 野菜のかぶ.
nauru 1 [名] 笑い, 笑声.
naurulokki* 4 [名] 〈鳥〉ユリカモメ(カモメ科). 学名 Larus ridibundus.
naurusuin [副] 口もとに笑みを浮かべて, 微笑んで.
nauta* 10 [名] 牛(総称).
nautinnonhimo 1 [名] 快楽好き, 快楽主義.
nautinta* 15 [名] 所有, 占有.

nautinto* 2 ［名］(ilo, riemu)喜び，享楽.
nautintoaine 78 ［名］ぜいたく品，嗜好品(酒，コーヒーなど).
nauttia* 17 ［動］1. 食べる，飲む．2. 酒を飲む．3. (出格と共に)〜を楽しむ，〜を享受する.
navakka* 15 ［形］強い，力強い，激しい.
navetta* 15 ［名］牛小屋.
ne (変化形は付録の変化表参照) ［指代］se の複数.
neekeri 5 ［名］黒人.
neilikka* 15 ［名］〈植〉ナデシコ．一般にカーネーションもさす.
neiti* 4 ［名］未婚女性の敬称，娘.
neito* 1 ［名］〈雅〉おとめ，少女.
neitoperhonen 63 ［名］〈蝶〉クジャクチョウの一種．学名 Inachis io.
neitsyt 73または77 ［名］処女.
neitsytmatka 10 ［名］処女航海.
nekroosi 6 ［名］〈医〉壊疽.
nelikulmainen 63 ［形］四角(辺)形の.
nelikulmio 3 ［名］1. 〈幾〉四角形，四辺形．2. 四角形の土地，品物など.
nelinkertainen 63 ［形］4重の，4倍の.
nelitahtimoottori 5 ［名］〈技〉4サイクルエンジン.
neliveto* 1 ［名］4輪駆動，4 WD.
neliö 3 ［名］1. 〈幾〉正方形．2. 正方形の土地，品物など.
neliöidä 18 ［動］正方形にする.
neliöjuuri 39 ［名］〈数〉平方根.
neliökilometri 4 ［名］平方キロメートル(km²).
neliömetri 4 ［名］平方メートル(m²).
neliömäinen 63 ［形］正方形の.
neljä 11 ［基数］4(四).
neljäkymmentä 11+55 ［基数］40(四十).
neljännes 64 ［名］4分の1；15分.
neljännestunti* 4 ［名］4分の1時間，15分.
neljäntuulenlakki* 4 ［名］ラップ人の帽子.
neljäs* 75 ［序数］4番目の.
neljätoista 11 (toista は不変化) ［基数］14(十四).

nenä 11 [名] 1. 鼻. 2. (huippu, pää)頂き, てっぺん, 上. *näyttää pitkää nenää* 馬鹿にする, 軽蔑する. *nenä pystyssä* 威張って, 横柄に.
nenäkäs* 66 [形] ずうずうしい, ぶしつけの, 無作法な.
nenäliina 10 [名] ハンカチ.
nenännipukka* 15 [名] 鼻の頭, 鼻の先.
nenäverenvuoto* 1 [名]〈医〉鼻血.
nero 1 [名] 天才, 英才, 秀才.
nerokas* 66 [形] 優れた, 優秀な, 天才的な.
neste 78 [名] 液体, 流動体.
nestemäinen 63 [形] 液体の, 液状の.
netto* 1 [名]〈商〉正味.
nettohinta* 10 [名]〈商〉正味の値段, 正価.
nettopaino 1 [名] 正味の重さ, 正味重量.
neula 10 [名] 針, 止め針, ピン.
neulanen 63 [名] 針, 縫い針.
neulansilmä 11 [名] 針の目.
neulanterävä 13 [形] 鋭い.
neulelakki* 4 [名] 毛糸のスキー帽.
neulepaita* 10 [名] セーター.
neulepuikko* 1 [名] 編み棒.
neuletakki* 4 [名] 編まれた上着.
neuloa 1 [動] 縫う, 縫い合わせる, 縫いつける.
neuvo 1 [名] 1. 考え, 指導, 意見, アドバイス. 2. 方法, 計画, やり方. *kysyä neuvoa* 意見を求める, アドバイスを受ける. *omin neuvoin* 一人で, 自分の責任で.
neuvoa 1 [動] 忠告する, 指導する.
neuvoja 16 [名] カウンセラー, 相談役.
neuvokas* 66 [形] 気のきいた, 利口な, 賢明な.
neuvonantaja 16 [名] アドバイザー.
neuvonta* 15 [名] 案内, 指導, 手引き.
neuvos 64 [名] 顧問, 相談役.
neuvosto 2 [名] 評議会, 協議会, 評議員会.
neuvotella* 28 [動] (属格+kanssa+出格)〜について相談する, 話し合う.
neuvoton* 57 [形] 決心のつかない, 優柔不断の.

neuvottelu 2 [名] 相談, 協議, 交渉.
neva 10 [名] (苔だけが生えている)沼地, 沼沢地.
nide* 78 [名] 本, 書物, 冊, 巻.
niekka* 10 [名] ～に優れている人. (合成語の後ろの部分を形成する). *viuluniekka* 名ヴァイオリニスト. *kieliniekka* 語学の達人. *vitsiniekka* ジョークの名人. [形] ～を持っている. *harjasniekka* sika 長くて固い毛を持った豚.
nielaista 24 [動] 呑み込む.
niellä 25 [動] 呑み込む.
nielu 1 [名] 〈解〉咽頭.
nielurisa 10 [名] 〈解〉扁桃腺.
niemeke* 78 [名] 小さな岬, 岬のように突き出た所.
niemi 37 [名] 岬, 半島.
niemimaa 28 [名] 〈地〉大陸から突き出した大きな半島(例イタリア).
niiata 35 [動] 女性が挨拶や感謝の時膝を曲げる.
niin [副] そのように；非常に. *niin että* それで, その結果. *niin, että...* そのように, 非常に～なので, ～する位. *niin ikään* 同様に. *niin kuin* ～と同じように, ～のように. *niin ollen* だから, それ故に, そのような状況なので. *niin sanoakseni*(＝tavallaan)ある点では, 考えようによれば. *niin sanottu* いわゆる, そういう名前で知られた. *niin vain*(否定文で)(＝helposti, ilman muuta)簡単に, 容易に；もちろん, 問題なく. *ja niin edelleen*(jne. と省略)～など, などなど. *eikö niin* そうは思いませんか. *kas niin* ほら(注意を促す言葉).
niini 32 [名] (ヤナギやシナノキなどの)皮からとる靭皮繊維.
niinikään [副] (niin ikään, niin kuin)同様に.
niinkuin [接] (samalla tavalla kuin, samoin kuin)～のように.
niinpiankuin [接] (niin pian kuin)～すると直ぐに, ～するや否や.
niistää 2 [動] (鼻を)かむ, ぬぐい落とす, ふき取る. *niistää nenä*(鼻を)かむ.
niitata* 35 [動] 〈技〉びょう締めにする.

niitto* 1 ［形］刈り取り，草刈り.
niitty* 1 ［名］牧草地.
niittää* 2 ［動］(干草などを)刈る，刈り取る.
nikama 16 ［名］〈解〉脊椎骨.
nikka* 10 ［名］(hikka)しゃっくり.
nikotella* 28 ［動］しゃっくりをする.
nikottaa* 2 ［動］しゃっくりをする.
nilkka* 10 ［名］足首，くるぶし.
nilkkanivel 54 ［名］足首の関節.
nilkkasukka* 11 ［名］くつ下，ソックス，足くびまでのくつ下.
nilkuttaa* 2 ［動］(ontua, liikata)びっこをひく.
nimekäs* 66 ［形］よく知られた，有名な.
nimellinen 63 ［形］名ばかりの，名義上の.
nimellisarvo 1 ［名］〈商〉額面金額.
nimenanto* 1 ［名］命名，名付け.
nimenomaan ［副］(nimen omaan)明白に，明確に；特別に，わざわざ.
nimetä 36 ［動］1. 名前を上げて説明する，述べる. 2. 指名する. 3. 名付ける，命名する.
nimetön* 57 ［形］名のついていない，名のない，無名の，匿名の. ［名］薬指.
nimi 8 ［名］名前，*ei missään nimessä*(＝ei missään tapauksessa)どんな場合でも. *olla nimeltään* 〜と呼ばれる.
nimikirjain 56 ［名］頭文字.
nimikirjoitus 64 ［名］署名.
nimikortti* 4 ［名］名刺.
nimilehti* 8 ［名］書物の表紙.
nimilippu* 1 ［名］名前の札，名札.
nimimerkki* 4 ［名］作者を示す記号，頭文字，別名など.
niminen 63 ［形］(主格又は属格と共に)〜という名の，〜と名付けられた.
nimipäivä 11 ［名］名前日.
nimisana 10 ［名］〈言〉(substantiivi)名詞.
nimistö 2 ［名］名簿，一覧表，索引.
nimittäin ［副］(nim. と省略)すなわち，詳しく言え

ば.
nimittää* 2［動］1.（変格と共に）～と名付ける. 2. 指名する.
nipistää 2［動］つねる, はさむ, 締めつける.
nippu* 1［名］束, ふさ(房, ぶどうの房など).
nipukka* 15［名］先, 先端.
niska 10［名］えりくび, 首筋. *viskata niskojaan* 尊大なふりをする, 威張る.
niskakarva 10［名］動物の首の毛.
niskoitella* 28［動］反対する, 反抗する.
niskuroida 30［動］(niskoitella)反対する, 反抗する.
nisu 1［名］(vehnä)〈俗〉〈聖〉小麦.
nisäkäs* 66［名］(imettäväinen)哺乳動物, 哺乳類.
nitistää 2［動］1. (nujertaa)取り除く, 取り払う. 2. (tappaa)殺す, やっつける.
nitoa* 1［動］縫う, 縫い合わせる.
niukka* 10［形］(vähälukuinen, vähäinen)乏しい, 不十分な, 少しの.
niukkasanainen 63［形］言葉が少ない, 口数が少ない.
niva 10［名］流れ, 急流.
nivel 54［名］〈解〉関節.
niveltulehdus 64［名］〈医〉関節炎, 痛風.
niveltää* 5［動］1. 結合させる, 結び合わせる. 2. 結合する, 結びつく.
nivuset 63［複名］〈解〉鼠径(そけい, 股のつけね).
noin ［副］あのように；(n. と省略)約, 大体.
noita* 11［名］魔術師, 魔女, シャーマン.
noitua* 1［動］(loitsia, taikoa, loihtia)まじなう, 魔法を使う.
noja 11［名］支え.
nojalla ［後］(属格と共に)～に頼って, ～に基づいて.
nojapuut 29［複名］〈体〉平行棒.
nojata 35［動］1. (nojautua)寄り掛かる, 支えられる. 2. (tukea)寄り掛からせる, 支える.
nojatuoli 4［名］肱掛いす.
nojautua* 44［動］(入格と共に)～に寄りかかる,

～に頼る.

nokeentua* 1 ［動］(nokeutua)すすける，すすで黒くなる.

nokeutua* 44 ［動］すすける，すすで黒くなる.

noki* 8 ［名］すす，煤煙.

nokinen 63 ［形］すす(煤)の；すすけた，すすで汚れた.

nokka* 11 ［名］鳥のくちばし.

nokkela 12 ［形］(kekseliäs, neuvokas)気のきいた，利口な，賢明な，機知に富む，機転のきく.

nokkonen 63 ［名］〈植〉イラクサの一種. 学名 Urtica dioica subsp. dioica.

nokkoskuume 78 ［名］〈医〉じんましん.

nokkosperhonen 63 ［名］〈蝶〉コヒオドシ(タテハチョウ科). 学名 Aglais urticae.

nolata 35 ［動］困らせる，ろうばいさせる，迷わせる.

nolla 11 ［基数］0，ゼロ.

nolo 1 ［形］当惑した，困った，恥ずかしい.

nominatiivi 4 ［名］〈言〉主格.

nootti* 4 ［名］外交文書，覚書.

nopea 21 ［形］速い，早い.

nopeus* 65 ［名］速さ，速度. *nuolen nopeudella* 矢のように速く.

nopeusmittari 5 ［名］速度計，スピードメーター.

nopeusrajoitus 64 ［名］速度制限.

nopeuttaa* 2 ［動］スピードアップをする.

noppa* 11 ［名］さいころ.

noppia* 17 ［動］〈常〉(poimia)拾う，摘む，鳥が餌をついばむ.

nopsa 11 ［形］(nopea)早い，すばやい.

Norja 11 ［名］ノルウェー.

norja 11 ［形］(notkea)しなやかな，曲がりやすい. *norja paju* しなやかな柳.

norjalainen 63 ［形］ノルウェーの. ［名］ノルウェー人.

normi 4 ［名］基準，ノルマ.

norsu 1 ［名］〈動〉ゾウ.

norsunluu 29 ［名］象牙(ぞうげ).

nostaa 2 [動] 1. 持ち上げる, 高くする, 高める. 2. 受け取る. *nostaa hattu* 帽子を上げる.
nostattaa* 2 [動] 上げる, 高く掲げる, 建てる.
nosto 1 [名] 持ち(引き)上げること.
nostokone 78 [名] クレーン, リフト.
nostokurki* 8 [名] クレーン.
nostosilta* 10 [名] はね橋, 跳開橋.
nosturi 5 [名] クレーン.
noteerata 35 [動] 1. 留意する, 記憶にとどめる. 2. 〈商〉相場をつける.
noteeraus 64 [名] 相場.
notkea 21 [形] しなやかな, 曲がりやすい.
notkistaa 2 [動] (taivuttaa)曲げる, 屈める.
notko 1 [名] (alho, alanne)低地, 窪地, 谷間.
notkoselkäinen 63 [形] (馬について)背中が窪んだ.
notkua 1 [動] (taipuilla)曲がる, しなる.
noudattaa* 2 [動] 1. (分格と共に)〜と一致する. 2. 従う.
noukkia* 17 [動] (poimia)拾い上げる, (草の実・穀物などを)集める.
nousta 24 [動] 起き上がる, 上がる, 高くなる. ／ *nousta jaloille* 立ち上がる. ／ *nousta junaan* 汽車(電車)に乗る. ／ *nousta laivaan* 船に乗る. ／ *nousta portaita* 階段を昇る. ／ *nousta seisomaan* 立つ, 立ち上がる.
nousu 1 [名] 上がること, 高くなること, 上昇, 離陸. auringon nousu 日の出.
nousuvesi* 40 [名] 上げ潮, 満ち潮, 満潮.
noutaa* 2 [動] (hakea)取りに来る, 行って取ってくる, 連れ出す；受け取る.
noutoposti 4 [名] 郵便の局留め.
novelli 6 [名] 物語, 短篇小説
ns. (niin sanottu の略)
nti (neiti) 未婚女性の敬称, 娘.
nuha 11 [名] 風邪, 鼻風邪.
nuhde* 78 [名] せめること, しかること, 非難.
nuhdella* 28 [動] とがめる, 忠告する.
nuija 11 [名] 棒.

nujertaa* 6 [動] 取り除く,取り払う;力でねじ伏せる,打ち倒す.
nukahtaa* 2 [動] まどろむ,居眠りをする.
nukke* 9 [名] 人形.
nukketeatteri 5 [名] 人形芝居.
nukkua* 1 [動] 眠る. *mennä nukkumaan* 就寝する.
nukuttaa* 2 [動] 1. 眠くさせる,眠くなる. 2. 〈医〉麻痺させる,麻酔をかける.
nukutus 64 [名] 〈医〉麻痺させること,麻酔をかけること.
numero 2 [名] 数字;番号,～番.
numeroida 30 [動] ～に番号をつける.
numerojärjestys 64 [名] 番号順.
numerolevy 1 [名] 番号板,数字板,自動車のナンバープレート,電話のダイヤル板.
numerotaulu 1 [名] 数字板,時計の文字盤,自動車の計器盤.
nummi 8 [名] ヒースやコケぐらいしか育たない乾いた荒地.
nunna 11 [名] 修道女.
nunnakoulu 1 [名] 修道女のミッションスクール.
nuo (変化形は付録の変化表参照) [指代] tuo の複数.
nuohooja 16 [名] 煙突掃除人.
nuohota 38 [動] 煙突を掃除する,煤を落とす,掃除する.
nuokkua* 1 [動] うなだれる,垂れ下がる,曲がる.
nuolaista 24 [動] なめる.
nuolaisu 2 [名] なめること.
nuoli 32 [名] 矢. *nuolen nopeudella* 矢のように速く.
nuolla 25 [動] なめる.
nuora 11 [名] 綱,ロープ.
nuorasilmukka* 15 [名] (nuoransilmukka) ロープの輪,ひと巻きのロープ.
nuorehko 2 [形] やや若い.
nuorekas* 66 [形] 若い,若々しい.
nuorentaa* 8 [動] 若返らせる,元気を回復させる.
nuori 39 [形] 若い. [名] (通常は複数形で) (nuoriso) 若者.

nuorikko* 2 ［名］新妻, 花嫁；（複数形で）新婚夫婦.
nuoriso 2 ［名］（総称的）若い人たち（青年男女）.
nuortua* 1 ［動］若返る, 若くなる.
nuorukainen 63 ［名］若者, 青年.
nuoruus* 65 ［名］若さ.
nuoska 11 ［名］寒さのゆるんだ冬の天候. ［形］寒さがゆるんだ, 雪がやわらかくなった.
nuotio 3 ［名］たき火.
nuotta* 11 ［名］引き網.
nuotti* 4 ［名］〈楽〉音符；楽譜.
nuppi* 4 ［名］ボタン；押しボタン, つまみ, 把手.
nuppineula 10 ［名］止め針, ピン.
nuppu* 1 ［名］蕾(つぼみ).
nupu* 1 ［名］小石.
nupukivi 8 ［名］〈技〉石畳にする石.
nupukivikatu* 1 ［名］石畳の通り.
nurea 21 ［形］(nyreä, tyytymätön)不満足な, 不機嫌な, 気持ちが沈んだ.
nurin ［副］さかさまに, あべこべに.
nurinkurinen 63 ［形］不自然な, 非常識な, 不合理な.
nurista 24 ［動］不平不満を述べる.
nurja 11 ［形］1. 裏の, 裏側の. 2. 悪い, 間違った, 曲がった, 不自然な. 3. 不満足な, 不機嫌な, いやいやの, 意地悪な, 不親切な.
nurjamielinen 63 ［形］意地悪な, 不親切な, 冷たい.
nurjapuoli 32 ［名］裏の側, 背面, （社会の）裏面, 暗黒面.
nurkka* 11 ［名］隅, 角, コーナー.
nurkkahuone 78 ［名］すみ・かどの部屋.
nurkkaus 64 ［名］かど, すみ.
nurkua* 1 ［動］不満を述べる.
nurmi 8 ［名］芝生, 草原.
nurmikko* 2 ［名］芝生, 草地.
nutistaa 2 ［動］〈稀〉1. (rutistaa)押しつける. 2. (tappaa)息を止める, 殺す. 3. (kukistaa, voittaa)打ち勝つ.
nuttu* 1 ［名］〈俗〉半コート, 短い上着.
nuuska 11 ［名］嗅ぎ煙草.

nuuskia 17 ［動］(犬などが)嗅ぎ探す．
nyhtää* 2 ［動］引ったくる，引きはなす，(草を)引き抜く，むしり取る．
nykerönenä 11 ［名］小さくて低い鼻．
nykiä* 17 ［動］引く，引っ張る，引き離す．
nykyaika* 10 ［名］現在．
nykyaikainen 63 ［形］(uudenaikainen)モダンな，近代的な．
nykyinen 63 ［形］(nyk.と省略)今の，現在の，現代の．
nykyiselleen ［副］現行のように．
nykyisellään ［副］現行のように，現在のように．
nykyisin ［副］(nyk.と省略)今では，現在では．
nykyisyys* 65 ［名］現今，現在．
nykyä ［名］(nykyään)(tätä nykyä の形でのみ使われる名詞) *tätä nykyä* 最近，現在，この頃．
nykyään ［副］現今では，このごろは．
nykäistä 24 ［動］ぐいと引く，引っ張る．
nylkeä* 13 ［動］(獣類，くだものなどの)皮をはぐ．
nylkyhinta* 10 ［名］法外な値段．
nyplätä 35 ［動］〈手〉(モール，レースなどを)編む．
nyreissään ［副］(nyreällä tuulella)不満足で． *olla nyreissään* 不満足である．
nyrjähdys 64 ［名］〈医〉筋違い，捻挫(ねん)，脱臼．
nyrjähtää* 2 ［動］(足首などを)捻挫する．
nyrkkeilijä 14 ［名］拳闘家，ボクサー．
nyrkkeillä 28 ［動］拳闘・ボクシングをする．
nyrkkeily 2 ［名］ボクシング．
nyrkkeilykäsine 78 ［名］ボクシングのグローブ．
nyrkki* 4 ［名］握りこぶし，鉄拳．
nyrpeä 21 ［形］不きげんな，むっとした，気むずかしい．
nyrpistää 2 ［動］顔をそむける，しかめる．
nystyrä 18 ［名］こぶ，腫れ，いぼ，突起物．
nystyräinen 63 ［形］こぶ状の，でこぼこの．
nyt ［副］今，その時． *jo nyt jotakin* へー，何だって(驚嘆の気持ちを表す)．
nytkähdellä* 28 ［動］痙攣する，ぴくぴく動く．

nytkähtää* 2［動］急に引く,突く,ひきつける.
nyttemmin ［副］このごろ,近頃,最近は.
nyyhkiä 17［動］すすり泣く,嘆く.
nyyhkyttää* 2［動］すすり泣く.
nyytti* 4［名］包み.
nyökkäys 64［名］うなずくこと,承諾,同意.
nyökytellä* 28［動］うなずく,会釈する.
nyökätä* 35［動］うなずく,会釈する.
nyökäyttää* 2［動］うなずく,うなずかせる.
nyöri 4［名］ひも,糸.
näennäinen 63［形］外観上の,尤もらしい.
näet ［副］即ち,実際は.(前述の事を更に説明するのに用いられる).
nähden ［副］入格+ *nähden*. 〜を考慮して,〜に比べて.
nähdä* 33［動］1. 見る,認める. 2. 理解する. 3. 会う. ／ *nähdä unta* 夢を見る. ／ *nähdäkseni* 私の理解する限りでは,私の考えでは. ／ *nähtävissä* (= nähtävänä, näkyvissä)見られる,見える.
nähtävyys* 65［名］一見の価値ある場所・物；観光名所,風景,光景. *erityinen nähtävyys* 観光地,名所.
nähtävästi ［副］1. 見たところでは,うわべでは,外見上,明らかに. 2. (ilmeisesti, todennäköisesti)おそらく,多分.
näin ［副］このように.
näkemys 64［名］(käsitys)理解,直観.
näkki* 4［名］水の精.
näkkileipä* 11［名］薄い固パン,固いライ麦パン.
näky* 1［名］光景.
näkymätön* 57［形］目に見えない.
näkyviin ［副］目に見えて. *tulla näkyviin* 見える,視界に入る.
näkyvä 13［形］見ることのできる,目に見える,顕著な.
näkyä* 1［動］1. 見える. 2. (現在分詞・過去分詞単数対格と共に)〜のように見える,〜のように思える,〜みたいである.
näkö* 1［名］視覚,視力,見かけ,外見.

näköala 10［名］1. 視界, 視野. 2. 景色.
näköinen 63［形］(属格と共に)〜の様子をした, 〜の顔をした, 〜に似ている.
näköispainos 64［名］複写本, コピーして作った本.
näköisyys* 65［名］類似, 外見.
näköjään［副］外観は, 外見上, 多分, 外見から判断すると, おそらく.
näkökohta* 11［名］観点.
näkösälle［副］見えるように.
näkötorni 4［名］見晴らし台, 展望台.
nälkiintyä* 1［動］飢える.
nälkä* 11［名］空腹. *nääntyä nälkään* 餓死する. *nähdä nälkää* 飢える, 飢えに苦しむ.
nälkäinen 63［形］空腹の.
nälkälakko* 1［名］ハンガーストライキ.
nälkävuosi* 40［名］不作の年, 凶年.
nälänhätä* 11［名］飢きん.
nämä (変化形は付録の変化表参照)［指代］tämä の複数.
näpistellä 28［動］こっそり盗む, くすねる, ちょろまかす.
näpistely 2［名］こそどろ, 盗み, 万引.
näpistää 2［動］くすねる.
näppi* 4［名］親指と人差指の先.
näppylä 14［名］にきび, 吹出物.
näppäimistö 1［名］文字盤, 鍵盤, キー.
näppärä 12［形］手先の器用な, 上手な.
näppäys 64［名］1. 軽く叩く事, 軽く叩く音. 2. 〈写〉スナップショット.
näre 78［名］〈植〉kuusi の若木. ☞ kuusi.
närhi 8［名］〈鳥〉カケス(カラス科). 学名 Garrulus glandarius.
näristä 24［動］ガーガー鳴く(鴨の声のような低くて繰り返される音・声を現わす).
närkästyä 1［動］(harmistua, suuttua)気を悪くする, 怒る. *närkästyneenä* 気を悪くして.
näyte* 78［名］見本, サンプル, 陳列, 展示. *panna näytteille* 陳列する, 展示する.
näyteikkuna 17［名］陳列窓, ショーウィンドー.

näytellä* 28 ［動］上演する，演出する，演じる，見せる．*näytellä osaa* 役を演じる，役割を果たす．
näytelmä 13 ［名］(draama)劇，演劇，戯曲．
näytenumero 2 ［名］見本；(新聞・雑誌の)見本号．
näyttelijä 14 ［名］俳優，出演者，男優．
näyttelijätär* 54 ［名］女優．
näyttely 2 ［名］展覧会，展示会．
näyttämö 2 ［名］ステージ，舞台．
näyttämötaide* 78 ［名］舞台芸術．
näyttävä 13 ［形］〈話〉(komean näköinen)美しい．
näyttäytyä* 44 ［動］現われる，出現する．
näyttää* 2 ［動］1. 見せる，示す．2. (離格と共に)〜のように見える．*näyttää* pitkää nenää 失望する，がっかりする．
näyttö* 1 ［名］1. 提示，表示．2. 証明．
näytäntö* 2 ［名］上演，公演．
näytös 64 ［名］上演；幕，段．
näännyksissä ［副］疲れきって，へとへとになって．
näännyttää* 2 ［動］疲れ果てさせる，衰弱させる．
nääntyä* 1 ［動］(voipua, kuihtua)失望落胆する，おちこむ．*nääntyä* nälkään 餓死する．
näärännäppy* 1 ［名］〈医〉ものもらい．
näätä* 11 ［名］〈動〉マツテン(イタチ科テン属)．学名 Martes martes.
nököttää* 2 ［動］何もしないでじっとしている．
nöyrtyä* 1 ［動］おとなしくなる，従順になる．
nöyryys* 65 ［名］謙遜．
nöyryyttää* 2 ［動］恥をかかせる．
nöyrä 11 ［形］謙虚な，物腰のやわらかい．
nöyräselkäinen 63 ［形］卑屈な．

O

oas* 66 [名] (oka, piikki)刺すもの，針，刺(片).
objektiivi 4 [名] 〈理〉対物レンズ.
odotella* 28 [動] 待つ，期待する.
odottaa* 2 [動] 1. 待つ，期待する，当てにする，予期する. 2. (olla raskaana)妊娠している.
odottamaton* 57 [形] 予期しない，思いがけない，意外の.
odottamatta [副] 思いがけなく，不意に.
odotus 64 [名] 待つこと，期待.
odotushuone 78 [名] 待合室，控え室.
odotussali 4 [名] (駅などの)待合室.
ohdake* 78 [名] 〈植〉アザミ(総称).
oheellinen 63 [形] (oheinen)同封の，付録の，添えられた.
oheen [後] (属格と共に)1. 〜の傍らに，〜の横に，〜と並んで. 2. 〜に付属して，〜と共に. 3. 〜と同時に. [副] 1. 傍らに，横に，並んで. 2. 付属して，一緒に. 3. 同時に.
oheinen 63 [形] 同封の，付録の，添えられた. *oheisena* 同封して.
ohella [後] (属格と共に)…と共に，…と一緒に，…に同封して，〜と並んで；〜に加えて，〜の上に.
ohentaa* 8 [動] 薄くする；まばらにする.
ohentua* 1 [動] 薄くなる；まばらになる.
ohessa [後] (属格と共に)1. 〜の傍らに，〜の横に，〜と並んで. 2. 〜に付属して，〜と共に. 3. 〜と同時に. [副] 1. 傍らに，横に，並んで. 2. 付属して，一緒に. 3. 同時に. *siinä ohessa* それと同時に，それと平行して.
ohi [後] [前] (属格と共に)〜のそばを. [副] (場所)…を通って，通り過ぎて. (時間)過ぎて，経過し

て，終わって．

ohimenevä 13 [形] 1. 傍らを通る，通り過ぎる． 2. (lyhytaikainen, tilapäinen)短時間の，一時的な，仮の，無常の．

ohimennen [副] (sivumennen)一つのことをやりながらついでに，いち早く，たまたま． *ohimennen sanoen* ところで．

ohimo 2 [名] こめかみ．

ohitse [後] (ohi)(属格と共に)(動きを現す動詞と共に使われ)～の傍らを．

ohittaa* 2 [動] 傍らを通る，追いつく，追い越す．

ohituskielto* 1 [名] 追い越し禁止．

ohjaaja 16 [名] 導く人，案内者；運転手，(飛行機の)パイロット；舞台監督，演出者．

ohjaamo 2 [名] 運転(操縦)室．

ohjas 64 [名] (通常は複数形で)(主に馬の)手綱．

ohjasperät 11 [複名] 手綱の端．

ohjata 35 [動] 指導する，導く，案内する；運転する，操縦する．

ohjaus 64 [名] 1. 運転，操縦． 2. 抑制，制御．

ohjauspyörä 11 [名] 自動車のハンドル．

ohjauspöytä* 11 [名] 操作板，調整卓．

ohje 78 [名] 指示，指導，案内；指定，指図，規則．

ohjehinta* 10 [名] 標準価格，標準値段．

ohjekäyttökirja 10 [名] 取扱説明書．

ohjelma 13 [名] 計画，番組，プログラム．

ohjelmakohta* 11 [名] 原則．

ohjelmoida 18 [動] 〈稀〉番組を作る，計画する；(コンピューターの)プログラムを作る．

ohjesääntö* 1 [名] 規定，規則．

ohjevähittäishinta* 10 [名] 標準小売値段．

ohra 11 [名] 大麦．

ohut 73 [形] 薄い．

ohutsuoli 85 [名] 小腸．

ohuus* 65 [名] 薄さ．

oieta* 34(36) [動] (suoristua)体を伸ばす，伸びる，真っ直ぐになる．

oikaista 24 [動] 1. 真っ直ぐにする，伸ばす． 2. (誤

ちを)正す, なおす. 3. 訂正する, 校正する. 4. 横になる, 横たわる.
oikaisu 2 [名] 訂正, 修正.
oikea 21 [形] 右の;正しい, ふさわしい, 本当の. *oikealla* 右側に. *oikealle* 右側へ. *oikealta* 右側から. *olla oikeassa* 正しい.
oikeakielisyys* 65 [名] 正確な文法, 正しい文法.
oikeamielinen 63 [形] 正しい, 正当な.
oikeammin [副] より正しく. *oikeammin sanoen* 厳密に言えば.
oikeaperäinen 63 [形] 正しい, 確かな, 信用できる.
oikeastaan [副] 実際に, 実を言うと, 本当は, 本当に.
oikein [副] 正しく;非常に, 大へん, 全く, すっかり. *oikein hyvä* たいへん良い.
oikeinkirjoitus 64 [名] 正書法.
oikeisto 2 [名] 右派, 右翼, 保守党.
oikeudellinen 63 [形] 法律上の, 法定の, 合法の, 正当の.
oikeudenhoito* 1 [名] 司法.
oikeudenistunto* 2 [名] (裁判所の)審理.
oikeudenkäynti* 4 [名] 〈法〉訴訟;訴訟手続.
oikeudenmukainen 63 [形] 法律の認める, 法律上有効な, 合法の.
oikeudenvastainen 63 [形] 違法の, 不法の.
oikeudeton* 57 [形] 不(違)法の.
oikeus* 65 [名] 権利;(法律上の)正しいこと, 正当さ, 公正;法廷, 裁判所. *pidättää oikeus*+不定詞 〜する権利を持っている. *oikeudessa* 正しい. *oikeus työhön* 仕事に関する権利.
oikeusistuin 56 [名] 法廷.
oikeusjuttu* 1 [名] 法律事件.
oikeuslaitos 64 [名] 裁判所.
oikeusministeri 5 [名] 法務大臣.
oikeusministeriö 3 [名] 法務省.
oikeuspaikka* 10 [名] 裁判地.
oikeussuoja 11 [名] 権利保護.
oikeustiede* 78 [名] 法律学.

oikeusviranomainen 63 ［名］司法官.
oikeutettu* 2 ［形］権利(資格)のある；根拠のある.
oikeuttaa* 2 ［動］(第3不定詞入格と共に)権利・権能・資格を与える，〜してもよい.
oikeutus 64 ［名］権利, 資格.
oikku* 1 ［名］気まま, 移り気, 気まぐれ, むら気, でき心.
oikoa* 1 ［動］(oikaista)伸ばす, 真っ直ぐにする, 直す, 正しくする.
oikoisenaan ［副］(oikonaan, suoranaan)真っ直ぐに伸ばして.
oikonaan ［副］(oikoisenaan, suoranaan)真っ直ぐに伸ばして.
oikopolku* 1 ［名］近道.
oikosulku* 1 ［名］〈電〉(電気の)漏電, ショート.
oikoteitse ［副］近道を通って, 近道をして.
oikotie 30 ［名］近道.
oikullinen 63 ［形］気の変わりやすい, 気まぐれの, むら気の.
oinas 66 ［名］子山羊.
oire 78 ［名］きざし, 徴候, 前兆；症状.
oivallinen 63 ［形］(erinomainen)優れた, すばらしい, 見事な, 立派な.
oivallus 64 ［名］(käsittäminen)理解.
oivaltaa* 5 ［動］(käsittää, ymmärtää)理解する.
oja 11 ［名］(道や畑の脇にある排水のための)溝, 小川, 排水溝.
ojennus 64 ［名］真っ直ぐにすること, 伸ばすこと；修正, 訂正；叱責, 訓戒.
ojennusnuora 11 ［名］決まり, 基準, 行動の規範, 標準, 原則.
ojentaa* 42 ［動］1. 真っ直ぐにする, 伸ばす. 2. 手を伸ばす, 背伸びをする. 3. 提供する, 差し出す, 与える. 4. 正しい方向に向ける. 5. 訂正する, 修正する, 直す. 6. 叱る, 訓戒する. *ojentaa kätensä* 手を伸ばす.
ojitus 64 ［名］溝堀り, 溝作り, 排水.
ojolla ［副］前に突き出して, 前に差し出して.

oka* 11 [名] とげ,針.
oksa 11 [名] 枝,木の節.
oksainen 63 [形] 節がある,節が多い.
oksastaa 2 [動] つぎ木する,接枝する.
oksennus 64 [名] 吐くこと,嘔吐.
oksentaa* 8 [動] 吐く,もどす.
oleellinen 63 [形] (olennainen)根本的な,本質的の,具体的の.
oleilla 28 [動] (oleskella)いる,住む.
olemassaolo 1 [名] 実在,存在.
olematon* 57 [形] 実在しない,現存しない.
olemus 64 [名] 本質,実体;実在.
olennainen 63 [形] 根本的な,本質的な.
olento* 2 [名] 生き物,生けるもの,人間,動物.
oleskella 28 [動] いる,住む.
oleskelu 2 [名] 滞在,居住.
oleskelulupa* 11 [名] 滞在の許可.
oletettavasti [副] (luultavasti, ilmeisesti)多分,恐らく.
olettaa* 2 [動] 推測する,想像する,思う,考える.
olettamus 64 [名] 推測,推量,推定.
oleva 13 [形] 現在する,現存する;現在の,現行の,目下の.
olija 14 [名] いる人,存在者,居住者.
olinpaikka* 10 [名] 所在地;滞在地,居住地,居所,住所.
olinsija 10 [名] (olinpaikka)所在地;居住地,居所,住所.
olio 3 [名] 存在物,人間,生物.
oljenkorsi* 42 [名] わら茎;ストロー.
olka* 11 [名] 肩. *olan takaa*(=kaikin voimin)力いっぱい.
olkain 56 [名] 1. (olkalappu)肩章 2. (複数形で)ズボン吊り,サスペンダー.
olkapää 28 [名] 肩. *kohauttaa olkapäitään* 肩をすくめる.
olkavarsi* 42 [名] 上膊.
olki* 8 [名] わら茎,麦わら.

olkikattoinen 63 [形] 麦わらぶきの屋根の. *olkikattoinen* talo 麦わらぶきの屋根の家.

olkikupo* 1 [名] 麦藁の束.

olla 25 [動] ある, いる, 〜である, 実在する. / *olla olevinaan* 〜のふりをする. / *olkoon sanottu* 言葉どおりになりますように. / *olla+vähällä+*不定詞 〜しそうになる. / *olla+*不定詞 〜しそうになる. / *olkoon...hyvänsä* たとえ〜であろうとも. / *olla olemassa* 存在する, 生存する. / *olla läsnä* 出席している. / *olla poissa* 不在である, 欠席している.

ollenkaan [副] (ensinkään, lainkaan)少しも…ない, ちっとも…ない, 全く…ない.

olletikin [副] (ennen kaikkea, erityisesti)特に.

olo 1 [名] 1. いる事, 存在, 現存. 2. (olotila)状態. 3. (toimeentulo)生活手段, 生活方法, 収入. 4. (複数形で)(olosuhteet, elämäntavat)境遇, 事情, 状態, 生活, 生活状態. *säännöllisissä oloissa* 正常な状態で.

olohuone 78 [名] 居間.

olosija 10 [名]〈言〉内格・所格など場所を表す格.

olosuhde* 78 [名] (特に複数形で)状況, 事情, 環境.

olotila 10 [名] 状態.

oltava 13 [名] (olotila)状態.

olut 73 [名] ビール. *panna olutta* ビールを作る.

olutpanimo 2 [名] ビールの醸造所.

olympiakisat 10 [複名] (olympialaiset)オリンピック競技.

olympialainen 63 [形] オリンピックの. [複名] (olympiakisat)オリンピック競技.

oma 11 [形] 自分の;その物の, 固有の. / *omin päin* 自分で, 自分の責任で, 一人で. / *olla omansa+*第 3 不定詞入格(=olla omiaan+第 3 不定詞入格) 〜に適する, 〜にぴったりである. / *ottaa omakseen* 自分の物にする. / *omin luvin* 自主の, 専断の, 勝手の. [名] 同族の人, 同国人;所有物, 財産.

omaaja 16 [名] 所有者.

oma-aloitteisesti [副] (omaehtoisesti)自力で.

omahyväinen 63［形］自己満足の, 独りよがりの, うぬぼれの.

omainen 63［名］(通常は複数形で)家族, 親戚, 親類.［形］血縁関係がある；近い関係の, よく知っている, 自分の.

omaisuus* 65［名］財産, 所有物.

omakotitalo 1［名］一戸建住宅.

omaksua 1［動］所有する, 自分の物にする.

omakätinen 63［形］自筆の, 自署の.

omalaatuinen 63［形］特有の, 固有の.

omalupainen 63［形］自主の, 専断の, 勝手の.

omanarvontunto* 1［名］自尊心.

omantunnonasia 14［名］良心上の問題.

omantunnonrauha 10［名］良心の平安(平和).

omantunnontuska 11［名］良心のとがめ, 心の苦しみ.

omanvoitonpyynti* 4［名］自分本位, 利己主義.

omanvoitonpyyntöinen 63［形］利己的な, 自分本位の.

omanvoitonpyytämätön* 57［形］利己的でない, 私欲のない, 無私の.

omaperäinen 63［形］1. (itsenäinen)独自の, 自分の, 独立の　2. (omalaatuinen)特殊の, 特別の.

omapäinen 63［形］我儘な, 強情な.

omatekoinen 63［形］手製の, 自作の.

omatunto* 84［名］良心.

omavaltainen 63［形］自主の, 専断の, 勝手の.

omavarainen 63［形］(riippumaton)自分の, 独立した, 自給自足の.

omena 12［名］りんご.

ominainen 63［形］特徴的な, 典型的な, …を代表している.

ominaispaino 1［名］〈理〉比重.

ominaisuus* 65［名］性能, 固有の性質, 特質, 特徴.

omintakeinen 63［形］固有の, 特有の, 独創的な.

omistaa 2［動］所有する, 持つ；自分のものと認める.

omistaja 16［名］持ち主, 所有者, オーナー.

omistautua* 44 ［動］～に没頭する，～に力を注ぐ，～に集中する.
omistus 64 ［名］所有.
omistuskirjoitus 64 ［名］献呈・贈呈のことば.
omistusoikeus* 65 ［名］所有権
omituinen 63 ［形］特異な，独得の，特殊の；奇妙な，風変わりの.
ommella* 28 ［動］縫う，ぬい合わせる，ぬいつける.
ompelijatar* 54 ［名］洋裁師(女)；お針子.
ompelu 2 ［名］裁縫，針仕事.
ompelukaava 10 ［名］型紙.
ompelukone 78 ［名］ミシン.
ompelulanka* 10 ［名］ミシン糸.
ompelulipas* 66 ［名］針箱.
ompelusormus 64 ［名］指ぬき.
ongelma 16 ［名］問題，難問.
ongenkoukku* 1 ［名］釣り針.
ongenvapa* 10 ［名］釣り竿.
onki* 8 ［名］釣り.
onkia* 17 ［動］釣る，魚をとる.
onkija 14 ［名］釣り人.
onkivapa* 10 ［名］釣り竿.
onnahtaa* 2 ［動］びっこをひく，不均衡な歩き方をする.
onnekas* 66 ［形］幸運な，運のいい，縁起のいい.
onnellinen 63 ［形］幸せな，幸福な，幸先きのよい，めでたい.
onnellisuus* 65 ［名］幸せ，幸福.
onnentoivotus 64 ［名］お祝いの言葉，お祝い.
oneton* 57 ［形］不幸せな，運の悪い.
onnettomuus* 65 ［名］不幸せ，不幸；不運な出来事，事故，災難.
onnettomuustapaus 64 ［名］事故，災難.
onni 8 ［名］幸せ，幸福；運，運勢. *potkaisee onni* (=onnistaa)ついている，ラッキーである. *onnea!* 幸運を祈る，おめでとう. *onneksi* 幸いにして，運よく. *Onnea* matkalle! 良いご旅行を.
onnistaa 2 ［動］ついている，うまくいく.

onnistua 1 ［動］成功する，うまくゆく．(第3不定詞入格と共に) *Onnistuin* saamaan kirjan. うまく本を手に入れる事ができた．(不定詞と共に3人称単数形で) Minun *onnistui* saada kirja. うまく本を手に入れる事ができた．

onnistunut 77 ［形］ 1. 成功した，うまくいった． 2. (mainio, oivallinen) 優れた．

onnitella* 28 ［動］祝いの言葉を述べる，喜びを表す，おめでとうを言う．

onnittelu 2 ［名］祝詞，祝辞．sydämelliset *onnittelut* 心からの祝辞．*onnittelukortti* お祝いのカード．

ontelo 2 ［名］空所(洞)．

ontto* 1 ［形］からっぽの．

ontua* 1 ［動］びっこをひく．

opas* 66 ［名］案内者，ガイド；旅行案内者．

opastaa 2 ［動］道案内をする；手引きする，教える，指導する．

opetella* 28 ［動］学ぶ，習う；練習する，けいこする．

opettaa* 2 ［動］教える，仕込む，しつける．

opettaja 16 ［名］先生，指導者；師匠．

opettajatar* 54 ［名］女教師，女の先生．

opettajisto 1 ［名］先生の集まり，先生たち．

opettava 13 ［形］(opettavainen) 教訓(育)になる，教訓的な．

opetus 64 ［名］授業，講義；教え，訓練．

opetuslapsi 45 ［名］弟子，門弟；〈聖〉(キリストの)使徒．

opetusministeri 5 ［名］文部大臣．

opetussuunnitelma 13 ［名］教科案，カリキュラム．

opetustapa* 10 ［名］教授法．

opetustunti* 4 ［名］授業時間．

opillinen 63 ［形］学問的な，学問のある．

opinahjo 1 ［名］学問の中心地．

opinala 10 ［名］(oppiala) 学問上の専攻，専門分野．

opinhalu 1 ［名］知識欲．

opinnot* 2 ［複名］勉強，勉学，研究．

opiskelija 14 [名] 学生.
opiskella 28 [動] 学ぶ, 学習する, 研究する.
opiskelu 2 [名] 学習.
opiskeluinto* 1 [名] 向学心, 勉強熱.
opisto 2 [名] 大学, 研究所, 研究機関.
oppi* 4 [名] 教え, 教理, 学問, 理論.
oppia* 17 [動] (第3不定詞入格と共に)学ぶ, 勉強する, 習う.
oppiaine 78 [名] 学科, 教科, 科目.
oppiarvo 1 [名] (大学の)学位.
oppikirja 10 [名] 教科書.
oppikoulu 1 [名] 中学, 高等学校.
oppilaitos 64 [名] 教育機関, 学校.
oppilas 66 [名] 生徒, 学生, 弟子.
oppimaton* 57 [形] 無学な.
oppimattomuus* 65 [名] 無学.
oppimäärä 11 [名] 課題.
oppinut 77 [形] 学問がある, 教育を受けた.
oppipoika* 11 [名] 弟子, 徒弟, 門人.
oppitunti* 4 [名] 授業時間.
oppivainen 63 [形] よく覚える, よく学習する, よく教えを聞く.
optiikka* 15 [名] 光学.
optikko* 2 [名] めがね屋, 眼鏡商.
oras 66 [名] 若芽, 新芽.
orastaa 2 [動] 芽を出す, 発芽する.
orava 13 [名] 〈動〉リス(総称).
orja 11 [名] 奴隷.
orjanruusu 1 [名] 〈植〉ノイバラの一種.
orjantappura 15 [名] (orjanruusu) 〈植〉☞ orjanruusu.
orjuuttaa* 2 [動] 奴隷にする, 奴隷扱いする.
orkesteri 5 [名] オーケストラ.
orkesterinjohtaja 16 [名] オーケストラの指揮者.
orpo* 1 [名] 孤児, 両親(片親)のない子. [形] みなしごの, 孤児の.
orpokoti* 4 [名] 孤児院.
orpolapsi 45 [名] 孤児.

orsi* 42 [名] 横木, 鴨居.
orvokki* 5 [名] 〈植〉スミレ(総称).
osa 11 [名] 1. 部分, 一部. 2. 地域. 3. 役割. 4. 巻. / *osaksi* 部分的に, ある程度まで. / *osaltaan* (=omasta puolestaan) 自分の方からは. / *ottaa osaa* +入格 同情する; 参加する. / *pieneltä osalta* 一部分は. / *saada osakseen* 手に入れる, 所有する. / *suurelta osalta* 大部分は. / *suuri osa* +出格 ～の中の大部分.
osa-aikatyö 30 [名] パートタイムの仕事.
osaaottavainen 63 [形] 関心を持つ, 関係する, 同情する.
osakas* 66 [名] 関与者, 関係者; 〈商〉株主.
osake* 78 [名] 株; 株式, 株券.
osakeyhtiö 3 [名] 株式会社.
osakunta* 11 [名] 学生自治会.
osallinen 63 [形] 携わっている, 関係のある, ～にあずかる. *päästä osalliseksi* +出格 ～の利益にあずかる.
osallistua 1 [動] 関係する, 加わる, 参加する.
osallistuja 16 [名] 参加者.
osamaksu 1 [名] 〈商〉分割払い. *osamaksulla* 分割払いで.
osamäärä 11 [名] 全体の一部分.
osanottaja 16 [名] 参加者.
osanotto* 1 [名] 1. 関係, 参与. 2. 同情, 思いやり, 同感.
osapuilleen [副] (suunnilleen, noin) およそ, 大体.
osapuoli 32 [名] 契約の相手, 当事者.
osasto 2 [名] 1. 部門, 部, 課. 2. (大学の)学部. 3. (行政組織の)局.
osata 35 [動] できる, やり方を知っている; ～することができる. *osata tie* 道を知っている. *osata ～ oikeaan* 言い当てる.
osaton* 57 [形] 関係していない, 参加していない; 不幸せな, 貧しい.
osin [副] (osittain) 一部分.
osinko* 2 [名] 〈商〉配当金, 利益, 配当.

otella

osittain [副] (osa osalta, osina)部分的に, 一部分；少しは, いくらか.
osoite* 78 [名] 住所, アドレス.
osoitelappu* 1 [名] 発送する荷物に添付する住所を書いた紙, はり札, 荷札.
osoitella* 28 [動] 見せる, 示す.
osoitin* 56 [名] (時計, メーターなどの)針.
osoittaa* 2 [動] 1. 示す, 表す, 指摘する. 2. 説明する. *osoittaa mieltään* 実証する；指示する.
osoittautua* 44 [動] 自分を示す, 自分が～であると示す.
osoitus 64 [名] 指示, 指導, 指摘；例示.
ostaa 2 [動] 買う, 購入する, 手に入れる.
ostaja 16 [名] 買い手.
osteri 5 [名] 〈貝〉かき.
osto 1 [名] 買うこと, 買入れ, 購入.
ostos 64 [名] 買物, 買った品物. *mennä ostoksille* 買物に行く. *käydä ostoksilla* 買物に行く.
osua 1 [動] 当たる, 命中する, 的中する；偶然起こる. *osua maaliin* 的を射当てる. *osua yhteen* 一致する.
osuma 13 [名] 命中, 的中.
osuus 65 [名] 分け前, 一部分.
osuuskauppa* 10 [名] 消費組合の店.
osuuskunta* 11 [名] 共同組合, 共同組合組織, 団体.
osuustoiminnallinen 63 [形] 組合の, 団体の.
osuustoiminta* 15 [名] 共同作業；共同組合, 消費組合, 共同組合活動.
osuva 13 [形] (terävä)鋭い.
otaksua 1 [動] …と思う, 想像する, 考える, 推測する.
otaksuma 13 [名] 推測.
otava 13 [名] 〈天〉北斗七星.
ote* 78 [名] 1. (出格と共に)引用, 引用句, 引用文. 2. 握り, 握ること. 3. (menettely, teko)行為, 行動. *ripein ottein* 大急ぎで, 活発に. *useaan otteeseen* 数回
otella* 28 [動] 戦う, 格闘する.

otollinen 63 [形] 心にかなう, 好ましい, ほどよい
otsa 11 [名] 額(ひた).
otsake* 78 [名] 標題, 書名.
otsikko* 2 [名] (書物の)表題, 見出し.
otsikoida 18 [動] 題を付ける.
ottaa* 2 [動] 取る, 手に取る, つかむ, 捕らえる. 2. 手に入れる. 3. 衣類を脱ぐ・取る. ／*ottaa hengiltä* 殺す. ／*ottaa ~ huoleksi* 仕事にする, 成し遂げる. ／*ottaa huomioon*(=panna merkille)留意する, 注意を払う. ／*ottaa ja*+動詞：動詞の意味を強める. ／*ottaa kiinni* 逮捕する, つかむ. ／*ottaa käytäntöön* (=*alkaa käyttää*)実用化する, 使い始める. ／*ottaa mukaan* 持ってゆく. ／*ottaa osaa*＋入格：同情する. ／*ottaa puheeksi* 言及する, 話題などを持ち出す. ／*ottaa päiviltä*(=surmata)殺す. ／*ottaa selvää* 明らかにする. ／*ottaa vastaan* 迎える, 迎え入れる. ／*ottaa vauhtia* 助走する, スピードを上げる. ／*ottaa yhteen* 突き合わせる, 戦う.
ottelu 2 [名] 試合, 競技.
ottolapsi 45 [名] 養子.
otus 64 [名] (riistaeläin)狩りの動物.
oudoksuttaa* 2 [動] (oudostuttaa)驚かせる, 不思議がらせる, 奇妙な印象を与える.
oudostuttaa* 2 [動] 驚かせる, 不思議がらせる, 奇妙な印象を与える.
outo* 1 [形] 1. 見知らない, 見慣れない, 珍しい. 2. 変な, 普通ではない.
ovela 12 [形] ずるい.
oveluus* 65 [名] ずるさ, 狡猾.
ovenripa* 10 [名] 戸の取っ手, ハンドル.
ovenvartija 14 [名] 門番, 番人, 夜番.
ovi 8 [名] 戸, ドア. *olla ovella* 間近である.
ovikello 1 [名] ドアのベル.
oviraha 10 [名] 入場料.
oy. (osakeyhtiö の略)株式会社.

P

-pa ［接尾辞］（-pä)話を始める時，話題を変える時などに動詞に付加される．
paahde* 78 ［名］熱さ，暑さ，灼熱．
paahtaa* 11 ［動］1.（太陽が)照りつける．2. トーストする，(肉などを)焼く，あぶる，フライにする；あたためる，熱する．
paahtoleipä* 11 ［名］トーストパン．
paahtopaisti 4 ［名］ローストビーフ．
paali 4 ［名］（商品などの)大包み．
paalu 1 ［名］地面に立てる杭・棒・柱．
paanu 1 ［名］屋根板(50cm×10cm位の薄板)．
paarit 4 ［複名］担架．
paarma 10 ［名］〈虫〉アブ(総称)．
paasi* 40 ［名］大きくて平らな岩，平らな大岩．
paasto 1 ［名］断食，絶食．
paastota 38 ［動］断食する．
padota* 38 ［動］堰・ダムを作る，堰・ダムで水を堰き止める．
paeta* 34 ［動］逃げる，のがれる，いなくなる，逃亡する，遠ざかる．
paha 10 ［形］悪い，罪深い，悪意の，邪悪な，よこしまな．［名］悪，罪．
pahamaineinen 63 ［形］評判の悪い，悪評高い．
pahanilkinen 63 ［形］意地悪な．
pahankurinen 63 ［形］(tottelematon, vallaton)我儘な，自分勝手な．
pahanpäiväinen 63 ［形］無価値な，あわれな．
pahansuopa* 11 ［形］意地の悪い，悪意のある，たちの悪い．
pahantahtoinen 63 ［形］悪意の，悪意に満ちた．
pahantapainen 63 ［形］1. 悪行の，非行の，社会秩

序を乱す. 2. 悪性の, 悪質の.
pahantekijä 14 [名] 悪事を行う人, 悪人.
pahanteko* 1 [名] 悪行, 犯罪.
pahasti [副] ひどく, 激しく, たくさん, 余り, 悪く.
pahastua 1 [動] 怒る, 気を悪くする, 感情をそこなう.
pahatapainen 63 [形] 行いが悪い.
pahe 78 [名] 悪, 悪徳, 不道徳；非行, 悪習.
paheellinen 63 [形] 不道徳な, 不品行な, 堕落した.
paheksua 1 [動] 遺憾に思う, 不満を示す, 不賛成を唱える；非難する, とがめる.
pahennus 64 [名] 無礼, 侮辱；気を悪くすること, つまずくこと.
pahentaa* 8 [動] 悪化させる；つまずかせる, 怒らせる.
pahentua* 1 [動] 1. 病気・状態などが悪くなる. 2. 食べ物が腐る, 悪くなる. 3. 気を悪くする, 傷つく.
paheta 34 [動] (pahentua) 1. 病気・状態などが悪くなる. 2. 食べ物が腐る, 悪くなる. 3. 気を悪くする, 傷つく.
pahitteeksi [副] (olla と共に否定文で) 悪く.
pahka 10 [名] こぶ, 膨らみ, 腫れ.
pahna 10 [名] (通常は複数形で) 敷き藁.
pahoillaan [副] (suruissaan) 悲しんで, 気分を害して. *olla pahoillaan* 悪く思う, 申し訳ないと思う.
pahoin [副] ひどく, 激しく, 悪く, まずく, へたに. *voida pahoin* 気分が悪い, むかむかする, めまいがする.
pahoinpidellä* 28 [動] (runnella) ひどく取り扱う, めちゃくちゃにする, だめにする.
pahoinpitely 2 [名] 心身への圧迫, 迫害, 暴行, 虐待, 残酷なことをすること.
pahoinvointi* 4 [名] 気持ちが悪い状態, 苦しい状態, むかつき, 吐き気.
pahoitella* 28 [動] (päivitellä) 悔やむ, 後悔する, 残念に思う.
pahoittaa* 2 [動] 怒らせる；感情を害する, 悲しませる；(名声を) 傷つける, 不快にさせる.

paholainen 63 [名] (piru)悪魔, 鬼, 悪鬼, サタン.
pahuus* 65 [名] 悪いこと, 不良；邪悪, 悪意, 敵意.
pahvi 4 [名] 厚紙, ボール紙.
pahvikotelo 2 [名] 段ボール箱.
pahvilaatikko* 2 [名] 段ボール箱.
paidanhiha 10 [名] シャツの袖.
paikalla [副] その場で, 現場で. *heti paikalla* すぐさま, 直ちに, 即座に.
paikallaan [副] 現場で.
paikallinen 63 [形] 地方の, ローカルな.
paikallis- 合成語の前の部分を構成し「地方の」「ローカルな」などの意味を表す.
paikallisaika* 10 [名] 現地時間.
paikallisjuna 11 [名] 普通列車, 地方列車, ローカル列車.
paikalliskuoletus 64 [名]〈医〉(paikallispuudutus) 局部麻酔.
paikallisliikenne* 78 [名] 地方運輸, 区間運輸.
paikallispuudutus 64 [名]〈医〉局部麻酔.
paikanhakija 14 [名] 求職者, 応募者, 申込者.
paikanhaku* 1 [名] 求職, 応募.
paikannimi 8 [名] 地名.
paikanvälitys 64 [名] 職業斡旋, 職業紹介.
paikanvälitystoimisto 2 [名] 職業紹介所.
paikata* 35 [動] (korjata)直す, 修理する, 修繕する, つぎを当てる.
paikka* 10 [名] 1. 場所, 座席. 2. つぎ布. *paikoillaan* その場で. *paikoillanne* 位置について(競走の号令). *pitää paikkansa* 有効である, 効力がある, 相応しい.
paikkakunnallinen 63 [形] 地方の, ローカルな. *paikkakunnallinen vivahde* 地方色.
paikkakunta* 11 [名] 地方, 場所, 現場；地点, 位置, 所在.
paikkalippu* 1 [名] 座席券, 座席指定券.
paikkanumero 2 [名] 座席番号.
paikkaus 64 [名] つぎ当て, 修理, 修繕.
paikkavaraus 64 [名] 座席の予約.

paikkeilla [名] (変化は paikkeilla, paikkeilta, paikkeille のみ)(場所・時間・数量などについて)～のあたり, ～ぐらい, ～頃.

paikoitellen [副] 所々.

paimen 55 [名] 牧夫, 羊飼い.

paimentaa* 8 [動] (羊などを)飼う, 遊牧する, (家畜の)番をする, 見張る, 世話をする.

paimentolainen 63 [名] 遊牧民.

paimentyttö* 1 [名] 羊飼いの少女.

painaa 9 [動] 1. 押しつける；印刷する. 2. ～の重さがある, ～の重さである. *painaa puuta* 腰掛ける.

painaja 16 [名] 印刷者；印刷所.

painajaisuni 32 [名] 悪夢.

painaltaa* 5 [動] 急いで行く.

painattaa* 2 [動] 印刷する；出版する, 発行する.

painautua* 44 [動] うずくまる, かがむ.

painava 13 [形] (raskas)重い, 重みのある；重大な, 重要な.

painavuus* 65 [名] 重さ.

paine 78 [名] 押すこと, おもし；圧力；圧迫, 強制.

paini 4 [名] 格闘, 〈ス〉レスリング.

painia 17 [動] 〈ス〉レスリングをする.

painija 14 [名] 〈ス〉レスラー.

paino 1 [名] 体重, 重さ；印刷；磁力, 引力；〈声〉(dynaaminen aksentti)語勢, 強めのアクセント.

painoinen 63 [形] (属格と共に)～の重さの.

painokas* 66 [形] (painava)重い；重大な, 強力な.

painolasti 4 [名] 石・水など船に重さを与えるだけの不要な積み荷.

painollinen 63 [形] 〈声〉強めのアクセントがある.

painopiste 78 [名] 〈理〉重心.

painos 64 [名] 版；印刷, 印刷物.

painostaa 2 [動] 力説する, アクセントを入れる；押しつける, 圧迫する.

painostava 13 [形] 圧制的な, 圧迫的な；重苦しい, 暑苦しい.

painostus 64 [名] 圧迫, 強制.

painoton* 57 [形] 〈声〉強めアクセントがない.

painotuote* 78 ［名］印刷物.
painovapaus* 65 ［名］〈法〉出版の自由.
painovirhe 78 ［名］ミスプリント, 誤植.
painovoima 11 ［名］〈理〉引力.
painovoimalaki* 4 ［名］万有引力の法則.
painua 1 ［動］1. 沈む, 沈澱する. 2. 気持ちが沈む, ～の中に沈む. 3. 〈常〉(mennä, lähteä)行く, 出掛ける. ／*painua mieleen*(又は *mieliin*)心に銘記する, 感動させる. ／*painua tiehensä* 逃げてゆく.
paise 78 ［名］腫物, おでき.
paiskata 35 ［動］閉める, ぴしゃりと閉じる；投げる, ほうり投げる；(牢獄などへ)ぶち込む. *paiskata kiinni* バタンと閉める.
paistaa 11 ［動］1. 輝く, 照る, 光る. 2. (料理のために)焼く, あぶる. *paistettu peruna* 焼いたジャガイモ.
paistattaa* 2 ［動］焼く. *paistattaa aurinkoa* 日光浴する.
paiste 78 ［名］ギラギラする光, 光輝.
paisti 4 ［名］焼き肉, ロース.
paistinpannu 1 ［名］フライパン.
paistinuuni 4 ［名］(料理用の)天火, 炉.
paisua 1 ［動］(kehittyä, ajettua) 1. 大きくなる, ふくらむ, 腫れる, 増大する. 2. (出格と主格, 又は主格と変格)立派な地位につく, 偉くなる.
paisuma 13 ［名］腫れ, ふくれ.
paita* 10 ［名］シャツ, ワイシャツ, (女性の)はだ着.
paitasillaan ［副］シャツで, シャツ一枚で.
paitsi ［副］何も無しに, 不足して. ［後］(分格と共に)～なしに, ～に加えて, ～と並んで. *sitä paitsi* (=*sen lisäksi*)その上, 更に. ［前］(分格と共に)～を除いて. ［接］～を除いて. *paitsi...myös...* (=ei ainoastaan...vaan myös)～だけではなくて～も, ～に加えて～も.
paja 10 ［名］仕事場.
pajattaa* 2 ［動］ぺちゃぺちゃしゃべる.
paju 1 ［名］〈植〉ヤナギ(総称).
pakahtua* 1 ［動］(haljeta)破裂する, はち切れる.
pakana 17 ［名］異教徒.

pakanallinen 63 [形] 異教の, 異教的な.
pakara 15 [名] (takapuoli, takamus)(通常は複数形で)お尻.
pakari 5 [名] 〈俗〉パンを焼く部屋.
pakarihuone 78 [名] パンを焼く部屋.
pakastaa 2 [動] 寒くなる, 寒さが厳しくなる.
pakaste 78 [名] 冷凍食品.
pakata* 35 [動] 荷造りする, 梱包する, 包む, 包装する.
pakeilla [名] (変化は pakeilla, pakeilta, pakeille のみ)(属格を伴って後置詞のように使われる)〜と話をしに, 話す, 話をする.
paketti* 5 [名] 小包み, 包み, 小荷物.
pakina 14 [名] 気楽な会話, 雑談, おしゃべり.
pakinoida 30 [動] (pakista)〜と話す, 雑談する, 気軽に話す.
pakista 41 [動] (pakinoida)気軽に話す.
pakka* 10 [名] 束, ひと山.
pakkanen 63 [名] 氷点下, ひどい寒さ, 氷点下の寒さ.
pakkasaste 78 [名] 氷点.
pakkasilma 10 [名] 寒さ, 寒い日, 寒い天気.
pakkaus 64 [名] 包装, 包み, 箱.
pakko* 1 [名] 義務, 避けられない事, 強制, 圧迫, 無理強い. Minun on *pakko* 〜. 私は〜しなければならない.
pakkohuutokauppa* 10 [名] 差し押さえ品の競売.
pakkokeino 1 [名] 強制的手段.
pakkolunastus 64 [名] 〈法〉土地の収用, 公用徴収.
pakkoluovutus 64 [名] 〈法〉引渡, 明渡し, 譲渡.
pako* 1 [名] 逃亡, 逃走, 脱出, 敗走. ／分格＋*pakoon* 〜を逃れて. ／*ajaa pakoon* 追い返す. ／*juosta pakoon* 逃げる. ／*lähteä pakoon* 逃げる. ／*pötkiä pakoon* 逃げる.
pakokaasu 1 [名] 〈技〉排気ガス.
pakokauhu 1 [名] 狼狽, パニック, 恐慌.
pakolainen 63 [名] 逃亡者, 脱走者；亡命者, 避難民.
pakollinen 63 [形] 義務的な, 避けられない, 強制的

な, 強行の.

pakollisuus* 65 [名] 義務, 強制.

pakonalainen 63 [形] (pakotettu, pakollinen)義務づけられた, 強制された, 義務的, 強制的.

pakoputki 8 [名] 〈技〉(自動車の)マフラ.

pakottaa* 2 [動] 1. (入格と共に)押し付ける, 強制する, 強要する. 2. (金属板に)打ち出し細工をする. 3. (3人称の形で)(頭・腹・傷などを)痛ませる, うずかせる.

pakovesi* 40 [名] ひき潮, 退潮.

paksu 1 [形] 厚い, 分厚い, 太い.

paksuinen 63 [形] (属格を伴って)～の厚さの, 厚い, ～の太さである.

paksuus* 65 [名] 厚さ.

pala 10 [名] ひと切れ, 一部分, 小片, 小さいかけら; (砂糖の)塊り;(食物の)一口.

palaa 9 [動] 1. 燃える, 燃え上がる, 焼ける, 焦げる. 2. (日に)焼ける. 3. 熱中する, 憧れる.

palanen 63 [名] 小さいひときれ, かけら, 小片.

palata 40 [動] 帰る, 戻る, 返る, 復帰する, 立ち戻る. *palata takaisin* 帰る, 戻る.

palatsi 6 [名] 宮殿, 御殿；邸, 館.

palauttaa* 2 [動] 返す, もどす, 元通りにする, 復帰させる.

palautua* 44 [動] 帰る.

palautus 64 [名] 帰り, 返却.

palella 28 [動] (3人称の形で)寒い, 寒く感じる. Minua *palelee*. 私は寒い.

paleltua* 1 [動] こごえる, 氷結する.

paleltuma 13 [名] 霜焼け, 凍傷.

palikka* 15 [名] 木切れ.

paljas 66 [形] 裸の, むき出しの；まじりけのない, ありのままの, 飾りのない. *paljain silmin* 肉眼で.

paljasjaloin [副] はだしで.

paljastaa 2 [動] 表す, 裸にする, むき出しにする, さらす;(秘密を)あばく, 暴露する. *paljastaa salaisuus* 暴露する, 秘密をもらす. *paljastaa miekkansa* 刀を抜く.

paljastua 1［動］現れる,裸になる,あらわになる.
paljastus 64［名］表すこと,裸にすること；除幕；秘密の暴露.
palje* 78［名］(通常は複数形で)ふいご.
paljon　［副］(比較級 enemmän, 最上級 eniten) 1. (名詞の分格と共に)多くの. 2. (動詞と共に)多く,豊富に. 3. 比較級の前でその意味を強調する.
paljous* 65［名］多数,多量,豊富さ.
palkankorotus 64［名］給料の増加,昇給.
palkata* 35［動］雇う,雇い入れる,給料を払う.
palkaton* 57［形］無給の,給料が支払われない.
palkinto* 2［名］報酬,お礼,謝礼；ほう美,賞,賞品,賞金.
palkintokilpailu 2［名］懸賞金つき公募.
palkintotuomari 5［名］懸賞審査員,審査員.
palkita 31［動］報酬を与える.
palkka* 10［名］給料；報酬,むくい.
palkkalainen 63［名］受給者,被雇用者.
palkkamäärä 11［名］給料の総額.
palkkasopimus 64［名］給料についての契約・取決め.
palkkaus 64［名］報酬の支払い,報酬.
palkki* 4［名］厚板.
palkkio 3［名］報酬.
palko* 1［名］豆のさや.
palkohedelmä 13［名］鞘(さや)に入った果実.
pallea 15［名］横隔膜.
palli 4［名］ピアノのいす,背のないいす.
pallo 1［名］球,ボール；球体.
pallokartta* 10［名］地球儀.
pallomainen 63［形］球状の,球体の.
pallonpuolisko 2［名］半球. *pohjoinen pallonpuolisko* 北半球. *eteläinen pallonpuolisko* 南半球.
pallopeli 4［名］球技.
palmikko* 2［名］編んだ髪.
palmu 1［名］シュロ,シュロの木,ヤシの木.
palo 1［名］火事,火災,焼け跡.
paloasema 13［名］消防署.
paloauto 1［名］消防自動車.

palohaava 10 [名] 火傷.
palohälytys 64 [名] 火災警報.
palohälytyslaite* 78 [名] 火災警報装置, 火災報知器.
paloitella* 28 [動] 散り散りにする, 粉々にする, 細切れにする.
paloittaa* 2 [動] 散り散りにする, 粉々にする, 切り刻む, 細かくする.
paloittua* 1 [動] 散り散りになる, 粉々になる.
palokalusto 2 [名] 消火装置, 消火用機材・道具.
palokello 1 [名] 出火響鐘.
palokunta* 11 [名] 消防隊.
palokuntalainen 63 [名] 消防署員, 消防隊員.
palokärki* 8 [名] 〈鳥〉クマゲラ(キツツキ科). 学名 Dryocopus martius.
palorakkula 15 [名] 火傷による水ぶくれ.
paloruisku 1 [名] 消火ポンプ, 消防ポンプ.
palotoimi 35 [名] 消防活動(研究や開発なども含む).
palovaara 10 [名] 火災の危険.
palovahinko* 2 [名] 火災の損害.
palovakuutus 64 [名] 火災保険.
palovamma 10 [名] 火傷.
paloviina 10 [名] 強い酒, 強い蒸留酒.
paloöljy 1 [名] 石油.
palsta 10 [名] (新聞の)段, 欄, コラム.
palttina 15 [名] 木綿の布.
palttinanvalkoinen 63 [形] 布のように白い.
paluu 25 [名] 帰ること, 帰還, 復帰. *meno ja paluu* 往復.
paluulippu* 1 [名] 帰りの切符・乗車券.
paluumatka 10 [名] 帰りの旅, 帰り.
paluutie 30 [名] 帰りの道；帰り.
palvata 35 [動] 肉・魚などを干物にする, 薫製にする.
palvelevainen 63 [形] よく世話をする, 奉仕をする.
palvelija 14 [名] 召使, 使用人, 奉公人, しもべ.
palvella 28 [動] 1. 仕える, 助ける, 奉仕する, 〜のために働く. 2. 〜を崇拝する. 3. 雇われる.
palvelu 2 [名] サービス.

palveluraha 10 [名] サービス料金；チップ.
palvelus 64 [名] 奉公, 仕える事, 仕事, 職務, 奉仕, 世話すること. *tehdä palvelus* 貢献する, 役立つ.
palveluspaikka* 10 [名] 勤め口, 勤め先.
palvoa 1 [動] 礼拝する, おがむ；尊敬する, 敬う；あがめる, 憧れる.
palvonta* 15 [名] 礼拝；尊敬.
pamahdus 64 [名] (pamaus)銃声.
pamahtaa* 2 [動] 銃声がする, 爆発する.
pamaus 64 [名] (pamahdus)銃声.
pamppailla 29 [動] 心臓が鼓動する.
pamppu* 1 [名] (pomo)〈常〉ボス.
panetella* 28 [動] 陰口をきく, 悪口を言う；そしる, 中傷する.
panettelu 2 [名] 中傷, 悪口.
paneutua* 44 [動] (asettua, sijoittua)横になる, 身を置く, 寝る, 寝そべる. *paneutua levolle* やすむ. *paneutua maata* 横になる, 寝る.
panimo 2 [名] ビール工場, 酒造場.
pankki* 4 [名] 銀行.
pankkikirja 10 [名] 銀行預金通帳.
pankkikortti* 4 [名] 銀行のカード.
pankkiosoitus 64 [名] 銀行手形.
pankkisiirto* 1 [名] 銀行振替.
pankkitili 4 [名] 銀行預金.
panna 27 [動] 1. (asettaa, sijoittaa)置く, 位置させる, 入れる. 2. 着る, 身につける. 3. 金を預ける, 預金する, 委ねる. 4. (第3不定詞入格と共に)〜させる. 5. (変格と共に)〜をし始める. 6. 〜の状態にする. 7. その他の熟語的用法. 1)*panna alkuun* 始める. 2)*panna alulle* 始める. 3)*panna kiinni* 戸などをしめる, つなぐ. 4)*panna käyntiin* 機械を作動させる. 5)*panna liikkeelle* (=ottaa käytäntöön) 使用する, 活用する, 利用する. 6)*panna liikkeelle taivas ja maa*. 何でもする, あらゆる事をする. 7) *panna maata* (=mennä nukkumaan)眠る. 8)*panna merkille* (=ottaa huomioon)留意する, 注意を払う. 9)*panna näytteille* 陳列する, 展示する. 10)*panna*

olutta ビールを作る. 11) *panna paperille* 記録する. 12) *panna parastaan* (=yrittää parhaansa)最善をつくす, ベストをつくす. 13) *panna pystyyn* (=järjestää)準備する, 整える, 建設する. 14) *panna vastaan* 反対する, 反抗する.
pannu 1 [名] かま, なべ, フライパン.
pannuhuone 78 [名] ボイラー室.
pannukakku* 1 [名] 〈料〉ホットケーキ.
pannunalusta 15 [名] 鍋敷き, 鍋置き.
pano 1 [名] 1. 置くこと. 2. 〈商〉預金.
panos 64 [名] 置かれた物.
panssari 5 [名] 鎧(よろ).
pantata* 35 [動] 質に入れる, 抵当とする.
pantti* 4 [名] 質物, 質ぐさ, 担保品.
panttilaitos 64 [名] 質屋.
panttivanki* 4 [名] 人質.
paperi 5 [名] 紙；書類, 文書, 記録. *panna paperille* 記録する.
paperiarkki* 4 [名] (紙の)一枚；(新聞の)一枚刷り.
paperikauppa* 10 [名] 文房具店.
paperilappu* 1 [名] 紙切れ, メモ用紙.
paperilippu* 1 [名] 紙の旗.
paperiliuska 10 [名] 紙切れ.
paperitehdas* 66 [名] 製紙工場.
paperiveitsi 47 [名] ペーパーナイフ.
paperoida 30 [動] 壁紙を張る.
papinkirja 10 [名] 〈話〉(papintodistus)牧師が出す証明書(出生・死亡などの).
papintodistus 64 [名] 牧師が出す証明書.
pappeinkokous 64 [名] 牧師の集会.
pappi* 4 [名] 牧師, 神父.
pappila 14 [名] 牧師館.
paprika 15 [名] 〈料〉ピーマン.
papu* 1 [名] 豆, エンドウマメ.
papukaija 10 [名] 〈鳥〉オウム.
parahdus 64 [名] 叫び, 苦痛の叫び.
parahiksi [副] (parhaiksi)丁度, 辛うじて.
paraiten [副] (parhaiten, parhaimmalla tavalla)

一番よく.

paranematon* 57 [形] なおらない, 不治の.
paraneminen 63 [名] 好転, 改善, 回復.
parannus 64 [名] (uudistus) 1. 改良, 改善. 2. 病気がなおること, 治癒. 3. 〈宗〉悔い改め, 後悔, ざんげ.
parantaa* 42 [動] 1. 改良する, 改善する, よくする. 2. いやす, 治療する.
parantola 15 [名] 療養所, サナトリウム.
parantua* 1 [動] (tulla paremmaksi) 1. 好転する, 改善される. 2. (tulla terveeksi) 回復する, よくなる, 全快する.
parantumaton* 57 [形] 1. なおらない, 病気などが不治の. 2. 手に負えない, 悔い改めない.
paras 66 [形] 1. (hyvä の最上級) 一番良い, 最も良い. *parhaan kykynsä mukaan*. 一生懸命に. 2. (名詞的に) 最善. *panna parastaan* (=yrittää parhaansa) 最善をつくす, ベストを尽くす. *parhaansa mukaan* 一生懸命に, 最善を尽くして, ベストを尽くして.
parastaikaa [副] (tällä hetkellä, juuri nyt, parhaillaan) たった今, 今しがた.
parata 34 [動] (parantua) よくなる, (病気が) なおる, 健康になる.
paremmin [副] (hyvin の比較級) もっとよく, よりよく, よりじょうずに; むしろ, どちらかといえば.
paremmuus* 65 [名] よりよい事, もっとよい事.
parempi* 22 [形] (hyvä の比較級) もっと良い, より良い.
parhaiksi [副] (parahiksi) 丁度, 辛うじて.
parhaillaan [副] (nyt) ちょうど今, 今しがた, 今.
parhaiten [副] (paraiten) (hyvin の最上級) 一番よく, 最もよく, 最も上手に.
pari 4 [名] 両者, ペア; 夫婦. [不数] 二つの, 二・三の, 幾つかの. *pari kertaa* 二・三回.
parillinen 63 [形] 対になっている, 偶数の.
pariloida 18 [動] 肉などを焼く, あぶる.
parisen (不変化) [数] (noin kaksi, pari) 二, 三の.

parisen kertaa 二・三回. *parisen minuuttia* 二・三分.
pariskunta* 11 [名] 夫婦.
parissa [後] (keskuudessa)(属格と共に)～の中で, ～の間で.
paristo 2 [名] 〈電〉電池, バッテリー.
pariton* 57 [形] 対をなさない, 奇数の.
parittain [副] 二つ一組になって, 二人つれだって, 一組ずつ.
parjata 35 [動] 悪く言う, 中傷する, 侮辱する, ののしる, そしる.
parjaus 64 [名] 悪口.
parka* 10 [名] あわれなもの, かわいそうな人. [形] みすぼらしい.
parkaisu 2 [名] 叫び声, 悲鳴.
parketti* 5 [名] (parkettilattia)寄木細工の床.
parkettilattia 14 [名] 寄木細工の床.
parkita 31 [動] 〈革〉なめす.
parkkeerata 35 [動] (pysäköidä)駐車させる.
parkki* 4 [名] 1. 樹皮. 2. 駐車場.
parkkipaikka* 10 [名] 駐車場.
parkua* 1 [動] 叫ぶ, わめく, 泣き叫ぶ. *parkua nälkäänsä* 空腹で泣く.
parrakas* 66 [形] 髭もじゃの, 髭の生えた.
parranajo 1 [名] ひげをそること.
parranajokone 78 [名] 電気かみそり.
parranajoterä 11 [名] かみそりの刃.
parras* 66 [名] 脇, ふち.
parrasvalo 1 [名] フットライト.
parsa 10 [名] 〈植〉〈料〉アスパラガス.
parsia 17 [動] 衣服を修繕する, 繕う.
parsinlanka* 10 [名] (ほころびの穴の)かがり糸.
parsinneula 10 [名] 縫い針.
parta* 10 [名] 髭, あごひげ. *ajaa parta* 髭を剃る. *nauraa partaansa* 一人笑いする, 静かに笑う.
partaalla [後] (属格と共に)～の近くに.
partainen 63 [形] 髭のある, 髭を生やした.
partakone 78 [名] ひげ剃り機,
partapehko(*) 1 [名] ひげもじゃ.

partaveitsi 47 [名] 髭剃り, かみそり.
partavesi* 40 [名] シェーブローション.
partio 3 [名] 偵察兵, 巡査, パトロール.
partiolainen 63 [名] ボーイスカウト, ガールスカウト.
partiopoika* 11 [名] ボーイスカウト.
partiotyttö* 1 [名] ガールスカウト.
parturi 5 [名] 床屋, 理髪店, 理髪師.
parveilla 28 [動] 群れとなって動く, 群がる.
parveke* 78 [名] ベランダ, 桟敷, 二階席, バルコニー.
parvi 8 [名] 1. 群れ, 大群, 群衆, 人ごみ. 2. 屋根裏の部屋.
-pas(-päs) [接尾辞] (-pa(-pä))命令・勧告などの意味を和らげる働きをする.
passata 35 [動] 〈常〉(palvella)仕える, 世話する.
passaus 64 [名] 〈常〉サービス.
passi 4 [名] パスポート, 旅券.
passintarkastus 64 [名] 旅券検査, パスポート検査, 入国審査.
passitoimisto 2 [名] 旅券局, 旅券取扱所.
passittaa* 2 [動] 1. 監獄に送る. 2. 命令して行かせる.
pastori 5 [名] 牧師, 司祭, 聖職者.
pasuuna 18 [名] 〈楽〉トロンボーン.
pata* 10 [名] 鍋；(トランプの)スペード.
patikoida 30 [動] 〈常〉歩く.
patja 10 [名] ベッドの下敷き, マット, 敷ぶとん.
pato* 1 [名] 堰, ダム, 堤防.
patsas 66 [名] 柱；柱像, 彫像, 立像.
pauhata 35(40) [動] (海が)うなる；どなる, 怒号する.
paukahtaa* 2 [動] 突然大きな音を立てる.
paukauttaa* 2 [動] 叩いて大きな音を立てる.
pauke* 78 [名] 破裂音.
paukkua* 1 [動] 破裂する.
paula 10 [名] 1. 係留ロープ. 2. 〈狩〉罠.
pehko(*) 1 [名] (pensas)薮, 小森.

pehku 1 [名] 麦藁, 敷き藁.
pehmentää* 8 [動] 1. 柔らかくする, ほぐす. 2. 心をやわらげる, 穏やかにする.
pehmetä 34 [動] 1. 柔らかくなる, ほぐれる, ゆるむ. 2. 心が和らぐ, 穏やかになる.
pehmeys* 65 [名] 柔らかさ；寛大さ.
pehmeä 21 [形] 柔らかい；寛大な.
pehmittää* 2 [動] 柔らかにする.
pehmitä 37 [動] 柔らかになる.
pehmustaa 2 [動] 器具や薬品を使って柔らかくする.
peijaiset 63 [複名] 熊祭り.
peijata 35 [動] (pettää, petkuttaa)騙す, 欺く.
peikko* 1 [名] 妖精, 鬼.
peilailla 29 [動] 1. 鏡で見る. 2. 反射する, 映し出す.
peilata 35 [動] 〈常〉1. 鏡で見る. 2. 鏡のように反射する, 映し出す.
peili 4 [名] 鏡.
peilikamera 15 [名] レフレックスカメラ, 反射カメラ, レフ.
peippo* 1 [名] 〈鳥〉アトリ. 正しくはズアオアトリ (スズメ目アトリ科). 学名 Fringilla coelebs.
peite 78 [名] (peitto)おおい, 毛布, カバー, ベール, (本の)表紙.
peitellä* 28 [動] ふたをする, おおう, 包む, くるむ, (本に)表紙をつける.
peitto* 1 [名] (peite)毛布, 掛けぶとん, カバー. *peitossa* 覆われて, 隠されて. *peittoon* 覆われて, 隠されて.
peittyä* 1 [動] 覆われる, 包まれる.
peittäytyä* 44 [動] 隠れる.
peittää* 2 [動] 覆う, 隠す, かぶせる.
pelaaja 16 [名] 競技者, 選手.
pelastaa 2 [動] 助ける, 救う, 救助する, 救済する.
pelastaja 16 [名] 1. 救い出す人, 救助者. 2. 〈宗〉救い主.
pelastautua* 44 [動] 救い出される, 救助される.
pelastua 1 [動] 助かる, 無事である, 救われる, 逃れる, 解放される.

pelastus 64 [名] 1. 救出, 救助, 救済. 2. 〈宗〉救い.
pelastusarmeija 15 [名] 救世軍.
pelastusasema 13 [名] (meripelastusasema)海難救助本部.
pelastusliivi 4 [名] 救命着, 救命ベルト.
pelastusrengas* 66 [名] 救命浮袋, ライフブイ.
pelastusvyö 30 [名] 救命ジャケット, 救命胴衣, ライフベルト.
pelata 35 [動] ゲーム・チェスなどをする, かけごとをする, 球技などをする, 遊ぶ, 戯れる, もて遊ぶ.
peli 4 [名] 1. ゲーム, 遊び, 試合. 2. 娯楽, とばく. 3. 〈俗〉(soitto)演奏.
pelijakso 1 [名] ゲームのピリオド, ゲームの前半と後半, 競技時間.
pelikortti* 4 [名] トランプ.
pelimanni 4 [名] (kansansoittaja)民俗音楽の演奏家.
pelkkä* 11 [形] ただの, 他にない, ほんの, 単なる; まじりけのない, 純粋の, 質素な, 簡素な.
pelko* 1 [名] 恐れ, 不安, 心配, 懸念. *olla peloissaan* 恐れている, 怖がっている.
pelkuri 5 [名] 臆病者, 腰抜け.
pelkurimainen 63 [形] 怖がっている, びくびくしている, 勇気がない.
pelkästään [副] ただ～だけ.
pelkäämätön* 57 [形] (何物にも)恐れない, 大胆不敵な, 勇気ある.
pellava 13 [名] リネン, 麻, 亜麻, 亜麻布, リンネル.
pellavakangas* 66 [名] 亜麻布.
pelokas* 66 [形] 内気な, 小心な, おずおずした.
pelotella* 28 [動] 恐ろしがらせる, 怖がらせる, おびえさせる.
peloton* 57 [形] (pelkäämätön, rohkea)怖がらない, 勇気がある.
pelottaa* 2 [動] 恐れさせる, 心配させる, おどかす, おどろかす, びっくりさせる, こわがらせる, こわがる.
pelottava 13 [形] 恐ろしい, 人を恐れさせる.

pelotus 64 [名] おどし, 威嚇.
pelti* 4 [名] (levy) 金属の薄板, ブリキ.
peltiseppä* 11 [名] (levyseppä) pelti を扱う職人, ブリキ職人.
pelto* 1 [名] 畑, 田畑.
peltomyyrä 11 [名] 〈動〉ハタネズミ. 正しくはキタハタネズミ. 学名 Microtus agrestis.
peltorikkaruoho 1 [名] 畑の雑草.
peltotilkku* 1 [名] 小さな畑.
peltotilkkunen 63 [名] 小さな畑.
peltotyö 30 [名] 畑仕事.
pelästys 64 [名] おどろき, 恐怖.
pelästyttää* 2 [動] (pelottaa) 恐ろしがらせる, 怖がらせる, おびえさせる, 心配させる.
pelästyä 1 [動] こわがる, 恐れる, 恐ろしくなる, 〜におびえる, びっくりする.
pelätin* 56 [名] 怖がらせる物, 驚かせる物.
pelätä* 35 [動] 恐れる, 不安に思う, こわがる.
pemppu* 1 [名] (peppu) 〈戯〉お尻.
penger* 82 [名] (penkere) 崖, 断崖, テラス.
pengerkaide* 78 [名] ガードレール.
penikka* 15 [名] 動物の子供.
penkere 82 [名] (penger) 崖, 断崖, テラス.
penkka* 10 [名] (reuna) 端, 道端, 脇.
penkki* 4 [名] 長いす, ベンチ, 教室のいす.
penkkirivi 4 [名] (劇場などの)座席の列.
penkoa* 1 [動] (kaivella, kaivaa) 掘る, 掘り返す, かき回す.
penni 4 [名] (p と省略)貨幣の単位, 1 markka の100分の1.
pensaikko* 2 [名] やぶ, 茂み.
pensas 66 [名] 潅木(かんぼく), 茂み, 薮.
pensasaita* 10 [名] 生け垣.
penseys* 65 [名] なまぬるさ, 熱心ではないこと.
penseä 21 [形] (haluton, innoton) 熱心でない, なまぬるい.
pensseli 5 [名] (sivellin) 筆, 毛筆, 画筆.
pentu* 1 [名] (penikka) 動物の子供.

pentue 78 [名] 同時に生まれた動物の子供達.
penätä 35 [動] 言い張る. *penätä vastaan* 反対する, 反抗する.
peppu* 1 [名] (pemppu) 〈戯〉お尻.
perata* 35 [動] 1. 開墾する, 畑地や牧草地に変える. 2. 不要物を取り除く, きれいにする.
perehdyttää* 2 [動] 馴れさせる, 習熟させる.
perehtynyt 77 [形] 詳しい, 精通している, 明るい.
perehtyä* 1 [動] 馴れる, 詳しい, 精通している;(入格と共に)～に親しくなる, ～に精通する.
perhe 78 [名] 家族.
perheellinen 63 [形] 家族の, 家庭の.
perhe-elämä 13 [名] 家庭生活.
perheittäin [副] 家族で, 家族ごとに.
perho 1 [名] (perhonen) 〈蝶〉チョウ(総称).
perhonen 63 [名] (perho) 〈蝶〉チョウ(総称).
perhosuinti* 4 [名] 〈ス〉(水泳の)バタフライ.
periaate* 78 [名] 原理, 主義, 根本方針. *periaatteessa* 原則的には, 基本的には.
periaatteellinen 63 [形] 原則的な, 基本的な.
periaatteeton* 57 [形] 原理・原則を持たない.
perikato* 1 [名] 崩壊, 滅亡, 終わり.
perikuva 11 [名] 原型, 典型.
perille [副] (目的地に)到着して. *tulla perille* 着く, 目的地に着く.
perillinen 63 [名] 遺産相続人, あととり.
perillä [副] 目的地に着いて, 到着して. *olla perillä* 目的地にいる, 目的地に着いている. *olla perillä* +出格 ～に馴れる, ～に親しむ.
perimmäinen 63 [形] 最後の, 一番後ろの, 一番奥の, 一番遠い.
perimys 64 [名] 〈法〉相続, 継承.
perin [副] (kovin, ylen, erittäin)全く, 非常に, かなり, すっかり, 完全に.
perinne* 78 [名] 伝統.
perinnäinen 63 [形] (perinteinen, perinteellinen) 伝統的な, 伝統の.
perinnöllinen 63 [形] 親ゆずりの, 遺伝の, 遺伝性

の.

perinnöllisyys* 65 [名] 遺伝, 遺伝性.
perinnönjako* 1 [名] 遺産分配.
perinpohjainen 63 [形] 徹底的な, 根本的な.
perinteellinen 63 [形] (perinnäinen, perinteinen) 伝統的, 伝統の.
perinteinen 63 [形] (perinnäinen, perinteellinen) 伝統的, 伝統の.
perintö* 2 [名] 遺伝；遺産, 相続財産.
periytyä* 1 [動] 受け継がれる, 引き継がれる.
periä 17 [動] (vaatia)受け継ぐ, 引き継ぐ, 受け取る, 相続する；集める, (お金などを)徴収する, 支払いを要求する, 請求する.
perjantai 27 [名] 金曜日.
perjantainen 63 [形] 金曜日の.
perkele 78 [名] 1. 〈宗〉 (paholainen)悪魔, 悪霊. 2. 畜生(軽い呪いの言葉).
permanto* 2 [名] (lattia)床.
perna 10 [名] 〈解〉脾臓(ひぞう).
persikka* 15 [名] モモ(桃).
persilja 15 [名] パセリ.
perso 1 [形] (ahne, ahnas)飢えている, 〜を欲しがる, 〜に目がない.
persoona 13 [名] (henkilö)人, 個人. *omassa persoonassaan* (=henkilökohtaisesti)本人自ら, 自分自身で.
persoonallisuus* 65 [名] 人柄, 人格.
perspektiivi 4 [名] 展望, 遠景, 遠近法.
peru 1 [名] 相続, 遺産, 受け継いだ物.
perukka* 15 [名] 一番奥, 突き当たり, 奥まった一角, 一角, 一隅.
peruna 17 [名] じゃがいも. paistettu *peruna* 焼いたジャガイモ. keitetty *peruna* 茹でたジャガイモ.
perunajauho 1 [名] (通常は複数形で)澱粉, かたくり粉.
perunannosto 1 [名] じゃがいも掘り.
perunasose 78 [名] マッシュポテト.
perus- 合成語を作って「基本の」「基礎の」「重要な」「大

切な」などの意味を表す.
perusaine 78 [名] 原料.
peruskirja 10 [名] 重要図書, 基本図書.
peruskivi 8 [名] 礎石；基礎, 基本.
peruskoulu 1 [名] 初等学校, 小学校, 基礎学校.
perusluku* 1 [名] (kardinaalinen lukusana)基数, 基本数詞.
perusta 15 [名] 基礎, 礎石, 基, ベース, 土台, 根底. kirkon *perusta* 教会の礎石.
perustaa 2 [動] 〜の基礎を置く, 設置する, 設立する, 土台を築く.
perustaja 16 [名] 創立者, 創建者.
perustavanlaatuinen 63 [形] 基本的, 基礎的.
peruste 78 [名] 基準, 基盤. 属格+*perusteella* 〜に基づいて.
perusteellinen 63 [形] 基本的な, 完全な, 十分な.
perusteellisesti [副] 徹底的に.
perusteeton* 57 [形] (aiheeton, väärä)根拠がない, 間違っている.
perustella 28 [動] (selittää, esittää syyt, esittää perusteet)明らかにする, 説明する, 理由や根拠を述べる.
perustelu 2 [名] (selitys, motivointi)動機づけ, 理由づけ.
perustua 1 [動] (入格と共に)〜に基礎を置く, 〜に基づく.
perustus 64 [名] 土台, 基礎, 基盤, 根拠.
perustuslaillinen 63 [形] 憲法上の, 憲法に従う.
perustuslaki* 4 [名] 〈政〉憲法.
peruukki* 6 [名] かつら.
peruuntua* 1 [動] (peruutua)キャンセルになる.
peruuttaa* 2 [動] 1. 後退させる, 逆行させる. 2. 取り消す, キャンセルする.
peruuttamaton* 57 [形] (lopullinen)変更できない, 取り消せない, 最終的な.
peruutua* 1 [動] (tulla peruutetuksi)キャンセルになる.
peruutus 64 [名] キャンセル, (注文などを)取り消す

こと.
perä 11 [名] 1. うしろ, 突き当たり, 奥. 2. お尻, 下半身. 3. 根拠, 信憑性.
peräaukko* 1 [名] 〈解〉肛門.
peräevä 11 [名] 魚の尾びれ.
perähuone 78 [名] 奥の部屋.
peräisin [副] (kotoisin, lähtöisin)(出格又は離格と共に)〜から発した, 〜から生まれた.
peräkanaa [副] (peräkkäin, jonossa)次々と, 列になって, 連れだって.
peräkeula 10 [名] 船尾.
peräkkäin [副] (perättäin, toinen toisensa perässä)次々と, 重なって, 続いて.
perämies 72 [名] 1. 船の舵とり. 2. 〈海〉航海士.
perämoottori 5 [名] 船のエンジン；モーターボート.
peräpuikko* 1 [名] 〈医〉座薬.
peräruiske 78 [名] 〈医〉浣腸.
peräsin 56 [名] 舟の舵.
perässä [副] 後に, 後から. [後] (属格と共に)〜の後ろに, 〜の後方に, 〜の背後に；〜を手本にして, 〜をモデルにして.
perästä [副] 1. (場所を表して)後ろから, 背後から. 2. (時を表して)後に. [後] (属格と共に)1. (場所を表して)〜の後ろから, 〜の背後から. 2. (時を表して)〜の後に, 〜後に, 〜の経過した後に, 〜が起こった後で.
peräti [副] (perin, vallan, aivan)全く, 完全に, 非常に.
perättäin [副] (peräkkäin, toinen toisensa perässä)次々と, 続いて.
perätysten [副] (peräkkäin)次々と, 続いて. monena yönä *perätysten*. 幾晩も続いて.
perätön* 57 [形] 根拠のない, 事実無根の, 理由のない, 偽りの.
perävalo 1 [名] 自動車などの尾灯, 後尾灯.
perävaunu 1 [名] 牽引される車両, 最後部車両.
peräytyä* 44 [動] 後退する, あとずさりする, 退却

する；(出格と共に)〜から手を引く，〜を取り消す.
perään ［副］1. (場所を表して)後ろに向かって，背後に. 2. (時を表して)その後，そのあとで. *heti perään* その後すぐに. *antaa perään* 折れ曲がる；意志を曲げる. 同意する. ［後］(属格と共に)1. (場所を表して)〜の後ろに向かって，〜の背後に. 2. (時を表して)〜の後に.
perääntyä* 1 ［動］(peräytyä)後退する，バックする.
peseytyä* 44 ［動］体をきれいにする，体を洗う. 沐浴する.
pesimis- (pesimä-)巣作りの.
pesimä- (pesimis-)巣作りの.
pesiytyä* 1 ［動］地位を占める.
pesiä 17 ［動］巣をつくる.
pestata 35 ［動］(palkata palvelukseen)雇う.
pestaus 64 ［名］雇うこと.
pestautua* 44 ［動］雇われる.
pesti 4 ［名］契約金.
pestä 24 ［動］洗う，洗濯する，(歯を)みがく.
pesu 1 ［名］洗濯，洗い清めること.
pesuaine 78 ［名］洗剤.
pesue 78 ［名］(poikue)同時に生まれた動物の子供たち.
pesujauhe 78 ［名］洗剤，粉石鹸.
pesukone 78 ［名］洗濯機.
pesula 14 ［名］(pesulaitos)クリーニング屋.
pesulaitos 64 ［名］クリーニング屋.
pesunkestävä 13 ［形］洗濯可能な，洗濯しても大丈夫な.
pesä 11 ［名］巣，巣穴.
pesäke* 78 ［名］1.〈医〉病巣，病源. 2. 中心地.
pesäpallo 1 ［名］〈ス〉フィンランド式野球.
petkuttaa* 2 ［動］騙す，嘘をつく，ごまかす，欺く.
petkuttaja 16 ［名］嘘つき，騙す人，詐欺師，ペテン師.
petkutus 64 ［名］騙すこと，ペテン.
peto* 1 ［名］(petoeläin)けもの，野獣，猛獣，他の動

物を殺し食べる動物.
petoeläin 56［名］野獣, 他の動物を殺し食べる動物.
petolintu* 1［名］猛禽.
petollinen 63［形］狡猾な, 人を騙す, 偽りの, 嘘つきの, ごまかしの.
petos 64［名］だますこと, いつわり, 裏切り, 約束違反, ごまかし, 詐欺, ペテン.
petroli 5［名］石油.
pettu* 1［名］松の樹皮のコルク層, それから作られたパン.
petturi 5［名］嘘つき, 騙す人.
pettymys 64［名］失望, 落胆.
pettyä* 1［動］だまされる, 欺かれる, 失望する.
pettää* 2［動］騙す, 嘘をつく, 欺く, 裏切る, ごまかす.
peukalo 2［名］親指.
peukalokyyti* 4［名］ヒッチハイク.
peukalonpää 28［名］親指の先.
peura 10［名］〈動〉野性のトナカイ. 学名 Rangifer tarandus.
piakkoin［副］間もなく, すぐに, もうすぐ, ほどなく.
pian［副］すぐに, 間もなく.
piano 2［名］ピアノ.
pidellä* 28［動］手に持つ, 保持する, つかむ, 握る；手で扱う, 取り扱う, 操縦する.
pidennys 64［名］引き延ばすこと, 長くすること, 延長.
pidentymä 13［名］延ばすこと.
pidentyä* 1［動］(pidetä)長くなる, 延びる.
pidentää* 8［動］長くする；手足を伸ばす, 広げる；延期する, 延長する.
pidetä* 34［動］(pidentyä)長くなる, 延びる.
pidot* 1［複名］宴会, バンケット.
pidätellä* 28［動］抑える, 抑制する, 我慢する.
pidättyä* 1［動］自制する, 差し控える, 控え目にする, 我慢する, つつしむ.
pidättäytyä* 44［動］控える, 抑える, 自制する.

pidättää* 2 [動] (hillitä, pitää)1. 抑える，抑制する，留める，引き止める，やめさせる，妨げる. 2. 拘引する，留めおく. 3. 捕らえる.
pidätys 64 [名] 1. 抑制，自制. 2. 拘引，拘留. 3. 逮捕.
pieksu 1 [名] 先が尖って丸まっている履物.
pieli 32 [名] (reuna, sivu)脇，傍，近く.
pielus 64 [名] クッション，枕.
pienentyä* 1 [動] 小さくなる，縮まる，減る.
pienentää* 8 [動] 小さくする，少なくする，縮小する.
pienetä 34 [動] 小さくなる.
pieni 38 [形] 小さい；少ない；無価値な.
piennar* 82 [名] (pyörtänö)畦，畑の回り，畑のあぜ.
pienoinen 63 [形] (pikkuruinen)小さい，とても小さい.
pienoiskamera 15 [名] 小型カメラ.
pienoiskoko* 1 [名] 縮小サイズ.
pienoismalli 4 [名] 模型.
pienokainen 63 [名] 赤ちゃん，赤ん坊.
pientare 82 [名] (piennar)畦，畑の回り，畑のあぜ.
pienteollisuus* 65 [名] 小工業，手工業.
pienuus* 65 [名] 小さいこと，こまかいこと；つまらないこと，ささいなこと.
pienviljelijä 14 [名] 小作農，小作人，小農.
pienviljelys 64 [名] 小農，小耕作.
pierrä 26 [動] 〈卑〉屁をする，おならをする.
pieru 1 [名] 〈卑〉屁，おなら.
piestä 32 [動] (hakata, piiskata)道具を使って叩く，叩く，攻撃する.
piha 10 [名] 中庭，構内. *pilven piha*(=taivas)空，天.
pihamaa 28 [名] (piha)中庭，構内.
pihdit* 4 [複名] ペンチ.
pihka 10 [名] 樹脂，松やに.
pihlaja 16 [名] 〈植〉ナナカマド，正しくはセイヨウナナカマド(バラ科ナナカマド属). 学名Sorbus aucuparia.

pihti* 4 [名] (通常は複数形で)ペンチ.
pihtipieli 32 [名] ドアの柱.
pihvi 4 [名] 〈料〉ステーキ.
piika* 10 [名] 家政婦, 家事手伝い.
piikivi 8 [名] 〈鉱〉石英.
piikki* 4 [名] 1. とげ, 針. 2. 〈常〉(injektio)注射.
piikkikenkä* 11 [名] 〈ス〉スパイクシューズ.
piikkilanka* 10 [名] 有刺鉄線. ばら線.
piikkinen 63 [形] とげ・針のある.
piileksiä 17 [動] 隠れる, 隠れている, 潜伏する.
piileskellä 28 [動] (piileksiä)隠れる, 隠れている, 潜伏する.
piilevä 13 [形] 隠れた, 外に出ない.
piillä 25 [動] 隠れている, 隠されている.
piilo 1 [名] (piilopaikka)隠れ場所, 潜伏場所. *olla piilossa* 隠れている. *pujahtaa piiloon* 急いで隠れる.
piilolasi 4 [名] コンタクトレンズ.
piilolinssi 4 [名] コンタクトレンズ.
piilopaikka* 10 [名] (piilo)隠れ場所.
piilotajunta* 15 [名] 〈心〉潜在意識.
piilottaa* 2 [動] 隠す, 秘密にする, かくまう, かばう.
piiloutua* 44 [動] 隠れる, 姿を隠す, 潜伏する.
piilu 1 [名] 広刃の斧, 刃の広い斧.
piimä 11 [名] 凝乳, ヨーグルト, 酸乳.
piina 10 [名] (kärsimys, tuska)肉体的な苦しみ, 苦悶, 苦悩, 責め苦.
piinata 35 [動] ひどく苦しめる, 責める, いじめる, 悩ます.
piintyä* 1 [動] (tarttua, kiinnittyä)くっつく, 密着する.
piipahuttaa* 2 [動] 笛を鳴らす, ピーピー鳴らす, かん高い音を出す.
piipertää* 6 [動] よちよち歩く.
piipittää* 2 [動] (鳥やネズミが)ピーピー鳴く, 笛が鳴る, 鳥がさえずる.
piipitys 64 [名] 笛の音. 鳥の囀り.
piippu* 1 [名] パイプ；(savupiippu)煙突.

piirakka* 15 [名] パイ,果物や肉入りのパイ.
piiri 4 [名] 1. 円形. 2. 圏,地方,地域. 3. サークル.
piirikunta* 11 [名] 管轄区域,行政区.
piirittää* 2 [動] 取り囲む,輪を描く,包囲する,封鎖する.
piiritystila 10 [名] 包囲状態.
piirre* 78 [名] 1. 容ぼう,顔だち,顔かたち,人相. 2. 特徴,特色. *suurin piirtein* (=suunnilleen)大体,大雑把に,大まかに. *piirteiltään* 特徴からして.
piirros 64 [名] 図画,図面,図案,見取図,デザイン.
-piirteinen 63 [形] ～の顔つきをした,～の性格を持った. *selkeäpiirteinen teos*. 明晰な性格の作品.
piirto* 1 [名] 線.
piirtokirjoitus 64 [名] 〈史〉碑文.
piirtyä* 1 [動] 自分を目立たせる,自分を際立たせる.
piirtäjä 16 [名] 設計者,デザイナー.
piirtää* 6 [動] (線,図を)引く,描く,見取り図をかく,下図をかく,設計する.
piirustaa 2 [動] 輪郭を画く,描写する.
piirustus 64 [名] 絵画,図画,スケッチ.
piirustuspaperi 5 [名] 画用紙.
piisami 5 [名] (biisami, piisamimyyrä, piisamirotta) 〈動〉マスクラット(ハタネズミ科). 学名 Ondatra zibethica. 大型で水辺に住むネズミの仲間.
piisamimyyrä 11 [名] (piisami, biisami, piisamirotta) 〈動〉マスクラット.
piisamirotta* 11 [名] (piisamimyyrä, piisami, biisami) 〈動〉マスクラット.
piisata 35 [動] 〈常〉(riittää)たくさんある,十分である. *piisata*+向格 ～に匹敵する.
piiska 10 [名] 鞭で打たれること,鞭打ち.
piiskata 35 [動] (hakata, piestä)道具を使って叩く,叩く,何度も叩く,鞭で打つ.
piiskuttaa* 2 [動] ピーピー鳴く.
piispa 10 [名] 主教,司教,監督.
piitata* 35 [動] 〈常〉(välittää)(出格と共に否定文で)心にとめる,気にする,留意する,かまう.

piittaamattomuus* 65 [名] 無関心.
pika- 早い, 迅速な, スピーディーな.
pikainen 63 [形] (nopea)早い, 迅速な, スピーディーな.
pikaisuus* 65 [名] 急ぎ.
pikajuna 11 [名] 急行列車.
pikajuoksija 14 [名] 〈ス〉短距離走者.
pikajuoksu 1 [名] 早い走り, 〈ス〉短距離走.
pikakirje 78 [名] 速達.
pikakirjoittaja 16 [名] 速記者.
pikakirjoitus 64 [名] 速記.
pikapuhelu 2 [名] 至急電話.
pikapuoleen [副] (pikapuolin, pikapuoliin, pian, kohta)すぐに, 間もなく.
pikapuoliin [副] (pikapuoleen, pikapuolin, pian, kohta)すぐに, 間もなく.
pikapuolin [副] (pikapuoleen, pikapuoliin, pian, kohta)すぐに, 間もなく.
pikari 5 [名] グラス, コップ, 杯.
pikasähke 78 [名] 電報.
pikatavara 15 [名] 急送貨物.
pikavihainen 63 [形] 短気の, おこりっぽい, 気むずかしい.
pikemmin [副] (enemmin, mieluummin)1. むしろ, どちらかといえば. 2. より早く.
pikimmin [副] (nopeimmin)一番早く.
pikimusta 11 [形] 真っ黒い, 真暗やみの.
pikku (不変化) [形] 小さい.
pikkuasia 14 [名] ささいなこと, つまらないこと, くだらないこと.
pikkuinen 63 [形] (pikku, pieni)小さい, 小さな.
pikkujoulu 1 [名] クリスマスの4週間前頃に会社などで開かれるパーティー.
pikkukauppias 66 [名] 小商人.
pikkukaupunki* 5 [名] 小さな町.
pikkuleipä* 11 [名] コーヒーケーキ, 菓子パン.
pikkumainen 63 [形] ちっぽけな, けちな；こせこせした, 狭量な.

pikkuraha 10 [名] 小銭, つり銭.
pikkuruinen 63 [形] (pienoinen)小さい.
pikkuseikka* 10 [名] 些細なこと, 重要ではないできごと.
pikkusisko 1 [名] 妹.
pikkusormi 8 [名] 手の小指.
pikkuvarpunen 63 [名] 〈鳥〉スズメ(ハタオリドリ科). 学名 Passer montanus.
pikkuvarvas* 66 [名] 足の小指.
pikkuveli 8 [名] 弟.
pila 10 [名] 1. (vahinko)損害. 2. (vitsi, kuje)冗談, たわむれ, からかい. *mennä piloille* だめになる, 使い物にならなくなる.
pilaaja 16 [名] 悪くする人, 評判を落とす人.
pilaantua* 1 [動] わるくなる, いたむ, まずくなる, くさる.
pilailla 29 [動] からかう, 風刺する.
pilajuttu* 1 [名] からかい, 冗談, 風刺.
pilakuva 11 [名] 漫画, カリカチュア.
pilapiirros 64 [名] 風刺画, カリカチュア.
pilari 5 [名] 柱, 支柱, 台脚.
pilata 35 [動] (huonontaa, vahingoittaa)悪くする, そこなう, (食べ物を)腐らせる, だめにする.
pilautua* 44 [動] (pilaantua)悪くなる, いたむ, 腐る.
piletti* 5 [名] 〈話〉切符, 券, ふだ.
pilkahtaa* 2 [動] ちらっと現れる, のぞく, ちらっと見える.
pilkalla [副] (piloilla)ふざけて, 軽い気持ちで, ばかにして.
pilkallinen 63 [形] あざける, からかう, 軽蔑したような.
pilkanteko* 1 [名] 軽蔑, 馬鹿にする言動.
pilkata* 35 [動] 嘲笑する, あざ笑う, 馬鹿にする, 軽蔑する.
pilkistää 2 [動] 1. のぞく, のぞきこむ, のぞき見をする. 2. 僅かに見える.
pilkka* 10 [名] 嘲笑, あざ笑い, 軽蔑, 馬鹿にする言動, ひやかし, からかい. *tehdä pilkkaa* 軽蔑する, 嘲

笑する.
pilkkanimi 8 [名] あだな, ニックネーム.
pilkkiä* 17 [動] (pilkahdella)ちらっと現れる, ちらっと見える.
pilkkoa* 1 [動] 割る, 裂く, 引き離す, 小さく切る, 分割する. *pilkkoa puita* 薪を割る.
pilkkopimeä 21 [形] 真暗の, 暗やみの.
pilkku* 1 [名] コンマ；小点, 小さいしみ, 汚点.
pilkkukuume 78 [名] 〈医〉発疹チフス.
pilkullinen 63 [形] 斑点のある, まだらの, しみのついた.
pilleri 5 [名] 〈薬〉丸薬, 粒剤.
pilli 4 [名] 1. パイプ, 管. 2. (mehupilli)ストロー. 3. 笛, ホイッスル.
piloilla [副] (pilkalla)ふざけて, 軽い気持ちで, ばかにして.
piltti* 4 [名] 〈詩〉男の子, 子供, 男の赤ちゃん, 小さな男の子.
pilttuu 25 [名] 馬小屋内の馬一頭分の場所, 馬小屋の一頭分の囲まれたスペース.
pilvenhahtuva 13 [名] 一むらの雲, 雲のかけら.
pilvenlonka* 11 [名] 分厚い雲, 厚い雲.
pilvenpiirtäjä 16 [名] 摩天楼.
pilvetön* 57 [形] 雲のない, 晴れた.
pilvi 8 [名] 雲.
pilvinen 63 [形] 曇っている, 雲の多い.
pimennys 64 [名] 暗くすること；(日食・月食の)食.
pimentää* 8 [動] 暗くする.
pimetä 34 [動] 暗くなる, 曇る；(心が)陰気になる.
pimeys* 65 [名] 暗さ, やみ.
pimeä 21 [形] 暗い, 暗黒の, 曇った, 陰うつな. [名] 暗さ.
pimittää* 2 [動] 1. 暗くする, 曇らせる. 2. あいまいにする. 3. (目を)かすませる, くらませる.
pinaatti* 6 [名] ホウレンソウ.
pingo(i)ttaa* 2 [動] (綱などを)張る, ひろげる, 大きく開く, 引っ張る.
pingollaan [副] はち切れそうに, 張って.

pinkaista 24 [動] (juosta nopeasti, ampaista, syöksähtää)急ぐ, 走る, とび出す, ダッシュする.
pinkka* 10 [名] 紙などの山, 積み重ね.
pinkoa* 1 [動] (juosta nopeasti)走る, 急ぐ, 大急ぎで走る.
pinnallinen 63 [形] 表面の, うわべの, 薄っぺらの.
pinnata 35 [動] 〈軍〉〈生徒〉ずる休みする, 義務を怠る.
pinne* 78 [名] 1. 紙をはさむクリップ. 2. (pula, ahdinko)困惑, ピンチ. *olla pinteessä* 困っている, ピンチである.
pinnistyä 1 [動] 緊張する.
pinnistää 2 [動] (jännittää)緊張させる.
pino 1 [名] 積み重ね, 堆積, 〜の山.
pinota 38 [動] 積み重ねる, 山と積む.
pinta* 10 [名] 表面, 外面, 水面. *pitää pintansa* 長続きする, 強固である, 譲らない; 頑固である.
pinta-ala 10 [名] 面積.
pintakäsittely 2 [名] 表面加工.
pintamitta* 10 [名] 面積の単位.
pintapuolinen 63 [形] 深みのない, 浅はかな.
pintapyöriö 3 [名] (hopeaseppä)〈虫〉ミズスマシ. 学名 Gyrinus substriatus.
piparjuuri 39 [名] セイヨウワサビ.
piparkakku* 1 [名] ショウガ入りクッキー.
piparminttu* 1 [名] ペパーミント.
pippuri 5 [名] 胡椒.
pirahtaa* 2 [動] (涙・雨などが)落ちる.
pirahuttaa* 2 [動] (pirauttaa)(水滴・小さい物などを)降り掛ける, 掛ける.
piraus 64 [名] 降り掛けること. *antaa pirauksen* (水滴などを)降り掛ける.
pirauttaa* 2 [動] (pirahuttaa)(水滴. 小さい物などを)降り掛ける, 掛ける.
piristää 2 [動] 飾る, 美しくする.
pirskottaa* 2 [動] ふりかける, まき散らす, はねかける.
pirstale 78 [名] 破片, 砕片.

pirstoa 1 [動] 粉々になる, 別れ別れになる.
pirstoutua* 44 [動] 粉々になる, 壊れる.
pirteä 21 [形] (eloisa, vilkas)元気な, 元気がいい, 生き生きとした, 活発な, 活気のある, 身軽な, 生気のある.
pirtti* 4 [名] 居間(農家で家族・使用人が団らんし仕事もする広い部屋).
piru 1 [名] 〈常〉悪魔.
pisama 16 [名] そばかす, 吹出物, にきび.
pisara 17 [名] しずく, 水滴.
pisaroida 30 [動] 滴る, しずくがたれる.
pisin* 59 [形] もっとも長い.
pissa 10 [名] 〈常〉〈幼〉(virtsa)尿, 小便.
pissata 35 [動] 〈常〉〈幼〉(virtsata)尿をする, 小便をする.
piste 78 [名] 点；点数；ピリオド, 終止符.
pistehitsaus 64 [名] 〈金〉スポット溶接.
pistekuvio 3 [名] 水玉模様, 水玉.
pistellä 28 [動] 1. 突く, 刺す. 2. 鋭い言葉を発する, 皮肉を言う.
pistin 56 [名] 1. 銃剣. 2. 刺, 針, 刺す物.
pistiäinen 63 [名] 〈虫〉ジガバチ(総称).
pisto 1 [名] 1. 刺すこと, 突くこと. 2. 刺すような痛み.
pistokytkin 56 [名] 〈電〉差込み, コンセント.
pistorasia 15 [名] 〈電〉壁の差し込み, 壁のコンセント.
pistos 64 [名] 1. 刺すこと, 突くこと. 2. 〈医〉皮下注射. 3. 鋭い言葉, 刺すような言葉.
pistotulppa* 11 [名] 〈電〉差し込み器具, プラグ.
pistäytyä* 44 [動] (käydä)(内格と共に)訪れる, 行く, ちょっと立ち寄る.
pistää 2 [動] 1. 刺す, 突き刺す. 2. 入れる, 差し入れる, 押し込む, 突っ込む. 3. 〈常〉置く, 据える. 4. 火をつける. /*pistää hengiltä* 刺し殺す. /*pistää kuoliaaksi* 刺し殺す. /*pistää nenänsä ulos* 外出する, 外に出る. /*pistää silmiin* 目立つ, 注目を集める.

pitely 2 [名] 保持, 持つこと, 手にすること.
pitempi* 22 [形] もっと長い.
pitkin [前] [後] (分格と共に)〜に沿って, 〜づたいに；〜の間じゅう. *pitkin matkaa* (=koko ajan, alinomaa)ずっと, 始終.
pitkistyä 1 [動] (pitkittyä)長くなる, 長引く, 継続する.
pitkittyä* 1 [動] 長くなる, 長びく.
pitkittää* 2 [動] 延ばす, 延長する, 長びかせる, 広げる, 拡張する.
pitkospuu 29 [名] (通常は複数形で)湿地に歩行のため渡した木・板.
pitkä 11 [形] (比較級 pitempi(22), 最上級 pisin (59))長い, 長くかかる. ／*pitkän tovin* 長い間. ／*ennen pitkää* (=jonkin ajan kuluttua, pian)しばらくして, 間もなく. ／*kulkea pitkin askelin*. 大股で歩く. ／*pitkän ajan kuluttua* 長い時間かかって.
pitkäaikainen 63 [形] 長い間の, 長びく, 長く続く, 長たらしい.
pitkähihainen 63 [形] 長袖の.
pitkäikäinen 63 [形] 長生の, 長命の.
pitkälle [副] 1. (場所を表して)遠くへ. 2. (時を表して)後に. 3. (程度を表して)相当, かなり.
pitkälleen [副] 横になって. asettua *pitkälleen* 寝る, 横になる.
pitkällä [副] 遠くに, 遠いところに, はるか遠方に.
pitkällään [副] (pitkänään)横になって, 寝そべって.
pitkälti [副] (pitkä matka)距離がある, 遠距離である.
pitkämielinen 63 [形] 〈宗〉辛抱強い, 我慢強い.
pitkänmatkanjuoksija 14 [名] 長距離ランナー.
pitkänäköinen 63 [形] 遠視の, 遠目のきく；先見の明ある.
pitkänäköisyys* 65 [名] 遠視.
pitkänään [副] (pitkällään)横になって, 寝そべって.
pitkäperjantai 85 [名] 〈宗〉聖金曜日(復活祭の前

の金曜日).

pitkästyä 1 [動] 飽きる, うんざりする, あきあきする, いやになる, 退屈する.

pitkäveteinen 63 [形] 長たらしい, くどくどしい, あきあきする, 退屈な.

pitkävihainen 63 [形] 執念深い, うらみ深い, 永く怒っている.

pitkään [副] (kauan)長い間, 長期間.

pito* 1 [名] 1. 保持, 維持. 2. (複数形で)パーティー.

-pitoinen 63 [形] 主格の名詞(稀には属格の名詞)と結合して合成語を作る. 〜を保持した, 〜を持った, 〜を含んだ. *sokeripitoinen* 砂糖を含んだ, 糖分のある. *vesipitoinen* 水分のある, 水気を含んだ.

pitoruoka* 11 [名] パーティーのご馳走.

pitovaatteet* 78 [複名] (arkivaatteet)普段着, 日常服.

pitsi 4 [名] レース, レース飾り.

pituinen 63 [形] 〜の長さの. 属格+pituinen 〜の長さの.

pituus* 65 [名] 長さ；身長. *itäinen pituus* 東経.

pituusaste 78 [名] 〈地〉経度.

pituushyppy* 1 [名] 〈ス〉幅跳び.

pituusmitta* 10 [名] 長さのはかり, 尺度；長さの単位.

pitäjä 16 [名] 1. 保持者, 保存者. 2. 教区；地方行政区, 村.

pitävä 13 [形] (kestävä, luja)丈夫な, 頑丈な, 強い.

pitäytyä* 44 [動] (turvautua, nojautua)(入格と共に)〜に頼る.

pitää* 2 [動] 1. 手に持つ, つかまえる, 押さえる. 2. 保持する, 保存する, 保つ. 3. 〜の状態に置く. 4. 手に入れる, 自分のものにする. 5. 養う, 扶養する. 6. 着る, 身につける. 7. 集会などを開く. 8. (分格・様格と共に)〜を〜と見なす, 〜を〜と思う. 9. (出格と共に)〜を好む. 10. (3人称単数形で, 属格・不定詞と共に)〜しなければならない. 11. (第 3 不定詞具格と共に)〈古〉〈雅〉〜がある, 〜が起こる, 〜だろう(未来を表す). 12. 熟語的用法. 1)

pitää huolta 世話する, 面倒をみる. 2) *pitää kiinni* +出格 押さえる, しっかり持つ. 3) *pitää koossa* ひとまとめにする. 4) *pitää paikkansa* 正しい, 合っている. 5) *pitää puoliansa* 頑張る, 自分の地位を守ろうと努める. 6) *pitää silmällä* 注目する, 留意する. 7) *pitää suurta suuta* よくしゃべる, 大騒ぎをする. 8) *pitää varansa* (=olla varuillaan)注意する；準備する, 備える；状況を確かめる. 9) *pitää vartiota* 見張る. 10) *pitää yhtä* +属格+ *kanssa* (=olla samaa mieltä, olla samalla kannalla)同意する, 同意見である. 11) *siitä pitäen* (=siitä lähtien)その時から, その時以来. 12) *silmällä pitäen* 目を光らせながら, 注目しながら. 13) *vähältä pitää, ettei...* ～しそうになる.

piukka* 10 ［形］きっちりした, ひきしまった, 堅い.
pivo 1 ［名］(koura)手のひら, 手.
plastiikka* 15 ［名］造形美術.
pohatta* 15 ［名］金持ち.
pohdinta* 15 ［名］(mietintä)考え, 思考, 熟考.
pohja 11 ［名］底, 奥；地盤, 根底；海の底；基礎, 土台. pohjaltaan 根本において, 根本的に. *perin pohjin* (=perusteellisesti)全く, 根本的に.
pohjakaava 10 ［名］平面図.
pohjakerros 64 ［名］地階.
Pohjanlahti* 8 ［名］ボスニア湾.
Pohjanmaa 28 ［名］ラップランドの南で主にボスニア湾に面した地方.
pohjanperä 11 ［名］(Peräpohjola)フィンランドの北部地方.
pohjantähti* 8 ［名］〈天〉北極星.
pohjapiirros 64 ［名］平面図, 設計図；基礎案.
pohjasivistys 64 ［名］基礎的教養.
pohjata 35 ［動］1. 底をつける, 底を作る. 2. 底に届く, 底に達する.
pohjaton* 57 ［形］底なしの, 非常に深い.
pohjautua* 44 ［動］1. ～に基づく, ～に基礎を置く. 2. 底に届く, 底に達する.
pohjavesi* 40 ［名］1. 水底の水, 深海の水. 2. 船底

に溜まった水.

pohje* 78 [名] (pohkio)脛の後ろのふくらんだ部分, ふくら脛.

pohjoinen 63 [名] 北；北国；北風. [形] 北の；北にある；北からの(風など).

pohjois- 北の, 北にある, 北からの(合成語の前の部分を構成する). pohjoisnapa 北極.

pohjoismaa 28 [名] (通常は複数形で)北に位置する国, 特に北欧諸国.

pohjoismaalainen 63 [名] 北欧人, 北国の人.

pohjoismainen 63 [形] 北の, 北国の.

pohjoisnapa* 10 [名] 北極.

pohjoispuoli 32 [名] 北, 北方, 北側.

pohjoistuuli 32 [名] 北風.

pohjola 14 [名] 1. 北方, 北国. 2. (Pohjoismaat)北欧諸国.

pohjukka* 15 [名] 袋の底.

pohjustaa 2 [動] 底をつける, 底を作る, 基礎を作る.

pohkio 3 [名] (pohje)ふくら脛.

pohtia* 17 [動] (harkita, miettiä)熟考する, 熟慮する, よく考える, 考える.

poiju 1 [名] 〈海〉ブイ.

poika* 11 [名] 少年, 男の子.

poikamainen 63 [形] 少年らしい, 元気な；子供じみた.

poikamies 72 [名] 独身者(男).

poikanen 63 [名] 坊や.

poiketa* 36 [動] 1. それる, 脇道へ入る, 離れる. 2. 立ち寄る, 寄り道をする. 訪れる. 3. (出格と共に)〜と異なる, 〜から離れる.

poikia* 17 [動] 動物, 特に牛が子を生む.

poikin [副] 横切って. *pitkin ja poikin* あちらこちら, 縦横に.

poikitse [副] 横に, 横切って.
[後] (属格と共に)〜を横切って, 〜を横に.

poikittain [副] (poikkipuolin, poikkipäin)横切って, 道を遮って, 横断して.

poikkeama 13 [名] 外れ, 逸脱, 寄り道.

poikkeava 13 [形] 道からそれた, はずれた.
poikkeuksellinen 63 [形] 例外の, 例外的な, 変則的な.
poikkeukseton* 57 [形] 例外のない.
poikkeus 64 [名] 例外；それること, 逸脱.
poikkeustila 10 [名] 例外的な状況, 例外的な状態.
poikki [副] 1. 二つに, 離れて. mennä poikki 二つに割れる, 分かれる. 2. 横に, 横切って. [後] (läpi, halki)(属格と共に)〜を横切って, 〜を遮って, 〜を通って. [前] (属格と共に)〜を横切って, 〜を遮って, 〜を通って.
poikkikatu* 1 [名] 交差道路.
poikkileikkaus 64 [名] 横の切断, 輪切り.
poikkinainen 63 [形] (poikki mennyt)壊れた, 壊れている, 切断された.
poikkipuolin [副] (poikittain, poikkipäin)横切って, 道を遮って.
poikkipäin [副] (poikittain, poikkipuolin)横切って, 道を遮って.
poikkiteloin [副] 通路を遮って.
poikue 78 [名] (pesue)同時に生まれた動物の子供たち.
poimia 17 [動] 摘む, 取る, (草の実・穀物などを)集める, 拾う, 鳥が餌をついばむ.
poimu 1 [名] 襞(ﾋﾀﾞ)が寄ること, しわ, 折り目.
poimuttaa* 2 [動] 襞を作る.
poimuttua* 1 [動] 襞が寄る, 褶曲する.
pois [副] 離れて, 去って, 取り除いて；強調の意味を表す. kerro pois!話しなさい.
poisjättö* 1 [名] 放置, 除外.
poisjäänti* 4 [名] 不在, 欠席.
poismuutto* 1 [名] 移動, 移住.
poispäin [副] 反対方向に, 引き返して, 元に.
poissa [副] いない, いなくなって, 無くなって, 離れて. *olla poissa tieltä*眼前から消えて.
poissaoleva 13 [形] 不在の, 留守の；不参の, 欠席の.
poissaolo 1 [名] 不在, 欠席.

poistaa 2 [動] 1. 追い払う, 遠ざける, 取り除く, 運び去る. 2. 廃止する, 廃棄する, 解消する.
poisto 1 [名] 1. 除去, 追放, 隔離. 2. 廃止, 解消.
poistokaasu 1 [名]〈技〉(pakokaasu)排気ガス.
poistoputki 8 [名]〈技〉(pakoputki)排気管, マフラー.
poistua 1 [動] 去る, いなくなる, 退出する, ～から離れる, 引込む, 引下がる.
pojanpoika* 11 [名] 男孫.
pojantytär* 54 [名] 孫娘.
pojanvesseli 5 [名] 男の子.
poksautella* 28 [動] 破裂させる.
poksauttaa* 2 [動] 破裂させる.
poleeminen 63 [形] 論争の.
polemisoida 18 [動] (分格+vastaan)～を反駁する, ～に反論する.
poliisi 6 [名] 警察；警察官, 巡査.
poliisiasema 13 [名] 警察署.
poliisikamari 5 [名]〈話〉(poliisilaitos)警察署.
poliisilaitos 64 [名] (poliisikamari)市の警察署；警察制度, 警察施設.
poliitikko* 2 [名] 政治家.
poliittinen 63 [形] 政治上の.
politiikka* 10 [名] 1. 政策, 施策, 政治. 2. 政治学.
poljin* 56 [名] ペダル.
polkaista 24 [動] 踏む.
polkea* 13 [動] 1. (painaa jalallaan, astua päälle) 踏み固める, 踏みつける, 踏む, 踏みにじる. 2. 気持ちを傷つける, 侮辱する. *polkea paikallaan* (*paikoillaan*)停滞する, 澱む.
polku* 1 [名] 小道.
polkuhinta* 10 [名] ばかげた安値.
polkujarru 1 [名] 足踏みブレーキ.
polkupyörä 11 [名] (pyörä)自転車. *ajaa polkupyörällä.* 自転車で行く.
polkupyöräilijä 14 [名] 自転車に乗る人.
poloinen 63 [形]〈詩〉かわいそうな, 気の毒な.
polskahtaa* 2 [動] とびはねる.

polskuttaa* 2 [動] (水などを)はねかける, はねかけて汚す.
polte* 78 [名] 火や熱による痛み・苦しみ, ひどい痛み, うずき.
polttaa* 2 [動] 1. 燃やす, 火をつける;(たばこを)すう;いぶす, あぶる. 2. 燃える, ひりひり痛む.
poltto* 1 [名] 1. 燃やすこと, 燃えること, 燃焼, 喫煙. 2. 痛み, 激痛.
polttoaine 78 [名] 燃料, 薪炭.
polttohautaus 64 [名] 火葬.
polttomoottori 5 [名] 〈技〉エンジン.
polttopiste 78 [名] 〈理〉焦点.
polttopuu 29 [名] 薪, たきつけ.
polveilla 28 [動] (kiemurrella)蛇行する, 蛇行しながら進む.
polveke* 78 [名] (川や道などの)蛇行.
polventaive* 78 [名] 膝の後ろのくぼみ, ひかがみ.
polveutua* 44 [動] (出格と共に)〜から発する, 〜の系統を引く, 由来する, 起源を持つ.
polvi 8 [名] 1. 膝, (衣服の)膝の部分. 2. 世代. 3. 曲がり角, 蛇行. *vapisevin polvin* 膝が震えて.
polvilumpio 3 [名] 〈解〉ひざがしら, 膝蓋骨.
polvinivel 54 [名] 1. 〈解〉膝関節. 2. 〈技〉ちょうつがい.
polvistua 1 [動] ひざまずく.
pommi 4 [名] 爆弾, 破裂弾.
pommikone 78 [名] 爆撃機.
pommittaa* 2 [動] 爆撃する.
pomo 1 [名] (esimies, johtaja) 〈常〉職場のボス, 偉い人.
pompata* 35 [動] 弾む. *pompata pystyyn* 跳びあがる, 跳びはねる.
ponkaista 24 [動] (ponnahtaa, hypätä)弾む, 跳ぶ, 弾むように歩く.
ponnahdella* 28 [動] (kimpoilla, poukkoilla)弾む.
ponnahdus 64 [名] はね上がり, はずみ, 跳躍.
ponnahduslautahyppy* 1 [名] 〈ス〉水泳の飛板飛び込み.

ponnahtaa* 2 [動] 飛び跳ねる, 跳び出す, 跳び上がる, 跳び起きる, びっくりして跳び上がる, 弾む.
ponnistaa 2 [動] 努力する, 骨折る, つとめる. *ponnistaa voimiansa* 尽力する, 努力する.
ponnistus 64 [名] 努力, 骨折り.
ponsi* 44 [名] 議決書.
ponteva 13 [形] (tarmokas, voimakas, reipas, luja)強い, 力がある, 猛烈な, 激しい；元気な, 活発な. 精力的な.
pontti* 4 [名] 〈木工〉実継ぎ, さねはぎ.
ponttilauta* 10 [名] 〈木工〉実継ぎ板.
poppamies 72 [名] (taikuri, noita)魔法使い.
popsia 17 [動] がつがつ食べる, せっせと食べる, むしゃむしゃ食べる.
pora 11 [名] 錐(きり), 穴あけ器.
porakone 78 [名] ドリル, 電動の錐.
porata 35 [動] 1. 錐で穴をあける, くり抜く. 2. 〈常〉泣き叫ぶ.
pore 78 [名] (通常は複数形で)(kupla)泡.
poreilla 28 [動] 1. 泡立つ. 2. わき上がる, 沸騰する. 3. ひびが入る, 破裂する.
porhaltaa* 5 [動] 急いで走る.
porina 14 [名] 軽い水音, 小さい音, 話し声.
porista 41 [動] (kiehua)湯気を立てる, 沸く, 煮える.
porkkana 15 [名] ニンジン.
pormestari 5 [名] 市長, 町長.
poro 1 [名] 1. トナカイ. 2. 沈澱物；(コーヒーなどの)おり, かす.
poroemo 1 [名] 母トナカイ.
porokoira 11 [名] トナカイ放牧時に人間の手助けをする犬.
porolauma 10 [名] トナカイの群れ.
poromies 72 [名] トナカイの世話人；トナカイの所有者；トナカイに乗って行く人.
poronkuu 29 [名] (poronrasva)〈俗〉トナカイの脂肪.
poronrasva 10 [名] (poronkuu)トナカイの脂肪.

poronvasa 10 [名] 1才未満の子トナカイ.
porotokka* 11 [名] トナカイの群れ.
porras* 66 [名] (rappu)階段, 踏み段, はしごの段.
porraskäytävä 13 [名] 階段.
porraspuu 29 [名] 小川などに渡した丸木板.
porsaankyljys 64 [名] 〈料〉ポークチョップ.
porsas 66 [名] 子ブタ.
porstua 20 [名] (eteinen)玄関の広間, 入口のホール.
portaikko* 2 [名] 階段, 段々.
portieeri 4 [名] ホテルのボーイ.
portti* 4 [名] 門, 入口；関門.
porttikielto* 1 [名] 入場禁止.
porttikäytävä 13 [名] (門から母屋へ通ずる)通路, 出入道, 中庭の道.
portto* 1 [名] 売春婦.
poru 1 [名] 〈常〉(itku)泣き声.
porukka* 15 [名] 〈常〉(joukko, ryhmä)一群, グループ, 大勢.
porvari 5 [名] 中産階級, ブルジョア.
porvarillinen 63 [形] 中産階級の.
porvaristo 1 [名] 中産階級の人たち.
poski 8 [名] 頬.
poskihammas* 66 [名] 〈解〉臼歯, 奥歯.
poskiluu 29 [名] 頬骨.
possu 1 [名] (porsas, sika) 〈幼〉ブタ.
posti 4 [名] 郵便, 郵便物；郵便局.
postiennakko* 2 [名] 〈商〉郵便局による代金引換払い.
postikonttori 5 [名] 郵便局.
postikortti* 4 [名] 郵便はがき.
postilaatikko* 2 [名] 郵便ポスト, 郵便箱.
postileima 10 [名] 郵便の消し印.
postilokero 2 [名] 郵便私書箱.
postiluukku* 1 [名] 郵便受け, 郵便入れ, ポスト；郵便局の窓口.
postilähetys 64 [名] 郵便発送.
postimaksu 1 [名] 郵税, 郵便料金.
postimaksuton* 57 [形] 郵便料金を払わなくてよい.

postimerkki* 4 ［名］郵便切手.
postinkantaja 16 ［名］郵便配達人.
postiosoitus 64 ［名］郵便為替.
postisiirto* 1 ［名］郵便振替.
postisiirtotili 4 ［名］郵便振替口座.
postitoimisto 2 ［名］郵便局.
postitse ［副］郵便で.
postittaa* 2 ［動］郵送する，郵便を出す.
potea* 15 ［動］1. 病気になる，病床にいる．2. 悩む，苦しむ．3. 我慢する.
potilas 66 ［名］病人，患者.
potkaista 24 ［動］蹴る，蹴跳ばす，(動物が後ろ足で)強く蹴る，蹴って飛ぶ．*potkaisee onni*(=onnistaa) ついている，ラッキーである.
potkia 17 ［動］蹴る.
potku 1 ［名］蹴り，蹴ること.
potkukelkka* 10 ［名］(potkuri)片足で蹴って進む腰掛け付きの橇.
potkulauta* 10 ［名］スクーター(片足を乗せ片足でこぐ二輪車).
potkupallo 1 ［名］〈話〉(jalkapallo)サッカー.
potkuri 5 ［名］片足で蹴って進む腰掛け付きの橇.
potra 11 ［形］(uljas)凛々しい，勇敢な，勇気がある.
poukahdella* 28 ［動］弾む.
poukata* 35 ［動］(poukota)弾む，跳ぶ.
poukkoilla 29 ［動］(ponnahdella, kimpoilla)弾む.
poukota* 38 ［動］(poukata)弾む，跳ぶ.
pouta* 11 ［名］晴天，晴れ，快晴.
poutainen 63 ［形］晴れた，晴れている.
poutapilvi 8 ［名］晴天の雲.
povi 8 ［名］胸，ふところ.
povitasku 1 ［名］コート・上着などの胸の内ポケット.
pramea 21 ［形］美しい，優雅な，趣のある.
premissi 6 ［名］(edellytys, peruste)前提.
presidentti* 4 ［名］大統領；総裁，総長，会長.
prinsessa 15 ［名］王女.
prinssi 4 ［名］王子.
probleemi 6 ［名］(ongelma, pulma, vaikeus)問題，

難問.
professori 5 [名] 教授.
pronssi 4 [名] 青銅.
proomu 1 [名] 平底の運搬船.
propsi 4 [名] 支柱, 支え, 突っ張り棒.
proteesi 6 [名] 義手・義足などの補綴物.
provosoida 18 [動] 悪事をそそのかす, 誘惑する.
pudistaa 2 [動] 振る, 動かす, 振り払う, (人を)揺り起こす, (杖を)振り回す. *pudistaa päätään* 首を振る, 否定する.
pudistella 28 [動] 振る, 動かす, 払い落とす, 外す. *pudistella päätään*(驚いたり感心したりして)首を振る.
pudota* 38 [動] 落ちる, 下がる, 脱落する, 落下する.
pudottaa* 2 [動] 落とす, 下げる, 脱落させる, (液体を)たらす, こぼす.
puhallinsoitin* 56 [名]〈楽〉管楽器.
puhallus 64 [名] 息を吹くこと, 息を吹き掛けること.
puhaltaa* 5 [動] 1. 吹く, 息を吐き出す. 2. (笛を)吹く, 吹奏する. 3. (3人称で)風が吹く.
puhdas* 66 [形] 清潔な, よごれのない, 清い; 純粋な, 混じりのない; 繊細で美しい(ヴァイオリンの音色など). *puhtain käsin* 清潔な手で. *kirjoittaa puhtaaksi* 清書する.
puhde* 78 [名] 薄暗がり.
puhdistaa 2 [動] 1. きれいにする, 清潔にする; 拭う, 掃除する. 2. (心身を)清める, 清浄にする.
puhdistautua* 44 [動] 自分を洗う, 自分を清潔にする.
puhdistus 64 [名] 洗浄, 掃除, 浄化.
puhe 78 [名] 話, スピーチ, 談話; 講演, 講話, 演説. ／*käydä puheilla* (=olla puhumassa)話をする. ／属格+*puheille* 〜と話すために, 〜と話をしに. ／*tulla puheille* 話に来る. ／*antautua puheisiin*+属格+*kanssa* 話し始める. ／*ottaa puheeksi* 言及する, 話題などを持ち出す.
puheenaihe 78 [名] 話の題目, 話題.

puheenalainen 63 [形] 話題になっている，問題の.
puheenjohtaja 16 [名] 議長，司会者，座長.
puheenjohto* 1 [名] 司会，議事進行.
puheenparsi* 42 [名] 話し方，言い方，言い回し.
puheenvuoro 1 [名] 発言の機会；(議会などで与えられた)発言権.
puhekieli 32 [名] 話し言葉，口語.
puhelahja 10 [名] 弁舌の才能，話し上手.
puhelias 66 [形] 話好きの，おしゃべりの，多弁の.
puhelimitse [副] (puhelimella)電話で.
puhelin 56 [名] 1. 電話，受話器. 2. (puh. と省略) 電話番号. *soittaa puhelimella* 電話する，電話を掛ける.
puhelinasema 13 [名] 電話局；公衆電話設置場所.
puhelinkeskus 64 [名] 電話交換係，電話交換.
puhelinkioski 6 [名] 公衆電話ボックス，電話ボックス.
puhelinkoje 78 [名] 電話機，受話器.
puhelinkoppi* 4 [名] 公衆電話ボックス.
puhelinlaitos 64 [名] 電話局.
puhelinlanka* 10 [名] 電話線.
puhelinluettelo 2 [名] 電話帳.
puhelinnumero 2 [名] 電話番号.
puhelinyhteys* 65 [名] 電話の接続.
puhella 28 [動] 話す.
puhelu 2 [名] 話，話すこと，会話.
puhelukortti* 4 [名] テレホンカード.
puhelunvälittäjä 16 [名] 電話交換手.
puhemiehistö 2 [名] 議長団.
puhemies 72 [名] 1. 求婚の仲介者，仲人. 2. 議長.
puhetapa* 10 [名] 話しぶり，言い方，語法，話法.
puhista 41 [動] 溜め息をつく，深く息をする.
puhjeta* 36 [動] 裂ける，破裂する，(葉が)出る，(花などが)ぱっと開く，発芽する.
puhkaista 24 [動] 1. 穴をあける，(針，剣などで)突き刺す. 2. 〈医〉切開する. 3. パンクさせる.
puhki [副] 穴があいて，こわれて.
puhkia 17 [動] (puhkua)ため息をつく.

puhkoa 1 [動] 壊す，突き破る，押し破る．
puhkua 1 [動] (puhkia)ため息をつく．
puhtaaksikirjoitus 64 [名] 清書．
puhtaanapito* 1 [名] 掃除，清掃．
puhtaus* 65 [名] きれいなこと，きれいさ，清潔，清浄．
puhti* 4 [名] 〈常〉(tarmo, vauhti)大変な努力，大急ぎ．
puhtopaino 1 [名] (nettopaino)正味重量．
puhua 1 [動] 話す，スピーチをする．出格+*puhumatta*(*kaan*) ～については言わなくても明白だ．*puhua läpiä päähänsä* (=puhua tietämättömyyttään)知らないことを話す，わけのわからないことを話す．*puhua suomea* フィンランド語を話す．*puhua totta* 真実を話す．
puhuja 16 [名] 話す人，話者．
puhutella* 28 [動] ～に話しかける，～と話す．
puhuttelu 2 [名] 呼び掛け，話し掛け．
puhuttelusana 10 [名] 話しかけのことば．
puida 18 [動] 1. (麦などの)粒を取る，穀物の殻を取る，脱穀する．2. (こぶしで)おどかす，脅迫する．*puida viljaa* 脱穀する．*puida nyrkkiä* (威嚇のために)げんこつを振り回す．
puijata 35 [動] (pettää, petkuttaa) 〈常〉騙す，嘘をつく．
puikahtaa* 2 [動] (pujahtaa)静かに動く，こそこそと進む．
puikkia* 17 [動] 急いで逃げる，大急ぎで走る，逃走する．
puikko* 1 [名] 細い棒；編み棒．
puimuri 5 [名] 〈農〉脱穀機．
puin* 56 [名] (vaatekappale)(通常は複数形で)衣類．*pukimissa* 着たままで．
puinen 63 [形] 木の，木でできた，木製の，木造の．
puinti* 4 [名] 脱穀．
puistattaa* 2 [動] 身震いさせる，身震いする．
puistatus 64 [名] 身ぶるい，戦慄，悪寒．
puistella 28 [動] (pudistella)振る，動かす，払い落と

puisto 1 [名] 公園, 庭園.

puite* 78 [名] (通常は複数形で)1. 枠, 骨組み. 2. 制限, 限界.

pujahtaa* 2 [動] (puikahtaa, livahtaa, luiskahtaa)滑り込む, 飛び込む, 急ぐ, 忍び足で急ぐ, こっそり動く, 静かに動く, こそこそと逃げる, こそこそと進む, 忍びこむ. *pujahtaa ulos* 急いで出てゆく.

pujopaita* 10 [名] セーター.

pujotella* 28 [動] きっちりはめる, 狭い所を通す.

pujottaa* 2 [動] (指輪を)はめる, きっちりはめる, (針に)糸を通す, (真珠玉などを)糸に通す.

pujottelehtia* 17 [動] 狭い所をぬうように歩く(通る).

pujottelu 2 [名] (pujotteluhiihto)〈ス〉スキーの回転競技.

pujotteluhiihto* 1 [名] 〈ス〉スキーの回転競技, スラローム.

pukahtaa* 2 [動] (äännähtää)声を出す.

pukata* 35 [動] (työntää, puukata)押す, 突く, 押しやる, 押しつける.

pukea* 13 [動] 着る, 身に着ける. *pukea päälleen* 着る, 身に着ける. *pukea ylleen* (＝pukeutua)着る, 身に着ける.

pukeutua* 44 [動] 着る, 身に着ける.

pukeutuminen 63 [名] 着物を身に着けること.

pukeutumissuoja 11 [名] 更衣室, 更衣所.

pukeva 13 [形] 似合う, ふさわしい.

pukimo 2 [名] 仕立屋, 洋服屋.

pukine 78 [名] 衣類.

pukki* 4 [名] 1. 雄山羊. 2. (joulupukki)サンタクロース.

pukkia* 17 [動] 押す, 押しやる.

puku* 1 [名] (vaatteet)服, 上着, ワンピース, スーツ, 背広.

pula 11 [名] (ahdinko, hätä)苦境, 困惑, ピンチ, 困った立場. *olla pulassa* 苦境にたっている. *joutua pulaan* 苦境に陥る. *päästä pulasta* 苦境から脱する.

pula-aika* 10 [名] 重大な時局, 危機.

pulahdus 64 [名] 水に飛び込むこと, 人や物が水に落ちて出す水音.

pulahtaa* 2 [動] 水中を動く；水に飛び込む, 飛び込んで水音を立てる.

pulkka* 11 [名] 1. 〈俗〉木の棒, 細い棒. 2. (ahkio)橇(ボートのような形で底は平ら).

pulla 11 [名] (vehnänen)コーヒーと共に食べるパン, 菓子パン.

pullea 21 [形] 丸々太った, まるぽちゃな.

pullistaa 2 [動] ふくらませる, 膨張させる.

pullistua 1 [動] ふくれる, 膨張する.

pullo 1 [名] 瓶, 瓶一ぱいの量.

pullollaan [副] まるく. *olla pullollaan* いっぱいになる.

pullollinen 63 [名] 瓶一杯の量.

pullonavaaja 16 [名] 栓抜き.

pulma 11 [名] (probleemi)困難, 難しさ, 難局, ジレンマ；難問題.

pulmallinen 63 [形] 難しい, めんどうな, 複雑な, 困らせる.

pulpahtaa* 2 [動] わき出る, 噴出する.

pulpetti* 5 [名] 教室の勉強机.

pulputa* 39 [動] わき出る, 噴出する.

pulska 11 [形] (komea)ハンサムな, りりしい, すてきな.

pulu 1 [名] 〈話〉はと.

pulveri 5 [名] 粉, 粉末；〈医〉散薬.

pumpuli 5 [名] 1. 綿. 2. 脱脂綿.

puna-ailakki* 6 [名] 〈植〉ナデシコの一種(ナデシコ科). 学名 Silene dioica.

puna-apila 14 [名] 〈植〉ムラサキツメクサ. 学名 Trifolium pratense.

punainen 63 [形] 赤い. *silmät punaisina* 目を赤くして, 目を泣きはらして. [名] 赤, 赤色.

punajuuri 39 [名] レッドビート, アカカブ.

punakynä 11 [名] 赤鉛筆.

punalakkinen 63 [形] 赤い帽子をかぶっている.

punarautias 66 [形] 赤い尾の，(馬について)たてがみや尾が栗毛の.

punarinta* 10 [名]〈鳥〉ヨーロッパコマドリ(ヒタキ科ツグミ亜科). 学名 Erithacus rubecula.

punasinervä 13 [形] 赤みがかった青い.

punastua 1 [動] 赤くなる；赤面する，恥じる.

punata 35 [動] 赤くする.

punatauti* 4 [名]〈医〉赤痢.

punaviini 4 [名] 赤ワイン.

punertaa* 6 [動] 赤くなる，赤く見える.

punertava 13 [形] 赤らんだ，赤ちゃけた.

punertua* 1 [動] 赤くなる，赤みをおびる.

punerva 13 [形] 赤みがかった.

punnerruspuu 29 [名]〈体〉(tasapainopuu)平均台.

punnita 31 [動] 重さを計る.

punnus 64 [名] 重さ，重量.

punoa 1 [動] (糸などを)より合わせる，よりを掛ける，巻きつける，ひねり回す.

punoittaa* 2 [動] 赤くなる，赤くなっている.

punos 64 [名] より糸.

puola 11 [名] (puolukka)〈植〉コケモモ.

puoleen [後] (属格と共に)～の方へ，～に向かって，～の近くへ. *kääntyä*＋属格＋*puoleen*～の方へ向きを変える.

puoleensavetävä 13 [形] 人を引き付ける，愛きょうのある，魅惑的な.

puoleinen 63 [形] (属格と共に)～側の，～に面した，～の方の.

puoleksi [副] 半分に.

puolesta [副] 他方. [後] (属格と共に)～にとっては，～の方では，代わりに，～に関しては，～のために. *minun puolestani* 私にとっては，私の方では.

puolestapuhuja 16 [名] (puolustaja)代弁者，支持者.

puoli 32 [名] 1. 半分，片方. 2. 側，サイド. ／*kahden puolen* 両側で. ／*puolin ja toisin* 両側で，両側において. ／*kaikin puolin* (＝joka suhteessa)あらゆる点で. ／*yhdeltä puolen* 一方で. ／*toiselta puolen*

他方で. ／*puoleen ja toiseen* いろいろと，多面的に，あれこれ. ／*pitää puolensa* 又は *pitää puoliansa* 頑張る，自分の地位を守ろうと努める.
puoliaika* 10 [名]〈ス〉ハーフタイム.
puolihämärä 12 [形] 薄暗い，薄明かりの，たそがれの.
puolijohde* 78 [名]〈理〉〈電〉半導体.
puolikas* 66 [名] 半分，2分の1.
puolikuu 29 [名] 半月.
puolikymmentä 55 [数] (noin viisi) 約5.
puolikypsä 11 [形] 半熟の，半煮えの，半焼けの.
puolillaan [副] 半分入っている，半分だけ.
puolimaissa [副] (時について)半ば頃に. [後] (属格と共に)～の半ば頃.
puolinen 63 [形] (合成語の後の部分を構成する)～側の, *eteläpuolinen* 南側の.
puolipallo 1 [名] 半球.
puolipiste 78 [名] セミコロン(；).
puolipäivä 11 [名] 日中，真昼，正午.
puolipäiväpiiri 4 [名]〈地〉〈天〉子午線，経線.
puolisen (不変化) [不数] 半分位，約半分.
puolisko 2 [名] 半分.
puoliso 2 [名] 配偶者，夫，妻.
puolisukka* 11 [名] 半ソックス.
puolitiehen [副] 中途で，ハーフウェイで.
puolitoista 32 [数] (toista は不変化) 一つ半，1.5.
puolittaa* 2 [動]〈数〉2等分する，2で割る.
puolittain [副] 半分；ほとんど.
puoliturkki* 4 [名] (lyhyt turkki) 半コート.
puolivaiheilla [副] (puolimaissa)(時について)半分頃に. [後] (puolimaissa)(属格と共に)～の半分頃.
puolivalmis 69 [形] 半分出来上がった，半分仕上がった.
puoliväli 4 [名] 中間，半分，真中，中央.
puolivälissä [後] (属格と共に)～の中頃.
puoliympyrä 15 [名] 半円.
puoliyö 30 [名] (keskiyö) 夜中の12時，夜半，真夜中.
puoliääneen [副] 声を小さくして，小声で.

puoltaa* 5 [動] 正しいと認める, 弁護する；推薦する；後援する, 援助する. *pitää puolta* 賛成する, 支持する.

puoltaja 16 [名] 弁護人；援助者, 後ろだて, 味方, パトロン.

puolto* 1 [名] 弁護, 推薦.

puolue 78 [名] 政党, 党派；仲間, 一味, 徒党, 連中.

puolueellinen 63 [形] 党派的の, 片よった.

puolueeton* 57 [形] 政党に属さない, 無党派の, 中立の, 片よらない, 公平無私の.

puoluejohto* 1 [名] 政党指導者層.

puoluepäivät 11 [複名] 党大会.

puolukka* 15 [名] 〈植〉コケモモ(ツツジ科). 学名 Vaccinium vitis-idaea.

puolukkamätäs* 66 [名] コケモモが生えている小高い所.

puolustaa 2 [動] 1. 防御する, 防ぐ, 保護する, 守る. 2. 賛成する, 支持する, 弁護する.

puolustaja 16 [名] 保護者；保証人.

puolustautua* 44 [動] 身を守る.

puolustus 64 [名] 防御, 防備, 国防.

puolustusasianajaja 16 [名] 法律顧問, 弁護士.

puolustuslaitos 64 [名] 防衛組織, 国防組織.

puolustusministeri 5 [名] 国防大臣.

puolustusministeriö 3 [名] 国防省.

puolustusvoimat 11 [複名] 防衛軍, 国軍.

puomi 4 [名] 横木, さく.

puoskari 5 [名] 〈蔑〉にせの医者, 薮医者.

puoti* 4 [名] (myymälä, kauppa) 〈常〉店, 売店.

puraista 24 [動] かじる, かむ.

pureksia 17 [動] 噛む, 噛みつく；(食物を)噛み砕く, 咀嚼する.

purema 13 [名] 噛むこと, 噛みつくこと.

pureskella 28 [動] 噛む, 咀嚼する.

pureva 13 [形] 1. 身にしみる, 刺すような, (寒さなど)鋭い. 2. 辛らつな, 皮肉の.

purina 14 [名] 低い声.

puristaa 2 [動] 1. 握る, 握りしめる. 2. (pusertaa)

押しつぶす,押しつける. 3. しぼる,しぼり出す. 4. (tiivistää)物を詰める. 5. 圧制をする,虐げる. *puristaa kättä* 手を握りしめる(歓迎・別れのしるしに).

puristella 28 [動] 押す,押しつける.

puristin 56 [名] 圧縮機械,圧搾機械,コンプレッサー.

puristua 1 [動] 物が詰まる.

puristus 64 [名] 握ること,握りしめること,押しつぶすこと.

purje 78 [名] 帆.

purjehdus 64 [名] 航行,航海,帆走,ヨット操縦.

purjehtia* 17 [動] 航行する,帆走する.

purjelento* 1 [名] グライダー飛行.

purjelentokone 78 [名] グライダー.

purjevene 78 [名] 帆船,ヨット.

purjo 1 [名] ながねぎ.

purkaa* 2 [動] 1. ばらす,解体する. 2. (kumota, peruuttaa)契約を取り消す,破棄する,廃止する. 3. 貨物を陸揚げする. 4. 噴出させる,空にする. 5. ゆるめる,解く,はずす,ほどく. 6. (考えや気持ちを)表現する,述べる,明らかにする. *purkaa mieltään* 気持ちを表現する. *purkaa tunteitaan* 感じを表す.

purkaus 64 [名] 噴出,噴火,爆発.

purkautua* 44 [動] 爆発する,噴出する；川が流れる,突き破る.

purkinavaaja 16 [名] かん切り.

purkki* 4 [名] 缶,ビン.

purku* 1 [名] 解体.

purnu 1 [名] 食料保存のため地中に掘った穴,室(むろ).

puro 1 [名] 小川,流れ.

purra 26 [動] かむ,咬みつく,食いつく；(蚊・ノミなどが)刺す,食う；(食物を)咀嚼する.

purskahtaa* 2 [動] 噴出する,急に〜する,突然〜しだす. *purskahtaa nauramaan* 突然大きな声で笑いだす. *purskahtaa nauruun* 急に笑いだす. *purskahtaa*

itkuun 急に泣きだす.
purskua 1 [動] 噴出する, 吹き出す.
pursua 1 [動] (液体が)にじみ出る, こぼれる.
pursuilla 29 [動] 吹き出す.
purukumi 4 [名] チューインガム.
pusero 2 [名] ブラウス；ジャンパー.
puserrus 64 [名] 圧縮, 圧力.
pusertaa* 6 [動] (puristaa)押しつぶす, 圧迫する, 締めつける, 搾る.
pusertua* 1 [動] 押し出される, 狭い所を通って自分を押し出す.
puskea 13 [動] 1. (pökkiä, pökätä)頭で突く, 頭をぶっつける. 2. 突き進む. 3. 風が強く吹く. 4. 努力する.
puskuri 5 [名] (自動車の)バンパー.
pussi 4 [名] 袋.
puteli 5 [名] (pullo)瓶.
putkahdella* 28 [動] 急に現れる.
putki 8 [名] パイプ, 管, 筒；(ラジオの)真空管；(鉄砲の)口径.
putoama 13 [名] 落下；落差；断崖, 崖.
putoilla 29 [動] 落ちる.
putous 64 [名] 落下, 降下.
putouskorkeus* 65 [名] 落差.
putsata 35 [動] (puhdistaa)〈常〉きれいにする, 拭う.
puu 29 [名] 木, 樹木, 材木. *painaa puuta* 腰掛ける.
puuduttaa* 2 [動] 麻痺させる, 麻痺を起こさせる.
puudutus 64 [名] (anestesia, tunnottomuus)〈医〉麻酔, 知覚消失, 無感覚.
puudutusaine 78 [名]〈医〉麻酔薬.
puuha 11 [名] 仕事, 作業, 行動.
puuhailla 29 [動] ハッスルする, 熱中する.
puuhakas* 66 [形] 活動的な, 勤勉な.
puuhata 35 [動] (järjestää)仕事をする, たずさわる, 熱心に働く, 準備する, 整える.
puuhiili 32 [名] 木炭, 炭.
puukata* 35 [動] (pukata, työntää)押す, 押しやる,

押しつける.
puukko* 1 [名] ナイフ.
puumerkki* 4 [名] 文字が書けない人が名前の代わりに用いる記号.
puunjalostus 64 [名] 原木を製材加工すること.
puunkylläste 78 [名] 材木の防腐剤.
puunoksa 11 [名] 木の枝.
puunrunko* 1 [名] 木の幹.
puupiirros 64 [名] 木版；木版画.
puupuhallin* 56 [名] 〈楽〉木管楽器.
puupuhaltaja 16 [名] 木管楽器奏者.
puupökkelö 2 [名] 立ち枯れた木, 枯れ木.
puuro 1 [名] 〈料〉オートミール, 粥. kaurapuuro (オートミール)に代表されるような穀物やミルクなどが混じった食べ物.
puuseppä* 11 [名] 大工, 木工；指物師.
puuska 11 [名] (tuulenpuuska)突風, ひと吹きの風.
puusto 1 [名] 樹木, 生えている木々.
puutarha 10 [名] 庭園, (植物栽培の)園.
puutarhuri 5 [名] 庭師, 園丁, 植木屋.
puutavara 15 [名] 用材, 材木.
puute* 78 [名] 欠乏, 不足, 貧困. (出格と共に)〜の欠乏.
puuteri 5 [名] ふりかけ粉, おしろい.
puuton* 57 [形] 木が生えていない.
puutos 64 [名] (puute)欠乏, 不足, 貧困.
puutteellinen 63 [形] 不完全な, 不備の, 欠点のある.
puutteenalainen 63 [形] (köyhä)欠乏している, 貧しい.
puuttua* 1 [動] 1. 欠けている, 不足している, いない. 2. 問題や仕事に取り組む.
puuttumaton* 57 [形] 終わりがない, 常の, 十分な, 完全な.
puuttuva 13 [形] 不十分な, 欠けている.
puutua* 1 [動] 硬くなる, こわばる, こごえる, 麻痺する.
puuvaja 10 [名] (halkovaja)薪小屋.

puuvanuke* 78 [名] 製紙原料.
puuvilla 10 [名] 木綿.
puvusto 2 [名] 衣服, 衣料.
pyhiinvaellus 64 [名] 巡礼, 聖地参り.
pyhiinvaelluspaikka* 10 [名] 巡礼地.
pyhiinvaeltaja 16 [名] 巡礼者.
pyhimys 64 [名] 聖人, 聖者.
pyhittää* 2 [動] 聖別する;神聖にする;神に捧げる, 奉納する. *pyhittää lepopäivä* 安息日を守る.
pyhä 11 [形] 〈宗〉聖なる, 信心深い, 神聖な, 清浄な, 清い;神に捧げた, 神々しい. *Pyhä Henki* 聖霊. [名] (pyhäpäivä) 日曜祭日.
pyhäkoulu 1 [名] 〈宗〉日曜学校.
pyhäpäivä 83 [名] 日曜祭日, (キリスト教の)安息日.
pyjama 12 [名] パジャマ.
pykälä 16 [名] 1. (規則, 法律などの条文の)節, 段, 項, 箇条, 章の下の節(§で表される). 2. 切れ目, 刻み目.
pylly 1 [名] 〈常〉お尻.
pylväs 66 [名] 柱, 支柱, 大黒柱.
pyrintö* 2 [名] 努力.
pyristellä 28 [動] ぴくぴく動く, はねる.
pyrkijä 14 [名] 志望者, 受験者.
pyrkimys 64 [名] 努力, 骨折り.
pyrkiä* 17 [動] 1. 努める, はげむ, 努力する. 2. (入格と共に)目指す, 目的とする. 3. (第3不定詞入格と共に)試みる, ～したがる, ～する傾向を示す.
pyrstö 1 [名] 鳥や魚の尾;尻尾のようなもの.
pyrstötähti* 8 [名] (komeetta)ほうき星, 彗星.
pyry 1 [名] 吹雪, 大吹雪.
pyryttää* 2 [動] (天気が)荒れる, 吹雪である.
pyrähtää* 2 [動] 飛ぶ, 急に動く, 走り出す.
pyssy 1 [名] 鉄砲, 銃, 銃砲類, ライフル銃.
pysty 1 [形] 垂直の, 真っ直ぐの, 真っ直ぐに立っている.
pystymätön* 57 [形] 1. 突き刺さらない, 突き立たない. 2. 力がない, 能力がない, 才能がない.
pystyssä [副] (pörhöllään)まっすぐに, 直立して,

立って,垂直に,上下に. *nenä pystyssä* 威張って,横柄に.
pystysuora 11 [形] 垂直の,真っ直ぐの,直立の.
pystyttää* 2 [動] 立てる,直立させる,まっすぐに立てる.
pystyvä 13 [形] (taitava, lahjakas)有能な,能力のある;(感覚の)鋭敏な.
pystyyn [副] 真っ直ぐに,直立して. *panna pystyyn* (=järjestää)準備する,整える.
pystyä 1 [動] (kyetä, taitaa)(入格と共に・第3不定詞入格と共に)できる,可能である,歯が立つ,〜する能力がある.
pysymätön* 57 [形] 留まらない,流動的な.
pysytellä* 28 [動] (pysyttäytyä)留まる.
pysyttäytyä* 44 [動] (pysytellä)留まる.
pysyttää* 2 [動] 留まらせる.
pysyväinen 63 [形] 持続する,永続する,耐久力のある;(質の)堅い.
pysyä 1 [動] 1. 留まる,滞在する. 2. ある状態のままでいる,長続きする,持ちこたえる. 3. 固執する. *pysyä mukana* 〜と一緒にいる.
pysähdys 64 [名] 立ち止まり,休止;句切り.
pysähdysmerkki* 4 [名] (pysähtymismerkki)停止の合図,停止信号.
pysähdyspaikka* 10 [名] 停泊場所,停止場所.
pysähtyä* 1 [動] 止まる,中断する,立ち止まる,中止する,休む.
pysäkki* 5 [名] 停留所.
pysäköidä 18 [動] 駐車させる,駐車する.
pysäköinti* 4 [名] 駐車.
pysäköintikielto* 1 [名] 駐車禁止.
pysäköintimittari 5 [名] 駐車メーター.
pysäköintipaikka* 10 [名] 駐車場.
pysäyttää* 2 [動] 立ち止まらせる,停止させる,止める.
pysäytyskielto* 1 [名] 停車禁止.
pytty* 1 [名] 水おけ,たらい.
pyy 29 [名] 〈鳥〉エゾライチョウ(ライチョウ科). 学

名 Bonasa bonasia あるいは Tetrastes bonasia.
pyyde* 78 ［名］（通常は複数形で）(halu, toive)望み, 願望, 希望.
pyydellä* 28 ［動］願う, 望む, 頼む.
pyydys 64 ［名］罠, おとし穴.
pyydystää 2 ［動］（獲物を）つかまえる, 捕らえる, 退治する, わなにかける.
pyyhe* 78 ［名］(pyyheliina, pyyhin)ハンカチ, 小布, タオル, ふきん.
pyyheliina 10 ［名］(pyyhe, pyyhin)タオル, ハンカチ, 小布.
pyyhin* 56 ［名］(pyyhe, pyyheliina)物を拭く布ぎれ, 小布.
pyyhinliina 10 ［名］(pyyheliina)タオル.
pyyhinriepu* 1 ［名］物を拭くぼろ.
pyyhiskellä 28 ［動］拭く, ぬぐう.
pyyhkiä* 17 ［動］拭く, ぬぐう, ふきとる, ぬぐいさる.
pyyhkäistä 24 ［動］1. 掃く, 拭う, 表面をきれいにする. 2. 撫でる, さする. 3. 疾走する, 早く走る.
pyyhältää* 5 ［動］(kiitää, kulkea nopeasti)急ぐ.
pyykinpesijä 14 ［名］洗濯婦.
pyykinpesu 1 ［名］洗濯.
pyykki* 4 ［名］1. 境界標. 2. 洗うこと, 洗濯. 3. 洗濯物.
pyykkinaru 1 ［名］洗濯物のロープ.
pyykkipoika* 11 ［名］洗濯挟み.
pyylevä 13 ［形］(tanakka)どっしりした, 肥った. *pyylevä* eukko 肥ったおばさん.
pyynti* 4 ［名］狩猟, 漁労.
pyyntitapa* 10 ［名］捕獲法.
pyyntö* 1 ［名］依頼, 要請, 頼み, 願い. 属格＋ *pyynnöstä* 〜の依頼により.
pyyteetön* 57 ［形］無私の, 無欲の.
pyytäjä 16 ［名］1. 頼む人, 願う人, 依頼者. 2. 猟師.
pyytää* 3, 45 ［動］1. 願う, 頼む, 求める. 1)（人を離格に） 2)（人を分格に, 第3不定詞入格と共に） 3)（第3不定詞入格と共に） 2. (pyydystää)狩りをす

る, 猟をする.
pyökki* 4 [名]〈植〉ブナ. 正しくはセイヨウブナ. 学名 Fagus sylvatica.
pyöreä 21 [形] 丸い. *pyöreä* puu 丸太, 原木.
pyöristyä 1 [動] 丸くなる.
pyöristää 2 [動] 1. まるめる, 丸味をつける, 曲げる. 2. 切り捨てる, 端数を無くする, 丁度にする.
pyörittää* 2 [動] 回す, 回転させる, ころがす.
pyöriä 17 [動] 回る, 回転する, ころがる;循環する. Pyörä *pyörii* 輪が回る.
pyörre* 78 [名] 渦巻き, 旋回.
pyörremyrsky 1 [名] 台風, ハリケーン.
pyörryksissä [副] 気絶して.
pyörryttää* 2 [動] 目まいがする, ふらふらする; 目をくらませる.
pyörrytys 64 [名] 目まい.
pyörtymys 64 [名] 気絶, 卒倒, 失神.
pyörtyä* 1 [動] 気が遠くなる, 気絶する.
pyörtänö 2 [名]〈方〉(piennar)畦, 畑の回り.
pyörtää* 6 [動] (kääntyä takaisin)帰る, 戻る.
pyörykkä* 15 [名] 丸, 円, 丸い物.
pyörylä 15 [名] 円形, 輪.
pyörä 11 [名] 自転車;車, 車輪, 輪. *ajaa pyörällä* 自転車で行く.
pyörähdellä* 28 [動] 1. 回る, 回転する. 2. 踊る.
pyörähtää* 2 [動] 1. 回る, 回転する. 2. 急いで跳び出す.
pyöräilijä 14 [名] (polkupyöräilijä)自転車に乗る人.
pyöräillä 29 [動] 自転車で行く.
pyöräily 2 [名] サイクリング, 自転車に乗ること.
pyöräilykilpailu 2 [名] 自転車レース.
pyöräyttää* 2 [動] 1. 回す, 回転させる. 2.〈常〉急いで置く, 急いで運ぶ;急いで作る.
pyörösaha 10 [名] (sirkkelisaha)円のこ.
pyöveli 5 [名] (teloittaja, mestaaja)死刑執行人.
-pä(-pa) [接尾辞] 話を始める時, 話題を変える時などに動詞に付加される.
pähkinä 15 [名] 木の実, ナッツ.

pähkinänsärkijä 14 ［名］くるみ割り.
pähkinäpensas 66 ［名］(pähkinäpuu)〈植〉ハシバミ. 学名 Corylus avellana.
pähkinäpuu 29 ［名］(pähkinäpensas)〈植〉ハシバミ.
päihtymys 64 ［名］酔い, めいてい, 酔払い.
päihtynyt 77 ［形］酔った, 酔払った.
päihtyä* 1 ［動］(humaltua)泥酔する, 酔っぱらう.
päin ［副］1. 正面に, 前に, 前を向いて. 2. (場所を表す格と共に後置詞のように使われる)～の方に, ～の方から, ～の方へ向かって. *missä päin* どの辺に. *minne päin* どちらの方へ.
päinsä ［副］*käydä päinsä* 可能である, 許される.
päinvastainen 63 ［形］反対の, 反対方向の.
päinvastoin ［副］これに対して, 逆に, 正反対に. *päinvastoin kuin* ～とは反対に.
päissään ［副］〈常〉酔っ払って.
päistikkaa ［副］頭から.
päitset 8 ［複名］馬の頭に付ける馬具.
päivettynyt 77 ［形］皮膚が日に焼けた.
päivettyä* 1 ［動］日に焼ける, 日焼けする.
päivitellä* 28 ［動］(pahoitella)悔やむ, 後悔する, 嘆き悲しむ；不平を言う, 文句を言う.
päivittäin ［副］日々, 毎日, 日毎に.
päivittäinen 63 ［形］毎日の, 毎日起こる, 毎日行われる.
päivystäjälääkäri 5 ［名］宿直医, 休日・夜間などに勤務する医者.
päivystää 2 ［動］休日・夜間など通常の勤務時間以外に勤務する.
päivä 11 ［名］1. 日, 日中. 2. 太陽. ／*Hyvää päivää!* こんにちは. ／*Päivää!* こんにちは. ／*eräänä päivänä* ある日. ／*tähän päivään mennessä* 今日まで. ／*tästä päivästä lukien* 今日から, 今日から始まって. ／*harva se päivä* ほとんど毎日. ／*meidän päivinämme* (＝nykyään)今日でも, 現在でも. ／*ottaa päiviltä* (＝surmata)殺す. ／*päivät pitkät* 来る日も来る日も, 何日も. ／*päivät päästään* 来る日も

来る日も，絶え間無く，続いて． / *toimittaa päiviltä* (=tappaa, surmata)殺す． / *vielä tänä päivänäkin* 今日でも．

päiväinen 63 ［形］1. 日中の，一日の．2. 太陽の．
päiväjärjestys 64 ［名］一日の時間割り，一日の予定．
päiväkausittain ［副］何日か，数日間．
päiväkiitäjä 16 ［名］〈蝶〉暑い日中飛び回るスズメガの一種．
päiväkirja 10 ［名］日記，日誌，日記帳．
päiväkorento* 2 ［名］〈虫〉カゲロウ．
päivälehti* 8 ［名］日刊新聞．
päivällinen 63 ［形］一日の，日中の．［名］（一日の）主な食事．
päivällisaika* 10 ［名］主な食事の時間，昼食時，午餐時刻．
päivällistauko* 1 ［名］（päivällistunti）昼食の休憩時間．
päivällisuni 32 ［名］食後の眠り．
päivämäärä 11 ［名］日付，年月日．
päivänavaus 64 ［名］朝礼，朝会．
päivänkohtainen 63 ［形］（ajankohtainen）時代に合った，時代に適した，現代の．
päivänkoitto* 1 ［名］夜明け，あけぼの．
päivännousu 1 ［名］（auringonnousu）日の出．
päivänpaiste 78 ［名］日光，日あたり，日なた．
päiväntasaaja 16 ［名］赤道．
päiväntasaus 64 ［名］春分，秋分，彼岸の中日．
päivänvalo 1 ［名］日光．
päivänvarjo 1 ［名］日傘，パラソル．
päiväpalkka* 10 ［名］日払い給料，日当，日給．
päiväsaika* 10 ［名］（päiväinen aika）日中．
päiväsaikaan ［副］（päivällä）日中に．
päivätyö 30 ［名］一日の仕事．
päivätä 35 ［動］日付を書く．
päivävuoro 1 ［名］日中の勤務，日勤．
päiväys 64 ［名］日付．
pälkähtää* 2 ［動］*pälkähtää päähän* 頭にうかぶ．
pälveillä 28 ［動］雪が溶けて地面が現れる．

pälvi 8 ［名］雪が解けて現れた地面.
päntätä* 35 ［動］苦労して頭につめこむ.
päre 79 ［名］薄い板, 木切れ.
päristellä 28 ［動］動物が鼻から空気を出して音を立てる, 鼻を鳴らす(怒り, 軽蔑などを表す).
pärjätä 35 ［動］〈常〉かなう, 持ちこたえる.
pärskiä 17 ［動］飛散させる.
pärskyttää* 2 ［動］(水・泥などを)はねかける.
pärskyä 1 ［動］(水などが)はねる, 散らばる.
pässi 4 ［名］雄羊.
pätemätön* 57 ［形］無効の.
pätevyys* 65 ［名］有効, 合法.
pätevyysvaatimus 64 ［名］応募資格, 応募条件.
pätevä 13 ［形］(voimassa oleva, paikkansa pitävä). 1. 有効な, 効力がある, 正しい. 2. 適任の, 適格の, 資格のある.
pätevöityä* 1 ［動］有効になる, 効力を発揮する.
päteä* 13 ［動］有効である, 正当である, 適切である.
pätkä 11 ［名］切れ残り, はしくれ.
pää 28 ［名］1. 頭. 2. (合成語で)主な, 上の, 第一の. /*olla hyvällä päällä* 上機嫌である. /*omin päin* 自分で, 自分の責任で. /*hattu päässä* 帽子を被って. /*puhua läpiä päähänsä* 知らない事を話す, わけのわからない事を話す. /*päivät päästään* 来る日も来る日も, 絶え間なく, 続いて. /*suoraa päätä* 真っ直ぐに, 直接に;(=heti)すぐに. /*täyttä päätä* (=täyttä vauhtia) 全速力で, 大急ぎで.
pääaine 78 ［名］専門科目, 主要課題;主要材料.
pääasema 13 ［名］中央駅.
pääasia 14 ［名］主な事, 主な物, 主要点, 眼目. *pääasiassa* 主に.
pääasiallinen 63 ［形］主な, 主要な, 重要な, 根本的な.
pääelinkeino 1 ［名］主要生計職業, 主な職業, 主な家業.
päähenkilö 2 ［名］主人公, 主要人物.
päähine 78 ［名］頭飾り, (帽子, 頭布などの)かぶり

物.

päähän [後] (属格と共に)～の距離の所まで, ～離れた所まで.
päähänpisto 1 [名] でき心, 気まぐれ.
pääjohtaja 16 [名] 総支配人, 総管理人.
pääkallo 1 [名] 頭がい骨.
pääkatu* 1 [名] 大通り.
pääkaupunki* 5 [名] 首都, 中心都市.
pääkirjoitus 64 [名] 新聞の社説.
pääkohdittain [副] 主な点で, 主として.
pääkonsuli 5 [名] 総領事.
pääkonttori 5 [名] 本店, 本社.
päälaki* 8 [名] 頭蓋, 頭の上部.
pääliina 10 [名] スカーフ.
päälle [副] 上へ, 更に, その上. [後] (属格と共に)～の上へ, ～に向かって.
päälleajo 1 [名] 乗り上げること, 車などでひくこと.
päällekkäin [副] (toinen toisensa päällä)重ねて, 積み重ねて, 一つが他方の上になって, 引き続いて, 相ついで, 順々に.
päällepäin [副] 上に, 上に向かって, 上方に.
päälletysten [副] (päällekkäin)重ねて, 積み重ねて.
päällikkö* 2 [名] 頭, 長.
päällimmäinen 63 [形] 一番上の, 一番上にある, 最高の, 絶頂の.
päällinen 63 [形] (属格と共に)～の上の.
päällys 64 [名] 敷布, カバー；コート；包み紙.
päällyskenkä* 11 [名] 靴カバー.
päällystakki* 4 [名] オーバーコート, コート.
päällyste 78 [名] 覆い, カヴァー, 舗装.
päällystää 2 [動] 覆う, カバーする.
päällysvaate* 78 [名] (通常は複数形で)防寒用の衣類・衣服.
päällä [副] 上に. [後] (属格と共に)～の上に.
päältä [副] 上から. [後] ～の上から.
pääluu 29 [名] 頭がい骨.
päämaali 4 [名] (päämäärä, tavoite)目的.

päämies 72 [名] 1. 代表者, 指導者, ～長, 主要人物. 2. 依頼者(弁護士に弁護を依頼した人).

pääministeri 5 [名] 首相, 総理大臣.

päämäärä 11 [名] (päämaali, tavoite)目的, 目標, 対象；行き先, ゴール.

päänalainen 63 [名] 枕, クッション.

päänalus 64 [名] 枕.

päänmeno 1 [名] (surma)死.

päännyökkäys 64 [名] うなずき, 首肯.

päänsärky* 1 [名] 頭痛.

päänvaiva 10 [名] 頭を悩ますこと, めんどうくさいこと, 難題.

pääoma 11 [名] 資本金.

pääosa 11 [名] 大部分.

pääosaltaan [副] (etupäässä, suurimmaksi osaksi)主に, 大部分, 主な部分は.

pääpiirre* 78 [名] 主な特徴, 主な特色, 主な特質.

päärynä 18 [名] 西洋梨, 洋梨, ナシ.

pääsiäinen 63 [名] 復活祭, イースター.

pääskynen 63 [名] ツバメ.

päässä [後] (属格と共に)～の距離の所で, ～離れた所で. (～からを意味するのは出格又は離格) *vähän matkan päässä* 少し離れた所に. *pitkän matkan päässä* 遠く離れた所に.

1. **päästä** [後] (属格と共に)1. (場所について)～の距離の所から. *pitkien matkojen päästä* 遠くから. 2. (時間について). ～の後, ～が経過した後. *tunnin päästä* 1時間後に. *vähän päästä* 少ししてから, 間もなく.

2. **päästä** 24 [動] 1. ～から離れる, ～から逃れる. 2. 行く, 着く, 入る. 3. 望みが叶う, 目的を達成する. 4. (kyetä, voida)できる, 可能である. 5. 熟語的用法 *päästä uneen* 眠りに落ちる, 眠る. ／*päästä voitolle* 勝つ. ／*päästä kiinni* 捕らえる, 到達する. ／*päästä uneen kiinni* 眠りに落ちる, 眠る. ／*päästä osalliseksi*＋出格 ～の利益にあずかる.

päästäinen 63 [名] 〈動〉トガリネズミ(総称).

päästää 2 [動] 1. ゆるめる, 放す, のがす. 2. 行か

せる，解放する．3. (叫び声などを)出す，発する．*päästää valloilleen* 解放する，自由にする．*päästää vapaaksi* 免除する，解放する，釈放する，〜を許可する．*päästää huokaus* 溜息をつく．*päästää ääni* 声をあげる．

päästö 1 [名] 卒業．
päästötodistus 64 [名] 卒業証明，卒業証明書．
päästötutkinto* 2 [名] (中・高校の)卒業試験．
pääsy 1 [名] 進入，立ち入り；入場許可，入会．*pääsy kielletty* 立ち入り禁止．*pääsy kouluun* 入学．*pääsy vapaaksi* 釈放．
pääsylippu* 1 [名] 入場券．
pääsymaksu 1 [名] 入場料；入学金．
pääsytutkinto* 2 [名] 入学試験；採用試験．
pääsyvaatimus 64 [名] 入学・入会の必要条件；採用条件．
pääte* 78 [名] 〈言〉語尾．
pääteasema 13 [名] 終点，終着駅．
päätellä* 28 [動] 結論を出す．
päätelmä 13 [名] 結論，演繹法，推論．
päätepiste 78 [名] 終点．
päätepysäkki* 5 [名] バス・市街電車などの終点．
päätoimittaja 16 [名] 編集長．
päätteetön* 57 [形] 〈言〉語尾がない．
päättyminen 63 [名] 終了，解除．
päättymätön* 57 [形] 終わりがない，どこまでも続く．
päättyä* 1 [動] 終わる，終了する，終わりになる，満期となる．(入格と共に)〜で終わる．
päättäjäiset 63 [複名] 閉会式．
päättämätön* 57 [形] 1. 鈍い，判断力に欠ける．2. 未解決の，途中の．
päättäväinen 63 [形] 決心した，決定した．
päättää* 2 [動] 1. 終える．2. (不定詞と共に)決心する，決定する，決める．*päättää päivänsä* 自殺する．*kaikesta päättäen* 総合して考えると，全ての事から判断すると．
päätuote* 78 [名] 主要生産物．

pääty* 1 [名] 〈建〉切り妻.
päätyraja 10 [名] エンドライン.
päätyä* 1 [動] 到達する.
päätöksenteko* 1 [名] 決定, 決断.
päätös 64 [名] 終わり；決定.
päätöslauselma 13 [名] 結論, 解決案.
päätösvaltainen 63 [形] 決定権がある, 決定できる.
pöhöttyä* 1 [動] ふくれる, 腫れる.
pökerryksiin [副] 目が回って, 目が回るほど, 目を回して.
pökkiä* 17 [動] (puskea, pökätä)(動物が頭を)こすりつける, 押しつける；突き進む.
pökätä* 35 [動] (puskea, pökkiä)突き進む.
pölkky* 1 [名] 丸太, 丸木. ojentaa käsi *pölkylle* 刑罰で切り落とされるため手を差し出す.
pöllyttää* 2 [動] 粉を飛ばす, 舞い上げる.
pöllytä 39 [動] (tupruta)粉などが飛ぶ, 舞い上がる.
pölähtää* 2 [動] (tuprahtaa)粉などが飛ぶ, 舞い上がる.
pöllö 1 [名] 〈鳥〉フクロウ(総称)；お人よし, のろま, つまらぬ人.
pöly 1 [名] 埃, ごみ.
pölyinen 63 [形] ほこりっぽい, ほこりだらけの.
pölynimijä 14 [名] 電気掃除機.
pölynimuri 5 [名] 電気掃除機.
pölyttyä* 1 [動] 1. 埃をかぶる, 埃がたまる. 2. 〈植〉受粉する.
pölyttää* 2 [動] 1. ちりを払う, 掃除する, 拭き清める. 2. 〈植〉受粉させる.
pölytys 64 [名] 〈植〉植物の受粉, 受粉作用.
pönkittää* 2 [動] つっかい棒をする.
pönkitä 31 [動] つっかい棒をする.
pönttö* 1 [名] 鳥の巣箱；小さいたる, おけ.
pönäkkä* 15 [形] (tanakka)太った, がっしりした.
pöperö 2 [名] 〈俗〉ねり粉.
pörhöinen 63 [形] もじゃもじゃの.
pörhöllään [副] (pystyssä)真っ直ぐにして, 立てて.

pörhössä [副] ぴんと立てて.
pörräillä 29 [動] 軽い音を立てる.
pörröinen 63 [形] 毛むくじゃらな, ぽうぽうとした, (髪の)もつれた.
pörröttyä* 1 [動] (pörröytyä)くしゃくしゃになる.
pörröttää* 2 [動] (髪を)くしゃくしゃにする.
pörrötukkainen 63 [形] 毛むくじゃらな.
pörröturkkinen 63 [形] もじゃもじゃの毛の.
pörröytyä* 44 [動] (pörröttyä)くしゃくしゃになる.
pörssi 4 [名] 株式取引所, 証券取引所.
pötkiä 17 [動] (juosta, lähteä)走る, 駆ける, 急ぐ.
pötkiä pakoon 後をも見ずに逃げる, 逃げる.
pötky 1 [名] (pötkö)長めでずんぐりした塊.
pötkö 1 [名] (pötky)長めでずんぐりした塊.
pöyhkeillä 28 [動] ～について誇る, 自慢する, 得意になる, うぬぼれる.
pöyhkeä 21 [形] なまいきな, うぬぼれた, ごう慢な, 気取った, おうへいな.
pöyristyttää* 2 [動] (kauhistuttaa, kammottaa) (3人称の形で)おびえさせる, たまげさせる, ぞっとさせる, 怖がらせる.
pöytä* 11 [名] 机, テーブル.
pöytähopea 21 [名] 銀食器.
pöytäkirja 10 [名] 議事録, 会議録, 議定書.
pöytäliina 10 [名] ナプキン.
pöytärukous 64 [名] 食前(後)の感謝の祈り.
pöytätennis 64 [名] 卓球.

R

raadella* 28 [動] (肉・手足などを)ばらばらに切断する.
raahata 35 [動] (kiskoa)引っ張る, 苦労して物を運ぶ, 無理やり引っ張る, 引きずり出す, 無理やり連れ

て行く.
raaja 10 [名] 手足, 四肢, 肢体.
raajarikko* 1 [形] (rampa)体が不自由な. [名] 手足が不自由な人, 身体障害者, 不具者, かたわ者.
raaka* 10 [名] 生(ﾅﾏ), 原料のまま. [形] 生(ﾅﾏ)の, 未熟の, 原料のままの, 調理してない.
raaka-aine 83 [名] 原料.
raakamainen 63 [形] 粗野な, 粗暴な, 無作法な.
raakaöljy 83 [名] 原油.
raakile 78 [名] 未熟の果物.
raakkua* 1 [動] カーカー鳴く.
Raamattu* 2 [名] 聖書, バイブル.
raamatullinen 63 [形] 聖書の.
raamatunkäännös 64 [名] 聖書の翻訳.
raamatunlause 78 [名] 聖句.
raamatunselitys 64 [名] 聖書の解釈.
raapaista 24 [動] 引っかく, かき傷をつける, こする.
raapia* 17 [動] (爪で)引っかく, 掻き傷をつける; すり消す.
raaputtaa* 2 [動] (ruoputella)払い落とす, 払いのける, 削り落とす, かゆい所を掻く, (消しゴムで)消す, ぬぐい消す.
raaskia 17 [動] (raskia, raatsia, hennoa)(否定文で)かわいそうで~できない, 同情心で~できない.
raastupa* 11 [名] (raastuvanoikeus)地方裁判所.
raastuvanoikeus* 65 [名] 地方裁判所.
raataa* 9 [動] 辛い仕事をする, 骨折って働く. *raataa huhdan* 焼き畑を作る.
raato* 1 [名] (獣の)死体, 腐れ肉.
raatsia 17 [動] (raaskia, raskia, hennoa)(否定文で)かわいそうで~できない, 同情心で~できない.
raavas 66 [形] 〈常〉(aikuinen)成長した, おとなになった; (voimakas, väkevä)強い, 力強い. [名] 牛;成長した動物;牛肉.
radio 3 [名] ラジオ.
radioida 18 [動] ラジオで放送する.
radiologia 15 [名] 放射線学.

radiologinen 63 ［形］放射線による.
rae* 78 ［名］1. (jääpala)あられ, ひょう. 2. (siru, murunen)粒.
raekuuro 1 ［名］あられ. 又はひょうの大降り.
raesade* 78 ［名］あられ・ひょうが降ること.
raha 10 ［名］金銭, 貨幣, お金.
raha-arkku* 1 ［名］(rahakirstu)金庫.
raha-asiainministeri 5 ［名］大蔵大臣.
rahakanta* 10 ［名］〈経〉貨幣本位.
rahakirstu 1 ［名］(raha-arkku)金庫.
rahakukkaro 2 ［名］財布.
rahalaitos 64 ［名］金融機関.
rahallinen 63 ［形］1. (rahakas, rikas)豊かな, 金持ちの. 2. お金に関係する, 金融の, 財政の.
rahalähetys 64 ［名］現金送付, 送金.
rahamies 72 ［名］金持ち.
rahanarvo 1 ［名］貨幣の流通価値, 貨幣価値.
rahankeräys 64 ［名］募金, 献金.
rahanvaihto* 1 ［名］貨幣の両替.
rahapaja 10 ［名］造幣局.
rahapula 11 ［名］貨幣恐慌, 金融難.
rahastaa 2 ［動］集金する, お金を受け取る.
rahastaja 16 ［名］車掌, raha(金銭)を受け取る人.
rahasto 2 ［名］資本金；現金；国庫, 公庫.
rahasumma 11 ［名］金額, 総額.
rahaton* 57 ［形］金のない, 貧乏な.
rahavarat 10 ［複名］資力, 資産；財源.
rahdata* 35 ［動］1. 〈商〉貨物運送する. 2. 〈海〉貨物船を借りる.
rahi 4 ［名］(jakkara)背のない腰掛け.
rahoittaa* 2 ［動］〈商〉金を融通する, 金を供給する, 融資する.
rahoitus 64 ［名］〈商〉資金調達.
rahti* 4 ［名］〈商〉(船の)運送料, 運賃；運送貨物.
rahtikirja 10 ［名］船荷証券.
rahtimaksu 1 ［名］(船の)運送料, 運賃, 用船料.
rahtitavara 15 ［名］運送荷物, 運輸貨物.
rahvas 66 ［名］(maalaiset)大衆, いなかの人達, 民

衆, 農民, 庶民, 平民.

raidakas* 66 ［形］(raidallinen, juovikas)縞の, 縞状の.

raidallinen 63 ［形］(juovikas, raidakas)縞の, 縞状の.

raide* 78 ［名］(鉄の)レール, 軌道, 軌条. *suistua raiteilta* 心のバランスを失う, 不安定になる.

raideväli 4 ［名］(raideleveys)レールの幅.

raikas* 66 ［形］新鮮な, さわやかな, 新しい, 生きのよい, みずみずしい.

raikua* 1 ［動］響く, 反響する, 鳴る, 響き渡る.

raikuna 14 ［名］響き渡ること.

railo 1 ［名］亀裂, 裂け目, ひび, (氷などの)割れ目.

raina 10 ［名］細長い紐；フィルム；フィルムに写った映像.

raippa* 10 ［名］木の枝, 棒.

raiska 10 ［名］(raukka)小さな者, 無価値な者.

raiskata 35 ［動］荒らす, 荒廃させる；強姦する.

raisu 1 ［形］1. (raju, hurja)荒々しい, 狂暴な. 2. (ripeä, reipas)生き生きとした, 活発な.

raitio 3 ［名］轍(わだち)；村の道.

raitiotie 30 ［名］路面電車用の線路.

raitiovaunu 1 ［名］路面電車, 市内電車.

raitis* 68 ［形］酒を飲まない, 禁酒の；新鮮な.

raittius* 65 ［名］新鮮さ, はつらつさ；冷静, 落ち着き；禁酒.

raittiusjuoma 11 ［名］無アルコール又は少量のアルコールの入った飲み物.

raittiusliike* 78 ［名］禁酒運動.

raittiusseura 10 ［名］禁酒協会.

raivaamaton* 57 ［形］人跡未踏の, 道のない.

raivata 35 ［動］取り除く, 耕す, 不毛の地を耕作地にする, 開墾する, 開拓する, (邪魔を)取り除く.

raivo 1 ［名］荒れ狂い, 怒り.

raivokas* 66 ［形］荒れ狂う, 暴れまわる.

raivostua 1 ［動］かんしゃくを起こす, かっと怒り出す.

raivota 38 ［動］(riehua)吹き荒れる, 暴れる, 荒れ狂

う, おこる.
raivotauti* 4 [名]〈動医〉狂犬病, 恐水病.
raja 10 [名] 1. 境界線, 国境線. 2. 限界, 極限. 3. ぼろになった履物.
raja-arvo 1 [名] 限界の数値.
rajalinja 10 [名] 国境線.
rajamaa 28 [名] (rajaseutu)接点, 境界になる土地・地方.
rajapiste 78 [名] 限度, 範囲.
rajata 35 [動] (panna raja)境界を設ける, 限る.
rajaton* 57 [形] (loputon, suunnaton)無限の, 終わりのない.
rajoittaa* 2 [動] 制限する, 限る, 境界をつける.
rajoittamaton* 57 [形] 際限のない, 無限の.
rajoittua* 1 [動] (入格と共に)〜まで広がる；〜に限る.
rajoitus 64 [名] 制限, 限定, 境界, 境界をつけること.
raju 1 [形] はげしい, すさまじい, 猛烈な, 手に負えない.
rajuilma 10 [名] 嵐, 大しけ, 暴風雨.
rajumyrsky 1 [名] 暴風雨.
rakas* 66 [形] 愛する, 愛すべき, 親愛なる, いとしい, かわいい. [名] 愛する者.
rakastaa 2 [動] 愛する, 慈しむ, かわいがる, (物を)好む.
rakastaja 16 [名] 愛する者, 恋人.
rakastava 13 [形] 情愛のある；親切な, 愛想のよい.
rakastavainen 63 [形] 1. (rakastava)情愛のこもった. 2. 愛し合う, 恋人同士の；(名詞的に)恋人同士, 恋人たち.
rakastettava 13 [形] 愛らしい, 人好きのする.
rakastettu* 2 [形] 愛された；(名詞的に)恋人.
rakastua 1 [動] 恋する, 恋慕する, ほれこむ.
rakastunut 77 [形] 愛した, 好んだ, 好きな, 恋している, ほれている.
rakeinen 63 [形] 粒状の.
rakeistaa 2 [動] 粒状にする.

rakeistua 1 [動] 粒状になる.
rakenne* 78 [名] 構造, 組立て.
rakennelma 13 [名] 組立, 組み立てられた物.
rakennus 64 [名] 1. 建築, 建設, 建造. 2. 建築物, 建物, ビルディング.
rakennuskaava 10 [名] 建築図面, 組立て図.
rakennusmestari 5 [名] 建築技師.
rakennusministeri 5 [名] 建設大臣.
rakennusministeriö 3 [名] 建設省.
rakennustaide* 78 [名] 建築術；建築様式.
rakennusteline 78 [名] 工事用足場.
rakennustyömaa 28 [名] 建築現場, 工事現場.
rakennuttaa* 2 [動] 建てさせる, 建築させる, 建設する.
rakentaa* 42 [動] 建てる, 建築する, 組み立てる；(鳥が巣を)作る.
rakentaja 16 [名] 建築者, 建造者.
rakenteellinen 63 [形] 構造の, 構造上, 構造に関する.
rakentua* 1 [動] 作られる, 構成される.
raketti* 6 [名] ロケット；打ち上げ花火, のろし.
rakkaudentunnustus 64 [名] 愛の告白, 愛の打ち明け.
rakkaudentyö 30 [名] 愛の仕事, 慈善事業.
rakkaus* 65 [名] 愛, 慈愛, 恋愛, 愛情.
rakkaussuhde* 78 [名] 恋愛関係.
rakko* 1 [名] 〈解〉(皮膚の)水ぶくれ, 水泡, たこ；膀胱.
rakkula 15 [名] 〈解〉やけどの水ぶくれ.
rako* 1 [名] 1. 割れ目, 裂け目, 亀裂. 2. (ドアなどの)すき間.
rakotulkki* 4 [名] 〈技〉厚みゲージ.
rallattaa* 2 [動] 楽しそうに歌う.
rampa* 10 [形] (raajarikko, rujo, vammainen)体が不自由な, 体が傷ついている, 不具の, かたわの. [名] 体の傷ついている人.
rampautua* 44 [動] 体が麻痺する.
rana 10 [名] 〈常〉(nostokurki)クレーン.

rangaista* 24 [動] 罰する, (罰を)課する.
rangaistus 64 [名] 罰, 刑罰, 処罰.
rangaistusmääräys 64 [名] 罰則.
rangaistustuomio 3 [名] 有罪の判決.
rangaistusvanki* 4 [名] (既決の)囚人, 囚徒, 罪人.
rankaisu 2 [名] 罰すること, 罰.
rankka* 10 [形] (ankara, kova)(風雨・天候に関して)激しい, 強い.
rankkasade* 78 [名] 大雨, 豪雨.
ranko* 1 [名] 丸太.
rankorakennus 64 [名] 丸太を組み合わせた建築物.
ranne* 78 [名] 手首.
rannekello 1 [名] 腕時計.
ranneketju 1 [名] ブレスレット.
rannerengas* 66 [名] ブレスレット, 腕環.
rannikko* 2 [名] (rantama)海岸, 沿岸, 海浜.
rannikkoalue 78 [名] (rantama)海岸地帯.
ranskanleipä* 11 [名] フランスパン.
ranta* 10 [名] 1. 岸, 海岸, 海浜, 海辺. 2. (reuna)ふち, へり. *kautta rantain* (=epäsuorasti) 遠回しに, 間接的に.
rantama 13 [名] (rannikko, rannikkoalue)岸辺, 海岸地方.
rantasipi 4 [名] 〈鳥〉イソシギ(チドリ目シギ科). 学名 Tringa hypoleucos.
rantaviiva 10 [名] 海岸線, 沿岸線.
rantaäyräs 66 [名] 切り立った岸.
raottaa* 2 [動] (戸や目などを)細めに少しあける, 半開にする.
raottua* 1 [動] (戸や目などが)細めに少し開く.
rapa* 10 [名] 1. 壊れた道具. 2. 泥, 雪どけのぬかるみ.
rapakko* 2 [名] 1. 泥沼, 泥池. 2. 〈戯〉大西洋.
rapata* 35 [動] 〈俗〉(壁に)しっくいを塗る, 上塗りをする.
rapautua* 44 [動] (murautua, sorautua) 〈地質〉〈鉱〉腐食する, 風化する, 崩れる.
rapista 24(41) [動] 小さい物が落ちる.

raportti* 6 [名] 報告書；報道，通信；(学校の)通信簿，成績表；(議会の)議事録.

rappaus 64 [名] 1. しっくいを塗ること. 2. しっくいを塗った表面.

rappeutua* 44 [動] 朽ち果てる，腐りくずれる，荒れ果てる；衰える，衰微する.

rappeutuminen 63 [名] 崩壊.

rappeutunut 77 [形] くさった，荒れ果てた；衰えた，衰微した.

rappio 3 [名] 崩壊，壊れ；腐敗.

rappu* 1 [名] (porras) 〈常〉 (通常は複数形で)階段, 踏み段.

rapse 78 [名] カサカサという音.

rapu* 1 [名] (krapu) 〈甲殻〉ザリガニ. 学名 Astacus astacus.

rasia 15 [名] 薄い板の箱，箱.

rasittaa* 2 [動] (vaivata) 1. 骨を折らせる，精一杯に働かせる，無理に使う. 2. 使い過ぎて弱める，重荷を負わせる，圧迫する.

rasittava 13 [形] 骨折れる，困難な，苦しい，つらい，やっかいな.

rasittua* 1 [動] 働きすぎる，過労になる. *rasittua liikaa* 働きすぎる.

rasitus 64 [名] 1. (vaiva, kiusa)辛い仕事，重労働，過労. 2. 不動産上の責務(抵当権など).

raskas 66 [形] 重い，重苦しい；大へんな，辛い，苦労が多い，やっかいな，困難な. *olla raskaana* 妊娠している，受胎している.

raskasmielinen 63 [形] (alakuloinen, surumielinen)憂欝な，気持ちが沈んだ，悲しい.

raskasmielisyys* 65 [名] 心の沈んだこと，憂うつ，陰気.

raskassävyinen 63 [形] 重い調子の，暗い調子の，重い，暗い.

raskasöljy 85 [名] 重油.

raskaus* 65 [名] 妊娠，身重，受胎；重いこと，重さ；重荷，負担.

raskauttaa* 2 [動] 1. 重荷を負わせる. 2. 圧迫す

raskia 17 ［動］ (raaskia, raatsia, hennoa)（否定文で）かわいそうで～できない，同情心で～できない．
rastas 66 ［名］〈鳥〉ツグミ（総称）．
rasti 4 ［名］印，マーク．
rasva 10 ［名］脂，(肉の)脂肪，脂肪質；(料理用の)油，ヘッド，ラード．
rasvainen 63 ［形］脂肪の多い，油っこい；油だらけの．
rasvapilkku* 1 ［名］油のしみ．
rasvapitoinen 63 ［形］脂肪分を含んだ，脂肪が多い．
rasvata 35 ［動］脂を塗る． *kuin rasvattu* (＝sujuvasti, nopeasti)なめらかに，早く．
rata* 10 ［名］(プール，トラックなどの)コース；道筋，コース；(鉄道の)線路；(天体の)軌道．
ratakisko 1 ［名］レール，鉄道，軌条．
ratapiha 10 ［名］〈鉄〉(asemapiha)駅構内．
ratapölkky* 1 ［名］〈鉄〉枕木．
ratas* 66 ［名］車，車輪．
rationaalinen 63 ［形］(järkiperäinen, järkevä)理性的な，理知的な．
rationalisoida 18 ［動］合理化する．
rationalisointi* 4 ［名］(企業などの)合理化．
ratkaisematon* 57 ［形］1. (天気の)定まらない，変わりやすい．2. (状態などの)解決しない，不安定な，未解決の．
ratkaiseva 13 ［形］決定的な．
ratkaista 24 ［動］1. 解決する．2. 決定する，決心する．3. (争いを)判定する．
ratkaisu 2 ［名］1. 解決，決定．2. 和解．3. 取り極め，決議．
ratkeama 13 ［名］裂けること；亀裂，裂け目．
ratketa 36 ［動］1. 裂ける，われる，(縫い目などが)ほころびる．2. 分裂する．
ratkoa 1 ［動］裂く，切り離す，解決する，解明する． *ratkoa ongelmia* 問題・難問を解決する． *ratkoa arvoitusta* 謎を解明する．
ratsastaa 2 ［動］馬に乗って行く，馬で行く．

ratsastaja 16 [名] 乗馬者.
ratsastus 64 [名] 馬に乗ること, 乗馬.
ratsastusrata* 10 [名] 乗馬競技トラック, 馬場.
ratsu 1 [名] 乗馬用の馬, 軍馬.
ratsuhevonen 63 [名] 乗馬用の馬.
ratsumies 72 [名] 乗馬者.
ratsuväki* 8 [名] 〈軍〉騎兵.
rattaat* 66 [複名] 馬車；(店内だけで使うような)簡易乳母車.
ratti* 4 [名] 〈常〉(ohjauspyörä)車などのハンドル.
ratto* 1 [名] (huvi, ilo)楽しみ, 娯楽.
rattoisa 13 [形] 陽気な, 快活な；楽しい, よろこばしい, 機嫌のよい.
raudoittaa* 2 [動] 鉄で補強する.
raudoitus 64 [名] 鉄金具, 鉄器具, 鉄の部分.
rauduskoivu 1 [名] 〈植〉シラカバ. 正しくはシダレカンバ. 通常 koivu のみで本種をさす. (カバノキ科シラカンバ属). 学名 Betula pendula.
raueta* 36(34) [動] 1. 弱くなる, 衰える, 無気力になる. 2. 無効になる, 無くなる.
rauha 10 [名] 平和, 調和, 静けさ.
rauhaarakastava 13 [形] 平和を愛する, 争いを好まない.
rauhaisa 13 [形] 平和な.
rauhallinen 63 [形] 平和的な, 平和な, 平安な；静かな, おだやかな, おとなしい.
rauhanaate* 78 [名] 平和主義.
rauhanehdot* 1 [複名] 平和の条件, 講和条件.
rauhanen 63 [名] 〈解〉リンパ腺.
rauhanhäiritsijä 14 [名] 平和を乱す人, 治安妨害者.
rauhanliike* 78 [名] (pasifismi)平和主義, 平和政策.
rauhanomainen 63 [形] (rauhallinen)平和な, 戦争を好まない, 反戦的な.
rauhansopimus 64 [名] 平和条約, 講和条約.
rauhanteko* 1 [名] 和平条約締結.
rauhaton* 57 [形] 平和のない, 不安な, 落ちつかな

い，せかせかした，そわそわした．
rauhattomuus* 65 ［名］（心の）平和のないこと，落ちつかないこと，心配；（社会的な）不安，不穏，動揺．
rauhoitettu* 2 ［形］保護された（保護鳥・保護獣など）．
rauhoittaa* 2 ［動］1. 静める，鎮める，和らげる，なだめる．2. （気を）落ちつかせる，安心させる．3. 保護する．
rauhoittua* 1 ［動］（気持ちが）落ちつく，平静にする．
rauhoitus 64 ［名］やわらげ，なだめ；いたわること，愛護すること；平和の回復，安静の回復．
rauhoitusaika* 10 ［名］（獣・魚類の）禁猟期．
raukaista 24 ［動］(väsyttää)疲れさせる，疲れる．
raukea 21 ［形］力のない，活気のない，気の弱い；元気のない，疲れた，だるい
raukeus* 65 ［名］うとうとする状態．
raukka* 10 ［形］(kurja, onneton)かわいそうな，不幸な，惨めな，哀れな．気の毒な．［名］惨めさ，かわいそうな人，哀れな人，小さな者，無価値な者，おく病者，腰抜け，ひきょう者．
raukkamainen 63 ［形］ひきょうな，いくじのない，おく病な．
raunio 3 ［名］破滅，滅亡，没落；（複数形で）廃虚，遺跡．
rauta* 10 ［名］鉄；鉄製道具，鉄器；（複数形で）手枷・足枷．*lyöttää rautoihin* 手枷・足枷をはめる．
rautainen 63 ［形］鉄の，鉄製の．
rautakaivos 64 ［名］鉄鉱山．
rautakauppa* 10 ［名］金物屋．
rautakausi* 40 ［名］〈史〉鉄器時代．
rautalanka* 10 ［名］針金，電線．
rautapata* 10 ［名］鉄鍋．
rautatehdas* 66 ［名］製鉄所，鉄工所．
rautateitse ［副］鉄道で．
rautatie 30 ［名］鉄道．
rautatieasema 13 ［名］駅，鉄道の駅，ステーション．

rautatieläinen 63 [名] 鉄道員.
rautatievaunu 1 [名] (junanvaunu)列車の車両.
ravata 35 [動] (juosta)走る, 急ぐ, 小走りに走る, 馬が両足を揃えて全速力で走る.
ravauttaa* 2 [動] 馬をraviで走らせる, 馬を全速力で走らせる.
ravi 4 [名] 馬が両足を揃えて全速力で走る走り方.
ravinne* 78 [名] 栄養, 栄養物.
ravinto* 2 [名] (ruoka)食べ物, 食糧, 栄養物.
ravintoaine 78 [名] 食料品, 食物.
ravintola 14 [名] 食堂, レストラン.
ravintolavaunu 1 [名] 食堂車.
ravintoloitsija 14 [名] 食堂経営者.
ravistaa 2 [動] (pudistaa)振る, 激しくゆする, 小刻みに動かす, 揺り動かす；かき乱す.
ravistella 28 [動] 揺り動かす.
ravistua 1 [動] 板が乾燥してそる, 樽・桶などに隙間ができる.
ravita 31 [動] 養う, 扶養する；(動物に)食物を与える, 飼う, 食べさせる.
ravitsemus 64 [名] 栄養摂取.
ravitseva 13 [形] 栄養のある, 滋養になる.
reaalipalkka* 10 [名] 実質賃金.
reaalipalkkaindeksi 6 [名] 実質賃金指数.
rehellinen 63 [形] 正しい, 正直な, 誠実な, 律儀な.
rehellisyys* 65 [名] 正直, 誠実, 律儀.
rehennellä* 28 [動] 自慢する, 気取る.
rehentelijä 14 [名] いばる人, いばり屋.
rehevyys* 65 [名] 植物の繁茂.
rehevä 13 [形] 繁茂した, (植物について)よく成長した, よく繁った；豊かな, 豊富な.
rehevöityminen 63 [名] 富栄養化.
rehti* 4 [形] (rehellinen)誠実な, 正直な.
rehtori 5 [名] 教区牧師；校長, 学長.
rehu 1 [名] 餌.
reikä* 11 [名] 穴, すき間, 割れ目.
reikäinen 63 [形] (reiäkäs, reiällinen)穴のあいた, 穴だらけの.

reikäleipä* 11 [名] 真ん中に穴がある丸いパン.
reilu 1 [形] (suora, vilpitön)正直な, 率直な.
reima 10 [形] (reipas)元気な, 活発な, 活き活きとした.
reimari 5 [名] ブイ, 浮標(航路標識).
reipas* 66 [形] (reima, riuska, ripeä)活発な, 軽快な, 元気のよい, 活き活きとした, 若くて元気な, 勢いのある, 機敏な, 愉快な.
reipastua 1 [動] 愉快になる, 機嫌よくなる.
reippaasti [副] 嬉しそうに, 愉快に, 元気よく.
reisi* 40 [名] 大腿部, もも, 股.
reisiluu 29 [名] 大腿骨.
reissu 1 [名] (reisu, matka) 〈常〉旅.
reisu 1 [名] (reissu, matka) 〈常〉旅.
reitti* 4 [名] (kulkuväylä)航路, 通路, 進路, 道筋, コース.
reki* 8 [名] そり.
rekikeli 4 [名] 橇に適した雪の表面.
rekisteröidä 18 [動] 登録する, 登記する；(手紙を)書留にする.
rekki* 4 [名] (voimistelutanko) 〈体〉体操の鉄棒.
remahtaa* 2 [動] 破裂する.
remuinen 63 [形] (remuisa)騒々しい.
remuisa 13 [形] (remuinen)騒々しい.
rengas* 66 [名] 1. 輪, タイヤ. 2. 〈経〉カルテル, トラスト, 企業連合.
renginpaikka* 10 [名] 雇われ場所, 仕事場.
renki* 4 [名] 奉公人, 使用人, 雇われ人.
rento* 1 [形] くつろいだ, ゆったりした.
rentous* 65 [名] くつろぎ, 憩い.
rentouttaa* 2 [動] くつろがせる, 憩わせる.
rentoutua* 1 [動] くつろぐ, 憩う.
renttu* 1 [名] ならず者.
repale 78 [名] ぼろ, ぼろきれ.
repaleinen 63 [形] 千切れた, 壊れた, ぼろぼろの.
repeillä 28 [動] 破れる, 割れる, 裂ける.
repeämä 13 [名] 裂け目, 割れ目.
repiä* 17 [動] 引き裂く, 破る, 引き抜く, 引き剥が

す，折る，裂く，ちぎる，引き離す．
repo* 1 ［名］（kettu）（主に民話で）キツネ．
repolainen 63 ［名］キツネの愛称．
reportteri 5 ［名］通信員，報告者．
reppu* 1 ［名］ナップサック，ランドセル．
repäistä 24 ［動］裂く，切る，千切る，破る．
resepti 6 ［名］処方箋；（料理の）こしらえ方，調理法，レシピ．
resuinen 63 ［形］みすぼらしい．
retiisi 5 ［名］〈植〉ハツカダイコン，ラディッシュ．
retkahtaa* 2 ［動］倒れる，落ちる．
retkale 78 ［名］あいつ（軽蔑の意味をこめて）．
retkeilijä 14 ［名］ハイカー，旅行者．
retkeillä 28 ［動］ハイキングする，徒歩旅行する．
retkeily 2 ［名］遠足，ハイキング．
retkeilymaja 10 ［名］ユースホステル．
retki 8 ［名］ハイキング，徒歩旅行，遠足，小旅行．
retkikunta* 11 ［名］研究・探検など同一目的のため活動するグループ．
retku 1 ［名］（男について）あいつ，やつ．
rettelö 2 ［名］紛糾，もつれ，もん着．
rettelöidä 30 ［動］（悪いことに）かかわる，ごたごたする，もん着を引き起こす．
retuuttaa* 2 ［動］苦労して運ぶ，苦労して引っ張る，引っ張る．*retuuttaa selässään* 背負う，背負って運ぶ．
reuhata 35 ［動］騒ぎたてる．
reuhka 10 ［名］1. 毛皮の帽子．2. ぼろになった帽子．
reuna 10 ［名］（ranta）ふち，へり，はし；はずれ，ほとり．
reunus 64 ［名］（布・服などの）ふち，へり，はし．
reutoa* 1 ［動］暴れる．
revellä* 28 ［動］引きちぎる．
revetä* 36 ［動］破れる，裂ける，割れる．
revontulet 32 ［複名］オーロラ．
revyy 26 ［名］レビュー．
revähtää* 2 ［動］（驚きで）目が大きく開く．
riehakoida 30 ［動］（riehua）荒れ狂う，暴れまわる，走り回る．

riehua 1 [動] (riehakoida, raivota) 荒れ狂う, 荒れる, 暴れまわる, さわぐ.

riekale 78 [名] ぼろ布, ぼろ.

riekko* 1 [名] 〈鳥〉ヌマライチョウ(ライチョウ科). 学名 Lagopus lagopus.

riemastua 1 [動] うれしがる, 喜ぶ.

riemastus 64 [名] 喜び.

riemu 1 [名] 喜び, 嬉しさ.

riemuhuuto* 1 [名] 喜びの叫び.

riemuinen 63 [形] (riemuisa) 喜んでいる, 喜びに満ちた, 嬉しい.

riemuisa 13 [形] (riemukas) 喜んでいる, 喜びに満ちた, 嬉しい.

riemuita 31 [動] (iloita suuresti) 喜ぶ, 嬉しがる, 大喜びする, 喜び躍る.

riemujuhla 11 [名] 記念祝典.

riemusaatto* 1 [名] 凱旋行進, 喜びの行列.

rienata 35 [動] ～に悪態をつく；神や神聖なものに不敬の言葉をはく, 冒瀆する.

riento* 1 [名] 急ぎ, 慌ただしさ, 忙しさ；(通常は複数形で) 興味, 関心.

rientää* 8 [動] 走る, 急ぐ；時間が早くたつ, 経過する；(第3不定詞入格と共に) ～をしに急ぐ, 急いで～する.

riepu* 1 [名] ぼろ服, ぼろ布；おむつ, ぞうきん. [形] あわれな, かわいそうな.

rietas* 66 [名] (paholainen) 悪魔.

rihkama 13 [名] 小間物(ひも, 針, 糸など)；がらくた.

rihma 10 [名] 糸, ひも.

rihmarulla 11 [名] 糸車, 糸巻き.

riidanalainen 63 [形] 紛争中の, 論争中の.

riidanhaluinen 63 [形] 論争好きの, つむじ曲がりの.

riidanratkaisija 14 [名] 紛争・論争などの調停者.

riidaton* 57 [形] 議論の余地のない, 疑いのない, 明白な.

riidellä* 28 [動] 争う, 喧嘩する, 口論する, いさか

いする.

riihi 32 [名] 納屋.

riikinkukko* 1 [名] 〈鳥〉クジャクの雄.

riimi 4 [名] 1. 〈詩学〉韻. 2. (複数形で)詩.

riimu 1 [名] はづな(おもがいと手綱の総称).

riimunvarsi* 42 [名] (marhaminta)手綱.

riippua* 1 [動] 吊り下がる；～に起因する, ～による, ～に依存する. 出格＋*riippumatta* ～とは関係なく, ～とは無関係に.

riippumaton* 57 [形] 独立している, 依存しない, 自分の, 自立の, 自立した.

riippumattomuus* 65 [名] 独立, 依存しないこと, 独立心.

riippuvainen 63 [形] (出格と共に)～に依存する, ～に依る, ～に頼っている, 従属の, ～の世話になっている, 扶助を受けている.

riippuvaisuus* 65 [名] 依存, 従属.

riipus 64 [名] ペンダント.

riisi 4 [名] 米, ごはん；〈植〉稲.

riisiolki* 8 [名] 藁.

riisipuuro 1 [名] (オートミール式の)米のかゆ.

riisiryyni 4 [名] 米粒.

riisiryynipuuro 1 [名] ミルク粥.

riisitauti* 4 [名] 〈医〉(riisi, rakiitti)くる病.

riisivelli 4 [名] 米とミルクの水分の多いかゆ.

riista 10 [名] 狩りの獲物.

riistaeläin 56 [名] 狩りの動物.

riisto 1 [名] 強奪, 奪取.

riistää 2 [動] 無理に奪う, 取る, 取り上げる. *riistää henki* (=tappaa)殺す.

riisua 1 [動] 脱ぐ, はずす, 取り去る；(馬具を)解く.

riisunta* 15 [名] 1. 脱衣, 除去. 2. 馬具を外すこと. 3. 武器の分捕り.

riisuutua* 1 [動] 着物を脱ぐ, 脱衣する.

riita* 10 [名] 論争, 口論, けんか；(法律上の)論争, 訴訟.

riitaantua* 1 [動] (riitautua)論争する, 口論する, 喧嘩する.

riitainen 63 [形] (riitaisa, toraisa)論争しやすい, 喧嘩しやすい；論争中の, 喧嘩中の.
riitaisa 13 [形] (riitainen)論争しやすい, 喧嘩しやすい；論争中の, 喧嘩中の.
riitaisuus* 65 [名] 争い.
riitajuttu* 1 [名] 〈法〉(riita-asia)訴訟.
riitakysymys 64 [名] 論争の問題.
riittämätön* 57 [形] 不十分の, 不足な.
riittävä 13 [形] 十分な, かなりの, たっぷりの, 足りる.
riittää* 2 [動] 1. 十分である, 足りる. 2. (時間・場所が)続く.
riivaaja 16 [名] 悪魔, 悪霊.
riivaantua* 1 [動] (riivautua)苦しむ, 悩む.
riivata 35 [動] (kiusata, ahdistaa)苦しめる, 悩ます.
riivautua* 44 [動] (riivaantua)苦しむ, 悩む.
riivinrauta* 10 [名] (料理の)おろし金, おろし器具.
rikas* 66 [形] 金持ちの, 豊かな, 裕福な, 恵まれた. [名] 金持ち.
rikaslahjainen 63 [形] 有能な.
rikastua 1 [動] 金持ちになる, 裕福になる, 富む.
rikastuttaa* 2 [動] 富ませる, 裕福にする.
rikka* 10 [名] (roska, raiska)ごみ. 〈俗〉(複数形で)藁(わら).
rikkalapio 3 [名] ちり取り, ごみ取り.
rikkaruoho 1 [名] 雑草.
rikkaus* 65 [名] 富, 豊かさ.
1. **rikki*** 4 [名] 硫黄.
2. **rikki** [副] こわれて, 粉々になって, ばらばらに分かれて, 砕けて. *mennä rikki* こわれる. *olla rikki* こわれている.
rikkinäinen 63 [形] こわれている, 砕けた, 裂けた；ちぎれた, ぼろぼろの
rikko* 1 [名] (rikkoutuminen, katkeaminen)壊れること, 折れること, 破れること.
rikkoa* 1 [動] 壊す, 割る, 砕く, 破る, 折る, いためる, 破壊する, (命令などを)破る；犯罪を行う.

rikkoa sopimus 契約を破棄する.
rikkomus 64 [名] 法律違反, 侵害.
rikkoutua* 44 [動] 破れる, こわれる, 裂ける, 砕ける, だめになる.
rikkuri 5 [名] 約束・契約・決定などを破る人.
rikoksellinen 63 [名] (rikollinen)犯罪人. [形] 犯罪の, 犯罪人の.
rikoksentekijä 14 [名] 犯人, 犯罪人.
rikollinen 63 [名] 犯罪人. [形] 犯罪の, 犯罪人の.
rikollisuus* 65 [名] 犯罪行為, 犯罪回数; 犯罪性; 有罪.
rikos 64 [名] (法律上の)違反, 罪, 犯罪; (一般の)非行, 不品行.
rikosasia 14 [名] 刑事事件.
rikoslaki* 4 [名] 刑法.
rikosoikeus* 65 [名] 刑法.
rikospoliisi 6 [名] 刑事警察.
rikosvanki* 4 [名] 罪人, 囚徒.
rima 10 [名] 〈建〉コンクリートの床板.
rimpi* 8 [名] (suonsilmäke)植物が見えなくて水だけの suo の表面.
rimpsu 1 [名] (rimsu)服の飾り.
rimpuilla 29 [動] 激しく動く, もがく, 逃れようともがく, あがく.
rimsu 1 [名] (rimpsu)服の飾り.
rinkeli 5 [名] (rinkilä)丸いパン.
rinnakkain [副] (rinnan, rinnatusten)平行して, 並んで, 並行して, 肩を並べて, 相並んで.
rinnakkainen 63 [形] 隣接している.
rinnalla [副] 並んで. [後] (属格と共に)〜と並んで, 〜の近くに, 〜のそばに. sen *rinnalla* それと並んで.
rinnalle [副] 並んで. [後] (属格と共に)〜と並んで, 〜の近くに, 〜のそばに.
rinnan [副] (rinnakkain)並んで, 一緒に, 並行して. *rinnan*+属格+*kanssa* 〜と一緒に, 〜の傍らに, 〜と並んで.
rinnastaa 2 [動] 並立させる, 一緒に置く, 並べる.

rinnasteinen 63 ［形］(parataktinen)〈言〉等位の. *rinnasteinen* sivulause 等位の従属節.
rinnastus 64 ［名］並べること, 一緒に置くこと, 並立, 比較.
rinnatusten ［副］(rinnakkain)並んで, 一緒に, 肩を並べて.
rinne* 78 ［名］斜面, スロープ, 坂.
rinnus 64 ［名］(衣服の)胸の部分.
rinta* 10 ［名］胸, 乳房, 胸部；心中. *rinta rinnan* (＝rinnakkain)並んで.
rintaevä 11 ［名］魚の胸のひれ.
rintakehä 11 ［名］〈解〉胸郭.
rintaliivi 4 (通常は複数形で)ブラジャー.
rintama 13 ［名］正面, 前方.
rintaneula 10 ［名］ブローチ.
rintaperillinen 63 ［名］後継ぎの子や孫.
rintauinti* 4 ［名］〈ス〉平泳ぎ.
ripa* 10 ［名］取っ手, ハンドル.
ripe* 78 ［名］(通常は複数形で)残り物, 食べ残し.
ripeä 21 ［形］(reipas, nopea)軽快な.
ripotella* 28 ［動］まき散らす, ばらまく, ふりかける.
ripottaa* 2 ［動］(sirottaa, tiputtaa)撒く, 撒き散らす.
rippi* 4 ［名］白状, 自認；〈宗〉ざんげ, 告白；聖さん式.
ripsi 8 ［名］(silmäripsi)まつ毛.
ripsua 1 ［動］(ちり, はえなどを)払いのける, はたく.
ripsuta 39 ［動］(ripsua)(ちり, はえなどを)払いのける, はたく.
ripuli 5 ［名］〈医〉下痢.
ripustaa 2 ［動］吊り下げる, つるす, 下げる, 懸ける, 掲げる.
ripustin 56 ［名］ハンガー.
risa 10 ［名］(通常は複数形で)古くなった品物・道具など, 古着, ぼろ服.
risahtaa* 2 ［動］かすかな音を立てる.
risainen 63 ［形］破れた, ぼろぼろの, ぼろの着物を

ritarillinen

着た, みすぼらしい, すり切れた.
risiiniöljy 1 [名] ひまし油.
riski 4 [形] 〈俗〉〈常〉(voimakas, kookas) 強い, 力ある, 大きい. *riski* hevonen 力が強い馬.
risteilijä 14 [名] 〈軍〉巡洋艦.
risteillä 28 [動] 動き回る, あちらこちら動く.
risteys 64 [名] 十字路, 交差点; (鉄道の)ふみ切り; 横切ること, 横断.
risteyttää* 2 [動] 1. 〈生物〉異種交配する. 2. 横切る, 横切って歩く・進む.
risti 4 [名] 十字架; 〈宗〉受難.
ristiin [副] 十文字に, 交差して. *ristiin rastiin* (= sinne tänne) あちらこちら.
ristiinnaulita 31 [動] 十字架にかける, はりつけにする.
ristiinnaulitseminen 63 [名] はりつけ, 磔刑.
ristikko* 2 [名] 格子, 組格子, 四つ目垣(垣根などの).
ristikkäin [副] 十文字に.
ristikuulustelu 2 [名] 〈法〉(証人への)反対訊問.
ristiluu 29 [名] 〈解〉仙骨.
ristimänimi 8 [名] (etunimi)名前, 洗礼名, クリスチャンネーム.
ristiriita* 10 [名] 反論, 反対意見, 意見の不一致; 争うこと, 論争; 矛盾. *olla ristiriidassa*+属格+*kanssa* 〜に反対する, 〜と正反対になる.
ristiriitainen 63 [形] 相反する, 反対の, 争っている.
ristisanatehtävä 13 [名] (sanaristikko)クロスワードパズル.
ristiturpa* 11 [名] 三つ口.
ristiä 17 [動] 1. 洗礼を受ける. 2. (antaa nimi)名付ける. 3. (panna ristiin)祈るために手を組む.
ristiäiset 63 [複名] 洗礼式.
risu 1 [名] 枯枝, 落ちた小枝, 刈り込んだ枝.
risukarhi 8 [名] まぐわ(農具).
ritari 5 [名] 1. 古代ローマの騎兵隊員. 2. 中世の騎馬の武士, 騎士, ナイト.
ritarillinen 63 [形] 騎士らしい, 騎士道的な, 礼儀

正しい；(婦人に)親切な.
riuduttaa* 2［動］(kuihduttaa, heikontaa)消耗させる, 弱らせる.
riuhtaista 24［動］引く, 引っ張る. *riuhtaista irti* 離れる.
riuhtoa* 1［動］(kiskoa, tempoa)引く.
riuku* 1［名］木の棒, 細枝, 竿.
riukuaita* 10［名］riuku(木の棒, 細枝)で作った塀.
riuska 10［形］(reipas)若くて元気な.
riutua* 1［動］病み衰える, やつれる, やせ衰える; 思い悩む.
rivakka* 15［形］(ripeä)軽快な, 元気な.
rivi 4［名］列, 行列, 並び；(劇場の)席の列；(書物の)行.
rivimies 72［名］1.〈軍〉兵卒. 2. 役職についていない者.
rivo 1［形］みだらな, わいせつな.
rodullinen 63［形］人種の.
rohdin* 56［名］粗悪な繊維.
rohdinpaita* 10［名］粗悪な繊維のシャツ.
rohdos 64［名］薬品, 薬剤, ドラッグ.
rohdoskauppa* 10［名］薬屋, 薬局.
rohjeta* 34(36)［動］(uskaltaa, tohtia)思いきって〜する, 勇気づける, 勇気を出して〜する, 敢えて〜する.
rohkaista 24［動］勇気づける, 激励する, 元気づける, 力づける, はげます.
rohkaisu 2［名］はげまし, 激励, 奨励.
rohkea 21［形］勇敢な, 恐れない, 勇気がある, 度胸のある.
rohkeapuheinen 63［形］ずうずうしい.
rohmuta 39［動］溜める, 集める.
rohto* 1［名］(lääke)〈俗〉薬.
roihottaa* 2［動］(kulkea)通る.
roihu 1［名］(loimu)勢いよく燃える火.
roihuta 39［動］勢いよく燃える, 燃え上がる.
roikkua* 1［動］ぶらさがっている, たれさがっている.

roiskua 1 [動] (räiskyä)飛び散る, (水が)はねる, 噴出する, ほとばしる.
roiskuttaa* 2 [動] はねかける.
roisto 1 [名] 悪者, 不良.
rojahtaa* 2 [動] 倒れる.
rokka* 11 [名] ろかしていない豆スープ, グリンピースやいんげんのスープ.
rokko* 1 [名] 〈医〉天然痘, ほうそう.
rokkoaine 78 [名] 予防接種, ワクチン.
rokottaa* 2 [動] (天然痘に対し)予防接種する, 種痘する.
rokotus 64 [名] 〈医〉ワクチン注射, 種痘.
romaani 5 [名] 長篇小説, 小説.
romahdus 64 [名] (vararikko)下落, 価値や地位が落ちること, くずれること, 倒壊, 破産.
romahdusmainen 63 [形] 破局的.
romahtaa* 2 [動] 崩れる, つぶれる, 転落する.
romanttinen 63 [形] ロマンチックな.
rommi 4 [名] 砂糖きびの液から作った強い酒, ラム酒.
romu 1 [名] くず鉄, スクラップ, がらくた.
romuttaa* 2 [動] 屑鉄にする, スクラップにする.
ropo* 1 [名] (pieni raha)小銭, 少額の金銭, (最後の)貯え.
ropsahtaa* 2 [動] 音を立てて落ちる, 落ちて大きな音を立てる.
roska 11 [名] (ryönä)ごみ, くず, がらくた.
rosoinen 63 [形] でこぼこの, 凹凸のある.
rosvo 1 [名] (ryöväri)泥棒, 強盗.
rosvota 38 [動] 強盗する, 強奪する, 略奪する.
roteva 13 [形] 体が大きくてがっしりしている, たくましい.
rotko 1 [名] (kuilu)峡谷, 深い谷, 深さと幅が同じぐらいの深い谷間.
rotta* 11 [名] 〈動〉ドブネズミ(クマネズミ科). 学名 Rattus norvegicus.
rottelo 2 [名] 悪い品物, 屑.
rottinki* 5 [名] 籐(とう).

rotu* 1 [名] 人種, 民族;(動物の)種族;血筋, 血統.
rotuerottelu 2 [名] 人種差別.
rouhia 17 [動] (rusentaa, musertaa)砕く.
rouskutella* 28 [動] 音を立てて噛む.
rouskuttaa* 2 [動] 音を立てて噛む.
routa* 11 [名] (kirsi)霜.
routaantua* 1 [動] 地表が凍る.
rouva 11 [名] (rva と省略)既婚女性の敬称;婦人, 妻, 奥さん.
rovasti 5 [名] 高位の牧師.
rove* 78 [名] (tuokkonen)樹皮で作った四角い器, 白樺の樹皮で作った小容器.
rovio 3 [名] 薪の山, 火葬の積み薪.
ruhjevamma 10 [名] 打撲傷, 打ち身.
ruhjoa 1 [動] 打撲傷を与える, 打ち砕く.
ruhjoutua* 44 [動] 砕ける, 壊れる.
ruho 1 [名] 太った体;死骸.
ruhtinas 66 [名] 王子, プリンス, 王族.
ruhtinaskunta* 11 [名] ruhtinas が支配する国, 公国.
ruikuttaa* 2 [動] めそめそ泣く, すすり泣く, 嘆き悲しむ.
ruipelo 2 [名] やせた人, やせっぽち.
ruis* 68 [名] ライ麦.
ruiske 78 [名] 〈医〉注射.
ruisku 1 [名] 〈医〉注射器.
ruiskuttaa* 2 [動] (suihkuttaa)噴射する, 噴出する.
ruisleipä* 11 [名] ライ麦パン.
rujo 1 [形] (rampa)体が不自由な, ぶざまな, 見るかげもない, 形のない.
rukiinen 63 [形] ライ麦で作った.
rukka* 11 [名] (raukka)哀れな人, かわいそうな人.
rukkanen 63 [名] ミトン, 革製のミトン.
rukki* 4 [名] 糸車, 紡ぎ車.
rukoilla 29 [動] 祈る, 願い求める, 願う, 祈願する.
rukous 64 [名] 祈り, 祈願.
rukoushuone 78 [名] 礼拝堂, チャペル.
rulla 11 [名] ローラー, ロール;糸車, 糸巻き.

rullamitta* 10 [名] 巻尺.
rullatuoli 4 [名] 車いす.
ruma 11 [形] 醜い, ひどい, 見苦しい, いやな, 不快な.
rumahinen 63 [名] (paholainen)悪魔.
rumentaa* 8 [動] 醜くする, 台無しにする, 駄目にする.
rumilus 64 [名] 化け物, 大きく愚鈍でみっともない人・物, 肥ってみっともない人・物.
rummuttaa* 2 [動] 太鼓を叩く, 太鼓を打つ.
rumpu* 1 [名] 太鼓, ドラム.
rumpukalvo 1 [名] 〈解〉耳の鼓膜.
runko* 1 [名] 幹, 木の幹, (草木の)茎；骨組み, 骨格.
runnella* 28 [動] (pahoinpidellä)だめにする, 滅ぼす, 壊す, めちゃくちゃにする, ひどく取り扱う, 破壊する；(手足を)切断する.
runo 1 [名] 詩, 韻文.
runoilija 14 [名] 詩人, 歌人.
runoilla 29 [動] 詩を作る, 詩を書く.
runollinen 63 [形] 詩的の.
runomitta* 10 [名] 〈詩学〉(metrumi)韻律, 格調.
runous* 65 [名] 詩歌, 韻文.
runsas 66 [形] 豊富な, たくさんの, たっぷりの.
runsaskätinen 63 [形] 気前のよい, 物惜しみしない, 大まかな, 寛大な.
runsaslukuinen 63 [形] (lukuisa, runsas)多くの, 多数の.
runsasmittainen 63 [形] (tilava, väljä)ゆったりした, ゆとりのある.
ruoanlaittaja 16 [名] 料理人, コック.
ruoanlaitto* 1 [名] 調理, 料理.
ruoansulatus 64 [名] 食物の消化.
ruoansulatushäiriö 3 [名] 消化不良.
ruoantähde* 78 [名] (通常は複数形で)残飯, 食べ残し.
ruohikko* 2 [名] (ruohokenttä, ruohosto)草原, 芝地.

ruoho 1 [名] 草, 草地.
ruohokenttä* 11 [名] (ruohikko, ruohosto)草原, 芝生, 芝地.
ruohonleikkuri 5 [名] 芝刈機.
ruohosto 2 [名] (ruohokenttä, ruohikko)草原.
ruoka* 11 [名] (ravinto)食べ物, 料理. *laittaa ruokaa* 食べ物を作る, 調理する.
ruoka-aika* 10 [名] 食事時間.
ruoka-aitta* 10 [名] 食料貯蔵小屋.
ruoka-annos 64 [名] 食事, 食事の提供.
ruokahalu 1 [名] 食欲.
ruokahuone 78 [名] 食堂.
ruokailla 28 [動] 多人数が一緒に食事をする, 食べる.
ruokailu 2 [名] 食事, 食事をすること.
ruokaisa 13 [形] 食べ物が豊富な.
ruokajärjestys 64 [名] 日常の食べ物; 規定の食事.
ruokakauppa* 10 [名] 食料品店.
ruokala 14 [名] 食堂, 飲食店.
ruokalaji 4 [名] 食べ物の種類.
ruokalista 10 [名] メニュー, 献立.
ruokamyrkytys 64 [名] 食中毒.
ruokasali 4 [名] 食堂, 食事室.
ruokasäiliö 3 [名] 食料貯蔵庫.
ruokatavara 15 [名] (通常は複数形で)食料.
ruokatorvi 8 [名] 〈解〉食道.
ruokaöljy 1 [名] 食用油, サラダ油.
ruokinta* 15 [名] 食べさせること, 動物に餌を与えること.
ruokkia* 17 [動] (syöttää, elättää)食べさせる, (動物に餌を)与える; (子供などを)養う, 扶養する.
ruokko* 1 [名] 〈俗〉1. (hoito, ruokinta)世話, 扶養. 2. (kunto, siivo)秩序, よい状態.
ruokosauva 10 [名] 竹製のスキーのストック.
ruokota* 38 [動] (siivota)掃除する.
ruokoton* 57 [形] 〈常〉悪質な, 不相応な; あり得ない, 考えられない.

ruopata* 35 ［動］水底を掘る，水底を掘って水深を大きくする，運河を掘る.
ruoputella* 28 ［動］(raaputtaa)かゆい所を掻く.
ruori 4 ［名］〈海〉1. (peräsin)舵. 2. (ruoriratas) 舵輪.
ruoska 11 ［名］鞭.
ruoste 78 ［名］錆び，鉄錆；(麦などの)赤さび病.
ruosteinen 63 ［形］錆びた，錆び付いた；麦などが赤錆び病になった.
ruostua 1 ［動］錆びる；悪化する，腐敗する.
ruostumaton* 57 ［形］錆びない，錆びのない.
ruostunut 77 ［形］錆びた.
ruoto* 1 ［名］(魚の)骨，ひれ，とげ；(鳥の)骨.
ruotoinen 63 ［形］骨の多い，骨ばった.
ruotsalainen 63 ［名］スウェーデン人. ［形］スウェーデン人の，スウェーデンの.
Ruotsi 4 ［名］スウェーデン.
ruotsi 4 ［名］スウェーデン語.
ruotsinkieli 32 ［名］スウェーデン語.
ruotsinkielinen 63 ［形］スウェーデン語の.
ruotu* 1 ［名］貧しい老人の世話をするグループ(何軒かの家庭が1グループを構成していた).
ruotumummo 1 ［名］貧しい老婦人.
ruotu-ukko* 1 ［名］貧しい老人.
rupatella* 28 ［動］(jutella)雑談する，話し合う，会話する，話す，談笑する，しゃべる，気楽に話す.
rupattaa* 2 ［動］しゃべる，気楽に話す.
rupi* 8 ［名］かさぶた，ふけ.
rupikonna 11 ［名］(rupisammakko, konna)〈動〉ヒキガエル. ☞ konna.
rupisammakko* 2 ［名］(rupikonna, konna)〈動〉ヒキガエル. ☞ konna.
rusennella* 28 ［動］(musertaa, rikkoa)破る，壊す.
rusentaa* 8 ［動］(särkeä)壊す，めちゃくちゃにする.
rusetti* 6 ［名］ばら結び.
rusikoida 30 ［動］なぐる，叩く.
rusina 15 ［名］干しブドウ.

ruska-aika* 10 ［名］紅葉時.
ruskea 21 ［形］茶色の, 褐色の. ［名］茶色.
rusketus 64 ［名］日焼け.
ruskeus* 65 ［名］茶色.
ruskistaa 2 ［動］(肉などを)褐色に焦がす, いためる.
rusko 1 ［名］朝焼け, 夕焼け.
ruskohiili 32 ［名］(ruunihiili)褐炭, 亞炭.
ruskottaa* 2 ［動］(rusottaa)紅くなる, 紅に染まる.
ruskuainen 63 ［名］卵黄, きみ.
rusottaa* 2 ［動］(ruskottaa)紅くなる, 紅に染まる.
rusto 1 ［名］軟骨.
rutikuiva 11 ［形］非常に乾いた, 非常に乾燥した.
rutistaa 2 ［動］しめる, しぼる, 押しつぶす, もみくちゃにする.
rutistella 28 ［動］握りしめる, 抱きしめる.
rutto* 1 ［名］〈医〉伝染病, ペスト.
ruuanlaitto* 1 ［名］料理, 調理.
ruuansulatus 64 ［名］消化.
ruudukas* 66 ［形］(ruudullinen, ruutuinen)格子状の, 格子の, チェックの.
ruudullinen 63 ［形］(ruutuinen, ruudukas)格子状の, 格子の, チェックの.
ruuhi 32 ［名］簡易なボート, 木をくり抜いて作った小舟.
ruuhka 11 ［名］雑踏, ラッシュ.
ruuhka-aika* 10 ［名］ラッシュアワー.
ruukku* 1 ［名］陶器, 壷, 瓶(かめ); 花瓶, 植木鉢; 底が平らな鍋.
ruukkukasvi 4 ［名］(huonekasvi)植木鉢の植物.
ruuma 11 ［名］(lastiruuma)〈海〉船倉.
ruumen 55 ［名］(通常は複数形で)脱穀で出る麦藁屑.
ruumiillinen 63 ［形］身体の, 肉体の.
ruumiinavaus 64 ［名］解剖, 検屍, 死体解剖.
ruumiinharjoitus 64 ［名］体操, 体育.
ruumiinhoito* 1 ［名］施療, 治療.
ruumiinjäsen 55 ［名］身体の一部分.
ruumiinlämpö* 1 ［名］体温.
ruumiinrakenne* 78 ［名］体格.

ruumiinvika* 10 [名] 身体の欠陥, 不具.
ruumis 68 [名] 身体, 肉体；死体, しかばね.
ruumisarkku* 1 [名] 柩, 棺.
ruumiskirstu 1 [名] (ruumisarkku)棺, 柩, ひつぎ.
ruumissaatto* 1 [名] 葬列.
ruusu 1 [名] 〈植〉バラ(総称).
ruusukaali 4 [名] (brysselinkaali)芽キャベツ.
ruusuke* 78 [名] ロゼット模様；バラ飾り, バラ結び.
ruusunpunainen 63 [形] バラ色の. [名] バラ色.
ruusupensas 66 [名] バラの木.
ruuti* 4 [名] 火薬.
ruutu* 1 [名] 窓；正方形, 四角, (格子の)わく；格子編み；(トランプの)ダイヤの札.
ruutuinen 63 [形] (ruudukas, ruudullinen)格子状の, 格子の, チェックの.
ruuvata 35 [動] ねじで締める, ねじを回す.
ruuvi 4 [名] ねじ釘, ねじ, ボルト.
ruuviavain 56 [名] レンチ(ボルトを締める工具).
ruuvimeisseli 5 [名] ねじまわし, ドライバー.
ruuvipenkki* 4 [名] 〈技〉万力.
ruuvitaltta* 10 [名] ねじ回し, ドライバー.
ruveta* 36 [動] (ryhtyä, antautua, suostua)(第3不定詞入格と共に)～し始める, ～に取りかかる, 着手する. (+変格)～に同意する, ～になる, ～になることに同意する. *ruveta ruoalle* 食卓につく.
ryhdikäs* 66 [形] 背の高い, 丈の高い, 堂々とした.
ryhditön* 57 [形] 定見のない, バックボーンのない, 性格の弱い.
ryhmittymä 13 [名] グループ分け.
ryhmittyä* 1 [動] グループになる.
ryhmittää* 2 [動] グループに分ける.
ryhmysauva 10 [名] こぶのある杖.
ryhmä 11 [名] グループ, 群, 集まり；党派, 分派；部門.
ryhti* 4 [名] (rohkeus, kunto)身のこなし, 姿勢；品行；勇気.
ryhtyä* 1 [動] (ruveta)(第3不定詞入格と共に)始

める,やり出す,開始する,着手する,仕事などを始める,仕事などに着手する. *ryhtyä työhön* 仕事に着手する.

ryijy 1 [名] 織物,敷物.
rykelmä 13 [名] (joukko, ryhmä)群れ,一群,グループ.
rykiä* 17 [動] せき払いをする,せきをする.
ryminä 14 [名] 轟音,大きな音,バタンという音.
rymäkkä* 15 [名] (melu, meteli)騒ぎ,騒音.
rynnäkkö* 2 [名] 攻撃,襲撃.
rynnätä* 35 [動] 飛び出す,襲撃して取る,攻略する,ダッシュする,とび込む.
ryntäillä 29 [動] 飛び出す.
rypistyä 1 [動] しわがよる,しわになる,しわくちゃになる.
rypistää 2 [動] しわにする,しわをよせる,しわくちゃにする.
ryppy* 1 [名] しわ,折り目. *otsa ryppyssä* 額にしわを寄せて.
ryppyinen 63 [形] しわになった,しわだらけの.
rypäle 78 [名] ブドウ,ブドウの房,ブドウの実.
ryske 78 [名] バリバリという音.
ryskiä 17 [動] 大きな音を立てる.
ryskyä 1 [動] バリバリ音を立てる.
rysty 1 [名] (通常は複数形で)(rystynen)指の付け根の関節,ナックル.
rysä 11 [名] 網でできた魚を獲る器具,網(抽象的な意味にも).
rysähdellä* 28 [動] バリバリ音を立てる.
rysähdys 64 [名] 衝突の轟音,飛行機の墜落.
rysähtää* 2 [動] 衝突して轟音を立てる,飛行機が墜落する.
rytinä 14 [名] きしむ音,大きな音.
rytistä 41 [動] きしむ,大きな音を立てる.
rytmi 4 [名] リズム,律動,調子.
ryttyyn [副] (ruttuun)皺になって,押しつぶして.
rytyssä [副] (rutussa)皺になって,押しつぶして.
rytäkkä* 15 [名] (tappelu)騒ぎ,争い.

rytö* 1［名］森の中の倒木が多い場所, 倒木.
rytöinen 63［形］倒木の多い.
ryvettyä* 1［動］よごれる.
ryvettää* 2［動］よごす, しみをつける, 汚くする.
ryyni 4［名］(通常は複数形で)脱穀した穀物. 穀粒.
ryypiskellä 28［動］(ryypätä, juopotella)酒を飲む.
ryyppy* 1［名］強い酒, (飲み物の)ひと飲みの量, 一杯. *ottaa ryyppy* 強い酒を飲む.
ryypätä* 35［動］(ryypiskellä, juopotella)酒を飲む；一度に飲む, 一度に飲みほす.
ryysy 1［名］ぼろ, ぼろ切れ.
ryysyinen 63［形］破れた, ぼろぼろの；ぼろを着た, みすぼらしい.
ryytimaa 28［名］(kasvitarha)小畑(家の近くにあってその家族で食べる程度の作物を作る).
ryökäle 78［名］(lurjus, ilkiö, kelmi)あいつ, やつ, 奴ら；悪者.
ryömiä 17［動］はう, 体を低くして進む, 腹ばって行く, よじ登る, はい上がる.
ryönä 11［名］(roska)ごみ.
ryöppy* 1［名］(suihku)噴出, ダッシュ.
ryöstää 2［動］(ryövätä)奪う, 略奪する, 盗む, 取る, 手に入れる.
ryöstö 1［名］奪取, 盗み, 強盗；〈法〉強盗罪, 誘かい.
ryöstömurha 11［名］強盗殺人, 強盗殺人罪.
ryöväri 5［名］(rosvo)泥棒, 強盗, 略奪者.
ryövätä 35［動］(ryöstää)ひったくる, 強奪する, 盗む, 取る；誘かいする.
rähinä 14［名］(melske, meteli)騒音, 騒ぎ.
rähistä 41［動］大騒ぎをする, 口げんかする.
rähjä 11［名］ぼろ, ぼろ布.
rähjäinen 63［形］すり減った, ぼろぼろの, ぼろを着た.
rähmä 11［名］〈医〉目やに, 炎症に伴って出る分泌物.
rähmäinen 63［形］目やにが出た.
rähmälleen［副］(mahalleen, vatsalleen)うつ伏せ

になって，腹ばいになって．
rähmällään [副] (mahallaan, vatsallaan)うつ伏せになって，腹ばいになって．
räikeä 21 [形] 派手な．
räiske 78 [名] 破裂音．
räiskiä 17 [動] 破裂させる，弾丸を打つ．
räiskyä 1 [動] (roiskua)飛び散る，(水などが)はねかかる，はねる．
räiskähdellä* 28 [動] 破裂する．
räiskähtää* 2 [動] コロコロ音を立てる．
räjähdys 64 [名] 爆発，爆音，とどろき．
räjähdysaine 78 [名] 爆薬，火薬．
räjähdysherkkä* 11 [形] 爆発しやすい．
räjähdysmäinen 63 [形] 爆発的な．
räjähdyspanos 64 [名] 爆発が起こる爆薬の量．
räjähtää* 2 [動] 爆発する，(感情が)激発する，どっと笑う，突然エネルギーを放出する．*räjähtää nauruun* 大声で笑う，げらげら笑う．
räjäyttää* 2 [動] 爆破する．
räme 78 [名] (苔，草，灌木などが生えている)沼地，沼沢地．
rämeä 21 [形] 声が低い．
rämina 14 [名] 不愉快な音(車のきしむ音など)．
rämistä 41 [動] 不愉快な音を立てる，ガチャガチャ鳴る．
rämpiä* 17 [動] 苦労して歩き回る，とぼとぼ歩く，苦労して歩く(特にぬかるみを)．
ränni 4 [名] (屋根の)とい(雨樋)．
ränsistynyt 77 [形] 腐蝕した．
ränsistyä 1 [動] 腐る，朽ちる．
räntä* 11 [名] みぞれ，どろどろの雪．
räpiköidä 30 [動] 鳥が羽音を立てる．
räppänä 15 [名] 煙出し，通風口，排気口．
räpylä 17 [名] (水鳥の)水かき．
räpytellä* 28 [動] こする；羽をばたばたする；(旗・帆などが)はためく，ひるがえる，震わせる．
räpyttää* 2 [動] (鳥が翼を)ばたばたさせる；(人が目を)しばたく，またたきする．

räpäle 78 [名] ぼろ.
räpäyttää* 2 [動] まばたきする, 小刻みに動かす.
rätinä 14 [名] 破裂音.
rätti* 4 [名] ぼろ布, 切れはし.
räväyttää* 2 [動] 開く, 開ける, 特に目を大きく開ける.
räyhätä 35 [動] 騒ぐ, やかましく騒ぎたてる.
räyhääjä 16 [名] 騒ぐ人.
räystäs 66 [名] 家の軒(のき), ひさし.
räystäskouru 1 [名] とい, 雨とい.
rääkyä* 1 [動] 叫ぶ, 泣く, わめく, (鳥・カエルなどが)ガーガー鳴く.
rääkätä* 35 [動] (pahoinpidellä, kiusata)いじめる, 虐待する.
rääppä* 11 [名] (rähjä)ぼろ, ぼろ布.
rääsy 1 [名] ぼろ.
rääsyinen 63 [形] ぼろの.
räätäli 5 [名] (vaatturi)仕立屋, テーラー.
röhötellä* 28 [動] ゆったりと座る, ゆったりと横になる.
rönsy 1 [名] 地表に蔓を伸ばしてゆく植物.
rönsyillä 28 [動] 這い進む, (植物が)地表に蔓を伸ばす(ほふくする).
röyhkeys* 65 [名] おうへい, ごう慢, ずうずうしさ, あつかましさ, おうへいな振舞い.
röyhkeä 21 [形] おうへいな, 尊大な, ごう慢な, ずうずうしい, なまいきな.
röyhtäistä 24 [動] げっぷをする.
röyhtäys 64 [名] げっぷ.
röykkiö 3 [名] (kasa, keko)積み重ね, ひと山, 山積み, 山, かたまり.
röykkiöittäin [副] (kasoittain, läjittäin)山となって, 積み重なって.

S

saada 19 [動] 1. 受ける, 受け取る, 貰う, 手に入れる, 得る. 2. 成功する, できる. 3. (不定詞と共に) 〜してよい. 4. (第3不定詞入格と共に)うまく〜させる. 5. (受動態過去分詞・単数・分格と共に)うまくゆく, できる. 6. (受動態過去分詞・変格(〈俗〉では分格)と共に)〜に成功する, うまく〜する. 7. (第3不定詞入格と共に)うまく〜する, 〜に成功する. 8. その他の熟語的用法. 1) *saada aikaan* (=aiheuttaa, saada tehdyksi) 作る, 作り出す, 実現する. 2) *saada alulle* (=aloittaa) 始める. 3) *saada ansaittu rangaistus* 当然受けるべき罰を受ける. 4) *saada haltuunsa* 手に入れる, 所有する. 5) *saada irti* ＋ 出格. 〜から得る, 〜から手に入れる, できる, 可能である. 6) *saada kiinni* 捕らえる, 掴む. 7) *saada käsiinsä* 手に入れる. 8) *saada osakseen* 手に入れる, 所有する. 9) *saada unen päästä kiinni* (=päästä uneen) 眠りに落ちる, 眠る. 10) *saada selville* 明らかにする. 11) *saada tahtonsa läpi* 望みを遂げる. 12) *saada tahtonsa toteutetuksi* 望みを遂げる. 13) *saada tauti* 病気になる, 病気にかかる. 14) *saada tehdyksi* できあがる. 15) *saada tunnustusta* 高く評価される. 16) *saada valmiiksi* できあがる.

saaja 11 [名] 受取人.

saakka [副] (主に入格, 向格と共に後置詞的に使われ, 時, 場所, 程度などを表す)〜まで, 〜からこの方, から以降, 以来.

saali 4 [名] ショール.

saalis 68 [名] 獲物, 餌食, 戦利品.

saalistaa 2 [動] えじきにする, 捕らえる.

saalistella 28 [動] 餌を取る.

saamamies 72 [名] 債権者.

saamaton* 57 ［形］ 1. 受け取っていない，手に入れられない，未払いの. 2. (avuton)能力がない，役に立たない，不器用な.

saaminen 63 ［名］ (saatava)請求権，要求権，請求物，要求物.

saannos 64 ［名］ (aikaansaannos, tulos)結果，実現，遂行，行為.

saanti* 4 ［名］ (saalis)捕獲；供給.

saanto* 1 ［名］〈法〉土地などの取得.

saapas* 66 ［名］長靴，ブーツ.

saapua* 1 ［動］到着する，達する，(目標に)着く. *saapua perille* 目的地に着く.

saapuminen 63 ［名］到着.

saapumisaika* 10 ［名］到着時間.

saapuvilla ［副］出席している，現れている. *olla saapuvilla* 出席している.

saapuville ［副］存在して，出席して.

saareke* 78 ［名］島，川中島.

saarelainen 63 ［名］島民.

saari 32 ［名］島，小島.

saaristo 2 ［名］諸島，群島，多島.

saaristolainen 63 ［名］島の住民，島民.

saarivaltakunta* 11 ［名］島国.

saarna 10 ［名］説教，説法.

saarnaaja 16 ［名］伝道師，牧師，説教者.

saarnastuoli 4 ［名］説教壇，演壇.

saarnata 35 ［動］説教する.

saarrostaa 2 ［動］〈軍〉包囲する，封鎖する.

saartaa* 12 ［動］包囲する，取り巻く，囲む，封鎖する.

saarto* 1 ［名］〈軍〉封鎖.

saasta 10 ［名］不潔物，汚物；汚れ，汚点.

saastainen 63 ［形］汚い，よごれた，不潔な；けがわしい，みだらな.

saaste 78 ［名］汚染，公害.

saastua 1 ［動］不潔になる.

saastuttaa* 2 ［動］1. (特に病気について)うつす，伝染させる，腐食させる. 2. (考えや人間性を)駄目

にする，堕落させる．
saatava 13 [名] 請求物，要求物，(権利としての)要求，請求，債権．
saatella* 28 [動] 一緒に行く．
saati [接] (saatikka)まして，言わなくても，*saati sitten* まして，更に．
saatikka [接] (saati)ましてや．
saattaa* 11 [動] 1. 連れてゆく，一緒に行く，見送る，送ってゆく，同行する．2. (不定詞と共に) (voida)できる，可能である，～かもしれない．3. (hennoa)大胆に～する．／*saattaa entiselleen* 原状にかえす，回復する．／*saattaa loppuun* 整う，できあがる．*saattaa voimaan*. 法などを施行する．
saattaja 16 [名] 同伴者，同行者，見送り人．
saattue 78 [名] (saatto, kulkue)行列．
saavi 4 [名] (korvo)取っ手が二つ付いた手桶，二つ耳の底の丸い壺．
saavuttaa* 2 [動] (目的・結果に)達する，到達する；仕遂げる，成就する，結果を生じる；着く，行き着く．*saavuttaa tunnustusta* (=saada tunnustusta). 高く評価される．
saavuttamaton* 57 [形] 達しがたい，及びがたい，遂げられない．
saavutus 64 [名] (tulos, aikaansaannos)実現，到達，達成；成果，業績，偉業．
sadas* 75 [序数] 100番め，100番めの．
sade* 78 [名] 雨，(雨，雪などの)降ること，降雨．
sadeaika* 10 [名] つゆ，雨期，梅雨．
sadeilma 10 [名] 雨の多い天気，雨天．
sadekausi* 40 [名] つゆ，雨期，梅雨．
sadekuuro 1 [名] 激しい雨，篠つく雨，にわか雨，夕立．
sademetsä 11 [名] (viidakko)熱帯雨林，ジャングル．
sademäärä 11 [名] 降雨量．
sadepisara 17 [名] 雨だれ，雨滴．
sadetakki* 4 [名] レインコート．
sadevesi* 40 [名] 雨水．

sadin* 56 [名] 罠.
sadoittain [副] 百回も；何百も.
sadonkorjuu 25 [名] 刈り入れ，収穫.
saeta* 34 [動] 厚くなる，太くなる，濃くなる.
saha 10 [名] のこぎり.
sahajauho 1 [名] (通常は複数形で)おがくず.
sahalaitos 64 [名] 製材所.
sahanpuru 1 [名] (通常は複数形で)(sahajauhot)おがくず.
sahata 35 [動] (鋸で)挽く，挽き切る，鋸を引くように前後に動かす.
sahti* 4 [名] 自家製のビール.
saippua 14 [名] せっけん.
saippuakupla 11 [名] シャボン玉.
saippuavaahto* 1 [名] 石けんの泡.
saippuoida 30 [動] 石けんをつける.
sairaala 14 [名] 病院.
sairaalloinen 63 [形] 病身な，病気がちな.
sairaanhoitaja 16 [名] 看護婦，正看護婦.
sairaanhoitajatar* 54 [名] 看護婦.
sairaanhoito* 1 [名] 治療，手当て，看護，看病.
sairas 66 [形] 病気の，病気をしている，かげんの悪い. tulla *sairaaksi* 病気になる，病気にかかる. [名] 病人.
sairaskäynti* 4 [名] 往診.
sairastaa 2 [動] 病気にかかっている，病気である.
sairastua 1 [動] 病気になる，病気にかかる.
sairasvakuutus 64 [名] 健康保険.
sairaus* 65 [名] 病気，やまい.
sairausvakuutus 64 [名] 健康保険.
saita* 10 [形] けちな，欲深い.
saituri 5 [名] 欲ばり，けちん坊，しみったれ.
saituruus* 65 [名] 欲深いこと，どん欲.
saivarrella* 28 [動] 学者ぶる，物識りぶる，てらう.
saivartelija 14 [名] 理屈屋，学者ぶる人，てらう人.
sakara 15 [名] (huippu)先端.
sakea 21 [形] (液体について)どろどろの，濃い，濃厚な，(比喩的に)重苦しい. *sakea* henki 重苦しい雰

囲気.
sakka* 10 [名] (酒, ぶどう酒, コーヒーなどの)おり, かす.
sakko* 1 [名] 〈法〉罰金, 科料.
sakkomaksu 1 [名] 罰金の支払い.
sakottaa* 2 [動] 罰金を科す.
sakset 8 [複名] はさみ.
salaa [副] ひそかに, こっそりと, 秘密に.
salaatti* 6 [名] レタス；サラダ.
salahanke* 78 [名] 陰謀, 策略, 共謀, 謀叛(むほん).
salailla 29 [動] 隠す, 秘密にする.
salainen 63 [形] 秘密の, 神秘の.
salaisuus* 65 [名] 秘密, 内証, 内密.
salakavala 12 [形] ずるい, 陰険な.
salakirjoitus* 64 [名] 秘密文書.
salakuljettaja 16 [名] 密輸出入者, 密売買者.
salakuljetus 64 [名] 密輸入.
salaliitto* 1 [名] 陰謀, 謀叛.
salama 17 [名] いなびかり, 稲妻；〈写〉フラッシュ.
salamalaite* 78 [名]〈写〉フラッシュの道具.
salametsästäjä 16 [名] 密猟者.
salamoida 30 [動] いな光りがする, ぴかっと光る.
salamurha 11 [名] 暗殺.
salanimi 8 [名] 仮名, 匿名.
salaoja 11 [名] 暗渠, 下水溝.
salaojitus 64 [名] 排水.
salaperäinen 63 [形] 不明瞭な, 秘密の, 神秘の.
salapoliisi 6 [名] 探偵.
salapoliisikertomus 64 [名] 探偵小説.
salata 35 [動] 秘密にする, 隠す.
salavihkaa [副] 隠れて, こっそりと.
sali 4 [名] 広間, ホール, 応接室.
salkku* 1 [名] 小かばん, バッグ.
salko* 1 [名] 旗竿, 木の竿, つえ, 木の棒.
sallia 17 [動] (属格・不定詞と共に)許す, 許可する, ～させる.
salmi 8 [名] 海峡. Gibraltarin *salmi* ジブラルタル海峡.

salo 1 [名] 大森, 深い森, 森林地帯, 森林, 未開拓の森林.

salpa* 10 [名] かんぬき, 横木(交通止めの横木).

salskea 21 [形] 細長い.

salva 10 [名] (voide)軟膏.

salvamainen 63 [形] 軟膏状の.

salvata* 35 [動] しめる, とざす, ふさぐ, 閉鎖する.

salvos 64 [名] 丸太小屋.

sama 10 [不代] (形容詞的に)同じ, 変わらない, 同じような. *samapa tuo* (=samapa tuolla)(相手に対する同意を表す), かまいませんか, いいですよ. *samalla hetkellä* 同時に. *samaan aikaan* 同時に. *saman tien* (=samalla)同時に, 一緒に. *samoihin aikoihin* 同じ時に, ほぼ同じ時に. *samalla tavalla kuin* ～と同じように.

samaistua 1 [動] (入格と共に)～と同一になる.

samalla [副] 同時に. *samalla kun...* ～と同時に.

samanaikainen 63 [形] 同時代の, 同時期の.

samanarvoinen 63 [形] 同価値の, 同値の, 同じ値段の.

samanikäinen 63 [形] 同年齢の, 同時代の, 同時期の.

samankaltainen 63 [形] (samanlainen)同じような, 変わらない, 同じ種類の, 同質の.

samanlainen 63 [形] (samankaltainen)同じような, 変わらない, 同じ種類の, 同質の.

samanmoinen 63 [形] 同種の, 同質の.

samannäköinen 63 [形] よく似た外観の.

samansuuntainen 63 [形] 同一方向の, 平行の.

samantapainen 63 [形] 同じ習慣の, 同じ性質の.

samantekevä 13 [形] 全く同様の, 同一種の.

samanvertainen 63 [形] 同程度の, 同じ.

samasisällyksinen 63 [形] 同じ内容の, 言葉通りの, 文字通りの, 直訳の.

samassa [副] 同時に, すぐに, その時.

samastaa 2 [動] 同一のものとして扱う, 同一視する.

samaten [副] 同じく, 同様に.

samea 21 [形] にごった, 曇った, はっきりしない.

samentua* 1 [動] (sameta)濁る, きたなくなる.
sameta 34 [動] (samentua)濁る, きたなくなる.
sametti* 6 [名] ビロード, ベルベット, コールテン.
samettiturkkinen 63 [形] ビロードの毛皮を持った.
sammahtaa* 2 [動] 疲れ果てる.
sammakko* 2 [名] 〈動〉カエル(総称).
sammal 82 [名] 〈植〉コケ(総称).
sammaloitua* 1 [動] (sammaltua)苔が生える.
sammaltaa* 5 [動] どもる, 口ごもる.
sammaltua* 1 [動] 苔が生える.
sammio 3 [名] 桶, 大きめの木の器.
sammiollinen 63 [形] sammio(桶)いっぱいの.
sammua 1 [動] (明かりが)消える, なくなる.
sammuksiin [副] 消すように.
sammunut 77 [形] 消えた.
sammutella* 28 [動] (火や明かりを)消す.
sammuttaa* 2 [動] (火, ガス, 明かり等を)消す, (ラジオを)消し止める.
sammutuskalusto 2 [名] 火を消す道具.
samoilla 29 [動] (samota)さまよう, 歩き回る, ぶらつく, 動き回る.
samoin [副] (samaten)同様に, 同じように. *samoin kuin* 〜と同じく.
samota 38 [動] (vaeltaa, taivaltaa, samoilla)歩き回る.
sana 10 [名] ことば, 単語, 語. *sanasta sanaan* 一語一語そっくりそのまま. *pitää sanansa* 約束を守る. *pysyä sanassaan* 約束を守る.
sanajärjestys 64 [名] 〈言〉語順.
sanakiista 10 [名] 口論, 論争.
sanakirja 10 [名] 辞書, 辞典, 字引.
sanaluettelo 2 [名] 単語表, 語彙表.
sanaluokka* 11 [名] 〈言〉品詞.
sanamuoto-oppi* 4 [名] 〈言〉語形論, 形態論.
sananlasku 1 [名] ことわざ, 格言.
sananmukainen 63 [形] 言葉通りの, 文字通りの, 直訳の.
sananmuoto-oppi* 4 [名] 〈言〉語形論, 形態論.

sananparrellinen 63 [形] 諺(sananlasku)あるいは慣用句(puheenparsi)になった.
sananparsi* 42 [名] 諺(sananlasku)と慣用句(puheenparsi)の総称.
sanansaattaja 16 [名] メッセンジャー, 使者.
sananvaihto* 1 [名] 1. 短い会話, 言葉をかわすこと. 2. 言い合い, 口論, 論争.
sananvalta* 10 [名] 1. 命令権, 権限. 2. 発言権.
sananvapaus* 65 [名] 言論の自由.
sananvuoro 1 [名] 発言の順番, 発言の機会.
sanaoppi* 4 [名] 〈言〉(sananmuoto-oppi)語形論.
sanarikas* 66 [形] 語彙に富む, 語彙の豊富な.
sanasto 2 [名] 単語集, 語彙.
sanaton* 57 [形] 言葉のない, 無言の, 黙っている.
sanavarasto 2 [名] 語彙, 単語の集まり.
sanella 28 [動] ゆっくり・はっきり発音する・読む, 口述する, 読み上げる.
sanelu 2 [名] 口述, 読み上げ.
sangen [副] 非常に, たいそう, かなり.
sanka* 10 [名] 1. 鍋・バケツなどにある半円形の把手. 2. (複数形で)眼鏡のフレーム.
sankari 52 [名] 英雄, 勇士.
sankarillinen 63 [形] 英雄的な, 勇敢な.
sankka* 10 [形] (tiheä, paksu)(霧, 煙, 森などが)濃い, 深い.
sanko* 1 [名] バケツ, おけ, 手おけ.
sannikas* 66 [名] (sandaali)サンダル.
sannoittaa* 2 [動] (hiekoittaa)砂を撒く, 砂利を敷く.
sanoa 1 [動] 1. 言う, 話す, 述べる. 2. (分格・変格と共に)〜を〜であると言う・呼ぶ. 3. 熟語的用法. 1) *lyhyesti sanottuna* 手短かに言えば. 2) *niin sanoakseni, niin sanoaksemme*(=jollakin tavalla, tavallaan) 言ってみれば. 3) *niin sanottu* (ns. と省略)いわゆる, そういう名で知られている. 4) *oikeammin sanoen* 厳密に言えば. 5) *olkoon sanottu* 言葉どおりになりますように. 6) *sanoa irti* (=irtisanoa)契約解消を予告する. 7) *sanomattakin on selvää, että...* (=

ilman muuta, itsestään, luonnostaan) 〜は言うまでもない，〜は言わなくても明らかである. 8) *toisin sanoen* 言い換えると，換言すると.

sanoinkuvaamaton* 57 ［形］言葉では言い表せない，えも言われぬ.

sanoma 13 ［名］1. ニュース，情報；たより，知らせ. 2. (viesti)伝言，メッセージ.

sanomalehdistö 2 ［名］新聞・週刊誌などの総称.

sanomalehti* 8 ［名］新聞，新聞紙.

sanomalehtikirjeenvaihtaja 16 ［名］新聞の通信員.

sanomalehtimies 72 ［名］(lehtimies)新聞・雑誌などの記者.

sanomaton* 57 ［形］言い表せない，何とも言えぬ.

sanonta* 15 ［名］表現，言い方.

sanontatapa* 10 ［名］(sanonta, puheenparsi, fraasi)慣用句，言い方，言い回し；(ilmaisutapa)表現方法.

sanottava 13 ［形］(mainittava, huomattava)特筆すべき，語られるべき，目立った.

sanotunlainen 63 ［形］上述のものと同様の.

sanoutua* 44 ［動］(sanoutua irti)契約解消を予告する.

saostua 1 ［動］(sakkautua)液体が凝固する，凝結する.

saparo 2 ［名］短い尾.

sapettaa* 2 ［動］(suututtaa)怒らせる，苦い思いをさせる.

sappi* 8 ［名］胆汁.

sappikivi 8 ［名］〈医〉胆石.

sarake* 78 ［名］コラム，欄.

sarana 15 ［名］ちょうつがい.

sarastaa 2 ［動］(kajastaa)(夜が明けて)少し明るくなる，淡い光がさす.

sarastus 64 ［名］暁の光，朝の光.

sardelli 6 ［名］〈魚〉カタクチイワシ. 正しくはモトカタクチイワシ(カタクチイワシ科). 学名 Engraulis encrasicholus.

sardiini 6 [名]〈魚〉ニシイワシ(ニシン科). 学名 Sardina pilchardus.
sarja 10 [名] 連続, 列, シリーズ.
sarka* 10 [名] 周囲に溝がある四角い畑.
sarvi 8 [名] 角(ᅙ).
sarvikuono 1 [名]〈動〉サイ(犀).
sata* 10 [基数] 100.
sataa* 9 [動] 雨が降る, 降る. *sataa vettä* 雨が降る. *sataa rakeita* あられ・ひょうが降る. *sataa lunta* 雪が降る. *sataa räntää* みぞれが降る.
satakertainen 63 [形] 百倍の.
satakieli 32 [名]〈鳥〉ヤブサヨナキドリ(ヒタキ科ツグミ亜科). 学名 Luscinia luscinia.
satakunta* 11 [名] およそ百, 約百.
satama 13 [名] 港.
satamalaituri 5 [名] 波止場, ふ頭, 桟橋.
satamarkkanen 63 [名] (satanen)100マルッカ.
satamäärin [副] (sadoittain)何百となく, たくさんに.
satanen 63 [名] (satamarkkanen)100マルッカ.
satapäinen 63 [形] 100人もの, 多くの.
satavuotias 66 [形] 百歳の. [名] 百歳の人.
sateenkaari 32 [名] 虹.
sateenvarjo 1 [名] 雨がさ.
sateinen 63 [形] 雨降りの.
satiini 6 [名] しゅす.
sato* 1 [名] 作物, 取入れ.
satoinen 63 [形] (satoisa)収穫の多い;(合成語を作る)*huonosatoinen* 収穫が少ない. *hyväsatoinen* 収穫が多い.
satoisa 13 [形] 豊富な収穫をもたらす, 生産的な.
sattua* 1 [動] 1. 当たる, ぶつかる;会う, 出会う. 2. (tehdä kipeätä, koskea)痛くする, 痛みを起こさせる. 3. (第3不定詞入格と共に)たまたま〜する.
sattuma 16 [名] 不意のできごと, 偶然のできごと. *sattumalta* 偶然に.
sattumanvarainen 63 [形] (satunnainen)偶然の,

不測の, 計画無しの.
sattuva 13 [形] 1. (naseva, osuva, terävä)適切な, 的を得た, 鋭い, 強い. 2. (kipeää tekevä, koskeva)痛くする, 痛みを起こさせる.
satu* 1 [名] おとぎ話, 童話, 物語.
satula 15 [名] (馬の)鞍.
satulaseppä* 11 [名] 馬具・特に鞍を作る職人.
satuloida 30 [動] 馬に鞍をつける.
satumainen 63 [形] 作り話しのような, 物語のような.
satunnainen 63 [形] 偶然の.
satuttaa* 2 [動] (lyödä, koskettaa)ぶつける.
sauhu 1 [名] (savu)煙.
saukko* 1 [名] 〈動〉カワウソ. 正しくはユーラシアカワウソ. 学名 Lutra lutra.
sauma 10 [名] 縫い目, 継ぎ目.
saumata 35 [動] 縫い合わせる, 継ぎ合わせる.
sauna 10 [名] サウナ, サウナ小屋.
saunottaa* 2 [動] 1. (kylvettää)サウナで入浴者にサービスする. 2. サウナに招待する. 3. 鞭打つ, 体罰を与える.
sauva 10 [名] 杖, 棒; (suksisauva)スキーのストック.
sauvoa 1 [動] 竿で水底を押して船を進める.
savenvalaja 16 [名] 陶芸家, 土器製作者.
savi 8 [名] 粘土.
savikerros 64 [名] 土の層.
savinen 63 [形] 粘土の, 粘土のような.
saviruukku* 1 [名] 土鍋.
savolainen 63 [形] Savo 地方の. [名] Savo 地方の人.
savu 1 [名] 煙.
savuke* 78 [名] たばこ.
savupiippu* 1 [名] 煙突.
savustaa 2 [動] くんせいにする.
savuta 39 [動] くすぶる, 煙る.
savutorvi 8 [名] 煙突.
savuttaa* 2 [動] (savuta)煙を出す, 煙る, くすぶる.

se (変化形は付録の変化表参照)[指代][不代](名詞的に)それ,(形容詞的に)その. *sen kun vain* ただ~だけ. / *sen lisäksi* その上. / *senkin* 強調の意味を表す. / *siinä määrin kuin* (=sikäli kuin)~する限り,~の範囲内で. / *siitä asti, kun...* ~の時以来, ~の時から. / *siitä pitäen* その時から, その時以来. / *sitä paitsi* (=sen lisäksi)その上.

seassa [後](属格と共に)~と混ざって, ~と混在して, ~の中に. [副] 混ざって, 混在して.

seesteinen 63 [形] 1. (kirkas, selkeä)よく晴れた, 晴れ渡った. 2. (vilpitön, puhdas)目が澄んだ, はっきりした, 純真な.

seestyä 1 [動] (seljetä, kirkastua)空・天気が晴れる；明らかになる.

seikka* 10 [名] 現象, 事, 事実.

seikkailija 14 [名] (onnenonkija)ギャンブラー.

seikkailla 29 [動] 冒険する, 探検する.

seikkailu 2 [名] 冒険.

seikkailunhaluinen 63 [形] 冒険を好む.

seikkailurikas* 66 [形] (seikkailukas)冒険が一杯の, 冒険に満ちた.

seikkaperäinen 63 [形] (yksityiskohtainen, perusteellinen)詳しい, 細かい.

seimi 8 [名] 1. 飼葉桶(かいば
おけ). 2. (lastenseimi)保育園.

seinä 11 [名] 壁.

seinämä 13 [名] 壁, 崖.

seinä(n)vieri 32 [名] 壁際.

seisahtaa* 2 [動] 止まる, 停止する.

seisahtua* 1 [動] 立ち止まる.

seisake* 78 [名] 〈鉄〉必要に応じて客の乗降のためだけに停車する無人駅.

seisaus 64 [名] (pysähdys)停止, 停車, 休止.

seisauttaa* 2 [動] (pysäyttää, keskeyttää)止める, 停止させる, 中断させる.

seisoa 1 [動] 立つ, 立っている, じっとしている. *seisoa jonossa* (=jonottaa)並ぶ.

seisoallaan [副] (seisoaltaan)起立して, 立って.

seisomapaikka* 10 [名] 立ち見席.
seisovapöytä* 11 [名] バイキング形式の食事.
seisoskella 28 [動] 立つ.
seisottaa* 2 [動] 1. 立たせる, 立ったままにさせる. 2. 〈俗〉止まらせる, 止める.
seistä 24 [動] (seisoa)立つ, 立っている, じっとしている.
seitsemän 62 [基数] 7 (七). *senkin seitsemän* とても多くの, 数え切れない程の.
seitsemänkymmentä 62+55 [基数] 70(七十).
seitsemäntoista 62(toista は不変化) [基数] 17(十七).
seitsemäs* 75 [序数] 7番めの, 第7.
seitsenpistepirkko* 1 [名] 〈虫〉ナナホシテントウムシ. 学名 Coccinella septempunctata.
seitti* 4 [名] クモの巣.
seiväs* 66 [名] ポール, 棒.
seiväsaita* 10 [名] 柱で作った塀.
seiväshyppy* 1 [名] 〈ス〉棒高飛び.
sekaan [後] (属格と共に)～の中へ.
sekaannus 64 [名] (epäjärjestys, hämminki)無秩序, 混乱, 困惑.
sekaantua* 1 [動] 混じる. (入格と共に)～に混ざる.
seka-avioliitto* 1 [名] 国際結婚.
sekainen 63 [形] 1. 混乱した, めちゃくちゃの, ごちゃごちゃの. 2. 水が混じった・濁った, 混合した.
sekaisin [副] 散らかって, 混乱して, 入り乱れて. *olla sekaisin*(部屋などが)散らかっている, (頭が)混乱している, 朦朧としている. *panna sekaisin* めちゃめちゃにする, ばらばらにする.
sekajuna 11 [名] 客車と貨車の混合列車.
sekakuoro 1 [名] 混声合唱団.
sekalainen 63 [形] (monenlainen, kaikenlainen)多種の, 多種多様の, 変化に富んだ.
sekaleipä* 11 [名] 二種類以上の粉でできたパン.
sekamelska 10 [名] (epäjärjestys, kaaos)混乱, 混沌, 目茶苦茶, 無秩序.
sekametsä 11 [名] 二種類以上の樹木が生えている

森.

sekapäinen 63 ［形］ (hullu, höperö)思考能力に欠けた, 愚かな.

sekarotuinen 63 ［形］ 民族・人種などが混じった, 動物の品種が混じった, 雑種の.

sekasorto* 1 ［名］ (epäjärjestys)混乱, 無秩序.

sekatavara 15 ［名］〈商〉雑貨, 多種の商品.

sekatyöläinen 63 ［名］兼業労働者.

sekautua* 44 ［動］ (sekaantua)混じる.

sekava 13 ［形］混乱した, もつれた；はっきりしない.

sekoittaa* 2 ［動］ 1. 混ぜる. 2. めちゃめちゃにする, ばらばらにする.

sekoittua* 1 ［動］ (sekaantua, yhtyä)混じる, 一緒になる.

sekoitus 64 ［名］混合, 混和.

sekunti* 4 ［名］ (sと省略)秒.

sekuntikello 1 ［名］ストップウォッチ.

sekä ［接］と, そして.

selailla 29 ［動］ページをめくる；目を通す.

selittämätön* 57 ［形］解釈のできない, 不可解な.

selittää* 2 ［動］説明する, 明らかにする.

selitys 64 ［名］説明, 凡例. 属格+*selitykseksi* 〜の説明として.

selitä* 37 ［動］ (seljetä)空・空気が澄む, 晴れる；水が澄む；謎・問題が解決する.

seljetä* 34(36) ［動］ (selitä)空・空気が澄む, 天気がよくなる, 晴れる；水が澄む；謎・問題が解決する.

selkeytin* 56 ［名］浄化装置, 浄化する機械.

selkeytysallas* 66 ［名］浄化槽.

selkeytyä* 44 ［動］晴れる, 澄む.

selkeä 21 ［形］晴れた, 澄みきった, はっきりした.

selkiselälleen ［副］ (selkoselälleen)開いて, 開けはなしになって.

selkiselällään ［副］ (selkoselällään)開いて, 開けはなしになって.

selkkaus 64 ［名］国際的な紛糾・紛争, 政治的な衝突.

selko* 1 ［名］主格・対格・分格の形で動詞と共に使わ

selkoselälleen

れ，明らかである，明らかになるなどの意味を表す. *ottaa selkoa*+出格 ～を明らかにする, ～を研究する.

selkoselälleen [副] (selkiselälleen)開いて，開けはなしになって.

selkoselällään [副] (selkiselällään)開いて，あけはなしになって.

selkosen [副] 強調の意味を表す. *selkosen selällään* 大きく開いて.

selkä* 11 [名] 背，背中. *lentää selälleen* 開く，はじける，破裂する. *retuuttaa selässään* 背負う，背負って運ぶ. *selän takana* いない時に. *puhua pahaa toisesta tämän selän takana*. ある人の悪口をその人がいない時に言う.

selkäevä 11 [名] 魚の背びれ.

selkäranka* 10 [名] 背骨.

selkäreppu* 1 [名] リュックサック.

selkäsauna 10 [名] 鞭や棒で背中を叩く体罰.

selkäuinti* 4 [名] 〈ス〉背泳ぎ.

selkäydin* 56 [名] 〈解〉脊髄.

sellainen 63 [形] (semmoinen)そのような. [名] そのような人又は物.

selleri 5 [名] 〈植〉セロリ.

selluloosa 11 [名] 〈技〉パルプ.

selonteko* 1 [名] (selvitys, selostus)説明，釈明.

selostaa 2 [動] 説明する，答弁する.

selostaja 16 [名] 解説者，説明者.

selostus 64 [名] 説明；報告，陳述.

selusta 15 [名] 1. (椅子などの)背. 2. 背景，後部，背後.

selventää* 8 [動] 明らかにする，説明する.

selvetä 34 [動] 1. 明らかになる，はっきりする. 2. 晴れる.

selville [副] 明らかに. *saada selville* 明らかにする.

selvillä [副] 明らかに. *olla selvillä*+出格 明らかである，よく知られている.

selvittely 2 [名] もつれをとくこと，解決.

selvittämätön* 57 [形] (epäselvä, hämärä)はっき

りしない，明らかにできない．
selvittää* 2 [動] (selittää)説明する，明らかにする．
selvitys 64 [名] 解決，解くこと．
selvitä 37 [動] 1. (kirkastua)水や空気が澄む，晴れる．2. (selvetä, seljetä)明らかになる，はっきりする；酔いがさめる．3. 困難を克服する，苦境を脱する．*selvitä tehtävästä* 仕事をなし遂げる，義務を遂行する．
selviytyminen 63 [名] 生活，生きていくこと．
selviytyä* 44 [動] (出格と共に)～から出る，～から脱する，問題が解決される．(くびき，重荷などから)離れる・逃れる．
selviö 3 [名] (itsestään selvä asia)自明の理，自明の事，原理．
selvyys* 65 [名] 明白な事，明白さ．*selvyyden vuoksi* より明らかにするために．
selvä 11 [形] 明らかな，分かりやすい，明白な；酔いがさめた．*ottaa selvää* 明らかにする．*tehdä selvää*＋出格(＝lopettaa)殺す．*On itsestään selvää, että...* …以下の事は全く明白である．．
selälleen [副] 仰向けになって，仰向けに倒れて．*lentää selälleen* 非常に驚く．
selänne* 78 [名] 尾根，山の背．
seminaari 4 [名] 小学校教員養成学校．
semminkin [副] (varsinkin, etenkin)特に，特別に．
semmoinen 63 [形] (sellainen)そのような．
sen [副] (比較級と共に)それより．*sen kun* (＝sen kuin, niin paljon kuin)できる限り，できるだけ．
senhetkinen 63 [形] (senaikainen)当時の，その頃の．
senjälkeen [副] (sen jälkeen)その後で．
sensijaan [副] (sen sijaan)そのかわりに．
sensuuri 6 [名] 検閲．
sentapainen 63 [形] そのような．
sentään [副] 1. (kuitenkin, sittenkin)しかし，それでも，それにもかかわらず．2. (tosiaan, totisesti)本当に(強調の意味)．
seos 64 [名] 混合物，合金．

seota* 38 [動] (sekaantua, sekoittua)混じる, 混乱する, ごちゃごちゃになる.
sepeli 6 [名] 砕石, 砕かれた石粉.
sepitellä* 28 [動] 作る, 書く.
sepittää* 2 [動] (tehdä, laatia)考え出す, 作り出す. *sepittää* runoja 詩を作る.
seppele 82 [名] 花の冠, 花環.
seppelöidä 30 [動] 花環で飾る.
seppä* 11 [名] 鍛冶屋(かじ).
serkku* 1 [名] いとこ.
seteli 5 [名] 紙幣, 札.
setä* 11 [名] おじ(父の兄弟).
seula 10 [名] 篩(ふるい).
seuloa 1 [動] (siivilöidä)篩う, 篩に掛ける.
seura 10 [名] 他人と共にいる事；仲間；クラブ, 協会. 属格+*seurasta* (=属格+kanssa)～と共に, ～と一緒に.
seuraaja 16 [名] 後に続く人・物, 弟子.
seuraava 13 [形] 次の.
seuraelämä 13 [名] 社交的生活.
seurakunta* 11 [名] 教区. (組織としての)教会.
seurakuntalainen 63 [名] 教会の会員.
seuralainen 63 [名] 従者, おとも.
seuranhaluinen 63 [形] 社交好きの, 人付き合いのいい.
seurata 35 [動] 1. 従う, 続く. 2. (silmillään tarkata)目で追う, 見守る. *seurata luentoa* 講義に出席する.
seuraus 64 [名] 結果. *seurauksena*+出格 ～の結果として. *Seurauksena* tästä on että... この事の結果としてつぎのような事がおこる.
seurue 78 [名] (matkue, ryhmä)グループ, 仲間.
seurustella 28 [動] 親しくする, 交際する.
seurustelu 2 [名] 交際.
seutu* 1 [名] 地方, 地域, 場所.
seutukaava 10 [名] 地域の用地計画.
seutuvilla [名] (変化形は seutuvilla, seutuvilta, seutuville のみ). (seuduilla)～のあたりに.

s(h)ekki* 4 ［名］〈商〉小切手.
s(h)ekkikirja 10 ［名］小切手帳.
sianihra 10 ［名］豚肉の脂肪, ラード.
siankinkku* 1 ［名］〈料〉ハム.
sianliha 10 ［名］豚肉.
siansorkka* 11 ［名］〈料〉豚の足.
sibylla 15 ［名］(naisennustaja, naistietäjä)女予言者, 女性の治療師.
side* 78 ［名］ 1. 結び合わせる物, 止め金. 2. きずな, 結びつき.
sideaine 78 ［名］糊のように物をくっつける物.
sideharso 1 ［名］包帯, ガーゼ.
sidelaastari 5 ［名］〈薬〉ばんそうこう.
sidos 64 ［名］巻く物, バンド；包帯.
siedettävä 13 ［形］がまんできる, 辛抱できる.
siekailla 29 ［動］(viivytellä, arkailla)ぐずぐずする, 躊躇する, 考え込む.
siekale 78 ［名］きれはし.
siellä ［副］そこに.
sieltä ［副］そこから, あそこから.
sielu 1 ［名］霊魂；水や森などの精. *ei sielua*(否定文で)一人も～ない.
sielullinen 63 ［形］霊魂の；心理的な.
sielunkyky* 1 ［名］精神的能力, 才能.
sielunrauha 10 ［名］魂の平安.
sieluntuska 11 ［名］心の苦しみ.
sielutiede* 78 ［名］(psykologia)心理学.
sielutieteellinen 63 ［形］(psykologinen)心理学の, 心理学上の.
siemaista 24 ［動］がぶ飲みする, 一気に飲む, ぐいと飲む.
siemaus 64 ［名］ぐいと飲むこと.
siemen 55 ［名］種.
siemenkauppa* 10 ［名］種子商.
siemenkota* 11 ［名］〈植〉果皮.
sieni 32 ［名］〈菌〉キノコ. *lähteä sieneen* (＝mennä sieneen)きのこ取りに行く.
siepata* 35 ［動］(saada käsiinsä)手に入れる, 掴む,

ひったくる, 急いで手に取る, 取る.
sieppo* 1 [名] 〈鳥〉ヒタキ(総称).
sierain 56 [名] 鼻の穴.
sietämätön* 57 [形] 耐えられない, 忍びがたい.
sietää* 2 [動] 耐える, 我慢する.
sieventää* 8 [動] (kaunistaa, somistaa)美しくする, 可愛くする.
sievä 11 [形] かわいい, 美しい, 愛らしい.
sihdata* 35 [動] 〈常〉〈俗〉(seuloa)篩にかける, ふるい分ける, 選り分ける.
sihistä 41 [動] (スキーの音のような)サーという音を立てる.
sihteeri 5 [名] 秘書；書記.
sihteeristö 1 [名] 事務局, 秘書課.
sihti* 4 [名] ふるい.
siika* 10 [名] 〈魚〉シナノユキマス(サケ科コレゴヌス属=コクチマス科・属). 学名 Coregonus lavaretus.
siili 4 [名] 1. 〈動〉ハリネズミ, 正しくはナミハリネズミ. 学名 Erinaceus europaeus. 2. 生け花のけんざん.
siilo 1 [名] サイロ.
siima 10 [名] 紐, 糸, 鞭の先の革や紐の部分.
siimes 64 [名] (varjo)陰, 木陰, 覆われた場所, 影.
siimestää 2 [動] (varjostaa)影を作る.
siinä [副] そこに. *mikäpäs siinä* もちろん, いいとも(相手への同意を表す), どちらでもよい, どちらでも同じこと.
siipi* 8 [名] 翼. *vasen siipi* 左翼.
siipikarja 10 [名] (食料となる)鳥類.
siipikarjanhoito* 1 [名] 家禽の世話.
siipiniekka* 10 [形] 〈俗〉1. (siivekäs)羽のある, 羽の生えた；速い. 2. (名詞的に)鳥.
siirappi* 6 [名] シロップ.
siirto* 1 [名] 転移.
siirtolainen 63 [名] 植民者, 移住者.
siirtolaisuus* 65 [名] 移民.
siirtolapuutarha 10 [名] 都市近郊にある手軽なサマーコテージの集まる敷地.

siirtomaa 28 [名] 植民地.
siirtomaantavara 15 [名] (通常は複数形で)主に南の国から輸入される食料品・原料などで, コーヒー・紅茶・米・香辛料・果物など.
siirtotili 4 [名] (tasetili)貸借対照表, バランスシート.
siirtyä* 1 [動] 移動する, 変わる.
siirtää* 6 [動] 移す, 動かす, (財産を)ゆずり渡す.
siis [副] それ故に, したがって.
siisti 4 [形] 清潔な, よごれていない, きれいな.
siistitä 37 [動] (siistiä, puhdistaa)きれいにする.
siistiä 17 [動] きれいにする;整理する, 整然とする.
siitepöly 1 [名] 〈植〉花粉.
siitos 64 [名] 妊娠, 受胎.
siitoskarja 10 [名] 出産の目的で飼われている家畜.
siittää* 2 [動] 1. (父親について)子供をもうける. 2. 生む, 作る, 始める.
siivekäs* 66 [形] 1. 羽のある, 羽の生えた;速い. 2. (名詞的に)羽を持ったもの, 主に鳥.
siivilä 15 [名] ろ過器, 濾紙, 網, ざる.
siivilöidä 30 [動] 篩う, 篩いに掛ける, 濾す, ろ過する.
siivittää* 2 [動] 急がせる, 早める.
siivo 1 [形] (kunnollinen, hyvätapainen)行いの正しい, 律儀な. [名] (puhtaus, kunto)清潔;状態.
siivooja 16 [名] 掃除人, 掃除婦.
siivota 38 [動] 掃除する.
siivoton* 57 [形] だらしない, ぶしょうな.
siivous 64 [名] 掃除.
sija 10 [名] 場所, 位置, 席. *ensi sijassa* 主に, 第一に. ／*sen sijaan* その代わりに. ／*sen sijaan että* 〜の代わりに, 〜に対して.
sijaan [後] (属格と共に)(asemesta, tilalla, tilalle) 〜の代わりに, 〜の場所に.
sijainen 63 [名] 代理人.
sijainti* 4 [名] (sijaitseminen, sijaitsemispaikka) 位置, 所在.
sijaita 31 [動] 位置する, ある.

sijassa [後] (属格と共に) (asemessa) 〜の代わりに, 〜として.
sijasta [後] (属格と共に) (asemesta) 〜の代わりに.
sijoittaa* 2 [動] 1. (入格と共に) 〜に位置させる. 2. 投資する, 投資の目的で買う.
sijoittua* 1 [動] 身を置く.
sijoitus 64 [名] 置くこと；任命すること；投資すること.
sika* 10 [名] 〈動〉ブタ(豚).
sikermä 13 [名] (joukko, parvi) グループ, 群れ.
sikeä 21 [形] (眠りについて) 深い.
sikinsokin [副] じぐざぐに, めちゃくちゃに.
sikiuni 32 [名] (sikeä uni) 深い眠り.
sikiö 3 [名] 胎児.
sikkarassa [副] 目を細めて.
sikotauti* 4 [名] お多福かぜ.
sikseen [副] そのままに.
siksi [副] 1. (理由を表す) それで, そこで, それ故, そういうわけで. 2. (siinä määrin) それ程. *siksi, että...* (=sen tähden että...) 〜という理由で, 〜の故に.
sikäli [副] 形容詞又は副詞と共に使われて niin と同じ. *sikäli...että* (=niin...että.) 非常に〜なので.
sikäläinen 63 [形] そこに存在する, そこにある, そこの, そこの土地の.
silakka* 15 [名] 〈魚〉バルトニシン. 本種はイワシではなくニシンの仲間である. 学名 Clupea harengus membras. 近縁種にタイセイヨウニシン (Clupea harengus).
silava 16 [名] 豚の脂肉, 豚の脂肪.
sileä 21 [形] 滑らかな, すべすべした.
sileäkarvainen 63 [形] 滑らかな毛並みの.
silittäjä 16 [名] アイロンをかける人.
silittää* 2 [動] 撫でる, 滑らかにする, こする, アイロンをかける.
silitysrauta* 10 [名] (prässirauta) アイロン, こて.
silkki* 4 [名] 絹.
silkkinen 63 [形] 絹製の, 絹でできた.

silkkiäismato* 1 ［名］〈蝶〉カイコ.

sill'aikaa ［副］(sillä aikaa, samaan aikaan)その時, 同じ時.

silleen ［副］そのままに, そのように. *jäädä silleen* そのままになる, さたやみになる.

silli 4 ［名］〈魚〉ニシン. 正しくはタイセイヨウニシン(ニシン科). 学名 Clupea harengus.

sillisalaatti* 6 ［名］〈料〉ニシンと野菜をまぜた料理.

silloin ［副］その時, その場合. *silloin tällöin* 時々.

silloinen 63 ［形］その時の, 当時の.

silloinkun ［接］(silloin kun)その時.

sillä ［副］それ故に. ［接］なぜなら, ～の故に.

silmiinpistävä 13 ［形］(huomattava, merkittävä) 目立つ, 際だった, 優れた.

silmikko* 2 ［名］網の目.

silminnähtävästi ［副］明らかに.

silminnäkijä 14 ［名］目撃者.

silmittömästi ［副］(sokeasti, hillittömästi)盲目的に, 激しく.

silmu 1 ［名］〈植〉芽.

silmukka* 15 ［名］(糸, ひもなどの)輪, (電気の)コイル.

silmä 11 ［名］目. *pitää silmällä* 注目する, 留意する. ／ *silmissä* (＝silmin nähden). 目に見えて. ／ *tuimin silmin* 厳しい目つきで, きつい目つきで. ／ *silmällä pitäen* 目を光らせながら, 注目しながら. ／ *paljain silmin* 肉眼で. ／ *silmät punaisina* 目を赤くして, 目を泣きはらして.

silmäillä 29 ［動］(katsella, tarkastella)見る, 見渡す, じっと見る；本などをざっと読む, 目を通す.

silmäkarvat 10 ［複名］(kulmakarvat)眉毛.

silmälasit 4 ［複名］めがね.

silmäluomi 36 ［名］まぶた.

silmälääkäri 5 ［名］眼科医, 目医者.

silmämuna 11 ［名］〈解〉眼球.

silmämäärä 11 ［名］*olla* 又は *pitää silmämääränä* ～を目的とする；～に目を向ける, ～に留意する.

silmäneula 10 [名] 縫い針.
silmänisku 1 [名] ウィンク.
silmänkantamaton* 57 [形] 目が届かない, 視野に入らない; 無限の, 想像できない程の.
silmänpalvelija 14 [名] かげ日向のある召使い.
silmänräpäys 64 [名] 瞬く間, 瞬間, 短時間.
silmäpuoli 32 [形] 片目の.
silmäripsi 8 [名] 〈解〉まつ毛.
silmäterä 11 [名] 〈解〉ひとみ, 瞳孔.
silmätipat* 10 [複名] 〈医〉目薬.
silmätä 35 [動] (katsahtaa)見る.
silmäys 64 [名] 見ること, 視線を送ること. *yhdellä silmäyksellä* 一目で.
siloinen 63 [形] (sileä)すべすべした, 光沢のある.
silokallio 3 [名] 滑らかな岩.
silpiä* 17 [動] 皮・さやなどをむく, 取る, はぎとる.
silpoa* 1 [動] 切る, 刻む, 細かくする.
silpoherne 78 [名] さやえんどう.
silppu* 1 [名] 短く切った木の幹・枝.
silta* 10 [名] 橋, さん橋.
silti [副] 1. (sen vuoksi)だから, それ故に. 2. (siitä huolimatta)しかしながら, それにもかかわらず.
sima 10 [名] 蜜酒(主に蜂蜜と水から作られるアルコール度の低い酒).
simpukankuori 32 [名] 貝殻.
simpukka* 15 [名] 貝.
sinappi* 6 [名] からし.
sinelli 6 [名] 〈古〉兵士の外套.
sinelmä 13 [名] 皮膚の斑点・あざ.
sinertävä 13 [形] 青みがかった(sinervä).
sinervä 13 [形] 青みがかった(sinertävä).
sinetti* 6 [名] 印, 封印.
singahtaa* 2 [動] 飛び出す.
singota* 38 [動] 1. (viskata, paiskata)投げる, 投げつける, 投げられる. *singota pallo kauas.* ボールを遠くへ投げる. 2. (sinkoutua)ばら撒かれる.
sini 8 [名] (目・水・空の)青, 青い色.
sinihappo* 1 [名] 〈化〉青酸.

sinikaali 4 ［名］キャベツの一種で葉が赤青色.
sininen 63 ［形］青い. ［名］青色.
sinipunainen 63 ［形］紫色の.
siniristilippu* 1 ［名］フィンランドの国旗.
sinisiipi* 8 ［名］〈蝶〉シジミチョウ(総称).
sinisilmäinen 63 ［形］目の青い.
sinisorsa 11 ［名］〈鳥〉マガモ(真鴨)(ガンカモ科). 学名 Anas platyrhynchos.
sinisyys* 65 ［名］青色.
sinivuokko* 1 ［名］〈植〉ミスミソウ(雪割草とも言われる). キンポウゲ科の植物の一種. 学名 Hepatica nobilis.
sinkki* 4 ［名］亜鉛.
sinkoilla 29 ［動］飛ぶ, 飛び散る, 降る.
sinne ［副］そこへ, そこに, あそこへ. *sinne tänne* あちらこちら.
sinnepäin ［副］あちらの方向へ
sinutella* 28 ［動］sinä を用いて話す, 親しく話す.
sinä (変化形は付録の変化表参照) ［人代］きみ(2人称・単数), お前.
sinänsä ［副］(sellaisenaan)それ自体では, 本質的には, そのままでは.
sipaista 24 ［動］すぐ行う, 急いで仕事をする.
sipinä 14 ［名］ささやき, 小声, ひそひそ話.
sipistä 41 ［動］ささやく, 小声で話す.
sippurassa ［副］(sikkarassa)目を細めて.
sipsuttaa* 2 ［動］静かに歩く, 軽快に歩く.
sipsutus 64 ［名］静かな足音.
sipuli 5 ［名］玉ネギ, 球根.
sireeni 5 ［名］1. サイレン. 2. 〈植〉(syreeni, pihasyreeni)ライラック. 学名 Syringa vulgaris.
sirinä 14 ［名］こおろぎなどの鳴き声.
siristä 41 ［動］サラサラと音を立てる, こおろぎなどが鳴く.
siristää 2 ［動］目を細める, 目を細めて見る.
siritys 64 ［名］鋭い音, 甲高い音.
sirkeä 21 ［形］(reipas)生き生きとした. *silmät sirkeinä* 目を輝かせて・生き生きとさせて.

sirkka* 10 [名] こおろぎ.
sirkkeli 5 [名] 回転する丸い鋸.
sirkus 64 [名] サーカス,サーカス場.
sirkuttaa* 2 [動] 小鳥がさえずる,小鳥が鳴く,こおろぎが鳴く.
sirkutus 64 [名] 鳥のさえずり,こおろぎの鳴き声.
siro 1 [形] 小さい,可愛い,好ましい,姿・形がよい.
sirotella* 28 [動] まき散らす.
sirottaa* 2 [動] 撒く,撒き散らす.
sirpale 78 [名] かけら.
sirppi* 4 [名] 鎌.
siru 1 [名] かけら,破片.
sisar 54 [名] 姉妹.
sisarenpoika* 11 [名] 甥.
sisarentytär* 54 [名] 姪.
sisarpuoli 32 [名] (puolisisar). 異父姉妹,異母姉妹.
sisarus 64 [名] (通常は複数形で)同一の親から生まれた兄弟姉妹.
sisempi* 22 [形] 内部の,内側の.
sisilisko 1 [名] 〈動〉トカゲ.
sisimmäinen 63 [形] (sisin)内の,内部の,一番奥の.
sisin* 59 [形] (sisimmäinen, pohjimmainen, syvin, olennaisin)内の,内部の,一番奥の. [名] (sielu, sydän)密かな考え,考え,心.
sisko 1 [名] 〈話〉姉妹
siskokset 64 [複名] 姉妹たち.
sissi 4 [名] 〈軍〉ゲリラ.
sisu 1 [名] (uskallus, rohkeus)(スポーツや戦闘での)強い闘争心・精神力,勇気.
sisukas* 66 [形] 1. 勇気がある,不撓不屈の,闘争心がある. 2. 頑固な,人の言葉に耳をかさない.
sisus 64 [名] 内部,内面.
sisusta 15 [名] (sisäosa, sisäpuoli)内部,中,内側.
sisustaa 2 [動] 内装をする.
sisustamaton* 57 [名] 家具の備えつけてない,備品のない.
sisuste 78 [名] 衣服の裏;室内にある物,家具.

sisustus 64［名］1. 家具・備品の取りつけ. 2. 室内の家具・備品の全体.
sisustusarkkitehti* 4［名］室内装飾デザイナー.
sisäasiainministeri 5［名］(sisäministeri)国務大臣.
sisäasiainministeriö 3［名］国務省.
sisäheitto* 1［名］〈言〉(synkopee)語中音消失.
sisäikkuna 17［名］(二重窓の)内窓.
sisäinen 63［形］内の, 内部の.
sisäjärvi 8［名］内海, 内湖.
sisäkkäin ［副］(sisättäin, sisätysten)重なり合って, 一方が他方の内側になって.
sisäkkö* 2［名］掃除・ベッド整理などの室内の仕事専門のメイド.
sisälle ［副］中へ. ［後］(属格と共に)〜の中へ.
sisällinen 63［形］(sisäinen)中の, 内部の.
sisällys 64［名］中身, 内容.
sisällyttää* 2［動］含む.
sisällä ［副］中に. ［後］(属格と共に)〜の中に, 〜の中で.
sisältyä* 1［動］含まれる, 入っている.
sisältä ［副］中から. ［後］(属格と共に)〜の中から.
sisältää* 5［動］含んでいる, 含める.
sisältö* 1［名］(sisällys)中身, 内容.
sisämaa 28［名］内陸, 内陸部.
sisäpuolella ［副］(sisällä, sisässä)内部に, 中に, 内側に. ［後］(属格と共に)〜の内部に, 〜の中に, 〜の内側に.
sisäpuoli 32［名］内部, 内面.
sisärengas* 66［名］〈技〉タイヤのチューブ.
sisäsivu 1［名］内側のページ. etukannen *sisäsivulla* 表紙の内側に.
sisässä ［副］中に. ［後］(属格と共に)〜の中に.
sisästä ［副］中から. ［後］(属格と共に)〜の中から.
sisätauti* 4［名］〈医〉内科の病気.
sisään ［副］中へ. ［後］(属格と共に)〜の中へ.
sisäänjättö* 1［名］提出, 提示.
sisäänkirjoitettu* 2［形］1. 登録ずみの. 2. 書き留めの.

sisäänkirjoittaa* 2 ［動］1. 登録する. 2. 書き留めにする.
sisäänkäynti* 4 ［名］入口.
sisäänkäytävä 13 ［名］入り口通路.
sisäänpäin ［副］内の方へ, 中へ, 内部へ.
sisäänpääsy 1 ［名］入場.
sisääntulo 1 ［名］中に入ること, 進入, 侵入.
sitaista 24 ［動］(ひもなどを)結ぶ, (袋の口を)縛って閉める.
siten ［副］(sillä tavalla, sillä tavoin)そのように, そのような方法で. *siten, että...* että 以下の方法で, että 以下のように.
sitkeä 21 ［形］固い, ごわごわした, 丈夫な, こわれない.
sitoa* 1 ［動］結ぶ, 結び付ける, しばる, 身につける.
sitoumus 64 ［名］約束, 契約, 拘束.
sitoutua* 44 ［動］(第3不定詞入格と共に)契約する, 約束する, 拘束される.
sitova 13 ［形］義務を負わせる.
sitovasti ［副］しっかりと, 決定的に.
sitruuna 12 ［名］レモン, レモンの木.
sittemmin ［副］(sitten, myöhemmin)後に, それから, 後日に.
sitten ［副］1. それから, 次に. *saati sitten* まして, 更に. /*sitten kun* 〜以後, 〜以来. 2. (時を表す名詞, 又は副詞と共に)(aikaisemmin, varhemmin)前に, 以前に. /*vuosi sitten* 1年前に. /*aikoja sitten* ずっと前に；かなり前に. /*kuusi kuukautta sitten* 6か月前に. /*kauan aikaa sitten* ずっと前に, ずっと前.
sittenkin ［副］(kuitenkin, kumminkin)しかしながら.
sitäpaitsi ［副］その上, 更に.
sitävastoin ［副］これに反して, 反対に.
siunailla 29 ［動］(päivitellä)咎める, 呪う.
siunata 35 ［動］恵み・祝福を祈り求める.
siunaus 64 ［名］恵み, 祝福, 祝別. *suoda siunaus* 祝

福する.
sivaltaa* 5 [動] 打つ, ピシャリと打つ, 叩く.
siveellinen 63 [形] 道徳的な.
siveellisyys* 65 [名] 道徳.
siveetön* 57 [形] 不道徳な, わいせつな.
sivellin* 56 [名] 筆.
sivellä 28 [動] 撫でる.
siveys* 65 [名] 純潔, 貞節.
siveysoppi* 4 [名] 倫理学.
siveä 21 [形] 純潔な, 身持ちのよい.
siviili 6 [名] 〈話〉(兵士に対して)民間人, 一般人.
siviilirekisteri 5 [名] 市民登録.
sivistyksellinen 3 [形] (kulttuurillinen)文化の, 文化的.
sivistymätön* 57 [形] 教養のない, 無教養な.
sivistyneistö 2 [名] インテリ, 教育を受けた人々.
sivistynyt 77 [形] 教育をうけた, 教養のある.
sivistys 64 [名] 文明, 文化.
sivistyä 1 [動] 開ける(ひらける), 文明化する.
sivistää 2 [動] (opettaa, kasvattaa)教える, 教育する, 訓練する.
sivu 1 [名] ページ(s. と省略). [副] 傍らを. [後] (属格と共に)～の傍らを.
sivuasia 14 [名] 付帯事項.
sivuitse [副] 傍らに, 脇に. ajaa sivuitse 通り過ぎる, 通りかかる. [後] (属格と共に)～の傍らへ, ～の脇へ.
sivujoki* 8 [名] (lisäjoki, syrjäjoki)支流.
sivulause 78 [名] 〈言〉従属節.
sivullinen 63 [形] (syrjäinen, vieras)脇の, 無関係の. [名] 脇にいる人, 無関係な人.
sivumaku* 1 [名] 不愉快な味.
sivumennen [副] (ohimennen)ついでに, 一つのことをやりながらついでに.
sivuseikka* 10 [名] 余り重要でないこと, 二の次.
sivusta 15 [名] (sivu, sivupuoli)脇, 横, サイド.
sivuta 39 [動] 軽く触れる.
sivutoimi 35 [名] 副業, アルバイト.

sivuuttaa* 2 ［動］ 1. 脇を通る, 傍らを通る. 2. 無視する, 軽視する, 知らん顔をする.
sivuutus 64 ［名］ 1. 通過, 通り過ぎ. 2. 無視, 軽視.
sivuvaunu 1 ［名］ サイドカー.
Skandinavia 14 ［名］ スカンジナビア.
skoolata 35 ［動］〈話〉乾杯をする, グラスで飲む.
sodanjälkeinen 63 ［形］ 戦後の.
sodankäynti* 1 ［名］ 戦争, 交戦, 交戦状態.
sodanvaara 10 ［名］ 戦争の危険, 戦争による危険.
soeta* 34 ［動］ (sokaistua, sokeutua)見えなくなる, 視力を失う.
sohjo 1 ［名］ ぬかるみ, 雪どけ.
sohva 11 ［名］ ソファ.
soida 18 ［動］ 鳴る, 響く.
soidin* 56 ［名］ なきかわし(鳥類の求婚の鳴き声).
soihtu* 1 ［名］ たいまつ.
soihtukulkue 78 ［名］ たいまつの行列.
soikea 21 ［形］ 卵形の, 楕円形の.
soimata 35 ［動］ しかる, とがめる, 責める.
soimaus 64 ［名］ しかること.
soinen 63 ［形］ 沼の, 沼地の.
soinnillinen 63 ［形］〈声〉有声の.
soinniton* 57 ［形］〈声〉無声の.
soinnukas* 86 ［形］ (sointuva)音調のよい, 響きのよい.
soinnuton* 57 ［形］ (soinniton, kaiuton)響きがよくない, 響かない.
sointu* 1 ［名］〈楽〉和音.
sointua* 1 ［動］ (konsonoida)音が調和する；調和する, 似合う, 合う.
sointuva 13 ［形］ 鳴り響く, 音楽的な.
soitannollinen 63 ［形］ 音楽的な, 音楽的才能がある.
soitin* 56 ［名］ 楽器.
soitinkauppa* 10 ［名］ 楽器店.
soitonopettaja 16 ［名］ 音楽教師.
soittaa* 2 ［動］ 演奏する, 電話する, (鐘やベルを)鳴らす. *soittaa ovikelloa* ドアのベルを鳴らす. *soittaa*＋向格(puhelimella)〜に電話をする.

soittaja 16 [名] 演奏者, 演奏家; 電話で話す人.
soitto* 1 [名] 演奏; 音; 電話での話し.
soittokappale 78 [名] 器楽曲.
soittokello 1 [名] 鐘の鳴る時計; 自転車のベル.
soittokunta* 11 [名] オーケストラ, 楽団.
soittonappula 12 [名] ベル・ブザーなどのボタン.
soittoniekka* 10 [名] 名演奏家.
soittorasia 15 [名] オルゴール.
soittotunti* 4 [名] 音楽の時間.
sokaista 24 [動] 盲目にする.
sokaistua 1 [動] 盲目になる.
sokea 21 [形] 目が見えない, 盲目の.
sokeri 5 [名] 砂糖.
sokerijuurikas* 66 [名] てんさい, 砂糖大根.
sokerikko* 2 [名] 卓上に置く砂糖入れ.
sokerileipuri 5 [名] 菓子屋.
sokerileivos 64 [名] デコレーションケーキ.
sokeripala 10 [名] 角砂糖.
sokeriruoko* 1 [名] 砂糖きび.
sokerisäilyke* 78 [名] 砂糖漬け, 砂糖漬けされた製品.
sokeritauti* 4 [名] 〈医〉糖尿病.
sokeroida 30 [動] 砂糖で甘くする.
sokeus* 65 [名] 盲目.
sokkeli 5 [名] 〈建〉土台石.
sokkelo 2 [名] (labyrintti)迷路.
sola 11 [名] 1. 建物と建物の間の細い通路. 2. 山を切り開いて作った道, 間道, 切り通し.
solakka* 15 [形] ほっそりした, 細長い.
solisluu 29 [名] 鎖骨.
solista 24 [動] サラサラと音をたてる, ぺちゃくちゃしゃべる, さらさら流れる.
solki* 8 [名] 止め金, 金具.
solmia 17 [動] 1. 紐などを結ぶ. 2. 婚姻を結ぶ. *solmia rauha* 和平条約を結ぶ. *solmia avioliito* 結婚する.
solmio 3 [名] (kravatti)ネクタイ.
solmioneula 10 [名] (kravattineula)ネクタイピン.

solmiopidin* 56 ［名］ネクタイピン.
solmu 1 ［名］結び, 結び目.
solmukohta* 11 ［名］結び目.
solu 1 ［名］1.〈生物〉細胞. 2. 地下組織, 秘密組織. 3. 小さな集まり, 最小単位.
solua 1 ［動］水の上を滑る, 流れる, 流れ下る, 泳ぐ.
solukko* 2 ［名］〈生物〉細胞組織.
soluttaa* 2 ［動］滑らせる, 滑るように流す.
solvata 35 ［動］(häpäistä)辱める, 中傷する, 侮辱する.
solvaus 64 ［名］(solvaaminen, solvaava puhe)辱め, 辱めの言葉, 中傷, 侮辱.
soma 11 ［形］こぎれいな.
somistaa 2 ［動］飾る, きれいにする.
somistella 28 ［動］美しくする, 飾る, きれいにする.
somistua 1 ［動］(kaunistua)美しくなる.
sommitella* 28 ［動］(muodostella, laatia)集める, 集めて作り上げる.
sommitelma 13 ［名］(muodostelma, suunnitelma) 作成, 構成, 集大成.
sonni 4 ［名］去勢されていない雄牛.
sopertaa* 6 ［動］幼児が片言を話す；ぽそぽそと話す, 口ごもる.
sopeutua* 44 ［動］(入格と共に)～に順応する, 適応する.
sopia* 17 ［動］1. よく合う, 適当である. 2. 決める, 契約する. 3.（3人称で不定詞と共に）できる, ふさわしい. 4.（変格と共に）～にふさわしい, ～に適している.
sopimaton* 57 ［形］不適当な, 不似合いな, 不向きな.
sopimuksellinen 63 ［形］契約の, 契約による. 契約に基づいた.
sopimuksenteko* 1 ［名］契約締結.
sopimuksenvarainen 63 ［形］契約による, 契約に基づいた.
sopimus 64 ［名］1. 約束, 取り決め. 2.〈法〉契約. *tehdä sopimus* 契約を結ぶ.

sopimusrikos 64 [名] 契約違反, 契約不履行.
sopiva 13 [形] よく合う, ふさわしい, 適切な.
sopottaa* 2 [動] (supista, sipistä) 囁く.
soppi* 8 [名] (nurkka, pohjukka) 底, 角, 隅, コーナー.
sopu* 1 [名] 仲良し, 友好, 一致.
sopuisa 13 [形] (sovinnollinen, sopeutuva) 穏やかな, 静かな, 争いを好まない.
sopusointu* 1 [名] 和合, 調和, 和.
sopusuhtainen 63 [形] (sopusointuinen) 調和がとれた, 関係が良好な.
sora 11 [名] 砂利.
soratie 30 [名] 砂利道.
sorautua* 44 [動] 岩石が砕ける, 砂利になる.
soraääni 32 [名] 不調和な音.
sorea 21 [形] (kaunis, siro) 美しい.
sorina 14 [名] 話し声, 蜂・蚊・小川などの音.
sorkka* 11 [名] ひづめ.
sormenjälki* 8 [名] 指紋.
sormenpää 28 [名] 指先.
sormi 8 [名] 手の指.
sormisuukko* 1 [名] 投げキッス.
sormus 64 [名] 指輪.
sormustin 56 [名] 指貫.
sorronalainen 63 [形] 弾圧された, 抑圧された, 圧政下に苦しむ.
sorsa 11 [名] 〈鳥〉カモ(総称).
sortaa* 7 [動] 1. (kaataa) 倒す. 2. (masentaa) 弱らせる. 3. 抑圧する, 弾圧する, 圧政を行う, 虐待する.
sorto* 1 [名] 弾圧, 圧政, 抑圧.
sortti* 4 [名] 〈常〉(laji, laatu) 種類.
sortua* 1 [動] 1. (kaatua) 崩れる, 倒れる, 倒壊する, 沈む. 2. (tuhoutua, kuolla) 死ぬ, 命を落とす.
sorvaaja 16 [名] (sorvari) 旋盤工.
sorvari 5 [名] 旋盤工.
sorvata 35 [動] 旋盤にかける.
sorvi 4 [名] 旋盤.

sorvikone 78 [名] 旋盤.
sorvipenkki* 4 [名] 旋盤台.
sose 78 [名]〈料〉マッシュ.
soseuttaa* 2 [動] マッシュにする. *soseutettu keitto* ポタージュ.
sosiaali- ja terveysministeri 5 [名] 厚生大臣.
sosiaali- ja terveysministeriö 3 [名] 厚生省.
sosiaalivakuutus 64 [名] 社会保険.
sota* 11 [名] 戦争. *käydä sotaa*+分格+*vastaan* 戦争に参加する, 〜と戦争をする.
sotaharjoitus 64 [名] (通常は複数形で)戦闘訓練.
sotahälinä 15 [名] 戦争の騒ぎ.
sotainen 63 [形] 戦争を好む, 好戦的；戦争の, 戦争に関係する.
sotaisa 13 [形] 戦争の, 戦争に関係した.
sotajalalla (不変化) [名] *olla sotajalalla* (=olla sodassa)戦争をしている, 戦争中である.
sotajoukko* 1 [名] 軍隊, 軍勢.
sotajuoni 38 [名] 戦略, 戦術, 策略.
sotakorkeakoulu 83 [名] 陸軍大学校.
sotalaivasto 2 [名] 軍艦の集まり.
sotamies 72 [名] 兵士.
sotapalvelus 64 [名] 兵役.
sotapäällikkö* 2 [名] 司令官, 指揮官.
sotaretki 8 [名] 進軍, 遠征.
sotarikollinen 63 [名] 戦争犯罪人.
sotatoimi 35 [名] 戦争の作戦.
sotavanki* 4 [名] 捕虜, とりこ.
sotaväenotto* 1 [名] 徴兵, 召集.
sotaväki* 8 [名] 兵士たち.
sotia* 17 [動] 1. 戦争をする, 争う. 2. (分格+*vastaan* と共に)〜に反する.
sotilaallinen 63 [形] 軍隊の, 兵士の.
sotilas 66 [名] 兵士, 兵隊.
sotilaspuku* 1 [名] (asepuku, univormu)軍服.
sotkea 13 [動] 1. (sekoittaa, panna sekaisin, tehdä sekavaksi)めちゃくちゃにする, ばらばらにする, 混乱させる, 乱す. 2. (polkea)踏みつける.

sotkeentua* 1 [動] (sotkeutua)混乱する, こんがらがる.
sotkeutua* 44 [動] 1. 混乱する, こんがらがる. 2. 迷い込む.
sotku 1 [名] もつれ, ごたごた, 混乱.
sotkuinen 63 [形] もつれた, 混乱した.
soukka* 11 [形] (kapea, kaita)狭い, 細長い.
soutaa* 4 [動] (ボートなどを)漕ぐ.
souto* 1 [名] (soutu)漕艇, 舟を漕ぐこと.
soutovene 78 [名] (soutuvene)手漕ぎボート.
soutu* 1 [名] (souto)漕艇, 舟を漕ぐこと.
soutukilpailu 2 [名] ボートレース.
souturetki 8 [名] 舟を漕いでの外出, 舟遊び, 舟を漕いでの遠征.
soutuvene 78 [名] 手漕ぎボート.
soveliaisuus* 65 [名] 適当, 妥当.
sovelias 66 [形] ふさわしい, 適した, 適正な.
sovelluttaa* 2 [動] 適合させる, 合わせる.
sovellutus 64 [名] 適用, 応用.
soveltaa* 5 [動] 適応させる, 合致させる.
soveltua* 1 [動] (入格と共に)(sopia)〜に適合する, 〜に適する.
sovinnainen 63 [形] 適合した, 適応した; 個性がない.
sovinnollinen 63 [形] おだやかな, 調和のとれた, 平和を愛する, 和解的な.
sovinto* 2 [名] (sopu, yksimielisyys)和合, 適合, 良好な関係.
sovintotuomari 5 [名] 紛争・いざこざなどの調停者, 仲介者.
sovitella* 28 [動] 整える, 調節する, まとめる.
sovittaa* 2 [動] 双方で合意に達する.
sovittamaton* 57 [形] 調和できない, 和解できない.
sovittautua* 44 [動] 1. (asettua, asettautua)身を置く 2. (mukautua, sopeutua)合わせる, 適合させる.
sovittelu 2 [名] 仲裁.
sovitus 64 [名] 1. 適合, 応用, 適用. 2. 〈楽〉編曲,

アレンジ.
spitaali 6 [名] ハンセン病, 癩病.
spitaalitauti* 4 [名] ハンセン病, 癩病.
spitaalitautinen 63 [名] ハンセン病患者, 癩病患者.
sprii 27 [名] (väkiviina) 強い酒.
steriili 6 [形] 消毒した, 殺菌した.
sterilisoida 18 [動] 消毒する, 殺菌する.
sterilointi* 4 [名] 消毒, 殺菌.
stetoskooppi* 4 [名] 〈医〉聴診器.
stipendi 6 [名] 奨学金.
stipendiaatti* 4 [名] 給費奨学生.
strateginen 63 [形] 戦術上の.
stratus 64 [名] 〈気〉層雲.
strutsi 4 [名] 〈動〉だちょう.
struuma 11 [名] 〈医〉甲状腺腫.
sudenkorento* 2 [名] 〈虫〉トンボ(総称).
suhdanne* 18 [名] 経済状態.
suhde* 78 [名] 関係, 関連. ／*tässä suhteessa* この点で, この点に関して. ／*joka suhteessa* あらゆる点で. ／*monessa suhteessa* 多くの点で. ／*jossain suhteessa* ある点で. ／*tuossa suhteessa* その点で. ／属格+*suhteen* ～に関して, ～に就いて.
suhina 14 [名] ささやき, 軽い音.
suhista 41 [動] ヒューヒュー鳴る.
suhtautua* 1 [動] (入格と共に)～と関係する, ～と関係を持つ.
suhteellinen 63 [形] 相対的な. *suhteellisen* (=verraten, melko) 比較的.
suhteen [後] (属格と共に)～に関して, ～との関係において；～の点について, ～を考えて.
suhteeton* 57 [形] (epäsuhtainen, kohtuuton) 不釣り合いな, 不適当な, 不自然な.
suihku 1 [名] シャワー, 噴出.
suihkukaivo 1 [名] 噴出泉.
suihkukone 78 [名] ジェット機.
suihkulähde* 78 [名] (suihkukaivo) 間歇泉, 噴出泉.
suihkuta 39 [動] 噴出する, ほとばしる.
suihkuttaa* 2 [動] 噴出させる.

suinkaan [副] 決して～しない，決して～ない．
suinkin [副] (肯定文で)できるだけ．
suinpäin [副] (suin päin)あたふたと，大急ぎで．
suippo* 1 [形] 先の細い，とがった．
suippolakki* 83 [名] 先細の帽子，とんがり帽子．
suippopartainen 63 [形] 先を細くとがらした髭の．
suistaa 2 [動] (ohjastaa, ajaa)導く，押しやる，追いやる．
suisto 1 [名] 三角州．
suistua 1 [動] (kaatua, pudota)滑り落ちる，落ちる，滑る． *suistua tieltä* 道路脇に落ちる． *suistua raiteilta* (人生の)正道を外れる．
suitset 8 [複名] おもがい・くつわ・手綱などの総称．
suitsuke* 78 [名] 香(ミョ)．
suitsuttaa* 2 [動] 香をたく．
suitsutus 64 [名] 香のかおり，香．
sujahtaa* 2 [動] 急ぐ．
sujakasti [副] (sujuvasti)すらすらと，滑らかに．
sujakka* 15 [形] 細くてしなやかな．
sujauttaa* 2 [動] 素早く動かす，手早く行う，てきぱきする．
sujua 1 [動] 1. (luistaa, liukua)滑る，滑るように進む． 2. (luonnistua, onnistua)うまくゆく，成功する． 3. (kulua)時が経過する．
sujut [形] (sujut 以外の形は使われない)〈常〉(kuitti, selvä)(借金などが)なくなった，さっぱりした． *olla sujut* 借金がなくなる．
sujuva 13 [形] 流暢な，すべるような．
sukankudin* 56 [名] 手編みのくつ下．
sukellus 64 [名] 水にとびこむこと，水に潜ること，潜水．
sukellusvene 78 [名] 潜水艦．
sukeltaa* 5 [動] 1. (水に)飛び込む，もぐる． 2. 突然現れる． *sukeltaa esiin* 現れる．
sukeutua* 44 [動] 1. (kasvaa, kehittyä)生える，育つ，大きくなる，生まれる，作られる． 2. (出格と主格と共に)育つ，成長する，～になる．
sukia* 17 [動] 1. (harjata)ブラシをかける． 2.

(sivellä)撫でる.
sukka* 11 [名] 1. 靴下, ソックス. 2. 馬の足先の白い部分.
sukkahousut 1 [複名] ストッキング.
sukkanauha 10 [名] ソックス留め, 靴下留め.
sukkela 12 [形] すばやい, 敏速な.
sukkelaan [副] (nopeasti)すぐに, 急いで.
sukkeluus* 65 [名] 敏捷, 素早い動き, 軽快.
suklaa 23 [名] チョコレート.
suksi 49 [名] スキー板.
suksikeli 4 [名] スキーに適した雪の表面.
suksisauva 10 [名] スキーのストック.
suksiside* 78 [名] スキーの留め金.
suksivoide* 78 [名] (suksirasva)スキー用ワックス.
suku* 1 [名] 同族, 種族；家系, 血統. *olla sukua*+向格 〜と親戚である, 〜と親族関係にある.
sukuisin [副] (sukuperältään, peräisin)出生的に, 氏族的に, 〜出身で. *olla sukuisin* +出格 〜の出身である.
sukukunta* 11 [名] 種族, 人種.
sukulainen 63 [名] 親戚, 親族.
sukulaisuus* 65 [名] 親族関係, 親戚関係
sukunimi 8 [名] 名字, 姓.
sukuperä 11 [名] (syntyperä, suku)出生, 生まれ.
sukupolvi 8 [名] 世代, ジェネレーション.
sukupuoli 32 [名] 性別.
sukupuu 29 [名] (sukuluettelo)系図.
sukupuutto* 1 [名] 滅亡, 種族が絶えること, 絶滅.
sula 11 [形] 1. (sulanut)雪や氷の融けた. 2. 液状の, 液体の. 3. 打ち解けた, 暖かい, 心からの. 4. (pelkkä)単なる.
sulaa 2 [動] 1. 溶ける, (雪や氷が)融ける. 2. 和らぐ. Lumi *sulaa*. 雪が融ける.
sulake* 78 [名] 〈電〉ヒューズ.
sulattaa* 2 [動] 雪などを融かす.
sulattamo 2 [名] (sulattimo, sulatto)精錬所.
sulatto* 2 [名] (sulattamo, sulattimo)精錬所.
sulautua* 44 [動] 溶ける, 溶け合う, 一つになる.

sulautuminen 63 [名] 溶解, 溶けること, 融合.
sulava 13 [形] 1. 溶解する, 溶ける. 2. しなやかな, スムースな, 優雅な, 軽やかな.
sulhanen 63 [名] 花婿, 新郎；婚約中の男性, 婚約者.
sulhasmies 72 [名] (sulhanen, kosija)婚約者.
sulho 1 [名] 〈詩〉婚約者.
sulka* 11 [名] 羽, 羽毛.
sulkea* 13 [動] 1. 閉める, 閉じこめる. 2. (電話を)切る, (受話器を)かける. *suljettu* 閉じた, 閉店した.
sulku* 1 [名] 水門, 堰.
sulkumerkki* 4 [名] ( ) [ ] などのかっこ.
sulkupuomi 4 [名] 通路などを閉鎖する柵.
sulkuäänne* 78 [名] 〈声〉閉鎖音.
sulloa 1 [動] 押し込む, 詰め込む.
sulo 1 [名] (suloisuus, sulokkuus)喜び, 幸せ.
suloinen 63 [形] 陽気な, 明るい, 美しい, チャーミングな, 幸せな気分にさせる.
sumentaa* 8 [動] 曇らせる, 暗くする.
summa 11 [名] 合計；合計額.
sumu 1 [名] 霧, もや, 霞.
sumuinen 63 [形] 霧の深い, もやの立ちこめた.
sunnuntai 27 [名] 日曜日.
suo 30 [名] 湿原.
suoda 21 [動] 許す, 許容する. *suoda siunaus* 祝福する.
suodatin* 56 [名] フィルター.
suoja 11 [名] 1. 守り, 守る物. 2. 隠れ場所. 属格＋ *suojassa* 〜に守られて, 〜のおかげで.
suojailma 10 [名] (suoja)冬に 0 度かそれ以上になる天候.
suojainen 63 [形] (suojaava, suojaisa)〜から守られた, 安全な；冬の気温が 0 度かそれ以上の.
suojaisa 13 [形] 守られた, 安全な.
suojata 35 [動] かばう, 保護する, 守る.
suojatie 30 [名] 横断歩道.
suojaton* 57 [形] 保護されない, 守りのない.
suojatti* 6 [名] 被保護者, 監督下にある者.

suojautua* 44 [動] 身を守る, 自分を守る.
suojelija 14 [名] 守護者, パトロン.
suojella 28 [動] 守る, 守護する.
suojelus 64 [名] 保護, パトロン.
suojelusenkeli 5 [名] 守護天使.
suojus 64 [名] (守るための)カバー, プロテクター.
suola 10 [名] 塩.
suolahappo* 1 [名] 塩酸.
suolainen 63 [形] 塩の, 塩分のある, 塩分を含んだ, 塩からい.
suolakala 10 [名] 塩づけにした魚.
suolasieni 32 [名] (通常は複数形で)塩漬けきのこ.
suolata 35 [動] 塩をふりかける, 塩で味付けする.
suolaton* 57 [形] 塩気のない.
suoli 32 [名] 腸.
suolilieve* 78 [名] 〈解〉腸間膜.
suolisto 2 [名] 腸管.
suomalainen 63 [形] フィンランドの. [名] フィンランド人.
suomalaisittain [副] フィンランド人的に, フィンランド語的に.
suomalaispoika* 11 [名] フィンランドの少年.
suomalaistaa 2 [動] フィンランド化する.
suomalaistua 1 [動] フィンランド化する.
suomalais-ugrilainen 63 [形] フィン・ウゴルの.
suomenkieli 32 [名] フィンランド語.
Suomenlahti* 8 [名] フィンランド湾.
suomennos 64 [名] フィンランド語訳.
suomentaa* 8 [動] フィンランド語に翻訳する.
Suomi 8 [名] フィンランド.
suomu 1 [名] (suomus)鱗(うろこ).
suomus 64 [名] 魚の鱗.
suomustaa 2 [動] うろこを落とす.
suonensykintä* 15 [名] 脈はく, 鼓動, 動悸.
suonenveto* 1 [名] 〈医〉けいれん.
suoni 32 [名] 血管, 動脈.
suopa* 11 [名] 柔らかい石鹼.
suopea 21 [形] (hyväntahtoinen)善意の.

suoperäinen 63 ［形］昔 suo だった，suo から変化した．
suopeus* 65 ［名］善意，親切，好意．
suora 11 ［形］真っすぐな，真っすぐの；直接の；正直な．*suora esitys* 〈言〉直接話法．*suoraa päätä* まっすぐに，直接に，すぐに．
suoraan ［副］真っすぐに；直接に．
suoraapäätä ［副］(suoraan, heti, suoraa päätä) 真っすぐに，直接，すぐに．
suorakaide* 83 ［名］(suorakulmio, rektangeli)矩形，長方形．
suorakulmio 83 ［名］〈数〉矩形，長方形．
suoraluontoinen 63 ［形］率直な，正直な．
suoranaan ［副］次々に，ふんだんに．
suoranainen 63 ［形］(välitön, suora)真っ直ぐの，直接の．
suorasanainen 63 ［形］あからさまな，散文的な．
suorastaan ［副］1. (aivan, ihan)全く，すっかり，非常に．2. (suoraan, suora-naisesti)直接に，真っ直ぐに．
suorasukainen 63 ［形］まっすぐな，あからさまの，むきだしの，隠さない，直截的な．
suorentaa* 8 ［動］(suoristaa, oikaista)真っ直ぐにする，伸ばす．
suoria 17 ［動］1. (oikoa, suoristaa)真っ直ぐにする，伸ばす．2. (järjestää, selvittää)整える，明らかにする．3. (lähteä)出る，出発する．
suoristaa 2 ［動］まっすぐにする．
suoristua 1 ［動］まっすぐになる，伸びる．
suorittaa* 2 ［動］しとげる，遂行する，完遂する．
suoritus 64 ［名］1. 完遂，遂行．2. 決算，清算．
suoriutua* 44 ［動］(出格と共に)〜を遂行する，〜をしとげる，やりぬく；苦境から抜け出す，脱出する．
suoruus* 65 ［名］まっすぐ，正直．
suosia 17 ［動］1. 便宜を図る，優遇する．2. (olla suotuisa)好都合である．
suosikki* 6 ［名］お気に入り(人，物)．
suosio 3 ［名］(suopeus, hyväntahtoisuus)善意，好

意, 親切. 属格+*suosiossa* 〜の気に入りで.
suositella* 28 ［動］推薦する, 奨める.
suosittaa* 2 ［動］推せんする, すすめる.
suosittelu 2 ［名］推せん, 勧め.
suosittu* 1 ［形］(suosiossa oleva, paljon käytetty) 歓迎される, もてる, もてはやされる, 人気のある; ポピュラーな, よく使われる.
suosituimmuus* 65 ［名］1. 寵愛を受けている状態. 2. 〈経〉最恵国待遇.
suositus 64 ［名］推薦.
suosituskirja 10 ［名］推薦状.
suostua 1 ［動］同意する, 賛成する.
suostumus 64 ［名］同意, 承諾.
suostutella* 28 ［動］(houkutella)同意させる, 勧める.
suostuttaa* 2 ［動］(taivuttaa)同意させる, 従わせる.
suostuvainen 63 ［形］(suostuva, taipuvainen)喜んで(何かを)する.
suotava 13 ［形］(toivottava, hyvä)望ましい, 好ましい, よい.
suotta ［副］(turhaan, aiheettomasti)無益に, 理由もなく. *syyttä suotta* (＝aiheetta)理由もなく, いきなり.
suotuinen 63 ［形］(suotuisa)好都合な, 適度な, 適当な, 有益な.
suotuisa 13 ［形］快適な, 気持ち良い.
suova 11 ［名］家畜の餌として保存する干し草・麦わら・若枝などの円錐形の山.
supatella* 28 ［動］ささやく, 静かに話す.
supattaa* 2 ［動］ささやく, こっそり話す.
supatus 64 ［名］ささやき, かげ口.
supi ［副］(aivan, kokonaan)全く, 完全に, 非常に.
supikoira 11 ［名］〈動〉タヌキ. 学名 Nyctereutes procyonides.
supina 14 ［名］ささやき, 小声, ひそひそ話.
supista 41 ［動］ささやく, 小声で言う.
supistaa 2 ［動］縮める, 短縮する, 閉じる.

supistelma 13 [名] (lyhennelmä)(書籍や講演などの)要約, 縮刷.
supistua 1 [動] (入格又は変格と共に)縮まる, 短縮する.
supistus 64 [名] 縮小, 縮み.
supisuomalainen 63 [形] 純粋にフィンランドの.
suppea 21 [形] (lyhennetty, tiivis)要約した, 簡単にした；簡潔な.
suppilo 2 [名] じょうご, 漏斗.
surettaa* 2 [動] 悲しがらせる, 悲しませる, 悲しがる.
surista 41 [動] ブンブン鳴る(ハエ, 蜜蜂などの飛ぶ時の音).
surkastua 1 [動] 衰える, 枯れる.
surkastuttaa* 2 [動] 衰えさせる, 枯れさせる.
surkea 21 [形] 1. かわいそうな 2. (kelpaamaton)無価値な, 役に立たない.
surkutella* 28 [動] (sääliä)気の毒に思う.
surkuteltava 13 [形] (säälittävä, surkea)かわいそうな, 惨めな, 哀れな.
surma 11 [名] 死. surman suu 死の危険.
surmata 35 [動] 殺す.
surra 26 [動] 悲しむ, 嘆く.
suru 1 [名] 悲しみ；心配.
surullinen 63 [形] 悲しい, 悲しみを起こさせる.
surumarssi 4 [名] 葬送行進曲.
surumieli 32 [名] 悲しみ, 悲しい気持ち. surumielin 悲しんで.
surumielinen 63 [形] 悲しい, 悲しんでいる.
surunvalittelu 2 [名] くやみ, 弔詞.
surunvoittoinen 63 [形] 悲しみに満ちた, 悲しそうな.
surupuku* 1 [名] 喪服.
surusanoma 13 [名] 悲しい知らせ, 死亡の知らせ, 訃報.
suruton* 57 [形] 悲しみ・心配のない, のんきな.
survaista 24 [動] (sysiä, pukkia)(棒などを使って)押す, 押しやる.

survoa 1 [動] 押しつぶす, 砕く, 粉にする.
susi* 40 [名] 〈動〉オオカミ, 正しくはユーラシアオオカミ. 学名 Canis lupus.
suti* 4 [名] 〈常〉画筆, 絵画の刷毛.
sutkaus 64 [名] 機知, しゃれ, 冗談.
suu 29 [名] 口;瓶などの口;河口. /*suulleen* 顔を地面にくっつけて, 顔を下にして. /*joen suu* 河口. /*surman suu* 死の危険. /*suu hymyssä* 微笑みながら, 微笑んで. /*suu leveässä hymyssä* 微笑んで, 口許に笑みをたたえて. /*pitää suurta suuta* よく話す, 大騒ぎをする. /*yhdestä suusta* 一斉に, 異口同音に.
suudella* 28 [動] キスする, 接吻する.
suudelma 13 [名] キス.
suukappale 78 [名] ホースなどの端;吹奏楽器の口の部分;パイプの口の部分.
suukko* 1 [名] (suudelma)キス, 接吻.
suulaki* 8 [名] 〈解〉(kitalaki)口蓋.
suulas 66 [形] よくしゃべる, 多弁な.
suullinen 63 [形] 口述の, 口頭の.
suunnanmuutos 64 [名] 進路変更, 方向転換.
suunnata* 35 [動] 〜の方に向ける, 〜の方に連れてゆく.
suunnaton* 57 [形] 途方もない, 大変な.
suunnikas* 66 [名] 〈幾〉平行四辺形.
suunnilleen [副] (suurin piirtein, noin)約, およそ, 〜頃. *suunnilleen kello* 9 9時頃に.
suunnistautua* 44 [動] (suuntautua, asennoitua) 方向を定める, 方針を定める.
suunnitella* 28 [動] 計画する, 設計する.
suunnitelma 13 [名] 計画, 構想.
suunnitelmallinen 63 [形] (suunnitelman mukainen)計画にそった, 計画に基づいた.
suunnittelu 2 [名] (suunnitteleminen, suunnitelma)立案, 計画, 計画を立てること, 設計.
suunta* 11 [名] 方向.
suuntainen 63 [形] (属格と共に)〜に向いた, 〜の傾向の.

suuntaus 64 [名] 方向, 方向づけ.
suuntautua* 44 [動] 向けられる.
suuntaviiva 10 [名] (通常は複数形で)(periaate)原則, 方針.
suuntia* 17 [動] 方向を定める.
suupala 10 [名] ひとかじり, ひと口.
suupieli 32 [名] 口もと.
suurellinen 63 [形] (komeileva, mahtaileva)大袈裟な, 大々的な.
suurenmoinen 63 [形] 大きい, 巨大な；偉大な.
suurennus 64 [名] 引き伸ばし, 拡大.
suurennuslasi 4 [名] 虫めがね, 拡大鏡.
suurentaa* 8 [動] 大きくする, 拡張する, 引き伸ばす.
suureta 34 [動] 大きくなる, 拡大する.
suuri 39 [形] 大きい；多数の；強大な, 偉大な. *suurin piirtein* (=suunnilleen)大体, 大雑把に, 大まかに. *suurin joukoin* 大勢で.
suurimittainen 63 [形] 大きい, 大型の, 大きいサイズの.
suurimo 2 [名] (通常は複数形で)脱穀した穀物の粒.
suuripiirteinen 63 [形] (suurpiirteinen)偉大な, 記念碑的な.
suurisuinen 63 [形] ほら吹きの, 大げさな.
suurjännite* 78 [名] 〈電〉高圧.
suurkaupunki* 5 [名] 大都市.
suurlakko* 1 [名] (yleislakko)ゼネスト, 特に1905年ロシアとフィンランドでの大ストライキ.
suurlähetystö 1 [名] 大使館.
suurpiirteinen 63 [形] (suuripiirteinen)偉大な, 記念碑的な.
suursiivous 64 [名] 大掃除.
suursyömäri 5 [名] (suursyöjä)大食漢.
suuruinen 63 [形] (属格と共に)(kokoinen, laajuinen)〜の大きさの, 〜のサイズの.
suuruudenhulluus* 65 [名] 〈医〉誇大妄想狂.
suuruus* 65 [名] 大きさ, 広大さ, 広がり.
suuruussuhde* 78 [名] 大きさの割合.

suurvalta* 10 ［名］強国，大国.
suuryritys 64 ［名］大企業.
suutahtaa* 2 ［動］気を悪くする.
suutari 5 ［名］靴屋，靴作り，靴修理屋.
suutaroida 30 ［動］靴を作る，靴作りの仕事をする.
suuttua* 1 ［動］怒る，立腹する.
suuttumus 64 ［名］怒り.
suutuksissa ［副］(suuttuneena, vihoissaan)怒って，立腹して. *olla suutuksissa*＋出格. ～について怒っている.
suututtaa* 2 ［動］怒らせる，立腹させる.
suvaita 31 ［動］大目にみる，がまんする.
suvaitsematon* 57 ［形］堪えられない，忍びがたい.
suvaitsevainen 63 ［形］辛抱強い，寛大な.
suvanto* 1 ［名］淵，静かな流れ.
suvi 8 ［名］〈雅〉(kesä)夏.
suvullinen 63 ［形］〈生物〉生殖の，生殖器を備えた.
suvuttain ［副］親族ごとに.
sydämellinen 63 ［形］心をこめた.
sydämellisesti ［副］心から.
sydämenlyönti* 4 ［名］心臓の鼓動，動悸.
sydämensyke* 78 ［名］心臓の鼓動，脈打つこと.
sydämentykytys 64 ［名］心臓の鼓動，特に病気の時のどきどき.
sydämetön* 57 ［形］無情な，無慈悲な.
sydämistyä 1 ［動］激怒する.
sydän 56 ［名］心臓；心；中心地. *sydäntä särkevä* 心を痛ませる，非常に悲しい思いをさせる.
sydänhalvaus 64 ［名］心臓麻痺.
sydänkammio 3 ［名］〈解〉心臓の心室.
sydänkesä 11 ［名］(keskikesä)真夏，夏の真っ盛り.
sydänläppä* 11 ［名］〈解〉心臓の弁.
sydänmaa 28 ［名］1.（erämaa, korpi)内陸部，奥地，深い森. 2. 中心地.
sydänpäivä 11 ［名］(keskipäivä)昼間，日中.
sydäntauti* 4 ［名］心臓病.
sydänvika* 10 ［名］〈医〉心臓疾患.
sydänyö 30 ［名］夜半，真夜中.

sykkiä* 17 ［動］心臓が鼓動する.
syksy 1 ［名］秋.
syksyinen 63 ［形］秋の.
syleillä 28 ［動］抱き締める, 抱く, 抱擁する.
syli 4/32 ［名］ 1. (変化形 4)腕の中, ふところ. 2. (変化形32)(複数形で)腕；長さの単位. 昔は1.78m, 今は 2 m.
sylilapsi 45 ［名］赤ん坊.
syljeksiä 17 ［動］唾を吐く.
syljeskellä 28 ［動］唾を吐く.
sylkeä* 13 ［動］ 1. 唾を吐く, 吐き出す. 2. (suihkuttaa, purkaa)噴出する.
sylki* 8 ［名］唾, たん.
sylkäistä 24 ［動］唾を吐く.
syltty* 1 ［名］〈料〉肉のにこごり.
sylys 64 ［名］一抱え.
synkkä* 11 ［形］ 1. (pimeä, synkeä)暗い, うす暗い. 2. (ikävä, raskas, lohduton)暗い, 憂鬱な, 悲しい, 慰めのない, 希望のない.
synkkämielinen 63 ［形］(raskasmielinen)心の暗い, 陰気な, 憂鬱な.
synnitön* 57 ［形］罪のない, 潔白な.
synnyinmaa 28 ［名］母国, 生まれた国.
synnyinseutu* 1 ［名］出生地, 生まれ故郷.
synnynnäinen 63 ［形］(luontainen)生まれつきの, 生まれた時からの.
synnyttäjä 16 ［名］産婦, 母親；発生者, 発生源.
synnyttää* 2 ［動］生み出す, 出産する.
synnytys 64 ［名］分娩, 出産.
synnytyslaitos 64 ［名］産院.
synnytyspolte* 78 ［名］(synnytyspoltto)陣痛.
synnytyspoltto* 1 ［名］(synnytyspolte)(通常は複数形で)陣痛.
synti* 4 ［名］(宗教上の)罪.
synty* 1 ［名］出生.
syntyisin ［副］〜生まれの, 〜で生まれた.
syntymä 13 ［名］(syntyminen)誕生, 生まれ.
syntymäaika* 10 ［名］誕生日.

syntymäpaikka* 10 ［名］生まれ故郷, 出生地.
syntymäpäivä 11 ［名］1. 誕生日. 2. (複数形で)誕生日のパーティー.
syntymävuosi* 40 ［名］生まれた年.
syntynyt 77 ［形］～に生まれた.
syntyperä 11 ［名］発生, 出生, 生まれ.
syntyperäinen 63 ［形］生まれつきの, 生来の.
syntyvyys* 65 ［名］出生率.
syntyä* 1 ［動］生まれる, 産まれる.
syreeni 6 ［名］〈植〉ライラック. 学名 Syringa vulgaris.
syrjin ［副］(sivuittain, kyljittäin)横向きに.
syrjintä* 15 ［名］軽視, 蔑視, 差別.
syrjittäin ［副］(syrjällään)横に並んで；横向きに.
syrjä 11 ［名］脇, 横. *sysätä syrjään* 捨て去る, 脇に押しやる.
syrjäinen 63 ［形］離れた, 遠い.
syrjäkatu* 1 ［名］(sivukatu)横町, 裏町.
syrjälle ［副］脇に.
syrjäsilmällä ［副］横目で.
syrjässä ［副］脇に, 別に, 離れて.
syrjätie 30 ［名］脇道.
syrjäyttää* 2 ［動］押し退ける, 退ける.
syrjäytyä* 44 ［動］押し退けられる, 退けられる.
syrjään ［副］脇に, 横に.
sysi* 40 ［名］木炭.
sysiä 17 ［動］押す, 押しやる.
sysätä 35 ［動］(työntää, pukata)押す, 押し込む. *sysätä syrjään* 捨て去る, 脇に押しやる.
sysäys 64 ［名］突き, 押し.
syttymätön* 57 ［形］燃えない, 不燃性の.
syttyvä 13 ［形］燃える, 可燃性の.
syttyä* 1 ［動］(明かりが)つく.
sytyke* 78 ［名］点火させる物, 焚きつけ.
sytytin* 56 ［名］ライター.
sytyttää* 2 ［動］明かりをつける, 火をつける.
sytytys 64 ［名］点火.
syvennys 64 ［名］1. (syventäminen)深くすること,

掘ること. 2. (kuoppa, kolo)周囲より低い所, 窪み, 窪地.
syventyä* 1 [動] 深くなる.
syventää* 8 [動] 1. 深くする, 掘る. 2. 内容を深くする, 内容を豊かにする.
syvetä 34 [動] (syventyä)深くなる, 深まる.
syvyinen 63 [形] (属格と共に)〜の深さの.
syvyys* 65 [名] 深さ.
syvä 11 [形] 深い.
syvällinen 63 [形] 内容が深い, 考えが深い, 基本的な.
syvänne* 78 [名] 深み, 深い場所.
syvään [副] 深く.
syy 29 [名] 原因, 理由, わけ. /*Mistä syystä*? 何故. /*ilman syytä* わけもなく, 空しく. /*syyttä suotta* (=aiheetta)理由もなく, いきなり.
syyhytellä* 28 [動] 1. 痒いところを搔く.
syyhyttää* 2 [動] 1. 痒いところを搔く. 2. 痒みを起こさせる.
syyllinen 63 [形] 有罪である.
syyllistyä 1 [動] (入格と共に)〜に対して有罪である.
syylä 11 [名] いぼ.
syyntakeeton* 57 [形] 責任能力のない.
syyntakeinen 63 [形] (自分の行動に対して)責任がある.
syyperäinen 63 [形] 原因となる, 結果を生む.
syypää 28 [形] (syyllinen)罪がある, 有罪の, 悪い.
syysaika* 10 [名] 秋季.
syyskesä 11 [名] (loppukesä)夏の終わり頃, 晩夏. *syyskesällä* 晩夏に.
syyskuu 29 [名] 9月.
syyspäiväntasaus 64 [名] 秋分.
syystalvi 8 [名] (alkutalvi)初冬.
syysvilja 10 [名] 夏又は秋に種をまき翌年の夏実る穀物.
syyte* 78 [名] 訴訟, 起訴, 告発. hylätä syyte 訴訟を却下する. *nostaa syyte* 起訴する. *panna*

syytteeseen 起訴する.
syytetty* 2 ［名］被告.
syyttäjä 16 ［名］起訴人, 起訴者.
syyttää* 2 ［動］告訴する.
syyttömyys* 65 ［名］罪のないこと, 無罪.
syyttömästi ［副］1. 無罪で, 罪なく. 2. 理由もなく, 根拠もなく.
syytää* 2 ［動］吐き出す.
syytön* 57 ［形］1. 無罪の, 罪のない. 2. 理由のない, 根拠のない.
syytös 64 ［名］告発, 告訴.
syödä 21 ［動］食べる. *syödä sanansa* 約束を破る.
syöjä 11 ［名］食べる人.
syöjätär* 54 ［名］〈民〉魔女, 人食い女.
syöksy 1 ［名］とび出し, ダッシュ.
syöksyä 1 ［動］発進する, とびこむ, とび出す, 突き進む.
syöksähtää* 2 ［動］勢いよく出る・入る.
syönti* 4 ［名］食べる事, 食事.
syöpyä* 1 ［動］腐食する, 鉄が錆びてぼろぼろになる.
syöpä* 11 ［名］癌(がん)(抽象的な意味にも).
syöstä 32 ［動］1. 投げつける. 2. せきたてる, かりたてる.
syötti* 4 ［名］餌.
syöttäjä 16 ［名］1. 食べさせる人. 2. テニスなどのサーバー, pesäpallo のトスを上げる人.
syöttää* 2 ［動］1. (動物などに)食物を与える, 食べさせる. 2. 機械などを動かし続ける. 3. pesäpallo でトスを上げる, テニス・卓球などでサーブする.
syöttö* 1 ［名］1. 食べさせること, 餌を与えること. 2. 働き続けること, 休みなく働くこと. 3. pesäpallo のトス, テニス・卓球のサーブ.
syötävä 13 ［形］食べられる, 食用の. ［名］食べ物, 食料.
syöveri 5 ［名］〈雅〉水の深み, 深淵.
syövyttää* 2 ［動］侵食する, すり減らす, 摩耗させる.

säde* 78 [名] 1. 光線, 光. 2. (円や球の)半径.
sädehoito* 1 [名] 放射線療法.
sädehtiä* 17 [動] (säihkyä, hohtaa, loistaa)(熱・光などを)放射する, 光る, 輝く.
säe* 78 [名] 〈詩〉詩の一行, 詩句.
säejakso 1 [名] (通例 4 行以上の脚韻のある詩句の)連, スタンザ.
säestys 64 [名] 〈楽〉伴奏.
säestäjä 16 [名] 〈楽〉伴奏者.
säestää 2 [動] 〈楽〉伴奏する.
sähinä 14 [名] シューシューという音.
sähistä 41 [動] シューシューという音を立てる・出す.
sähke 78 [名] 電報.
sähkö 1 [名] 1. 電気. 2. 〈話〉電灯, 電流.
sähköasentaja 16 [名] 電気技術者.
sähköinen 63 [形] 電気の, 電気による, 電気に関係した.
sähköisku 1 [名] 静電気がパチッとくること.
sähköistää 2 [動] 1. 帯電させる. 2. 電化する, 送電する.
sähköjohto* 1 [名] 電線.
sähköjuna 11 [名] 電車.
sähkölaitos 64 [名] 発電所.
sähkölennätin* 56 [名] 電信.
sähköliike* 78 [名] 電気店, 電気器具店.
sähkömittari 5 [名] 電気のメーター.
sähkönpurkaus 64 [名] 放電.
sähköntuottaja 16 [名] 発電源.
sähköparranajokone 78 [名] 電気かみそり.
sähköpurkaus 64 [名] (sähkönpurkaus)放電.
sähkösaha 10 [名] 電動ノコギリ(丸ノコ, 電動チェーンソーなど).
sähkösanoma 13 [名] 電報.
sähköttää* 2 [動] 電報を打つ.
sähköuuni 4 [名] 電気炉.
sähkövalo 1 [名] 電灯.
sähkövirta* 10 [名] 電流.
sähkövoima 11 [名] 電力.

sähkövoimalaitos 64 [名] 発電所.
säie* 78 [名] より糸.
säihkyväsilmäinen 63 [形] 輝く瞳の, 輝く目の.
säihkyä 1 [動] (sädehtiä)光る, 照り輝く；目がぎらぎら輝く.
säikyttää* 2 [動] (pelästyttää)怖がらせる, 脅えさせる.
säikähdys 64 [名] 恐れ, 脅え.
säikähdyttää* 2 [動] (säikäyttää)恐れさせる, 怖がらせる.
säikähtyä* 1 [動] 恐ろしくなる.
säikähtää* 2 [動] おびえる, ぎょっとする, 恐れる. Poika *säikähti* ja huusi hädissään. 少年は驚き恐れ一生懸命叫んだ.
säikäyttää* 2 [動] (säikähdyttää)恐れさせる, 怖がらせる.
säiliö 3 [名] (水や石油などの)タンク.
säiliöidä 18 [動] (varastoida)貯蔵する, 貯水する.
säilyke* 78 [名] 缶詰.
säilyttää* 2 [動] 残す, 保存する, 保つ.
säilytys 64 [名] 保管, 保存, 貯蔵.
säilytyskuitti* 4 [名] 預かり証.
säilytyslokero 2 [名] コインロッカー.
säilyä 1 [動] 長続きする, 長持ちする, 保たれる, 保存される, 腐らない.
säilöä 1 [動] 食料を冷蔵する, 食料を保存する.
säkeistö 2 [名] 〈詩〉節, 詩節.
säkillinen 63 [名] 袋一杯の量.
säkki* 4 [名] 麻袋, 袋, バッグ
säkkipilli 4 [名] 〈楽〉バッグ・パイプ(吹奏楽器で, スコットランドで主に使われる).
säle 78 [名] 木・金属などの薄く細い板, 薄い板, 木片.
sälekaihdin* 56 [名] よろい戸.
sälli 4 [名] 1. (kisälli)一人前の職人. 2. 〈卑〉奴, あいつ.
sälyttää* 2 [動] 1. (kuormata, lastata)運搬のため荷物を積む, 荷物を乗せる. 2. 重荷を負わせる, 仕

事や義務を与える.
sämpylä 15 ［名］小麦粉で作った小型のロールパン.
sängynedustamatto* 1 ［名］1. ベッドの足元の小さい敷物.
sänkipelto* 1 ［名］刈り取り後の畑.
sänky* 1 ［名］寝台, ベッド.
sänkyvaatteet* 78 ［複名］寝具.
sännätä* 35 ［動］(rynnätä, syöksyä)とび出す, ダッシュする.
säntillinen 63 ［形］(täsmällinen, säännöllinen)規則正しい, 格式ばった.
säppi* 4 ［名］(ドア, 窓等の)止め金, 掛け金, フック.
säpsähtää* 2 ［動］びっくりする, ギョッとする, 驚く, 恐れる.
särkeä* 13 ［動］1. (rikkoa)壊す, めちゃくちゃにする. 2. 割る, 砕く. 3. (お金を)くずす.
särki* 8 ［名］〈魚〉ロウチ(コイ科ロウチ属). 学名 Rutilus rutilus. 目が赤くウグイによく似た魚.
särkkä* 11 ［名］洲, 砂州.
särky* 1 ［名］(体の)痛み.
särkylääke* 78 ［名］痛み止めの薬.
särkyminen 63 ［名］崩壊.
särkymä 13 ［名］(rikkoutuma)壊れ, 破れ, 壊れた箇所, 破れた箇所.
särkyä* 1 ［動］壊れる, 壊される.
särmikäs* 66 ［形］1. 角が多い, 角が鋭い. 2. 粗野な, 雑な.
särmiö 3 ［名］〈数〉(prisma)角柱.
särmä 11 ［名］隅, 稜, 縁(ふち), エッジ.
särvin* 56 ［名］(パンにつけるバターのような)主食に添える食べ物・飲み物.
särö 1 ［名］割れ目, ひび.
säteilevä 13 ［形］輝く.
säteillä 28 ［動］1. 光る, 輝く, (光や熱などを)放射する, 放出する. 2. 目がぎらぎら輝く.
säteily 2 ［名］放射, 放射エネルギー, 放熱, 光線.
säteilyttää* 2 ［動］光や熱を放射させる.
säteittäinen 63 ［形］放射状の, 放射状に広がった.

sätkiä 11 ［動］手足をばたばたする,ばたばた動く.
sätkytellä* 28 ［動］のたうちまわる,じたばたする,もがく.
sättiä* 17 ［動］咎める,不満を述べる.
sävel 54 ［名］音,曲.
sävelasteikko* 2 ［名］〈楽〉音階.
sävellys 64 ［名］作曲,音楽作品.
sävelmä 13 ［名］〈楽〉メロディー,旋律.
säveltäjä 16 ［名］作曲家.
säveltää* 5 ［動］作曲する.
sävy 1 ［名］1. 特徴,特性,趣き,雰囲気,調子,語気,語調. 2. 色のニュアンス,微妙な色の違い.
sävyisä 13 ［形］穏やかな,おとなしい.
sävähtää* 2 ［動］光や色彩が突然変わる.
säyseä 21 ［形］(sävyisä)穏やかな,おとなしい.
sää 28 ［名］天候,天気.
sääasema 13 ［名］気象台,気象観測所.
säädyllinen 63 ［形］礼儀正しい,礼にかなった.
säädyllisyys* 65 ［名］礼儀正しさ,礼節.
säädytön* 57 ［形］ぶしつけな,無作法な,無礼な.
säädäntä* 15 ［名］(säätäminen)法の制定,立法.
säädös 64 ［名］〈法〉法令,規則.
sääilmiö 3 ［名］気象.
sääli 4 ［名］あわれみ,情け,慈悲. *olla sääli*+分格 気の毒だと思う.
säälimätön* 57 ［形］無情な,冷酷な.
säälittävä 13 ［形］(surkea, kurja)かわいそうな.
säälittää* 2 ［動］同情させる,同情心を起こさせる.
sääliväinen 63 ［形］なさけ深い,あわれみ深い.
säälivästi ［副］同情して,憐れんで.
sääliä 17 ［動］気の毒に思う,同情する,憐れむ.
säällinen 63 ［形］(kunnollinen, kelvollinen)整った,ちゃんとした.
säämiskä 15 ［名］(pesunahka)黄色くて柔らかいシカ・カモシカなどの皮.
säänmuutos 64 ［名］気象・天候の変化.
säännellä* 28 ［動］(säädellä, säätää)調節する,定める.

säännöllinen 63 ［形］1. 規則的な, 規則正しい. 2. 恒常的な, 常の. 3. (tavallinen, normaali)正常の, 通常の, 定期的な. *säännöllisissä oloissa* 正常な状態で.
säännönmukainen 63 ［形］法や規則に従う, 法や規則に準拠した.
säännönvastainen 63 ［形］法や規則に違反した.
säännös 64 ［名］〈法〉法律上の規定, 規則, 法規.
säännöstellä 28 ［動］規定する, 規則を定める.
säännöstely 2 ［名］規定すること, 規制すること.
säännötön* 57 ［形］不規則な, 変則の.
sääntö* 1 ［名］規則, 規範, きまり, ルール.
sääntöjenmukainen 63 ［形］規則に従う, 規則による.
sääoppi* 4 ［名］気象学.
sääri 32 ［名］人間の足の脛(すね).
sääriluu 29 ［名］〈解〉脛骨.
säärisuojus 64 ［名］アイスホッケーの脛のプロテクター.
säärys 64 ［名］(säärystin)脛当て, 脛のプロテクター.
sääski 8 ［名］〈虫〉カ(蚊).
säästeliäs 66 ［形］(säästäväinen)節約する, 倹約する, 経済的な.
säästyä 1 ［動］節約する, 倹約する.
säästäväinen 63 ［形］(säästävä, taloudellinen)節約する, 倹約する, 経済的な.
säästää 2 ［動］貯える, とっておく. *vaivojaan säästämättä* 労を惜しまずに, 骨身を惜しまずに.
säästö 1 ［名］貯金, 貯蓄. *panna säästöön* 貯金する.
säästökassa 10 ［名］協同組合の金融機関, 信用金庫.
säästökirja 10 ［名］貯金通帳.
säästölaatikko* 2 ［名］貯金箱.
säästöpankki* 4 ［名］貯蓄銀行.
säästöönpano 1 ［名］(tilillepano)預金, 貯金.
säätely 2 ［名］調節.
säätiedotus 64 ［名］気象通報.
säätiö 3 ［名］基金.

sääty* 1 ［名］（kasanluokka）主に中世までの社会的な階級.
säätäjä 16 ［名］制定者，作成者.
säätää* 4 ［動］1. 法律などを定める・制定する. 2. 神が運命を定める・処置する.
säätö* 1 ［名］機械の調整・調節.

T

taa ［後］（属格と共に）～の向こうへ.
taaja 10 ［形］濃い，密な.
taajama 13 ［名］人口密集地，中心地.
taajentua* 1 ［動］（taajeta, tihetä）密になる，増える.
taajeta 34 ［動］（taajentua, tihetä）密になる，増える.
taakka* 10 ［名］重い物，重荷，荷物.
taakse ［副］向こうへ. ［後］（属格と共に）～の向こうへ.
taaksepäin ［副］後ろへ，後方へ.
taannehtiva 13 ［形］1. 後退する，元に戻る. 2. 〈法〉（retroaktiivinen）法令がさかのぼって作用する.
taannoin ［副］（äskettäin, jokin aika sitten）最近，少し前，今しがた.
taannuttaa* 2 ［動］後退させる，元に戻す.
taantua* 1 ［動］（peräytyä）1. あともどりする，後退する. 2. 悪くなる.
taantumuksellinen 63 ［形］反動的な，復古的な.
taantumus 64 ［名］1. 退化，退歩. 2. 復古，保守. 3. 反動.
taas ［副］再び；他方；これに反し. *kun taas* 他方，これに対して.
taasen ［副］（taas）再び，又.
taata* 35 ［動］保証する.

taatto* 1 [名] (isä)〈詩〉〈俗〉父.
taattu* 1 [形] (varma, vakinainen, pysyvä) 1. 確かな, 固定的な. 2. 信頼できる.
tadikko* 2 [名] (talikko) 干し草用くま手.
tae* 78 [名] (varmuus) 確かさ；保証.
taemmaksi [副] (taaemmaksi) もっと遠くへ, もっと遠くまで.
taempana [副] (taaempana) 遠くに, もっと遠くに.
taempi* 22 [形] (taaempi) 後ろの, 遠くの.
tahallaan [副] 故意に, わざと.
tahallinen 63 [形] 故意の, わざとの.
tahansa [副] 〜であっても. *kuka tahansa* 誰であっても, 誰でも. *kuinka...tahansa* どんなに…でも.
tahaton* 57 [形] (aikeeton) 無意識の, 偶然の, 本能的な.
tahdas* 66 [名] 練り粉, 柔らかい塊, ペースト.
tahdikas* 66 [形] 1. (rytmillinen) リズミカルな, 等間隔で繰り返される. 2. (hienotunteinen) 上品な, 気品のある.
tahdikkuus* 65 [名] 上品, 気品.
tahditon* 57 [形] リズムが無い, 不規則な.
tahdonvoima 11 [名] (tahdonlujuus) 意志の強さ, 意志力.
tahdoton* 57 [形] 意志に反した, 不本意の.
tahi [接] (tai) または, あるいは.
tahko(*) 1 [名] 1. 回転する丸い砥石, グラインダー. (この意味の時子音階梯交替は起こらない). 2.〈幾〉面. (この意味の時子音階梯交替が起こる).
tahkojuusto 1 [名] エンメンタールチーズ.
tahkota 38 [動] 砥石で研ぐ, 研いで滑らかにする, 研いで鋭くする.
tahma 10 [名] (埃のように)覆いかぶさる薄い層.
tahmea 21 [形] ねばねばする, しっとりする.
tahna 10 [名] (pasta, voide, tahdas) 練り粉, ペースト.
taho 1 [名] 側面, 面, 場所.
tahra 10 [名] よごれ, しみ, 汚点.
tahrainen 63 [形] よごれた, しみがついた.

tahrata 35［動］よごす, しみをつける.

tahraton* 57［形］(puhdas)汚れていない, 清潔な, きれいな.

tahti* 4［名］1.〈楽〉拍子. 2. 歩調.

tahtipuikko* 1［名］〈楽〉指揮棒.

tahto* 1［名］意志, 願望. *saada tahtonsa läpi* 望みを遂げる. *saada tahtonsa toteutetuksi* 望みを遂げる.

tahtoa* 1［動］望む, 欲する.

tahtomus 64［名］(tahdonilmaisu)意志, 意志表示.

tai　［接］あるいは.

taide* 78［名］芸術.

taide-esine 78［名］芸術作品.

taidehistoria 15［名］美術史.

taidekokoelma 13［名］(通常は複数形で)美術品の集まり；ギャラリー.

taidemuseo 3［名］美術館.

taidenäyttely 2［名］美術展覧会.

taideteollisuus* 65［名］美術工芸.

taideteos 64［名］美術品, 芸術品.

taidokas* 66［形］(monitaitoinen)多才な, 多芸な；巧みに作られた.

taidollinen 63［形］(taidokas, taitava)巧みな, 多才な.

taidoton* 57［形］下手な, 無能な.

taika* 10［名］魔法, 魔術.

taikamylly 1［名］魔法の石臼.

taikausko 1［名］迷信.

taikauskoinen 63［形］迷信の.

taikina 15［名］(パンなどの)こね粉, ねり粉.

taikka　［接］(tai)あるいは, さもなければ.

taikoa* 1［動］魔法をかける.

taikuri 5［名］魔法使い；手品師.

taimen 55［名］〈魚〉マス. 正しくはヨーロッパマス(サケ科サケ属). 学名 Salmo trutta.

taimi 35［名］新芽, 芽生え.

taimilava 10［名］温床.

taimisto 2［名］1.〈林〉苗木の林, 苗畑. 2. 売買・植林などの目的で庭木などを集めている場所あるいは

その店, 植木商.

tainnostila 10 [名] (tiedottomuus, pyörtymys)意識不明, 朦朧.
tainnuttaa* 2 [動] 1. 意識不明にさせる, 朦朧とさせる. 2. 穏やかにする.
taipale 82 [名] (taival)間隔, 二つの場所の間；道のり, 行程, 行路.
taipua* 1 [動] 曲がる；服従する, 屈服する. *taipua tahtoon* 従う, 服従する.
taipuilla 29 [動] 曲がる, しなる.
taipuisa 13 [形] 曲げやすい, しなやかな；素直な.
taipumaton* 57 [形] 曲がらない, 堅い；従わない, 屈しない.
taipumus 64 [名] 好み, 嗜好；傾き, 傾向.
taipuva 13 [形] 曲がりやすい, しなやかな, 扱いやすい.
taipuvainen 63 [形] (myöntyväinen, halukas)～に傾く, ～しやすい, 喜んで～する.
taistelija 14 [名] 戦士, 闘士.
taistella 28 [動] 戦う, 争う；競技する, 競走する.
taistelu 2 [名] 戦い, 争い；競技, 競走.
taistelukenttä* 11 [名] 戦場.
taitaa* 43 [動] (osata)(不定詞と共に)できる, ～かも知れない.
taitamaton* 57 [形] 不器用な, へたな.
taitava 13 [形] 巧みな, 上手な, 器用な.
taite* 78 [名] 折り目, たたみ目, しわ.
taiteellinen 63 [形] 芸術的な.
taiteilija 14 [名] 芸術家.
taiteilijatar* 54 [名] 女流芸術家・女流画家.
taito* 1 [名] 技, 技能. *taidolla*＝taitavasti 巧みに.
taitoinen 63 [形] (属格と共に)～の技術をもった, ～が巧みな；(合成語の後の部分を形成して)～の技術をもった, ～が巧みな.
taittaa* 11 [動] 折る, 折り曲げる, 折り畳む.
taittua* 1 [動] 折れる.
taittuma 13 [名] 折れた箇所, 折り目, しわ.
taituri 5 [名] (mestari)名人, 職人.

taivaallinen 63 ［形］天の，天国の．
taivaankaari 32 ［名］虹．
taivaanranta* 10 ［名］地平線，水平線．
taivaanääri 32 ［名］(taivaanranta)地平線，水平線．
taival* 82 ［名］間隔，二つの場所の間，(旅行の)道のり．*tehdä taivalta*歩く，行く．
taivaltaa* 5 ［動］(matkata, kävellä)行く，歩く．
taivas 66 ［名］空，天；天国．
taivasalla ［副］(ulkona)外で，戸外で．
taivasalle ［副］(ulos)外へ，戸外へ．
taive* 78 ［名］(mutka, kaarre)折れ，曲がり，カーブ．
taivuttaa* 2 ［動］1. 曲げる，傾ける．2. 〈言〉語形変化する．
taivutus 64 ［名］1. 曲げること．2. 〈言〉変化，活用．
taju 1 ［名］意識，センス，自覚．
tajuamiskyky* 1 ［名］思考能力，理解力．
tajuinen 63 ［形］(tietoinen)知っている，意識している．
tajunta* 15 ［名］意識；理解．
tajuta 39 ［動］考える，理解する，把握する．
tajuton* 57 ［形］意識不明の，気絶した．
takaa ［副］後ろから．［後］(属格と共に)～の後ろから．
takaaja 16 ［名］保証人，請人．
taka-ala 10 ［名］背景，バック；奥．
takainen 63 ［形］(属格と共に)～の向こうの，～の向こうにある；～の向こうからの，～の向こうから来る．
takaisin ［副］戻って，元に．
takaisinanto* 1 ［名］返却，返還．
takaisinmaksu 1 ［名］〈商〉払いもどし，返済．
takaisku 1 ［名］反動．
takaistuin 56 ［名］後ろの座席．
takajalka* 10 ［名］後ろ足．
takakansi* 44 ［名］裏表紙．
takamaa 28 ［名］裏手，後背地．
takamus 64 ［名］(通常は複数形で)おしり，衣服のお

しりの部分.

takana [副] 向こうに, 奥に, 背後に. [後] (属格と共に)〜の向こうに.

takapajuinen 63 [形] (kehittymätön)発達が遅れた, 未発達の.

takaperin [副] 後ろへ, 後方へ, 背後へ.

takapuoli 32 [名] 1. おしり 2. (物の)後ろ, 後部.

takatalvi 8 [名] 寒のもどり.

takatasku 1 [名] 後ろのポケット.

takaus 64 [名] (商品などの)保証.

takausmies 72 [名] 〈法〉保証人.

takavalo 1 [名] 尾灯.

takavarikko* 2 [名] 〈法〉押収, 差押え.

takavarikoida 18 [動] 1. 差押える, 押収する. 2. 通商を停止する.

takavaunu 1 [名] 後部車両.

takertua* 1 [動] (tarttua, juuttua)くっつく.

takia [後] (属格と共に)〜の故に.

takiainen 63 [名] (栗の実などの)いが, とげのある外皮.

takimmainen 63 [形] 一番後ろの, 一番あとの, 最後の.

takka* 10 [名] 暖炉.

takkavalkea 21 [名] 暖炉の火.

takki* 4 [名] 上着, コート.

takku* 1 [名] 動物の毛や人間の頭髪のもつれ. *olla takussa* 毛・髪がもじゃもじゃである.

takkuinen 63 [形] もじゃもじゃになった.

takkutukka* 11 [名] もじゃもじゃ髪の人. [形] (takkutukkainen)もじゃもじゃ髪の.

takkutukkainen 63 [形] (takkutukka)もじゃもじゃ髪の.

takoa* 1 [動] 1. 鍛造する. 2. ドンドン叩く, 叩く, 打つ.

takoja 16 [名] 鍛冶屋.

takorauta* 10 [名] 錬鉄.

taksa 10 [名] (郵便, 鉄道などの)料金(表).

taksamittari 5 [名] タクシー料金のメーター.

taksoittaa* 2 [動] 査定する；課税する.
taksoitus 64 [名] 査定；課税.
taksoituslautakunta* 11 [名] 課税査定委員会.
taktiikka* 15 [名] 戦術；かけひき.
taktillinen 63 [形] 戦術の.
takuu 25 [名] (takaus)(商品などの)保証.
takuuraha 10 [名] 保証金.
talitiainen 63 [名] 〈鳥〉シジュウカラ(シジュウカラ科). 学名 Parus major.
talja 10 [名] 動物の毛皮.
talkki* 4 [名] 〈鉱〉滑石.
talkoilla [副] (yhteisvoimin, joukolla)共同して, 力を合わせて, グループで.
tallata 35 [動] (polkea)踏みつける.
tallella [副] 無傷で残っている, 捨てられずに残っている.
tallentaa* 8 [動] 記録する.
tallessa [名] (変化形は tallessa, tallesta, talteen の三つだけ. 副詞あるいは後置詞のように使われる.) (säilössä, turvassa)保たれて, 守られて, 失われないで.
tallettaa* 2 [動] とっておく, 預ける, 保存する.
tallettaja 16 [名] 預ける人, 寄託者, 供託者.
talletus 64 [名] 預金.
talli 4 [名] ガレージ；馬小屋.
talloa 1 [動] 踏みつける.
tallustella 28 [動] とぼとぼ歩く, ゆっくり歩く, だるそうに歩く.
talo 1 [名] 家, 建物. *ruveta taloksi* 住みつく.
talollinen 63 [名] 土地所有者, 自作農.
talonemäntä* 13 [名] 農夫の妻.
talonisäntä* 11 [名] 農夫, 主人.
talonmies 72 [名] アパートの管理人.
talonomistaja 16 [名] 家主.
talonpoika* 11 [名] 農民.
talonväki* 8 [名] 家族の長, 家長；家族と使用人の総称.
taloudellinen 63 [形] 経済的な.

taloudenhoitaja 16 [名] 管財人.
taloudenhoito* 1 [名] 経理, 経営, 財産管理.
taloudenpito* 1 [名] (taloudenhoito)経理, 経営, 財産管理.
talous* 65 [名] 家事, 家計.
talousarvio 3 [名] (budjetti)予算.
talousesine 78 [名] 日用品, 家財道具.
talouskoulu 1 [名] 家政学校.
talousmies 72 [名] 経済学者.
taloustiede* 78 [名] 経済学.
talousvaaka* 10 [名] 家庭用の小さな秤.
talousympäristö 1 [名] 経済環境.
talteen [名] ☞ tallessa. *ottaa talteen*, *saada talteen* 集める, 保管する.
talteenotto* 1 [名] 預かり, 保管.
taltioida 18 [動] 資料として保管する.
taltta* 10 [名] 木工用のみ.
talttua* 1 [動] (hilliintyä)穏やかになる, 静かになる; 空腹がおさまる.
talttumaton* 57 [形] 抑えられない, 鎮められない; 馴らすことのできない.
taltuttaa* 2 [動] (tyynnyttää, kesyttää)手なずける, 穏やかにさせる, 手を引く.
taluttaa* 2 [動] (分格・出格と共に)手を引く, 手を取る, 連れていく, 導く.
talvehtia* 17 [動] 冬を過ごす, 越冬する.
talvehtimispiilo 1 [名] 冬ごもり.
talvenkestävä 13 [形] (植物, 野菜, 穀物などが)冬に強い, 寒さに強い.
talvi 8 [名] 冬. *talvella* 冬に. *koko talven* 冬じゅう.
talviasunto* 2 [名] 冬の家.
talvihorros 64 [名] 冬眠, 冬ごもり.
talvi-ilma 10 [名] 冬の空気, 冬の外気.
talvikausi* 40 [名] 冬, 冬期.
talviloma 11 [名] 冬休み.
talvinen 63 [形] 冬の, 冬期の.
talviolympialaiset 63 [複名] 冬季オリンピック.
talvipakkanen 63 [名] 冬のひどい寒さ.

talvipuoli 32 [名] 冬, 冬の期間.
talviruoka* 11 [名] 冬の食べ物.
talviturkki* 4 [名] 冬の毛皮.
talviuni 32 [名] 冬の眠り, 冬眠.
talviurheilu 2 [名] 冬のスポーツ.
talvivaate* 78 [名] (通常は複数形で)冬の衣服, 冬着.
tamineet 78 [複名] 〈常〉衣服・靴など身につける物全体.
tamma 10 [名] 雌馬.
tammi 8 [名] 〈植〉オーク, オーシュウナラ. 落葉高木のカシ・コナラなどの仲間(ブナ科コナラ属). 学名 Quercus robur.
tammikuu 29 [名] 1月.
tamminen 63 [形] tammi の, tammi でできた.
tanakka* 15 [形] (tukeva, vankka)どっしりとした, 安定感のある, ずんぐりした.
tanhu 1 [名] フィンランドの民俗舞踊.
tankata* 35 [動] 1. 吃る, 口ごもる. 2. 〈話〉給油する.
tanko* 1 [名] 棒, 竿.
tanner* 82 [名] (tantere)平らな土地, 平地; (maa, maanpinta)地表, 地面.
Tanska 10 [名] デンマーク.
tanskalainen 63 [形] デンマークの. [名] デンマーク人.
tanssi 4 [名] 踊り, ダンス.
tanssia 17 [動] 踊る, ダンスする.
tanssiaiset 63 [複名] ダンスパーティ, 舞踏会.
tanssija 14 [名] ダンサー, 舞踏家.
tanssilava 10 [名] 野外のダンスステージ.
tapa* 10 [名] 方法, やり方; 習慣. ／*olla tapana*＋不定詞 ～が習慣である. ／入格＋*tapaan* ～の習慣に従って, ～のやり方で. ／*monin tavoin* 多くの方法で, いろいろなやり方で, 多くの点で. ／*muulla tavoin* 他のやり方で. ／*samalla tavalla kuin...* ～と同じように. ／*tavalla tai toisella* どうにかして. ／*toisella tavoin* 違ったやり方で, 違って. ／

tähän tapaan このように. ／*vanhaan tapaan* 古いやり方で, 昔のやり方で. ／*vanhan tavan mukaan* 慣例に従って.

tapaaminen 63 [名] 出会うこと.
tapahtua* 1 [動] 起こる.
tapahtuma 13 [名] できごと.
tapahtumapaikka* 10 [名] (事件, 事故などの)起こった場所, 現場. (催し物などの)行われる場所.
tapailla 29 [動] 1. 手探りで探す. 2. (lähetä)近づく.
tapainen 63 [形] (属格と共に)(kaltainen, lainen) 〜のような, 〜に似た, 〜を思わせる.
tapaturma 11 [名] (onnettomuus, vahinko)事故.
tapaturmavakuutus 64 [名] 災害保険.
tapaus 64 [名] できごと, 場合, イベント. *joka tapauksessa* とにかく, それでも. *ei missään tapauksessa* どんな場合でも〜ない.
tapella* 28 [動] けんかする, なぐり合う.
tapetti* 6 [名] 壁紙.
tappaa* 9 [動] 殺す, 滅ぼす, 終わらせる.
tappelu 2 [名] 喧嘩.
tappi* 4 [名] 栓.
tappio 3 [名] 1. 敗北. 2. 損害.
tappiollinen 63 [形] 1. 敗北の. 2. 損害の, 損害を生む.
tappo* 1 [名] 殺人.
tappura 15 [名] 麻屑. kuin tuli *tappuroihin* 麻屑に火がつくように.
taputtaa* 2 [動] 打つ, 叩く. *taputtaa käsiään* 拍手する.
tarha 10 [名] (karjapiha)夏の間牛を戸外で飼うために柵で囲った土地.
tarina 14 [名] (kertomus)お話し, 物語り.
tarinoida 30 [動] 語る, 話す.
tarjeta* 34 [動] 寒さを我慢する, こらえる.
tarjoilija 14 [名] ウェーター, ボーイ.
tarjoilijatar* 54 [名] ウエイトレス.
tarjoilla 29 [動] もてなす, 給仕する；仕える.
tarjoilu 2 [名] 飲食物の提供, サービス.

tarjoilupöytä* 11 ［名］(バーの)カウンター, 配膳台.
tarjolla ［副］(tarjottavana, saatavissa)提供されて, 手に入って. *olla tarjolla* 手に入る, 得られる, 提供される, 出される, (食事などが)出る.
tarjolle ［副］サービスのために, 販売されるために, 提供されるために.
tarjona ［副］提供されて.
tarjonta* 15 ［名］(tarjoaminen)品物やサービスの販売・提供.
tarjota 38 ［動］提供する.
tarjotin* 56 ［名］(物をのせる)お盆.
tarjous 64 ［名］申し入れ, 提供.
tarjoutua* 44 ［動］品物やサービスの提供を申し出る.
tarkalleen ［副］(täsmälleen, tarkkaan)正確に, きっちりと.
tarkastaa 2 ［動］調べる, 検査する.
tarkastaja 16 ［名］検査官.
tarkastella 28 ［動］調べる, よく見る, 吟味する, 検査する.
tarkastus 64 ［名］検査, 審査.
tarkata* 35 ［動］(havainnoida, huomioida)見聞きする, 認める, 調べる.
tarkennus 64 ［名］厳密化, 精密化；カメラや望遠鏡などの距離合わせ.
tarkentaa* 8 ［動］厳密にする, 精密にする；カメラや望遠鏡などの距離を合わせる.
tarkistaa 2 ［動］吟味する.
tarkka* 10 ［形］正確な, 厳密な；鋭い.
tarkkaamaton* 57 ［形］不注意な, ぞんざいな.
tarkkaamattomuus* 65 ［名］不注意, 注意力散漫.
tarkkaan ［副］正確に, 精密に.
tarkkaavainen 63 ［形］厳密な, 批判的な, 研究心旺盛な.
tarkkailla 29 ［動］(katsella, tarkastella)見聞きする, 調べる, 注意を向ける.
tarkkuus* 65 ［名］正確, 厳密.

tarkoin [副] (tarkkaan, tarkasti)正確に, 精密に, きちんと, 余す所なく, 無駄なく.

tarkoittaa* 2 [動] 1. 目的とする, 志す. 2. 理解する. 3. 意味する.

tarkoituksellinen 63 [形] 1. (tahallinen)企んだ, もくろんだ, 故意の, わざとの. 2. はっきりした目的を持った, 目的意識のある.

tarkoituksellisesti [副] 1. 企んで, 故意に. 2. はっきりした目的を持って.

tarkoituksenmukainen 63 [形] 目的にかなう, 適切な, 有効な.

tarkoituksenmukaisuus* 65 [名] 目的に叶ったこと, 適切さ.

tarkoitukseton* 57 [形] 目的のない, 無意味の.

tarkoitus 64 [名] 1. 意向, 計画. 2. 目的. 3. 行為.

tarkoitusperä 11 [名] 目標, 目的物；ゴール, 行先き.

tarmo 1 [名] 力, 精力.

tarmokas* 66 [形] 精力的な, 元気な, 強い.

tarmoton* 57 [形] 元気のない, 無気力の.

tarpeeksi [副] 十分に, たくさん.

tarpeellinen 63 [形] 必要な, なくてはならない.

tarpeellisuus* 65 [名] (välttämättömyys)必要, 必要性, 不可避.

tarpeen [副] *olla tarpeen* 必要である.

tarpeeton* 57 [形] 不必要な.

tarpeettomasti [副] 必要なしに, いたずらに.

tarpeettomuus* 65 [名] 不必要なこと, 無用.

tarpeisto 2 [名] (tarvikkeet)必要品, 必需品.

tarrata 35 [動] (tarttua)(入格と共に)～を掴む, ～にくっつく, ～に爪を立てる.

tarrautua* 44 [動] (tarraantua)1. くっつく, つく. 2. くっつけられる, 結び付けられる.

tarttua* 1 [動] (入格と共に)掴む, 捕らえる, 手をやる；くっつく. *tarttuva tauti* 伝染病.

tarttumatauti* 4 [名] 伝染病.

tarttuva 13 [形] (tarttuvainen)うつりやすい, 伝染する.

tarttuvainen 63 [形] (tarttuva)(病気について)伝染性の, 伝染する.

tartunta* 15 [名] くっつくこと, 掴むこと；(病気の)伝染.

tartuntatauti* 4 [名] 伝染病.

tartuttaa* 2 [動] 伝染させる, 感染させる.

taru 1 [名] 伝説, 作り話.

tarumainen 63 [形] 物語的な, 信じられない.

tarunomainen 63 [形] 物語に特徴的な, 物語に現れる.

tarve* 78 [名] 必要；願望.

tarvekalu 1 [名] 用具, 器具, 道具.

tarvike* 78 [名] (通常は複数形で)必要品, 必需品.

tarvita 31 [動] 1. 必要とする. 必要である. 2. 属格＋3人称単数＋不定詞 ～する必要がある. ／*tarvittaessa* 必要ならば, 必要な時には. ／*tarvitseva* 必要としている, 必要としている人. ／*tarvittava* 必要な, 入用な.

tasa 10 [形] 同等な, 同じレベルの, 同じ高さの.

tasaaja 16 [名] (土地などを)平らにする人, ならす人；平均化する人.

tasaantua* 1 [動] 等しくなる.

tasa-arvo 1 [名] 平等, 均等.

tasa-arvoinen 63 [形] 平等の, 同等の.

tasa-arvoisuus* 65 [名] 平等.

tasainen 63 [形] 等しい, コンスタントな；平らな, 平坦な.

tasalla [後] (属格と共に)～の高さで, ～のレベルで.

tasaluku* 1 [名] (pyöreä luku)ゼロで終わる数, ちょうどの数, 端数のない数.

tasan [副] ちょうど；公平に.

tasanko* 2 [名] 平原, 平地.

tasanne* 78 [名] 平地.

tasapaino 1 [名] 調和, バランス.

tasapainoinen 63 [形] バランスの取れた.

tasapeli 4 [名] 引分試合.

tasapuolinen 63 [形] 1. 左右均等な, 平均した, バランスのとれた. 2. かたよらない, 差別しない.

tasaraha 10 [名] ちょうどのお金, 端数のないお金.

tasassa [後] (tasalla, tasossa)(属格と共に)〜の高さで, 〜のレベルで.

tasasuhtainen 63 [形] 1. (tasamukainen)左右対称の. 2. (tasapuolinen)平均した, 平衡のとれた, バランスのとれた.

tasata 35 [動] 等しくする, 同じにする.

tasaus 64 [名] (tasaaminen)平にすること, 平均化.

tasavalta* 10 [名] 共和国.

tasavaltainen 63 [形] 共和国の.

tasaveroinen 63 [形] (tasavertainen, samanarvoinen)同等の, 等価値の.

tasavertainen 63 [形] (tasaveroinen)等しい, 同等の.

tasavirta* 10 [名] 〈電〉直流.

tase 78 [名] 〈商〉収支, バランス.

tasku 1 [名] ポケット.

taskulaskin 56 [名] ポケット電卓.

taskusanakirja 10 [名] ポケット辞典.

taskuvaras* 66 [名] すり, 窃盗.

taso 1 [名] 水準, レベル.

tasoittaa* 2 [動] ならす, 平らにする.

tasoitus 64 [名] 等しくすること, 均一化.

tasoristeys 64 [名] 踏切.

tassu 1 [名] (動物の)足.

tassuttaa* 2 [動] 身軽に歩く, さっさと歩く.

tatti* 4 [名] 〈菌〉イグチ科のキノコの総称.

tatuoida 18 [動] 入れ墨をする.

taudinoire 78 [名] 病気の症状.

tauko* 1 [名] 休憩.

taukoamaton* 57 [形] 絶え間のない, ひっきりなしの.

taukoamatta [副] (lakkaamatta)止まらずに, 絶え間なく.

taulu 1 [名] 黒板；額入り絵画；表.

taulukko* 2 [名] 一覧表, 表.

tauota* 38 [動] 1. 終わる, 中止される. 2. 休息する, 休憩をとる.

tausta 10 [名] 背景, 背後.
tauti* 4 [名] 病気, 疾病. *saada tauti* 病気になる, 病気にかかる.
tavailla 29 [動] 音節に分けて読む, 難しいものを読む, 苦労しながら読む.
tavallaan [副] ある程度.
tavallinen 63 [形] 通常の, 普通の, 並の.
tavallisesti [副] 多くの場合, 普通は, 通常は.
tavanmukainen 63 [形] (tavanomainen)通常の, 普通の.
tavara 15 [名] 品物, 荷物, 商品.
tavaraerä 11 [名] 商品・品物のひと山・一部分.
tavarajuna 11 [名] 貨物列車.
tavaraleima 10 [名] (tavaramerkki)登録商標, トレードマーク.
tavaramakasiini 4 [名] 倉庫.
tavaramerkki* 4 [名] 商標.
tavarasäilö 1 [名] 荷物預かり所.
tavaratalo 1 [名] デパート.
tavaratoimitus 64 [名] 商品の引渡し, 発送.
tavata* 35 [動] 会う, 見付ける.
tavaton* 57 [形] 普通ではなく, おかしな；無限の, 無数の. *tavattoman* 非常に, 大へん.
tavattomasti [副] 著しく；非常に, 異常に.
tavattomuus* 65 [名] 風変わり；非凡, 異常.
tavoite* 78 [名] 目的, 狙い. *tavoitteena* 狙いとして.
tavoitella* 28 [動] 努力する, 取ろうと努める.
tavoittaa* 2 [動] 手に取る, 捕まえる, 追いつく.
tavoittelu 2 [名] 得るための努力.
tavu 1 [名] 〈言〉音節.
tavunalkuinen 63 [形] 音節初めの.
tavunloppuinen 63 [形] 音節末の.
tavunsisäinen 63 [形] 音節中の.
te (変化形は付録の変化表参照) [人代] あなた方(2人称・複数), あなた(2人称・単数).
teatteri 5 [名] 劇場；演劇；上演.
tee 26 [名] 紅茶, 茶.
teekalusto 2 [名] 茶道具.

teekannu 1 [名] やかん.
teekuppi* 4 [名] 茶飲み茶わん.
teeleipä* 11 [名] (紅茶につく)パン菓子.
teelmä 11 [名] 未完成品, 完成途中の作品.
teelusikka* 15 [名] 茶さじ.
teennäinen 63 [形] 不自然な, わざとらしい.
teerenpisama 16 [名] 〈医〉そばかす, あざ.
teeri 32 [名] 〈鳥〉クロライチョウ(ライチョウ科). 学名 Lyrurus tetrix.
teesihti* 4 [名] 茶こし.
teesiivilä 15 [名] 茶こし.
teeskennellä* 28 [動] 気取る, 見せかける, いつわる.
teeskentelemäton* 57 [形] (luonnollinen, vilpitön) 誇張していない, 飾り気のない, 自然の, 朴訥(ぼくとつ)な.
teeskenteleväinen 63 [形] 気取った, 見せかけの, いつわりの.
teeskentelijä 14 [名] 偽善者.
teeskentely 2 [名] 気取り, 猫かぶり, いつわり.
teettää* 2 [動] ～させる, 作らせる.
teevati* 4 [名] 茶托.
tehdas* 66 [名] 工場.
tehdaskaupunki* 5 [名] 工業都市.
tehdaslaitos 64 [名] 工場, 工場設備.
tehdastuote* 78 [名] 工業製品.
tehdastyö 30 [名] 工場労働.
tehdastyöläinen 63 [名] 工場労働者.
tehdasyhdyskunta* 11 [名] 工場労働者の町.
tehdä* 33 [動] 1. する. 2. 作る. /*mitä tehdä*(=mitä pitäisi tehdä)何をしなければならないか. / *olla tekemisissä*+属格+*kanssa* ～と交際する. / *tehdä taivalta* 行く, 歩く. /*tehdä selvä*+出格(=lopettaa)殺す. /*tehdä*+出格+*tosi* 実現する, 実行する.
teho 1 [名] (vaikutus, voima)力, 効力, 実効力.
tehoisa 13 [形] (tehokas)強力な, 効力のある.
tehokas* 66 [形] ききめのある, 効果的な.

tehokkuus* 65 ［名］力, 力強さ, 強力.
teho-osasto 2 ［名］集中治療室.
tehostaa 2 ［動］強力にする, 効果を高める；強調する.
tehota 38 ［動］効果をあげる, 作用する.
tehoton* 57 ［形］効果のない, 効き目のない.
tehtaanhinta* 10 ［名］製造原価.
tehtaanmerkki* 4 ［名］製作所の商標.
tehtailija 14 ［名］製造業者, メーカー.
tehtävä 13 ［名］仕事, 義務.
teipata* 35 ［動］セロテープでとめる.
teititellä* 28 ［動］"te" を使って話す.
tekeillä ［副］(työn alaisena)完成途中で, できあがりつつある.
tekele 78 ［名］作られた物, 仕事の結果.
tekeminen 63 ［名］行動, 行為. *joutua tekemisiin*+属格+*kanssa* 〜と接触する, 〜と関係を持つ. *tulla tekemisiin*+属格+*kanssa* 〜と接触する.
tekemätön* 57 ［形］作られていない.
tekeytyä* 44 ［動］*tekeytyä*+変格 〜になるように振る舞う：〜のふりをする, 〜のように装う.
tekijä 14 ［名］制作者, メーカー.
teko* 1 ［名］行為, 行動. *teko-* 人工的な〜.
tekohammas* 66 ［名］義歯.
tekohengitys 64 ［名］人工呼吸.
tekojäsen 55 ［名］義手, 義足.
tekojää 28 ［名］人工の氷.
tekokuitu* 1 ［名］(keinokuitu)人工繊維.
tekokukka* 11 ［名］造花.
tekonahka(*) 10 ［名］(keinonahka)人工皮革.
tekonen 63 ［名］少し悪い行い.
tekopalkka* 10 ［名］製作に対する報酬.
tekopyhä 11 ［形］偽善の, 見せかけの, 信心深そうにふるまう.
tekosyy 29 ［名］口実, 言い訳, ごまかし.
tekotapa* 10 ［名］作り方.
tekotukka* 11 ［名］人工の髪, かつら.
tekovalo 1 ［名］(keinovalo)人工光.

tekstata 35 [動] 文字を活字体ではっきり書く.
tekstinkäsittelylaite* 78 [名] ワープロ.
tela 10 [名] 1. 貯蔵・移動・運送などのため物の下に置く丸太, 転(ﾋ). 2. (通常は複数形で)岸に引き上げた舟の下に置く台.
telaketju 1 [名] トラクターなど大型車の車輪に巻くチェーン.
telakka* 15 [名] 造船台, ドック.
telapuu 29 [名] 1. (tela)貯蔵・移動・運送などのために物の下に置く丸太, 転(ﾋ). 2. 〈林〉原木を積み上げる時, 間に入れる木.
televisio 3 [名] (TV 又は tv と省略.)テレビジョン.
televisiolaite* 78 [名] テレビ, テレビの機械.
teli 4 [名] 1. 〈技〉旋盤のチャック. 2. 〈鉄〉台車. 3. 浮き氷原.
teline 78 [名] 台, 立てる物, のせる台.
teljetä* 36 [動] 閉じ込める.
telki* 8 [名] ドアのかんぬき.
telmiä 17 [動] 走り回る, とび回る, 遊び騒ぐ.
teloitin* 56 [名] (teloituskone)ギロチン.
teloittaa* 2 [動] 死刑にする.
teloittaja 16 [名] 死刑執行人.
teloitus 64 [名] 死刑.
teloituskone 78 [名] (teloitin)ギロチン.
teltta* 10 [名] テント.
temmata* 35 [動] (tempaista, tempoa)引き抜く, さっと取る, 持ち上げる.
temmellys 64 [名] 格闘.
temmeltää* 5 [動] 荒れ狂う；格闘する.
tempaista 24 [動] (temmata, tempoa)引き抜く, さっと取る, 持ち上げる.
tempaus 64 [名] 引き抜くこと.
tempoa* 1 [動] (tempaista, temmata)引き抜く, さっと取る, 持ち上げる.
temppeli 5 [名] 寺院, 神殿.
temppu* 1 [名] ごまかし, 魔術.
tenava 13 [名] 〈常〉子供.
tenho 1 [名] (viehätys, lumo)魅力, 魅惑, 魔力.

tenhota 38 [動] 魔法でまどわす；うっとりさせる, 心をうばう.
tenhovoima 11 [名] 魔法の力, 魔力.
tentata* 35 [動] 〈常〉(tenttiä)テストをする, 試験をする.
tentti* 4 [名] 試験；検査.
tenttikausi* 40 [名] 試験期間.
tenä 11 [名] 1. (vastustus)反対, 反抗. 2. (vaikeus, pulma)困難, ピンチ.
teollinen 63 [形] 工業の, 工業に関する.
teollistaa 2 [動] 工業化する.
teollistua 1 [動] 工業化する.
teollisuus* 65 [名] 工業.
teollisuuskaupunki* 5 [名] 工業都市.
teollisuusmies 72 [名] 実業家, 経営者.
teonsana 10 [名] 〈言〉動詞.
teoreettinen 63 [形] 理論上の.
teoreettisesti [副] 理論的に.
teos 64 [名] 文学・芸術などの作品.
tepastella 28 [動] 軽快に歩く, ちょこちょこ動く.
tepponen 63 [名] (kepponen, kuje)いたずら, 冗談.
tepsiä 17 [動] (vaikuttaa) 〈話〉影響する, 力を持つ.
terho 1 [名] 樫の実, どんぐり.
termi 4 [名] 専門語, 術語.
termoskannu 1 [名] 魔法瓶.
teroittaa* 2 [動] 鋭くする, 研ぐ, 削る.
teroittua* 1 [動] 鋭くなる, シャープになる.
terttu* 1 [名] (ブドウなどの)房.
terva 10 [名] タール.
tervanpolttimo 2 [名] (tervatehdas)タール製造所.
tervata 35 [動] タールを塗る.
terve 79 [形] 健康な, 健全な. [間] *Terve*!(親しい間柄の挨拶のことば).
terveellinen 63 [形] 健康的な, 健康によい.
tervehdys 64 [名] 挨拶.
tervehdyskäynti* 4 [名] 挨拶伺い.
tervehtiä* 17 [動] (分格と共に)挨拶する.

terveiset 63 ［複名］（他人を介しての）挨拶, よろしく. *terveisin* 手紙の結びの挨拶.
tervetuliaiset 63 ［複名］歓迎の言葉や行動.
tervetullut 77 ［形］歓迎された, 喜んで迎えられた.
tervetuloa ［間］(terve tuloa) ようこそ(歓迎の挨拶).
terveydellinen 63 ［形］健康の, 健康に関する.
terveydenhoito* 1 ［名］健康管理, 健康増進, 健康法.
terveydentila 10 ［名］健康状態.
terveys* 65 ［名］(hyvinvointi) 健康, 健全. *terveydeksi* 乾杯の時かわす言葉.
terveysoppi* 4 ［名］衛生学.
terveysside* 78 ［名］生理帯.
terä 11 ［名］刃物の刃先き, 刃.
teräksinen 63 ［形］鋼鉄の, 鋼鉄製の, スチール製の；鉄のように固い.
terälehti* 8 ［名］〈植〉花びら, 花弁.
teräs 64 ［名］鋼, はがね. *teräs-* 鋼製の―.
terässulatto* 2 ［名］製鉄所, 製錬所.
terästys 64 ［名］刃をつけること, 鋭くすること.
terästää 2 ［動］刃をつける, 鋭くする；鍛える, 鋼鉄にする.
terävä 13 ［形］鋭い, とがった；(nopea)動きの速い. *kävellä terävin askelin* 急いで歩く.
teräväjärkinen 63 ［形］鋭い機知の, 機敏な.
teräväkärkinen 63 ［形］とがった, 鋭い；(言葉の)辛らつな, 刺すような.
terävänäköinen 63 ［形］鋭い目の, 洞察力のある.
teräväpäinen 63 ［形］1. (槍先のように)先端が鋭い. 2. 頭が切れる, 頭がよい, 鋭い.
testamentata* 35 ［動］遺言して与える, 遺言でゆずる.
testamentti* 4 ［名］1. 〈法〉(jalkisäädös)遺書, 遺言状. 2. 〈宗〉聖書. *Uusi testamentti* 新約聖書. *Vanha testamentti* 旧約聖書.
testaus 64 ［名］テスト.
teuras 66 ［名］(teuraseläin)屠殺される動物・家畜.

teuraskarja 10 [名] 屠殺するため飼っている家畜.
teurastaa 2 [動] 屠殺する.
teurastaja 16 [名] 屠殺人.
teurastamo 2 [名] 屠殺場.
teurastus 64 [名] 屠殺.
teurastuslaitos 64 [名] (teurastamo) 屠殺場.
teutaroida 30 [動] 忙しく動き回る.
tiainen 63 [名] 〈鳥〉シジュウカラ(総称).
tie 30 [名] 道, 道路. ／*antaa tietä* 道をあける. ／*jäädä sille tielle* 行ったまま帰ってこない. ／*olla poissa tieltä* 眼前から消えて. ／*osata tie* 道を知っている. ／*saman tien* (=samalla) 同時に.
tiede* 78 [名] 学問, ～学.
tiedeakatemia 15 [名] 学士院, アカデミー.
tiedekunta* 11 [名] 学部.
tiedemies 72 [名] 学者, 研究者, 科学者.
tiedoksianto* 1 [名] 知らせること, 告示, 通告, 通知.
tiedoksipano 1 [名] 〈法〉(julkipano) 公示, 告示.
tiedollinen 63 [形] (älyllinen) 知的な, 理知的な；知識の, 知識に関する.
tiedonanto* 1 [名] 白書, 報告書, コミュニケ.
tiedonantotoimisto 2 [名] 案内所, 受付所.
tiedonhaluinen 63 [形] 知りたがる, 知識欲のある, 好学の.
tiedonsaanti* 4 [名] 知識を得ること, 知識を身につけること.
tiedostaa 2 [動] 悟る, わかる.
tiedoton* 57 [形] 1. 知識がない, 知らない. 2. 無邪気な, 悪意のない, わざとではない. 3. 意識がない, 気絶した.
tiedo(i)ttaa* 2 [動] (ilmoittaa) 公表する, 発表する.
tiedottomuus* 65 [名] 1. 無意識. 2. 無作為. 3. 意識不明.
tiedo(i)tus 64 [名] 通告, 報告.
tiedotustilaisuus* 65 [名] 記者会見, 情報提供.
tiedustaa 2 [動] 尋ねる, 問い合わせる, 聞き合わせる.

tiedustella 28 [動] (kysellä)(離格・分格と共に)尋ねる.

tiedustelu 2 [名] 取調べ, 調査.

tienhaara 10 [名] 別れ道, 岐路. *olla tienhaarassa* 岐路に立っている.

tienmutka 11 [名] 道の曲がった所, カーブ.

tienoo 24 [名] (seutu, lähistö)(複数形で属格と共に)~の頃；~のあたり.

tienrakennus 64 [名] 道路作り.

tienristeys 64 [名] 十字路.

tienteko* 1 [名] 道路作り.

tienvarsi* 42 [名] 道路脇, 道ばた.

tienvieri 32 [名] 道路脇, 道ばた.

tienviitta* 10 [名] 道路標識.

tiepuoli 32 [名] (通常は単数の内格・出格・入格が使われる)道端.

ties [副] (ties mikä, ties kuka, ties milloin のように疑問詞と共に使われて不確実・不明な事柄を表す)多分, よく分からないが, よく知らない, 誰も知らないような. *ties kuka* 誰か知らない人が. *ties minne* どこか知らない所へ, どこかへ.

tiessään [副] (poissa)無くなって, いなくなって.

tieteellinen 63 [形] 学問的な, 科学の.

tieteilijä 14 [名] (tiedemies)学者, 専門家.

tietenkin [副] (tietysti)もちろん, 当然, 言うまでもなく.

tietenkään [副] (否定文で)もちろん~ない.

tieto* 1 [名] 知ること, 知識, ノーハウ. *antaa tiedoksi* 公にする, 知らせる. *antaa tietoa* 知らせる. *olla tiedossa* 知られる. *saada tietoa* 知る, 知識を得る.

tietoinen 63 [形] 意識している, 知っている；故意の. *tulla tietoiseksi*＋出格 ~について知る.

tietoisuus* 65 [名] 自覚, 意識.

tietokilpailu 2 [名] クイズ.

tietokone 78 [名] コンピューター.

tietolähde* 78 [名] 情報源, ニュースのもと.

tietopuolinen 63 [形] 学理的, 学問的, 理論上の.

tietosanakirja 10 [名] 百科辞典.

tietotoimisto 2 ［名］(uutistoimisto) 通信社.
tietous* 65 ［名］知識.
tietty* 1 ［形］(tunnettu, selvä) 知られた，特定の，明らかな. *tietyin* varauksin 特定の条件で，特定の制限をもって.
tiettävästi ［副］知る限りでは，知っているところでは，周知の如く.
tietynlainen 63 ［形］明確な性質の，明確な種類の.
tietysti ［副］もちろん，明らかに，確かに.
tietyö 30 ［名］道路工事，工事中.
tietäjä 16 ［名］超自然的能力を持ち魔術特に病気を癒す力を持つ人，シャーマン，魔術師，魔女.
tietämättömyys* 65 ［名］知らない事，無知，不案内. *puhua tietämättömyyttään* 知らないことを話す，わけのわからない事を話す.
tietämätön* 57 ［形］不案内の，知らない.
tietää* 43 ［動］知る，認める，見分ける. *tietäähän* sen, että... 以下のことは明らかである. minun *tietääkseni* (mikäli tiedän) 私の知る限りでは.
tietön* 57 ［形］道のない.
tiheikkö* 2 ［形］やぶ，しげみ，雑木林.
tihentyä* 1 ［動］(tihetä) 密になる，濃くなる.
tihentää* 8 ［動］(tiheyttää) 密にする，濃くする.
tihertää* 6 ［動］(動詞 itkeä と共に) 声を立てずに泣く，しくしく泣く.
tiheys* 65 ［名］〈理〉密度.
tiheä 21 ［形］濃い，繁った，密な，詰まった. *tiheä* metsä 繁った森. *tiheä* sumu 濃い霧.
tihkua 1 ［動］しみ出る，湧き出る，細い雨が降る，雫が落ちる.
tihkusade* 78 ［名］こまかい雨，霧雨.
tihrusilmä 11 ［名］炎症でめやにの出た目.
tihuttaa* 2 ［動］霧雨がしとしと降る.
tihutyö 30 ［名］(väkivallanteko, ilkityö) 乱暴，残虐，暴力，悪行.
tiili 32 ［名］煉瓦.
tiilikivi 8 ［名］煉瓦.
tiilirakennus 64 ［名］煉瓦の建物.

tiilitehdas* 66 ［形］煉瓦工場.
tiima 10 ［名］1. (tunti)時間. 2. (lyhyt aika, hetki)少しの間.
tiimellys 64 ［名］(taistelu)戦い, 戦闘, 騒ぎ.
tiinu 1 ［名］(amme, sammio)桶, 大鉢, 大きめのボウル.
tiinullinen 63 ［名］tiinu 一杯の量.
tiirailla 29 ［動］(katsella uteliaasti)興味深く見る.
tiirikka* 15 ［名］曲げた針金などのように鍵を使わずにドアなどをあける物.
tiistai 27 ［名］火曜日.
tiiviisti ［副］しっかりと, かたく.
tiivis 69 ［形］コンパクトな, ひとまとめになった, すきまのない.
tiiviste 78 ［名］(隙間などに)詰める物.
tiivistyä 1 ［動］締まる, 固くなる, 密になる, きつくなる.
tiivistää 2 ［動］締める, きつくする.
tikapuut 29 ［複名］梯子(はし).
tikari 5 ［名］短剣.
tikittää* 2 ［動］時計がカチカチいう.
tikitys 64 ［名］時計のカチカチいう音.
tikka* 10 ［名］〈鳥〉(総称)キツツキ.
tikkaat* 66 ［複名］(tikapuut)梯子(はし).
tikku* 1 ［名］とげ.
tila 10 ［名］1. 場所, スペース. *tehdä tilaa* 場所をあける. 2. 状況. 3. 機会. *ensi tilassa* (heti tilaisuuden tullen, pian)なるべく早く, すぐに, 都合がつき次第, 都合がよい時に, hänen *tilallaan* 彼(彼女)の代わりに.
tilaaja 16 ［名］予約者, 注文者, 申込み者.
tilaisuus* 65 ［名］チャンス, 場合.
tilallinen 63 ［名］(talollinen)中規模の農地の所有者.
tilanahtaus* 65 ［名］空きのないこと, 余地のないこと.
tilanne* 78 ［名］1. 状況. *tilanteesta* riippuen場合によって. 2. 位置, 場所.
tilanomistaja 16 ［名］広大な土地所有者.

tilapäinen 63 ［形］臨時の，一時的な.
tilasto 1 ［名］統計.
tilastollinen 63 ［形］(statistinen)統計の，統計に基づく，統計上の.
tilastotiede* 78 ［名］統計学.
tilastotieto* 1 ［名］統計のための資料，統計.
tilata 35 ［動］予約する，注文する.
tilaus 64 ［名］予約，注文.
tilava 13 ［形］広い，場所がある.
tilavuus* 65 ［名］大きさ；体積.
tili 4 ［名］1. 銀行口座. 2. 勘定. *panna tiliin* 預金する；～のせいにする. *vaatia tilille* ～の責任にする，～に責任を負わせる.
tiliasema 13 ［名］ある時期の(会社などの)財政状態.
tilikirja 10 ［名］会計簿，帳簿.
tilillemaksu 1 ［名］口座振込.
tilillepano 1 ［名］預け入れ，預金.
tililtäotto* 1 ［名］預金の引き下ろし.
tilinpito* 1 ［名］収支の計算.
tilintarkastaja 16 ［名］会計検査官，監査役.
tilinteko* 1 ［名］差引勘定，清算，決済.
tilipäivä 11 ［名］給料日，支払い日.
tilisiirto* 1 ［名］〈商〉振替.
tilittää* 2 ［動］〈商〉委託された金の使途を詳しく説明する.
tilitys 64 ［名］(tilinteko, selvitys)決済.
tilivuosi* 40 ［名］会計年度.
tilkitä 31 ［動］隙間を塞ぐ.
tilkka* 10 ［名］少量の液体，一滴，雫.
tilkkanen 63 ［名］少量.
tilkku* 1 ［名］1. 布・革などの小片，きれはし. 2. 小さな土地，狭い土地.
tilli 4 ［名］〈植〉(香草の)イノンド(英名 dill).
tilus 64 ［名］同種の土地，一かたまりの土地.
timantti* 6 ［名］〈鉱〉ダイヤモンド.
tina 10 ［名］〈鉱〉錫.
tinapaperi 5 ［名］銀紙.
tinkiminen 63 ［名］値切ること.

tinkimätön* 57 [形] 1. 値引きしない, まけない. 2. 妥協しない, 厳しい. 3. (ehdoton)無条件の.

tinkiä* 17 [動] 1. 値引きさせる, まけさせる；値引きする, まける. 2. 妥協する, 要求を弱める, 歩み寄る.

tipahdus 64 [名] 小さいもの・軽いものの落下.

tipahtaa* 2 [動] 小さいもの. 軽いものが落ちる.

tipotiehensä [副] いなくなって.

tipotiessä [副] 消えて, いなくなって.

tippa* 10 [名] 雫(しずく). *viime tipassa* (viime hädässä, viime tingassa)ぎりぎりの時に.

tippainfuusio 3 [名] 〈医〉点滴.

tippaleipä* 11 [名] 油であげた菓子.

tippua* 1 [動] (水滴などが)落ちる.

tipsutella* 28 [動] 気取って歩く.

tipu 1 [名] 〈幼〉ひよこ.

tiputtaa* 2 [動] 撒く, 撒き散らす, たらす, こぼす.

tirkistelijä 14 [名] のぞき見る人.

tirkistellä 28 [動] のぞきみする.

tirkistää 2 [動] 1. のぞく. 2. (入格と共に)見つめる.

tirskua 1 [動] 1. 水などが滲み出る, 滴る. 2. くすくす笑う.

tiski 4 [名] よごれた食器.

tislata 35 [動] (液体を)蒸留する.

tiuha 10 [形] (tiheä)繁った.

tiuhaan [副] 濃密に.

tiukata* 35 [動] 1. 締める, きつくする. 2. (人を離格に)要求する, 強く求める, せがむ. 3. (人を離格に)きつく言う, ～に詰問する.

tiukentaa* 8 [動] 引き締める, ぴんと張る.

tiukka* 10 [形] (voimakas, kova)力強い, 厳しい, しめつける, 固い. *tiukka vauhti* 大急ぎ.

tiuku* 1 [名] 鈴, ベル, 小さい鐘.

tiukuttaa* 2 [動] 小鳥が囀る.

tiuskahtaa* 2 [動] 怒って言う, 不満を述べる.

tiuskaista 24 [動] (tiuskahtaa)怒って言う, 不満を述べる.

tiuskia 17 [動] 怒って言う,甲高い声で言う.
tms. tai muu sellainen 又は tai muuta sellaista の略で,又はそのようなもの,の意味.
todella [副] 本当に,全く.
todellinen 63 [形] 真実の,真理の.
todenmukainen 63 [形] 真実の,真実に基づいた,本当の.
todennäköinen 63 [形] 事実らしい,確からしい,もっともらしい.
todennäköisesti [副] 恐らくは,多分.
todenperäinen 63 [形] (tosiperäinen, tosi)真実の,本当の.
todentaa* 8 [動] 真実であることを証明する,立証する,確証する;(vahvistaa)確かめる,確かにする.
todentuntuinen 63 [形] 本当らしい.
todeta* 36 [動] 証明する.
todistaa 2 [動] (変格と共に)証明する,証拠立てる.
todistaja 16 [名] 証人.
todistautua* 44 [動] 自分を示す,自分を見せる.
todiste 78 [名] 証拠,証拠物件.
todistettavasti [副] 明らかに,証明される限りでは.
todistus 64 [名] 証明,証拠.
todistuskappale 78 [名] 証拠品,証明するもの.
todistuskelpoinen 63 [形] 信じられる,信用できる,確かな.
todistusvoimainen 63 [形] 証拠になる,証明力がある.
toeta* 34 [動] 1. (kyetä, pystyä)できる,可能である. 2. (rauhoittua)おさまる,静かになる.
tohtia* 17 [動] (uskaltaa, rohjeta)思い切って~する,勇気を出して~する.
tohtori 5 [名] (toht. 又は tri. と省略)博士;医者.
tohtoroida 30 [動] 〈俗〉〈戯〉医療を施す.
tohveli 5 [名] スリッパ.
toimeenpaneva 13 [形] 業務執行権のある.
toimeenpanna 27 [動] 活動させる,なしとげる,実行する.

toimeenpano 1 [名] 実行, 仕上げ.
toimeenpanovalta* 10 [名] 〈政〉行政権.
toimeentuleva 13 [形] 裕福な, 暮らしの楽な.
toimeentulo 1 [名] 暮らし, 生計.
toimekas* 66 [形] (toimelias)活動的な, 勤勉な.
toimeksianto* 1 [名] 委任, 委託.
toimeliaisuus* 65 [名] 活動.
toimelias 66 [形] (toimekas)活動的な.
toimenpide* 78 [名] (通常は複数形で)(目的達成のための)働き, 行為, 行動, 方法, 手段. *ryhtyä toimenpiteisiin* 行動する, 行動を起こす.
toimessaan [副] (innokkaasti)忙しく, がつがつと.
toimeton* 57 [形] 仕事をしない；失業した.
toimettomuus* 65 [名] 仕事をしないこと；失業.
toimi 35 [名] 1. 仕事, 活動. *tyhjin toimin* 無駄足で, 目的を達しないで. 属格+*toimesta* 〜の働きで, 〜のおかげで. *panna toimeen* (toteuttaa, suorittaa)仕上げる, 遂行する, 実現する. *saada toimeen* (saada aikaan)行う, 実現する. 2. 職業. *tulla toimeen* 生活する, 生計を立てる, 収入を得る.
toimia 17 [動] 仕事する, 活動する, 働く.
toimielin 56 [名] 活動機関.
toimihenkilö 2 [名] 幹部, 上層部.
toimikausi* 40 [名] 任期, 在任期間.
toimikunta* 11 [名] (komitea)委員会.
toimilupa* 11 [名] 活動許可, 営業許可.
toiminimi 8 [名] 商社, 会社.
toiminta* 15 [名] 活動.
toimintakertomus 64 [名] 活動の歴史, 行動の話し.
toimintakyky* 1 [名] 活動力, 活動の能力.
toimintatapa* 10 [名] やり方, 方法.
toimintatarmo 1 [名] 活動力, 実行力.
toimipaikka* 10 [名] (työpaikka)職場, 仕事場, 活動場所；事務所, 店舗, 売店.
toimisto 2 [名] 事務所, 会社, (官庁の)局.
toimitsija 14 [名] 1. (asiamies)代理人, 代行者. 2. 〈商〉(kauppa-agentti)代理店, 委託販売人. 3. (会社などの)重役, 管理者.

toimittaa* 2 [動] 1. 行う, 実行する. 2. 遣わす, 送る. *toimittaa päiviltä*=tappaa 殺す.
toimittaja 16 [名] 発行者；編集者；新聞記者.
toimitus 64 [名] 1. 成すこと, 実行. 2. 編集, 発行.
toimitusjohtaja 16 [名] 支配人, マネージャー；幹事.
toimituskunta* 11 [名] 委員会.
toimiva 13 [形] 活動的な.
toimivalta* 10 [名] 権限, 権能.
toinen 63 [序数] [形] 2番目の, もう一つの, 別の. *toisen kerran* もう一度. *toissa-*(合成語を作る)前の前の, 二つ前の. *toissapäivänä* 一昨日に. *toissavuonna* 一昨年に. [不代] [形] (二つのうちの)一方, どちらか；別の, 他の；向こうの. *toinen...toinen* 一方は…他方は. *puoleen ja toiseen* あれこれ, ああでもないこうでもない. *tavalla tai toisella* 何とかして, どうにかして. [相互代] 互いに.
tointua* 1 [動] (parantua, palata tajuihin)(病気・意識が)回復する, 元通りになる, 元気になる.
toipilas 66 [名] 病気回復期の人, 病気あがりの人.
toipua* 1 [動] (parantua)回復する, よくなる.
toisaalla [副] どこかよそで, どこか他で.
toisaalle [副] どこかよそへ, どこか他へ.
toisaalta [副] 他方, これにひきかえ, これに対して.
toisarvoinen 63 [形] 第二位の, 二流の.
toisekseen [副] (sitä paitsi)それに, そのうえ；別の見方をすれば.
toiseksi [副] 2番目に. *toiseksi*+最上級. 2番目に〜.
toisenlainen 63 [形] 異なった, 他の.
toisenpuoleinen 63 [形] 向こう側の, あちら側の.
toisin [副] 別のように, 変わって.
toisinaan [副] (joskus, silloin tällöin)時々, 時には, 時として.
toissapäivänä [副] 一昨日.
toissijainen 63 [形] 二番目の, 第二位の, 二級品の.

toistaa 2 [動] 繰り返す, 反復する.
toistaiseksi [副] 当分, しばらく, さしあたり.
toistakymmentä (その他の変化形は使われない) [数] 10いくつかの, 10より多く20より少ない数.
toistamiseen [副] (uudelleen)再び.
toiste [副] (toisen kerran)もう一度, もう一回, 後に.
toisto 1 [名] (toistaminen)繰り返し, 繰り返される事.
toistua 1 [動] (uusiutua, kertautua)繰り返される, 新しくされる.
toitottaa* 2 [動] クラクションを鳴らす.
toive 78 [名] 望み, 願望.
toiveajattelu 2 [名] 希望的観測, 希望的な考え.
toiveikas* 66 [形] 希望的な, 希望を持つ, 希望に満ちた.
toivo 1 [名] 望み, 希望.
toivoa 1 [動] 望む, 希望する.
toivomus 64 [名] 望み, 願い；期待.
toivontähti* 8 [名] (抽象的に)希望の星.
toivorikas* 66 [形] (toiveikas)希望的な, 希望を持つ, 希望に満ちた.
toivoton* 57 [形] (epätoivoinen)希望がない, 絶望的な.
toivottaa* 2 [動] 望む, 願う；祝う.
toivottava 13 [形] 望ましい, 好ましい.
toivottavasti [副] 願って, 望んで, 望むらくは.
toivotus 64 [名] 望み, 願い, 希望.
tokaista 24 [動] ぶっきらぼうに言う, 手短に言う.
toki [副] 1. (sentään, kuitenkin)しかしながら, それでも, ともかくも. 2. (感嘆, 勧め, 願望などを表す)ぜひとも, 本当に.
tokko [副] 〜か, 〜かどうか(推測, 疑いなどを表す).
tolkku* 1 [名] 理解, 理性, 理性的な考え. *tolkussaan* 熱心に, 一生懸命に；意識して, 理性的に.
tolkuton* 57 [形] (järjetön, mieletön)無思慮な, 考えのない, ばかげた, 無理な.

tolppa* 11 ［名］(pylväs)〈常〉柱.
tomahtaa* 2 ［動］急にとび出す, 急に走りだす.
tomppeli 5 ［名］(moukka, tyhmyri)愚か者.
tomu 1 ［名］埃.
tomuinen 63 ［形］埃だらけの.
tomuttaa* 2 ［動］(pölyttää)埃を払う.
tomuttua* 1 ［動］(pölyttyä, tomuuntua)埃をかぶる, 埃でおおわれる.
tonkia* 17 ［動］掘る, 掘り返す.
tonni 4 ［名］(tn. と省略)トン, 1000 kg.
tonnikala 10 ［名］マグロ.
tontti* 4 ［名］地所, 敷地, 土地.
tonttu* 1 ［名］小人, 妖精.
tonttukansa 10 ［名］小人たち, 妖精たち.
tonttuväki* 8 ［名］小人たち, 妖精たち.
topakka* 15 ［形］元気がよい, 活発な, しっかりした.
topata* 35 ［動］〈常〉(täyttää)一杯にする, 満たす.
tora 11 ［名］口げんか, 言い争い.
torahammas* 66 ［名］きば, 犬歯.
torakka* 15 ［名］ゴキブリ.
tori 4 ［名］市場(ばち), 朝市；広場.
torjua 1 ［動］1. 退ける, 遠ざける. 2. 拒否する, よける, 防ぐ, 反駁する. *torjuvasti* 否定的に, 拒否的に.
torkahtaa* 2 ［動］眠る, うとうとする.
torkkua* 1 ［動］(olla puolinukuksissa)うとうとする, 居眠りする, こっくりこっくりする.
torkuksissa ［副］(puolinukuksissa)居眠りして, こっくりこっくりして. *olla torkuksissa* 居眠りする, こっくりこっくりする.
torni 4 ［名］塔.
torpanmies 72 ［名］(torppari)小作人.
torppa* 11 ［名］小作地.
torppari 5 ［名］小作人.
torstai 27 ［名］木曜日.
torttu* 1 ［名］〈料〉パイ, タルト.
torua 1 ［動］叱る, 小言を言う.

torvi 8 [名] 1. 角笛. 2. 〈楽〉ホルン.
torvisoittokunta* 11 [名] 吹奏楽団.
tosi* 41 [形] 本当の, 正しい. *käydä toteen* (= toteutua)実現する. *tehdä*+出格+*tosi* (=panna toimeen)実現する, 実行する. *toden totta* (=todella)確かに, 本当に. [名] 真実, 現実.
tosiaan [副] (todella, todellakin)確かに. totta *tosiaan* (todella)確かに, 本当に.
tosiasia 14 [名] 事実, 実際.
tosiasiassa [副] 実際に, 本当に.
tosikko* 2 [名] きまじめな人, ユーモアのセンスのない人.
tosin [副] 確かに, もちろん, 本当に.
tosiseikka* 10 [名] (tosiasia)事実.
tosissaan [副] まじめに, 本気に.
tositapaus 64 [名] 実際, 実際のできごと.
tosite* 78 [名] 〈商〉証明書, 領収書.
tossu 1 [名] スリッパ, 上ぐつ.
toteamus 64 [名] (toteama)確かめ, 確認, 立証.
toteen [副] *näyttää toteen* 証拠を見せる, 示す.
totella* 28 [動] 従う, 言うことをきく.
toteuttaa* 2 [動] 実現する, 遂行する, 成し遂げる. saada tahtonsa *toteutetuksi* 望みを遂げる.
toteutua* 44 [動] 実現する, 完成する.
toteutumaton* 57 [形] 実現されない, 果たされない.
toti 4 [名] コニャック, ラムなどに砂糖と湯を混ぜた飲み物.
totinen 63 [形] まじめな.
totisesti [副] 1. まじめに. 2. まことに, 確かに, 本当に, 確実に.
totta [副] 1. (todella)確かに, 本当に. 2. (luultavasti, varmastikin)多分, おそらく. *totta kai* もちろん, 明らかに. *totta tosiaan* (todella)確かに, 本当に. *toden totta* (todella)確かに, 本当に. *totta vie* (tottahan toki)絶対に, 間違いなく.
tottelematon* 57 [形] 不従順の, 言うことを聞かない.

tottelemattomuus* 65 [名] 不従順, 反抗.
tottelevainen 63 [形] 従順な, 素直な.
tottua* 1 [動] (入格と共に)～に慣れる. *tottua näkemään* 見慣れる.
tottumaton* 57 [形] 不慣れな, 慣れない.
tottumus 64 [名] 慣れ, 習慣.
tottunut 77 [形] 慣れた, 習慣になった.
totunnainen 63 [形] (tavanomainen)慣れた, いつもの, 通例の.
totutella* 28 [動] 1. 慣れさせる, 習慣にさせる. 2. 教える.
totuttaa* 2 [動] 慣らす, 慣れさせる, 習慣をつける, 習熟させる.
totuttautua* 44 [動] ～に慣れる.
totuudenmukainen 63 [形] 真実の, 真実通りの.
totuudenvastainen 63 [形] (valheellinen, väärä) 真理に反した, 嘘の, 偽りの.
totuus* 65 [名] 真実, 真理.
touhu 1 [名] いそがしさ. *olla touhussa* 忙しい. *suurella touhulla* (=touhukkaasti)せかせかと, 大急ぎで.
touhuilla 29 [動] 忙しく働く, 忙しく仕事をする.
touhuilu 2 [名] 忙しい働き, 忙しく仕事をすること.
touhuisa 13 [形] (touhukas)忙しい, 忙しく働く.
touhukas* 66 [形] (touhuisa)忙しい, 忙しく働く.
touhuta 39 [動] 1. 忙しく働く, 忙しく仕事をする. 2. 熱心に言う.
toukka* 11 [名] 〈虫〉幼虫. トンボのヤゴ, テントウムシやカミキリムシなどの幼虫. イモムシ, ケムシなど.
touko* 1 [名] (touonteko)春蒔きの仕事.
toukokuu 29 [名] 5月.
touonteko* 1 [名] 春蒔きの仕事.
toveri 5 [名] 仲間, 友人, 同志.
toverillinen 63 [形] 親密な, 仲間の, 友好的な.
toveruus* 65 [名] 仲間同志の親しい関係, 友情.
tovi 4 [名] (hetki, kotva, tuokio)少しの時間, 少しの間.

traani 4 [名] 海獣の油(おもに鯨油).
trikoo 26 [名] メリヤス.
trukki* 4 [名] フォークリフト.
tuberkuloosi 4 [名] 〈医〉肺結核.
tuhahtaa* 2 [動] フンと鼻をならす(不平, 呆れた気持ちの表現).
tuhannen* 76 [基数] 1000.
tuhannes* 75 [序数] 1000番目の.
tuhansittain [副] 幾千もの.
tuhat* 76 [基数] 1000.
tuhatpäinen 63 [形] (tuhatlukuinen)(人間や生き物について)千もの, 数千もの.
tuhattaituri 5 [名] 万事に優れた人, 諸芸に秀でた人.
tuhistella 28 [動] 軽い音を立てる.
tuhka* 11 [名] 灰.
tuhkakuppi* 4 [名] 灰皿.
tuhkarokko* 1 [名] 〈医〉はしか.
tuhkimo 2 [名] シンデレラ姫.
tuhlaavainen 63 [形] むだ遣いする, 浪費する, ぜいたくな.
tuhlata 35 [動] むだ遣いする, 浪費する.
tuhlaus 64 [名] 無駄, 無駄遣い, 浪費.
tuhma 11 [形] 1. 〈幼〉行儀の悪い, 意地悪な. 2. 〈俗〉愚かな, ばかな, 無思慮な, 浅はかな.
tuho 1 [名] 滅び, 滅亡; 災害.
tuhoisa 13 [形] (turmiollinen, kohtalokas)壊滅的な, 破滅的な, 損害の大きい, 打撃の大きい, 破局的な, 悲惨な, 有害な.
tuholainen 63 [名] 害虫.
tuhota 38 [動] (hävittää)壊す, 台無しにする.
tuhotyö 30 [名] (tuhoteko, vahingonteko)滅ぼすこと, 損害を与えること.
tuhoutua* 44 [動] 滅びる, こわれる.
tuhrata 35 [動] (tuhria)汚す, 汚くする.
tuhria 17 [動] 汚す, 汚くする, 黒くする.
tuhto* 1 [名] ボートの腰掛ける所.
tuijata 35 [動] 鳥が襲う, 飛び掛かる.

tuijottaa * 2 [動] (入格と共に)見つめる.
tuikahtaa * 2 [動] (välkähtää, vilkahtaa)光や火が瞬く, 瞬いて見える.
tuikata * 35 [動] 火を付ける.
tuikea 21 [形] 1. 強い, 激しい. 2. (視線・声などが)鋭い, こわい, 強い.
tuiki [副] (erittäin, täysin)完全に, 全く.
tuikkia * 17 [動] きらめく, 光が点滅する.
tuima 11 [形] (ankara, kova)厳格な, 厳しい, 激しい, けわしい. *tuimin silmin* 厳しい目つきで, きつい目つきで.
tuiskahtaa * 2 [動] (syöksähtää)勢いよく入る.
tuiskia 17 [動] 舞い降りる, 雪などが降る.
tuisku 1 [名] 吹雪.
tuiskuta 39 [動] 吹雪く.
tuiskuttaa * 2 [動] 吹雪を巻き上げる.
tuiverrus 64 [名] 風が強く吹くこと.
tuivertaa * 6 [動] 風が強く吹く.
tukahduttaa * 2 [動] 1. 息苦しくさせる. 2. 息を止める, 窒息させる. 3. 静める, 鎮圧する.
tukahtua * 1 [動] 息づまる, 窒息する.
tukala 12 [形] (epämukava, hankala)不快な.
tukanleikkuu 25 [名] 散髪, 理髪.
tukea * 13 [動] 支持する, 支える.
tukehtua * 1 [動] 窒息死する.
tukeutua * 44 [動] (nojautua, varautua)寄り掛かる, 頼る.
tukeva 13 [形] 大きい; がっしりした, 大柄な.
Tukholma 13 [名] ストックホルム.
tuki * 8 [名] 支え, 支柱; 支持, 後援.
tukikohta * 11 [名] 〈軍〉基地.
tukinuitto * 1 [名] 筏流し, 木材を筏に組んで流すこと.
tukinveto * 1 [名] 丸太運び.
tukiranko * 1 [名] 脊椎動物の骨格.
tukistaa 2 [動] 髪を引っ張る(主に罰として).
tukistella 28 [動] (kurittaa, nuhdella)叱る.
tukka * 11 [名] 髪. *tukka kampaamatta* 髪の毛をと

かさないで.
tukkaharja 10 [名] ヘアブラシ.
tukkalaite* 78 [名] 整髪, 調髪.
tukkanuotta* 11 [名] 髪. *vetää tukkanuottaa* 髪を引っぱり合う. olla *tukkanuottasilla* (＝olla riidoissa)喧嘩している, 意見が違っている.
tukkeutua* 44 [動] 詰まる, 塞がる.
tukkeutuminen 63 [名] 詰まること, 塞がること.
tukki* 4 [名] 木の棒, 丸太.
tukkia* 17 [動] 塞ぐ, 詰める, 狭くする.
tukkilainen 63 [名] (tukkimies)筏を組み流れを下る人.
tukkilautta* 10 [名] 筏舟.
tukkimies 72 [名] (tukkilainen)筏を組み流れを下る人.
tukkiportti* 4 [名] 船腹にある大砲の窓.
tukko* 1 [名] 1. 束, 房. 2. 〈常〉包帯.
tukku* 1 [名] 1. 束. 2. 〈商〉卸売, 卸売の商品. *ostaa tukussa* 卸値で買う.
tukkuhintaindeksi 6 [名] 卸売物価指数.
tukkukauppa* 10 [名] 1. 卸売業. 2. (tukkuliike)卸売店.
tukkuliike* 78 [名] 卸売店.
tukuittain [副] 1. 束になって, 房になって. 2. 〈商〉卸で. 3. 大量に, 多量に.
tuleentua* 1 [動] 穀物が実る, 成熟する.
tulehdus 64 [名] 〈医〉炎症.
tulehtua* 1 [動] 〈医〉炎症をおこす.
tulenarka* 10 [形] 火のつきやすい, 燃えやすい.
tulenkestävä 13 [形] (palamaton)火や熱に強い, 耐火の, 耐熱の.
tulenvaara 10 [名] 火災の危険.
tulenvaarallinen 63 [形] (tulenarka)もえやすい, 火がつきやすい.
tuleva 13 [形] 来たるべき, 将来の.
tulevaisuus* 65 [名] 未来, 将来.
tuli 32 [名] 火, 火事；光, 明かり；熱情.
tuliaiset 63 [複名] お土産.

tulija 14 [名] 来客, 来た人.
tulikuuma 11 [形] (palava)火のように熱い, 灼熱の.
tulinen 63 [形] 1. 燃えている, 火の. 2. 火のように熱い, 灼熱の. 3. 火のように明るい, 火のように輝く. 4. 情熱がある, 熱烈な. 5. 元気な, 早い.
tulipalo 1 [名] 火事, 火災.
tulipesä 11 [名] (tulisija)いろり(調理にも暖房にも使われる).
tulipunainen 63 [形] 火のように赤い, まっかな.
tulirokko* 1 [名] 〈医〉しょうこう熱.
tulisija 10 [名] (tulipesä)いろり.
tulisoihtu* 1 [名] たいまつ.
tulistua 1 [動] かっと怒る, 腹を立てる.
tulitikku* 1 [名] マッチ.
tulitikkulaatikko* 2 [名] マッチ箱.
tulitikkurasia 15 [名] マッチ箱.
tulivuori 32 [名] 火山.
tulkinnanvarainen 63 [形] いろいろに解釈できる.
tulkinta* 15 [名] 1. 通訳すること. 2. 解釈.
tulkita 31 [動] 1. 通訳する. 2. 解釈する, 意見を述べる.
tulkki* 4 [名] 通訳.
tulla 25 [動] 1. 来る, やって来る. 2. (sattua, tapahtua)起こる, 生まれる. 3. ～になる. 4. (3 人称単数形で不定詞と共に)～しなければならない, ～すべきである. 5. (入格と共に)～に似ている. 6. その他の熟語的用法. 1) *tulla tekemisiin*＋属格＋*kanssa* ～と接触する. 2) *tulla*＋分格＋*vastaan* 迎える, 迎えに出る. 3) 3 人称単数＋受動態・過去分詞・単数・分格 (偶然に・間違って)～することになる, ～してしまう. 4)向格＋*tulee hätä käteen* ～にピンチが訪れる, ～がピンチになる. 5) *tulla ikävä* 切望する, 渇望する. 6) *mitä tulee*＋入格 ～について言えば, ～はと言えば. 7) *tulla puheille* 話しに来る. 8) *tulla kylmä* 寒くなる. 9) *tulla sairaaksi* 病気になる, 病気にかかる.
tullata 35 [動] 税関で検査する, 課税品を申告する.
tullaus 64 [名] 税関の検査, 関税納付.

tulli 4 ［名］税関.
tullikirjuri 5 ［名］税関の書記.
tullimaksu 1 ［名］関税, 通関料.
tullimies 72 ［名］税関吏.
tullimuodollisuus* 65 ［名］税関手続き.
tullinalainen 63 ［形］関税を支払うべき.
tulliselvitys 64 ［名］税関手続き.
tullitarkastus 64 ［名］関税の検査.
tulliton* 57 ［形］関税を払う必要のない.
tullivapaa 23 ［形］(tulliton)関税を払う必要のない.
tullivirkailija 14 ［名］税関吏.
tulo 1 ［名］1. 来ること, 到着, 来訪. *olla tulossa* 来ている, 来る. 2. (複数形で)収入.
tulokas* 66 ［名］新参者, 新しく来る者.
tuloksellinena 63 ［形］成功した, 上出来の, 効果的な.
tulokseton* 57 ［形］成果のない, 無効果な, 不出来の.
tulolaituri 5 ［名］到着ホーム.
tulolähde* 78 ［名］収入源.
tulopäivä 11 ［名］到着日.
tulos 64 ［名］結果, 結末, 結論. 属格 + *tuloksena* 〜の結果として.
tulosija 10 ［名］〈言〉方向格. (入格・向格など「どこへ」に対する答を示す格).
tulovero 1 ［名］所得税.
tulppa* 11 ［名］栓, コルク栓.
tulppaani 6 ［名］チューリップ.
tulukset 64 ［複名］火打石で火をおこす時の道具一式.
tulva 11 ［名］洪水, 増水.
tulvavesi* 40 ［名］増水, (水, 川などが)溢れる.
tulvia 17 ［動］(水, 川などが)溢れる.
tulvillaan ［副］増水して, 溢れて.
tumma 11 ［形］1. (色が)暗い, 黒っぽい, 濃い. 2. 物悲しい.
tummaihoinen 63 ［形］皮膚の黒ずんだ.
tummanpunainen 63 ［形］暗紅色の, 濃い赤の.
tummansininen 63 ［形］濃紺の.

tummanvihreä 21 [形] 濃緑の.
tummentaa* 8 [動] 薄暗くする, 不明瞭にする.
tummentua* 1 [動] (tummua)黒くなる, 暗くなる, 色が濃くなる.
tummeta 34 [動] (tummua)黒くなる, 暗くなる, 色が濃くなる.
tummua 1 [動] (tummentua, tummeta)黒くなる, 暗くなる, 色が濃くなる.
tummuus* 65 [名] 暗さ, 黒さ.
tungeksia 17 [動] (tunkeilla, parveilla)群がる, 押し寄せる, 大勢集まる.
tungetella* 28 [動] 1. 押し込む, 詰め込む. 2. 押し入る.
tungos 64 [名] 群衆.
tunkea* 13 [動] 押し込む, 押しつける.
tunkeilevainen 63 [形] (tunkeileva)詮索好きな, 図々しい, 口を出したがる.
tunkeilla 28 [動] 押し寄せる, 押し進む.
tunkeutua* 44 [動] 進入する, 入る, 奥まで進む, 押し入る, 押しやられる, (自らを)押しやる.
tunkio 3 [名] ごみ捨て場, ごみため.
tunkki* 4 [名] 〈話〉ジャッキ.
tunne* 78 [名] 1. 感じ, 感情. 2. 精神, 気持ち.
tunneittain [副] 毎時, 一時間一回.
tunnelma 13 [名] 感じ, 感情；雰囲気, 空気.
tunnettu* 2 [形] 有名な, 良く知られた.
tunnistaa 2 [動] 見きわめる, 見分ける, 鑑定する.
tunnollinen 63 [形] 良心的な, 誠意のある.
tunnonvaiva 10 [名] 良心の苦しみ.
tunnoton* 57 [形] 1. 感覚がない, 無感覚な. 2. 反応がない. 3. 意識不明の. 4. 心がない, 冷血の, 冷たい.
tunnottomuus* 65 [名] 1. 無感覚. 2. 無反応. 3. 意識不明. 4. 心の冷たさ.
tunnus 64 [名] 1. 符号. 2. 検印. 3. 標語.
tunnusmerkki* 4 [名] 見分けるしるし, マーク.
tunnusomainen 63 [形] (tunnusmerkillinen, luonteenomainen)特徴的な.

tunnussana 10 [名] 暗号, 合言葉.
tunnustaa 2 [動] (pitää arvossa)価値を認める, 高く評価する.
tunnustautua* 44 [動] (自分が)〜であると認める, 自白する.
tunnustella 28 [動] 手探りでさがす, 探り出す.
tunnustus 64 [名] 認める事, 承認；高い評価. *saada tunnustusta* 高く評価される. *saavuttaa tunnustusta* 高く評価される.
tuntea* 14 [動] 感じる, 認める；見分ける；(人を)知っている. *tuntea itsensä*＋変格 自分が〜であると感じる. *tuntea*＋現在分詞対格＋所有接尾辞 自分が〜すると感じる, 自分が〜であると感じる.
tunteellinen 63 [形] 感傷的な, 敏感な.
tunteeton* 57 [形] 無情の, 残酷な.
tunteikas* 66 [形] (tuneellinen)感傷的な, 敏感な.
tuntematon* 57 [形] 無名の, 未知の.
tuntemus 64 [名] 知識, 学識.
tunti* 4 [名] (t と省略)1. 1時間. 2. 授業.
tuntikausi* 40 [名] 1時間. *tuntikausia* 数時間.
tuntinen 63 [形] 〜時間の. 15-*tuntinen* kurssi(＝15 tuntia kestävä kurssi)15時間の講習.
tuntinopeus* 65 [名] 時速.
tuntipalkka* 10 [名] 時間給.
tuntiviisari 5 [名] 時計の短針.
tunto* 1 [名] 感覚, 知覚.
tuntoaisti 4 [名] 〈解〉感覚器官.
tuntokarva 10 [名] 触毛. (ネコなどの)ヒゲ.
tuntomerkki* 4 [名] 目印, 識別票.
tuntua* 1 [動] (離格と共に)〜だと感じる, 〜の感じがする. *tuntua pahalta* いやに思う, 気を悪くする.
tuntuma 13 [名] 近く, 接近, 接触. 属格＋*tuntumassa* 〜に接近して, 〜の近くに.
tuntuva 13 [形] 目立つ, 知覚し得る.
tuo (変化形は付録の変化表参照)[指代] (名詞的に)あれ. (形容詞的に)あの. [不代] *tuon tuosta*(kin) 度々, しばしば.
tuoda 21 [動] 持ってくる, 運ぶ；輸入する；もたらす.

tuohi 32 [名] (シラカバの)樹皮.
tuohon [副] あそこへ.
tuoja 11 [名] 運ぶ人, 配達人, もたらす人.
tuokio 3 [名] (hetki, tovi, kotva)少しの間, 短時間. *tuokiossa* 間もなく. *tuossa tuokiossa* すぐに, まもなく.
tuokkonen 63 [名] (rove)(白樺の樹皮で作った)小容器.
tuoksina 14 [名] (hyörinä, tiimellys)騒ぎ.
tuoksu 1 [名] 香り, 匂い.
tuoksua 1 [動] 匂う.
tuoli 4 [名] いす.
tuolla [副] あそこに.
tuollainen 63 [形] あんな, あのような.
tuolloin [副] (tuona aikana)その時, 当時. *tuolloin tällöin* (silloin tällöin)時々.
tuolta [副] あそこから.
tuomari 5 [名] 1. 裁判官, 判事. 2. 〈ス〉レフリー. 審判員.
tuomas 66 [名] (通常 Tuomas と書く)(epäilijä, epäuskoinen ihminen)疑う人, 疑い深い人.
tuomi 36 [名] 〈植〉エゾノウワミズザクラ(バラ科サクラ属). 学名 Prunus padus.
tuominen 63 [名] (通常は複数形で)おみやげ.
tuomio 3 [名] 〈法〉裁判, 裁定.
tuomioistuin 56 [名] 法廷, 裁判所.
tuomiokirkko* 1 [名] 大教会, 大聖堂.
tuomita 31 [動] 裁判する, 判決を下す, 判定する. *tuomita syylliseksi* 有罪の判決を下す. *tuomita syyttömäksi* 無罪の判決を下す.
tuommoinen 63 [名] (tuollainen)あのような, そのような.
tuonne [副] あそこへ.
tuonnempana [副] 1. (kauempana)もっと遠くに, もっと向こうに. 2. (myöhemmin)後に, 次に, 以下に.
tuonnoin [副] (taannoin, äskettäin, vähän aikaa sitten)最近, 少し前, 今しがた.

tuonnoittain ［副］(tuonnottain)この前, いましがた.

tuonnottain ［副］(tuonnoittain)この前, いましがた.

tuonpuoleinen 63 ［形］1. 向こう側の, あちら側の. 2. 死後の, 後の世の.

tuontapainen 63 ［形］そのような, そのような方法の.

tuonti* 4 ［名］〈商〉輸入.

tuontitavara 15 ［名］輸入品.

tuoppi* 4 ［名］水を飲む器.

tuore 79 ［形］1. 新しい, 最近の. 2. 新鮮な.

tuoremehu 1 ［名］生ジュース.

tuossa ［副］あそこに(tuolla より限定された範囲を示す).

tuosta ［副］あそこから.

tuotanto* 2 ［名］生産.

tuotantokyky* 1 ［名］生産力, 生産能力.

tuotantomäärä 11 ［名］生産高.

tuotanto-olot 1 ［複名］生産状態.

tuotanto-osuuskunta 11 ［名］生産者協同組合.

tuotapikaa ［副］(nopeasti)急いで.

tuote* 78 ［名］産物, 生産物, 製品.

tuottaa* 2 ［動］1. 連れて来させる. 2. もたらす, 作りだす.

tuottaja 16 ［名］生産者, 製作者.

tuottavuus* 65 ［名］〈経〉生産性.

tuottelias 66 ［形］(runsastuotantoinen)(人について)多くを生み出す, たくさん生産する, 多作の.

tuotto* 1 ［名］生産高.

tuottoisa 13 ［形］多くを生産する, 収穫の多い.

tupa* 11 ［名］1. 居間兼仕事場. 2. (rakennus, talo) 家, 小屋. *mennä tuonen tuville* (kuolla)死ぬ.

tupaantuliaiset 63 ［複名］新居披露宴.

tupakanpoltto* 1 ［名］喫煙.

tupakka* 15 ［名］たばこ.

tupakkakauppa* 10 ［名］たばこ屋.

tupakkaosasto 2 ［名］列車の喫煙室.

tupakkavaunu 1 [名] 喫煙車両.
tupakoida 30 [動] 喫煙する, たばこをすう.
tupakoimaton* 57 [形] 喫煙しない, 禁煙の.
tupakointi* 4 [名] 喫煙.
tupakoitsija 14 [名] (tupakoija)喫煙者.
tuparakennus 64 [名] 母屋.
tupata* 35 [動] 詰め込む, 押込む. *tupata täyteen* ぎっしり詰め込む.
tuppautua* 44 [動] 無理やり進む, 押し入る.
tuppi* 8 [名] 刀のさや.
tuppisuu 29 [形] (puhumaton)沈黙した, 黙った.
tuprahtaa* 2 [動] 舞い上がる.
tupruta 39 [動] 舞い上がる.
tupruttaa* 2 [動] (煙などを)ぷっと吹き出す, (雪などを)巻いて吹き上げる.
tupsahtaa* 2 [動] ふわっと落ちる.
tupsu 1 [名] 房, 飾り房;(リスなどの耳に生えている)長めの毛.
tupu 1 [名] 〈文〉子供・愛人などに対する愛称.
turha 11 [形] 無駄な, 無益な. [名] 無駄な事, 無益な事.
turhaan [副] 無駄に, 無益に.
turhamainen 63 [形] 外見・衣服などを気にする, けばけばしい, 華美な.
turhanpäiten [副] (ilman syytä)わけもなく, 空しく.
turhantarkka *10 [形] 余りに細かい, こせこせした.
turhuus* 65 [名] むなしさ, 空虚.
turisti 6 [名] 観光客, 旅行者.
turkis 64 [名] (通常は複数形で)毛皮.
turkistakki* 4 [名] 毛皮のコート.
turkki* 4 [名] 毛皮;毛皮のコート.
turkkuri 5 [名] 毛皮作り, 毛皮製作者.
turmelematon* 57 [形] 害を及ぼさない, 破壊しない;害されていない, 破壊されていない.
turmella 28 [動] 1. 害を加える. 2. 堕落させる.
turmeltua* 1 [動] 損害を受ける, 壊される.

turmelus 64 [名] 堕落, 頽廃, 腐敗, 不道徳.
turmio 3 [名] 滅び, 滅亡.
turmiollinen 63 [形] 敗北の.
turnaus 64 [名] 試合, トーナメント.
turnipsi 6 [名] カブ(大根).
turpa* 11 [名] (動物の)鼻先=目より前の部分；動物の口；〈卑〉人間の口.
turva 11 [名] 安全, 保護. 属格+*turvin* ～に守られて.
turvallinen 63 [形] (suojainen)安心な, 安心できる.
turvallisuus* 65 [名] 安全.
turvata 35 [動] 守る, 安全にする.
turvatarkastus 64 [名] ボディーチェック.
turvaton* 57 [形] 守りのない, 保護のない.
turvautua* 44 [動] (入格と共に)～に頼る, ～の助けをかりる.
turvavyö 30 [名] シートベルト.
turve* 78 [名] 泥炭.
turvekatto* 1 [名] 泥炭ぶきの屋根.
turvoksissa [副] はれて, ふくれて.
turvos 64 [名] (turvotus, turpoama)腫瘍, 腫れ物.
turvota* 38 [動] (turvottua)1. 腫れる, 腫れ上がる. 2. 膨張する.
turvottaa* 2 [動] 膨張させる.
turvotus 64 [名] 腫れ.
tusina 14 [名] (tusと省略)1ダース.
tuska 11 [名] 心配, 苦しみ.
tuskainen 63 [形] 痛みを感じている, 苦しんでいる；痛みを起こさせる, 苦しませる.
tuskallinen 63 [形] (肉体的にも精神的にも)苦しみ・痛みを起こさせる.
tuskastua 1 [動] がまんしきれなくなる, 苦しくなる, いらいらする.
tuskaton* 57 [形] 苦痛のない.
tuskin [副] 1. 辛うじて, やっと, ほとんど～ない. 2. (varmaan ei)そんなことはない. 3. ～するとすぐに.

tuskissaan ［副］苦痛の中で，苦しくて，痛くて.
tutista 41 ［動］揺れる，震える.
tutka 11 ［名］(radiotutka)レーダー，電波探知機.
tutkia 17 ［動］研究する；検査する；探る；尋問する.
tutkielma 13 ［名］研究論文，学術論文.
tutkija 14 ［名］科学者，研究者.
tutkimaton* 57 ［形］未検査の，未調査の，不可解な.
tutkimus 64 ［名］研究，検査，調査，試験.
tutkimuslaitos 64 ［名］研究所.
tutkimusretki 8 ［名］研究旅行，探索.
tutkintavankeus* 65 ［法］〈法〉拘留.
tutkinto* 2 ［名］検査，試験.
tutkiskella 28 ［動］(tutkistella)調べる，取り調べる，検査する.
tutkiskelu 2 ［名］良く調べ良く考えること.
tutkivasti ［副］探るように，詮索するように.
tuttava 13 ［名］知り合い，友人.
tuttavallinen 63 ［形］(läheinen, likeinen)親愛な，優しい.
tuttavuus* 65 ［名］友好，友好関係.
tutti* 4 ［名］哺乳瓶の乳首，乳首の形をしたおしゃぶり.
tuttu* 1 ［形］(向格と共に)〜にはよく知られた，〜には馴染みの.［名］(tuttava)知り合い.
tutunomainen 63 ［形］親しい，馴染みの.
tutustua 1 ［動］(入格と共に)〜と知り合いになる，〜に親しくなる，〜に精通する.
tutustuttaa* 2 ［動］紹介する；教える.
tuudittaa* 2 ［動］(tuuditella)ゆする，(子供を)寝かしつける.
tuuhea 21 ［形］繁った，繁茂した.
tuulahdus 64 ［名］風のそよぎ，風のひと吹き，そよ風.
tuulenhenki* 8 ［名］風のそよぎ，そよ風.
tuulenpuuska 11 ［名］突風.
tuulenvoima 11 ［名］風力.
tuuletin* 56 ［名］換気扇，扇風機.
tuulettaa* 2 ［動］衣類に風を当てる，部屋に風を通

tuuletus 64 ［名］室内の換気.
tuuli 32 ［名］1. 風. 2. 機嫌. *olla hyvällä tuulella* 上機嫌である.
tuuliajolle ［副］(tuulen kuljettavaksi)水面を風任せに, 風の吹くままに.
tuulilasi 4 ［名］(車の)フロントガラス.
tuulimylly 1 ［名］風車.
tuulinen 63 ［形］風の多い, 風の吹く.
tuulispää 28 ［名］突風.
tuuliviiri 4 ［名］風見, 風見鶏.
tuulla 25 ［動］(3人称単数形で)風が吹く.
tuuma 11 ［名］1. 考え, 意見. *pitää tuumaa* 考える, 意見を言う. 2. (長さの単位)約2.5cm, インチ.
tuumailla 29 ［動］考える.
tuumata 35 ［動］(tuumia, ajatella)考える, 思う.
tuumia 17 ［動］考える, 思う.
tuupata* 35 ［動］〈常〉(työntää)押す, ひと突きする.
tuuppia* 17 ［動］押す, 突く.
tuuri 4 ［名］〈常〉(onni)運, 幸運.
tuuskahtaa* 2 ［動］突然倒れる, ひっくりかえる.
tuutia* 17 ［動］1. 子供を揺り動かす. 2. ゆりかごの中で揺れ動く, 揺れ動く, 子供が眠る.
tuutunen 63 ［名］ゆりかご.
tyhjentymätön* 57 ［形］使いきれない, 尽きない.
tyhjentää* 8 ［動］からにする.
tyhjetä 34 ［名］(tyhjentyä)空になる, 誰もいなくなる.
tyhjyys* 65 ［名］から, 空っぽ, うつろ, 空洞.
tyhjä 11 ［形］空(から)の, 無人の；内容のない. *tehdä tyhjäksi* 無価値にする, 無力にする. *tyhjin toimin* 無駄足で, 目的を達しないで. *tyhjää* 意味もなく, わけもなく.
tyhjänpäiväinen 63 ［形］(mitätön, merkityksetön)無価値な, 無意味な, つまらない, たいしたことない.
tyhjäntoimittaja 16 ［名］なまけ者.

tyhmyys* 65 [名] 愚かなこと,愚かさ.
tyhmä 11 [形] 愚かな. [名] 愚かな人.
tykistö 2 [名] 〈軍〉大砲(集合的に).
tykki* 4 [名] 〈軍〉大砲.
tykkimies 72 [名] 〈軍〉砲兵.
tykkänään [副] (kokonaan)全く.
tykyttää* 2 [動] 脈打つ,胸がどきどきする.
tykytys 64 [名] 心臓の鼓動.
tykätä* 35 [動] 〈常〉(出格と共に)1. (pitää)～を好む. 2. ～を～だと思う.
tykö [後] 〈俗〉〈雅〉(属格と共に)(luo)～のもとへ,～の所へ.
tylppä* 11 [形] 先端がとがっていない,鋭くない.
tylsistyä 1 [動] 1. 刃が鈍くなる. 2. 心がにぶる.
tylsä 11 [形] 1. 刃が鈍い. 2. (心が)にぶい,鈍感な.
tyly 1 [形] 無愛想な.
tympäisevä 13 [形] いやな,不愉快な.
tympäistä 24 [動] (3人称単数形で)不快感を起こさせる,不愉快にさせる.
tynkä* 11 [名] 折れた棒,木切れ,切れ端.
tynnyri 5 [名] ドラム缶,樽.
typertyä* 1 [動] 当惑する,どうしていいか分からなくなる,仰天する.
typerä 12 [形] ばかな.
typistää 2 [動] 刈り込む,短く切りつめる;短縮する.
typpi* 8 [名] 窒素.
tyranni 6 [名] (hirmuvaltias)暴君.
tyrehdyttää* 2 [動] (水などの)流れを少なくする,流れを止める.
tyrehtyä* 1 [動] (vähetä, pysähtyä, loppua)水などの流れが少なくなる・止まる;中止する,ストップする.
tyrkyttää* 2 [動] 勧める,推奨する,勧誘する.
tyrkätä* 35 [動] (työntäistä)押す.
tyrmistyä 1 [動] (kauhistua, masentua)がっかりする,愕然とする.

tyrsky 1 [名] 寄せて砕ける波, 大波.
tyrskytä 39 [動] 波打つ, 波立つ.
tyrskähtää* 2 [動] 急に泣き出す, 急に笑い出す; 波が打ち寄せる. *tyrskähtää itkuun* わっと泣き出す.
tyttö* 1 [名] 少女, 娘.
tyttökoulu 1 [名] 女子中学校.
tyttömäinen 63 [形] 女の子のような.
tyttönen 63 [名] 小さい女の子.
tytär* 54 [名] (親から見た)娘.
tyvi 8 [名] 木の根元, 木の幹の地面に近い部分.
tyydyttävä 13 [形] 満足な, 適切な, 中庸の, 平均的な.
tyydyttää* 2 [動] 満足させる.
tyydytys 64 [名] (tyydyttäminen, tyydyttyminen) 満足, 充足, 満足感.
tyyli 4 [名] 文体, 様式, スタイル.
tyylikkyys* 65 [名] 優雅さ, 優美さ.
tyylikäs* 66 [形] エレガントな; 風流な.
tyylitaju 1 [名] スタイルのセンス.
tyyni 38 [形] 穏やかな, 落ちついた, 平和な.
tyynnyttää* 2 [動] 穏やかにする, 静める.
tyyntyä* 1 [動] 穏やかになる.
tyyny 1 [名] 枕; (ソファーの)クッション.
tyynynpäällinen 63 [名] まくらカバー.
tyypillinen 63 [形] 典型的な, 代表的な.
tyyppi* 4 [名] 型, タイプ, 形式; 様式.
tyytymättömyys* 65 [名] 不満, 不満足.
tyytymätön* 57 [形] 満足しない, 不平のある.
tyytyväinen 63 [形] 満足な. (入格と共に)~に満足である.
tyytyväisyys* 65 [名] 満足.
tyytyä* 1 [動] 満足している. (入格と共に, 第3不定詞入格と共に)~に満足する.
työ 30 [名] 仕事, 労働; 職. *kätten työ* 手仕事. *töin tuskin* やっと, 辛うじて.
työase 78 [名] (työkalu, työväline) 仕事の道具.
työehto* 1 [名] 労働条件.
työehtosopimus 64 [名] 労働条件に関する契約.

työhuone 78 [名] 仕事部屋.
työkalu 1 [名] 道具, 器具.
työkyky* 1 [名] 労働能力.
työkykyinen 63 [形] 労働能力のある.
työkyvytön* 57 [形] 労働能力の無い.
työllisyys* 65 [名] 雇用.
työläinen 63 [名] 労働者.
työläs 66 [形] (hankala, tukala)苦労の多い, 困難な；不愉快な, いやな.
työmaa 28 [名] 工事現場.
työmestari 5 [名] 仕事の長, 親方, 監督.
työmies 72 [名] 労働者.
työnantaja 16 [名] 雇用者.
työnnellä* 28 [動] 押しつける.
työnseisaus 64 [名] ストライキと操業中止の総称.
työnsulku* 1 [名] (工場などの)操業中止, 操業休止, ロックアウト.
työntekijä 14 [名] 勤労者.
työnteko* 1 [名] (työskentely)労働, 仕事.
työntyä* 1 [動] 押し出される, 自分を押し出す.
työntää* 8 [動] 押す, 突く, 押し出す, 動かす, 位置を変える；詰める.
työntö* 1 [名] 押し, 突き.
työntökärry 1 [名] (通常複数形で)手押し車.
työntöovi 8 [名] 引き戸.
työntövoima 11 [名] おす力, 推力, 推進力.
työnvälitystoimisto 2 [名] 職業安定所.
työolosuhteet* 78 [複名] 労働環境.
työpaikka* 10 [名] 職場.
työpaja 10 [名] (verstas, työhuone)仕事場, 工場.
työpalkka* 10 [名] 賃金, 給料.
työpäivä 11 [名] 仕事日, ウィークデー.
työskennellä* 28 [動] 働く.
työstää 2 [動] 〈技〉機械で作り出す.
työstökone 78 [名] 工作機械.
työtaistelu 2 [名] 故意の操業停止(ストライキなど).
työteliäs 66 [形] 労をいとわぬ, 良く働く, 勤勉な.
työtodistus 64 [名] 労働証明書.

työttömyys* 65 ［名］失業.
työtätekevä 13 ［形］よく仕事をする.
työtön* 57 ［形］失業した，仕事のない.
työvoimaministeri 5 ［名］労働大臣.
työvoimaministeriö 3 ［名］労働省.
työvoimapula 11 ［名］労働力不足.
työväenkysymys 64 ［名］労働者問題.
työväenluokka* 11 ［名］労働者階級，勤労者階級.
työvälineistö 1 ［名］仕事の道具類，道具一式.
tähde* 78 ［名］(jäännös, jäte)残り物，食べ残し.
tähdelle ［副］panna *tähdelle* 心にとめる，気にする.
tähden ［後］(属格と共に)～というわけで，～という理由で. *minkä tähden* (minkä vuoksi)何故，どういう理由で.
tähdenlento* 1 ［名］流れ星.
tähdentää* 8 ［動］強調する，注意を促す.
tähdätä* 35 ［動］狙う，狙いをつける. *tähdätä pyssyllä* 銃で狙う. *tähdätä päämäärään* 目的地をめざす.
tähkä(*) 11 ［名］麦の穂.
tähti* 8 ［名］星；(映画などの)スター.
tähtikiikari 5 ［名］(teodoliitti)経緯儀.
tähtikirkas* 66 ［形］星の多い.
tähtikuvio 3 ［名］〈天〉星座.
tähtitaivas 66 ［名］星空，星明かりの空.
tähtitiede* 78 ［名］天文学.
tähtitorni 4 ［名］天文台.
tähtäillä 29 ［動］目・視線を向ける，狙う，狙いをつける，銃で狙う.
tähtäin 56 ［名］照準，狙い.
tähtäys 64 ［名］狙い，照準；監視，見張り.
tähtönen 63 ［名］(tähti)星.
tähyillä 29 ［動］見る，じっと見る，見張る.
tähystys 64 ［名］見張り.
tähystystorni 4 ［名］見張り塔.
tähystäjä 16 ［名］見張り.
tähystää 2 ［動］(tähytä)遠くを見る，目をこらす；見回る，見張る.

tähytä 39［動］(tähystää)遠くを見る，目をこらす；見回る，見張る.
tähän ［副］ここへ.
tähänastinen 63［形］現在までの，現在の.
täkäläinen 63［形］ここにある，ここの，当地の，居住地の，最寄りの，その場所の.
tällainen 63［形］(tämmöinen)このような.
tällöin ［副］(tänä aikana, tällä hetkellä)この時，この時期. *silloin tällöin* 時々. *tuolloin tällöin* 時々.
tämmöinen 63［形］このような.
tämä (変化形は付録の変化表参照)［指代］(名詞的に)これ，後者.(形容詞的に)この.
tämänpäiväinen 63［形］きょうの.
tänne ［副］ここへ，こちらへ. *sinne tänne* あちらこちらへ.
tännepäin ［副］こちらの方へ.
tänäinen 63［形］(tämänpäiväinen)きょうの，今日の.
tänään ［副］きょう；今日(こんにち)，この頃.
täplä 11［名］(laikku, läikkä)しみ，斑点.
täpärä 12［形］倒れそうな，落ちそうな，倒れる危険のある；時間がぎりぎりの.
täpötäynnä ［副］(aivan täynnä)いっぱいで，満ちて. *olla + täpötäynnä + 分格* 〜でいっぱいである.
täpötäysi* 41［形］ぎっしりつまった，いっぱいの.
tärinä 14［名］ゆれること，震動.
täristys 64［名］震動，衝動.
täristä 41［動］ゆれる，震動する.
tärisyttää* 2［動］震動させる，ゆさぶる.
tärkeys* 65［名］重要さ.
tärkeä 21［形］重要な.
tärkkelys 64［名］澱粉.
tärkätä* 35［動］衣類に糊を付ける，糊で固くする.
tärvellä 28［動］害する，いためる，だめにする.
tärvätä 35［動］(tärvellä)だめにする，害する，いためる.
tärähdellä* 28［動］振動する.
tärähdys 64［名］振動.

tärähtely 2［名］振動.
tärähtää* 2［動］1. 振動する, 細かく動く. 2. 轟音を立てる, 轟音を立てて衝突する, ぐらつく.
täräyttää* 2［動］強く叩く.
täsmennys 64［名］詳述.
täsmentyä* 1［動］詳しく述べる.
täsmentää* 8［動］詳しく述べる, 具体的に言う.
täsmälleen［副］正確に, きっちりと.
täsmällinen 63［形］正確な；時間を守る.
tässä［副］ここに(täällä より限定された範囲を示す).
tästedes［副］これから先, 今後.
tästä［副］ここから.
tästälähin［副］これからは.
täten［副］(tällä tavalla, tällä lailla)このように, こんな方法で.
täti* 4［名］おば.
täydelleen［副］完全に, 全く.
täydellinen 63［形］完全な, 全くの.
täydennys 64［名］(täydentäminen)充満, 充填；完成.
täynnä［副］いっぱいで, 満ちて. *olla täynnä*＋分格 ～でいっぱいである, ～で満ちている.
täysi* 41［形］満ちた, 一ぱいの；完全な；混じりけのない. *täyttä vauhtia* 全速力で, 大急ぎで. *täyttä päätä* 全速力で, 大急ぎで.
täysihoito* 1［名］食事・寝具などの付いた住居.
täysi-ikäinen 63［形］成人した, 大人になった.
täysikuu 85［名］満月.
täysilukuinen 63［形］満員の, 満席の.
täysin［副］十分に, 全く, 完全に.
täysivaltainen 63［形］全権の, 権力が集中した.
täyskäännös 64［名］〈体〉〈軍〉後ろ向き, 回れ右.
täyte* 78［名］隙間に詰める物.
täyteen［副］いっぱいに.
täytekynä 11［名］万年筆.
täyttymys 64［名］〈雅〉実現, 現実化.
täyttyä* 1［動］(出格と共に)～で一杯になる.

täyttää* 2［動］満たす,一ぱいにする.
täytyä* 1［動］(通常は3人称単数形で)～しなければならない.
täytäntö* 2［名］実現,達成,完成.
täällä ［副］ここに.
täältä ［副］ここから.
töintuskin ［副］(hädintuskin)やっとのことで,辛うじて.
tölkki* 4［名］(食物を入れる縦長のふた付き)容器.
töllistellä 28［動］見惚れる,ぽんやり見ている.
töminä 14［名］大きな足音,騒音.
tömistellä 28［動］ドシンドシン歩く,踏みつける.
tömistä 41［動］地響きする.
tömistää 2［動］大きな足音をたてる.
tömähtää* 2［動］大きな足音を立てる,ドシンドシンと歩く,重い音を立てる.
töniä 17［動］〈常〉押す,打つ,ぶつかる.
töppönen 63［名］室内ばき,屋内靴,スリッパ.
törkeä 21［形］(karkea, paha)粗雑な;不注意な.
törky* 1［名］汚物,ごみ.
törmä 11［名］(töyräs)絶壁,崖.
törmätä 35［動］衝突する.
törröttää* 2［動］(olla pystyssä)留まっている,立っている,直立している.
törähtely 2［名］クラクションの音.
tötterö 2［名］紙袋.
töydätä* 35［動］〈文〉(syöksyä)急ぐ.
töyhtöhattu* 1［名］羽飾りのついた帽子.
töykeä 21［形］無作法な,ぶっきらぼうな.
töytäistä 24［動］押す,突く,飛びかかる,急に出現する.
töytätä* 35［動］〈文〉押す,突きとばす.

U

udar* 82 [名] (utare)動物特に牛の乳房.
udella* 28 [動] 好奇心がある, 知りたがる, (秘密などを)探り出す, 聞き出す.
uhata* 35 [動] 脅す, おどかす；悪い事が起こりそうになる.
uhitella* 28 [動] 脅す, おどかす.
uhka(*) 11 [名] 脅し, 脅迫.
uhkaava 13 [形] 脅迫的な, おどかす.
uhkapeli 4 [名] 賭博, ギャンブル.
uhkarohkea 21 [形] むこうみずの, むてっぽうな, 無謀な.
uhkaus 64 [名] おどし, 脅迫, 威嚇.
uhkea 21 [形] 壮大な, 荘厳な, 堂々とした.
uhkua 1 [動] 1. (vuotaa)溢れる, 溢れ出る. 2. (olla täynnä)一杯である, 破裂しそうである. 3. 喜びや元気などが溢れる.
uhma 11 [名] 反抗的態度.
uhmailu 2 [名] 反抗, 不従順, 軽視, 軽蔑.
uhmainen 63 [形] (uhmakas, uhmaava, uhmaileva) 反抗的な, 非従属的な.
uhmakas* 66 [形] 反抗的な.
uhmata 35 [動] 反抗する, 挑む, 挑戦する.
uhrata 35 [動] (käyttää, kuluttaa)使う, 費やす.
uhraus 64 [名] 犠牲.
uhrautua* 44 [動] 犠牲になる.
uhrautuvainen 63 [形] 犠牲的な, 献身的な(行為など).
uhri 4 [名] 犠牲, 犠牲者.
uida 18 [動] 泳ぐ.
uikuttaa* 2 [動] うめく, (不幸を)なげく, 悲しむ, めそめそ泣く.

uikutus 64［名］うめき，嘆き.
uima-allas* 66［名］プール.
uimahalli 4［名］室内プール，屋内プール.
uimahousut 1［複名］海水パンツ.
uimalaitos 64［名］屋内水泳場.
uimapuku* 1［名］水着，海水着.
uimari 5［名］泳ぐ人，泳ぎ手.
uimataitoinen 63［形］水泳の出来る.
uimuri 5［名］〈技〉(koho)容器の中の水量を示す浮き.
uinahtaa* 2［動］(vaipua uneen)眠りに落ちる.
uinailla 29［動］まどろむ，うたたねする.
uinti* 4［名］水泳.
uintikilpailu 2［名］水泳競技会.
uintiurheilu 2［名］水泳，泳ぎの運動.
uiskennella* 28［動］泳ぐ.
uistin 56［名］(魚つり道具)ルアー.
uittaa* 2［動］泳がせる；材木を川に流して運ぶ.
uitto* 1［名］泳がせること；材木を川に流して運ぶこと.
uiva 11［形］(kelluva)浮いている，浮遊している.
ujo 1［形］内気の，はにかんだ.
ujostelematon* 57［形］はずかしがらない，内気でない.
ujostella 28［動］はにかむ，はずかしがる.
ujostuttaa* 2［動］ためらわせる，恥ずかしがらせる，おくびょうにさせる.
ukko* 1［名］(vaari, äijä)おじいさん，老人.
ukkonen 63［名］雷.
ukkosenilma 10［名］雷雨模様の天気，気候.
ukkosenjohdatin* 56［名］避雷針.
ukkosenjyrinä 14［名］雷のとどろき，雷鳴.
ukkosilma 10［名］雷雨模様の天気.
ukkospilvi 8［名］雷雲.
ukonilma 10［名］雷の天気.
u-käännös 64［名］Uターン.
ulappa* 15［名］外海，広い海，大海.
ulina 14［名］(ulvonta)吠えること.

ulista 41 [動] (vonkua, vaikertaa)悲しそうに泣く, 泣き続ける, 不平を言う, 犬が鳴く.
uljas 66 [形] (rohkea)勇気がある, 勇敢な.
ulkoa [副] 外から, 外部から.
ulkoasiainministeri 5 [名] 外務大臣.
ulkoasiainministeriö 3 [名] 外務省.
ulkoasu 1 [名] 1. 外形, 外観. 2. (vaatetus, vaatteet)上着, 服, 服装.
ulkoilla 29 [動] (reippailla)外に出る, 外にいる, ハイキングに行く, 散歩する.
ulkoilma 10 [名] 外気.
ulkoilmamuseo 3 [名] 野外博物館.
ulkoilu 2 [名] 野外に出ること, ハイキング・散歩など野外活動.
ulkoinen 63 [形] (ulkopuolinen)外の, 外部の, 外側の.
ulkokullattu* 2 [形] いつわりの, 偽善の. [名] 偽善者.
ulkolainen 63 [形] (ulkomainen)外国の. [名] 外国人.
ulkoluku* 1 [名] 暗記すること.
ulkomaa 28 [名] 外国.
ulkomaalainen 63 [名] 外国人, 外人.
ulkomaankauppa* 10 [名] 外国貿易, 輸出, 輸入.
ulkomaanlento* 1 [名] 国際便, 国際線.
ulkomaanmatka 10 [名] 外国旅行.
ulkomainen 63 [形] 外国の, 対外の, 外国産の.
ulkomuisti 4 [名] 記憶. *ulkomuistista* 何も見ないで, 暗記して, そらで.
ulkomuoto* 1 [名] 外面, 表面, 顔つき.
ulkona [副] 外に, 戸外に.
ulkonainen 63 [形] 外面的, 外部の, 外見の, 外側の.
ulkonema 13 [名] 建物の張り出し部分.
ulkoneva 13 [形] 出張った, 突き出た.
ulkonäkö* 1 [名] 外観, 外見.
ulko-ovi 8 [名] 外側のドア, 外とびら.
ulkopolitiikka* 10 [名] 外交, 外交政策.
ulkopuolella [副] 外側に. [後] (属格と共に)〜の

外側に.
ulkopuolelle ［副］外側へ.［後］(属格と共に)〜の外側へ.
ulkopuolelta ［副］外側から.［後］(属格と共に)〜の外側から.
ulkopuoli 32［名］外側.
ulkopuolinen 63［形］(ulkoinen, ulkonainen)外側の, 外の, 外部の；傍らの, 脇の.
ulkosalla ［副］(ulkona)外で, 戸外で.
ulkosivu 1［名］外側のページ.
ullakko* 2［名］屋根裏部屋, 屋根裏.
uloimmainen 63［形］(uloin)最も外の, 最も遠い.
uloin* 59［形］(uloimmainen)最も外の, 最も遠い.
ulompana ［副］さらに外に, もっと先に, もっと遠くに.
ulos ［副］外へ, 戸外へ.
uloskäynti* 4［名］出口.
uloskäytävä 13［名］(ulospääsy)出入口.
ulosmitata* 35［動］(ulosottaa)差し押さえる, 没収する.
ulosottaa* 2［動］差し押さえる, 没収する.
ulosotto* 1［名］差し押さえ.
ulospäin ［副］外へ.
ulostaa 2［動］大便をする.
uloste 78［名］大便.
ulostus 64［名］排泄, 排泄物, 大便.
ulostuslääke* 78［名］通じをつける薬, 下剤.
ulota* 34［動］1. (etääntyä, loitota)遠ざかる. 2. (työntyä esiin)突き出る, 突出する.
ulottaa* 2［動］広げる, 拡大する.
ulottua* 1［動］届く, 達する, 広がる.
ulottuma 13［名］手の届く範囲.
ulottuvilla ［後］〜の手の届く所に, 〜の範囲内に.
ulottuvissa ［後］〜の手の届く内で, 〜の範囲の内で.
ulottuvuus* 65［名］長さ, 寸法, 広がり, 次元.
ulvoa 1［動］わめく, 動物が吠える.
ulvonta* 15［名］咆哮, 吠える声.

ummessa [副] (kiinni)閉じて, 閉まって, 閉鎖して.
ummetus 64 [名] 便秘.
ummikko* 2 [名] 母国語しか話せない人.
ummistaa 2 [動] (sulkea)閉じる, しめる, ふさぐ.
ummistua 1 [動] 閉じる, 狭くなる.
umpeen [副] (kiinni)閉じて, 閉まって, 閉鎖して.
umpi* 8 [名] 閉じられた状態；雪による道路閉鎖.
umpikuja 11 [名] 路地, 行き止まり. *joutua umpikujaan* ジレンマに陥る.
umpimielinen 63 [形] 内気な, 内向的な.
umpimähkäinen 63 [形] 手当たり次第の, でたらめの, 行き当たりばったりの.
umpimähkään [副] あてもなく, あてずっぽうに, 無計画に, でたらめに. *harhailla umpimähkään sinne tänne* あちらこちらあてもなく歩き回る.
umpinainen 63 [形] しめられた, 閉じられた, 密閉された.
umpipäissään [副] 酔っぱらって, 泥酔して.
umpisuolentulehdus 64 [名] 〈話〉盲腸炎.
umpisuoli 32 [名] 〈話〉盲腸.
umpiunessa [副] (sikeässä unessa)ぐっすり眠って.
umpivaunu 1 [名] 屋根付き車両.
umpiäänne* 78 [名] 〈声〉(klusiili)閉鎖音.
uneksia 17 [動] 夢を見る, 幻想・空想にふける, 夢想する.
uneksija 14 [名] 夢みる人, 夢想者.
uneksiva 13 [形] 夢をみている, 夢みるような, 夢うつつの.
unelias 66 [形] 1. 眠い, 眠たい. 2. (innoton, tarmoton)元気がない, 活気がない.
unelma 16 [名] (想像上の)夢.
uneton* 57 [形] 眠れない, 不眠症の.
unettaa* 2 [動] (nukuttaa)眠くさせる.
unettava 13 [形] 眠たそうな.
unho 1 [名] 〈雅〉忘却, 忘れ.
unhottaa* 2 [動] 〈古〉〈雅〉(unohtaa)忘れる.
uni 32 [名] (unennäkö)夢. ／*nähdä unta* 夢を見る. ／*Näin unta, että...* 次のような夢を見た. ／

päästä uneen 眠りに落ちる, 眠る. ／*saada unen päästä kiinni* 眠りに落ちる, 眠る.
unilääke* 78 [名] 眠り薬, 睡眠薬.
uninen 63 [形] 疲れた, 眠い, 眠りを必要とする.
unipäissään [副] (unissaan)夢を見て, 夢の中で.
univormu 1 [名] 制服.
Unkari 5 [名] ハンガリー.
unkarilainen 63 [形] ハンガリーの. [名] ハンガリー人.
unohdus 64 [名] 忘却, わすれ.
unohtaa* 2 [動] 忘れる.
unohtua* 1 [動] 忘れる.
unohtumaton* 57 [形] 忘れがたい, 忘れられない.
untuva 13 [名] 羽, 羽毛.
untuvainen 63 [形] ふわふわした, 羽毛のような.
uoma 11 [名] 川や流水によって作られた地表の窪み・深み.
upea 21 [形] (komea, loistava, suurenmoinen)シックな, エレガントな, 立派な, 大きくて立派な.
upokas* 66 [名] (sulatin)〈金〉るつぼ.
upota* 38 [動] (vaipua)沈む.
upottaa* 2 [動] 沈める, 沈没させる.
upotus 64 [名] 沈めること, 沈没, 浸水.
uppiniskainen 63 [形] (itsepäinen, itsepintainen) わがままな, 自分勝手な, 横柄な, 無礼な.
uppo- [副] 非常に(強調を表す).
uppo-outo* 1 [形] (täysin tuntematon)全く未知の.
uppoutua* 44 [動] 沈む, 落ち込む.
upseeri 5 [名] 士官, 将校.
ura 11 [名] 経歴, 履歴.
uraauurtava 13 [形] 開拓者の, 先駆者の.
urakka* 15 [名] 1. 請負仕事. 2. 大変な仕事, 辛い仕事.
urakoitsija 14 [名] 建築などを請負仕事でする人.
uranaukaisija 14 [名] (uranuurtaja)開拓者.
uranuurtaja 16 [名] 開拓者, 先駆者, パイオニア.
uranuurtava 13 [形] (uraauurtava)先駆者的.
urhea 21 [形] 勇敢な.

urheilija 14 [名] 運動家, スポーツマン.
urheilla 28 [動] 運動をする, 好んで体を動かす.
urheilu 2 [名] スポーツ.
urheilukenttä* 11 [名] 運動場.
urheilukilpailu 2 [名] 運動競技.
urheilupuku* 1 [名] 運動服, スポーツ服.
urheiluseura 10 [名] スポーツクラブ.
urheilutakki* 4 [名] 運動着.
urheilutarvike* 78 [名] (通常は複数形で)スポーツ用品, 運動用具.
urho 1 [名] 〈雅〉英雄, 勇士.
urhoollinen 63 [形] (rohkea, urhea)勇敢な, 勇気のある.
urista 41 [動] (murista)唸る.
urkkia* 17 [動] 〈俗〉明らかにする.
urkkija 14 [名] 探る人, 探偵, スパイ.
urkuharmoni 6 [名] (harmoni)足ぶみオルガン.
uros 70 / 71 [名] 1. (変化形70)(koiras)動物の雄. *uroshirvi* 雄のヘラジカ. *uroshevonen* (=ori)雄馬. 2. (変化形71)〈雅〉(sankari, urho)勇士, 英雄, 男.
uroskissa 10 [名] 雄猫.
urotyö 30 [名] 雄々しい・英雄的行為, 手柄.
urut* 1 [複名] オルガン.
usea 21 [不代] (名詞的に)多くの人. (形容詞的に)多くの. *useimmat* 最大多数の.
useimmiten [副] (useimmissa tapauksissa, tavallisesti, yleensä)しばしば, 多くの場合, 通常.
usein [副] 何度も, しばしば.
uskalias 66 [形] (peloton, rohkea)勇敢な, 勇気のある, 恐れを知らない.
uskallettu* 2 [形] (uskalias, rohkea)勇敢な, 勇気のある, 恐れを知らない.
uskallus 64 [名] 勇気.
uskaltaa* 5 [動] (rohjeta, tohtia)(不定詞と共に)思い切って〜する, 敢えて〜する.
uskaltautua* 44 [動] 思い切って行く, 思い切って〜する.

usko 1 [名] 信仰.
uskoa 1 [動] (安心して, 信用して)委ねる, 任せる.
uskollinen 63 [形] 忠実な, 誠実な.
uskomaton* 57 [形] 信じられない, 驚くべき.
uskonnollinen 63 [形] 宗教上の.
uskonoppi* 4 [名] 教理.
uskonpuhdistaja 16 [名] 宗教改革者.
uskonpuhdistus 64 [名] 宗教改革.
uskonto* 2 [名] 信仰, 宗教.
uskontunnustus 64 [名] 信仰の告白.
uskonvapaus* 65 [名] 信仰の自由.
uskotella* 28 [動] (luulotella)信じ込む, 誤って思い込む;断言する.
uskoton* 57 [形] 無信仰の, 誠実のない, 信義のない.
uskottava 13 [形] 信用できる, 当てになる.
uskottu* 2 [形] (luotettu)信用された, 信頼された, 親しい. [名] 信用のおける人, 信頼できる人.
uskovainen 63 [形] 宗教的, 信心深い. [名] 信者, 信徒.
usuttaa* 2 [動] 怒らせる, 刺激する.
usva 11 [名] 霞, もや, さ霧.
utare 82 [名] 動物特に牛の乳房.
uteliaisuus* 65 [名] 好奇心.
utelias 66 [形] 好奇心の強い, 知りたがる.
utu* 1 [名] 霧, 霞.
utuinen 63 [形] 霞んだ.
uudelleen [副] (uudestaan)再び;新しく.
uudenaikainen 63 [形] モダンな, 近代的な.
uudenlainen 63 [形] 1. 新しい種類の, 新しい. 2. (uudehko)比較的新しい.
uudenvuodenaatto* 1 [名] 大晦日, 大晦日の晩.
uudenvuodenjuhla 11 [名] 新年の祭り, 新年を祝う祭り.
uudenvuodenonnittelu 2 [名] 新年の祝賀.
uudenvuodenpäivä 11 [名] 元日.
uudestaan [副] (uudelleen)もう一度, 再び;新しく.

uudestijärjestäminen 63 [名] 再組織, 改造.
uudin* 56 [名] 窓掛け, カーテン.
uudisasukas* 66 [名] 入植者, 開拓者.
uudisasutus 64 [名] 開拓地, 植民地.
uudishankinta* 15 [名] 入手, 古いものを新しくすること.
uudissana 10 [名] 〈言〉新語.
uudistaa 2 [動] 新たにする, 更新する, 再建・再興する, 建て直す, 改革する.
uudistaja 16 [名] 新しくする人, 改革者.
uudistua 1 [動] 新しくなる, 新たにされる, 一新する, 若返る.
uudistus 64 [名] 1. (uudistaminen)新しくすること, 改革, 改良. 2. (uudistuminen)新しくなること, 革新.
uudisviljelys 64 [名] 開拓された土地・畑.
uuhi 33 [名] 成長した雌羊.
uuni 4 [名] いろり, 暖炉.
uupua* 1 [動] 〈雅〉疲れる. *uupua loppuun* 極端に疲れる.
uupumaton* 57 [形] 疲れない, 不屈の, たゆまぬ.
uupumus 64 [名] ひどい疲れ, 疲労困ぱい.
uupunut 77 [形] 疲れ切った, へとへとになった.
uurastaa 2 [動] 多忙である, あくせく働く, 骨折って働く.
uurna 11 [名] 骨壺.
uurre* 78 [名] 溝.
uurros 64 [名] 溝.
uurtaa* 6 [動] (uurrostaa)溝を作る, 溝を掘る, 水路を開く.
uurtua* 1 [動] 溝が作られる, 溝になる.
uushopea 21 [名] 洋銀(銅・ニッケル・亜鉛の合金).
uusi* 40 [形] 新しい. *uudemman kerran* (uudestaan)再び, もう一度.
uusia 17 [動] 新しくする.
uusikuu 29 [名] 新月.
uusinta* 15 [名] (uusiminen)新しくすること, 改革, 改良.

uusiopaperi 5 [名] 再生紙.
uusisuuntainen 63 [形] 新しい傾向の, 新しい方向に向かっている.
uusiutua* 1 [動] (uudentua)新しくなる, よくなる, 発展する.
uusivuosi* 84 [名] 元日；新年.
uutinen 63 [名] ニュース, 情報.
uutispalvelu 2 [名] 情報サービス, ニュースサービス.
uuttera 12 [形] 根気強い, 辛抱強い, 勤勉な.
uutuus* 65 [名] 新しいこと, 目新しさ, 珍しいこと.
uuvuksissa [副] 疲れ果てて.
uuvuttaa* 2 [動] 疲れさせる, 疲れはてさせる.

V

vaade* 78 [名] 要求, 主張, 自負.
vaahdota* 38 [動] 泡だつ；興奮して話す.
vaahto* 1 [名] あわ, あぶく.
vaaka* 10 [名] 秤(はかり).
vaakalintu* 1 [名] 〈神〉フィンランドの民話に出てくる大鷲.
vaakasuora 11 [形] 水平の, 平らの.
vaaksa 10 [名] 開いた手の親指の先と人差指又は中指の先の長さ.
vaakuna 15 [名] (楯・旗などの)しるし, 紋章.
vaalea 21 [形] (色が)明るい, 白っぽい, 淡い.
vaaleanpunainen 63 [形] ピンク色の, もも色の.
vaaleansininen 63 [形] 薄い青色の, 薄あい色の.
vaaleaverinen 63 [名] (vaaleaihoinen)色が白い, 肌が白い.
vaaleta 34 [動] (kalveta)青ざめる.
vaaleus* 65 [名] 色の明るさ.
vaali 4 [名] 選挙.

vaalia 17［動］大事にする．(hoittaa, hoivata)面倒を見る，世話する．
vaalikelpoinen 63［形］選ばれる資格のある，被選挙権のある．
vaalilippu* 1［名］投票用紙．
vaalinta* 15［名］面倒，世話．
vaalioikeutettu* 2［形］選挙権のある．
vaalipiiri 4［名］選挙区．
vaalitaistelu 2［名］選挙運動．
vaan［接］しかし，(ei と共に)～しない．
vaania 17［動］待ち伏せする；探偵・偵察する．
vaappera 12［形］(vaappuva)揺れる，揺れ動く．
vaappua* 1［動］(heilua, huojua)揺れ動く．
vaara 10［名］1. 危険．2.（主にカレリア地方にある）丘．
vaarallinen 63［形］危険な．
vaaranalainen 63［形］危険にさらされた．
vaarantaa* 8［動］危なくする，危険にさらす．
vaaraton* 57［形］危なくない，安全な．
vaari 4［名］おじいさん．
vaarnapora 11［名］先がらせん状の木工用きり．
vaata* 35［動］測定する，調べる，検査する．
vaate* 78［名］(通常は複数形で)衣類，衣服．
vaateharja 10［名］衣類用のブラシ．
vaatekauppa* 10［名］衣料品店．
vaatekerta* 10［名］衣服，衣類，着衣．
vaatelias 66［形］(vaativainen, liikaa vaativa)要求の多い．
vaatenaulakko* 2［名］コート掛け．
vaateripustin 56［名］ハンガー．
vaatettaa* 2［動］衣服を着せる，着装させる．
vaatetus 64［名］着物，服装．
vaatia* 17［動］要求する，支払を要求する；必要とする．
vaatimaton* 57［形］謙遜な，謙虚な．
vaatimus 64［名］要求，必要．
vaativa 13［形］要求する．
vaativainen 63［形］要求の多い．

vaatteidenhuuhtoja 16 [名] 洗濯婦.
vaatteisto 1 [名] 衣類, 衣服.
vaatturi 5 [名] (räätäli)仕立屋.
vadelma 13 [名] (vattu) 〈植〉ヨーロッパキイチゴ (バラ科キイチゴ属). 学名 Rubus idaeus.
vaellus 64 [名] 放浪, 行くこと.
vaeltaa* 5 [動] 放浪する, 遍歴する, 歩き回る.
vaeltaja 16 [名] 放浪者.
vaha 10 [名] ろう(蠟).
vahakangas* 66 [名] ろう布, 油布.
vahakynttilä 15 [名] ろうそく.
vahingoittaa* 2 [動] 傷つける, けがをさせる；(名誉・感情などを)害する, 損害を与える.
vahingoittua* 1 [動] 損害を受ける, 損する.
vahingollinen 63 [形] 害になる, 有害な.
vahingonilo 1 [名] 悪意のある喜び, 意地悪い喜び.
vahingonkorvaus 64 [名] 損害賠償.
vahingonteko* 1 [名] 損害を与えること, 傷害.
vahingoton* 57 [形] 害にならない, 無害の.
vahinko* 2 [名] 損害, 迷惑；不幸, 事故. *kärsiä vahinkoa* 損害を受ける, 損害をこうむる. *vahingossa* 偶然に.
vahinkoeläin 56 [名] 害獣.
vahinkolintu* 1 [名] 害鳥.
vahti* 4 [名] 番人, 見張人.
vahtimestari 5 [名] 管理人, 門番, 守衛.
vahva 10 [形] 固い, 丈夫な；強い, 確かな, 多量の；分厚い.
vahvero 2 [名] 〈菌〉アンズタケの仲間の総称.
vahvistaa 2 [動] 強くする, 丈夫にする, 確認する, 実証する.
vahvistin 56 [名] 〈電〉〈ラ〉増幅器.
vahvistua 1 [動] 強くなる, 強まる.
vahvistus 64 [名] 強化, 補強, 増強；確認.
vahvuinen 63 [形] 〜の厚さの.
vahvuus* 65 [名] 固さ, 丈夫さ, 強さ.
vai [接] あるいは(疑問文で用いる).
vaientaa* 8 [動] 黙らせる, 静まらせる.

vaieta* 34 [動] 沈黙する.
vaihde* 78 [名] 鉄道の転轍器；車のギア；変わり目, 変化する時；(puhelinvaihde)(会社などの電話の)交換, 代表. vuosisadan *vaihteessa* 世紀の変わり目に.
vaihdelaatikko* 2 [名] 車のギヤボックス.
vaihdella* 28 [動] 変える, 修正する, 多様にする.
vaihe 78 [名] 段階, 局面, 時期, 年代. 属格+*vaiheilla* ～年頃.
vaiheikas* 66 [形] 波瀾に富んだ, 変化に富んだ. *vaiheikas* elämä 波瀾に富んだ人生.
vaihekausi* 40 [名] 時期, 時代, 周期.
vaiherikas* 66 [形] (vaiheikas, monivaiheinen)変化に富んだ.
vaihtaa* 9 [動] 取り換える, 新しくする, 交換する. *vaihtaa rahaa* 両替する.
vaihteisto 2 [名] 伝播装置, ギヤ.
vaihteleva 13 [形] 変わり行く, 変わり得る, 変化する, 変わる.
vaihtelu 2 [名] 変化. *tuoda vaihtelua* ～に変化を与える.
vaihto* 1 [名] 取り換え, 交換.
vaihtoehto* 1 [名] 一つを選ぶこと, 二者択一.
vaihtoehtoinen 63 [形] 可能性がある, 可能な.
vaihtokauppa* 10 [名] 物々交換.
vaihtokurssi* 4 [名] 交換レート.
vaihtolämpöinen 63 [形] (魚・蛙・爬虫類・昆虫などのように)環境によって体温が変わる, 変温の.
vaihtomies 72 [名] (vaihtopelaaja)〈ス〉代理の選手, 補欠選手.
vaihtoraha 10 [名] 釣り銭, おつり.
vaihtovirta* 10 [名]〈電〉交流.
vaihtua* 1 [動] 変化する.
vaikea 21 [形] 難しい, 困難な, 大へんな.
vaikeakulkuinen 63 [形] 通行困難な.
vaikeatajuinen 63 [形] 難解な, わかりにくい.
vaikeroida 30 [動] 嘆き悲しむ, 呻吟する.
vaikertaa* 6 [動] (vaikeroida)嘆き悲しむ, 呻吟する.

vaikeuttaa* 2 [動] 苦しくする, 困難にする.
vaikka [接] ～にもかかわらず, ～であっても, ～であるけれども. (副詞的に)～であっても, 多分. *vaikka kuinka* どんなに～だとしても.
vaikute* 78 [名] 影響, 刺激. *saada vaikutteita*+出格 ～から影響を受ける.
vaikutelma 13 [名] 印象. *antaa vaikutelma*+出格 ～という印象を与える.
vaikutin* 56 [名] 動機, 動因.
vaikuttaa* 2 [動] 影響を与える. (離格と共に)～の印象を与える, ～のように見える.
vaikutus 64 [名] 影響. 属格+*vaikutuksesta* ～の影響で. *olla*+属格+*vaikutuksen alaisena* ～の影響下にある.
vaikutusvalta* 10 [名] 影響力, 感化力.
vaikutusvaltainen 63 [形] 影響力の大きい, 勢力のある.
vailla [後] [前] (vaille) 1. (時刻を表して)～前. 2. (分格と共に)～が欠けて, ～無しに. *olla vailla*+分格(*olla*+分格+*vailla*)～が不足している, ～を必要とする.
vaillinainen 63 [形] 不完全な, 不備な.
vaimentaa* 8 [動] 和らげる, 静める.
vaimeta 34 [動] (vaimentua, heiketä)弱まる, 弱くなる.
vaimo 1 [名] 妻.
vain [副] ただ, 単に, ～を除いて, 予期に反して. *ettei vain* ～かもしれない(推測を表す). *sen kun vain* ただ～だけ.
vainaja 16 [名] 死者, 死人.
vainio 3 [名] 広い畑.
vaino 1 [名] (vainoaminen)滅ぼすこと.
vainoharha 10 [名] 〈医〉偏執病, 誇大妄想狂.
vainota 38 [動] (ahdistaa)苦しめる.
vainotoimenpide* 78 [名] 報復措置, 圧力.
vainu 1 [名] (猟犬などの)嗅覚.
vainukoira 11 [名] 猟犬.
vainuta 39 [動] 嗅ぎつける, 嗅ぎ分ける.

vaippa* 10 [名] おむつ, 外とう, マント.
vaipua* 1 [動] 沈む, 下る, 落ちる.
vaisto 1 [名] 〈心〉本能.
vaistomainen 63 [形] 本能的な, 本能の.
vaistota 38 [動] (aavistaa)予感する.
vaisu 1 [形] 小さい, 低い, かすかな, 力の弱い.
vaitelias 66 [形] 口数の少ない, 無口の.
vaiti [副] 無言で, だまって, 静かに.
vaitiolo 1 [名] 沈黙.
vaiva 10 [名] 心配, 悩み, 痛み, 苦しみ, 骨折り, 重労働. *vaivojaan säästämättä* 労を惜しまずに, 骨身をおしまずに.
vaivainen 63 [形] 病気の, 苦しんでいる.
vaivalloinen 63 [形] 困難の多い, 骨の折れる.
vaivata 35 [動] 悩ませる, 迷惑をかける, 苦しめる.
vaivaton* 57 [形] たやすい.
vaivautua* 44 [動] 困る, 当惑する; 苦労する.
vaivoin [副] 困難を伴って, やっと.
vaja 10 [名] 倉庫.
vajaa 23 [形] 不足している, 足りない. *vajaan minuutin kuluttua* 一分足らずで, 一分もしないで.
vajaavaltainen 63 [形] 〈法〉未成年の.
vajaaälyinen 63 [形] 馬鹿な, 愚かな.
vajanainen 63 [形] 不完全な, 不備な.
vajaus 64 [名] 〈商〉欠損, 赤字.
vajavainen 63 [形] 不完全な.
vajavaisuus* 65 [名] 不完全.
vajeta 34 [動] 少なくなる, 減る.
vajota 38 [動] (upota)沈む.
vakaa 23 [形] コンスタントな.
vakaamielinen 63 [形] まじめな, 本気の.
vakaannuttaa* 2 [動] 安定させる, 固定させる.
vakaantua* 1 [動] (vakautua*)安定する.
vakaumus 64 [名] 確信, 信念.
vakauttaa* 2 [動] 安全にする, 強める.
vakava 13 [形] まじめな, 本気な, 重要な, 厳格な, しっかりした. *vakavissaan* まじめに, まじめくさって.

vakavuus* 65 [名] 堅さ, 強固.
vakiinnuttaa* 2 [動] 固定する.
vakiintua* 1 [動] 確立する, しっかり決まる.
vakinainen 63 [形] 変わらない, 永続的の；正常の.
vakio- (standardi-) 標準的な, スタンダードな. *vakiokirjasin* 標準活字.
vakituinen 63 [形] 固体の, 堅い, 持ちこたえる.
vakka* 10 [名] 木箱, 蓋付きの容器. *vakka ja kansi* (比喩的に) ぴったりと, 似合って.
vako* 1 [名] うね, みぞ, すじ.
vakoilija 14 [名] スパイ.
vakoilla 29 [動] こっそり見る, 偵察する.
vakoilu 2 [名] 探偵, 探索.
vakuus* 65 [名] 保証.
vakuuttaa* 2 [動] 断言する, 保証する, 請け合う；確かにする, 確実にする.
vakuuttautua* 44 [動] 承諾する, 納得する.
vakuuttava 13 [形] 決定的な, 争う余地のない.
vakuuttua* 1 [動] *tulla vakuuttuneeksi*+出格 確信するようになる. *olla vakuuttuneena*+出格 確信している.
vakuutus 64 [名] 保証, 約束；保険.
vakuutuskirja 10 [名] 保険証券.
vakuutusmaksu 1 [名] 保険料.
vakuutusyhtiö 3 [名] 保険会社.
vala 10 [名] 誓い.
valaa 9 [動] 鋳造する.
valaehtoinen 63 [形] 宣誓の, 宣誓に関係する.
valahtaa* 2 [動] こぼれる, こぼれ落ちる.
valaisin 56 [名] 電球の傘.
valaista 24 [動] 照らす (antaa valoa).
valaistus 64 [名] あかり, 照明.
valallinen 63 [形] 宣誓に基づく, 宣誓による.
valamies 72 [名] 陪審員.
valanteko* 1 [名] 誓うこと, 誓約.
valas 66 [名] 鯨.
valehdella* 28 [動] うそ, 虚偽を言う, いつわる.
valehtelija 14 [名] うそつき.

valekuollut 77 ［形］気絶した，人事不省の．［名］気絶した人，人事不省におちいった人．
valella 28 ［動］ゆすぐ，洗う，濡らす．
valenimi 8 ［名］仮名，偽名．
valepuku* 1 ［名］変装，仮装．
valhe 78 ［名］うそ，いつわり．
valheellinen 63 ［形］嘘の．
valikoida 30 ［動］選ぶ，選び出す，選択する．
valikoima 11 ［名］選ばれたもの，選集，商品の取り揃え．
valimo 2 ［名］鋳造工場．
valinnainen 63 ［形］選択の，随意の．
valinta* 15 ［名］選択，選出，選び．
valintakilpailu 2 ［名］〈ス〉(スポーツなどの)予選．
valintalevy 1 ［名］(電話の)ダイヤル板．
valintamyymälä 15 ［名］スーパーマーケット．
valiokunta* 11 ［名］委員会．
valistus 64 ［名］啓蒙．
valita 31 ［動］選ぶ，選挙する．
valitella* 28 ［動］不平を言う，ぶつぶつ言う．
valitettava 13 ［形］嘆かわしい，悲しむべき，残念な．
valitettavasti ［副］残念ながら．
valittaa* 2 ［動］うめく，文句を言う，不平不満を述べる，残念に思う，嘆き悲しむ．
valitus 64 ［名］不平，苦情，泣きごと，異議の申し立て．*tehdä valitus* 異議の申し立てをする．
valitusaika* 10 ［名］異議申し立て期間．
valjaat 66 ［複名］(馬車馬の)馬具．
valjakko* 2 ［名］車を引く動物．
valjastaa 2 ［動］馬具を付ける．
valjeta* 34 ［動］白くなる，明るくなる．
valkaista 24 ［動］白くする，さらす，漂白する．
valkama 16 ［名］船着き場．
valkea 21 ［形］白い．*ei kuuna kullan valkeana* (ei milloinkaan)もう決して～ない．
valko- ［形］白い．
valkoapila 14 ［名］〈植〉シロツメクサ．学名 Trifo-

lium repens.
valkoihoinen 63 [形] 白い皮膚の. [名] 白人.
valkoinen 63 [形] 白い. [名] 白色.
valkokangas* 66 [名] (映画の)スクリーン.
valkolakki* 4 [名] 学生帽.
valkoparta* 10 [名] 白髭.
valkopartainen 63 [形] 白髭の.
valkosipuli 5 [名] にんにく.
valkosolu 1 [名] 〈解〉白血球.
valkoviini 4 [名] 白ワイン.
valkovuokko* 1 [名] 〈植〉ヤブイチゲ. キンポウゲ科イチリンソウ属の植物. 学名 Anemone nemorosa.
valkuainen 63 [名] (目の)しろめ, (卵の)白身, 卵白.
vallan [副] 非常に, 全く.
vallanhimo 1 [名] 支配欲, 野心, 野望.
vallanhimoinen 63 [形] 野心ある, 野心的な.
vallankaappausa 64 [名] クーデター.
vallankin [副] (varsinkin)特に.
vallankumouksellinen 63 [形] 革命の, 革命的な.
vallankumous 64 [名] 革命.
vallankäyttö* 1 [名] 権力行使.
vallanohja 11 [名] (複数形で)権力の手綱.
vallanpitäjä 16 [名] 権力者.
vallata* 35 [動] (alistaa valtaansa)支配する, 征服する, 押さえる.
vallaton* 57 [形] やんちゃな, 無法な, 我侭な, 気侭な.
vallattomuus* 65 [名] 手に負えないこと, 野育ち, 我侭.
valli 4 [名] 堤防.
vallita 31 [動] 支配する, 治める.
valloittaa* 2 [動] 征服する, 奪取する.
valloittaja 16 [名] 征服者.
valmennus 64 [名] 訓練, 鍛錬, (スポーツの)トレーニング.
valmentaa* 8 [動] 〈ス〉コーチする.
valmentaja 16 [名] 〈ス〉スポーツのコーチ.
valmentautua* 44 [動] 自らを訓練する. *valmen-*

tautuminen ammatteihin 職業訓練.

valmis 69［形］整った，準備ができた，完成した．(名詞的に)実現(した物)．*valmiina* 用意(競走の号令)．*saada valmiiksi* できあがる．*valmiiksi tehty* 既製の，レディーメイドの．*olla valmis* ＋第3不定詞入格　～の準備ができている，～が整っている．

valmistaa 2［動］作る．出格＋*valmistettu*　～で作られた．

valmistaja 16［名］メーカー．

valmistautua* 44［動］準備する．(入格と共に)～の準備をする，～の用意をする．

valmiste 78［名］製品，作品．

valmistella 28［動］作る，作り上げる，製作する．

valmistelu 2［名］準備，用意．

valmistua 1［動］できあがる，終了する，卒業する．

valmistus 64［名］製作，製造．

valmius* 65［名］整うこと，準備．

valo 1［名］光，明かり．

valoisa 13［形］明るい，日当たりがよい．［名］明るい場所；明るい色．

valokuva 11［名］写真．

valokuvaaja 16［名］写真家．

valokuvata 35［動］写真を撮る，撮影する．

valokuvauskone 78［名］(kamera)カメラ．

valokuvausliike* 78［名］写真屋．

valonarka* 10［形］光を感じ易い，感光性の．

valonheitin* 56［名］投光器，ヘッドライト．

valonheittäjä 16［名］探照灯，サーチライト，照明機．

valonherkkä* 11［形］感光の，光に反応する．

valonsäde* 78［名］光線．

valottaa* 2［動］〈写〉露光する，露出する．

valotus 64［名］〈写〉露出，露光．

valotusmittari 5［名］〈写〉露出計．

valovuosi* 40［名］〈天〉光年．

valpas* 66［形］用心深い，抜け目のない，機敏な．

valssata 35［動］〈金〉平たく延ばす，圧延する．

valssaus 64［名］〈金〉圧延．

valssi 4 [名] ワルツ.
valta* 10 [名] 支配, 権力. *olla*＋属格＋*vallassa* 〜の権限の下にある, 〜の掌中に握られている. *omissa valloissaan* 自分の好きなように, 自分だけで. *päästää valloilleen* 解放する, 自由にする.
valtaenemmistö 1 [名] 大多数, 過半数.
valtaistuin 56 [名] 王座, 王位, 帝位.
valtakatu* 1 [名] (市街の)大通り, メインストリート.
valtakirja 10 [名] 委任状.
valtakunta* 11 [名] 王国.
valtameri 32 [名] 大洋, 大海.
valtasuoni 32 [名] 動脈.
valtatie 30 [名] 本通り, 大通り, 目抜き通り.
valtaus 64 [名] 征服, 獲得, 奪取.
valtava 13 [形] 大きな, 強力な, 勢力が強い. *valtava joukko* おおぜい, 多数, たくさん. *valtava määrä* 多量, 大量, たくさん. *valtavan* 非常に, とても.
valtias 66 [名] (vallitsija)支配者.
valtikka* 15 [名] 王しゃく(笏), 王の杖；権力.
valtimo 2 [名] 〈解〉動脈.
valtio 3 [名] 国家.
valtioliitto* 1 [名] 国家連合, 連邦.
valtiollinen 63 [形] 国の, 国家の, 国営の.
valtiollistaa 2 [動] 国有にする, 国営(国立)にする.
valtiomies 72 [名] 政治家.
valtiomuoto* 1 [名] 国体, 政体.
valtioneuvos 64 [名] 功績のあった政治家に与えられる称号.
valtioneuvosto 2 [名] (hallitus, ministeristö)内閣.
valtionpäämies 72 [名] 国家の元首, 大統領.
valtionrahasto 2 [名] 国庫.
valtionraja 10 [名] 国境.
valtionvarat 10 [複名] 国家財政, 国家予算.
valtionvastainen 63 [形] 国家に危険な, 反逆の.
valtionvirkamies 72 [名] 官吏.
valtionyliopisto 2 [名] 国立大学.

valtiopäivät 11 [複名] (eduskunta, parlamentti)議会, 国会.
valtiosääntö* 1 [名] 憲法.
valtiotaito* 1 [名] 政略.
valtioteko* 1 [名] 政治的行為(行動).
valtiotiede* 78 [名] 政治学.
valtiovarainministeri 5 [名] 大蔵大臣.
valtiovarainministeriö 3 [名] 大蔵省.
valtti* 4 [名] (トランプの)切り札.
valtuus* 65 [名] 権能, 権限.
valtuuskunta* 11 [名] 委員会, 代表団.
valtuusto 2 [名] 代表団, 委員会.
valtuutettu* 2 [名] 代表者, 権限を委任された者.
valtuuttaa* 2 [動] 権力・権能を委任する, 資格を与える.
valua 1 [動] 流れる.
valurauta* 10 [名] 鋳鉄.
valuutta* 15 [名] 〈経〉通貨；外貨, 外国為替.
valve 78 [名] めざめている事. *havahtua valveille* 目覚める.
valveilla [副] めざめて.
valvoa 1 [動] 1. (olla valveilla)夜起きている, 徹夜する. 2. (tarkastaa, pitää silmällä)見張る.
valvoja 16 [名] 監督者, 監視者, 管理者.
valvonta* 15 [名] 検査, 監査, 監督.
vamma 10 [名] 障害.
vammainen 63 [形] 体が不自由な. [名] 体が不自由な人.
vana 10 [名] 船, 水鳥などの航跡.
vanavesi* 40 [名] 航跡. 属格+*vanavedessä* ついてゆく, 従う.
vaneri 5 [名] ベニヤ板, 合板.
vaneriviilu 1 [名] ベニヤの化粧板.
vanginvartija 14 [名] 刑務所の看守, 見張人.
vangita 31 [動] 捕らえる, 逮捕する.
vanha 10 [形] 年取った, 古い；～才の；昔の.
vanhahtava 13 [形] 古風な, 古めかしい.
vanhainkoti* 4 [名] 老人ホーム.

vanhakantainen 63 [形] 古い基礎(基盤)を持った.
vanhanaikainen 63 [形] 時代遅れの, 古い時代の.
vanhapiika* 84 [名] 女の独身者, オールドミス.
vanhapoika* 84 [名] (poikamies)男の独身者.
vanhastaan [副] (vanhoista ajoista)古くから, 以前から.
vanhemmat* 22 [複名] 両親.
vanhentua* 1 [動] 年とる, 老いる, 古びる, すたれる.
vanheta 34 [動] (vanhentua)年を取る, 老ける.
vanhoillinen 63 [形] 保守的な.
vanhus 64 [名] 老人(総称).
vanhuus* 65 [名] 老年, 高令.
vanhuuseläke* 78 [名] 養老年金.
vanhuusvakuutus 64 [名] 養老保険.
vankanlainen 63 [形] 力強い, 力の強そうな.
vankeinhoito* 1 [名] 囚人管理.
vankeus* 65 [名] 禁固, 囚人の状態, 捕らわれの身.
vanki* 4 [名] 囚人, とりこ.
vankila 14 [名] 牢獄, 監獄, 刑務所.
vankityrmä 11 [名] 牢屋, 牢獄.
vankka* 10 [形] しっかりした, 強固な.
vankkurit 5 [複名] 人も荷物も乗せる人力の四輪車, ワゴン.
vanne* 78 [名] (桶などの)たが.
vannoa 1 [動] 誓う.
vannottaa* 2 [動] 断言させる. (分格+第3不定詞入格と共に)誓わせる.
vanu 1 [名] わた, 詰め綿.
vanukas* 66 [名] 〈料〉プディング, プリン.
vanuttaa* 2 [動] 〈織〉羊毛をフェルトにする.
vapa* 10 [名] 釣りざお.
vapaa 23 [形] 自由な, 独立の, 拘束されない；無料の；(仕事が)休みの；(席が)開いている. (出格と共に)～から逃れた, ～から自由になった.
vapaa-aika* 83 [名] 余暇, 自由時間.
vapaa-ajattelija 83 [名] 自由思想家, 宗教・信仰に捕らわれない人.

vapaaehtoinen 63 [形] 自由意志の, 自発的の, 任意の.
vapaakauppa* 83 [名]〈経〉自由貿易.
vapaakaupunki* 83 [名] 自由都市.
vapaamielinen 63 [形] 心の広い, 太っ腹の, 気まえのいい.
vapaapotku 83 [名]〈ス〉フリーキック.
vapaarumpu* 83 [名] (vapaanapa)〈技〉惰行, (自転車について)こがなくても走る状態.
vapaasatama 83 [名] 自由貿易港.
vapaauinti* 83 [名]〈ス〉(水泳の)自由形.
vapahdus 64 [名]〈宗〉解放, 釈放, 救助.
vapahtaa* 2 [動] 解放する, 自由にする.〈宗〉罪から救う, 救済する.
vapahtaja 16 [名]〈宗〉(通常 Vapahtaja)救い主キリスト.
vapaudenrakkaus* 65 [名] 自由を愛すること.
vapaus* 65 [名] 自由.
vapaussota* 11 [名] 自由のための戦い, 自由戦争.
vapauttaa* 2 [動] 自由にする.
vapautua* 44 [動] 自由になる, 解放される.
vapautus 64 [名] 自由にすること, 自由になること, 解放, 釈放.
vapiseva 13 [形] 震える. *vapisevin* polvin 膝が震えて.
vapista 41 [動] 震える, けいれんする.
vappu* 1 [名] (vapunpäivä)五月一日, 五月祭, メーデー.
vara 10 [名] 1. 財力, 資本, たくわえ. 2. (複数形で)基金. 3. 支え, 保存. *kaiken varalta* 念の為. *pitää varansa*=olla varuillaan 準備する, 注意する. 属格+*varassa* 〜に依存する, 〜に頼る.
vara-avain 56 [名] 合鍵, 予備の鍵.
varajäsen 55 [名] 代理人.
varakas* 66 [形] 金持ちの, 豊かな.
varalle [後] (属格と共に)〜に備えて.
varallisuus* 65 [名] 裕福, 資産, 財産.
varallisuusoikeudellinen 63 [形]〈法〉財産に関す

る権利の.
varallisuusoikeus* 65 [名]〈法〉財産に関する権利.
varamies 72 [名] 代理人, 名代.
varanto* 2 [名]〈経〉〈商〉準備金, 予備金.
varaosa 11 [名] (機械などの)部品.
varaovi 8 [名] 非常口.
vararengas* 66 [名] 予備タイヤ.
vararikko* 1 [名] 下落, 価値や地位が落ちること, 倒産, 破産. *joutua vararikkoon* 破産する.
varas* 66 [名] 泥棒, こそ泥.
varaslähtö* 1 [名]〈ス〉(スポーツで)合図より前にとび出すこと.
varassa [後] (属格と共に)～に支えられて, ～を頼りに, ～に助けられて.
varastaa 2 [動] 盗む.
varasto 2 [名] 倉庫, 貯蔵所.
varastoida 18 [動] 貯える.
varata 40 [動] とって置く, たくわえる, (席などを)予約する.
varaton* 57 [形] 資力のない, 貧しい.
varaukseton* 57 [形] 完全な, 無条件の.
varaus 64 [名] (ehto, rajoitus)条件, 制限. *tietyin varauksin* 特定の条件で, 特定の制限をもって.
varautua* 44 [動] ～に備える, 準備する.
varhain [副] (時間的に)早く, 以前に.
varhainen 63 [形] (時間的に)早い, (時間・時期が)早い. *varhaisesta aamusta* 朝早くから.
varhemmin [副] (aikaisemmin, varhaisemmin)当初, 初期に.
varikko* 2 [名]〈軍〉兵器保管所, 貯蔵所, 倉庫.
varis 64 [名]〈鳥〉ハシボソガラス(カラス科). 学名 Corvus corone.
varista 24 [動] 小さな物が落ちる, 木の葉が落ちる.
varistaa 2 [動] 小さい物を落とす.
varjella 28 [動] 守る, 保護する, 保存する.
varjo 1 [名] 陰, 日陰, 物陰.
varjostaa 2 [動] 影をつける.
varjostin 56 [名] 日除け, (ランプなどの)かさ.

varkain ［副］(luvatta, salaa)密かに，許可なしに．
varkaus* 65 ［名］盗み，盗難．
varma 10 ［形］確かな，安全な，信頼できる．*olla varma siitä*, että. 〜について確信する，〜について定かである．
varmaan ［副］確かに．varmaankin(否定文でvarmaankaan)おそらく，多分．
varmentaa* 8 ［動］確かめる，(真実であると)確認する．
varmistaa 2 ［動］確かにする，証拠だてる．
varmistin 56 ［名］安全装置，ヒューズ．
varmistua 1 ［動］確かになる．
varmuus* 65 ［名］確かさ．*varmuuden vuoksi* 念のため，安心のため．
varmuusketju 1 ［名］ドアのチェーン．
varoa 1 ［動］(karttaa, välttää)(危険・災害などを避けるよう)気をつける，注意する．
varoittaa* 2 ［動］(分格と共に)注意する．
varoitus 64 ［名］警告，注意，忠告；〈軍〉命令．
varoitusmerkki* 4 ［名］警戒標識．
varoke* 78 ［名］〈電〉ヒューズ．
varokeino 1 ［名］予防手段．
varolaite* 78 ［名］安全装置．
varomaton* 57 ［形］不注意な，軽率な，無思慮な．
varova 13 ［形］用心深い，慎重な．
varovainen 63 ［形］注意深い，慎重な．
varpa* 10 ［名］〈古〉長くて細い枝，さお，つえ．
varpaisillaan ［副］爪先立って．
varpunen 63 ［名］〈鳥〉スズメ．正しくはイエスズメ(ハタオリドリ科)．学名 Passer domesticus.
varras* 66 ［名］棒，杖；reikäleipä(丸パン)を通す棒；魚・肉を焼く時の先の尖った棒，串．
varrella ［後］〜のほとりに．puron *varrella* 小川のほとりに．(属格と共に)(aikana, kuluessa)〜する時に，〜する途中に．*matkan varrella* 途中で，旅行中に．*vuosien varrella* 数年来．
varsa 10 ［名］子馬．
varsi* 42 ［名］茎，(道具などの)柄，脇．

varsikenkä* 11 ［名］（ひものある）短ぐつ.
varsiluuta* 11 ［名］（木の枝などを束ねて作った）長い柄の箒.
varsin ［副］特に，非常に，とても.
varsinainen 63 ［形］独特の，固有の，本当の，正式の.
varsinkin ［副］（否定文では varsinkaan）特に，とりわけ.
vartalo 2 ［名］胴体.〈言〉語幹.
varta vasten ［副］その為だけに，わざわざ.
varteen ［副］*ottaa varteen* (ottaa huomioon)気をつける，注意する.
varteenotettava 13 ［形］注意されるべき，注目されるべき.
varten ［後］（分格と共に）～のために，～の故に. *sitä varten,* että... ～のために.
vartija 14 ［名］番人，見張人.
vartio 3 ［名］見張り，見張り人，見張り場所. *pitää vartiota* 見張る.
vartioida 30 ［動］見張る.
vartiokoira 11 ［名］番犬.
vartiopaikka* 10 ［名］〈軍〉見張り場所.
vartiosto 1 ［名］警護隊，護衛隊.
varttua* 1 ［動］(kasvaa)成長する.
varuillaan ［副］準備して，注意して.
varushuone 78 ［名］(varuskamari, varuskammari) 昔城内で武具・鎧などを入れておいた部屋.
varustaa 2 ［動］整える，準備する. *varustaa täyteen* ～をいっぱいにする. *varustaa mukaan* (ottaa mukaan)持参する，備える.
varustautua* 44 ［動］(valmistautua, varautua)整える，準備をする，(aseistautua)武装する.
varuste 78 ［名］付属品，部品，道具.
varustus 64 ［名］旅仕度，身仕度，装備.
varvas* 66 ［名］足の爪先.
varvikko* 2 ［名］(varvisto)小さく細い木の生えた所，灌木林.
vasa 10 ［名］〈建〉梁，根太.

vasara 15 [名] ハンマー,金槌.
vasemmalla [副] 左に,左側に.
vasemmalle [副] 左へ,左側へ.
vasemmalta [副] 左から,左側から.
vasemmisto 1 [名] 左翼政党.
vasemmistolainen 63 [形] 左翼の,左翼政党の.
vasempaan [副] 左へ,左側へ.
vasen* 60 [形] 左の,左側の.
vasenkätinen 63 [形] 左利きの.
vasikankyljys 64 [名]〈料〉子牛肉のカツレツ.
vasikanliha 10 [名] 子牛の肉.
vasikka* 15 [名] 子牛.
vaski 8 [名]〈古〉〈雅〉(kupari)銅.
vaskinen 63 [形] 銅(製)の.
vaskisoitin* 56 [名]〈楽〉金管楽器.
1.**vasta** [副] 今しがた,たった今. *vasta sen jälkeen* その直後に. *vasta sitten, kun...* 後に.
2.**vasta** 10 [名] (vihta)サウナで使う白樺の枝の束.
vastaaja 16 [名]〈法〉被告.
vastaamaton* 57 [形] 答えがない,返事がない.
vastaan [後] (分格と共に)〜に向かって,〜に対して. *tulla vastaan* 迎えにくる. *tulla*+分格+*vastaan* 迎える,迎えに出る. [副] 前方から,前から. *ottaa vastaan* 迎え入れる.
vastaanotin* 56 [名] 受信機.
vastaanottaa* 2 [動] (ottaa vastaan)迎える,迎え入れる,受け入れる,受け取る.
vastaanottaja 16 [名] 受取人.
vastaanottavainen 63 [形] 影響を受けやすい,感じやすい.
vastaanotto* 1 [名] 応接,面会,受付.
vastaanottoaika* 10 [名] 受付時間,面会時間.
vastaanottokortti* 4 [名] 宿泊カード.
vastaanpano 1 [名] 異議,反対,抗議.
vastaava 13 [形] 相当する,匹敵する,対応する.
vastahakoinen 63 [形] いやいやながらの,しぶしぶの,不本意の.
vastainen 63 [形] 将来の. (属格と共に)〜に面した,

~に向かい合った.
vastakaiku* 1 [名] 反響, こだま；同感, 共鳴.
vastakkain [副] お互いに, 相対して.
vastakkainen 63 [形] 反対側の(抽象的な意味にも).
vastakohta* 11 [名] 反対, 対比, 対照. *vastakohtana*+向格 ～に対比して.
vastakohtainen 63 [形] 対照的な, 逆の, 反対の.
vastakohtaisuus* 65 [名] 反対, 矛盾.
vastalahja 10 [名] 返礼の贈物.
vastalause 78 [名] 異議・抗議・故障の申し立て.
vastamerkki* 4 [名] 受取証.
vastamäki* 8 [名] (ylämäki)登り坂.
vastapaino 1 [名] (釣合いを取るための)秤のおもり.
vastapuhelu 2 [名] コレクトコール.
vastapäivään [副] 時計と反対回りに.
vastapäätä [副] 向かい側に. [後] [前] (分格と共に)～の向かい側に.
vastarinta* 10 [名] 抵抗, 反抗, 反対.
vastassa [副] 出迎えて, 待って. *olla vastassa* 出迎える, 会う, 迎えに来て待っている.
vastasyntynyt 77 [形] (juuri syntynyt)生まれたての, 生まれたばかりの. *vastasyntynyt lapsi* 生まれたばかりの赤ちゃん.
vastata 35 [動] 答える, 返事をする；報いる, 責任を持つ. (入格と共に)～に答える.
vastatuuli 32 [名] 逆風, 向かい風.
vastaus 64 [名] 答え, 返事, 報い.
vastavaikutus 64 [名] 反作用, 反動.
vastaväite* 78 [名] 反対, 異議. *esittää vastaväite* 反対する, 異議を述べる.
vastaväittely 2 [名] 反対, 異議. *syntyä vastaväittely* 反対が生じる.
vastaväittäjä 16 [名] 反対者, 反ばく者.
vastedes [副] 以後, 今後, 将来.
vasten [後] (分格と共に)～に対して, ～に向かって.
vastenmielinen 63 [形] 不愉快な, 気に入らない.
vastenmielisesti [副] いやいやながら, しぶしぶと,

不本意に.
vastike* 78 [名] 代用品, 代替物.
vastikään [副] (äsken)今しがた.
vastine 78 [名] 見合う物, 丁度よい物, 対応物.
vastoin [副] *päin vastoin kuin* ～とは反対に, ～とは逆に. [前][後](分格と共に)～とは逆に, ～とは違って.
vastoinkäyminen 63 [名] 不幸, 不運, 逆境.
vastukseton* 57 [形] 妨げられない, 障害のない.
vastus 64 [名] 災難, わざわい, 不幸, 困難.
vastustaa 2 [動] 反対する, 抵抗する.
vastustaja 16 [名] 敵, 相手, 反対者.
vastustamaton* 57 [形] 抵抗できない, かなわない, 反対できない.
vastustus 64 [名] 反対.
vastustusvoima 11 [名] 〈理〉抵抗力.
vastuu 25 [名] 責任. *olla vastuussa*+出格 ～について責任がある.
vastuunalainen 63 [形] 責を負うべき, 責任ある.
vastuuton* 57 [形] 責任がない, 無責任な.
vasu 1 [名] かご, バスケット.
vati* 4 [名] 大皿, 広皿.
vatkata 35 [動] 〈料〉かき回す, あわだてる.
vatsa 10 [名] 腹.
vatsaevä 11 [名] 〈魚〉腹びれ.
vatsahaava 10 [名] 胃潰瘍.
vatsahäiriö 3 [名] 胃炎, 消化不良.
vatsakalvo 1 [名] 〈解〉腹膜.
vatsakalvontulehdus 64 [名] 〈医〉腹膜炎.
vatsakipu* 1 [名] 腹痛.
vatsalaukku* 1 [名] 胃, 胃袋.
vatsallaan [副] うつ伏せになって, 腹ばいになって.
vatsalääke* 78 [名] 胃腸薬.
vatsankivistys 64 [名] 腹痛.
vatsanpohja 11 [名] 〈解〉下腹, 下腹部.
vatsanväänne* 78 [名] (通常は複数形で)激しい腹痛.

vatsatauti* 4 [名] 胃病.
vatsavaiva 10 [名] 腹痛.
vatsavyö 30 [名] 腹帯.
vattu* 1 [名] 〈植〉☞ vadelma.
vauhdikas* 66 [形] スピードがある, スピーディーな；気力に満ちた, 活気に満ちた, 力のこもった.
vauhti* 4 [名] 速さ, スピード. (meno)行くこと, 進んでゆくこと. *hiljaista vauhtia* ゆっくりと. *kiristää vauhtia* スピードを上げる, 急ぐ. *ottaa vauhtia* (スポーツで)助走をする. *täyttä vauhtia* 急いで, フルスピードで. *vinhaa vauhtia* 大急ぎで.
vaunu 1 [名] 車両, 車, 客車.
vaununosasto 2 [名] (vaunuosasto)(客車の)コンパートメント, 車室.
vaununpyörä [名] 車両.
vauras 66 [形] 豊かな, 金持ちで有能な.
vaurastua 1 [動] 豊かになる, 栄える.
vauraus* 65 [名] 繁栄.
vaurio 3 [名] 損, 害, 損害, 被害.
vaurioittaa* 2 [動] (vahingoittaa)損害を与える, 破壊する.
vaurioitua* 1 [動] 損害を受ける.
vauva 10 [名] 赤ん坊.
vavahdella* 28 [動] 震動する, 震える.
vavahduttaa* 2 [動] 身震いさせる, 身震いする.
vavahtaa* 2 [動] 震える.
vavahuttaa* 2 [動] (vavahduttaa)身震いする, 身震いさせる.
vavista 24 [動] (vapista)震える.
vedellä* 28 [動] 引く, 引っぱる. *vedellä unia* 眠る.
vedenalainen 63 [形] 水底の, 水面下の.
vedenhaltija 14 [名] 〈神〉水の精.
vedenjakaja 16 [名] 分水嶺.
vedenpinta* 10 [名] 水面.
vedenpitävä 13 [形] 水の漏らない, 防水の, 耐水の.
vedota* 38 [動] 訴える, 働きかける.
vedättää* 2 [動] (旗を)掲揚させる.
vehje* 78 [名] 〈常〉(通常は複数形で)道具, 器具.

vehmas 66 ［形］肥沃な, 豊沃な.
vehnä 11 ［名］小麦.
vehnänen 63 ［名］(pulla)コーヒーと共に食べるパン.
vehreä 21 ［形］緑の濃い, よく繁茂した.
veijari 5 ［名］(petkuttaja)騙す人, 嘘つき.
veikata* 35 ［動］賭ける.
veikeä 21 ［形］いたずらっぽい, 陽気な.
veikkaus 64 ［名］かけ(賭け).
veikko* 1 ［名］〈話〉兄弟, 仲間, 相棒.
veistellä 28 ［動］彫る, 彫刻する, 刻む.
veistos 64 ［名］彫刻物, 彫刻された物.
veistotaide* 78 ［名］彫刻, 彫刻芸術.
veistämö 2 ［名］工作場, 工場, 仕事場.
veistää 2 ［動］(木・石などに)刻む, 彫る, 彫刻する.
veitikka* 15 ［名］(親しんで・或いはふざけて)いたずら者, おどけ者.
veitsi 47 ［名］ナイフ, メス.
vekkuli 5 ［名］おどけ者, 楽しい奴, 仲間.
vekseli 5 ［名］〈商〉為替手形, 送金手形.
velaari 5 ［名］〈声〉(gutturaali)軟口蓋音.
velallinen 63 ［形］〈法〉負債のある, 債務のある.
velanantaja 16 ［名］債権者, 貸し主.
velaton* 57 ［形］負債のない, 債務のない.
veli 8 ［名］兄弟.
velipekka* 10 ［名］(veli)兄弟.
velipuoli 32 ［名］腹違いの兄弟, 異父(異母)兄弟.
velisarja 10 ［名］(veljessarja)兄弟たち.
veljeillä 28 ［動］兄弟の交わりをする, 親しくする.
veljenpoika* 11 ［名］おい(甥).
veljentytär* 54 ［名］めい(姪).
veljes 64 ［名］兄弟.
veljesrakkaus* 65 ［名］兄弟の愛.
veljessarja 10 ［名］兄弟たち.
velka* 10 ［名］借金, 債務.
velkaantua* 1 ［動］借金をする, 負債を作る.
velkakirja 10 ［名］借金の証書, 借用証文.
velkoa* 1 ［動］(債務の支払などを)要求・請求・催促す

velkoja 16 [名] 債権者.
velli 4 [名] 〈料〉粉・穀物・じゃがいもなどのどろっとした食べ物.
veloittaa* 2 [動] (debitoida) 〈商〉借方に記入する.
veloitus 64 [名] 〈商〉借方記入.
veltostua 1 [動] 無気力になる, にぶる, 衰える.
veltto* 1 [形] 緩んだ, 緊張感がない.
velvoittaa* 2 [動] 義務を負わせる, 恩恵をほどこす.
velvoittautua* 44 [動] 義務を負う.
velvoitus 64 [名] 義務.
velvollinen 63 [形] 義務がある.
velvollisuudentunto* 1 [名] 義務感, 責任感.
velvollisuus* 65 [名] 義務, 責務.
vene 78 [名] (手漕ぎの)小舟, ボート.
venttiili 5 [名] バルブ, 栓, 換気扇.
venytellä* 28 [動] 伸びる, まっすぐになる.
venyttää* 2 [動] 伸ばす.
venyväinen 63 [形] 弾力性のある, 伸びる.
venyä 1 [動] 大きくなる, 長くなる, 時間が長引く, 時間が伸びる.
venähdys 64 [名] 筋ちがい, ねんざ.
venähdyttää* 2 [動] (筋などを)違える, くじく, 脱臼させる.
venähtää* 2 [動] 伸びる, 大きくなる.
Venäjä 13 [名] ロシア. *venäjä* ロシア語.
venäläinen 63 [名] ロシア人. [形] ロシアの.
verbi 4 [名] 〈言〉動詞.
verenhimoinen 63 [形] 血なまぐさい, 残忍な, 殺伐な.
verenhukka* 11 [名] 出血.
verenkierto* 1 [名] 血液の循環.
verenluovutus 64 [名] 献血.
verenmyrkytys 64 [名] 〈医〉敗血症.
verenpaine 78 [名] 血圧.
verenpainemittari 5 [名] 血圧計.
verenpurkauma 13 [名] 溢血, 内出血.
verensiirto* 1 [名] 〈医〉輸血.

verensyöksy 1 [名]〈医〉出血.
verentutkimus 64 [名]〈医〉血液検査.
verenvuoto* 1 [名] 流血, 出血.
verenvähyys* 65 [名]〈医〉貧血症.
verestävä 13 [形] (眼などが)充血した, ちまなこの.
verestää 2 [動] (uudistaa)新しくする, 新たにする, (外国語などを)やり直す, さらに磨きをかける.
veretön* 57 [形] 血の気のない, 貧血の.
verevä 13 [形] 血が流れている, 血の通った, 血色がよい.
verho 1 [名] カバー, カーテン.
verhoilija 14 [名] 室内装飾家, 家具商.
verhota 38 [動] おおい包む, 包みこむ, 布で装飾する.
veri 32 [名] 血.
verikoe* 78 [名]〈医〉血液検査.
verileikki* 4 [名]〈文〉(taistelu, sota)戦い, 戦争.
verilippu* 1 [名] 赤い旗特に労働者の赤旗.
verinen 63 [形] 血の, 血まみれの, 血だらけの, 血なまぐさい.
veriryhmä 11 [名] 血液型.
verisesti [副] 激しく, ひどく, 強く(憎むなど).
verisolu 1 [名] 血球. *valkoinen verisolu* 白血球. *punainen verisolu* 赤血球.
verisuoni 32 [名] 血管.
veritulppa* 11 [名]〈医〉血栓症.
verka* 10 [名] 上質広幅黒ラシャ.
verkalleen [副] のろく, おそく, ゆっくり.
verkko* 1 [名] 網, ネット.
verkkokalvo 1 [名]〈解〉網膜.
verkkolaite* 78 [名] トランス.
verkkopaita* 10 [名] 網目シャツ.
vero 1 [名] 税金.
veroilmoitus 64 [名] 納税申告(書).
veroinen 63 [形] (arvoinen)(属格と共に)〜の価値がある, 〜に並ぶ, 〜に匹敵する.
verokuitti* 4 [名] 納税領収証.
veronalainen 63 [形] 納税義務のある.

veronmaksaja 16 [名] 納税者.
verottaa* 2 [動] 課税する, 支払を要求する；数量を減らす；盗む.
verotus 64 [名] 税額を査定すること, 課税.
verovapaa 23 [形] (verosta vapaa)非課税の, 免税の.
verovelvollinen 63 [形] 納税の義務ある, 税のかかる.
veroäyri 4 [名] 租税単位.
verrannollinen 63 [形] 比べられる, 比較できる, 比較的.
verrata* 35 [動] 比較する, 比べる. 入格+*verrattuna* 〜と比較して. 入格+*verrattava* 〜に匹敵する. olla verrattavissa+入格 〜に匹敵する. 〜に比べられる. *verraten* 比較的.
verraton* 57 [形] この上ない, 比べ物のない.
verrattain [副] (verraten)比較的, 割合.
verrattomasti [副] 比較できないほどに, 比類なく.
verryttelypuku* 2 [名] トレーニングシャツ.
versoa 1 [動] 芽を出す, 発芽する, (kasvaa)育つ.
verstas 66 [名] 仕事場.
verta* 10 [名] 1. 回, 度. 2. 比較. 属格+*verran* 〜と同じ位, 〜と同じ程, 〜の大きさで, 〜の幅で. *vertaansa vailla* (=erinomainen)比べ物のない. *vaikka minkä verran* どの位でも, どの位であろうとも. *vetää vertoja*+向格 〜に匹敵する.
vertaileva 13 [形] 比較の.
vertailu 2 [名] 比較, 対比.
vertainen 63 [形] (属格と共に)〜に匹敵する, 〜に相当する, 〜に比べられる. *olla*+属格+*vertainen* 〜に匹敵する.
vertaus 64 [名] 比較, 対照, 対比.
vertauskuva 11 [名] 象徴, かたどり.
veruke* 78 [名] (tekosyy)言い逃れ, 口実.
veräjä 13 [名] 出入口, 門, 戸.
vesa 10 [名] 1. 木の芽. 2. (lapsi, jälkeläinen)子息, 子供.
vesaikko* 2 [名] (vesakko)下草の生えた所, 若木の

森.
vesametsä 11 ［名］〈林〉若木の林.
vesi* 40 ［名］水. *sataa vettä* 雨が降る.
vesieläin 56 ［名］水生動物.
vesihiisi* 40 ［名］〈神〉悪い水の精.
vesijohto* 1 ［名］〈技〉送水管, 水道管.
vesikannu 1 ［名］水差し；じょうろ.
vesikatto* 1 ［名］屋根.
vesikauhu 1 ［名］狂犬病.
vesikraana 10 ［名］(hana)水道の栓, じゃ口.
vesilaitos 64 ［名］給水施設, 水道局.
vesillelasku 1 ［名］(船の)進水.
vesimittari 5 ［名］〈虫〉アメンボ(ウ). 学名 Gerris najas.
vesimyyrä 11 ［名］〈動〉ミズハタネズミ(ハタネズミ科). 学名 Arvicola terrestris.
vesioikeus* 65 ［名］〈法〉水利権.
vesipallo 1 ［名］〈ス〉水球, ウォーターポロ.
vesiputous 64 ［名］滝.
vesirokko* 1 ［名］〈医〉水疱瘡.
vesisade* 78 ［名］雨, 雨降り.
vesistö 2 ［名］水路, 運河.
vesisuihku 1 ［名］噴水, 水の噴出.
vesisäiliö 3 ［名］水槽, タンク, 貯水槽.
vesitaso 1 ［名］水上飛行機, 飛行機.
vesitse ［副］水上で, 船で.
vesivaaka* 10 ［名］〈技〉水準器.
vessa 10 ［名］〈常〉トイレ.
vetehinen 63 ［名］〈神〉(vedenhaltija, näkki)水の精.
vetelehtiä* 17 ［動］のらくら時を過ごす, あそび暮らす, 油を売る.
vetelä 12 ［形］ぐにゃぐにゃした, 水っぽい, やわらかい.
vetinen 63 ［形］水っぽい, 水気の多い.
vetistellä 28 ［動］(itkeä)泣く, 涙を流す.
veto* 1 ［名］(vetäminen)運ぶ事.
vetoinen 63 ［形］風通しのよい.

vetojuhta* 11 [名] 荷物を引く動物.
vetoketju 1 [名] チャック, ファスナー.
vetooja 16 [名] 訴える人, アピールする人.
vetoomus 64 [名] 訴え, アピール.
vetovoima 11 [名] 〈理〉引力, 重力；磁気, 磁気作用；人を引きつける力, 魅力.
veturi 5 [名] 機関車.
veturinkuljettaja 16 [名] 機関手, 機関士.
vety* 1 [名] 〈化〉水素.
vetäistä 24 [動] 1. (出格と共に)~を引っ張る. 2. 〈常〉(sivaltaa)叩く, 打つ.
vetäytyä* 44 [動] 引き下がる.
vetää* 2 [動] 1. 引く, 引き寄せる, 引っ張る, おろす. 2. (ahmaista)がつがつ食べたり飲んだりする. 3. 着る, 身につける. ／*vetää vertoja*＋向格 ~に匹敵する. ／*vetää esiin miekkaansa* (＝paljastaa miekkansa)刀を抜く.
viallinen 63 [形] 欠点・欠陥のある, きずのある, 罪のある.
viaton* 57 [形] 罪のない, 純潔の；無邪気な.
viattomuus* 65 [名] 無罪, 無垢；無邪気.
videolaite* 78 [名] ビデオの機械・装置.
viedä 22 [動] 持ってゆく, 運ぶ, 連れて行く；(kuluttaa, ottaa, vaatia)取る, 要求する, 必要とする. *aikaa viepä* (＝aikaa vievä, kauan kestävä, pitkäaikainen)時間を取る, 長くかかる, 時間のかかる.
viehkeä 21 [形] (viehättävä)魅力的な.
viehtymys 64 [名] (mielenkiinto, kiinnostus)興味, 関心, 魅力.
viehtyä* 1 [動] (第3不定詞入格と共に)~するように誘われる, ~するようにいざなわれる.
viehättävä 13 [形] 魅力的な, かわいらしい.
viehättää* 2 [動] 1. 楽しませる. 2. ~に誘う, ~にいざなう.
viekas* 66 [形] 狡猾な, 人を騙す.
viekoitella* 28 [動] ~に誘う, 誘惑する, だます.
vielä [副] まだ, 続いて, 更に, 加えて. (否定文で)

まだ〜ない. *vielä mitä* 強い否定を表す.
vieminen 63 [名] (通常は複数形で)お土産, みやげ物.
viemäri 5 [名] 下水溝, 下水管.
vieno 1 [形] 繊細な, か弱い, 柔らかい, 美しい.
vienosti [副] 可愛く, 美しく.
vienti* 4 [名] 運送；〈商〉輸出, 輸出品.
vientikauppa* 10 [名] 輸出貿易, 輸出.
vientiliike* 78 [名] 輸出業者, エクスポーター.
vientilupa* 11 [名] 輸出許可(認可).
vientitavara 15 [名] 輸出品.
vieraantua* 1 [動] うとくなる, 疎遠になる.
vieraanvarainen 63 [形] (客や友人などを)手厚くもてなす, 厚遇する, 親切な.
vierailija 14 [名] 来客, ゲスト；観光客.
vierailla 29 [動] (内格と共に)訪れる, 見舞う.
vierailu 2 [名] 訪問.
vierailunäytäntö* 2 [名] 客演.
vieraisilla [副] 〜を訪問中, 〜に滞在中.
vieras 66 [形] 見たことのない, 知らない；外部の, よその；他人の. [名] 来客；(レストラン・ホテルなどの)客.
vierashuone 78 [名] 客間, 客室.
vierasmaalainen 63 [名] 外国人. [形] 外国(産・製)の, 異国の.
vierasperäinen 63 [形] よその, 外来の, 外国の, 未知の.
vieraus* 65 [名] 見たことがないこと, 未知.
viereen [副] そばへ, 近くへ, 脇へ. [後] (属格と共に)〜のそばへ, 〜の近くへ, 〜の脇へ.
viereinen 63 [形] (属格と共に)〜のそばの.
vierekkäin [副] 隣接して, 傍らに.
vierelle [副] そばへ, 近くへ, 脇へ. [後] (属格と共に)〜のそばへ, 〜の近くへ, 〜の脇へ.
vierellä [副] そばに, 近くに, 脇に. [後] (属格と共に)〜のそばに, 〜の近くに, 〜の脇に.
viereltä [副] そばから, 近くから, 脇から. [後] (属格と共に)〜のそばから, 〜の近くから, 〜の脇か

ら.

vieressä [副] そばに, 近くに, 脇に. [後] (属格と共に)〜のそばに, 〜の近くに, 〜の脇に.
vierestä [副] そばから, 近くから, 脇から. [後] (属格と共に)〜のそばから, 〜の近くから, 〜の脇から.
vieri 32 [名] (reuna, sivu)脇, 傍ら.
vierinkivi 8 [名] 〈地質〉丸石, 玉石.
vierittää* 2 [動] 転がす.
vieriä 17 [動] ころがる, ころげ落ちる；(時が)経過する.
vieroa 1 [動] 遠ざける, 捨てる.
vieroksua 1 [動] (vieroa, karttaa)遠ざける, 捨てる.
vierustoveri 5 [名] 隣席の人.
vierähtää* 2 [動] 転がり落ちる.
viesti 4 [名] 伝言, メッセージ, 通報；〈ス〉リレー.
viestikapula 18 [名] 〈ス〉リレーのバトン.
viestinjuoksu 1 [名] 〈ス〉リレー競争.
vietellä* 28 [動] そそのかす, 誘惑する.
vieteri 5 [名] 〈常〉ばね, ぜんまい, スプリング.
viettelijä 14 [名] 誘惑者.
viettely 2 [名] 唆し, 誘惑.
viettelys 64 [名] 惑わすこと, 誘惑.
vietti* 4 [名] 本能.
vietto* 1 [名] 1. (rinne)傾斜地, 斜面；斜度. 2. 時を過ごすこと；祝典.
viettää* 2 [動] 1. 傾く, 下がる. 2. (時を)過ごす；(祝宴を)催す, 祝う.
vietävästi [副] 〈常〉激しく, すごく, 非常に.
viha 10 [名] 憎しみ.
vihainen 63 [形] 憎しみに満ちた, 怒った.
vihamielinen 63 [形] 敵意をもつ.
vihamies 72 [名] にくむ人, 嫌う人, 敵.
vihannes 64 [名] (通常は複数形で)野菜.
vihanneskauppa* 10 [名] 八百屋, 青果屋.
vihannoida 30 [動] 緑である, 緑になる.
vihanpuuska 11 [名] 憎しみ.

vihanta* 12 [名] 緑の草. [形] (tuore ja vihreä)新鮮な, 青々とした.
vihastua 1 [動] 怒る, 立腹する, 憎む.
vihastuttaa* 2 [動] 立腹させる, 怒らせる.
vihata 35 [動] 憎む, 敵対する.
vihdoin [副] 最後に, とうとう.
viheliäinen 63 [形] みじめな, 悲惨な, あわれな.
vihellys 64 [名] (スポーツの)ホイッスル, 口笛.
vihellyspilli 4 [名] 警笛, 汽笛.
viheltää* 5 [動] 口笛を吹く, 笛を鳴らす.
viheriöidä 30 [動] 草木が緑色になる, 草木が緑色である.
vihertävä 13 [形] 緑がかった.
vihertää* 6 [動] (vihannoida)緑である, 緑になる.
vihjaista 24 [動] 仄めかす, 暗示する.
vihjata 35 [動] 暗示する, ヒントを与える.
vihjaus 64 [名] 暗示, 仄めかし, ヒント.
vihkisormus 64 [名] 結婚指輪.
vihkitoimitus 64 [名] 婚姻, 結婚式.
vihkivesi* 40 [名] 聖水.
vihkiä* 17 [動] (pyhittää, seppelöidä)牧師が結婚させる；聖別する；価値を与える.
vihkiäiset 63 [複名] 結婚式；祝別, 聖別；奉献, 奉納.
vihko(*) 1 [名] メモ, 備忘録, ノートブック.
vihkonen 63 [名] 小冊子.
vihlaista 24 [動] 痛みを与える, 痛みを感じさせる.
vihoittaa* 2 [動] (相手を)怒らせる, 敵対心を起こさせる.
vihollinen 63 [名] 敵.
vihollisuus* 65 [名] 敵意(のある言動), 敵対.
vihreys* 65 [名] 緑色.
vihreä 21 [形] 緑の, 緑色の. [名] 緑色.
vihta* 10 [名] (サウナで使う)白樺の葉のついた小枝の束.
viidakko* 2 [名] ジャングル, 茂み.
viides* 75 [序数] 5番目の.
viihde* 78 [名] 話, 歓談, 楽しみ, 娯楽.

viihdemusiikki* 6 [名] 軽音楽.
viihdyttää* 2 [動] おもしろがらせる, 楽しませる, 気分転換させる.
viihtyisä 13 [形] 居心地がよい.
viihtyvyys* 65 [名] 気楽, 快適であること, 気に入ること, 好ましく思うこと.
viihtyä* 1 [動] 気楽(快適)である, 気持ちよく過ごす, 気に入る, 好ましく思う, よく思う; 植物が生える, 茂る.
viikate* 78 [名] 大鎌.
viikko* 1 [名] 週. *ensi viikolla* 来週. *viime viikolla* 先週.
viikkoinen 63 [形] 〜週間の, 〜週間続く.
viikkolehti* 8 [名] 週刊誌.
viikonloppu* 1 [名] 週末.
viikonpäivä 11 [名] 週日, ウィークデー.
viiksi 8 [名] 上唇のひげ, (通常は複数形で)動物の口ひげ.
viikuna 17 [名] いちじく.
viila 10 [名] 鉄製の細長いやすり.
viilata 35 [動] (やすりで)みがく, けずる, 切る.
viilentyä* 1 [動] 涼しくなる, 冷える, 寒くなる, さめる, 白ける.
viilettää* 2 [動] 〈俗〉急ぐ.
viiletä 34 [動] (viilentyä)涼しくなる, 冷える, 寒くなる, さめる, 白ける.
viileä 21 [形] 涼しい. [名] 涼しさ, 涼しい場所.
viili 4 [名] 〈料〉ヨーグルトの一種, 凝乳.
viiltää* 5 [動] 切る, 切りつける, (歯茎などを)切り開く.
viilu 1 [名] 〈林〉張り板, 化粧板.
viima 10 [名] 風. *talven viima* 冬の風.
viime (不変化) [形] 1. この前の. 2. (viimeinen)最後の. / *viime aikoina* 最近, このごろ. / *viime hetkessä* ぎりぎりに, 最後に. / *viime hetkellä* ぎりぎりに, 最後に. / *viime tipassa* (=viime hädässä, viime tingassa)ぎりぎりの時に. / *viime viikolla* 先週. / *viime vuosiin saakka* 最近まで.

viimeaikainen 63 [形] 最近の, 近年の.
viimein [副] 最後に, ついに, とうとう.
viimeinen 63 [形] 最後の, 最新の. *Kiitos viimeisistä* (又は viimeisestä). 先日はありがとうございました. *viimeiseen asti* 最後まで, とことんまで.
viimeistely 2 [名] 仕上げ, 校正.
viimeistään [副] おそくとも.
viimeksi [副] 最後に.
viimeviikkoinen 63 [形] 先週の.
viina 10 [名] 強い酒.
viinakset 64 [複名] 〈俗〉強い酒.
viini 4 [名] ぶどう酒, ワイン.
viinikarahvi 6 [名] 細首の葡萄酒びん.
viiniköynnös 64 [名] ぶどうのつる, ぶどうの木.
viinilista 10 [名] ワインリスト.
viinimehu 1 [名] ぶどうジュース.
viinirypäle 78 [名] ぶどう.
viinitarha 10 [名] ぶどう園.
viipale 78 [名] 〈料〉薄い切れ. *juuston viipale* チーズのひと切れ.
viipymättä [副] (heti, kohta, paikalla)すぐに, 直ちに.
viipyä* 1 [動] 留まる, 泊まる, 時間がかかる, 遅れる.
viiri 4 [名] 軍旗.
viiru 1 [名] 細長い物, 筋, 線.
viis [数] 〈話〉(viisi) 5；不平・不満を表すことば.
viisari 5 [名] (時計などの)針.
viisas 66 [形] 賢明な.
viisastella 28 [動] 利口ぶる, かしこぶる.
viisastelu 2 [名] 利口ぶること, へりくつ, こじつけ.
viisastua 1 [動] 利口になる, 賢くなる.
viisi* 40 [基数] 5 (五).
viisikymmentä 40+55 [基数] 50(五十).
viisitoista 40(toista は不変化) [基数] 15(十五).
viisto 1 [形] (vino)ななめの, はすの, 傾いた.
viisumi 5 [名] 査証, ビザ.
viita* 10 [名] (viidakko)広葉樹林.

viitata* 35 [動] 指差す, さし示す. *viitata kintaalla* 無視する.
viite* 78 [名] 指示, 指摘.
viitoittaa* 2 [動] 標識を付ける, 標識で示す.
viitonen 63 [名] 5, 5番め；5マルカ；五こ一組, 五人一組.
viitsiä 17 [動] わざわざ～する. (否定文で)～したくない, 実行する, 行う.
viitta* 10 [名] 1. 標識. 2. ケープ.
viittaus 64 [名] 合図, 暗示, ヒント.
viittoilla 29 [動] 指し示す.
viittomakieli 32 [名] 手話.
viiva 10 [名] 線, ハイフン.
viivallinen 63 [形] 線を引いた, 線のある.
viivasuora 11 [名] 直線.
viivoitin* 56 [名] 定規.
viivoittaa* 2 [動] 定規で線を引く.
viivyttää* 2 [動] 遅らせる, 遅延させる.
viivytys 64 [名] 遅延.
viivähtää* 2 [動] 留まる, 滞在する.
viivästyä 1 [動] 遅れる, 遅くなる.
vika* 10 [名] 欠点, 欠陥, 弱さ.
vikaantua* 1 [動] 損なわれる, 傷つく.
vikainen 63 [形] じゃまされた, 妨害された, 欠陥がある.
vikinä 14 [名] (ネズミなどの)なき声.
vikistä 24 [動] あわれっぽい泣き声をあげる, (ねずみなどが)鳴く.
vikkelä 12 [形] きびきびした, てきぱきした, 敏捷な.
vikuroida 30 [動] 馬が暴れる.
vilahdella* 28 [動] 軽やかに飛ぶ, 舞う, 少しの間見える.
vilahdus 64 [名] 少しの間見えること.
vilahtaa* 2 [動] (pilkahtaa)ちらっと見える.
vilaus 64 [名] (vilahdus)少しの間見えること. *vilauksessa* 瞬く間に.
vilinä 14 [名] 動き；大騒ぎ.

vilistä 41 [動] 震動する；群れる，群がる．
vilistää 2 [動] (kiiruhtaa)急ぐ．
vilja 10 [名] 穀物. *veden vilja* 魚.
viljalti [副] (paljon, runsaasti)多く，たくさん．
viljankorjuu 25 [名] (穀物の)収穫，取入れ．
viljapelto* 1 [名] 穀物畑．
viljava 13 [形] (hedelmällinen)肥沃な，よく実る，豊かな．
viljavainio 3 [名] 畑．
viljelemätön* 57 [形] 未開墾の，未耕作の．
viljelijä 14 [名] 開墾者，耕作者．
viljellä 28 [動] 耕す，(käyttää)使う. *viljellä maata* 土地を耕す．
viljelmä 13 [名] 〈農〉作付け面積，耕地．
viljely 2 [名] 耕作．
viljelys 64 [名] 開墾，耕作．
viljelyseutu* 1 [名] 農作地帯，耕作地帯．
viljelyskasvi 4 [名] 農作物．
vilkaista 24 [動] (入格と共に)ちらっと見る．
vilkas* 66 [形] 元気な，活発な，生き生きとした；速い．
vilkasliikenteinen 63 [形] にぎやかな，人通りがある．
vilkastua 1 [動] 元気になる．
vilkastuttaa* 2 [動] 元気をつける，活気づける．
vilkkua* 1 [動] (光が)ちらちらする．
vilkuilla 29 [動] 流し目で見る，怪しんだ横目でにらむ，好奇心で見る．
vilkuttaa* 2 [動] (手・ハンカチなどを)振って合図する. *vilkuttaa kättään* 手を振る．
villa 10 [名] 羊毛，ウール，毛糸，毛織物．
villainen 63 [形] 羊毛の，ウールの．
villakangas* 66 [名] ラシャ，毛布．
villakoira 11 [名] プードル．
villalanka* 10 [名] 毛糸．
villapaita* 10 [名] セーター．
villatavara 15 [名] 毛織物．
villeys* 65 [名] 自然，野生．

villi 4［形］自然のままの, 野生の, 原始的な.
villieläin 56［名］野獣.
villiintyä* 1［動］(畑・庭などが)荒れる, すさむ, 野性化する.
villisorsa 11［名］野鴨.
villitys 64［名］野性化, 野蛮化.
villitä 31［動］粗野にする, 愚かにする.
vilpillinen 63［形］いつわりの, 見せかけの, 不誠実な.
vilpittömyys* 65［名］誠実さ.
vilpittömästi［副］誠実に, ごまかさないで.
vilpitön* 57［形］心からの, 偽りのない, ごまかさない. *vilpitön* osanotto 心からの同情.
vilpoinen 63［形］(viileä)爽やかな, 涼しい.
vilppi* 4［名］欺き, 騙し.
vilu 1［名］寒さ, 冷たさ.
viluinen 63［形］寒がりの, 寒さを感じやすい.
vilunpuistatus 64［名］寒け, 悪寒.
vilunväre 78［名］(通常は複数形で)寒さによる震え, 悪寒.
vilunväristys 64［名］悪寒, ふるえ.
vilustua 1［動］風邪をひく.
vilustus 64［名］風邪, 感冒.
viluttaa* 2［動］寒くさせる, 寒がらせる.
vilvoittaa* 2［動］冷やす, 冷たくする.
vimma 10［名］(raivo, suuttumus)怒り. *vimmoissaan* 怒り狂って.
vimmastua 1［動］かっとなる, 怒り狂う.
vingahdus 64［名］甲高い声.
vingahtaa* 2［動］ギーギー音をたてる.
vinha 10［形］(nopea)早い. *vinhaa vauhtia* 大急ぎで.
vinkua* 1［動］ヒューヒュー鳴る, うなる, キャンキャン鳴く.
vinkuna 15［名］泣き声, うめき声.
vino 1［形］斜めの.
vinoon［副］傾いて.
vinossa［副］傾いて.

vintata* 35 [動] ウインチで引き上げる，ウインチで動かす．
vintiö 3 [名] (lurjus)野郎，奴，悪党．
vintti* 4 [名] 1. 棒と錘で水を汲み上げる仕掛けの井戸．2. 〈常〉屋根裏部屋．
vintturi 5 [名] ウインチ．
vioittaa* 2 [動] 損害を与える，傷つける．
vioittua* 1 [動] 損なわれる，傷つく．
violetti* 4 [形] 紫色の．[名] 紫色．
vipata* 35 [動] 〈常〉小銭を貸し借りする；持ち上げる，投げる．
vipu* 1 [名] ペダル．
virallinen 63 [形] 公の．
viranomainen 63 [名] 権威，その筋．
viransijainen 63 [形] 代理の．[名] 代理人．
virasto 2 [名] 役所，官庁．
viraton* 57 [形] 公職の地位にない，官職にない．
vire 78 [名] 弦の弾み．*olla vireessä* 活動している．
vireä 21 [形] 力強い，エネルギッシュな．
virhe 78 [名] 誤り，間違い．
virheellinen 63 [形] 誤った，間違った．
virheetön* 57 [形] 間違いのない，正しい．
virhelyönti* 4 [名] (タイプの)打ち間違い．
virike* 78 [名] 刺激，衝動，衝撃．
virittäjä 16 [名] virittää する人．
virittää* 2 [動] 弓を引く，弓を構える，銃などを構える；〈狩〉〈漁〉罠を仕掛ける；〈楽〉弦の音を合わせる，調律する；紐・ロープなどを引っ張る；(sytyttää)火をつける，点灯する；声を大きくする，大きな声や音を出す．
viritys 64 [名] (virittäminen)virittää すること．
viritä 37 [動] (syttyä)火が灯る，火がつく；波が立つ；光が出る；仕事・行動が始まる，歌・演奏が始まる．
virka* 10 [名] 公務，職務，仕事．
virka-aika* 10 [名] 執務時間，営業時間．
virkaanastujaisesitelmä 13 [名] 教授就任式のスピーチ．

virka-asia 14 [名] 執務事項.
virkaatekevä 13 [形] 勤務・職務中の, 在官・在職中の.
virkaero 1 [名] 解雇, 免職.
virkahtaa* 2 [動] (lausahtaa)言う, 話しかける.
virkailija 14 [名] 公務員, 職員.
virkailla 29 [動] 〈俗〉ぐずぐずする.
virkapaikka* 10 [名] 役所, 事務所.
virkapuku* 1 [名] (官庁規定の)勤務服, 職服, 官庁制服.
virkata* 35 [動] 〈手〉刺しゅうをする.
virkateitse [副] 正当な手続きを経て.
virkavaltainen 63 [形] 官僚の, 官僚主義の.
virkavapaa 23 [形] 休暇を得た, 休暇中の.
virkaveli 8 [名] (virkatoveri, kollega)仕事仲間, 同僚.
virkavuosi* 40 [名] (官公職の)在職年限.
virkaylennys 64 [名] 昇進.
virke* 78 [名] 言うこと, 表現, 文章.
virkeä 21 [形] (eloisa, elävä)生き生きとした, 活力がある, 生きた.
virkistys 64 [名] レクリエーション, 気晴らし.
virkistysjuoma 11 [名] 清涼飲料.
virkistyä 1 [動] 生き生きとなる, 元気になる.
virkistävä 13 [形] 活気づける, 生き返らせる.
virkistää 2 [動] (精神を)活気づける, 元気をつける, 回復させる.
virkkaa* 11 [動] (sanoa, lausua)言う.
virkkaus 64 [名] (virkkaaminen, virkkuu)刺しゅう.
virkkuu 25 [名] (virkkaus)刺しゅう.
virkkuukoukku* 1 [名] (virkkuuneula)刺しゅう針.
virma 10 [形] (vireä, vilkas, eloisa)元気のいい, 活発な, 威勢のいい.
virnistää 2 [動] にやにやする, にやりと笑う.
Viro 1 [名] エストニア共和国.
virota* 38 [動] 元気になる, 息を吹き返す.
virrata* 35 [動] 流れる, 流れ出る, 注ぐ.
virrenveisuu 25 [名] 賛美歌を歌うこと.

virsi* 42［名］賛美歌, 聖歌.
virsikirja 10［名］賛美歌集.
virsta 10［名］昔の長さの単位.
virsu 1［名］樹皮で作った靴.
virta* 10［名］川, 流れ, 海流.
virtaus 64［名］流れ；(時の)流れ, 経過；(思想の)流れ, 思潮；(電気の)流れ, 電流.
virtava 13［形］流れる.
virtaviivainen 63［形］流線形の.
virtsa 10［名］尿, 小便.
virtsapullo 1［名］〈医〉尿瓶(じん).
virtsaputki 8［名］〈解〉尿道.
virtsarakko* 1［名］〈解〉膀胱.
virtsata 35［動］尿をする, 小便をする.
virua 1［動］横たわっている, 置かれている.
virusperäinen 63［形］ビールスによる.
virutella* 28［動］ゆすぐ, 洗う.
viruttaa* 2［動］(huuhtoa, valella)ゆすぐ, 洗う.
virvoittaa* 2［動］〈雅〉生き返らせる, 元気づける. *virvoittaa* henkiin 生き返らせる.
virvoitus 64［名］〈雅〉元気回復, 気晴らし, リクリエーション.
virvoitusjuoma 11［名］清涼飲料.
virvoke* 78［名］茶菓子, 疲れを癒し爽快にさせる物.
visa 10［名］木目入り木材.
viserrys 64［名］さえずり.
visertää* 6［動］(鳥などが)さえずる, 鳴く.
viskata 35［動］(heittää)投げ捨てる. *viskata niskojaan* 威張る, 尊大なふりをする.
viskellä 28［動］投げつける.
viskoa 1［動］投げる.
viskoosi 6［形］〈技〉(viskoosinen)粘りけのある.
viskoosinen 63［形］(sitkeä)粘りけのある.
viskositeetti* 4［名］〈理〉粘度指数.
vispikerma 10［名］〈話〉(kuohukerma)ホイップクリーム.
vispilä 15［名］(卵・クリームなどの)泡立て器.

vissi 4 [形] 〈話〉(varma) 確かな.
visu 1 [形] (tarkka, täsmällinen) 〈話〉正確な, 厳密な, 緻密な, 細かい.
viti* 4 [名] 新雪.
vitivalkoinen 63 [形] 真っ白い.
vitja 10 [名] (複数形で)鎖.
vitkailla 29 [動] (vitkastella)遅れる, 時間を取る.
vitkallinen 63 [形] 遅い, ゆっくりした, のろのろした.
vitkastella 28 [動] 遅れる, ぐずぐずする.
vitkastelu 2 [名] 遅延.
vitsa 10 [名] 小枝, むち.
vitsaus 64 [名] 苦悩, 不幸, 心配の種.
vitsi 4 [名] 機知, とんち, ウィット, 冗談.
viuhka 10 [名] 扇子, うちわ.
viuhke 78 [名] 羽音.
viuhua 1 [動] ヒュー・シューなどの音を立てる(弓やボールが空を切る時の音).
viulu 1 [名] バイオリン. 〈常〉 *maksaa viulut* (=maksaa kulut)費用を払う.
viuluniekka* 10 [名] 名バイオリニスト.
viulunjousi 32 [名] バイオリンの弓.
viulunsoittaja 16 [名] バイオリニスト.
viulutaiteilija 14 [名] バイオリニスト.
vivahde* 78 [名] (vivahdus)些細な違い, ニュアンス.
vivahdus 64 [名] 些細な違い, ニュアンス.
vivahtaa* 2 [動] (入格と共に)〜に似る, 〜を思わせる.
vivahteinen 63 [形] 〜の色合いを持った.
vivuta* 39 [動] レバーを回す, レバーを回して開く. 棒をてこに重い物を動かすあるいは持ち上げる.
v-kaulus 64 [名] Vネック.
vohveli 5 [名] 〈料〉ワッフル.
1.**voi** 27 [名] バター.
2.**voi** [間] おお, ああ.
voida 18 [動] できる, 可能である, 〜の健康状態である. *Voikaa hyvin.* お元気で.

voide* 78 [名] 軟こう, (機械類にさす)グリス, (靴などに塗る)ワックス.
voidella* 28 [動] (機械に)油を差す, (靴に)靴ずみを塗る.
voihkaus 64 [名] (voihkina)嘆き, 呻き.
voihkia 17 [動] うなる, うめく, 泣きわめく, 苦しむ, あえぐ.
voihkina 14 [名] (voihkaus)嘆き, 呻き, 呻き声.
voikukka* 11 [名] 〈植〉セイヨウタンポポ(キク科タンポポ属). 学名 Taraxacum officinale.
voileipä* 11 [名] オープンサンドイッチ.
voileipäpöytä* 11 [名] 〈料〉オードブル, 前菜；オードブルのテーブル.
voima 11 [名] 1. 力, 体力, エネルギー. /*ponnistaa voimansa* 尽力する, 努力する. /*väellä ja voimalla* (=koko voimallaan, voimainsa takaa, voimiensa takaa)力一杯, 精一杯. /*voimiensa takaa* 力一杯, 力の限り. 2. (複数形で)健康, 元気, 無事. /*olla hyvissä voimissa* 元気である, 健康である. 3. 効果, 有効. /*olla voimassa* 有効である. /*saattaa voimaan* 法などを施行する.
voimaansaattaminen 63 [名] 発効(させること).
voimaantulo [名] (法の)発効.
voimainen 63 [形] 〜の強さの, 〜の大きさの.
voimakas* 66 [形] 強力な, 力強い.
voimala 14 [名] 発電所.
voimalaitos 64 [名] 発電所.
voimanponnistus 64 [名] 努力, 奮発.
voimaperäinen 63 [形] 強烈な, 猛烈な.
voimassaoleva 13 [形] (通常は voimassa oleva)有効な, 効力のある.
voimassaoloaika* 10 [名] 有効期間.
voimaton* 57 [形] 力のない, 無力の.
voimistaa 2 [動] 強くする, 丈夫にする.
voimistelija 14 [名] スポーツマン.
voimistella 28 [動] 体操する.
voimistelu 2 [名] 体操.
voimistelunäytös 64 [名] 体操競技会.

voimistua 1 ［動］(体力が)強くなる，丈夫になる，回復する.
vointi* 4 ［名］健康，健康状態.
voipaperi 5 ［名］蠟引き紙，油脂紙.
voipua* 1 ［動］(väsyä)疲れる.
voitelu 2 ［名］(油，ろう，ワックスなどの)塗布.
voiteluöljy 1 ［名］潤滑油.
voitokas* 66 ［形］(voitollinen)勝利の，戦勝の.
voitonhimo 1 ［名］私欲，利己心.
voitonhimoinen 63 ［形］私欲的な，利己的な.
voitonriemu 1 ［名］勝利の喜び.
voittaa* 2 ［動］勝つ，困難に打ち勝つ. *voittaa alaa* 固定する，定着する. 支配的になる.
voittaja 16 ［名］勝利者.
voittamaton* 57 ［形］勝ちがたい，負かしがたい，無敵の.
voitto* 1 ［名］勝利；〈商〉〈経〉収益，儲け. *päästä voitolle* 勝つ.
voittoisa 13 ［形］勝利の，成功した，勝ち誇った.
voitto-osinko* 2 ［名］〈商〉配当.
voivotella* 28 ［動］嘆く.
voivottaa* 2 ［動］泣きわめく，声をあげて泣く，嘆く.
voivotus 64 ［名］嘆き悲しむこと.
vokaali 6 ［名］〈声〉母音.
vonkale 78 ［形］(特に魚について)大きい，巨大な. ［名］巨大な人や動物，(特に)巨大な魚.
vormu 1 ［名］〈常〉(univormu)制服.
vouhottaa* 2 ［動］無意味に働く.
vouhotus 64 ［名］無意味な働き.
vouti* 4 ［名］大農園の仕事頭.
vuodattaa* 2 ［動］(血や涙を)そそぐ，流す，流し出す.
vuode* 78 ［名］ベッド，寝台. *olla vuoteen omana* 病気で寝ている.
vuodenaika* 10 ［名］四季，季節.
vuodentulo 1 ［名］年収，(一年の)全作物，全収穫.
vuodevaatteet* 78 ［複名］シーツ・枕カバー・掛け蒲

団・敷き布団.
vuohi 32［名］山羊.
vuohilauma 10［名］山羊の群れ.
vuoka* 11［名］オーブンの中で使われる器.
vuokko* 1［名］〈植〉キンポウゲ科イチリンソウ属とミスミソウ属の植物の総称.
vuokra 11［名］賃貸, 賃貸関係, 賃貸料. *antaa vuokralle* 貸す, 賃貸しする. *ottaa vuokralle* 賃借りする.
vuokra-aika* 10［名］賃貸借期間.
vuokraaja 16［名］賃貸人, 家主；賃借人.
vuokra-auto 1［名］レンタカー.
vuokrahuoneisto 2［名］賃借したアパートの部屋.
vuokralainen 63［名］賃借人.
vuokramaksu 1［名］レンタル料金.
vuokrasopimus 64［名］賃貸借契約.
vuokrata 35［動］(金銭を貰って家などを)貸す, (金銭を払って家などを)借りる.
vuokratalo 1［名］借家, アパート.
vuoksi［後］(属格と共に)(tähden, takia)〜の故に, 〜の理由で. *sen vuoksi* その理由で, そういうわけで.
vuolas 66［形］流れが急な, 流れるような, 流暢な.
vuolla 25［動］(像などを)刻む, 彫刻する.
vuolle* 78［名］急流.
vuono 1［名］フィヨルド.
vuorata 35［動］服に裏地をつける.
vuorenharja 10［名］山の背, 山の峰.
vuorenhuippu* 1［名］(山の)いただき, てっぺん, 頂上.
vuorenrinne* 78［名］山の斜面, 山坂.
vuorenrotko 1［名］山の狭間, 山峡, 谷間.
vuorensola 11［名］山の間道, やまあい.
1.**vuori** 32［名］山.
2.**vuori** 4［名］服の裏, 裏地.
vuorijono 1［名］山脈.
vuorinen 63［形］山の多い.
vuoristo 2［名］山脈, 山なみ.
vuoristojuna 11［名］ケーブルカー.
vuoristorata* 10［名］ジェットコースター.

vuorisuola 10 [名] 岩塩.
vuoriteollisuus* 65 [名] 鉱業, 採鉱.
vuorivilla 10 [名] (mineraalivilla)グラスウール, 断熱材.
vuoriöljy 1 [名] 石油, ナフサ.
vuoro 1 [名] 順番, 定期便. *vuoron perään* (vuorotellen, vuoroin)交替して, 交互に.
vuoroin [副] (vuorotellen)交替して, 交互に.
vuoroittain [副] (vuoroin)交替して, 交互に.
vuorokausi* 40 [名] (vrk と省略) 1 昼夜, 1 日.
vuorokautinen 63 [形] 1 昼夜の, 1 日の.
vuoroliikenne* 78 [名] 二地点間の定期交通・定期航路.
vuoropuhelu 2 [名] 会話, 対話.
vuorotella* 28 [動] 代わり番にする, 代わる代わるにする.
vuorotellen [副] (vuoroin, vuoron perään)交替して, 交互に.
vuorottain [副] (vuoroittain)代わる代わる, 交互に.
vuorotyö 30 [名] 交代制勤務.
vuorovaikutus 64 [名] 相互(交互)作用.
vuorovesi* 40 [名] 潮の干満, 潮の満ち干.
vuoroviljely 2 [名]〈農〉輪作, 輪栽.
vuosi* 40 [名] (v と省略) 1 年；年令；年. *tänä vuonna* 今年. *ympäri vuoden* 一年中. *viime vuosiin saakka* 最近まで. *vuodesta toiseen* 年々, 毎年. *vuonna* 1980 1980年に. 10 *vuotta vanha* 10才, 10才の.
vuosijuhla 11 [名] 毎年の祝祭・祝典.
vuosikausi* 40 [名] 1 年間.
vuosikerta* 10 [名] (雑誌などで)一年分, 巻, (学校で)学年, …期.
vuosikertomus 64 [名] 年報.
vuosikymmen 55 [名] 10年間.
vuosiluku* 1 [名] 紀元の年数.
vuosineljännes 64 [名] 三か月, 四半期, 一季.
vuosipuolisko 2 [名] 半年.

vuosipäivä 11 [名] 記念日.
vuosirengas* 66 [名] 年輪.
vuosisata* 10 [名] 世紀.
vuosittain [副] 毎年, 一年に一度.
vuosittainen 63 [形] 毎年の, 一年一度の.
vuosituhat 76 [名] 千年.
vuota* 11 [名] 未だなめされていない皮革.
vuotaa* 4 [動] 流れ出る, 溢れる, (水・ガスなどが) 漏れる.
vuotava 13 [形] 漏れ出る, もれやすい.
vuoteenoma 11 [形] 病床に就いている, 病臥中の.
vuotella* 28 [動] 〈詩〉(odottaa)待つ.
-vuotias 66 [形] ～才の.
-vuotispäivä 11 [名] 誕生日, 記念日.
vuoto* 1 [名] 水漏り, 流出.
vuotuinen 63 [形] 年間の, 年の.
vyyhti* 8(4) [名] (kieppi)糸のかせ.
vyö 30 [名] ベルト, バンド.
vyöhihna 10 [名] ズボンなどのベルト.
vyöhyke* 78 [名] 地帯, 地域, 地区.
vyöliina 10 [名] 〈俗〉(esiliina)エプロン.
vyöry 1 [名] なだれ, 洪水.
vyöryä 1 [動] 転がる. (波が)うねる.
vyöttää* 2 [動] ベルトで締める, 結び合わせる, 一つにする, 刀を差す.
vyötäinen 63 [複数形で] 腰, ウエスト.
vyötärö 2 [名] 腰.
väekäs* 66 [形] 人口の多い.
väenlasku 1 [名] 人口調査.
väentiheys* 65 [名] 人口密度.
väentungos 64 [名] ひしめく群衆, 押し合いへし合いの大衆.
väestö 2 [名] 人口.
väheksyä 1 [動] 少なく(低く)見積もる, 過少評価する.
vähemmistö 1 [名] 少数, 少数党, 少数民族.
vähemmän [副] (pienemmässä määrin)もっと少なく, より少なく.

vähempi* 22 ［形］ (vähä の比較級)より小さい，より少ない.
vähennys 64 ［名］ 減少；引算, 減法.
vähennyslasku 1 ［名］〈数〉引き算.
vähentymätön* 57 ［形］ (力・質などが)減じえない，衰えない，減退しない.
vähentyä* 1 ［動］ 少なくなる，小さくなる，減少する.
vähentää* 8 ［動］ 少なくさせる，減少させる.
vähetä 34 ［動］ 少なくする，減らす. (月が)欠ける. Kuu *vähenee*. 月が欠ける.
vähintään ［副］ (ainakin)少なくとも.
vähitellen ［副］ 少しずつ, 徐々に.
vähiten ［副］ 最も少なく，一番少なく.
vähittäin ［副］〈商〉少しずつ, 小売で.
vähittäishinta* 10 ［名］ 小売り値段.
vähittäiskauppa* 10 ［名］ 小売店.
vähittäismaksu 1 ［名］ 分割払い.
vähyys* 65 ［名］ 欠乏, 不足, わずかの数量.
vähä 11 ［形］ 少しの. *ei vähääkään* 少しも～ない. *vähin erin* 少しずつ.
vähäarvoinen 63 ［形］ 価値の少ない.
vähäinen 63 ［形］ 小さい, わずかな, 取るに足りない.
vähäjärkinen 63 ［形］ 知能が低い.
vähälle ［副］ 僅か, 少し. *jäädä vähälle* 少しだけ貰う.
vähällä ［副］ 少しで, 僅少で.
vähältä ［副］ *vähältä pitää*, että... että 以下のことが殆どない. *vähältä pitää ettei* ～しそうになる.
vähän ［副］ 少し, 僅か. (vähemmän 比較級. vähimmän, vähiten 最上級). *vähän aikaa* 少しの間. *jäädä vähemmälle* 静かになる.
vähänväliä ［副］ (vähän väliä)頻繁に, しょっちゅう.
vähäpuheinen 63 ［形］ 無口の, むっつりした.
vähäpätöinen 63 ［形］ (pieni, vaatimaton)取るに足りない, 大したことない.

vähävarainen 63 [形] 資産の少ない, 貧しい.
väijyä 1 [動] 這う, 這い回る, 狙う, 待ち伏せする.
väikkyä* 1 [動] 揺れ動く.
väistyä 1 [動] (siirtyä syrjään)譲る, 横に寄る, 明け渡す.
väistää 2 [動] よける, 避ける.
väite* 78 [名] 断言, 公言; 〈法〉供述.
väitellä* 28 [動] 言い合う, 口争いする.
väittely 2 [名] 論争, 議論, 討論.
väittää* 2 [動] 反論する, 表明する, 言う, 主張する.
väitöskirja 10 [名] 学術論文, 学位論文.
väkevyys* 65 [名] 体力, 勢力, 力強さ.
väkevä 13 [形] 強い, 力持ちの.
väki* 8 [名] 人々, メンバー, 使用人. *väellä ja voimalla* (koko voimallaan, voimainsa takaa)力一杯, 精一杯.
väkijoukko* 1 [名] 人の集団, 民衆, 群衆.
väkijuoma 11 [名] 強い酒.
väkilannoite* 78 [名] 人造肥料.
väkiluku* 1 [名] 人口.
väkinäinen 63 [形] しいられた, 強制された, 困難な;意に反した, いやいやの;不自然な, 作られた.
väkirehu 1 [名] 栄養豊富な飼料.
väkirikas* 66 [形] (väekäs)人口の多い.
väkiruuvi 4 [名] 〈技〉ジャッキ.
väkirynnäkkö* 2 [名] (rynnäkkö)突撃.
väkisin [副] 無理に, 強制的に, 不法に.
väkivahva 10 [形] 非常に強い, 強力な.
väkivallanteko* 1 [名] 暴力行為, 乱暴, 暴行.
väkivalta* 10 [名] 暴力, 暴行.
väkivaltainen 63 [形] 力ずくの, 暴力による, 強制的な.
väkiviina 10 [名] エチルアルコール.
väkäleukainen 63 [形] (kämäleukainen)下顎が突き出した.
väli 4 [名] 人との距離, 人間関係;間, 空間. *sillä välin* そうこうするうちに.

väliaika* 10［名］間の時間, 休憩時間.
väliaikainen 63［形］臨時の, 暫時の.
väliin［副］(silloin tällöin)時々；間へ. *väliin... väliin...* 時には…また時には….［後］(属格と共に)～と～の間へ.
välikohtaus 64［名］突発的事故, 事件, 例外的できごと；〈楽〉インテルメッツォ.
välikysymys 64［名］(議会で大臣に対する)質問.
välikäytävä 13［名］渡り廊下.
välille［後］(属格と共に)～と～の間へ.［副］間へ.
välillinen 63［形］間接の, 間接的.
välillä［後］(属格と共に)～と～の間に.［副］間に.
väliltä［後］(属格と共に)～と～の間から.［副］間から.
välimatka 10［名］(二者間の)空間, 隔たり, 間隔. 〈楽〉(二音間の)音程.
välimeri 32［名］〈地〉内海. *Välimeri* 地中海.
välimerkki* 4［名］句読点, 句読記号 (. , ? ! など).
välimies 72［名］仲介者, 媒介者,〈法〉調停者.
väline 78［名］道具.
välinen 63［形］(属格と共に)～の間の.
välinpitämättömyys* 65［名］無頓着, 無関心.
välinpitämätön* 57［形］無関心な.
väliotsikko* 2［名］(väliotsake)小見出し.
välipala 10［名］(食事と食事の間にとる)軽食, おやつ.
välipuhe 78［名］(sopimus)契約.
välirauha 10［名］休戦.
välirikko* 1［名］関係の断絶, 中止, 中断.
välissä［後］(属格と共に)(近くにある)～と～の間に.［副］(近くにある二つの場所及び時の)間に.
välistä［副］(joskus)時々, 時として；間から.［後］(属格と共に)～と～の間から.
välittäjä 16［名］仲介人,〈商〉仲買業者, ブローカー.
välittää* 2［動］1. 仲介する. 2. (出格と共に)気にする, 留意する, 関心を持つ, 望む. 出格+*välittämättä*

～にもかかわらず.
välittömästi ［副］直接に，ただちに，すぐに.
välitunti* 4 ［名］学校などの休み時間.
välitys 64 ［名］仲介. 属格+*välityksellä* ～の仲介で，～の助けをかりて，～を通じて.
välitysliike* 78 ［名］取次ぎ業，仲買，問屋.
välityö 30 ［名］仕事の合間にする他の仕事.
välitön* 57 ［形］(suora)直接の，仲介なしの；(性格が)飾りけのない，自然な.
väljentää* 8 ［動］大きくする，広くする，広げる.
väljetä 34 ［動］(avartua, laajentua)広がる，のびる.
väljyys* 65 ［名］広さ，ゆったりしていること.
väljä 11 ［形］広々とした，ゆったりとした，緩い.
väljähtyä* 1 ［動］(ビールなどが)気が抜ける，芳香を失う，生気を失う.
välkkyä* 1 ［動］ちらちら見える，輝く，光る.
vällyt 1 ［複名］掛け蒲団(内側がウール外側が布).
välskäri 5 ［名］〈文〉(haavuri)軍医.
välttyä* 1 ［動］(危険などを)避ける，よける，回避する；(現実から)にげる.
välttämättömyys* 65 ［名］避けられないこと，必然性.
välttämättömästi ［副］やむをえず，余儀なく，避けられずに.
välttämätön* 57 ［形］避け難い，必然的な.
välttävä 13 ［形］まあまあの，可もなく不可もない.
välttää* 2 ［動］やめる，避ける，控える.
välys 64 ［名］隙間，機械の隙間.
välähtää* 2 ［動］ぱっと光る，ちらっと見える，きらめく.
vänrikki* 5 ［名］少尉.〈史〉旗手.
väreillä 28 ［動］さざ波が立つ，震える.
väri 4 ［名］色.
värifilmi 4 ［名］カラーフィルム.
värikuva 11 ［名］カラー写真.
värikäs* 66 ［形］カラフルな.
värillinen 63 ［形］色のある，色塗りの.
värinen 63 ［形］色のある.

värinpitävä 13 [形] 色の落ちない.
värisokea 21 [形] 色盲の. [名] 色盲の人.
väristys 64 [名] おののき, 身震い.
väristä 41 [動] (寒さで)ぶるぶる震える, (いやで)ぞっとする.
värittää* 2 [動] 色づけする, 色どる, 染める.
väritön* 57 [形] 無色の, 色彩のない, (顔色などが)血の気がない, 青ざめた.
värjäri 5 [名] 染物屋, 染物師.
värjätä 35 [動] 染める.
värjäys 64 [名] 染め, 染めること.
värjäämö 2 [名] 染色工場, 染色業, 染め物屋.
värjötellä* 28 [動] 寒くて震える.
värkkäillä 29 [動] 〈常〉準備する.
värkätä* 35 [動] 〈常〉準備する.
värvätä 35 [動] 〈軍〉給料を出して兵隊を集める.
värähdellä* 28 [動] (värähtää)震える, 小刻みに動く.
värähdys 64 [名] 振動, 周波, 揺れ.
värähdyttää* 2 [動] 震えさせる.
värähtää* 2 [動] 小刻みに動く, 震える.
värähyttää* 2 [動] (värähdyttää)震えさせる.
västäräkki* 4 [名] 〈鳥〉ハクセキレイ(セキレイ科). 学名 Motacilla alba.
väsyksissä [副] (väsyneenä, uuvuksissa)疲れている.
väsymys 64 [名] 疲れ, 疲労, くたびれ.
väsymätön* 57 [形] 疲れない, 疲れを知らない.
väsyneesti [副] 疲れて, 力が抜けて.
väsyneisyys* 65 [名] 疲労.
väsynyt 77 [形] 疲れた, 力が抜けた.
väsyttävä 13 [形] 疲れさせる, 退屈な, いやな, おもしろくない.
väsyttää* 2 [動] 疲れさせる, 無力にさせる.
väsyä 1 [動] 疲れる, 疲労する.
väsähtyä* 1 [動] (väsähtää)疲れる, 疲れはてる.
vävy 1 [名] 義理の息子, 娘の夫.
väylä 11 [名] 水路, 航路;通路, 通商路.

vääjäämätön* 57 [形] 拒めない, 無条件の.
väänne* 78 [名] 回転, 旋回.
väännellä* 28 [動] ねじってゆがめる, ねじ曲げる.
vääntyä* 1 [動] (身体を)ねじ曲げる, ゆがめる.
vääntäytyä* 44 [動] 姿勢を変える, 位置を変える.
vääntää* 42 [動] (時計を)巻く, ねじ曲げる.
vääntö* 1 [名] ねじり, 曲げ.
vääntökanki* 8 [名] ろくろの棒, てこ.
vääpeli 5 [名] 〈軍〉曹長.
väärennys 64 [名] 偽造, がん造, 変造.
väärentää* 8 [動] 偽造する.
väärin [副] 間違って, 誤って.
väärinkäsitys 64 [名] 誤解, 思い違い.
väärinkäytös 64 [名] 誤用, 濫用, 悪用.
vääristää 2 [動] 曲げる, 屈曲させる, ゆがめる.
vääryys* 65 [名] 1. 曲がったこと, ねじけたこと. 2. 不正, 不当.
väärä 11 [形] 曲がった；異常な；反対の；間違った, 不法の. *olla väärässä* 間違っている. [名] (kiertotie)回り道.
vääräsäärinen 63 [形] がに股の.
väärävala 10 [名] 〈宗〉偽誓. 〈法〉宣誓違反.

Y

ydin* 56 [名] 髄, 核, 精髄, エッセンス.
ydinase 78 [名] 〈軍〉(通常は複数形で)核兵器.
ydinkohta* 11 [名] 主要点, 要旨.
ydinvoimala 14 [名] 原子力発電所.
ydinvoimalaitos 64 [名] 原子力発電所.
yhdeksän 16 [基数] 9(九).
yhdeksänkymmentä 16+55 [基数] 90(九十).
yhdeksäntoista 16(toista は不変化) [基数] 19(十九).

yhdeksäs* 75 ［序数］ 9 番めの，第 9．
yhdenaikainen 63 ［形］ (yhtaikainen)同時の，同時代の．
yhdenarvoinen 63 ［形］ (samanarvoinen, tasa-arvoinen)等価の，平等の，同じ，等しい．
yhdenikäinen 63 ［形］ (samanikäinen)同年輩の，同じ年の．
yhdenjaksoinen 63 ［形］ 連続の，連続する．
yhdenkaltainen 63 ［形］ 同一の，同様の．
yhdenlainen 63 ［形］ (samanlainen)不変の；同じ，同様の．
yhdenmukainen 63 ［形］ (文法的に)一致する．
yhdenmukaistaa 2 ［動］ 統一する，規格化する．
yhdenmukaisuus* 65 ［名］ (形容詞と名詞の一致のような文法上の)一致．
yhdennäköinen 63 ［形］ (～に)似ている，等しい．
yhdensuuntainen 63 ［形］ 片道の，一方向の．
yhdentekevä 13 ［形］ (samantekevä)同じことだ，どうでもいい．
yhdenvertainen 63 ［形］ 同格の，同等の．
yhdessä ［副］ 一緒に．*yhdessä*＋属格＋*kanssa* ～と一緒に．
yhdestoista* 75 (toista は不変化) ［序数］ 第11．
yhdiste 78 ［名］〈化〉化合物．
yhdistelmä 13 ［名］ 結びつき，結合，集まり，集合．
yhdistymä 13 ［名］ 結合，結びつき，総合．
yhdistys 64 ［名］ 協会．
yhdistyä 1 ［動］ 一体になる，合同する，合併する．
yhdistää 2 ［動］ 結び合わせる，電話をつなぐ．
yhdyskunta* 11 ［名］ 地域社会(城，工場，駅などに形成される人間の集団)．
yhdyskuntasuunnittelu 2 ［名］ 地域社会計画．
yhdysmerkki* 4 ［名］ 連字符(ハイフン)．
yhdystie 30 ［名］ 連絡(中継)路．
yhdyttää* 2 ［動］ (kohdata, löytää)会う，出会う；見る，見つける．
yhtaikaa ［副］ (samanaikaisesti)同時に．
yhteen ［副］ 一緒に．käydä *yhteen* 一致する．

yhteenkuuluva 13 ［形］同じ組の，揃いの，対の．
yhteenlaskettu* 1 ［形］合計した，足し合わせた．
yhteenlasku 1 ［名］〈数〉加算，合計．
yhteenliittymä 13 ［名］結合，連合，合併．
yhteensattuma 16 ［名］同時の偶然のできごと，偶発，同時発生．
yhteensä ［副］(yht. と省略)合計して；全部で．
yhteentörmäys 64 ［名］衝突．
yhteenveto* 1 ［名］(tiivistelmä)概要，要約，レジュメ，サマリー，抜粋．
yhteinen 63 ［形］共通の，共有の．
yhteiselämä 13 ［名］共に暮らすこと，共同生活．
yhteishenki* 8 ［名］一致の精神，公共心．
yhteishyvä 11 ［名］公共の福祉，公益，万人の幸せ．
yhteiskoulu 1 ［名］男女共学学校．
yhteiskunnallinen 63 ［形］社会の，共同の．
yhteiskunta* 11 ［名］社会，共同体．
yhteiskuntajärjestys 64 ［名］社会秩序．
yhteiskuntaoppi* 4 ［名］社会科．
yhteislaulu 1 ［名］混声合唱．
yhteisruokailu 2 ［名］皆に同じ食事，共通の食事．
yhteistoiminta* 15 ［名］協力．
yhteistyö 30 ［名］協力，共同の仕事．
yhteisvoimin ［副］共同で，協力で．
yhteisymmärrys 64 ［名］合意，申し合わせ，相互理解．
yhteisö 2 ［名］(yhteiskunta)社会，共同体，集合体．
yhteneväinen 63 ［形］〈幾〉(kongruentti)一致する．
yhtenäinen 63 ［形］(eheä, aukoton；yhtäjaksoinen, jatkuva)続いている，絶えない；一つにまとまった；同一の，等質の．
yhtenäisesti ［副］(eheästi, aukottomasti；yhtäjaksoisesti, jatkuvasti)引き続いて，絶えることなく．
yhtenään ［副］(yhtä mittaa)連続して，途絶えずに．
yhteys* 65 ［名］関係，交渉，接触，結びつき，結合，関連；交通路；接続．*joutua yhteyteen*＋属格＋*kanssa* ～と関係を持つ，～と接触する．／*olla läheisessä yhteydessä*＋属格＋*kanssa* ～と近い関係にあ

る. /*ottaa yhteyttä*+入格 ～に連絡する. /*sen yhteydessä* それとの関連において. /*tässä yhteydessä* これに関連して.

yhteyttää* 2 [動]〈生理〉同化する.
yhtiö 3 [名] 会社.
yhtiökokous 64 [名] 株主総会.
yhtye 78 [名] 合奏, 合唱, アンサンブル.
yhtymä 13 [名] (yhdistymä)総合, 結合, まとめ.
yhtymäkohta* 11 [名] 接触点, 接合点.
yhtyä* 1 [動] 結び付く.
yhtä [副] (形容詞について)同じ位, 同じ程, 同じく.
yhtäjaksoinen 63 [形] 連続の, 連続する.
yhtäkkiä [副] (yht'äkkiä)突然に, 急に.
yhtäläinen 63 [形] (samanlainen)類似した, 同じの, 同じような.
yhtäläisyys* 65 [名] 類似.
yhtälö 2 [名]〈数〉式, 方程式.
yhtämittaa [副] 絶えず, 間断なく, 休まずに.
yhtämittainen 63 [形] (alituinen)連続する, コンスタントな.
yhtäpitävä 13 [形] (属格+kanssa と共に)～と一致する.
yhtäällä [副] 一方で, 一つの方向で. *yhtäältä* ～ toisaalta 一方では～, 又他方では～.
yhtään [副] (ensinkään, lainkaan)(否定文で)少しも～ない, 一つも～ない.
yhä [副] (edelleen, vielä)まだ, 引き続いて, さらに, もっと. *yhä uudelleen* 何度も, 繰り返して.
ykkönen 63 [名] 数字の 1 ; 一番の人・物.
ykkösluku* 1 [名] (yksikköluku)単位数, 1 から 9 までの数.
ykseys* 65 [名] 単一性, 同一性.
yksi* 51 [基数] 1. 1 (一). 2. (eräs, muuan) ある, 例の. *pitää yhtä*+属格+*kanssa* (=olla yksituumainen)同意する, 同意見である. /*yhdessä kohden*(=paikoillaan)一か所で. /*yhdellä kertaa* 一回で, 一度に. /*yhdestä suusta* 一斉に, 異口同音に. /*yhteen menoon* (samaan menoon, keskeytyk-

settä)引き続いて，ノンストップで．
yksikkö* 2［名］(数量等の)単位；〈言〉単数．
yksikköluku* 1［名］(ykkösluku)単位数，1 から 9 までの数．
yksikseen　［副］ひとりで．
yksilö　2［名］個人．
yksilöllinen　63［形］個人の，個人的な．
yksilöllisyys* 65［名］個性．
yksimielinen　63［形］同じ考えの，一致した．
yksin　［副］一人で；ただ～だけ．
yksinkertainen　63［形］簡単な，単純な，簡素な；通常の，普通の；まっ直ぐな，容易な．
yksinkertaistaa　2［動］単純にする，簡単にする．
yksinlaulu　1［名］独唱．
yksinmyynti* 4［名］独占販売．
yksinmyyntisopimus　64［名］独占販売契約．
yksinoikeus* 65［名］独占権．
yksinomaan　［副］(pelkästään)～だけ，専ら，～に限って．
yksinomainen　63［形］ただ一つの．
yksinomaisesti　［副］専ら，ただ～だけ．
yksinpuhelu　2［名］独り言；一人せりふ，独白．
yksintein　［副］(yksin tein)一度に．
yksinäinen　63［形］一人の，独りぼっちの，孤独の，寂しい．
yksinäissana　10［名］単語，一つ一つの語．
yksinäisyys* 65［名］孤独．
yksinään　［副］(yksin)一人で，一人だけで．
yksioikoinen　63［形］(yksinkertainen)簡単な，単純な，複雑でない．
yksipuolinen　63［形］一面的な，片方の．
yksissä　［副］(yhdessä)一緒に．
yksistään　［副］(ainoastaan, vain)ただ～だけ．
yksisuuntainen　63［形］一方通行の，一方向の．
yksitellen　［副］一つずつ，一人ずつ．
yksitoikkoinen　63［形］単調な．
yksitoista* 51(toista は不変化)［基数］11(十一)．
yksittäinen　63［形］単独の，孤独の，別々の，ばら

ばらの.
63［形］私的な，私立の，個人的な.
yksityisasia 14［名］個人的なこと，私事.
yksityisasunto* 2［名］自宅，私宅.
yksityisauto 1［名］自家用車.
yksityiselämä 13［名］私生活.
yksityiskohta* 11［名］詳細，細目，細かい点.
yksityiskohtainen 63［形］詳しい.
yksityiskoulu 1［名］私立学校.
yksityistunti* 4［名］個人レッスン.
yksivakainen 63［形］まじめな.
yksiö 3［名］1 DK のアパート.
yleensä ［副］(yl. と省略)通常，普通，多くの場合；一般的に，概して.
yleinen 63［形］一般的な，皆の，公の；通常の. *yleinen* mielipide 世論.
yleisesikunta* 11［名］〈軍〉防衛軍司令部.
yleishyödyllinen 63［形］公共のための，公益のための.
yleisinhimillisyys* 65［名］人間性，万人に共通な性質.
yleiskaava 10［名］一般的な用地計画.
yleiskatsaus 64［名］(yleisesitys)一般的な見方，概観.
yleiskieli 32［名］共通語，標準語.
yleislakko* 1［名］ゼネスト.
yleismaailmallinen 63［形］世界的な.
yleispätevä 13［形］一般に通用する，皆に有益な.
yleisradio 3［名］一般向けラジオ放送.
yleissilmäys 64［名］見渡すこと，概観.
yleissivistys 64［名］(kansalaissivistys)大衆教化，啓蒙.
yleistajuinen 63［形］(kansantajuinen)理解しやすい，容易な，ポピュラーな.
yleistää 2［動］一般化する，一般的にする.
yleisurheilu 2［名］陸上競技.
yleisyys* 65［名］普遍性.
yleisö 2［名］大衆，公衆.

yleisöpuhelin 56 [名] 公衆電話.
ylellinen 63 [形] (loistelias, komea, tuhlaileva)豪勢な, 華美な, 贅沢な.
ylellisyys* 65 [名] 豪勢, 華美, 贅沢.
ylemmyys* 65 [名] 優位, 優越, 優れていること.
ylemmäs [副] 上方へ.
ylempi* 22 [形] (場所について)もっと上の, もっと高い；(身分について)より上級の, より上層の.
ylempänä [副] より高く；より上級に.
ylen [副] (liian, kovin, erittäin)非常に.
ylenantaa* 9 [動] (oksentaa)吐く；〈古〉見捨てる, 断念する.
ylenkatse 78 [名] 軽べつ, 侮辱.
ylenmäärin [副] 大いに, 非常に, 甚だ.
ylenmääräinen 63 [形] 過度の, 過大の, 度を越した.
ylennys 64 [名] 昇格, 格が上がること.
ylentää* 8 [動] 〈雅〉上げる, 高くする.
ylettyvillä [後] (属格と共に)〜の範囲内に, 〜の手の届く所に. [副] (ulottuvilla)範囲内に, 手の届く所に.
ylettyä* 1 [動] (ulottua)届く, 達する, 広がる.
ylettää* 2 [動] 〜に届く, 手が届く.
yletä 34 [動] 高くなる, 上がる.
ylevä 13 [形] そびえ立つ, 気高い, 偉大な.
ylhäinen 63 [形] 高貴な, 気高い.
ylhäisyys* 65 [名] 高貴, 高尚.
ylhäälle [副] 上方へ.
ylhäällä [副] 上方に.
ylhäältä [副] 上方から.
yli [後] [前] (属格と共に)〜の上方に, 〜を越えて, 〜の上に, 〜より高く；〜の終わりまで. [副] 上に.
yliamiraali 4 [名] 海軍元帥.
yliarvioida 30 [動] 過大評価する.
yliasiamies 72 [名] 代表者のチーフ.
yliherkkä* 11 [形] 過敏な, 鋭敏な.
ylihuomen 55 [名] 明後日, あさって. *ylihuomenna* 明後日に.
ylijäämä 11 [名] 過剰.

ylikulku* 1［名］(川などを)渡ること,越えること.
ylikulkusilta* 10［名］歩道橋.
yliluonnollinen 63［形］不思議な,超自然的な.
ylilääkäri 5［名］医長.
ylimalkainen 63［形］大まかな,大ざっぱな.
ylimeno 1［名］川などを渡ること.
ylimielinen 63［形］ごう慢な,おうへいな.
ylimmäinen 63［形］(ylin)一番上の,最上部の.
ylimys 64［名］貴族,貴人.
ylimystö 1［名］貴族社会.
ylimääräinen 63［形］余分の,余計の,正規ではない,臨時の,特別の,並はずれの.
ylin* 59［形］一番上の.
ylinen 63［名］(ullakko)(通常は複数形で)屋根裏. ［形］上の.
ylinnä ［副］一番上に；最上位に.
ylioikeus* 65［名］上級裁判所.
yliolkainen 63［形］(halveksiva, ylimielinen)自尊心の強い,他人を軽蔑する.
yliopisto 2［名］大学.
ylioppilas 66［名］大学生.
ylioppilaskirjoitukset 64［複名］大学入学筆記試験.
ylioppilaskunta* 11［名］大学生会,大学生組合.
ylioppilaslakki* 4［名］大学生の制帽.
ylioppilastutkinto* 2［名］大学入学試験.
yliote* 78［名］(戦争・競技などの)勝利. *saada yliote* 勝利をおさめる,勝つ.
ylipaino 1［名］(liikapaino)過剰重量,重量制限オーバー.
ylipäällikkö* 2［名］最高指揮官,最高司令官.
ylipäänsä ［副］概して,普通.
ylipääsemätön 57［形］越えがたい,乗り越えがたい.
ylipäätään ［副］(ylipäänsä)概して.
ylistys 64［名］賛美,称賛.
ylistyslaulu 1［名］賛美歌.
ylistää 2［動］ほめる,称賛する.
ylitse ［後］［前］(属格と共に)〜を越えて,〜の上

を. [副] 渡って, 越えて.
ylittää* 2 [動] 横切る.
ylitys 64 [名] 越えること, 渡ること. *joen ylitys* 川渡り.
ylityö 30 [名] 時間外労働.
ylivalotus 64 [名]〈写〉露出オーバー.
ylivoima 11 [名] 優勢, 有力.
ylle [副] 表面へ. [後] (属格と共に)～の上方へ, ～の上へ, ～の表面へ. *pukea ylleen* 着る, 身に付ける.
yllin [副] *yllin kyllin* 充分に.
yllyttäjä 16 [名]〈法〉そそのかす人.
yllyttää* 2 [動] (kiihottaa)気持ちを高ぶらせる, 焚きつける, そそのかす.
yllä [副] 上方に, 表面に；身につけて. [後] (属格と共に)～の上方に, ～の表面に；～を身につけて.
yllämainittu* 2 [形] 上記の, 上に述べた.
ylläoleva 13 [形] 上記の(人, 事, 物).
ylläpito* 1 [名] 維持, 保つこと.
ylläpitää* 2 [動] 支える, 保持する.
yllättyä* 1 [動] (hämmästyä, ällistyä)驚く, 奇妙に思う.
yllättää* 2 [動] (tavoittaa)捕らえる, 狙う, 突然襲いかかる. *yllättäen* (odottamatta)思いがけなく, 意外に.
yllätys 64 [名] 驚き.
ylpeillä 28 [動] (出格と共に)～について誇る・自慢する.
ylpeys* 65 [名] 誇り, 自慢.
ylpeä 21 [形] (出格と共に)～について誇りに思う, ～を得意がる, 傲慢な, 威張っている.
yltiö 3 [名] (yltiöpää)熱心な人, 熱狂的な人. [形] (yltiöpäinen)熱心な, 熱狂的な.
yltiöisänmaallinen 63 [形] (sovinistinen)偏屈な愛国主義の, ショーヴィニズムの.
yltympäri [副] どこでも.
yltyä* 1 [動] 強くなる, 激しくなる.
yltä [副] 表面から, 上から. [後] (属格と共に)

～の上方から, ～の上から. *riisua yltään* 衣服を脱ぐ.
yltäkyllin [副] (yllin kyllin)充分に, 必要以上に.
yltäkylläinen 63 [形] 沢山の, 豊富な, 豊かな.
yltäkylläisyys* 65 [名] 満ち足りること.
yltää* 2 [動] (入格と共に)～に届く, ～に達する.
ylväs 66 [形] 堂々とした, 威厳をもった.
ylähuuli 32 [名] 上唇.
yläilma 10 [名] 上空.
yläjuoksu 1 [名] 川の上流.
yläkerros 64 [名] 建物の上の階；上流階級.
yläkerta* 10 [名] 建物の上の階, 上の部分.
yläkulma 11 [名] 上の隅, 上の角.
yläleuka* 10 [名] 上顎(あご).
ylämäki* 8 [名] 上り坂, 坂道.
ylänkö* 2 [名] 高地, 高原.
ylänne* 78 [名] (kukkula, harju)山, 山地, 周囲よりも高い所.
yläpuolella [後] (属格と共に)～の上に, ～の上の方に.
yläpuolelle [後] (属格と共に)～の上の方へ.
yläpuolelta [後] (属格と共に)～の上の方から.
yläpuoli 32 [名] 上部, 上半分.
yläruumis 68 [名] (体の)上体.
ylätyyli 4 [名] (korkea tyyli, juhlatyyli)荘重な文体, 高尚な言い方.
ylävirta* 10 [名] 川上, 上流.
ylävuode* 78 [名] 上段ベッド.
ylös [副] 上へ, 高く.
ylösalaisin [副] さかさまに, 上下逆に.
ylösnousemus 64 [名] 〈宗〉復活.
ylöspäin [副] 上方へ, 上に向かって, 上流に向かって.
ym. (ynnä muuta の略)などなど.
ymmällään [副] (neuvottomana, hämillään)困惑して, 当惑して, 混乱して, どうしていいか分からずに. *olla ymmällä* まごつく, 困惑する.
ymmärrettävyys* 65 [名] わかりやすさ.
ymmärrettävä 13 [形] 理解できる, 理解できるよ

うな.

ymmärrettävästi [副] もちろん, 当然のことながら.

ymmärrys 64 [名] 理解, 了解.

ymmärtämys 64 [名] (ymmärtäminen) 理解, 友好的態度.

ymmärtämätön* 57 [形] 考えの足りない, 理解のない, 理解できない.

ymmärtäväinen 63 [形] 理解のある, 友好的な；理性的な, 賢明な.

ymmärtää* 6 [動] 理解する.

ympyriäinen 63 [形] 〈話〉丸い, 円形の.

ympyrä 15 [名] 〈幾〉円, まる；丸い物, 円形.

ympäri [前] [後] (属格と共に) (ympärille) 〜を回って, 〜の回りへ. *ympäri vuoden* 1 年中. *vuoden ympäri* 一年中. [副] ぐるぐると；(läpi) 通して, ずっと. *kääntyä ympäri* 反対に向きを変える. *yöt ympäri* 幾晩も.

ympärille [副] 周りへ. *katsella ympärilleen* 見回す. [後] (属格と共に) 〜の周りへ.

ympärillä [副] 周りに. [後] (属格と共に) 〜の周りに.

ympäriltä [副] 周りから. [後] (属格と共に) 〜の周りから.

ympäristö 1 [名] 周囲, 環境.

ympäristönsuojelu 2 [名] 環境保護.

ympäristösuunnittelu 2 [名] 環境整備計画.

ympäröidä 30 [動] 取り囲む.

yms. ynnä muuta sellaista の略. その他そのようなもの.

ynnä [接] 〜と〜, などなど. *ynnä muuta* (sekä, ja) などなど.

ynseä 21 [形] 不親切な, 思いやりのない.

yrittelijä 14 [名] 試してみる人, 努力する人.

yritteliäisyys* 65 [名] 企業活動.

yritteliäs 66 [形] 活動的な.

yrittäjä 16 [名] 試みる人；企業主.

yrittämä 13 [名] (yritys) 試み. *ensi yrittämällä* す

ぐに, 最初に, 最初の試みで.
yrittää* 2 [動] 試みる；〜するつもりである；努力する. *yrittää parhaansa* 最善をつくす, ベストをつくす.
yritys 64 [名] 試み；努力；企業, 会社.
yrmeä 21 [形] (epäystävällinen)冷たい, 意地悪な, 不親切な.
yrtti* 4 [名] ハーブ, 薬草, 香辛料の草, 香料植物.
yskiä 17 [動] 咳をする.
yskä 11 [名] 咳.
yskös 64 [名] 痰(たん).
ystävykset 64 [複名] 友人, 友人どうし, 仲間.
ystävyys* 65 [名] 友情.
ystävä 13 [名] 友人；味方.
ystävällinen 63 [形] 親切な, 暖かい. *olla ystävällinen*+分格+kohtaan 〜に対して親切である.
ystävällisesti [副] 親切に, 暖かく.
ystävällismielinen 63 [形] 友好的な, 友好的な気持ちを持った.
ystävällisyys* 65 [名] 親切.
ytimekäs* 66 [形] (voimakas, väkevä) (言葉が)鋭い, 的確な, 内容がある.
yö 30 [名] 夜；闇. *hyvää yötä* おやすみなさい. *koko yön* ひと晩じゅう, 夜じゅう. *olla yötä*+内格 〜に泊まる, 〜で夜を過ごす. *tänä yönä* 今夜. *yöt ympäri* 幾晩も.
yöastia 14 [名] 溲瓶(しびん).
yökausi* 40 [名] 夜. *yökauden* (koko yön)一晩中.
yökkönen 63 [名] 〈蝶〉小型の蛾の仲間の総称として「ガ」.
yöpaita* 10 [名] (yöpuku) (男の)パジャマ.
yöpuku* 1 [名] (pyjama, yöpaita)パジャマ.
yöpyä* 1 [動] 宿泊する.
yöpöytä* 11 [名] (ベッドの横の)テーブル.
yösija 10 [名] 寝場所.
yövalvoja 16 [名] 夜の監視員, 夜の見張り.
yövartija 14 [名] 夜の番人, 宿直人.
yövuoro 1 [名] 夜勤, 夜番.

Ä

äes* 67 [名]〈農〉耙(まぐ).
äestää 2 [動] 耕作する,(畑を)耙でならす,耙をかける.
ähkiä 17 [動] (ähkyä)疲れてハーハー言う,ハーハー息をする,うなる,わめく.
ähkyä 1 [動] (ähkiä)ハーハー息をする,うめく,うめき苦しむ.
ähkäistä 24 [動] 激しい息づかいをする.
äidillinen 63 [形] 母のような,母らしい.
äidinkieli 32 [名] 母国語,母語.
äidinmaito* 1 [名] 母乳.
äidinrakkaus* 65 [名] 母性愛.
äijä 11 [名] (ukko, vaari)〈常〉〈俗〉おじいさん,老人.
äijänkäppänä 15 [名] 背が曲がった小柄な老人.
äimä 11 [名] 縫針,毛皮などを縫う大きな針.
äiti* 4 [名] 母.
äitipuoli 32 [名] まま母.
äitiys* 65 [名] 母性,母であること.
äitiysloma 11 [名] (synnytysloma)育児休暇,育児休業.
äityä* 1 [動] (kiihtyä)興奮する.
äkeä 21 [形] 激しい,熱烈な,猛烈な.
äkillinen 63 [形] 突然の,にわかの,不意の.
äkki- (名詞に付いて)突然の,急な,緊急な;傾斜が急な.(形容詞・副詞に付いて)大変,非常に.
äkkiarvaamaton* 57 [形] 予知されない,不慮の,不意の.
äkkiarvaamatta [副] 突然,予期しないときに,思いがけずに,不意に.
äkkijyrkkä* 11 [形] 急な,切り立った,けわしい,

急こう配の；根本的な.
äkkikuolema 13 [名] 突然の死, 急死, 不意の死去.
äkkilähtö* 1 [名] 突然の出立ち, 突然の出発.
äkkinäinen 63 [形] 大急ぎの, あわただしい, あわてた.
äkkipikainen 63 [形] 短気な, 性急な, 怒りやすい.
äkkisyvä 11 [形] 急に深くなる.
äkkiä [副] 突然, 急に, 思いがけなく, にわかに.
äksy 1 [形] 怒り易い, 恐ろしい, 手に負えない, 気持ちの抑制ができない.
äkäinen 63 [形] 怒り狂った, 怒ったような, 怒っている, 怒りっぽい, 気むずかしい.
äkäpussi 4 [名] 怒りっぽい人.
äkätä* 35 [動] 〈常〉(huomata)気付く；(keksiä)見付ける；(erottaa)区別する.
älistä 41 [動] 叫ぶ, 大声を出す；ほえる, うなる. *älisevä* ääni 太い声.
älkää [否定動詞] (否定命令を表す)～するな, ～してはならない.
ällistellä 28 [動] 不思議に思う, ぽかんと口を開けて見とれる.
ällistyttää* 2 [動] びっくりさせる.
ällistyä 1 [動] びっくりする, 驚く, びくっとする, 非常に驚く, 物も言えないほどびっくりする, 度を失う. *ällistyneenä* びっくりして, 驚いて.
äly 1 [名] 理知, 知力, 知能.
älykkyys* 65 [名] 知性, 理性, 賢明さ.
älykäs* 66 [形] 理知的な, りこうな.
älyllinen 63 [形] 知的な.
älyttömästi [副] 理性を失って, 冷静さを欠いて.
älytä 39 [動] (ymmärtää, käsittää)(説明などを)理解する, 了解する, 会得する.
älä [否定動詞] (否定命令を表す)～するな, ～してはならない.
äläkkä* 15 [名] (meteli)太い声, 叫び声.
ämmä 11 [名] 女〈俗〉婦人,〈稀〉老婆.
ämpäri 5 [名] バケツ, 手桶.
änkyttää* 2 [動] 口ごもる, どもる.

äpärä 12 [名] 私生児.
äpärälapsi 45 [名] (avioton lapsi, lehtolapsi)不義の子, 私生児, 庶子.
äreä 21 [形] 怒りっぽい, ぶっきらぼうの, 気の荒い.
ärhennellä* 28 [動] がみがみ言う, 怒鳴る.
ärinä 14 [名] 唸り声.
äristä 41 [動] わめく, 唸る.
ärjyä 1 [動] (イヌ, オオカミなどが)ほえる, うなる, 咆吼する.
ärjäistä 24 [動] 大声を出す.
ärsyke* 78 [名] 〈生理〉〈心〉刺激.
ärsyttää* 2 [動] 苛々させる, じらす, 掻き立てる, 扇動する.
ärtyinen 63 [形] 短気な, かんしゃく持ちの, 怒りっぽい.
ärtyisä 13 [形] おこりっぽい, いらいらする, 短気な.
ärtymys 64 [名] 苛立ち, 怒り.
ärtyä* 1 [動] 苛々する.
ärähtää* 2 [動] (イヌなどが)怒って唸る;怒る, 怒って言う.
äskeinen 63 [形] (時間的に)少し前の, 以前の;(名詞的に)少し前, 以前. *äskeisestään* 少し前から, 以前から.
äsken [副] (hetki sitten, juuri, vasta)今しがた, さっき, たった今, しばらく前.
äskettäin [副] (vähän aikaisemmin)近頃, 最近, この前, 今しがた.
ässä 11 [名] (トランプやさいころの) 1;第一人者.
äveriäs 66 [形] (rikas, varakas, vauras)金持ちの, 豊かな.
äyriäinen 63 [名] (ザリガニ, カニなど)甲殻類の動物.
äyräs 66 [名] 土手, 堤, 川端.
ääneen(sä) [副] 大声で, 声を出して.
äänekäs* 66 [形] 声が高い, やかましい.
äänenkannattaja 16 [名] (政党などの)機関紙.
äänenmukainen 63 [形] 擬音の, 擬音的.

äänenmurros 64 [名] 声変わり.
äänenpaino 1 [名] (発音上の)語勢, アクセント.
äänensävy 1 [名] 音声, 調子, 音調.
äänestys 64 [名] 投票.
äänestyslippu* 1 [名] 投票用紙.
äänestää 2 [動] 投票する.
ääneti [副] 無言で, だまって.
äänetön* 57 [形] 声がない, 静かな, 沈黙の, 音のない.
ääni 32 [名] 声, 音.
äänihuuli 32 [名] 〈解〉声帯.
äänilevy 1 [名] レコード.
ääninauha 10 [名] 〈技〉録音テープ.
äänioikeus* 65 [名] 選挙権.
äänioikeutettu* 2 [形] 投票権のある.
äänirauta* 10 [名] 音叉(さん).
äänitorvi 8 [名] 警笛, クラクション.
äänivaltainen 63 [形] 投票権のある.
äänne* 78 [名] 〈声〉〈言〉音韻, 声音.
äänneasu 1 [名] 〈言〉音韻構造.
äännelaki* 4 [名] 音韻変化の法則.
äänneoppi* 4 [名] 音韻論.
äänteenmuutos 64 [名] 〈言〉音韻変化.
ääntely 2 [名] 発声, 発音.
ääntenenemmistö 1 [名] 議会の多数派.
ääntiö 3 [名] 〈言〉(vokaali)母音.
ääntäminen 63 [名] 発音.
ääntää* 8 [動] 発音する；音をたてる.
ääreen [後] (viereen, lähelle) (属格と共に)〜のそばへ, 〜の傍らに.
ääressä [後] (属格と共に)〜のそばに, 〜のそばで, 〜のわきに, 〜の近くに, 〜のかたわらに.
ääretön* 57 [形] 無限の, はてしない.
ääri 32 [名] (loppupää, reuna)端, そば, 果て, 縁, へり, (容器の)口.
äärimmäinen 63 [形] 極端の, 極度の, 一番はしの.
äärimmäisyyssuunta* 11 [名] 極端な方向.
ääriviiva 10 [名] 輪郭, 輪郭の線, 略図.

Ö

öisin ［副］夜に．
öljy 1 ［名］油, 食用油, オイル．
öljyinen 63 ［形］油を含んだ, 油性の．
öljynpuhdistamo 2 ［名］石油精製工場．

名詞・形容詞の変化表

母音語幹のみの名詞・形容詞

	格		単　　数	複　　　　　数
1	主	格	aamu	aamut
	属	格	aamun	aamujen (aamuin)
	対格	I	aamun	aamut
		II	aamu	aamut
	分	格	aamua	aamuja
	様	格	aamuna	aamuina
	変	格	aamuksi	aamuiksi
	内	格	aamussa	aamuissa
	出	格	aamusta	aamuista
	入	格	aamuun	aamuihin
	所	格	aamulla	aamuilla
	離	格	aamulta	aamuilta
	向	格	aamulle	aamuille
	欠	格	aamutta	aamuitta
	共	格		aamuine
	具	格		aamuin
	主	格	katu	kadut
	属	格	kadun	katujen (katuin)
	対格	I	kadun	kadut
		II	katu	kadut
	分	格	katua	katuja
	様	格	katuna	katuina
	変	格	kaduksi	kaduiksi
	内	格	kadussa	kaduissa
	出	格	kadusta	kaduista
	入	格	katuun	katuihin
	所	格	kadulla	kaduilla
	離	格	kadulta	kaduilta
	向	格	kadulle	kaduille
	欠	格	kadutta	kaduitta
	共	格		katuine
	具	格		kaduin

585　名詞・形容詞の変化表

	格	単　　数	複　　　　数
2	主　格	henkilö	henkilöt
	属　格	henkilön	henkilöjen henkilöiden henkilöitten (henkilöin)
	対格 I	henkilön	henkilöt
	II	henkilö	henkilöt
	分　格	henkilöä	henkilöjä henkilöitä
	様　格	henkilönä	henkilöinä
	変　格	henkilöksi	henkilöiksi
	内　格	henkilössä	henkilöissä
	出　格	henkilöstä	henkilöistä
	入　格	henkilöön	henkilöihin
	所　格	henkilöllä	henkilöillä
	離　格	henkilöltä	henkilöiltä
	向　格	henkilölle	henkilöille
	欠　格	henkilöttä	henkilöittä
	共　格		henkilöine
	具　格		henkilöin
	主　格	aurinko	auringot
	属　格	auringon	aurinkojen auringoiden auringoitten (aurinkoin)
	対格 I	auringon	auringot
	II	aurinko	auringot
	分　格	aurinkoa	aurinkoja auringoita
	様　格	aurinkona	aurinkoina
	変　格	auringoksi	auringoiksi
	内　格	auringossa	auringoissa
	出　格	auringosta	auringoista
	入　格	aurinkoon	aurinkoihin
	所　格	auringolla	auringoilla
	離　格	auringolta	auringoilta
	向　格	auringolle	auringoille
	欠　格	auringotta	auringoitta
	共　格		aurinkoine
	具　格		auringoin

名詞・形容詞の変化表　586

	格	単　　数	複　　　　数
3	主　格	kallio	kalliot
	属　格	kallion	kallioiden kallioitten (kallioin)
	対格 I	kallion	kalliot
	II	kallio	kalliot
	分　格	kalliota (kallioa)	kallioita
	様　格	kalliona	kallioina
	変　格	kallioksi	kallioiksi
	内　格	kalliossa	kallioissa
	出　格	kalliosta	kallioista
	入　格	kallioon	kallioihin
	所　格	kalliolla	kallioilla
	離　格	kalliolta	kallioilta
	向　格	kalliolle	kallioille
	欠　格	kalliotta	kallioitta
	共　格		kallioine
	具　格		kallioin
4	主　格	bussi	bussit
	属　格	bussin	bussien (bussein)
	対格 I	bussin	bussit
	II	bussi	bussit
	分　格	bussia	busseja
	様　格	bussina	busseina
	変　格	bussiksi	busseiksi
	内　格	bussissa	busseissa
	出　格	bussista	busseista
	入　格	bussiin	busseihin
	所　格	bussilla	busseilla
	離　格	bussilta	busseilta
	向　格	bussille	busseille
	欠　格	bussitta	busseitta
	共　格		busseine
	具　格		bussein

587　名詞・形容詞の変化表

	格	単　　数	複　　　数
4	主　格	kortti	kortit
	属　格	kortin	korttien (korttein)
	対格 I	kortin	kortit
	II	kortti	kortit
	分　格	korttia	kortteja
	様　格	korttina	kortteina
	変　格	kortiksi	korteiksi
	内　格	kortissa	korteissa
	出　格	kortista	korteista
	入　格	korttiin	kortteihin
	所　格	kortilla	korteilla
	離　格	kortilta	korteilta
	向　格	kortille	korteille
	欠　格	kortitta	korteitta
	共　格		kortteine
	具　格		kortein
5	主　格	kaveri	kaverit
	属　格	kaverin	kaverien kavereiden kavereitten (kaverein)
	対格 I	kaverin	kaverit
	II	kaveri	kaverit
	分　格	kaveria	kavereita kavereja
	様　格	kaverina	kavereina
	変　格	kaveriksi	kavereiksi
	内　格	kaverissa	kavereissa
	出　格	kaverista	kavereista
	入　格	kaveriin	kavereihin
	所　格	kaverilla	kavereilla
	離　格	kaverilta	kavereilta
	向　格	kaverille	kavereille
	欠　格	kaveritta	kavereitta
	共　格		kavereine
	具　格		kaverein

	格	単　　数	複　　数
5	主　格	kaupunki	kaupungit
	属　格	kaupungin	kaupunkien kaupungeiden kaupungeitten (kaupunkein)
	対格 I	kaupungin	kaupungit
	II	kaupunki	kaupungit
	分　格	kaupunkia	kaupunkeja kaupungeita
	様　格	kaupunkina	kaupunkeina
	変　格	kaupungiksi	kaupungeiksi
	内　格	kaupungissa	kaupungeissa
	出　格	kaupungista	kaupungeista
	入　格	kaupunkiin	kaupunkeihin kaupungeihin
	所　格	kaupungilla	kaupungeilla
	離　格	kaupungilta	kaupungeilta
	向　格	kaupungille	kaupungeille
	欠　格	kaupungitta	kaupungeitta
	共　格		kaupunkeine
	具　格		kaupungein
6	主　格	betoni	betonit
	属　格	betonin	betonien (betoneiden) (betoneitten) (betonein)
	対格 I	betonin	betonit
	II	betoni	betonit
	分　格	betonia	betoneja (betoneita)
	様　格	betonina	betoneina
	変　格	betoniksi	betoneiksi
	内　格	betonissa	betoneissa
	出　格	betonista	betoneista
	入　格	betoniin	betoneihin
	所　格	betonilla	betoneilla
	離　格	betonilta	betoneilta
	向　格	betonille	betoneille
	欠　格	betonitta	betoneitta
	共　格		betoneine
	具　格		betonein

589　名詞・形容詞の変化表

	格	単　　数	複　　数
6	主　格	ammatti	ammatit
	属　格	ammatin	ammattien (ammateiden) (ammateitten) (ammattein)
	対格 I	ammatin	ammatit
	II	ammatti	ammatit
	分　格	ammattia	ammatteja (ammateita)
	様　格	ammattina	ammatteina
	変　格	ammatiksi	ammateiksi
	内　格	ammatissa	ammateissa
	出　格	ammatista	ammateista
	入　格	ammattiin	ammatteihin
	所　格	ammatilla	ammateilla
	離　格	ammatilta	ammateilta
	向　格	ammatille	ammateille
	欠　格	ammatitta	ammateitta
	共　格		ammatteine
	具　格		ammatein
7	主　格	kalsium	kalsiumit
	属　格	kalsiumin	kalsiumien (kalsiumein)
	対格 I	kalsiumin	kalsiumit
	II	kalsium	kalsiumit
	分　格	kalsiumia	kalsiumeja
	様　格	kalsiumina	kalsiumeina
	変　格	kalsiumiksi	kalsiumeiksi
	内　格	kalsiumissa	kalsiumeissa
	出　格	kalsiumista	kalsiumeista
	入　格	kalsiumiin	kalsiumeihin
	所　格	kalsiumilla	kalsiumeilla
	離　格	kalsiumilta	kalsiumeilta
	向　格	kalsiumille	kalsiumeille
	欠　格	kalsiumitta	kalsiumeitta
	共　格		kalsiumeine
	具　格		kalsiumein

名詞・形容詞の変化表

	格	単　　数	複　　　数
8	主　格	nimi	nimet
	属　格	nimen	nimien (nimein)
	対格 I	nimen	nimet
	II	nimi	nimet
	分　格	nimeä	nimiä
	様　格	nimenä	niminä
	変　格	nimeksi	nimiksi
	内　格	nimessä	nimissä
	出　格	nimestä	nimistä
	入　格	nimeen	nimiin
	所　格	nimellä	nimillä
	離　格	nimeltä	nimiltä
	向　格	nimelle	nimille
	欠　格	nimettä	nimittä
	共　格		nimine
	具　格		nimin
	主　格	lehti	lehdet
	属　格	lehden	lehtien (lehtein)
	対格 I	lehden	lehdet
	II	lehti	lehdet
	分　格	lehteä	lehtiä
	様　格	lehtenä	lehtinä
	変　格	lehdeksi	lehdiksi
	内　格	lehdessä	lehdissä
	出　格	lehdestä	lehdistä
	入　格	lehteen	lehtiin
	所　格	lehdellä	lehdillä
	離　格	lehdeltä	lehdiltä
	向　格	lehdelle	lehdille
	欠　格	lehdettä	lehdittä
	共　格		lehtine
	具　格		lehdin

591　名詞・形容詞の変化表

	格	単　　数	複　　　　数
9	主　格	nalle	nallet
	属　格	nallen	nallein
	対格 I	nallen	nallet
	II	nalle	nallet
	分　格	nallea	nalleja
	様　格	nallena	nalleina
	変　格	nalleksi	nalleiksi
	内　格	nallessa	nalleissa
	出　格	nallesta	nalleista
	入　格	nalleen	nalleihin
	所　格	nallella	nalleilla
	離　格	nallelta	nalleilta
	向　格	nallelle	nalleille
	欠　格	nalletta	nalleitta
	共　格		nalleine
	具　格		nallein
	主　格	nukke	nuket
	属　格	nuken	nukkien nukkein
	対格 I	nuken	nuket
	II	nukke	nuket
	分　格	nukkea	nukkeja
	様　格	nukkena	nukkeina
	変　格	nukeksi	nukeiksi
	内　格	nukessa	nukeissa
	出　格	nukesta	nukeista
	入　格	nukkeen	nukkeihin
	所　格	nukella	nukeilla
	離　格	nukelta	nukeilta
	向　格	nukelle	nukeille
	欠　格	nuketta	nukeitta
	共　格		nukkeine
	具　格		nukein

名詞・形容詞の変化表

	格	単 数	複 数
10	主 格	tarha	tarhat
	属 格	tarhan	tarhojen (tarhain)
	対格 I	tarhan	tarhat
	II	tarha	tarhat
	分 格	tarhaa	tarhoja
	様 格	tarhana	tarhoina
	変 格	tarhaksi	tarhoiksi
	内 格	tarhassa	tarhoissa
	出 格	tarhasta	tarhoista
	入 格	tarhaan	tarhoihin
	所 格	tarhalla	tarhoilla
	離 格	tarhalta	tarhoilta
	向 格	tarhalle	tarhoille
	欠 格	tarhatta	tarhoitta
	共 格		tarhoine
	具 格		tarhoin
	主 格	aita	aidat
	属 格	aidan	aitojen (aitain)
	対格 I	aidan	aidat
	II	aita	aidat
	分 格	aitaa	aitoja
	様 格	aitana	aitoina
	変 格	aidaksi	aidoiksi
	内 格	aidassa	aidoissa
	出 格	aidasta	aidoista
	入 格	aitaan	aitoihin
	所 格	aidalla	aidoilla
	離 格	aidalta	aidoilta
	向 格	aidalle	aidoille
	欠 格	aidatta	aidoitta
	共 格		aitoine
	具 格		aidoin

593　名詞・形容詞の変化表

	格	単　　数	複　　　　数
11	主　格	päivä	päivät
	属　格	päivän	päivien (päiväin)
	対格 I	päivän	päivät
	II	päivä	päivät
	分　格	päivää	päiviä
	様　格	päivänä	päivinä
	変　格	päiväksi	päiviksi
	内　格	päivässä	päivissä
	出　格	päivästä	päivistä
	入　格	päivään	päiviin
	所　格	päivällä	päivillä
	離　格	päivältä	päiviltä
	向　格	päivälle	päiville
	欠　格	päivättä	päivittä
	共　格		päivine
	具　格		päivin
	主　格	kukka	kukat
	属　格	kukan	kukkien (kukkain)
	対格 I	kukan	kukat
	II	kukka	kukat
	分　格	kukkaa	kukkia
	様　格	kukkana	kukkina
	変　格	kukaksi	kukiksi
	内　格	kukassa	kukissa
	出　格	kukasta	kukista
	入　格	kukkaan	kukkiin
	所　格	kukalla	kukilla
	離　格	kukalta	kukilta
	向　格	kukalle	kukille
	欠　格	kukatta	kukitta
	共　格		kukkine
	具　格		kukin

名詞・形容詞の変化表

	格	単　　　数	複　　　　　数
12	主　格	ahkera	ahkerat
	属　格	ahkeran	ahkerien ahkerain
	対格 I	ahkeran	ahkerat
	II	ahkera	ahkerat
	分　格	ahkeraa	ahkeria
	様　格	ahkerana	ahkerina
	変　格	ahkeraksi	ahkeriksi
	内　格	ahkerassa	ahkerissa
	出　格	ahkerasta	ahkerista
	入　格	ahkeraan	ahkeriin
	所　格	ahkeralla	ahkerilla
	離　格	ahkeralta	ahkerilta
	向　格	ahkeralle	ahkerille
	欠　格	ahkeratta	ahkeritta
	共　格		ahkerine
	具　格		ahkerin
13	主　格	orava	oravat
	属　格	oravan	oravien (oravain)
	対格 I	oravan	oravat
	II	orava	oravat
	分　格	oravaa	oravia
	様　格	oravana	oravina
	変　格	oravaksi	oraviksi
	内　格	oravassa	oravissa
	出　格	oravasta	oravista
	入　格	oravaan	oraviin
	所　格	oravalla	oravilla
	離　格	oravalta	oravilta
	向　格	oravalle	oraville
	欠　格	oravatta	oravitta
	共　格		oravine
	具　格		oravin

595　名詞・形容詞の変化表

	格	単　　数	複　　　　数
14	主　格	asia	asiat
	属　格	asian	asioiden asioitten (asiain)
	対格 I	asian	asiat
	II	asia	asiat
	分　格	asiaa	asioita
	様　格	asiana	asioina
	変　格	asiaksi	asioiksi
	内　格	asiassa	asioissa
	出　格	asiasta	asioista
	入　格	asiaan	asioihin
	所　格	asialla	asioilla
	離　格	asialta	asioilta
	向　格	asialle	asioille
	欠　格	asiatta	asioitta
	共　格		asioine
	具　格		asioin
15	主　格	kahvila	kahvilat
	属　格	kahvilan	kahviloiden kahviloitten kahvilojen (kahvilain)
	対格 I	kahvilan	kahvilat
	II	kahvila	kahvilat
	分　格	kahvilaa	kahviloita (kahviloja)
	様　格	kahvilana	kahviloina
	変　格	kahvilaksi	kahviloiksi
	内　格	kahvilassa	kahviloissa
	出　格	kahvilasta	kahviloista
	入　格	kahvilaan	kahviloihin
	所　格	kahvilalla	kahviloilla
	離　格	kahvilalta	kahviloilta
	向　格	kahvilalle	kahviloille
	欠　格	kahvilatta	kahviloitta
	共　格		kahviloine
	具　格		kahviloin

名詞・形容詞の変化表

	格	単　　数	複　　　　数
15	主　格	haarukka	haarukat
	属　格	haarukan	haarukoiden haarukoitten haarukkojen (haarukkain)
	対格 I	haarukan	haarukat
	II	haarukka	haarukat
	分　格	haarukkaa	haarukoita haarukkoja
	様　格	haarukkana	haarukkoina
	変　格	haarukaksi	haarukoiksi
	内　格	haarukassa	haarukoissa
	出　格	haarukasta	haarukoista
	入　格	haarukkaan	haarukoihin (haarukkoihin)
	所　格	haarukalla	haarukoilla
	離　格	haarukalta	haarukoilta
	向　格	haarukalle	haarukoille
	欠　格	haarukatta	haarukoitta
	共　格		haarukkoine
	具　格		haarukoin
16	主　格	opettaja	opettajat
	属　格	opettajan	opettajien (opettajain)
	対格 I	opettajan	opettajat
	II	opettaja	opettajat
	分　格	opettajaa	opettajia
	様　格	opettajana	opettajina
	変　格	opettajaksi	opettajiksi
	内　格	opettajassa	opettajissa
	出　格	opettajasta	opettajista
	入　格	opettajaan	opettajiin
	所　格	opettajalla	opettajilla
	離　格	opettajalta	opettajilta
	向　格	opettajalle	opettajille
	欠　格	opettajatta	opettajitta
	共　格		opettajine
	具　格		opettajin

	格	単　　数	複　　数
17	主　格	ikkuna	ikkunat
	属　格	ikkunan	ikkunoiden ikkunoitten (ikkunain) (ikkunien)
	対格 I	ikkunan	ikkunat
	II	ikkuna	ikkunat
	分　格	ikkunaa	ikkunoita (ikkunia)
	様　格	ikkunana	ikkunoina
	変　格	ikkunaksi	ikkunoiksi
	内　格	ikkunassa	ikkunoissa
	出　格	ikkunasta	ikkunoista
	入　格	ikkunaan	ikkunoihin (ikkuniin)
	所　格	ikkunalla	ikkunoilla
	離　格	ikkunalta	ikkunoilta
	向　格	ikkunalle	ikkunoille
	欠　格	ikkunatta	ikkunoitta
	共　格		ikkunoine
	具　格		ikkunoin
18	主　格	lakana	lakanat
	属　格	lakanan	lakanoiden lakanoitten (lakanain) (lakanien)
	対格 I	lakanan	lakanat
	II	lakana	lakanat
	分　格	lakanaa	lakanoita (lakania)
	様　格	lakanana	lakanoina
	変　格	lakanaksi	lakanoiksi
	内　格	lakanassa	lakanoissa
	出　格	lakanasta	lakanoista
	入　格	lakanaan	lakanoihin (lakaniin)
	所　格	lakanalla	lakanoilla
	離　格	lakanalta	lakanoilta
	向　格	lakanalle	lakanoille
	欠　格	lakanatta	lakanoitta
	共　格		lakanoine
	具　格		lakanoin

	格	単　　数	複　　　　　数
19	主　格	ainoa	ainoat
	属　格	ainoan	ainoiden ainoitten (ainoain)
	対格 I	ainoan	ainoat
	II	ainoa	ainoat
	分　格	ainoaa ainoata	ainoita
	様　格	ainoana	ainoina
	変　格	ainoaksi	ainoiksi
	内　格	ainoassa	ainoissa
	出　格	ainoasta	ainoista
	入　格	ainoaan	ainoihin ainoisiin
	所　格	ainoalla	ainoilla
	離　格	ainoalta	ainoilta
	向　格	ainoalle	ainoille
	欠　格	ainoatta	ainoitta
	共　格		ainoine
	具　格		ainoin
20	主　格	herttua	herttuat
	属　格	herttuan	herttuoiden herttuoitten (herttuain)
	対格 I	herttuan	herttuat
	II	herttua	herttuat
	分　格	herttuaa herttuata	herttuoita
	様　格	herttuana	hettuoina
	変　格	herttuaksi	herttuoiksi
	内　格	herttuassa	herttuoissa
	出　格	herttuasta	herttuoista
	入　格	herttuaan	herttuoihin
	所　格	herttualla	herttuoilla
	離　格	herttualta	herttuoilta
	向　格	herttualle	herttuoille
	欠　格	herttuatta	herttuoitta
	共　格		hettuoine
	具　格		herttuoin

名詞・形容詞の変化表

	格	単　　数	複　　数
21	主　格	hopea	hopeat
	属　格	hopean	hopeiden hopeitten (hopeain)
	対格 I	hopean	hopeat
	II	hopea	hopeat
	分　格	hopeaa hopeata	hopeita
	様　格	hopeana	hopeina
	変　格	hopeaksi	hopeiksi
	内　格	hopeassa	hopeissa
	出　格	hopeasta	hopeista
	入　格	hopeaan	hopeihin (hopeoihin)
	所　格	hopealla	hopeilla
	離　格	hopealta	hopeilta
	向　格	hopealle	hopeille
	欠　格	hopeatta	hopeitta
	共　格		hopeine
	具　格		hopein
22	主　格	pitempi	pitemmät
	属　格	pitemmän	pitempien (pitempäin)
	対格 I	pitemmän	pitemmät
	II	pitempi	pitemmät
	分　格	pitempää (pitempätä)	pitempiä
	様　格	pitempänä	pitempinä
	変　格	pitemmäksi	pitemmiksi
	内　格	pitemmässä	pitemmissä
	出　格	pitemmästä	pitemmistä
	入　格	pitempään	pitempiin
	所　格	pitemmällä	pitemmillä
	離　格	pitemmältä	pitemmiltä
	向　格	pitemmälle	pitemmille
	欠　格	pitemmättä	pitemmittä
	共　格		pitempine
	具　格		pitemmin

	格	単 数	複 数
23	主 格	vapaa	vapaat
	属 格	vapaan	vapaiden vapaitten
	対格 I	vapaan	vapaat
	II	vapaa	vapaat
	分 格	vapaata	vapaita
	様 格	vapaana	vapaina
	変 格	vapaaksi	vapaiksi
	内 格	vapaassa	vapaissa
	出 格	vapaasta	vapaista
	入 格	vapaaseen	vapaisiin vapaihin
	所 格	vapaalla	vapailla
	離 格	vapaalta	vapailta
	向 格	vapaalle	vapaille
	欠 格	vapaatta	vapaitta
	共 格		vapaine
	具 格		vapain
24	主 格	tienoo	tienoot
	属 格	tienoon	tienoiden tienoitten
	対格 I	tienoon	tienoot
	II	tienoo	tienoot
	分 格	tienoota	tienoita
	様 格	tienoona	tienoina
	変 格	tienooksi	tienoiksi
	内 格	tienoossa	tienoissa
	出 格	tienoosta	tienoista
	入 格	tienooseen	tienoisiin tienoihin
	所 格	tienoolla	tienoilla
	離 格	tienoolta	tienoilta
	向 格	tienoolle	tienoille
	欠 格	tienootta	tienoitta
	共 格		tienoine
	具 格		tienoin

名詞・形容詞の変化表

	格	単　　数	複　　数
25	主　格	paluu	paluut
	属　格	paluun	paluiden paluitten
	対格 I	paluun	paluut
	II	paluu	paluut
	分　格	paluuta	paluita
	様　格	paluuna	paluina
	変　格	paluuksi	paluiksi
	内　格	paluussa	paluissa
	出　格	paluusta	paluista
	入　格	paluuseen	paluisiin paluihin
	所　格	paluulla	paluilla
	離　格	paluulta	paluilta
	向　格	paluulle	paluille
	欠　格	paluutta	paluitta
	共　格		paluine
	具　格		paluin
26	主　格	kamee	kameet
	属　格	kameen	kameiden kameitten
	対格 I	kameen	kameet
	II	kamee	kameet
	分　格	kameeta	kameita
	様　格	kameena	kameina
	変　格	kameeksi	kameiksi
	内　格	kameessa	kameissa
	出　格	kameesta	kameista
	入　格	kameehen kameeseen	kameihin kameisiin
	所　格	kameella	kameilla
	離　格	kameelta	kameilta
	向　格	kameelle	kameille
	欠　格	kameetta	kameitta
	共　格		kameine
	具　格		kamein

名詞・形容詞の変化表　602

	格	単　　数	複　　　　数
27	主　格	voi	voit
	属　格	voin	voiden voitten
	対格 I	voin	voit
	II	voi	voit
	分　格	voita	voita
	様　格	voina	voina
	変　格	voiksi	voiksi
	内　格	voissa	voissa
	出　格	voista	voista
	入　格	voihin	voihin
	所　格	voilla	voilla
	離　格	voilta	voilta
	向　格	voille	voille
	欠　格	voitta	voitta
	共　格		voine
	具　格		voin
28	主　格	maa	maat
	属　格	maan	maiden maitten
	対格 I	maan	maat
	II	maa	maat
	分　格	maata	maita
	様　格	maana	maina
	変　格	maaksi	maiksi
	内　格	maassa	maissa
	出　格	maasta	maista
	入　格	maahan	maihin
	所　格	maalla	mailla
	離　格	maalta	mailta
	向　格	maalle	maille
	欠　格	maatta	maitta
	共　格		maine
	具　格		main

603　名詞・形容詞の変化表

	格	単数	複数
29	主　格	kuu	kuut
	属　格	kuun	kuiden kuitten
	対格 I	kuun	kuut
	II	kuu	kuut
	分　格	kuuta	kuita
	様　格	kuuna	kuina
	変　格	kuuksi	kuiksi
	内　格	kuussa	kuissa
	出　格	kuusta	kuista
	入　格	kuuhun	kuihin
	所　格	kuulla	kuilla
	離　格	kuulta	kuilta
	向　格	kuulle	kuille
	欠　格	kuutta	kuitta
	共　格		kuine
	具　格		kuin
30	主　格	tie	tiet
	属　格	tien	teiden teitten
	対格 I	tien	tiet
	II	tie	tiet
	分　格	tietä	teitä
	様　格	tienä	teinä
	変　格	tieksi	teiksi
	内　格	tiessä	teissä
	出　格	tiestä	teistä
	入　格	tiehen	teihin
	所　格	tiellä	teillä
	離　格	tieltä	teiltä
	向　格	tielle	teille
	欠　格	tiettä	teittä
	共　格		teine
	具　格		tein

	格	単　数	複　数
31	主　格	bébé	bébét
	属　格	bébén	bébéiden bébéitten
	対格 I	bébén	bébét
	II	bébé	bébét
	分　格	bébétä	bébeitä
	様　格	bébénä	bébéinä
	変　格	bébéksi	bébéiksi
	内　格	bébéssä	bébéissä
	出　格	bébéstä	bébéistä
	入　格	bébéhen	bébéihin
	所　格	bébéllä	bébéillä
	離　格	bébéltä	bébéiltä
	向　格	bébélle	bébéille
	欠　格	bébéttä	bébéittä
	共　格		bébéine
	具　格		bébéin

母音語幹と子音語幹を持つ名詞・形容詞

	格	単　数	複　数
32	主　格	vuori	vuoret
	属　格	vuoren	vuorien vuorten
	対格 I	vuoren	vuoret
	II	vuori	vuoret
	分　格	vuorta	vuoria
	様　格	vuorena	vuorina
	変　格	vuoreksi	vuoriksi
	内　格	vuoressa	vuorissa
	出　格	vuoresta	vuorista
	入　格	vuoreen	vuoriin
	所　格	vuorella	vuorilla
	離　格	vuorelta	vuorilta
	向　格	vuorelle	vuorille
	欠　格	vuoretta	vuoritta
	共　格		vuorine
	具　格		vuorin

605　名詞・形容詞の変化表

	格	単　　数	複　　　　数
33	主　格	lohi	lohet
	属　格	lohen	lohien (lohten)
	対格 I	lohen	lohet
	II	lohi	lohet
	分　格	lohta	lohia
	様　格	lohena	lohina
	変　格	loheksi	lohiksi
	内　格	lohessa	lohissa
	出　格	lohesta	lohista
	入　格	loheen	lohiin
	所　格	lohella	lohilla
	離　格	lohelta	lohilta
	向　格	lohelle	lohille
	欠　格	lohetta	lohitta
	共　格		lohine
	具　格		lohin
34	主　格	haahti	haahdet
	属　格	haahden	haahtien (haahtein)
	対格 I	haahden	haahdet
	II	haahti	haahdet
	分　格	haahtea	haahtia
	様　格	haahtena	haahtina
	変　格	haahdeksi	haahdiksi
	内　格	haahdessa	haahdissa
	出　格	haahdesta	haahdista
	入　格	haahteen	haahtiin
	所　格	haahdella	haahdilla
	離　格	haahdelta	haahdilta
	向　格	haahdelle	haahdille
	欠　格	haahdetta	haahditta
	共　格		haahtine
	具　格		haahdin

名詞・形容詞の変化表　606

	格	単　　数	複　　数
35	主　格	lumi	lumet
	属　格	lumen	lumien lunten
	対格 I	lumen	lumet
	II	lumi	lumet
	分　格	lunta	lumia
	様　格	lumena	lumina
	変　格	lumeksi	lumiksi
	内　格	lumessa	lumissa
	出　格	lumesta	lumista
	入　格	lumeen	lumiin
	所　格	lumella	lumilla
	離　格	lumelta	lumilta
	向　格	lumelle	lumille
	欠　格	lumetta	lumitta
	共　格		lumine
	具　格		lumin
36	主　格	tuomi	tuomet
	属　格	tuomen	tuomien (tuonten)
	対格 I	tuomen	tuomet
	II	tuomi	tuomet
	分　格	tuomea (tuonta)	tuomia
	様　格	tuomena	tuomina
	変　格	tuomeksi	tuomiksi
	内　格	tuomessa	tuomissa
	出　格	tuomesta	tuomista
	入　格	tuomeen	tuomiin
	所　格	tuomella	tuomilla
	離　格	tuomelta	tuomilta
	向　格	tuomelle	tuomille
	欠　格	tuometta	tuomitta
	共　格		tuomine
	具　格		tuomin

名詞・形容詞の変化表

	格	単　　数	複　　　数
37	主　格	niemi	niemet
	属　格	niemen	niemien nienten
	対格 I	niemen	niemet
	II	niemi	niemet
	分　格	niemeä (nientä)	niemiä
	様　格	niemenä	nieminä
	変　格	niemeksi	niemiksi
	内　格	niemessä	niemissä
	出　格	niemestä	niemistä
	入　格	niemeen	niemiin
	所　格	niemellä	niemillä
	離　格	niemeltä	niemiltä
	向　格	niemelle	niemille
	欠　格	niemettä	niemittä
	共　格		niemine
	具　格		niemin
38	主　格	pieni	pienet
	属　格	pienen	pienien pienten
	対格 I	pienen	pienet
	II	pieni	pienet
	分　格	pientä	pieniä
	様　格	pienenä	pieninä
	変　格	pieneksi	pieniksi
	内　格	pienessä	pienissä
	出　格	pienestä	pienistä
	入　格	pieneen	pieniin
	所　格	pienellä	pienillä
	離　格	pieneltä	pieniltä
	向　格	pienelle	pienille
	欠　格	pienettä	pienittä
	共　格		pienine
	具　格		pienin

	格	単　数	複　数
39	主　格	suuri	suuret
	属　格	suuren	suurien suurten
	対格 I	suuren	suuret
	II	suuri	suuret
	分　格	suurta	suuria
	様　格	suurena	suurina
	変　格	suureksi	suuriksi
	内　格	suuressa	suurissa
	出　格	suuresta	suurista
	入　格	suureen	suuriin
	所　格	suurella	suurilla
	離　格	suurelta	suurilta
	向　格	suurelle	suurille
	欠　格	suuretta	suuritta
	共　格		suurine
	具　格		suurin
40	主　格	vesi	vedet
	属　格	veden	vesien vetten
	対格 I	veden	vedet
	II	vesi	vedet
	分　格	vettä	vesiä
	様　格	vetenä	vesinä
	変　格	vedeksi	vesiksi
	内　格	vedessä	vesissä
	出　格	vedestä	vesistä
	入　格	veteen	vesiin
	所　格	vedellä	vesillä
	離　格	vedeltä	vesiltä
	向　格	vedelle	vesille
	欠　格	vedettä	vesittä
	共　格		vesine
	具　格		vesin

609　名詞・形容詞の変化表

	格	単　　数	複　　数
41	主　格	tosi	todet
	属　格	toden	tosien
	対格 I	toden	todet
	II	tosi	todet
	分　格	totta	tosia
	様　格	totena	tosina
	変　格	todeksi	tosiksi
	内　格	todessa	tosissa
	出　格	todesta	tosista
	入　格	toteen	tosiin
	所　格	todella	tosilla
	離　格	todelta	tosilta
	向　格	todelle	tosille
	欠　格	todetta	tositta
	共　格		tosine
	具　格		tosin
42	主　格	varsi	varret
	属　格	varren	varsien (vartten)
	対格 I	varren	varret
	II	varsi	varret
	分　格	vartta	varsia
	様　格	vartena	varsina
	変　格	varreksi	varsiksi
	内　格	varressa	varsissa
	出　格	varresta	varsista
	入　格	varteen	varsiin
	所　格	varrella	varsilla
	離　格	varrelta	varsilta
	向　格	varrelle	varsille
	欠　格	varretta	varsitta
	共　格		varsine
	具　格		varsin

名詞・形容詞の変化表

	格	単　　数	複　　数
43	主　格	jälsi	jället
	属　格	jällen	jälsien jältten
	対格 I	jällen	jället
	II	jälsi	jället
	分　格	jälttä	jälsiä
	様　格	jältenä	jälsinä
	変　格	jälleksi	jälsiksi
	内　格	jällessä	jälsissä
	出　格	jällestä	jälsistä
	入　格	jälteen	jälsiin
	所　格	jällellä	jälsillä
	離　格	jälleltä	jälsiltä
	向　格	jällelle	jälsille
	欠　格	jällettä	jälsittä
	共　格		jälsine
	具　格		jälsin
44	主　格	kynsi	kynnet
	属　格	kynnen	kynsien (kyntten)
	対格 I	kynnen	kynnet
	II	kynsi	kynnet
	分　格	kynttä	kynsiä
	様　格	kyntenä	kynsinä
	変　格	kynneksi	kynsiksi
	内　格	kynnessä	kynsissä
	出　格	kynnestä	kynsistä
	入　格	kynteen	kynsiin
	所　格	kynnellä	kynsillä
	離　格	kynneltä	kynsiltä
	向　格	kynnelle	kynsille
	欠　格	kynnettä	kynsittä
	共　格		kynsine
	具　格		kynsin

611　名詞・形容詞の変化表

	格	単　　数	複　　　　数
45	主　格	lapsi	lapset
	属　格	lapsen	lapsien lasten
	対格 I	lapsen	lapset
	II	lapsi	lapset
	分　格	lasta	lapsia
	様　格	lapsena	lapsina
	変　格	lapseksi	lapsiksi
	内　格	lapsessa	lapsissa
	出　格	lapsesta	lapsista
	入　格	lapseen	lapsiin
	所　格	lapsella	lapsilla
	離　格	lapselta	lapsilta
	向　格	lapselle	lapsille
	欠　格	lapsetta	lapsitta
	共　格		lapsine
	具　格		lapsin
46	主　格	hapsi	hapset
	属　格	hapsen	hapsien (hasten)
	対格 I	hapsen	hapset
	II	hapsi	hapset
	分　格	hapsea (hasta)	hapsia
	様　格	hapsena	hapsina
	変　格	hapseksi	hapsiksi
	内　格	hapsessa	hapsissa
	出　格	hapsesta	hapsista
	入　格	hapseen	hapsiin
	所　格	hapsella	hapsilla
	離　格	hapselta	hapsilta
	向　格	hapselle	hapsille
	欠　格	hapsetta	hapsitta
	共　格		hapsine
	具　格		hapsin

名詞・形容詞の変化表　612

	格	単　数	複　数
47	主　格	veitsi	veitset
	属　格	veitsen	veitsien veisten
	対格 I	veitsen	veitset
	II	veitsi	veitset
	分　格	veistä	veitsiä
	様　格	veitsenä	veitsinä
	変　格	veitseksi	veitsiksi
	内　格	veitsessä	veitsissä
	出　格	veitsestä	veitsistä
	入　格	veitseen	veitsiin
	所　格	veitsellä	veitsillä
	離　格	veitseltä	veitsiltä
	向　格	veitselle	veitsille
	欠　格	veitsettä	veitsittä
	共　格		veitsine
	具　格		veitsin
48	主　格	peitsi	peitset
	属　格	peitsen	peitsien peisten
	対格 I	peitsen	peitset
	II	peitsi	peitset
	分　格	peistä (peitseä)	peitsiä
	様　格	peitsenä	peitsinä
	変　格	peitseksi	peitsiksi
	内　格	peitsessä	peitsissä
	出　格	peitsestä	peitsistä
	入　格	peitseen	peitsiin
	所　格	peitsellä	peitsillä
	離　格	peitseltä	peitsiltä
	向　格	peitselle	peitsille
	欠　格	peitsettä	peitsittä
	共　格		peitsine
	具　格		peitsin

613　名詞・形容詞の変化表

	格	単　数	複　数
49	主　格	suksi	sukset
	属　格	suksen	suksien (suksein)
	対格 I	suksen	sukset
	II	suksi	sukset
	分　格	suksea	suksia
	様　格	suksena	suksina
	変　格	sukseksi	suksiksi
	内　格	suksessa	suksissa
	出　格	suksesta	suksista
	入　格	sukseen	suksiin
	所　格	suksella	suksilla
	離　格	sukselta	suksilta
	向　格	sukselle	suksille
	欠　格	suksetta	suksitta
	共　格		suksine
	具　格		suksin
50	主　格	uksi	ukset
	属　格	uksen	uksien (usten)
	対格 I	uksen	ukset
	II	uksi	ukset
	分　格	uksea (usta)	uksia
	様　格	uksena	uksina
	変　格	ukseksi	uksiksi
	内　格	uksessa	uksissa
	出　格	uksesta	uksista
	入　格	ukseen	uksiin
	所　格	uksella	uksilla
	離　格	ukselta	uksilta
	向　格	ukselle	uksille
	欠　格	uksetta	uksitta
	共　格		uksine
	具　格		uksin

名詞・形容詞の変化表　614

	格	単　　数	複　　数
51	主　格	kaksi	kahdet
	属　格	kahden	kaksien
	対格 I	kahden	kahdet
	II	kaksi	kahdet
	分　格	kahta	kaksia
	様　格	kahtena	kaksina
	変　格	kahdeksi	kaksiksi
	内　格	kahdessa	kaksissa
	出　格	kahdesta	kaksista
	入　格	kahteen	kaksiin
	所　格	kahdella	kaksilla
	離　格	kahdelta	kaksilta
	向　格	kahdelle	kaksille
	欠　格	kahdetta	kaksitta
	共　格		kaksine
	具　格		kaksin
52	主　格	sankari	sankarit
	属　格	sankarin	sankarien sankareiden sankareitten sankarten (sankarein)
	対格 I	sankarin	sankarit
	II	sankari	sankarit
	分　格	sankaria	sankareita sankareja
	様　格	sankarina	sankareina
	変　格	sankariksi	sankareiksi
	内　格	sankarissa	sankareissa
	出　格	sankarista	sankareista
	入　格	sankariin	sankareihin
	所　格	sankarilla	sankareilla
	離　格	sankarilta	sankareilta
	向　格	sankarille	sankareille
	欠　格	sankaritta	sankareitta
	共　格		sankareine
	具　格		sankarein

615　名詞・形容詞の変化表

	格	単　　数	複　　数
53	主　格	jumala	jumalat
	属　格	jumalan	jumalien (jumalain) (jumalten)
	対格 I	jumalan	jumalat
	II	jumala	jumalat
	分　格	jumalaa	jumalia
	様　格	jumalana	jumalina
	変　格	jumalaksi	jumaliksi
	内　格	jumalassa	jumalissa
	出　格	jumalasta	jumalista
	入　格	jumalaan	jumaliin
	所　格	jumalalla	jumalilla
	離　格	jumalalta	jumalilta
	向　格	jumalalle	jumalille
	欠　格	jumalatta	jumalitta
	共　格		jumaline
	具　格		jumalin
54	主　格	sisar	sisaret
	属　格	sisaren	sisarien sisarten
	対格 I	sisaren	sisaret
	II	sisar	sisaret
	分　格	sisarta	sisaria
	様　格	sisarena	sisarina
	変　格	sisareksi	sisariksi
	内　格	sisaressa	sisarissa
	出　格	sisaresta	sisarista
	入　格	sisareen	sisariin
	所　格	sisarella	sisarilla
	離　格	sisarelta	sisarilta
	向　格	sisarelle	sisarille
	欠　格	sisaretta	sisaritta
	共　格		sisarine
	具　格		sisarin

名詞・形容詞の変化表　616

	格	単　　数	複　　　数
54	主　格	tytär	tyttäret
	属　格	tyttären	tyttärien tytärten
	対格 I	tyttären	tyttäret
	II	tytär	tyttäret
	分　格	tytärtä	tyttäriä
	様　格	tyttärenä	tyttärinä
	変　格	tyttäreksi	tyttäriksi
	内　格	tyttäressä	tyttärissä
	出　格	tyttärestä	tyttäristä
	入　格	tyttäreen	tyttäriin
	所　格	tyttärellä	tyttärillä
	離　格	tyttäreltä	tyttäriltä
	向　格	tyttärelle	tyttärille
	欠　格	tyttärettä	tyttärittä
	共　格		tyttärine
	具　格		tyttärin
55	主　格	ahven	ahvenet
	属　格	ahvenen	ahvenien ahventen
	対格 I	ahvenen	ahvenet
	II	ahven	ahvenet
	分　格	ahventa	ahvenia
	様　格	ahvenena	ahvenina
	変　格	ahveneksi	ahveniksi
	内　格	ahvenessa	ahvenissa
	出　格	ahvenesta	ahvenista
	入　格	ahveneen	ahveniin
	所　格	ahvenella	ahvenilla
	離　格	ahvenelta	ahvenilta
	向　格	ahvenelle	ahvenille
	欠　格	ahvenetta	ahvenitta
	共　格		ahvenine
	具　格		ahvenin

617　名詞・形容詞の変化表

	格	単　　数	複　　数
56	主　格	puhelin	puhelimet
	属　格	puhelimen	puhelimien puhelinten
	対格 I	puhelimen	puhelimet
	II	puhelin	puhelimet
	分　格	puhelinta	puhelimia
	様　格	puhelimena	puhelimina
	変　格	puhelimeksi	puhelimiksi
	内　格	puhelimessa	puhelimissa
	出　格	puhelimesta	puhelimista
	入　格	puhelimeen	puhelimiin
	所　格	puhelimella	puhelimilla
	離　格	puhelimelta	puhelimilta
	向　格	puhelimelle	puhelimille
	欠　格	puhelimetta	puhelimitta
	共　格		puhelimine
	具　格		puhelimin
	主　格	soitin	soittimet
	属　格	soittimen	soittimien soitinten
	対格 I	soittimen	soittimet
	II	soitin	soittimet
	分　格	soitinta	soittimia
	様　格	soittimena	soittimina
	変　格	soittimeksi	soittimiksi
	内　格	soittimessa	soittimissa
	出　格	soittimesta	soittimista
	入　格	soittimeen	soittimiin
	所　格	soittimella	soittimilla
	離　格	soittimelta	soittimilta
	向　格	soittimelle	soittimille
	欠　格	soittimetta	soittimitta
	共　格		soittimine
	具　格		soittimin

名詞・形容詞の変化表　618

	格	単　　数	複　　　数
57	主　格	onneton	onnettomat
	属　格	onnettoman	onnettomien onnetonten (onnettomain) (onnetointen)
	対格 I	onnettoman	onnettomat
	II	onneton	onnettomat
	分　格	onnetonta	onnettomia
	様　格	onnettomana	onnettomina
	変　格	onnettomaksi	onnettomiksi
	内　格	onnettomassa	onnettomissa
	出　格	onnettomasta	onnettomista
	入　格	onnettomaan	onnettomiin
	所　格	onnettomalla	onnettomilla
	離　格	onnettomalta	onnettomilta
	向　格	onnettomalle	onnettomille
	欠　格	onnettomatta	onnettomitta
	共　格		onnettomine
	具　格		onnettomin
58	主　格	lämmin	lämpimät
	属　格	lämpimän	lämpimien (lämpimäin) (lämminten)
	対格 I	lämpimän	lämpimät
	II	lämmin	lämpimät
	分　格	lämmintä (lämpimää)	lämpimiä
	様　格	lämpimänä (lämminnä)	lämpiminä
	変　格	lämpimäksi	lämpimiksi
	内　格	lämpimässä	lämpimissä
	出　格	lämpimästä	lämpimistä
	入　格	lämpimään	lämpimiin
	所　格	lämpimällä	lämpimillä
	離　格	lämpimältä	lämpimiltä
	向　格	lämpimälle	lämpimille
	欠　格	lämpimättä	lämpimittä
	共　格		lämpimine
	具　格		lämpimin

619　名詞・形容詞の変化表

	格	単　　数	複　　　　　数
59	主　格	pisin	pisimmät
	属　格	pisimmän	pisimpien pisinten (pisimpäin)
	対格 I	pisimmän	pisimmät
	II	pisin	pisimmät
	分　格	pisintä (pisimpää)	pisimpiä
	様　格	pisimpänä (pisinnä)	pisimpinä
	変　格	pisimmäksi	pisimmiksi
	内　格	pisimmässä	pisimmissä
	出　格	pisimmästä	pisimmistä
	入　格	pisimpään	pisimpiin
	所　格	pisimmällä	pisimmillä
	離　格	pisimmältä	pisimmiltä
	向　格	pisimmälle	pisimmille
	欠　格	pisimmättä	pisimmittä
	共　格		pisimpine
	具　格		pisimmin
60	主　格	vasen	vasemmat
	属　格	vasemman	vasempien (vasenten) (vasempain)
	対格 I	vasemman	vasemmat
	II	vasen	vasemmat
	分　格	vasenta vasempaa	vasempia
	様　格	vasempana	vasempina
	変　格	vasemmaksi	vasemmiksi
	内　格	vasemmassa	vasemmissa
	出　格	vasemmasta	vasemmista
	入　格	vasempaan	vasempiin
	所　格	vasemmalla	vasemmilla
	離　格	vasemmalta	vasemmilta
	向　格	vasemmalle	vasemmille
	欠　格	vasemmatta	vasemmitta
	共　格		vasempine
	具　格		vasemmin

名詞・形容詞の変化表

	格	単　　　数	複　　　　　数
61	主　格	muuan muutama	muutamat
	属　格	muutaman	muutamien muutamain
	対格 I	muutaman	muutamat
	II	muuan muutama	muutamat
	分　格	muutamaa (muuatta)	muutamia
	様　格	muutamana	muutamina
	変　格	muutamaksi	muutamiksi
	内　格	muutamassa	muutamissa
	出　格	muutamasta	muutamista
	入　格	muutamaan	muutamiin
	所　格	muutamalla	muutamilla
	離　格	muutamalta	muutamilta
	向　格	muutamalle	muutamille
	欠　格	muutamatta	muutamitta
	共　格		muutamine
	具　格		muutamin
62	主　格	seitsemän	seitsemät
	属　格	seitsemän	seitsemien (seitsenten) (seitsemäin)
	対格 I	seitsemän	seitsemät
	II	seitsemän	seitsemät
	分　格	seitsemää seitsentä	seitsemiä
	様　格	seitsemänä	seitseminä
	変　格	seitsemäksi	seitsemiksi
	内　格	seitsemässä	seitsemissä
	出　格	seitsemästä	seitsemistä
	入　格	seitsemään	seitsemiin
	所　格	seitsemällä	seitsemillä
	離　格	seitsemältä	seitsemiltä
	向　格	seitsemälle	seitsemille
	欠　格	seitsemättä	seitsemittä
	共　格		seitsemine
	具　格		seitsemin

621 名詞・形容詞の変化表

	格	単　　数	複　　　　数
63	主　格	nainen	naiset
	属　格	naisen	naisien naisten
	対格 I	naisen	naiset
	II	nainen	naiset
	分　格	naista	naisia
	様　格	naisena	naisina
	変　格	naiseksi	naisiksi
	内　格	naisessa	naisissa
	出　格	naisesta	naisista
	入　格	naiseen	naisiin
	所　格	naisella	naisilla
	離　格	naiselta	naisilta
	向　格	naiselle	naisille
	欠　格	naisetta	naisitta
	共　格		naisine
	具　格		naisin
64	主　格	ajatus	ajatukset
	属　格	ajatuksen	ajatuksien ajatusten
	対格 I	ajatuksen	ajatukset
	II	ajatus	ajatukset
	分　格	ajatusta	ajatuksia
	様　格	ajatuksena	ajatuksina
	変　格	ajatukseksi	ajatuksiksi
	内　格	ajatuksessa	ajatuksissa
	出　格	ajatuksesta	ajatuksista
	入　格	ajatukseen	ajatuksiin
	所　格	ajatuksella	ajatuksilla
	離　格	ajatukselta	ajatuksilta
	向　格	ajatukselle	ajatuksille
	欠　格	ajatuksetta	ajatuksitta
	共　格		ajatuksine
	具　格		ajatuksin

	格	単　　数	複　　　　数
65	主　格	rakkaus	rakkaudet
	属　格	rakkauden	rakkauksien
	対格 I	rakkauden	rakkaudet
	II	rakkaus	rakkaudet
	分　格	rakkautta	rakkauksia
	様　格	rakkautena	rakkauksina
	変　格	rakkaudeksi	rakkauksiksi
	内　格	rakkaudessa	rakkauksissa
	出　格	rakkaudesta	rakkauksista
	入　格	rakkauteen	rakkauksiin
	所　格	rakkaudella	rakkauksilla
	離　格	rakkaudelta	rakkauksilta
	向　格	rakkaudelle	rakkauksille
	欠　格	rakkaudetta	rakkauksitta
	共　格		rakkauksine
	具　格		rakkauksin
66	主　格	eräs	eräät
	属　格	erään	eräiden eräitten
	対格 I	erään	eräät
	II	eräs	eräät
	分　格	erästä	eräitä
	様　格	eräänä	eräinä
	変　格	erääksi	eräiksi
	内　格	eräässä	eräissä
	出　格	eräästä	eräistä
	入　格	erääseen	eräisiin eräihin
	所　格	eräällä	eräillä
	離　格	eräältä	eräiltä
	向　格	eräälle	eräille
	欠　格	eräättä	eräittä
	共　格		eräine
	具　格		eräin

名詞・形容詞の変化表

	格	単　　　数	複　　　数
66	主　格	hammas	hampaat
	属　格	hampaan	hampaiden hampaitten hammasten
	対格 I	hampaan	hampaat
	II	hammas	hampaat
	分　格	hammasta	hampaita
	様　格	hampaana	hampaina
	変　格	hampaaksi	hampaiksi
	内　格	hampaassa	hampaissa
	出　格	hampaasta	hampaista
	入　格	hampaaseen	hampaisiin hampaihin
	所　格	hampaalla	hampailla
	離　格	hampaalta	hampailta
	向　格	hampaalle	hampaille
	欠　格	hampaatta	hampaitta
	共　格		hampaine
	具　格		hampain
67	主　格	kirves	kirveet
	属　格	kirveen	kirveiden kirveitten kirvesten
	対格 I	kirveen	kirveet
	II	kirves	kirveet
	分　格	kirvestä	kirveitä
	様　格	kirveenä	kirveinä
	変　格	kirveeksi	kirveiksi
	内　格	kirveessä	kirveissä
	出　格	kirveestä	kirveistä
	入　格	kirveeseen	kirveisiin kirveihin
	所　格	kirveellä	kirveillä
	離　格	kirveeltä	kirveiltä
	向　格	kirveelle	kirveille
	欠　格	kirveettä	kirveittä
	共　格		kirveine
	具　格		kirvein

名詞・形容詞の変化表

	格	単　　数	複　　　　数
67	主　格	äes	äkeet
	属　格	äkeen	äkeiden äkeitten
	対格 I	äkeen	äkeet
	II	äes	äkeet
	分　格	äestä	äkeitä
	様　格	äkeenä	äkeinä
	変　格	äkeeksi	äkeiksi
	内　格	äkeessä	äkeissä
	出　格	äkeestä	äkeistä
	入　格	äkeeseen	äkeisiin äkeihin
	所　格	äkeellä	äkeillä
	離　格	äkeeltä	äkeiltä
	向　格	äkeelle	äkeille
	欠　格	äkeettä	äkeittä
	共　格		äkeine
	具　格		äkein
68	主　格	ruumis	ruumiit
	属　格	ruumiin	rumiiden ruumiitten ruumisten
	対格 I	ruumiin	ruumiit
	II	ruumis	ruumiit
	分　格	ruumista	ruumiita
	様　格	ruumiina	ruumiina
	変　格	ruumiiksi	ruumiiksi
	内　格	ruumiissa	ruumiissa
	出　格	ruumiista	ruumiista
	入　格	ruumiiseen	ruumiisiin ruumiihin
	所　格	ruumiilla	ruumiilla
	離　格	ruumiilta	ruumiilta
	向　格	ruumiille	ruumiille
	欠　格	ruumiitta	ruumiitta
	共　格		ruumiine
	具　格		ruumiin

625　名詞・形容詞の変化表

	格	単　　数	複　　数
68	主　格	ruis	rukiit
	属　格	rukiin	rukiiden rukiitten
	対格 I	rukiin	rukiit
	II	ruis	rukiit
	分　格	ruista	rukiita
	様　格	rukiina	rukiina
	変　格	rukiiksi	rukiiksi
	内　格	rukiissa	rukiissa
	出　格	rukiista	rukiista
	入　格	rukiiseen	rukiisiin rukiihin
	所　格	rukiilla	rukiilla
	離　格	rukiilta	rukiilta
	向　格	rukiille	rukiille
	欠　格	rukiitta	rukiitta
	共　格		rukiine
	具　格		rukiin
69	主　格	kaunis	kauniit
	属　格	kauniin	kauniiden kauniitten
	対格 I	kauniin	kauniit
	II	kaunis	kauniit
	分　格	kaunista	kauniita
	様　格	kauniina	kauniina
	変　格	kauniiksi	kauniiksi
	内　格	kauniissa	kauniissa
	出　格	kauniista	kauniista
	入　格	kauniiseen	kauniisiin kauniihin
	所　格	kauniilla	kauniilla
	離　格	kauniilta	kauniilta
	向　格	kauniille	kauniille
	欠　格	kauniitta	kauniitta
	共　格		kauniine
	具　格		kauniin

名詞・形容詞の変化表　626

	格	単　　数	複　　数
69	主　格	altis	alttiit
	属　格	alttiin	alttiiden alttiitten
	対格 I	alttiin	alttiit
	II	altis	alttiit
	分　格	alttista	alttiita
	様　格	alttiina	alttiina
	変　格	alttiiksi	alttiiksi
	内　格	alttiissa	alttiissa
	出　格	alttiista	alttiista
	入　格	alttiiseen	alttiisiin alttiihin
	所　格	alttiilla	alttiilla
	離　格	alttiilta	alttiilta
	向　格	alttiille	alttiille
	欠　格	alttiitta	alttiitta
	共　格		alttiine
	具　格		alttiin
70	主　格	koiras	koiraat (koirakset)
	属　格	koiraan (koiraksen)	koiraiden koiraitten koirasten (koiraksien)
	対格 I	koiraan (koiraksen)	koiraat (koirakset)
	II	koiras	koiraat (koirakset)
	分　格	koirasta	koiraita (koiraksia)
	様　格	koiraana (koiraksena)	koiraina (koiraksina)
	変　格	koiraaksi (koirakseksi)	koiraiksi (koiraksiksi)
	内　格	koiraassa (koiraksessa)	koiraissa (koiraksissa)
	出　格	koiraasta (koiraksesta)	koiraista (koiraksista)
	入　格	koiraaseen (koirakseen)	koiraisiin koiraihin (koiraksiin)
	所　格	koiraalla (koiraksella)	koirailla (koiraksilla)
	離　格	koiraalta (koirakselta)	koirailta (koiraksilta)
	向　格	koiraalle (koiraselle)	koiraille (koiraksille)
	欠　格	koiraatta (koiraksetta)	koiraitta (koiraksitta)
	共　格		koiraine (koiraksine)
	具　格		koirain (koiraksin)

627　名詞・形容詞の変化表

	格	単　　数	複　　数
71	主　格	uros	urokset uroot
	属　格	uroksen uroon	uroksien uroiden uroitten urosten
	対格 I	uroksen uroon	urokset uroot
	II	uros	urokset uroot
	分　格	urosta	uroksia uroita
	様　格	uroksena uroona	uroksina uroina
	変　格	urokseksi urooksi	uroksiksi uroiksi
	内　格	uroksessa uroossa	uroksissa uroissa
	出　格	uroksesta uroosta	uroksista uroista
	入　格	urokseen urooseen	uroksiin uroisiin uroihin
	所　格	uroksella uroolla	uroksilla uroilla
	離　格	urokselta uroolta	uroksilta uroilta
	向　格	urokselle uroolle	uroksille uroille
	欠　格	uroksetta urootta	uroksitta uroitta
	共　格		uroksine uroine
	具　格		uroksin uroin
72	主　格	mies	miehet
	属　格	miehen	miehien miesten
	対格 I	miehen	miehet
	II	mies	miehet
	分　格	miestä	miehiä
	様　格	miehenä	miehinä
	変　格	mieheksi	miehiksi
	内　格	miehessä	miehissä
	出　格	miehestä	miehistä
	入　格	mieheen	miehiin
	所　格	miehellä	miehillä
	離　格	mieheltä	miehiltä
	向　格	miehelle	miehille
	欠　格	miehettä	miehittä
	共　格		miehine
	具　格		miehin

	格	単　　数	複　　　　数
73	主　格	lyhyt	lyhyet
	属　格	lyhyen	lyhyiden lyhyitten
	対格 I	lyhyen	lyhyet
	II	lyhyt	lyhyet
	分　格	lyhyttä	lyhyitä
	様　格	lyhyenä	lyhyinä
	変　格	lyhyeksi	lyhyiksi
	内　格	lyhyessä	lyhyissä
	出　格	lyhyestä	lyhyistä
	入　格	lyhyeen	lyhyihin lyhyisiin
	所　格	lyhyellä	lyhyillä
	離　格	lyhyeltä	lyhyiltä
	向　格	lyhyelle	lyhyille
	欠　格	lyhyettä	lyhyittä
	共　格		lyhyine
	具　格		lyhyin
	主　格	immyt	impyet
	属　格	impyen	impyiden impyitten
	対格 I	impyen	impyet
	II	immyt	impyet
	分　格	immyttä	impyitä
	様　格	impyenä	impyinä
	変　格	impyeksi	impyiksi
	内　格	impyessä	impyissä
	出　格	impyestä	impyistä
	入　格	impyeen	impyihin impyisiin
	所　格	impyellä	impyillä
	離　格	impyeltä	impyiltä
	向　格	impyelle	impyille
	欠　格	impyettä	impyittä
	共　格		impyine
	具　格		impyin

629　名詞・形容詞の変化表

	格	単　　数	複　　数
74	主　格	kevät	keväät
	属　格	kevään	keväiden keväitten
	対格 I	kevään	keväät
	II	kevät	keväät
	分　格	kevättä	keväitä
	様　格	keväänä	keväinä
	変　格	kevääksi	keväiksi
	内　格	keväässä	keväissä
	出　格	keväästä	keväistä
	入　格	kevääseen	keväisiin keväihin
	所　格	keväällä	keväillä
	離　格	keväältä	keväiltä
	向　格	keväälle	keväille
	欠　格	keväättä	keväittä
	共　格		keväine
	具　格		keväin
75	主　格	kolmas	kolmannet
	属　格	kolmannen	kolmansien
	対格 I	kolmannen	kolmannet
	II	kolmas	kolmannet
	分　格	kolmatta	kolmansia
	様　格	kolmantena	kolmansina
	変　格	kolmanneksi	kolmansiksi
	内　格	kolmannessa	kolmansissa
	出　格	kolmannesta	kolmansista
	入　格	kolmanteen	kolmansiin
	所　格	kolmannella	kolmansilla
	離　格	kolmannelta	kolmansilta
	向　格	kolmannelle	kolmansille
	欠　格	kolmannetta	kolmansitta
	共　格		kolmansine
	具　格		kolmansin

	格	単　数	複　数
76	主　格	tuhat tuhannen	tuhannet
	属　格	tuhannen	tuhansien (tuhanten)
	対格 I	tuhannen	tuhannet
	II	tuhat tuhannen	tuhannet
	分　格	tuhatta	tuhansia
	様　格	tuhantena	tuhansina
	変　格	tuhanneksi	tuhansiksi
	内　格	tuhannessa	tuhansissa
	出　格	tuhannesta	tuhansista
	入　格	tuhanteen	tuhansiin
	所　格	tuhannella	tuhansilla
	離　格	tuhannelta	tuhansilta
	向　格	tuhannelle	tuhansille
	欠　格	tuhannetta	tuhansitta
	共　格		tuhansine
	具　格		tuhansin
77	主　格	väsynyt	väsyneet
	属　格	väsyneen	väsyneiden väsyneitten
	対格 I	väsyneen	väsyneet
	II	väsynyt	väsyneet
	分　格	väsynyttä	väsyneitä
	様　格	väsyneenä	väsyneinä
	変　格	väsyneeksi	väsyneiksi
	内　格	väsyneessä	väsyneissä
	出　格	väsyneestä	väsyneistä
	入　格	väsyneeseen	väsyneisiin väsyneihin
	所　格	väsyneellä	väsyneillä
	離　格	väsyneeltä	väsyneiltä
	向　格	väsyneelle	väsyneille
	欠　格	väsyneettä	väsyneittä
	共　格		väsyneine
	具　格		väsynein

631　名詞・形容詞の変化表

	格	単　　数	複　　数
78	主　格	huone	huoneet
	属　格	huoneen	huoneiden huoneitten
	対格 I	huoneen	huoneet
	II	huone	huoneet
	分　格	huonetta	huoneita
	様　格	huoneena	huoneina
	変　格	huoneeksi	huoneiksi
	内　格	huoneessa	huoneissa
	出　格	huoneesta	huoneista
	入　格	huoneeseen	huoneisiin huoneihin
	所　格	huoneella	huoneilla
	離　格	huoneelta	huoneilta
	向　格	huoneelle	huoneille
	欠　格	huoneetta	huoneitta
	共　格		huoneine
	具　格		huonein
	主　格	osoite	osoitteet
	属　格	osoitteen	osoitteiden osoitteitten
	対格 I	osoitteen	osoitteet
	II	osoite	osoitteet
	分　格	osoitetta	osoitteita
	様　格	osoitteena	osoitteina
	変　格	osoitteeksi	osoitteiksi
	内　格	osoitteessa	osoitteissa
	出　格	osoitteesta	osoitteista
	入　格	osoitteeseen	osoitteisiin osoitteihin
	所　格	osoitteella	osoitteilla
	離　格	osoitteelta	osoitteilta
	向　格	osoitteelle	osoitteille
	欠　格	osoitteetta	osoitteitta
	共　格		osoitteine
	具　格		osoittein

名詞・形容詞の変化表

	格	単　　数	複　　数
79	主　格	terve	terveet
	属　格	terveen	terveiden terveitten
	対格 I	terveen	terveet
	II	terve	terveet
	分　格	tervettä	terveitä
	様　格	terveenä	terveinä
	変　格	terveeksi	terveiksi
	内　格	terveessä	terveissä
	出　格	terveestä	terveistä
	入　格	terveeseen	terveisiin terveihin
	所　格	terveellä	terveillä
	離　格	terveeltä	terveiltä
	向　格	terveelle	terveille
	欠　格	terveettä	terveittä
	共　格		terveine
	具　格		tervein
80	主　格	ori	orit (oriit)
	属　格	orin (oriin)	oreiden oreitten (oriiden) (oriitten)
	対格 I	orin (oriin)	orit (oriit)
	II	ori	orit (oriit)
	分　格	oria (oritta)	oreja (oriita)
	様　格	orina (oriina)	oreina (oriina)
	変　格	oriksi (oriiksi)	oreiksi (oriiksi)
	内　格	orissa (oriissa)	oreissa (oriissa)
	出　格	orista (oriista)	oreista (oriista)
	入　格	oriin (oriiseen)	oreihin (oriisiin) (oriihin)
	所　格	orilla (oriilla)	oreilla (oriilla)
	離　格	orilta (oriilta)	oreilta (oriilta)
	向　格	orille (oriille)	oreille (oriille)
	欠　格	oritta (oriitta)	oreitta (oriitta)
	共　格		oreine (oriine)
	具　格		orein (oriin)

633　名詞・形容詞の変化表

	格	単　　数	複　　数
81	主　格	kiiru	kiiruut
	属　格	kiiruun	kiiruiden kiiruitten
	対格 I	kiiruun	kiiruut
	II	kiiru	kiiruut
	分　格	kiirutta	kiiruita
	様　格	kiiruuna	kiiruina
	変　格	kiiruuksi	kiiruiksi
	内　格	kiiruussa	kiiruissa
	出　格	kiiruusta	kiiruista
	入　格	kiiruuseen	kiiruisiin kiiruihin
	所　格	kiiruulla	kiiruilla
	離　格	kiiruulta	kiiruilta
	向　格	kiiruulle	kiiruille
	欠　格	kiiruutta	kiiruitta
	共　格		kiiruine
	具　格		kiiruin
82	主　格	askel askele	askelet askeleet
	属　格	askelen askeleen	askelien askelten askeleiden askeleitten
	対格 I	askelen askeleen	askelet askeleet
	II	askel askele	askelet askeleet
	分　格	askelta askeletta	askelia askeleita
	様　格	askelena askeleena	askelina askeleina
	変　格	askeleksi askeleeksi	askeliksi askeleiksi
	内　格	askelessa askeleessa	askelissa askeleissa
	出　格	askelesta askeleesta	askelista askeleista
	入　格	askeleeseen (askeleen)	askeliin askeleisiin askeleihin
	所　格	askelella askeleella	askelilla askeleilla
	離　格	askelelta askeleelta	askelilta askeleilta
	向　格	askelelle askeleelle	askelille askeleille
	欠　格	askeletta askeleetta	askelitta askeleitta
	共　格		askeline askeleine
	具　格		askelin askelein

	格	単　　数	複　　数
82	主　格	manner mantere	manteret mantereet
	属　格	manneren mantereen	manterien mannerten mantereiden mantereitten
	対格 I	manneren mantereen	manteret mantereet
	II	manner mantere	manteret mantereet
	分　格	mannerta mantereetta	manteria mantereita
	様　格	manterena mantereena	manterina mantereina
	変　格	mantereksi mantereeksi	manteriksi mantereiksi
	内　格	manteressa mantereessa	manterissa mantereissa
	出　格	manteresta mantereesta	manterista mantereista
	入　格	mantereeseen (mantereen)	manteriin mantereisiin mantereihin
	所　格	manterella mantereella	manterilla mantereilla
	離　格	manterelta mantereelta	manterilta mantereilta
	向　格	manterelle mantereelle	manterille mantereille
	欠　格	manteretta mantereetta	manteritta mantereitta
	共　格		manterine mantereine
	具　格		manterin manterein
83	主　格	pyhäpäivä	pyhäpäivät
	属　格	pyhäpäivän	pyhäpäivien
	対格 I	pyhäpäivän	pyhäpäivät
	II	pyhäpäivä	pyhäpäivät
	分　格	pyhäpäivää	pyhäpäiviä
	様　格	pyhäpäivänä	pyhäpäivinä
	変　格	pyhäpäiväksi	pyhäpäiviksi
	内　格	pyhäpäivässä	pyhäpäivissä
	出　格	pyhäpäivästä	pyhäpäivistä
	入　格	pyhäpäivään	pyhäpäiviin
	所　格	pyhäpäivällä	pyhäpäivillä
	離　格	pyhäpäivältä	pyhäpäiviltä
	向　格	pyhäpäivälle	pyhäpäiville
	欠　格	pyhäpäivättä	pyhäpäivittä
	共　格		pyhäpäivine
	具　格		pyhäpäivin

	格	単　　数	複　　　　数
83	主　格	vapaakauppa	vapaakaupat
	属　格	vapaakaupan	vapaakauppojen
	対格 I	vapaakaupan	vapaakaupat
	II	vapaakauppa	vapaakaupat
	分　格	vapaakauppaa	vapaakauppoja
	様　格	vapaakauppana	vapaakauppoina
	変　格	vapaakaupaksi	vapaakaupoiksi
	内　格	vapaakaupassa	vapaakaupoissa
	出　格	vapaakaupasta	vapaakaupoista
	入　格	vapaakauppaan	vapaakauppoihin
	所　格	vapaakaupalla	vapaakaupoilla
	離　格	vapaakaupalta	vapaakaupoilta
	向　格	vapaakaupalle	vapaakaupoille
	欠　格	vapaakaupatta	vapaakaupoitta
	共　格		vapaakauppoine
	具　格		vapaakaupoin
84	主　格	isosisko	isotsiskot
	属　格	isonsiskon	isojensiskojen
	対格 I	isonsiskon	isotsiskot
	II	isosisko	isotsiskot
	分　格	isoasiskoa	isojasiskoja
	様　格	isonasiskona	isoinasiskoina
	変　格	isoksisiskoksi	isoiksisiskoiksi
	内　格	isossasiskossa	isoissasiskoissa
	出　格	isostasiskosta	isoistasiskoista
	入　格	isoonsiskoon	isoihinsiskoihin
	所　格	isollasiskolla	isoillasiskoilla
	離　格	isoltasiskolta	isoiltasiskoilta
	向　格	isollesiskolle	isoillesiskoille
	欠　格	isottasiskotta	isoittasiskoitta
	共　格		isoinesiskoine
	具　格		isoinsiskoin

名詞・形容詞の変化表

	格	単　　数	複　　数
84	主　格	omatunto	omattunnot
	属　格	omantunnon	omientuntojen
	対格 I	omantunnon	omattunnot
	II	omatunto	omattunnot
	分　格	omaatuntoa	omiatuntoja
	様　格	omanatuntona	ominatuntoina
	変　格	omaksituntunnoksi	omiksitunnoiksi
	内　格	omassatunnossa	omissatunnoissa
	出　格	omastatunnosta	omistatunnoista
	入　格	omaantuntoon	omiintuntoihin
	所　格	omallatunnolla	omillatunnoilla
	離　格	omaltatunnolta	omiltatunnoilta
	向　格	omalletunnolle	omilletunnoille
	欠　格	omattatunnotta	omittatunnoitta
	共　格		ominetuntoine
	具　格		omintunnoin
85	主　格	harmaahanhi	harmaahanhet harmaathanhet
	属　格	harmaahanhen harmaanhanhen	harmaahanhien harmaidenhanhien harmaittenhanhien
	対格 I	harmaahanhen harmaanhanhen	harmaahanhet harmaathanhet
	II	harmaahanhi	harmaahanhet harmaathanhet
	分　格	harmaahanhea harmaatahanhea	harmaahanhia harmaitahanhia
	様　格	harmaahanhena harmaanahanhena	harmaahanhina harmainahanhina
	変　格	harmaahanheksi harmaaksihanheksi	harmaahanhiksi harmaiksihanhiksi
	内　格	harmaahanhessa harmaassahanhessa	harmaahanhissa harmaissahanhissa
	出　格	harmaahanhesta harmaastahanhesta	harmaahanhista harmaistahanhista
	入　格	harmaahanheen harmaaseenhanheen	harmaahanhiin harmaihinhanhiin harmaisiinhanhiin
	所　格	harmaahanhella harmaallahanhella	harmaahanhilla harmaillahanhilla
	離　格	harmaahanhelta harmaaltahanhelta	harmaahanhilta harmailtahanhilta
	向　格	harmaahanhelle harmaallehanhelle	harmaahanhille harmaillehanhille
	欠　格	harmaahanhetta harmaattahanhetta	harmaahanhitta harmaittahanhitta
	共　格		harmaahanhine harmainehanhine
	具　格		harmaahanhin harmainhanhin

637　名詞・形容詞の変化表

	格	単　　数	複　　数
85	主　格	lämminvesi	lämminvedet lämpimätvedet
	属　格	lämminveden lämpimänveden	lämminvesien lämpimienvesien
			lämminvetten lämpimienvetten
	対格 I	lämminveden lämpimänveden	lämminvedet lämpimätvedet
	II	lämminvesi	lämminvedet lämpimätvedet
	分　格	lämminvettä lämmintävettä	lämminvesiä lämpimiävesiä
	様　格	lämminvetenä lämpimänävetenä	lämminvesinä lämpiminävesinä
	変　格	lämminvedeksi lämpimäksivedeksi	lämminvesiksi lämpimiksivesiksi
	内　格	lämminvedessä lämpimässävedessä	lämminvesissä lämpimissävesissä
	出　格	lämminvedestä lämpimästävedestä	lämminvesistä lämpimistävesistä
	入　格	lämminveteen lämpimäänveteen	lämminvesiin lämpimiinvesiin
	所　格	lämminvedellä lämpimällävedellä	lämminvesillä lämpimillävesillä
	離　格	lämminvedeltä lämpimältävedeltä	lämminvesiltä lämpimiltävesiltä
	向　格	lämminvedelle lämpimällevedelle	lämminvesille lämpimillevesille
	欠　格	lämminvedettä lämpimättävedettä	lämminvesittä lämpimittävesittä
	共　格		lämminvesine lämpiminevesine
	具　格		lämminvesin lämpiminvesin

動 詞 の 活 用 表

母音語幹のみの動詞

1 puhua

直 説 法		命 令 法	
現 在	現在完了	———	
puhun	olen puhunut	puhu	
puhut	olet puhunut	puhukoon	
puhuu	on puhunut	puhukaamme	
puhumme	olemme puhuneet	puhukaa	
puhutte	olette puhuneet	puhukoot	
puhuvat	ovat puhuneet	不 定 詞	
過 去	過去完了	第1不定詞短形	puhua
puhuin	olin puhunut	長形	puhuakseen
puhuit	olit puhunut	第2不定詞内格	puhuessa
puhui	oli puhunut	具格	puhuen
puhuimme	olimme puhuneet	第3不定詞内格	puhumassa
puhuitte	olitte puhuneet	出格	puhumasta
puhuivat	olivat puhuneet	入格	puhumaan
条 件 法		所格	puhumalla
現 在	完 了		puhumaisillaan
puhuisin	olisin puhunut	欠格	puhumatta
puhuisit	olisit puhunut	具格	puhuman
puhuisi	olisi puhunut	第4不定詞主格	puhuminen
puhuisimme	olisimme puhuneet	分格	puhumista
puhuisitte	olisitte puhuneet	分 詞	
puhuisivat	olisivat puhuneet	現在分詞	puhuva puhuvan
可 能 法			puhuvaa puhuvia
現 在	完 了	過去分詞	puhunut puhuneen
puhunen	lienen puhunut		puhunutta puhuneita
puhunet	lienet puhunut	行為者分詞	puhuma puhuman
puhunee	lienee puhunut		puhumaa puhumia
puhunemme	lienemme puhuneet	動 名 詞	
puhunette	lienette puhuneet	puhuminen puhumisen	
puhunevat	lienevät puhuneet	puhumista puhumisia	

受 動 態			
直説法現在	puhutaan	命令法	puhuttakoon
過去	puhuttiin		
現在完了	on puhuttu	第2不定詞内格	puhuttaessa
過去完了	oli puhuttu	第3不定詞具格	puhuttaman
条件法現在	puhuttaisiin	現在分詞	puhuttava puhuttavan
完了	olisi puhuttu		puhuttavaa puhuttavia
可能法現在	puhuttaneen	過去分詞	puhuttu puhutun
完了	lienee puhuttu		puhuttua puhuttuja

動詞の活用表

1	nukkua		
	直 説 法		命 令 法
	現 在	現在完了	――
	nukun nukut nukkuu nukumme nukutte nukkuvat	olen nukkunut olet nukkunut on nukkunut olemme nukkuneet olette nukkuneet ovat nukkuneet	nuku nukkukoon nukkukaamme nukkukaa nukkukoot
			不 定 詞
	過 去	過去完了	第1不定詞短形 nukkua
	nukuin nukuit nukkui nukuimme nukuitte nukkuivat	olin nukkunut olit nukkunut oli nukkunut olimme nukkuneet olitte nukkuneet olivat nukkuneet	長形 nukkuakseen 第2不定詞内格 nukkuessa 具格 nukkuen 第3不定詞内格 nukkumassa 出格 nukkumasta 入格 nukkumaan 所格 nukkumalla
	条 件 法		nukkumaisillaan 欠格 nukkumatta
	現 在	完 了	具格 nukkuman
	nukkuisin nukkuisit nukkuisi nukkuisimme nukkuisitte nukkuisivat	olisin nukkunut olisit nukkunut olisi nukkunut olisimme nukkuneet olisitte nukkuneet olisivat nukkuneet	第4不定詞主格 nukkuminen 分格 nukkumista
			分 詞
			現在分詞 nukkuva nukkuvan nukkuvaa nukkuvia 過去分詞 nukkunut nukkuneen nukkunutta nukkuneita 行為者分詞 nukkuma nukkuman nukkumaa nukkumia
	可 能 法		
	現 在	完 了	動 名 詞
	nukkunen nukkunet nukkunee nukkunemme nukkunette nukkunevat	lienen nukkunut lienet nukkunut lienee nukkunut lienemme nukkuneet lienette nukkuneet lienevät nukkuneet	nukkuminen nukkumisen nukkumista nukkumisia

受 動 態			
直説法現在 過去 現在完了 過去完了	nukutaan nukuttiin on nukuttu oli nukuttu	命令法 第2不定詞内格 第3不定詞具格	nukuttakoon nukuttaessa nukuttaman
条件法現在 完了	nukuttaisiin olisi nukuttu	現在分詞 過去分詞	nukuttava nukuttavan nukuttavaa nukuttavia nukuttu nukutun nukuttua nukuttuja
可能法現在 完了	nukuttaneen lienee nukuttu		

2 ostaa

直説法

現在	現在完了
ostan	olen ostanut
ostat	olet ostanut
ostaa	on ostanut
ostamme	olemme ostaneet
ostatte	olette ostaneet
ostavat	ovat ostaneet

過去	過去完了
ostin	olin ostanut
ostit	olit ostanut
osti	oli ostanut
ostimme	olimme ostaneet
ostitte	olitte ostaneet
ostivat	olivat ostaneet

条件法

現在	完了
ostaisin	olisin ostanut
ostaisit	olisit ostanut
ostaisi	olisi ostanut
ostaisimme	olisimme ostaneet
ostaisitte	olisitte ostaneet
ostaisivat	olisivat ostaneet

可能法

現在	完了
ostanen	lienen ostanut
ostanet	lienet ostanut
ostanee	lienee ostanut
ostanemme	lienemme ostaneet
ostanette	lienette ostaneet
ostanevat	lienevät ostaneet

命令法

—
osta
ostakoon
ostakaamme
ostakaa
ostakoot

不定詞

第1不定詞短形	ostaa
長形	ostaakseen
第2不定詞内格	ostaessa
具格	ostaen
第3不定詞内格	ostamassa
出格	ostamasta
入格	ostamaan
所格	ostamalla
	ostamaisillaan
欠格	ostamatta
具格	ostaman
第4不定詞主格	ostaminen
分格	ostamista

分詞

現在分詞	ostava ostavan
	ostavaa ostavia
過去分詞	ostanut ostaneen
	ostanutta ostaneita
行為者分詞	ostama ostaman
	ostamaa ostamia

動名詞

ostaminen ostamisen
ostamista ostamisia

受動態

直説法現在	ostetaan
過去	ostettiin
現在完了	on ostettu
過去完了	oli ostettu
条件法現在	ostettaisiin
完了	olisi ostettu
可能法現在	ostettaneen
完了	lienee ostettu

命令法	ostettakoon
第2不定詞内格	ostettaessa
第3不定詞具格	ostettaman
現在分詞	ostettava ostettavan
	ostettavaa ostettavia
過去分詞	ostettu ostetun
	ostettua ostettuja

2 lähettää

直説法

現在	現在完了
lähetän	olen lähettänyt
lähetät	olet lähettänyt
lähettää	on lähettänyt
lähetämme	olemme lähettäneet
lähetätte	olette lähettäneet
lähettävät	ovat lähettäneet

過去	過去完了
lähetin	olin lähettänyt
lähetit	olit lähettänyt
lähetti	oli lähettänyt
lähetimme	olimme lähettäneet
lähetitte	olitte lähettäneet
lähettivät	olivat lähettäneet

条件法

現在	完了
lähettäisin	olisin lähettänyt
lähettäisit	olisit lähettänyt
lähettäisi	olisi lähettänyt
lähettäisimme	olisimme lähettäneet
lähettäisitte	olisitte lähettäneet
lähettäisivät	olisivat lähettäneet

可能法

現在	完了
lähettänen	lienen lähettänyt
lähettänet	lienet lähettänyt
lähettänee	lienee lähettänyt
lähettänemme	lienemme lähettäneet
lähettänette	lienette lähettäneet
lähettänevät	lienevät lähettäneet

命令法

—
lähetä
lähettäköön
lähettäkäämme
lähettäkää
lähettäkööt

不定詞

第1不定詞短形 lähettää
　　　　　長形 lähettääkseen
第2不定詞内格 lähettäessä
　　　　　具格 lähettäen
第3不定詞内格 lähettämässä
　　　　　出格 lähettämästä
　　　　　入格 lähettämään
　　　　　所格 lähettämällä
　　　　　　　 lähettämäisillään
　　　　　欠格 lähettämättä
　　　　　具格 lähettämän
第4不定詞主格 lähettäminen
　　　　　分格 lähettämistä

分詞

現在分詞　lähettävä lähettävän
　　　　　lähettävää lähettäviä
過去分詞　lähettänyt lähettäneen
　　　　　lähettänyttä lähettäneitä
行為者分詞 lähettämä lähettämän
　　　　　lähettämää lähettämiä

動名詞

lähettäminen lähettämisen
lähettämistä lähettämisiä

受動態

直説法現在	lähetetään	命令法	lähetettäköön
過去	lähetettiin	第2不定詞内格	lähetettäessä
現完了	on lähetetty	第3不定詞具格	lähetettämän
過去完了	oli lähetetty		
条件法現在	lähetettäisiin	現在分詞	lähetettävä lähetettävän
完了	olisi lähetetty		lähetettävää lähetettäviä
可能法現在	lähetettäneen	過去分詞	lähetetty lähetetyn
完了	lienee lähetetty		lähetettyä lähetettyjä

3	huutaa			

直 説 法		命 令 法	
現 在	現在完了	──	
huudan	olen huutanut	huuda	
huudat	olet huutanut	huutakoon	
huutaa	on huutanut	huutakaamme	
huudamme	olemme huutaneet	huutakaa	
huudatte	olette huutaneet	huutakoot	
huutavat	ovat huutaneet	不 定 詞	
過 去	過去完了	第1不定詞短形	huutaa
huusin	olin huutanut	長形	huutaakseen
huusit	olit huutanut	第2不定詞内格	huutaessa
huusi	oli huutanut	具格	huutaen
huusimme	olimme huutaneet	第3不定詞内格	huutamassa
huusitte	olitte huutaneet	出格	huutamasta
huusivat	olivat huutaneet	入格	huutamaan
条 件 法		所格	huutamalla
現 在	完 了		huutamaisillaan
huutaisin	olisin huutanut	欠格	huutamatta
huutaisit	olisit huutanut	具格	huutaman
huutaisi	olisi huutanut	第4不定詞主格	huutaminen
huutaisimme	olisimme huutaneet	分格	huutamista
huutaisitte	olisitte huutaneet	分 詞	
huutaisivat	olisivat huutaneet	現在分詞	huutava huutavan
可 能 法		過去分詞	huutavaa huutavia
現 在	完 了		huutanut huutaneen
huutanen	lienen huutanut		huutanutta huutaneita
huutanet	lienet huutanut	行為者分詞	huutama huutaman
huutanee	lienee huutanut		huutamaa huutamia
huutanemme	lienemme huutaneet	動 名 詞	
huutanette	lienette huutaneet	huutaminen huutamisen	
huutanevat	lienevät huutaneet	huutamista huutamisia	

受 動 態			
直説法現在	huudetaan	命令法	huudettakoon
過去	huudettiin	第2不定詞内格	huudettaessa
現在完了	on huudettu	第3不定詞具格	huudettaman
過去完了	oli huudettu		
条件法現在	huudettaisiin	現在分詞	huudettava huudettavan
完了	olisi huudettu		huudettavaa huudettavia
可能法現在	huudettaneen	過去分詞	huudettu huudetun
完了	lienee huudettu		huudettua huudettuja

4 soutaa

直説法

現在	現在完了
soudan	olen soutanut
soudat	olet soutanut
soutaa	on soutanut
soudamme	olemme soutaneet
soudatte	olette soutaneet
soutavat	ovat soutaneet

過去	過去完了
soudin sousin	olin soutanut
soudit sousit	olit soutanut
souti sousi	oli soutanut
soudimme sousimme	olimme soutaneet
souditte sousitte	olitte soutaneet
soutivat sousivat	olivat soutaneet

条件法

現在	完了
soutaisin	olisin soutanut
soutaisit	olisit soutanut
soutaisi	olisi soutanut
soutaisimme	olisimme soutaneet
soutaisitte	olisitte soutaneet
soutaisivat	olisivat soutaneet

可能法

現在	完了
soutanen	lienen soutanut
soutanet	lienet soutanut
soutanee	lienee soutanut
soutanemme	lienemme soutaneet
soutanette	lienette soutaneet
soutanevat	lienevät soutaneet

命令法

——
souda
soutakoon
soutakaamme
soutakaa
soutakoot

不定詞

第1不定詞短形 soutaa
　　　　長形 soutaakseen
第2不定詞内格 soutaessa
　　　　具格 soutaen
第3不定詞内格 soutamassa
　　　　出格 soutamasta
　　　　入格 soutamaan
　　　　所格 soutamalla
　　　　　　 soutamaisillaan
　　　　欠格 soutamatta
　　　　具格 soutaman
第4不定詞主格 soutaminen
　　　　分格 soutamista

分詞

現在分詞	soutava soutavan
	soutavaa soutavia
過去分詞	soutanut soutaneen
	soutanutta soutaneita
行為者分詞	soutama soutaman
	soutamaa soutamia

動名詞

soutaminen soutamisen
soutamista soutamisia

受動態

直説法現在	soudetaan
過去	soudettiin
現在完了	on soudettu
過去完了	oli soudettu
条件法現在	soudettaisiin
完了	olisi soudettu
可能法現在	soudettaneen
完了	lienee soudettu
命令法	soudettakoon
第2不定詞内格	soudettaessa
第3不定詞具格	soudettaman
現在分詞	soudettava soudettavan
	soudettavaa soudettavia
過去分詞	soudettu soudetun
	soudettua soudettuja

5 puoltaa

直説法		命令法	
現在	現在完了	───	
puollan	olen puoltanut	puolla	
puollat	olet puoltanut	puoltakoon	
puoltaa	on puoltanut	puoltakaamme	
puollamme	olemme puoltaneet	puoltakaa	
puollatte	olette puoltaneet	puoltakoot	
puoltavat	ovat puoltaneet		
		不定詞	
過去	過去完了	第1不定詞短形	puoltaa
puolsin	olin puoltanut	長形	puoltaakseen
puolsit	olit puoltanut	第2不定詞内格	puoltaessa
puolsi (puolti)	oli puoltanut	具格	puoltaen
puolsimme	olimme puoltaneet	第3不定詞内格	puoltamassa
puolsitte	olitte puoltaneet	出格	puoltamasta
puolsivat (puoltivat)	olivat puoltaneet	入格	puoltamaan
条件法		所格	puoltamalla
			puoltamaisillaan
現在	完了	欠格	puoltamatta
puoltaisin	olisin puoltanut	具格	puoltaman
puoltaisit	olisit puoltanut	第4不定詞主格	puoltaminen
puoltaisi	olisi puoltanut	分格	puoltamista
puoltaisimme	olisimme puoltaneet	分詞	
puoltaisitte	olisitte puoltaneet		
puoltaisivat	olisivat puoltaneet	現在分詞	puoltava puoltavan
可能法		過去分詞	puoltavaa puoltavia
			puoltanut puoltaneen
現在	完了		puoltanutta puoltaneita
puoltanen	lienen puoltanut	行為者分詞	puoltama puoltaman
puoltanet	lienet puoltanut		puoltamaa puoltamia
puoltanee	lienee puoltanut	動名詞	
puoltanemme	lienemme puoltaneet		
puoltanette	lienette puoltaneet	puoltaminen puoltamisen	
puoltanevat	lienevät puoltaneet	puoltamista puoltamisia	
受動態			
直説法現在	puolletaan	命令法	puollettakoon
過去	puollettiin		
現在完了	on puollettu	第2不定詞内格	puollettaessa
過去完了	oli puollettu	第3不定詞具格	puollettaman
条件法現在	puollettaisiin	現在分詞	puollettava puollettavan
完了	olisi puollettu		puollettavaa puollettavia
可能法現在	puollettaneen	過去分詞	puollettu puolletun
完了	lienee puollettu		puollettua puollettuja

6	murtaa		
	直 説 法		命 令 法
	現 在	現在完了	――
	murran	olen murtanut	murra
	murrat	olet murtanut	murtakoon
	murtaa	on murtanut	murtakaamme
	murramme	olemme murtaneet	murtakaa
	murratte	olette murtaneet	murtakoot
	murtavat	ovat murtaneet	不 定 詞
	過 去	過去完了	第1不定詞短形 murtaa
	mursin	olin murtanut	長形 murtaakseen
	mursit	olit murtanut	第2不定詞内格 murtaessa
	mursi (murti)	oli murtanut	具格 murtaen
	mursimme	olimme murtaneet	第3不定詞内格 murtamassa
	mursitte	olitte murtaneet	出格 murtamasta
	mursivat (murtivat)	olivat murtaneet	入格 murtamaan
	条 件 法		所格 murtamalla
	現 在	完 了	murtamaisillaan
	murtaisin	olisin murtanut	欠格 murtamatta
	murtaisit	olisit murtanut	具格 murtaman
	murtaisi	olisi murtanut	第4不定詞主格 murtaminen
	murtaisimme	olisimme murtaneet	分格 murtamista
	murtaisitte	olisitte murtaneet	分 詞
	murtaisivat	olisivat murtaneet	現在分詞　murtava murtavan
	可 能 法		murtavaa murtavia
	現 在	完 了	過去分詞　murtanut murtaneen
			murtanutta murtaneita
	murtanen	lienen murtanut	行為者分詞 murtama murtaman
	murtanet	lienet murtanut	murtamaa murtamia
	murtanee	lienee murtanut	動 名 詞
	murtanemme	lienemme murtaneet	
	murtanette	lienette murtaneet	murtaminen murtamisen
	murtanevat	lienevät murtaneet	murtamista murtamisia
	受 動 態			
直説法現在	murretaan	命令法	murrettakoon
過去	murrettiin		
現在完了	on murrettu	第2不定詞内格	murrettaessa
過去完了	oli murrettu	第3不定詞具格	murrettaman
条件法現在	murrettaisiin	現在分詞	murrettava murrettavan
完了	olisi murrettu		murrettavaa murrettavia
		過去分詞	murrettu murretun
可能法現在	murrettaneen		murrettua murrettuja
完了	lienee murrettu		

動詞の活用表

7 sortaa

直説法		命令法	
現在	現在完了	——	
sorran	olen sortanut	sorra	
sorrat	olet sortanut	sortakoon	
sortaa	on sortanut	sortakaamme	
sorramme	olemme sortaneet	sortakaa	
sorratte	olette sortaneet	sortakoot	
sortavat	ovat sortaneet		

過去	過去完了	不定詞	
sorrin (sorsin)	olin sortanut	第1不定詞短形	sortaa
sorrit (sorsit)	olit sortanut	長形	sortaakseen
sorti (sorsi)	oli sortanut	第2不定詞内格	sortaessa
sorrimme (sorsimme)	olimme sortaneet	具格	sortaen
sorritte (sorsitte)	olitte sortaneet	第3不定詞内格	sortamassa
sortivat (sorsivat)	olivat sortaneet	出格	sortamasta
		入格	sortamaan
		所格	sortamalla
			sortamaisillaan

条件法		欠格	sortamatta
現在	完了	具格	sortaman
sortaisin	olisin sortanut	第4不定詞主格	sortaminen
sortaisit	olisit sortanut	分格	sortamista
sortaisi	olisi sortanut		

		分詞	
sortaisimme	olisimme sortaneet	現在分詞	sortava sortavan
sortaisitte	olisitte sortaneet		sortavaa sortavia
sortaisivat	olisivat sortaneet	過去分詞	sortanut sortaneen
			sortanutta sortaneita

可能法		行為者分詞	sortama sortaman
現在	完了		sortamaa sortamia
sortanen	lienen sortanut	動名詞	
sortanet	lienet sortanut		
sortanee	lienee sortanut	sortaminen sortamisen	
sortanemme	lienemme sortaneet	sortamista sortamisia	
sortanette	lienette sortaneet		
sortanevat	lienevät sortaneet		

受動態			
直説法現在	sorretaan	命令法	sorrettakoon
過去	sorrettiin	第2不定詞内格	sorrettaessa
現在完了	on sorrettu	第3不定詞具格	sorrettaman
過去完了	oli sorrettu		
条件法現在	sorrettaisiin	現在分詞	sorrettava sorrettavan
完了	olisi sorrettu		sorrettavaa sorrettavia
可能法現在	sorrettaneen	過去分詞	sorrettu sorretun
完了	lienee sorrettu		sorrettua sorrettuja

8　lentää

直　説　法		命　令　法	
現　在	**現 在 完 了**	——	
lennän	olen lentänyt	lennä	
lennät	olet lentänyt	lentäköön	
lentää	on lentänyt	lentäkäämme	
lennämme	olemme lentäneet	lentäkää	
lennätte	olette lentäneet	lentäkööt	
lentävät	ovat lentäneet		

過　去	過 去 完 了
lensin	olin lentänyt
lensit	olit lentänyt
lensi (lenti)	oli lentänyt
lensimme	olimme lentäneet
lensitte	olitte lentäneet
lensivät (lentivät)	olivat lentäneet

不　定　詞	
第1不定詞短形	lentää
長形	lentääkseen
第2不定詞内格	lentäessä
具格	lentäen
第3不定詞内格	lentämässä
出格	lentämästä
入格	lentämään
所格	lentämällä
	lentämäsillään
欠格	lentämättä
具格	lentämän
第4不定詞主格	lentäminen
分格	lentämistä

条　件　法	
現　在	**完　了**
lentäisin	olisin lentänyt
lentäisit	olisit lentänyt
lentäisi	olisi lentänyt
lentäisimme	olisimme lentäneet
lentäisitte	olisitte lentäneet
lentäisivät	olisivat lentäneet

分　詞		
現在分詞	lentävä	lentävän
	lentävää	lentäviä
過去分詞	lentänyt	lentäneen
	lentänyttä	lentäneitä
行為者分詞	lentämä	lentämän
	lentämää	lentämiä

可　能　法	
現　在	**完　了**
lentänen	lienen lentänyt
lentänet	lienet lentänyt
lentänee	lienee lentänyt
lentänemme	lienemme lentäneet
lentänette	lienette lentäneet
lentänevät	lienevät lentäneet

動　名　詞	
lentäminen	lentämisen
lentämistä	lentämisiä

受　動　態

直説法現在	lennetään	命令法	lennettäköön
過去	lennettiin	第2不定詞内格	lennettäessä
現在完了	on lennetty	第3不定詞具格	lennettämän
過去完了	oli lennetty		
条件法現在	lennettäisiin	現在分詞	lennettävä lennettävän
完了	olisi lennetty		lennettävää lennettäviä
可能法現在	lennettäneen	過去分詞	lennetty lennetyn
完了	lienee lennetty		lennettyä lennettyjä

9	kasvaa			
	直説法		命令法	
	現在	現在完了	—	
	kasvan	olen kasvanut	kasva	
	kasvat	olet kasvanut	kasvakoon	
	kasvaa	on kasvanut	kasvakaamme	
	kasvamme	olemme kasvaneet	kasvakaa	
	kasvatte	olette kasvaneet	kasvakoot	
	kasvavat	ovat kasvaneet		
	過去	過去完了	不定詞	
	kasvoin	olin kasvanut	第1不定詞短形 kasvaa	
	kasvoit	olit kasvanut	長形 kasvaakseen	
	kasvoi	oli kasvanut	第2不定詞内格 kasvaessa	
	kasvoimme	olimme kasvaneet	具格 kasvaen	
	kasvoitte	olitte kasvaneet	第3不定詞内格 kasvamassa	
	kasvoivat	olivat kasvaneet	出格 kasvamasta	
	条件法		入格 kasvamaan	
	現在	完了	所格 kasvamalla	
	kasvaisin	olisin kasvanut	kasvamaisillaan	
	kasvaisit	olisit kasvanut	欠格 kasvamatta	
	kasvaisi	olisi kasvanut	具格 kasvaman	
	kasvaisimme	olisimme kasvaneet	第4不定詞主格 kasvaminen	
	kasvaisitte	olisitte kasvaneet	分格 kasvamista	
	kasvaisivat	olisivat kasvaneet	分詞	
	可能法		現在分詞	kasvava kasvavan
	現在	完了		kasvavaa kasvavia
	kasvanen	lienen kasvanut	過去分詞	kasvanut kasvaneen
	kasvanet	lienet kasvanut		kasvanutta kasvaneita
	kasvanee	lienee kasvanut	行為者分詞	kasvama kasvaman
	kasvanemme	lienemme kasvaneet		kasvamaa kasvamia
	kasvanette	lienette kasvaneet	動名詞	
	kasvanevat	lienevät kasvaneet	kasvaminen kasvamisen kasvamista kasvamisia	
受動態				
直説法現在	kasvetaan	命令法	kasvettakoon	
過去	kasvettiin			
現在完了	on kasvettu	第2不定詞内格	kasvettaessa	
過去完了	oli kasvettu	第3不定詞具格	kasvettaman	
条件法現在	kasvettaisiin	現在分詞	kasvettava kasvettavan	
完了	olisi kasvettu		kasvettavaa kasvettavia	
		過去分詞	kasvetun kasvettu	
可能法現在	kasvettaneen		kasvettua kasvettuja	
完了	lienee kasvettu			

9 antaa

直 説 法		命 令 法
現 在	現 在 完 了	——
annan	olen antanut	anna
annat	olet antanut	antakoon
antaa	on antanut	antakaamme
annamme	olemme antaneet	antakaa
annatte	olette antaneet	antakoot
antavat	ovat antaneet	不 定 詞
過 去	過 去 完 了	第1不定詞短形 antaa
annoin	olin antanut	長形 antaakseen
annoit	olit antanut	第2不定詞内格 antaessa
antoi	oli antanut	具格 antaen
annoimme	olimme antaneet	第3不定詞内格 antamassa
annoitte	olitte antaneet	出格 antamasta
antoivat	olivat antaneet	入格 antamaan
条 件 法		所格 antamalla
現 在	完 了	antamaisillaan
antaisin	olisin antanut	欠格 antamatta
antaisit	olisit antanut	具格 antaman
antaisi	olisi antanut	第4不定詞主格 antaminen
antaisimme	olisimme antaneet	分格 antamista
antaisitte	olisitte antaneet	分 詞
antaisivat	olisivat antaneet	現在分詞　antava antavan
可 能 法		antavaa antavia
現 在	完 了	過去分詞　antanut antaneen
antanen	lienen antanut	antanutta antaneita
antanet	lienet antanut	行為者分詞 antama antaman
antanee	lienee antanut	antamaa antamia
antanemme	lienemme antaneet	動 名 詞
antanette	lienette antaneet	antaminen antamisen
antanevat	lienevät antaneet	antamista antamisia

受 動 態

直説法現在	annetaan	命令法	annettakoon
過去	annettiin	第2不定詞内格	annettaessa
現在完了	on annettu	第3不定詞具格	annettaman
過去完了	oli annettu		
条件法現在	annettaisiin	現在分詞	annettava annettavan
完了	olisi annettu		annettavaa annettavia
		過去分詞	annettu annetun
可説法現在	annettaneen		annettua annettuja
完了	lienee annettu		

10 maistaa

直説法

現在	現在完了
maistan	olen maistanut
maistat	olet maistanut
maistaa	on maistanut
maistamme	olemme maistaneet
maistatte	olette maistaneet
maistavat	ovat maistaneet

過去	過去完了
maistoin	olin maistanut
maistoit	olit maistanut
maistoi	oli maistanut
maistoimme	olimme maistaneet
maistoitte	olitte maistaneet
maistoivat	olivat maistaneet

条件法

現在	完了
maistaisin	olisin maistanut
maistaisit	olisit maistanut
maistaisi	olisi maistanut
maistaisimme	olisimme maistaneet
maistaisitte	olisitte maistaneet
maistaisivat	olisivat maistaneet

可能法

現在	完了
maistanen	lienen maistanut
maistanet	lienet maistanut
maistanee	lienee maistanut
maistanemme	lienemme maistaneet
maistanette	lienette maistaneet
maistanevat	lienevät maistaneet

命令法

——
maista
maistakoon
maistakaamme
maistakaa
maistakoot

不定詞

第1不定詞短形	maistaa
長形	maistaakseen
第2不定詞内格	maistaessa
具格	maistaen
第3不定詞内格	maistamassa
出格	maistamasta
入格	maistamaan
所格	maistamalla
	maistamaisillaan
欠格	maistamatta
具格	maistaman
第4不定詞主格	maistaminen
分格	maistamista

分詞

現在分詞	maistava maistavan
	maistavaa maistavia
過去分詞	maistanut maistaneen
	maistanutta maistaneita
行為者分詞	maistama maistaman
	maistamaa maistamia

動名詞

maistaminen maistamisen
maistamista maistamisia

受動態

直説法現在	maistetaan	命令法	maistettakoon
過去	maistettiin	第2不定詞内格	maistettaessa
現在完了	on maistettu	第3不定詞具格	maistettaman
過去完了	oli maistettu		
条件法現在	maistettaisiin	現在分詞	maistettava maistettavan
完了	olisi maistettu		maistettavaa maistettavia
可能法現在	maistettaneen	過去分詞	maistettu maistetun
完了	lienee maistettu		maistettua maistettuja

10	auttaa		
直説法		命令法	
現在	現在完了	——	
autan	olen auttanut	auta	
autat	olet auttanut	auttakoon	
auttaa	on auttanut	auttakaamme	
autamme	olemme auttaneet	auttakaa	
autatte	olette auttaneet	auttakoot	
auttavat	ovat auttaneet	不定詞	
過去	過去完了	第1不定詞短形 auttaa	
autoin	olin auttanut	長形 auttaakseen	
autoit	olit auttanut	第2不定詞内格 auttaessa	
auttoi	oli auttanut	具格 auttaen	
autoimme	olimme auttaneet	第3不定詞内格 auttamassa	
autoitte	olitte auttaneet	出格 auttamasta	
auttoivat	olivat auttaneet	入格 auttamaan	
条件法		所格 auttamalla	
現在	完了	auttamaisillaan	
auttaisin	olisin auttanut	欠格 auttamatta	
auttaisit	olisit auttanut	具格 auttaman	
auttaisi	olisi auttanut	第4不定詞主格 auttaminen	
auttaisimme	olisimme auttaneet	分格 auttamista	
auttaisitte	olisitte auttaneet	分詞	
auttaisivat	olisivat auttaneet	現在分詞	auttava auttavan
可能法			auttavaa auttavia
現在	完了	過去分詞	auttanut auttaneen
auttanen	lienen auttanut		auttanutta auttaneita
auttanet	lienet auttanut	行為者分詞	auttama auttaman
auttanee	lienee auttanut		auttamaa auttamia
auttanemme	lienemme auttaneet	動名詞	
auttanette	lienette auttaneet	auttaminen auttamisen	
auttanevat	lienevät auttaneet	auttamista auttamisia	
受動態			
直説法現在	autetaan	命令法	autettakoon
過去	autettiin	第2不定詞内格	autettaessa
現在完了	on autettu	第3不定詞具格	autettaman
過去完了	oli autettu		
条件法現在	autettaisiin	現在分詞	autettava autettavan
完了	olisi autettu		autettavaa autettavia
可能法現在	autettaneen	過去分詞	autettu autetun
完了	lienee autettu		autettua autettuja

11 paistaa

直説法

現在	現在完了
paistan	olen paistanut
paistat	olet paistanut
paistaa	on paistanut
paistamme	olemme paistaneet
paistatte	olette paistaneet
paistavat	ovat paistaneet

過去	過去完了
paistoin	olin paistanut
paistoit	olit paistanut
paistoi	oli paistanut
paistoimme	olimme paistaneet
paistoitte	olitte paistaneet
paistoivat	olivat paistaneet

条件法

現在	完了
paistaisin	olisin paistanut
paistaisit	olisit paistanut
paistaisi	olisi paistanut
paistaisimme	olisimme paistaneet
paistaisitte	olisitte paistaneet
paistaisivat	olisivat paistaneet

可能法

現在	完了
paistanen	lienen paistanut
paistanet	lienet paistanut
paistanee	lienee paistanut
paistanemme	lienemme paistaneet
paistanette	lienette paistaneet
paistanevat	lienevät paistaneet

命令法

——
paista
paistakoon
paistakaamme
paistakaa
paistakoot

不定詞

第1不定詞短形	paistaa
長形	paistaakseen
第2不定詞内格	paistaessa
具格	paistaen
第3不定詞内格	paistamassa
出格	paistamasta
入格	paistamaan
所格	paistamalla
	paistamaisillaan
欠格	paistamatta
具格	paistaman
第4不定詞主格	paistaminen
分格	paistamista

分詞

現在分詞	paistava paistavan
	paistavaa paistavia
過去分詞	paistanut paistaneen
	paistanutta paistaneita
行為者分詞	paistama paistaman
	paistamaa paistamia

動名詞

paistaminen paistamisen
paistamista paistamisia

受動態

直説法現在	paistetaan	命令法	paistettakoon
過去	paistettiin	第2不定詞内格	paistettaessa
現在完了	on paistettu	第3不定詞具格	paistettaman
過去完了	oli paistettu		
条件法現在	paistettaisiin	現在分詞	paistettava paistettavan
完了	olisi paistettu		paistettavaa paistettavia
可能法現在	paistettaneen	過去分詞	paistettu paistetun
完了	lienee paistettu		paistettua paistettuja

12 saartaa

直 説 法		命 令 法	
現 在	現在完了	———	
saarran	olen saartanut	saarra	
saarrat	olet saartanut	saartakoon	
saartaa	on saartanut	saartakaamme	
saarramme	olemme saartaneet	saartakaa	
saarratte	olette saartaneet	saartakoot	
saartavat	ovat saartaneet		

不 定 詞	
第1不定詞短形	saartaa
長形	saartaakseen
第2不定詞内格	saartaessa
具格	saartaen
第3不定詞内格	saartamassa
出格	saartamasta
入格	saartamaan
所格	saartamalla
	saartamaisillaan
欠格	saartamatta
具格	saartaman
第4不定詞主格	saartaminen
分格	saartamista

過 去	過去完了
saarroin saarsin	olin saartanut
saarroit saarsit	olit saartanut
saartoi saarsi (saarti)	oli saartanut
saarroimme saarsimme	olimme saartaneet
saarroitte saarsitte	olitte saartaneet
saartoivat saarsivat (saartivat)	olivat saartaneet

条 件 法	
現 在	完 了
saartaisin	olisin saartanut
saartaisit	olisit saartanut
saartaisi	olisi saartanut
saartaisimme	olisimme saartaneet
saartaisitte	olisitte saartaneet
saartaisivat	olisivat saartaneet

分 詞		
現在分詞	saartava	saartavan
	saartavaa	saartavia
過去分詞	saartanut	saartaneen
	saartanutta	saartaneita
行為者分詞	saartama	saartaman
	saartamaa	saartamia

可 能 法	
現 在	完 了
saartanen	lienen saartanut
saartanet	lienet saartanut
saartanee	lienee saartanut
saartanemme	lienemme saartaneet
saartanette	lienette saartaneet
saartanevat	lienevät saartaneet

動 名 詞	
saartaminen	saartamisen
saartamista	saartamisia

受 動 態

直説法現在	saarretaan	命令法	saarrettakoon
過去	saarrettiin	第2不定詞内格	sarrettaessa
現在完了	on saarrettu	第3不定詞具格	saarrettaman
過去完了	oli saarrettu	現在分詞	sarrettava sarrettavan
条件法現在	saarrettaisiin		sarrettavaa sarrettavia
完了	olisi saarrettu	過去分詞	saarrettu saarretun
可能法現在	saarrettaneen		saarrettua saarrettuja
完了	lienee saarrettu		

13 koskea

直説法		命令法	
現在	現在完了	——	
kosken	olen koskenut	koske	
kosket	olet koskenut	koskekoon	
koskee	on koskenut	koskekaamme	
koskemme	olemme koskeneet	koskekaa	
koskette	olette koskeneet	koskekoot	
koskevat	ovat koskeneet	不定詞	
過去	過去完了	第1不定詞短形	koskea
koskin	olin koskenut	長形	koskeakseen
koskit	olit koskenut	第2不定詞内格	koskiessa
koski	oli koskenut	具格	koskien
koskimme	olimme koskeneet	第3不定詞内格	koskemassa
koskitte	olitte koskeneet	出格	koskemasta
koskivat	olivat koskeneet	入格	koskemaan
条件法		所格	koskemalla
現在	完了		koskemaisillaan
koskisin	olisin koskenut	欠格	koskematta
koskisit	olisit koskenut	具格	koskeman
koskisi	olisi koskenut	第4不定詞主格	koskeminen
koskisimme	olisimme koskeneet	分格	koskemista
koskisitte	olisitte koskeneet	分詞	
koskisivat	olisivat koskeneet	現在分詞	koskeva koskevan
可能法			koskevaa koskevia
現在	完了	過去分詞	koskenut koskeneen
			koskenutta koskeneita
koskenen	lienen koskenut	行為者分詞	koskema koskeman
koskenet	lienet koskenut		koskemaa koskemia
koskenee	lienee koskenut	動名詞	
koskenemme	lienemme koskeneet		
koskenette	lienette koskeneet	koskeminen koskemisen	
koskenevat	lienevät koskeneet	koskemista koskemisia	

受動態			
直説法現在	kosketaan	命令法	koskettakoon
過去	kosketttiin	第2不定詞内格	koskettaessa
現在完了	on kosketttu	第3不定詞具格	koskettaman
過去完了	oli kosketttu		
条件法現在	koskettaisiin	現在分詞	koskettava koskettavan
完了	olisi kosketttu		koskettavaa koskettavia
可能法現在	koskettaneen	過去分詞	kosketttu kosketun
完了	lienee kosketttu		kosketttua koskettuja

13 lukea

直 説 法		命 令 法	
現 在	現在完了	——	
luen	olen lukenut	lue	
luet	olet lukenut	lukekoon	
lukee	on lukenut	lukekaamme	
luemme	olemme lukeneet	lukekaa	
luette	olette lukeneet	lukekoot	
lukevat	ovat lukeneet		
過 去	過去完了	不 定 詞	
luin	olin lukenut	第1不定詞短形	lukea
luit	olit lukenut	長形	lukeakseen
luki	oli lukenut	第2不定詞内格	lukiessa
luimme	olimme lukeneet	具格	lukien
luitte	olitte lukeneet	第3不定詞内格	lukemassa
lukivat	olivat lukeneet	出格	lukemasta
条 件 法		入格	lukemaan
		所格	lukemalla
現 在	完 了		lukemaisillaan
lukisin	olisin lukenut	欠格	lukematta
lukisit	olisit lukenut	具格	lukeman
lukisi	olisi lukenut	第4不定詞主格	lukeminen
lukisimme	olisimme lukeneet	分格	lukemista
lukisitte	olisitte lukeneet	分 詞	
lukisivat	olisivat lukeneet	現在分詞	lukeva lukevan
可 能 法			lukevaa lukevia
		過去分詞	lukenut lukeneen
現 在	完 了		lukenutta lukeneita
lukenen	lienen lukenut	行為者分詞	lukema lukeman
lukenet	lienet lukenut		lukemaa lukemia
lukenee	lienee lukenut	動 名 詞	
lukenemme	lienemme lukeneet	lukeminen lukemisen	
lukenette	lienette lukeneet	lukemista lukemisia	
lukenevat	lienevät lukeneet		
受 動 態			

直説法現在	luetaan	命令法	luettakoon
過去	luettiin	第2不定詞内格	luettaessa
現在完了	on luettu	第3不定詞具格	luettaman
過去完了	oli luettu	現在分詞	luettava luettavan
条件法現在	luettaisiin		luettavaa luettavia
完了	olisi luettu	過去分詞	luettu luetun
可能法現在	luettaneen		luettua luettuja
完了	lienee luettu		

14	tuntea		
	直 説 法		命 令 法

現 在	現在完了	—
tunnen	olen tuntenut	tunne
tunnet	olet tuntenut	tuntekoon
tuntee	on tuntenut	tuntekaamme
tunnemme	olemme tunteneet	tuntekaa
tunnette	olette tunteneet	tuntekoot
tuntevat	ovat tunteneet	

過 去	過去完了	不 定 詞
tunsin	olin tuntenut	第1不定詞短形 tuntea
tunsit	olit tuntenut	長形 tunteakseen
tunsi	oli tuntenut	第2不定詞内格 tuntiessa
tunsimme	olimme tunteneet	具格 tuntien
tunsitte	olitte tunteneet	第3不定詞内格 tuntemassa
tunsivat	olivat tunteneet	出格 tuntemasta
	条 件 法	入格 tuntemaan
現 在	完 了	所格 tuntemalla
tuntisin	olisin tuntenut	tuntemaisillaan
tuntisit	olisit tuntenut	欠格 tuntematta
tuntisi	olisi tuntenut	具格 tunteman
tuntisimme	olisimme tunteneet	第4不定詞主格 tunteminen
tuntisitte	olisitte tunteneet	分格 tuntemista
tuntisivat	olisivat tunteneet	分 詞

可 能 法		
現 在	完 了	現在分詞 tunteva tuntevan
tuntenen	lienen tuntenut	tuntevaa tuntevia
tuntenet	lienet tuntenut	過去分詞 tuntenut tunteneen
tuntenee	lienee tuntenut	tuntenutta tunteneita
tuntenemme	lienemme tunteneet	行為者分詞 tuntema tunteman
tuntenette	lienette tunteneet	tuntemaa tuntemia
tuntenevat	lienevät tunteneet	動 名 詞
		tunteminen tuntemisen
		tuntemista tuntemisia

	受 動 態
直説法現在	tunnetaan	命令法	tunnettakoon
過去	tunnettiin	第2不定詞内格	tunnettaessa
現在完了	on tunnettu	第3不定詞具格	tunnettaman
過去完了	oli tunnettu	現在分詞	tunnettava tunnettavan
条件法現在	tunnettaisiin		tunnettavaa tunnettavia
完了	olisi tunnettu	過去分詞	tunnettu tunnetun
可能法現在	tunnettaneen		tunnettua tunnettuja
完了	lienee tunnettu		

15	potea	

直 説 法		命 令 法

現 在	現在完了
poden	olen potenut
podet	olet potenut
potee	on potenut
podemme	olemme poteneet
podette	olette poteneet
potevat	ovat poteneet

命令法
——
pode
potekoon
potekaamme
potekaa
potekoot

過 去	過去完了
podin	olin potenut
podit	olit potenut
poti	oli potenut
podimme	olimme poteneet
poditte	olitte poteneet
potivat	olivat poteneet

不 定 詞
第1不定詞短形 potea
　　　　長形 poteakseen
第2不定詞内格 potiessa
　　　　具格 potien
第3不定詞内格 potemassa
　　　　出格 potemasta
　　　　入格 potemaan
　　　　所格 potemalla
　　　　　　 potemaisillaan
　　　　欠格 potematta
　　　　具格 poteman
第4不定詞主格 poteminen
　　　　分格 potemista

条 件 法	
現 在	完 了
potisin	olisin potenut
potisit	olisit potenut
potisi	olisi potenut
potisimme	olisimme poteneet
potisitte	olisitte poteneet
potisivat	olisivat poteneet

分 詞		
現在分詞	poteva	potevan
	potevaa	potevia
過去分詞	potenut	poteneen
	potenutta	poteneita
行為者分詞	potema	poteman
	potemaa	potemia

可 能 法	
現 在	完 了
potenen	lienen potenut
potenet	lienet potenut
potenee	lienee potenut
potenemme	lienemme poteneet
potenette	lienette poteneet
potenevat	lienevät poteneet

動 名 詞
poteminen potemisen
potemista potemisia

受 動 態			
直説法現在	podetaan	命令法	podettakoon
過去	podettin	第2不定詞内格	podettaessa
現在完了	on podettu	第3不定詞具格	podettaman
過去完了	oli podettu		
条件法現在	podettaisiin	現在分詞	podettava podettavan
完了	olisi podettu		podettavaa podettavia
可能法現在	podettaneen	過去分詞	podettu podettun
完了	lienee podettu		podettua podettuja

16 lähteä

直説法		命令法	
現在	現在完了	———	
lähden	olen lähtenyt	lähde	
lähdet	olet lähtenyt	lähteköön	
lähtee	on lähtenyt	lähtekäämme	
lähdemme	olemme lähteneet	lähtekää	
lähdette	olette lähteneet	lähtekööt	
lähtevät	ovat lähteneet		

過去	過去完了
lähdin (läksin)	olin lähtenyt
lähdit (läksit)	olit lähtenyt
lähti (läksi)	oli lähtenyt
lähdimme (läksimme)	olimme lähteneet
lähditte (läksitte)	olitte lähteneet
lähtivät (läksivät)	olivat lähteneet

不定詞	
第1不定詞短形	lähteä
長形	lähteäkseen
第2不定詞内格	lähtiessä
具格	lähtien
第3不定詞内格	lähtemässä
出格	lähtemästä
入格	lähtemään
所格	lähtemällä
	lähtemäisillään
欠格	lähtemättä
具格	lähtemän
第4不定詞主格	lähteminen
分格	lähtemistä

条件法	
現在	完了
lähtisin (läksisin)	olisin lähtenyt
lähtisit (läksisit)	olisit lähtenyt
lähtisi (läksisi)	olisi lähtenyt
lähtisimme (läksisimme)	olisimme lähteneet
lähtisitte (läksisitte)	olisitte lähteneet
lähtisivät (läksisivät)	olisivat lähteneet

分詞		
現在分詞	lähtevä	lähtevän
	lähtevää	lähteviä
過去分詞	lähtenyt	lähteneen
	lähtenyttä	lähteneitä
行為者分詞	lähtemä	lähtemän
	lähtemää	lähtemiä

可能法	
現在	完了
lähtenen	lienen lähtenyt
lähtenet	lienet lähtenyt
lähtenee	lienee lähtenyt
lähtenemme	lienemme lähteneet
lähtenette	lienette lähteneet
lähtenevät	lienevät lähteneet

動名詞	
lähteminen	lähtemisen
lähtemistä	lähtemisiä

受動態

直説法現在	lähdetään	命令法	lähdettäköön
過去	lähdettiin	第2不定詞内格	lähdettäessä
現在完了	on lähdetty	第3不定詞具格	lähdettämän
過去完了	oli lähdetty		
条件法現在	lähdettäisiin	現在分詞	lähdettävä lähdettävän
完了	olisi lähdetty		lähdettävää lähdettäviä
可能法現在	lähdettäneen	過去分詞	lähdetty lähdetyn
完了	lienee lähdetty		lähdettyä lähdettyjä

17	etsiä			

直 説 法		命 令 法	
現 在	現在完了	——	
etsin	olen etsinyt	etsi	
etsit	olet etsinyt	etsiköön	
etsii	on etsinyt	etsikäämme	
etsimme	olemme etsineet	etsikää	
etsitte	olette etsineet	etsikööt	
etsivät	ovat etsineet	不 定 詞	
過 去	過去完了	第1不定詞短形	etsiä
etsin	olin etsinyt	長形	etsiäkseen
etsit	olit etsinyt	第2不定詞内格	etsiessä
etsi	oli etsinyt	具格	etsien
etsimme	olimme etsineet	第3不定詞内格	etsimässä
etsitte	olitte etsineet	出格	etsimästä
etsivät	olivat etsineet	入格	etsimään
条 件 法		所格	etsimällä
現 在	完 了		etsimäisillään
etsisin	olisin etsinyt	欠格	etsimättä
etsisit	olisit etsinyt	具格	etsimän
etsisi	olisi etsinyt	第4不定詞主格	etsiminen
etsisimme	olisimme etsineet	分格	etsimistä
etsisitte	olisitte etsineet	分 詞	
etsisivät	olisivat etsineet	現在分詞	etsivä etsivän
可 能 法			etsivää etsiviä
現 在	完 了	過去分詞	etsinyt etsineen
etsinen	lienen etsinyt		etsinyttä etsineitä
etsinet	lienet etsinyt	行為者分詞	etsimä etsimän
etsinee	lienee etsinyt		etsimää etsimiä
etsinemme	lienemme etsineet	動 名 詞	
etsinette	lienette etsineet	etsiminen etsimisen	
etsinevät	lienevät etsineet	etsimistä etsimisiä	

受 動 態				
直説法現在	etsitään	命令法	etsittäköön	
過去	etsittiin	第2不定詞内格	etsittäessä	
現在完了	on etsitty	第3不定詞具格	etsittämän	
過去完了	oli etsitty				
条件法現在	etsittäisiin	現在分詞	etsittävä etsittävän	
完了	olisi etsitty		etsittävää etsittäviä	
可能法現在	etsittäneen	過去分詞	etsitty etsityn	
完了	lienee etsitty		etsittyä etsittyjä	

17 oppia

直　説　法		命　令　法
現　在	現在完了	———
opin	olen oppinut	opi
opit	olet oppinut	oppikoon
oppii	on oppinut	oppikaamme
opimme	olemme oppineet	oppikaa
opitte	olette oppineet	oppikoot
oppivat	ovat oppineet	不　定　詞

過　去	過去完了	
opin	olin oppinut	第1不定詞短形　oppia
opit	olit oppinut	長形　oppiakseen
oppi	oli oppinut	第2不定詞内格　oppiessa
opimme	olimme oppineet	具格　oppien
opitte	olitte oppineet	第3不定詞内格　oppimassa
oppivat	olivat oppineet	出格　oppimasta

条　件　法		入格　oppimaan
現　在	完　了	所格　oppimalla
oppisin	olisin oppinut	oppimaisillaan
oppisit	olisit oppinut	欠格　oppimatta
oppisi	olisi oppinut	具格　oppiman
oppisimme	olisimme oppineet	第4不定詞主格　oppiminen
oppisitte	olisitte oppineet	分格　oppimista
oppisivat	olisivat oppineet	分　詞

可　能　法		現在分詞　oppiva oppivan
現　在	完　了	oppivaa oppivia
oppinen	lienen oppinut	過去分詞　oppinut oppineen
oppinet	lienet oppinut	oppinutta oppineita
oppinee	lienee oppinut	行為者分詞　oppima oppiman
oppinemme	lienemme oppineet	oppimaa oppimia
oppinette	lienette oppineet	動　名　詞
oppinevat	lienevät oppineet	oppiminen oppimisen
		oppimista oppimisia

受　動　態			
直説法現在	opitaan	命令法	opittakoon
過去	opittiin	第2不定詞内格	opittaessa
現在完了	on opittu	第3不定詞具格	opittaman
過去完了	oli opittu	現在分詞	opittava opittavan
条件法現在	opittaisiin		opittavaa opittavia
完了	olisi opittu	過去分詞	opittu opitun
可能法現在	opittaneen		opittua opittuja
完了	lienee opittu		

18 voida

直説法

現在	現在完了
voin	olen voinut
voit	olet voinut
voi	on voinut
voimme	olemme voineet
voitte	olette voineet
voivat	ovat voineet

過去	過去完了
voin	olin voinut
voit	olit voinut
voi	oli voinut
voimme	olimme voineet
voitte	olitte voineet
voivat	olivat voineet

条件法

現在	完了
voisin	olisin voinut
voisit	olisit voinut
voisi	olisi voinut
voisimme	olisimme voineet
voisitte	olisitte voineet
voisivat	olisivat voineet

可能法

現在	完了
voinen	lienen voinut
voinet	lienet voinut
voinee	lienee voinut
voinemme	lienemme voineet
voinette	lienette voineet
voinevat	lienevät voineet

命令法

———
voi
voikoon
voikaamme
voikaa
voikoot

不定詞

第1不定詞短形 voida
　　　　長形 voidakseen
第2不定詞内格 voidessa
　　　　具格 voiden
第3不定詞内格 voimassa
　　　　出格 voimasta
　　　　入格 voimaan
　　　　所格 voimalla
　　　　　　 voimaisillaan
　　　　欠格 voimatta
　　　　具格 voiman
第4不定詞主格 voiminen
　　　　分格 voimista

分詞

現在分詞	voiva voivan
	voivaa voivia
過去分詞	voinut voineen
	voinutta voineita
行為者分詞	voima voiman
	voimaa voimia

動名詞

voiminen voimisen
voimista voimisia

受動態

直説法現在	voidaan
過去	voitiin
現在完了	on voitu
過去完了	oli voitu

命令法	voitakoon
第2不定詞内格	voitaessa
第3不定詞具格	voitaman

| 条件法現在 | voitaisiin |
| 完了 | olisi voitu |

現在分詞	voitava voitavan
	voitavaa voitavia
過去分詞	voitu voidun
	voitua voituja

| 可能法現在 | voitaneen |
| 完了 | lienee voitu |

19 saada

直説法		命令法	
現在	現在完了	—	
saan	olen saanut	saa	
saat	olet saanut	saakoon	
saa	on saanut	saakaamme	
saamme	olemme saaneet	saakaa	
saatte	olette saaneet	saakoot	
saavat	ovat saaneet	不定詞	
過去	過去完了	第1不定詞短形	saada
sain	olin saanut	長形	saadakseen
sait	olit saanut	第2不定詞内格	saadessa
sai	oli saanut	具格	saaden
saimme	olimme saaneet	第3不定詞内格	saamassa
saitte	olitte saaneet	出格	saamasta
saivat	olivat saaneet	入格	saamaan
条件法		所格	saamalla
現在	完了		saamaisillaan
saisin	olisin saanut	欠格	saamatta
saisit	olisit saanut	具格	saaman
saisi	olisi saanut	第4不定詞主格	saaminen
saisimme	olisimme saaneet	分格	saamista
saisitte	olisitte saaneet	分詞	
saisivat	olisivat saaneet	現在分詞	saava saavan
可能法			saavaa saavia
現在	完了	過去分詞	saanut saaneen
saanen	lienen saanut		saanutta saaneita
saanet	lienet saanut	行為者分詞	saama saaman
saanee	lienee saanut		saamaa saamia
saanemme	lienemme saaneet	動名詞	
saanette	lienette saaneet	saaminen saamisen	
saanevat	lienevät saaneet	saamista saamisia	

受動態			
直説法現在	saadaan	命令法	saatakoon
過去	saatiin	第2不定詞内格	saataessa
現在完了	on saatu	第3不定詞具格	saataman
過去完了	oli saatu	現在分詞	saatava saatavan
条件法現在	saataisiin		saatavaa saatavia
完了	olisi saatu	過去分詞	saatu saadun
可能法現在	saataneen		saatua saatuja
完了	lienee saatu		

20 myydä

直説法		命令法	
現在	現在完了	―	
myyn	olen myynyt	myy	
myyt	olet myynyt	myyköön	
myy	on myynyt	myykäämme	
myymme	olemme myyneet	myykää	
myytte	olette myyneet	myykööt	
myyvät	ovat myyneet	不定詞	
過去	過去完了	第1不定詞短形	myydä
myin	olin myynyt	長形	myydäkseen
myit	olit myynyt	第2不定詞内格	myydessä
myi	oli myynyt	具格	myyden
myimme	olimme myyneet	第3不定詞内格	myymässä
myitte	olitte myyneet	出格	myymästä
myivät	olivat myyneet	入格	myymään
条件法		所格	myymällä
現在	完了		myymäisillään
myisin	olisin myynyt	欠格	myymättä
myisit	olisit myynyt	具格	myymän
myisi	olisi myynyt	第4不定詞主格	myyminen
myisimme	olisimme myyneet	分格	myymistä
myisitte	olisitte myyneet	分詞	
myisivät	olisivat myyneet	現在分詞	myyvä myyvän
可能法			myyvää myyviä
現在	完了	過去分詞	myynyt myyneen
myynen	lienen myynyt		myynyttä myyneitä
myynet	lienet myynyt	行為者分詞	myymä myymän
myynee	lienee myynyt		myymää myymiä
myynemme	lienemme myyneet	動名詞	
myynette	lienette myyneet	myyminen myymisen	
myynevät	lienevät myyneet	myymistä myymisiä	

受動態			
直説法現在	myydään	命令法	myytäköön
過去	myytiin	第2不定詞内格	myytäessä
現在完了	on myyty	第3不定詞具格	myytämän
過去完了	oli myyty	現在分詞	myytävä myytävän
条件法現在	myytäisiin		myytävää myytäviä
完了	olisi myyty	過去分詞	myyty myydyn
可能法現在	myytäneen		myytyä myytyjä
完了	lienee myyty		

21 juoda

直説法

現在	現在完了
juon	olen juonut
juot	olet juonut
juo	on juonut
juomme	olemme juoneet
juotte	olette juoneet
juovat	ovat juoneet

過去	過去完了
join	olin juonut
joit	olit juonut
joi	oli juonut
joimme	olimme juoneet
joitte	olitte juoneet
joivat	olivat juoneet

条件法

現在	完了
joisin	olisin juonut
joisit	olisit juonut
joisi	olisi juonut
joisimme	olisimme juoneet
joisitte	olisitte juoneet
joisivat	olisivat juoneet

可能法

現在	完了
juonen	lienen juonut
juonet	lienet juonut
juonee	lienee juonut
juonemme	lienemme juoneet
juonette	lienette juoneet
juonevat	lienevät juoneet

命令法

———
juo
juokoon
juokaamme
juokaa
juokoot

不定詞

第1不定詞	短形	juoda
	長形	juodakseen
第2不定詞	内格	juodessa
	具格	juoden
第3不定詞	内格	juomassa
	出格	juomasta
	入格	juomaan
	所格	juomalla
		juomaisillaan
	欠格	juomatta
	具格	juoman
第4不定詞	主格	juominen
	分格	juomista

分詞

現在分詞	juova juovan
	juovaa juovia
過去分詞	juonut juoneen
	juonutta juoneita
行為者分詞	juoma juoman
	juomaa juomia

動名詞

juominen juomisen
juomista juomisia

受動態

直説法現在	juodaan
過去	juotiin
現在完了	on juotu
過去完了	oli juotu

| 条件法現在 | juotaisiin |
| 完了 | olisi juotu |

| 可能法現在 | juotaneen |
| 完了 | lienee juotu |

命令法	juotakoon
第2不定詞内格	juotaessa
第3不定詞具格	juotaman

現在分詞	juotava juotavan
	juotavaa juotavia
過去分詞	juotu juodun
	juotua juotuja

22 viedä

直説法

現在
vien	
viet	
vie	
viemme	
viette	
vievät	

現在完了
olen vienyt
olet vienyt
on vienyt
olemme vieneet
olette vieneet
ovat vieneet

過去
vein
veit
vei
veimme
veitte
veivät

過去完了
olin vienyt
olit vienyt
oli vienyt
olimme vieneet
olitte vieneet
olivat vieneet

条件法

現在
veisin
veisit
veisi
veisimme
veisitte
veisivät

完了
olisin vienyt
olisit vienyt
olisi vienyt
olisimme vieneet
olisitte vieneet
olisivat vieneet

可能法

現在
vienen
vienet
vienee
vienemme
vienette
vienevät

完了
lienen vienyt
lienet vienyt
lienee vienyt
lienemme vieneet
lienette vieneet
lienevät vieneet

命令法
——
vie
vieköön
viekäämme
viekää
viekööt

不定詞
第1不定詞短形 viedä
　　　　長形 viedäkseen
第2不定詞内格 viedessä
　　　　具格 vieden
第3不定詞内格 viemässä
　　　　出格 viemästä
　　　　入格 viemään
　　　　所格 viemällä
　　　　　　 viemäisillään
　　　　欠格 viemättä
　　　　具格 viemän
第4不定詞主格 vieminen
　　　　分格 viemistä

分詞
現在分詞　vievä vievän
　　　　　vievää vieviä
過去分詞　vienyt vieneen
　　　　　vienyttä vieneitä
行為者分詞 viemä viemän
　　　　　viemää viemiä

動名詞
vieminen viemisen
viemistä viemisiä

受動態

直説法現在	viedään	命令法	vietäköön
過去	vietiin	第2不定詞内格	vietäessä
現在完了	on viety	第3不定詞具格	vietämän
過去完了	oli viety		
条件法現在	vietäisiin	現在分詞	vietävä vietävän
完了	olisi viety		vietävää vietäviä
可能法現在	vietäneen	過去分詞	viety viedyn
完了	lienee viety		vietyä vietyjä

23 käydä

直　説　法		命　令　法	
現　在	**現在完了**	—	
käyn	olen käynyt	käy	
käyt	olet käynyt	käyköön	
käy	on käynyt	käykäämme	
käymme	olemme käyneet	käykää	
käytte	olette käyneet	käykööt	
käyvät	ovat käyneet	**不　定　詞**	
過　去	**過去完了**	第1不定詞短形	käydä
kävin	olin käynyt	長形	käydäkseen
kävit	olit käynyt	第2不定詞内格	käydessä
kävi	oli käynyt	具格	käyden
kävimme	olimme käyneet	第3不定詞内格	käymässä
kävitte	olitte käyneet	出格	käymästä
kävivät	olivat käyneet	入格	käymään
条　件　法		所格	käymällä
現　在	**完　了**		käymäisillään
kävisin	olisin käynyt	欠格	käymättä
kävisit	olisit käynyt	具格	käymän
kävisi	olisi käynyt	第4不定詞主格	käyminen
kävisimme	olisimme käyneet	分格	käymistä
kävisitte	olisitte käyneet	**分　詞**	
kävisivät	olisivat käyneet	現在分詞	käyvä käyvän
可　能　法			käyvää käyviä
現　在	**完　了**	過去分詞	käynyt käyneen
käynen	lienen käynyt		käynyttä käyneitä
käynet	lienet käynyt	行為者分詞	käymä käymän
käynee	lienee käynyt		käymää käymiä
käynemme	lienemme käyneet	**動　名　詞**	
käynette	lienette käyneet	käyminen käymisen	
käynevät	lienevät käyneet	käymistä käymisiä	

受　動　態

直説法現在	käydään	命令法	käytäköön
過去	käytiin	第2不定詞内格	käytäessä
現在完了	on käyty	第3不定詞具格	käytämän
過去完了	oli käyty	現在分詞	käytävä käytävän
条件法現在	käytäisiin		käytävää käytäviä
完了	olisi käyty	過去分詞	käyty käydyn
可能法現在	käytäneen		käytyä käytyjä
完了	lienee käyty		

母音語幹と子音語幹を持つ動詞

24 pestä

直 説 法	
現 在	現在完了
pesen	olen pessyt
peset	olet pessyt
pesee	on pessyt
pesemme	olemme pesseet
pesette	olette pesseet
pesevät	ovat pesseet
過 去	過去完了
pesin	olin pessyt
pesit	olit pessyt
pesi	oli pessyt
pesimme	olimme pesseet
pesitte	olitte pesseet
pesivät	olivat pesseet

条 件 法	
現 在	完 了
pesisin	olisin pessyt
pesisit	olisit pessyt
pesisi	olisi pessyt
pesisimme	olisimme pesseet
pesisitte	olisitte pesseet
pesisivät	olisivat pesseet

可 能 法	
現 在	完 了
pessen	lienen pessyt
pesset	lienet pessyt
pessee	lienee pessyt
pessemme	lienemme pesseet
pessette	lienette pesseet
pessevät	lienevät pesseet

命 令 法	
───	
pese	
pesköön	
peskäämme	
peskää	
peskööt	

不 定 詞	
第1不定詞短形	pestä
長形	pestäkseen
第2不定詞内格	pestessä
具格	pesten
第3不定詞内格	pesemässä
出格	pesemästä
入格	pesemään
所格	pesemällä
	pesemäisillään
欠格	pesemättä
具格	pesemän
第4不定詞主格	peseminen
分格	pesemistä

分 詞		
現在分詞	pesevä	pesevän
	pesevää	peseviä
過去分詞	pessyt	pesseen
	pessyttä	pesseitä
行為者分詞	pesemä	pesemän
	pesemää	pesemiä

動 名 詞	
peseminen	pesemisen
pesemistä	pesemisiä

受 動 態

直説法現在	pestään	命令法	pestäköön
過去	pestiin	第2不定詞内格	pestäessä
現在完了	on pesty	第3不定詞具格	pestämän
過去完了	oli pesty	現在分詞	pestävä pestävän
条件法現在	pestäisiin		pestävää pestäviä
完了	olisi pesty	過去分詞	pesty pestyn
可能法現在	pestäneen		pestyä pestyjä
完了	lienee pesty		

動詞の活用表　　　　　668

24	rangaista

直　説　法	
現　在	現在完了
rankaisen	olen rangaissut
rankaiset	olet rangaissut
rankaisee	on rangaissut
rankaisemme	olemme rangaisseet
rankaisette	olette rangaisseet
rankaisevat	ovat rangaisseet
過　去	過去完了
rankaisin	olin rangaissut
rankaisit	olit rangaissut
rankaisi	oli rangaissut
rankaisimme	olimme rangaisseet
rankaisitte	olitte rangaisseet
rankaisivat	olivat rangaisseet

条　件　法	
現　在	完　了
rankaisisin	olisin rangaissut
rankaisisit	olisit rangaissut
rankaisisi	olisi rangaissut
rankaisisimme	olisimme rangaisseet
rankaisisitte	olisitte rangaisseet
rankaisisivat	olisivat rangaisseet

可　能　法	
現　在	完　了
rangaissen	lienen rangaissut
rangaisset	lienet rangaissut
rangaissee	lienee rangaissut
rangaissemme	lienemme rangaisseet
rangaissette	lienette rangaisseet
rangaissevat	lienevät rangaisseet

命　令　法	
──	
rankaise	
rangaiskoon	
rangaiskaamme	
rangaiskaa	
rangaiskoot	

不　定　詞	
第1不定詞短形	rangaista
長形	rangaistakseen
第2不定詞内格	rangaistessa
具格	rangaisten
第3不定詞内格	rankaisemassa
出格	rankaisemasta
入格	rankaisemaan
所格	rankaisemalla
	rankaisemaisillaan
欠格	rankaisematta
具格	rankaiseman
第4不定詞主格	rankaiseminen
分格	rankaisemista

分　詞	
現在分詞	rankaiseva rankaisevan
	rankaisevaa rankaisevia
過去分詞	rangaissut rangaisseen
	rangaissutta rangaisseita
行為者分詞	rankaisema rankaiseman
	rankaisemaa rankaisemia

動　名　詞	
rankaiseminen rankaisemisen	
rankaisemista rankaisemisia	

受　動　態			
直説法現在	rangaistaan	命令法	rangaistakoon
過去	rangaistiin	第2不定詞内格	rangaistaessa
現在完了	on rangaistu	第3不定詞具格	rangaistaman
過去完了	oli rangaistu		
条件法	rangaistaisiin	現在分詞	rangaistava rangaistavan
完了	olisi rangaistu		rangaistavaa rangaistavia
可能法現在	rangaistaneen	過去分詞	rangaistu rangaistun
完了	lienee rangaistu		rangaistua rangaistuja

25	tulla		
	直説法		命令法
	現在	現在完了	—
	tulen	olen tullut	tule
	tulet	olet tullut	tulkoon
	tulee	on tullut	tulkaamme
	tulemme	olemme tulleet	tulkaa
	tulette	olette tulleet	tulkoot
	tulevat	ovat tulleet	不定詞
	過去	過去完了	第1不定詞短形 tulla
	tulin	olin tullut	長形 tullakseen
	tulit	olit tullut	第2不定詞内格 tullessa
	tuli	oli tullut	具格 tullen
	tulimme	olimme tulleet	第3不定詞内格 tulemassa
	tulitte	olitte tulleet	出格 tulemasta
	tulivat	olivat tulleet	入格 tulemaan
	条件法		所格 tulemalla
	現在	完了	tulemaisillaan
	tulisin	olisin tullut	欠格 tulematta
	tulisit	olisit tullut	具格 tuleman
	tulisi	olisi tullut	第4不定詞主格 tuleminen
	tulisimme	olisimme tulleet	分格 tulemista
	tulisitte	olisitte tulleet	分詞
	tulisivat	olisivat tulleet	現在分詞 tuleva tulevan
	可能法		tulevaa tulevia
	現在	完了	過去分詞 tullut tulleen
	tullen	lienen tullut	tullutta tulleita
	tullet	lienet tullut	行為者分詞 tulema tuleman
	tullee	lienee tullut	tulemaa tulemia
	tullemme	lienemme tulleet	動名詞
	tullette	lienette tulleet	tuleminen tulemisen
	tullevat	lienevät tulleet	tulemista tulemisia
受動態			
直説法現在	tullaan	命令法	tultakoon
過去	tultiin	第2不定詞内格	tultaessa
現在完了	on tultu	第3不定詞具格	tultaman
過去完了	oli tultu		
条件法現在	tultaisiin	現在分詞	tultava tultavan
完了	olisi tultu		tultavaa tultavia
		過去分詞	tultu tullun
可能法現在	tultaneen		tultua tultuja
完了	lienee tultu		

26 surra

直 説 法		命 令 法
現 在	現在完了	
suren	olen surrut	——
suret	olet surrut	sure
suree	on surrut	surkoon
suremme	olemme surreet	surkaamme
surette	olette surreet	surkaa
surevat	ovat surreet	surkoot
過 去	過去完了	不 定 詞
surin	olin surrut	第1不定詞短形 surra
surit	olit surrut	長形 surrakseen
suri	oli surrut	第2不定詞内格 surressa
surimme	olimme surreet	具格 surren
suritte	olitte surreet	第3不定詞内格 suremassa
surivat	olivat surreet	出格 suremasta
条 件 法		入格 suremaan
現 在	完 了	所格 suremalla
surisin	olisin surrut	suremaisillaan
surisit	olisit surrut	欠格 surematta
surisi	olisi surrut	具格 sureman
surisimme	olisimme surreet	第4不定詞主格 sureminen
surisitte	olisitte surreet	分格 suremista
surisivat	olisivat surreet	分 詞
可 能 法		現在分詞 sureva surevan
現 在	完 了	surevaa surevia
surren	lienen surrut	過去分詞 surrut surreen
surret	lienet surrut	surrutta surreita
surree	lienee surrut	行為者分詞 surema sureman
surremme	lienemme surreet	suremaa suremia
surrette	lienette surreet	動 名 詞
surrevat	lienevät surreet	sureminen suremisen
		suremista suremisia

受 動 態		
直説法現在	surraan	命令法 surtakoon
過去	surtiin	第2不定詞内格 surtaessa
現在完了	on surtu	第3不定詞具格 surtaman
過去完了	oli surtu	
条件法現在	surtaisiin	現在分詞 surtava surtavan
完了	olisi surtu	surtavaa surtavia
		過去分詞 surtu surrun
可能法現在	surtaneen	surtua surtuja
完了	lienee surtu	

27	mennä		
\multicolumn{2}{c	}{直 説 法}	\multicolumn{2}{c}{命 令 法}

\multicolumn{4}{c}{}

27 mennä

直説法

現　在	現在完了
menen	olen mennyt
menet	olet mennyt
menee	on mennyt
menemme	olemme menneet
menette	olette menneet
menevät	ovat menneet

過　去	過去完了
menin	olin mennyt
menit	olit mennyt
meni	oli mennyt
menimme	olimme menneet
menitte	olitte menneet
menivät	olivat menneet

条件法

現　在	完　了
menisin	olisin mennyt
menisit	olisit mennyt
menisi	olisi mennyt
menisimme	olisimme menneet
menisitte	olisitte menneet
menisivät	olisivat menneet

可能法

現　在	・完　了
mennen	lienen mennyt
mennet	lienet mennyt
mennee	lienee mennyt
mennemme	lienemme menneet
mennette	lienette menneet
mennevät	lienevät menneet

命令法

mene
menköön
menkäämme
menkää
menkööt

不定詞

第1不定詞短形　mennä
　　　　　長形　mennäkseen
第2不定詞内格　mennessä
　　　　　具格　mennen
第3不定詞内格　menemässä
　　　　　出格　menemästä
　　　　　入格　menemään
　　　　　所格　menemällä
　　　　　　　　menemäisillään
　　　　　欠格　menemättä
　　　　　具格　menemän
第4不定詞主格　meneminen
　　　　　分格　menemistä

分詞

現在分詞	menevä menevän
	menevää meneviä
過去分詞	mennyt menneen
	mennyttä menneitä
行為者分詞	menemä menemän
	menemää menemiä

動名詞

meneminen menemisen
menemistä menemisiä

受動態

直説法現在	mennään	命令法	mentäköön
過去	mentiin	第2不定詞内格	mentäessä
現在完了	on menty	第3不定詞具格	mentämän
過去完了	oli menty		
条件法現在	mentäisiin	現在分詞	mentävä mentävän
完了	olisi menty		mentävää mentäviä
		過去分詞	menty mennyn
可能法現在	mentäneen		mentyä mentyjä
完了	lienee menty		

28 katsella

直説法

現在	現在完了
katselen	olen katsellut
katselet	olet katsellut
katselee	on katsellut
katselemme	olemme katselleet
katselette	olette katselleet
katselevat	ovat katselleet

過去	過去完了
katselin	olin katsellut
katselit	olit katsellut
katseli	oli katsellut
katselimme	olimme katselleet
katselitte	olitte katselleet
katselivat	olivat katselleet

条件法

現在	完了
katselisin	olisin katsellut
katselisit	olisit katsellut
katselisi	olisi katsellut
katselisimme	olisimme katselleet
katselisitte	olisitte katselleet
katselisivat	olisivat katselleet

可能法

現在	完了
katsellen	lienen katsellut
katsellet	lienet katsellut
katsellee	lienee katsellut
katsellemme	lienemme katselleet
katsellette	lienette katselleet
katsellevat	lienevät katselleet

命令法

katsele
katselkoon
katselkaamme
katselkaa
katselkoot

不定詞

第1不定詞短形 katsella
　　　　　長形 katsellakseen
第2不定詞内格 katsellessa
　　　　　具格 katsellen
第3不定詞内格 katselemassa
　　　　　出格 katselemasta
　　　　　入格 katselemaan
　　　　　所格 katselemalla
　　　　　　　 katselemaisillaan
　　　　　欠格 katselematta
　　　　　具格 katseleman
第4不定詞主格 katseleminen
　　　　　分格 katselemista

分詞

現在分詞	katseleva	katselevan
	katselevaa	katselevia
過去分詞	katsellut	katselleen
	katsellutta	katselleita
行為者分詞	katselema	katseleman
	katselemaa	katselemia

動名詞

katseleminen katselemisen
katselemista katselemisia

受動態

直説法現在	katsellaan
過去	katseltiin
現在完了	on katseltu
過去完了	oli katseltu
条件法現在	katseltaisiin
完了	olisi katseltu
可能法現在	katseltaneen
完了	lienee katseltu

命令法	katseltakoon
第2不定詞内格	katseltaessa
第3不定詞具格	katseltaman

現在分詞	katseltava katseltavan
	katseltavaa katseltavia
過去分詞	katseltu katsellun
	katseltua katseltuja

28	kuunnella		
	直　説　法		命　令　法
	現　在	現在完了	—
	kuuntelen kuuntelet kuuntelee kuuntelemme kuuntelette kuuntelevat	olen kuunnellut olet kuunnellut on kuunnellut olemme kuunnelleet olette kuunnelleet ovat kuunnelleet	kuuntele kuunnelkoon kuunnelkaamme kuunnelkaa kuunnelkoot
			不　定　詞
	過　去	過去完了	第1不定詞短形 kuunnella 　　　　　長形 kuunnellakseen 第2不定詞内格 kuunnellessa 　　　　　具格 kuunnellen 第3不定詞内格 kuuntelemassa 　　　　　出格 kuuntelemasta 　　　　　入格 kuuntelemaan 　　　　　所格 kuuntelemalla 　　　　　　　 kuuntelemaisillaan 　　　　　欠格 kuuntelematta 　　　　　具格 kuunteleman 第4不定詞主格 kuunteleminen 　　　　　分格 kuuntelemista
	kuuntelin kuuntelit kuunteli kuuntelimme kuuntelitte kuuntelivat	olin kuunnellut olit kuunnellut oli kuunnellut olimme kuunnelleet olitte kuunnelleet olivat kuunnelleet	
	条　件　法		
	現　在	完　了	
	kuuntelisin kuuntelisit kuuntelisi kuuntelisimme kuuntelisitte kuuntelisivat	olisin kuunnellut olisit kuunnellut olisi kuunnellut olisimme kuunnelleet olisitte kuunnelleet olisivat kuunnelleet	
			分　詞
			現在分詞　kuunteleva kuuntelevan 　　　　　kuuntelevaa kuuntelevia 過去分詞　kuunnellut kuunnelleen 　　　　　kuunnellutta kuunnelleita 行為者分詞 kuuntelema kuunteleman 　　　　　kuuntelemaa kuuntelemia
	可　能　法		
	現　在	完　了	動　名　詞
	kuunnellen kuunnellet kuunnellee kuunnellemme kuunnellette kuunnellevat	lienen kuunnellut lienet kuunnellut lienee kuunnellut lienemme kuunnelleet lienette kuunnelleet lienevät kuunnelleet	kuunteleminen kuuntelemisen kuuntelemista kuuntelemisia
	受　動　態			
直説法現在 過去 現在完了 過去完了	kuunnellaan kuunneltiin on kuunneltu oli kuunneltu	命令法	kuunneltakoon
		第2不定詞内格 第3不定詞具格	kuunneltaessa kuunneltaman
条件法現在 完了	kuunneltaisiin olisi kuunneltu	現在分詞	kuunneltava kuunneltavan kuunneltavaa kuunneltavia
		過去分詞	kuunneltu kuunnellun kuunneltua kuunneltuja
可能法現在 完了	kuunneltaneen lienee kuunneltu		

29	autoilla		
	直 説 法		命 令 法
	現 在	現在完了	
	autoilen autoilet autoilee autoilemme autoilette autoilevat	olen autoillut olet autoillut on autoillut olemme autoilleet olette autoilleet ovat autoilleet	—— autoile autoilkoon autoilkaamme autoilkaa autoilkoot
			不 定 詞
	過 去	過去完了	第1不定詞短形 autoilla
	autoilin autoilit autoili autoilimme autoilitte autoilivat	olin autoillut olit autoillut oli autoillut olimme autoilleet olitte autoilleet olivat autoilleet	長形 autoillakseen 第2不定詞内格 autoillessa 　　　　具格 autoillen 第3不定詞内格 autoilemassa 　　　　出格 autoilemasta 　　　　入格 autoilemaan 　　　　所格 autoilemalla
	条 件 法		autoilemaisillaan
	現 在	完 了	欠格 autoilematta 　　　　具格 autoileman
	autoilisin autoilisit autoilisi autoilisimme autoilisitte autoilisivat	olisin autoillut olisit autoillut olisi autoillut olisimme autoilleet olisitte autoilleet olisivat autoilleet	第4不定詞主格 autoileminen 　　　　分格 autoilemista
			分 詞
	可 能 法		現在分詞　autoileva autoilevan 　　　　　autoilevaa autoilevia 過去分詞　autoillut autoilleen 　　　　　autoillutta autoilleita 行為者分詞 autoilema autoileman 　　　　　autoilemaa autoilemia
	現 在	完 了	
	autoillen autoillet autoillee autoillemme autoillette autoillevat	lienen autoillut lienet autoillut lienee autoillut lienemme autoilleet lienette autoilleet lienevät autoilleet	動 名 詞
			autoileminen autoilemisen autoilemista autoilemisia
受 動 態				
---	---	---	---	---
直説法現在 　　過去 　現在完了 　過去完了	autoillaan autoiltiin on autoiltu oli autoiltu	命令法	autoiltakoon
		第2不定詞内格	autoiltaessa
		第3不定詞具格	autoiltaman
条件法現在 　　完了	autoiltaisiin olisi autoiltu	現在分詞	autoiltava autoiltavan autoiltavaa autoiltavia autoiltu autoiltun autoiltua autoiltuja
		過去分詞	
可能法現在 　　完了	autoiltaneen lienee autoiltu		

30 ikävöidä

直説法

現在	現在完了
ikävöin	olen ikävöinyt
ikävöit	olet ikävöinyt
ikävöi	on ikävöinyt
ikävöimme	olemme ikävöineet
ikävöitte	olette ikävöineet
ikävöivät	ovat ikävöineet

過去	過去完了
ikävöin	olin ikävöinyt
ikävöit	olit ikävöinyt
ikävöi	oli ikävöinyt
ikävöimme	olimme ikävöineet
ikävöitte	olitte ikävöineet
ikävöivät	olivat ikävöineet

条件法

現在	完了
ikävöisin	olisin ikävöinyt
ikävöisit	olisit ikävöinyt
ikävöisi	olisi ikävöinyt
ikävöisimme	olisimme ikävöineet
ikävöisitte	olisitte ikävöineet
ikävöisivät	olisivat ikävöineet

可能法

現在	完了
ikävöinen	lienen ikävöinyt
ikävöinet	lienet ikävöinyt
ikävöinee	lienee ikävöinyt
ikävöinemme	lienemme ikävöineet
ikävöinette	lienette ikävöineet
ikävöinevät	lienevät ikävöineet

命令法

——
ikävöi
ikävöiköön
ikävöiköämme
ikävöikää
ikävöikööt

不定詞

第1不定詞短形	ikävöidä
長形	ikävöidäkseen
第2不定詞内格	ikävöidessä
具格	ikävöiden
第3不定詞内格	ikävöimässä
出格	ikävöimästä
入格	ikävöimään
所格	ikävöimällä
	ikävöimäisillään
欠格	ikävöimättä
具格	ikävöimän
第4不定詞主格	ikävöiminen
分格	ikävöimistä

分詞

現在分詞	ikävöivä ikävöivän
	ikävöivää ikävöiviä
過去分詞	ikävöinyt ikävöineen
	ikävöinyttä ikävöineitä
行為者分詞	ikävöimä ikävöimän
	ikävöimää ikävöimiä

動名詞

ikävöiminen ikävöimisen
ikävöimistä ikävöimisiä

受動態

直説法現在	ikävöidään
過去	ikävöitiin
現在完了	on ikävöity
過去完了	oli ikävöity
条件法現在	ikävöitäisiin
完了	olisi ikävöity
可能法現在	ikävöitäneen
完了	lienee ikävöity

命令法	ikävöitäköön
第2不定詞内格	ikävöitäessä
第3不定詞具格	ikävöitämän
現在分詞	ikävöitävä ikävöitävän
	ikävöitävää ikävöitäviä
過去分詞	ikävöity ikävöidyn
	ikävöityä ikävöityjä

31 valita

直説法		命令法	
現在	現在完了	———	
valitsen	olen valinnut	valitse	
valitset	olet valinnut	valitkoon	
valitsee	on valinnut	valitkaamme	
valitsemme	olemme valinneet	valitkaa	
valitsette	olette valinneet	valitkoot	
valitsevat	ovat valinneet	不定詞	
過去	過去完了	第1不定詞短形 valita	
valitsin	olin valinnut	長形 valitakseen	
valitsit	olit valinnut	第2不定詞内格 valitessa	
valitsi	oli valinnut	具格 valiten	
valitsimme	olimme valinneet	第3不定詞内格 valitsemassa	
valitsitte	olitte valinneet	出格 valitsemasta	
valitsivat	olivat valinneet	入格 valitsemaan	
条件法		所格 valitsemalla	
現在	完了	valitsemaisillaan	
valitsisin	olisin valinnut	欠格 valitsematta	
valitsisit	olisit valinnut	具格 valitseman	
valitsisi	olisi valinnut	第4不定詞主格 valitseminen	
valitsisimme	olisimme valinneet	分格 valitsemista	
valitsisitte	olisitte valinneet	分詞	
valitsisivat	olisivat valinneet	現在分詞	valitseva valitsevan
可能法			valitsevaa valitsevia
現在	完了	過去分詞	valinnut valinneen
valinnen	lienen valinnut		valinnutta valinneita
valinnet	lienet valinnut	行為者分詞	valitsema valitseman
valinnee	lienee valinnut		valitsemaa valitsemia
valinnemme	lienemme valinneet	動名詞	
valinnette	lienette valinneet	valitseminen valitsemisen	
valinnevat	lienevät valinneet	valitsemista valitsemisia	

受動態			
直説法現在	valitaan	命令法	valittakoon
過去	valittiin	第2不定詞内格	valittaessa
現在完了	on valittu	第3不定詞具格	valittaman
過去完了	oli valittu		
条件法現在	valittaisiin	現在分詞	valittava valittavan
完了	olisi valittu		valittavaa valittavia
		過去分詞	valittu valitun
可能法現在	valittaneen		valittua valittuja
完了	lienee valittu		

32	juosta			
	直 説 法		命 令 法	
	現 在	現在完了	――	
	juoksen	olen juossut	juokse	
	juokset	olet juossut	juoskoon	
	juoksee	on juossut	juoskaamme	
	juoksemme	olemme juosseet	juoskaa	
	juoksette	olette juosseet	juoskoot	
	juoksevat	ovat juosseet	不 定 詞	
	過 去	過去完了	第1不定詞短形	juosta
	juoksin	olin juossut	長形	juostakseen
	juoksit	olit juossut	第2不定詞内格	juostessa
	juoksi	oli juossut	具格	juosten
	juoksimme	olimme juosseet	第3不定詞内格	juoksemassa
	juoksitte	olitte juosseet	出格	juoksemasta
	juoksivat	olivat juosseet	入格	juoksemaan
			所格	juoksemalla
	条 件 法			juoksemaisillaan
	現 在	完 了	欠格	juoksematta
	juoksisin	olisin juossut	具格	juokseman
	juoksisit	olisit juossut	第4不定詞主格	juokseminen
	juoksisi	olisi juossut	分格	juoksemista
	juoksisimme	olisimme juosseet	分 詞	
	juoksisitte	olisitte juosseet	現在分詞	juokseva juoksevan
	juoksisivat	olisivat juosseet		juoksevaa juoksevia
	可 能 法		過去分詞	juossut juosseen
	現 在	完 了		juossutta juosseita
	juossen	lienen juossut	行為者分詞	juoksema juokseman
	juosset	lienet juossut		juoksemaa juoksemia
	juossee	lienee juossut	動 名 詞	
	juossemme	lienemme juosseet	juokseminen juoksemisen	
	juossette	lienette juosseet	juoksemista juoksemisia	
	juossevat	lienevät juosseet		
	受 動 態			
直説法現在	juostaan		命令法	juostakoon
過去	juostiin		第2不定詞内格	juostaessa
現在完了	on juostu		第3不定詞具格	juostaman
過去完了	oli juostu		現在分詞	juostava juostavan
条件法現在	juostaisiin			juostavaa juostavia
完了	olisi juostu		過去分詞	juostu juostun
可能法現在	juostaneen			juostua juostuja
完了	lienee juostu			

33 nähdä

直 説 法		命 令 法	
現 在	**現在完了**	—	
näen	olen nähnyt	näe	
näet	olet nähnyt	nähköön	
näkee	on nähnyt	nähkäämme	
näemme	olemme nähneet	nähkää	
näette	olette nähneet	nähkööt	
näkevät	ovat nähneet		

過 去	**過去完了**	第1不定詞短形	nähdä
näin	olin nähnyt	長形	nähdäkseen
näit	olit nähnyt	第2不定詞内格	nähdessä
näki	oli nähnyt	具格	nähden
näimme	olimme nähneet	第3不定詞内格	näkemässä
näitte	olitte nähneet	出格	näkemästä
näkivät	olivat nähneet	入格	näkemään
		所格	näkemällä
条 件 法			näkemäisillään
現 在	**完 了**	欠格	näkemättä
näkisin	olisin nähnyt	具格	näkemän
näkisit	olisit nähnyt	第4不定詞主格	näkeminen
näkisi	olisi nähnyt	分格	näkemistä

条件法現在完了		分 詞	
näkisimme	olisimme nähneet		
näkisitte	olisitte nähneet	現在分詞	näkevä näkevän
näkisivät	olisivat nähneet		näkevää näkeviä
		過去分詞	nähnyt nähneen
可 能 法			nähnyttä nähneitä
現 在	**完 了**	行為者分詞	näkemä näkemän
nähnen	lienen nähnyt		näkemää näkemiä
nähnet	lienet nähnyt	動 名 詞	
nähnee	lienee nähnyt		
nähnemme	lienemme nähneet	näkeminen näkemisen	
nähnette	lienette nähneet	näkemistä näkemisiä	
nähnevät	lienevät nähneet		

受 動 態			
直説法現在	nähdään	命令法	nähtäköön
過去	nähtiin	第2不定詞内格	nähtäessä
現在完了	on nähty	第3不定詞具格	nähtämän
過去完了	oli nähty		
条件法現在	nähtäisiin	現在分詞	nähtävä nähtävän
完了	olisi nähty		nähtävää nähtäviä
可能法現在	nähtäneen	過去分詞	nähty nähdyn
完了	lienee nähty		nähtyä nähtyjä

34	aleta		
	直説法		命令法
	現在	現在完了	———
	alenen	olen alennut	alene
	alenet	olet alennut	aletkoon
	alenee	on alennut	aletkaamme
	alenemme	olemme alenneet	aletkaa
	alenetta	olette alenneet	aletkoot
	alenevat	ovat alenneet	
	過去	過去完了	不定詞
	alenin	olin alennut	第1不定詞短形 aleta
	alenit	olit alennut	長形 aletakseen
	aleni	oli alennut	第2不定詞内格 aletessa
	alenimme	olimme alenneet	具格 aleten
	alenitte	olitte alenneet	第3不定詞内格 alenemassa
	alenivat	olivat alenneet	出格 alenemasta
	条件法		入格 alenemaan
	現在	完了	所格 alenemalla
	alenisin	olisin alennut	alenemaisillaan
	alenisit	olisit alennut	欠格 alenematta
	alenisi	olisi alennut	具格 aleneman
	alenisimme	olisimme alenneet	第4不定詞主格 aleneminen
	alenisitte	olisitte alenneet	分格 alenemista
	alenisivat	olisivat alenneet	分詞
	可能法		現在分詞 aleneva alenevan
	現在	完了	alenevaa alenevia
	alennen	lienen alennut	過去分詞 alennut alenneen
	alennet	lienet alennut	alennutta alenneita
	alennee	lienee alennut	行為者分詞 alenema aleneman
	alennemme	lienemme alenneet	alenemaa alenemia
	alennette	lienette alenneet	動名詞
	alennevat	lienevät alenneet	aleneminen alenemisen
			alenemista alenemisia
受動態			
直説法現在	aletaan	命令法	alettakoon
過去	alettiin	第2不定詞内格	alettaessa
現在完了	on alettu	第3不定詞具格	alettaman
過去完了	oli alettu	現在分詞	alettava alettavan
条件法現在	alettaisiin		alettavaa alettavia
完了	olisi alettu	過去分詞	alettu aletun
可能法現在	alettaneen		alettua alettuja
完了	lienee alettu		

34 paeta

直説法

現在	現在完了
pakenen	olen paennut
pakenet	olet paennut
pakenee	on paennut
pakenemme	olemme paenneet
pakenette	olette paenneet
pakenevat	ovat paenneet

過去	過去完了
pakenin	olin paennut
pakenit	olit paennut
pakeni	oli paennut
pakenimme	olimme paenneet
pakenitte	olitte paenneet
pakenivat	olivat paenneet

条件法

現在	完了
pakenisin	olisin paennut
pakenisit	olisit paennut
pakenisi	olisi paennut
pakenisimme	olisimme paenneet
pakenisitte	olisitte paenneet
pakenisivat	olisivat paenneet

可能法

現在	完了
paennen	lienen paennut
paennet	lienet paennut
paennee	lienee paennut
paennemme	lienemme paenneet
paennette	lienette paenneet
paennevat	lienevät paenneet

命令法

―――
pakene
paetkoon
paetkaamme
paetkaa
paetkoot

不定詞

第1不定詞短形 paeta
　　　　長形 paetakseen
第2不定詞内格 paetessa
　　　　具格 paeten
第3不定詞内格 pakenemassa
　　　　出格 pakenemasta
　　　　入格 pakenemaan
　　　　所格 pakenemalla
　　　　　　 pakenemaisillaan
　　　　欠格 pakenematta
　　　　具格 pakeneman
第4不定詞主格 pakeneminen
　　　　分格 pakenemista

分詞

現在分詞	pakeneva pakenevan
	pakenevaa pakenevia
過去分詞	paennut paenneen
	paennutta paenneita
行為者分詞	pakenema pakeneman
	pakenemaa pakenemia

動名詞

pakeneminen pakenemisen
pakenemista pakenemisia

受動態

直説法現在	paetaan
過去	paettiin
現在完了	on paettu
過去完了	oli paettu
条件法現在	paettaisiin
完了	olisi paettu
可能法現在	paettaneen
完了	lienee paettu

命令法	paettakoon
第2不定詞内格	paettaessa
第3不定詞具格	paettaman
現在分詞	paettava paettavan
	paettavaa paettavia
過去分詞	paettu paetun
	paettua paettuja

35 osata

直説法

現在	現在完了
osaan	olen osannut
osaat	olet osannut
osaa	on osannut
osaamme	olemme osanneet
osaatte	olette osanneet
osaavat	ovat osanneet

過去	過去完了
osasin	olin osannut
osasit	olit osannut
osasi	oli osannut
osasimme	olimme osanneet
osasitte	olitte osanneet
osasivat	olivat osanneet

条件法

現在	完了
osaisin	olisin osannut
osaisit	olisit osannut
osaisi	olisi osannut
osaisimme	olisimme osanneet
osaisitte	olisitte osanneet
osaisivat	olisivat osanneet

可能法

現在	完了
osannen	lienen osannut
osannet	lienet osannut
osannee	lienee osannut
osannemme	lienemme osanneet
osannette	lienette osanneet
osannevat	lienevät osanneet

命令法

—
osaa
osatkoon
osatkaamme
osatkaa
osatkoot

不定詞

第1不定詞短形	osata
長形	osatakseen
第2不定詞内格	osatessa
具格	osaten
第3不定詞内格	osaamassa
出格	osaamasta
入格	osaamaan
所格	osaamalla
	osaamaisillaan
欠格	osaamatta
具格	osaaman
第4不定詞主格	osaaminen
分格	osaamista

分詞

現在分詞	osaava osaavan
	osaavaa osaavia
過去分詞	osannut osanneen
	osannutta osanneita
行為者分詞	osaama osaaman
	osaamaa osaamia

動名詞

osaaminen osaamisen
osaamista osaamisia

受動態

直説法現在	osataan	命令法	osattakoon
過去	osattiin	第2不定詞内格	osattaessa
現在完了	on osattu	第3不定詞具格	osattaman
過去完了	oli osattu		
条件法現在	osattaisiin	現在分詞	osattava osattavan
完了	olisi osattu		osattavaa osattavia
可能法現在	osattaneen	過去分詞	osattu osatun
完了	lienee osattu		osattua osattuja

35 maata

直 説 法		命 令 法	
現 在	現在完了	——	
makaan	olen maannut	makaa	
makaat	olet maannut	maatkoon	
makaa	on maannut	maatkaamme	
makaamme	olemme maanneet	maatkaa	
makaatte	olette maanneet	maatkoot	
makaavat	ovat maanneet		
過 去	過去完了	第1不定詞短形 maata	
makasin	olin maannut	長形 maatakseen	
makasit	olit maannut	第2不定詞内格 maatessa	
makasi	oli maannut	具格 maaten	
makasimme	olimme maanneet	第3不定詞内格 makaamassa	
makasitte	olitte maanneet	出格 makaamasta	
makasivat	olivat maanneet	入格 makaamaan	
条 件 法		所格 makaamalla	
現 在	完 了	makaamaisillaan	
makaisin	olisin maannut	欠格 makaamatta	
makaisit	olisit maannut	具格 makaaman	
makaisi	olisi maannut	第4不定詞主格 makaaminen	
makaisimme	olisimme maanneet	分格 makaamista	
makaisitte	olisitte maanneet	分 詞	
makaisivat	olisivat maanneet	現在分詞	makaava makaavan
可 能 法			makaavaa makaavia
現 在	完 了	過去分詞	maannut maanneen
maannen	lienen maannut		maannutta maanneita
maannet	lienet maannut	行為者分詞	makaama makaaman
maannee	lienee maannut		makaamaa makaamia
maannemme	lienemme maanneet	動 名 詞	
maannette	lienette maanneet	makaaminen makaamisen	
maannevat	lienevät maanneet	makaamista makaamisia	

受 動 態

直説法現在	maataan	命令法	maattakoon
過去	maattiin	第2不定詞内格	maattaessa
現在完了	on maattu	第3不定詞具格	maattaman
過去完了	oli maattu	現在分詞	maattava maattavan
条件法現在	maattaisiin		maattavaa maattavia
完了	olisi maattu	過去分詞	maattu maatun
可能法現在	maattaneen		maattua maattuja
完了	lienee maattu		

36 katketa

直説法		命令法	
現在	現在完了	―	
katkean	olen katkennut	katkea	
katkeat	olet katkennut	katketkoon	
katkeaa	on katkennut	katketkaamme	
katkeamme	olemme katkenneet	katketkaa	
katkeatte	olette katkenneet	katketkoot	
katkeavat	ovat katkenneet		

過去	過去完了
katkesin	olin katkennut
katkesit	olit katkennut
katkesi	oli katkennut
katkesimme	olimme katkenneet
katkesitte	olitte katkenneet
katkesivat	olivat katkenneet

不定詞	
第1不定詞短形	katketa
長形	katketakseen
第2不定詞内格	katketessa
具格	katketen
第3不定詞内格	katkeamassa
出格	katkeamasta
入格	katkeamaan
所格	katkeamalla
	katkeamaisillaan
欠格	katkeamatta
具格	katkeaman
第4不定詞主格	katkeaminen
分格	katkeamista

条件法	
現在	完了
katkeaisin	olisin katkennut
katkeaisit	olisit katkennut
katkeaisi	olisi katkennut
katkeaisimme	olisimme katkenneet
katkeaisitte	olisitte katkenneet
katkeaisivat	olisivat katkenneet

分詞	
現在分詞	katkeava katkeavan
	katkeavaa katkeavia
過去分詞	katkennut katkenneen
	katkennutta katkenneita
行為者分詞	katkeama katkeaman
	katkeamaa katkeamia

可能法	
現在	完了
katkennen	lienen katkennut
katkennet	lienet katkennut
katkennee	lienee katkennut
katkennemme	lienemme katkenneet
katkennette	lienette katkenneet
katkennevat	lienevät katkenneet

動名詞
katkeaminen katkeamisen
katkeamista katkeamisia

受動態

直説法現在	katketaan	命令法	katkettakoon
過去	katkettiin	第2不定詞内格	katkettaessa
現在完了	on katkettu	第3不定詞具格	katkettaman
過去完了	oli katkettu	現在分詞	katkettava katkettavan
条件法現在	katkettaisiin		katkettavaa katkettavia
完了	olisi katkettu	過去分詞	katkettu katketun
可能法現在	katkettaneen		katkettua katkettuja
完了	lienee katkettu		

36 kiivetä

直説法		命令法	
現在	**現在完了**	—	
kiipeän	olen kiivennyt	kiipeä	
kiipeät	olet kiivennyt	kiivetköön	
kiipeää	on kiivennyt	kiivetkäämme	
kiipeämme	olemme kiivenneet	kiivetkää	
kiipeätte	olette kiivenneet	kiivetkööt	
kiipeävät	ovat kiivenneet		

過去	過去完了	不定詞	
kiipesin	olin kiivennyt	第1不定詞短形	kiivetä
kiipesit	olit kiivennyt	長形	kiivetäkseen
kiipesi	oli kiivennyt	第2不定詞内格	kiivetessä
kiipesimme	olimme kiivenneet	具格	kiiveten
kiipesitte	olitte kiivenneet	第3不定詞内格	kiipeämässä
kiipesivät	olivat kiivenneet	出格	kiipeämästä
		入格	kiipeämään
条件法		所格	kiipeämällä
現在	**完了**		kiipeämäisillään
kiipeäisin	olisin kiivennyt	欠格	kiipeämättä
kiipeäisit	olisit kiivennyt	具格	kiipeämän
kiipeäisi	olisi kiivennyt	第4不定詞主格	kiipeäminen
kiipeäisimme	olisimme kiivenneet	分格	kiipeämistä
kiipeäisitte	olisitte kiivenneet		

		分詞	
可能法		現在分詞	kiipeävä kiipeävän
現在	**完了**		kiipeävää kiipeäviä
kiivennen	lienen kiivennyt	過去分詞	kiivennyt kiivenneen
kiivennet	lienet kiivennyt		kiivennyttä kiivenneitä
kiivennee	lienee kiivennyt	行為者分詞	kiipeämä kiipeämän
kiivennemme	lienemme kiivenneet		kiipeämää kiipeämiä
kiivennette	lienette kiivenneet	動名詞	
kiivennevät	lienevät kiivenneet	kiipeäminen kiipeämisen	
		kiipeämistä kiipeämisiä	

受動態			
直説法現在	kiivetään	命令法	kiivettäköön
過去	kiivettiin	第2不定詞内格	kiivettäessä
現在完了	on kiivetty	第3不定詞具格	kiivettämän
過去完了	oli kiivetty		
条件法現在	kiivettäisiin	現在分詞	kiivettävä kiivettävän
完了	olisi kiivetty		kiivettävää kiivettäviä
		過去分詞	kiivetty kiivetyn
可能法現在	kiivettäneen		kiivettyä kiivettyjä
完了	lienee kiivetty		

37 hävitä

直説法		命令法	
現在	**現在完了**	—— hävitköön hävitkäämme hävitkää hävitkööt	
häviän	olen hävinnyt		
häviät	olet hävinnyt		
häviää	on hävinnyt		
häviämme	olemme hävinneet		
häviätte	olette hävinneet		
häviävät	ovat hävinneet		

過去	**過去完了**	**不定詞**
hävisin	olin hävinnyt	第1不定詞短形 hävitä
hävisit	olit hävinnyt	長形 hävitäkseen
hävisi	oli hävinnyt	第2不定詞内格 hävitessä
hävisimme	olimme hävinneet	具格 häviten
hävisitte	olitte hävinneet	第3不定詞内格 häviämässä
hävisivät	olivat hävinneet	出格 häviämästä

条件法		入格 häviämään
現在	**完了**	所格 häviämällä
häviäisin	olisin hävinnyt	häviämäisillään
häviäisit	olisit hävinnyt	欠格 häviämättä
häviäisi	olisi hävinnyt	具格 häviämän
häviäisimme	olisimme hävinneet	第4不定詞主格 häviäminen
häviäisitte	olisitte hävinneet	分格 häviämistä
häviäisivät	olisivat hävinneet	

可能法		**分詞**	
現在	**完了**	現在分詞	häviävä häviävän
			häviävää häviäviä
hävinnen	lienen hävinnyt	過去分詞	hävinnyt hävinneen
hävinnet	lienet hävinnyt		hävinnyttä hävinneitä
hävinnee	lienee hävinnyt	行為者分詞	häviämä häviämän
hävinnemme	lienemme hävinneet		häviämää häviämiä

動名詞	
häviäminen	häviämisen
häviämistä	häviämisiä

hävinnette lienette hävinneet
hävinnevät lienevät hävinneet

受動態			
直説法現在	hävitään	命令法	hävittäköön
過去	hävittiin	第2不定詞内格	hävittäessä
現在完了	on hävitty	第3不定詞具格	hävittämän
過去完了	oli hävitty		
条件法現在	hävittäisiin	現在分詞	hävittävä hävittävän
完了	olisi hävitty		hävittävää hävittäviä
可能法現在	hävittäneen	過去分詞	hävitty hävityn
完了	lienee hävitty		hävittyä hävittyjä

37 keritä

直説法

現在	現在完了
kerkiän	olen kerinnyt
kerkiät	olet kerinnyt
kerkiää	on kerinnyt
kerkiämme	olemme kerinneet
kerkiätte	olette kerinneet
kerkiävät	ovat kerinneet

過去	過去完了
kerkisin	olin kerinnyt
kerkisit	olit kerinnyt
kerkisi	oli kerinnyt
kerkisimme	olimme kerinneet
kerkisitte	olitte kerinneet
kerkisivät	olivat kerinneet

条件法

現在	完了
kerkiäisin	olisin kerinnyt
kerkiäisit	olisit kerinnyt
kerkiäisi	olisi kerinnyt
kerkiäisimme	olisimme kerinneet
kerkiäisitte	olisitte kerinneet
kerkiäisivät	olisivat kerinneet

可能法

現在	完了
kerinnen	lienen kerinnyt
kerinnet	lienet kerinnyt
kerinnee	lienee kerinnyt
kerinnemme	lienemme kerinneet
kerinnette	lienette kerinneet
kerinnevät	lienevät kerinneet

命令法

——
kerkiä
keritköön
keritkäämme
keritkää
keritkööt

不定詞

第1不定詞短形 keritä
　　　　　長形 keritäkseen
第2不定詞内格 keritessä
　　　　　具格 keriten
第3不定詞内格 kerkiämässä
　　　　　出格 kerkiämästä
　　　　　入格 kerkiämään
　　　　　所格 kerkiämällä
　　　　　　　 kerkiämäisillään
　　　　　欠格 kerkiämättä
　　　　　具格 kerkiämän
第4不定詞主格 kerkiäminen
　　　　　分格 kerkiämistä

分詞

現在分詞	kerkiävä	kerkiävän
	kerkiävää	kerkiäviä
過去分詞	kerinnyt	kerinneen
	kerinnyttä	kerinneitä
行為者分詞	kerkiämä	kerkiämän
	kerkiämää	kerkiämiä

動名詞

kerkiäminen kerkiämisen
kerkiämistä kerkiämisiä

受動態

直説法現在	keritään	命令法	kerittäköön
過去	kerittiin		
現在完了	on keritty	第2不定詞内格	kerittäessä
過去完了	oli keritty	第3不定詞具格	kerittämän
条件法現在	kerittäisiin	現在分詞	kerittävä kerittävän
完了	olisi keritty		kerittävää kerittäviä
		過去分詞	keritty kerityn
可能法現在	kerittäneen		kerittyä kerittyjä
完了	lienee keritty		

38	kohota		
	直説法		命令法	
	現在	現在完了	—— kohoa kohotkoon kohotkaamme kohotkaa kohotkoot	
	kohoan kohoat kohoaa kohoamme kohoatte kohoavat	olen kohonnut olet kohonnut on kohonnut olemme kohonneet olette kohonneet ovat kohonneet		
				不定詞
	過去	過去完了	第1不定詞短形 kohota 　　　　　長形 kohotakseen 第2不定詞内格 kohotessa 　　　　具格 kohoten 第3不定詞内格 kohoamassa 　　　　出格 kohoamasta 　　　　入格 kohoamaan 　　　　所格 kohoamalla 　　　　　　　kohoamaisillaan 　　　　欠格 kohoamatta 　　　　具格 kohoaman 第4不定詞主格 kohoaminen 　　　　分格 kohoamista	
	kohosin kohosit kohosi kohosimme kohositte kohosivat	olin kohonnut olit kohonnut oli kohonnut olimme kohonneet olitte kohonneet olivat kohonneet		
	条件法			
	現在	完了		
	kohoaisin kohoisin kohoaisit kohoisit kohoaisi kohoisi kohoaisimme kohoisimme kohoaisitte kohoisitte kohoaisivat kohoisivat	olisin kohonnut olisit kohonnut olisi kohonnut olisimme kohonneet olisitte kohonneet olisivat kohonneet		
				分詞
				現在分詞 kohoava kohoavan 　　　　　kohoavaa kohoavia 過去分詞 kohonnut kohonneen 　　　　　kohonnutta kohonneita 行為者分詞 kohoama kohoaman 　　　　　kohoamaa kohoamia
	可能法			
	現在	完了		
	kohonnen kohonnet kohonnee kohonnemme kohonnette kohonnevat	lienen kohonnut lienet kohonnut lienee kohonnut lienemme kohonneet lienette kohonneet lienevät kohonneet	動名詞	
			kohoaminen kohoamisen kohoamista kohoamisia	
	受動態			
直説法現在 　過去 　現在完了 　過去完了	kohotaan kohottiin on kohottu oli kohottu		命令法	kohottakoon
			第2不定詞内格 第3不定詞具格	kohottaessa kohottaman
			現在分詞 過去分詞	kohottava kohottavan kohottavaa kohottavia kohottu kohotun kohottua kohottuja
条件法現在 　完了	kohottaisiin olisi kohottu			
可能法現在 　完了	kohottaneen lienee kohottu			

38 koota

直説法

現在	現在完了
kokoan	olen koonnut
kokoat	olet koonnut
kokoaa	on koonnut
kokoamme	olemme koonneet
kokoatte	olette koonneet
kokoavat	ovat koonneet

過去	過去完了
kokosin	olin koonnut
kokosit	olit koonnut
kokosi	oli koonnut
kokosimme	olimme koonneet
kokositte	olitte koonneet
kokosivat	olivat koonneet

条件法

現在	完了
kokoaisin kokoisin	olisin koonnut
kokoaisit kokoisit	olisit koonnut
kokoaisi kokoisi	olisi koonnut
kokoaisimme kokoisimme	olisimme koonneet
kokoaisitte kokoisitte	olisitte koonneet
kokoaisivat kokoisivat	olisivat koonneet

可能法

現在	完了
koonnen	lienen koonnut
koonnet	lienet koonnut
koonnee	lienee koonnut
koonnemme	lienemme koonneet
koonnette	lienette koonneet
koonnevat	lienevät koonneet

命令法

———
kokoa
kootkoon
kootkaamme
kootkaa
kootkoot

不定詞

第1不定詞短形	koota
長形	kootakseen
第2不定詞内格	kootessa
具格	kooten
第3不定詞内格	kokoamassa
出格	kokoamsta
入格	kokoamaan
所格	kokoamalla
	kokoamaisillaan
欠格	kokoamatta
具格	kokoamaan
第4不定詞主格	kokoaminen
分格	kohoamista

分詞

現在分詞	kokoava kokoavan
	kokoavaa kokoavia
過去分詞	koonnut koonneen
	koonnutta koonneita
行為者分詞	kokoama kokoaman
	kokoamaa kokoamia

動名詞

kokoaminen kokoamisen
kokoamista kokoamisia

受動態

直説法現在	kootaan	命令法	koottakoon
過去	koottiin	第2不定詞内格	koottaessa
現在完了	on koottu	第3不定詞具格	koottaman
過去完了	oli koottu		
条件法現在	koottaisiin	現在分詞	koottava koottavan
完了	olisi koottu		koottavaa koottavia
可能法現在	koottaneen	過去分詞	koottu kootun
完了	lienee koottu		koottua koottuja

39 haluta

直説法		命令法	
現在	現在完了	——	
haluan	olen halunnut	halua	
haluat	olet halunnut	halutkoon	
haluaa	on halunnut	halutkaamme	
haluamme	olemme halunneet	halutkaa	
haluatte	olette halunneet	halutkoot	
haluavat	ovat halunneet		

過去	過去完了
halusin	olin halunnut
halusit	olit halunnut
halusi	oli halunnut
halusimme	olimme halunneet
halusitte	olitte halunneet
halusivat	olivat halunneet

不定詞

第1不定詞短形 haluta
　　　　長形 halutakseen
第2不定詞内格 halutessa
　　　　具格 haluten
第3不定詞内格 haluamassa
　　　出格 haluamasta
　　　入格 haluamaan
　　　所格 haluamalla
　　　　　　haluamaisillaan
　　　欠格 haluamatta
　　　具格 haluaman
第4不定詞主格 haluaminen
　　　　分格 haluamista

条件法	
現在	完了
haluaisin	olisin halunnut
haluaisit	olisit halunnut
haluaisi	olisi halunnut
haluaisimme	olisimme halunneet
haluaisitte	olisitte halunneet
haluaisivat	olisivat halunneet

分詞	
現在分詞	haluava haluavan
	haluavaa haluavia
過去分詞	halunnut halunneen
	halunnutta halunneita
行為者分詞	haluama haluaman
	haluamaa haluamia

可能法	
現在	完了
halunnen	lienen halunnut
halunnet	lienet halunnut
halunnee	lienee halunnut
halunnemme	lienemme halunneet
halunnette	lienette halunneet
halunnevat	lienevät halunneet

動名詞

haluaminen haluamisen
haluamista haluamisia

受動態

直説法現在	halutaan	命令法	haluttakoon
過去	haluttiin	第2不定詞内格	haluttaessa
現在完了	on haluttu	第3不定詞具格	haluttaman
過去完了	oli haluttu		
条件法	haluttaisiin	現在分詞	haluttava haluttavan
完了	olisi haluttu		haluttavaa haluttavia
可能法現在	haluttaneen	過去分詞	haluttu halutun
完了	lienee haluttu		haluttua haluttuja

39 kavuta

直 説 法		命 令 法	
現 在	現在完了	—	
kapuan	olen kavunnut	kapua	
kapuat	olet kavunnut	kavutkoon	
kapuaa	on kavunnut	kavutkaamme	
kapuamme	olemme kavunneet	kavutkaa	
kapuatte	olette kavunneet	kavutkoot	
kapuavat	ovat kavunneet	不 定 詞	
過 去	過去完了	第1不定詞短形	kavuta
kapusin	olin kavunnut	長形	kavutakseen
kapusit	olit kavunnut	第2不定詞内格	kavutessa
kapusi	oli kavunnut	具格	kavuten
kapusimme	olimme kavunneet	第3不定詞内格	kapuamassa
kapusitte	olitte kavunneet	出格	kapuamasta
kapusivat	olivat kavunneet	入格	kapuamaan
条 件 法		所格	kapuamalla
現 在	完 了		kapuamaisillaan
kapuaisin	olisin kavunnut	欠格	kapuamatta
kapuaisit	olisit kavunnut	具格	kapuaman
kapuaisi	olisi kavunnut	第4不定詞主格	kapuaminen
kapuaisimme	olisimme kavunneet	分格	kapuamista
kapuaisitte	olisitte kavunneet	分 詞	
kapuaisivat	olisivat kavunneet	現在分詞	kapuava kapuavan
可 能 法			kapuavaa kapuavia
現 在	完 了	過去分詞	kavunnut kavunneen
kavunnen	lienen kavunnut		kavunnutta kavunneita
kavunnet	lienet kavunnut	行為者分詞	kapuama kapuaman
kavunnee	lienee kavunnut		kapuamaa kapuamia
kavunnemme	lienemme kavunneet	動 名 詞	
kavunnette	lienette kavunneet	kapuaminen kapuamisen	
kavunnevat	lienevät kavunneet	kapuamista kapuamisia	

受 動 態

直説法現在	kavutaan	命令法	kavuttakoon
過去	kavuttiin	第2不定詞内格	kavuttaessa
現在完了	on kavuttu	第3不定詞具格	kavuttaman
過去完了	oli kavuttu		
条件法現在	kavuttaisiin	現在分詞	kavuttava kavuttavan
完了	olisi kavuttu		kavuttavaa kavuttavia
		過去分詞	kavuttu kavutun
可能法現在	kavuttaneen		kavuttua kavuttuja
完了	lienee kavuttu		

40 varata

直　説　法	
現　在	現在完了
varaan	olen varannut
varaat	olet varannut
varaa	on varannut
varaamme	olemme varanneet
varaatte	olette varanneet
varaavat	ovat varanneet
過　去	過去完了
varasin	olin varannut
varasit	olit varannut
varasi	oli varannut
varasimme	olimme varanneet
varasitte	olitte varanneet
varasivat	olivat varanneet
条　件　法	
現　在	完　了
varaisin	olisin varannut
varaisit	olisit varannut
varaisi	olisi varannut
varaisimme	olisimme varanneet
varaisitte	olisitte varanneet
varaisivat	olisivat varanneet
可　能　法	
現　在	完　了
varannen	lienen varannut
varannet	lienet varannut
varannee	lienee varannut
varannemme	lienemme varanneet
varannette	lienette varanneet
varannevat	lienevät varanneet

命　令　法
——
varaa
varatkoon
varatkaamme
varatkaa
varatkoot

不　定　詞	
第1不定詞短形	varata
長形	varatakseen
第2不定詞内格	varatessa
具格	varaten
第3不定詞内格	varaamassa
出格	varaamasta
入格	varaamaan
所格	varaamalla
	varaamaisillaan
欠格	varaamatta
具格	varaaman
第4不定詞主格	varaaminen
分格	varaamista

分　詞	
現在分詞	varaava varaavan
	varaavaa varaavia
過去分詞	varannut varanneen
	varannutta varanneita
行為者分詞	varaama varaaman
	varaamaa varaamia

動　名　詞	
varaaminen varaamisen	
varaamista varaamisia	

受　動　態			
直説法現在	varataan	命令法	varattakoon
過去	varattiin	第2不定詞内格	varattaessa
現在完了	on varattu	第3不定詞具格	varattaman
過去完了	oli varattu	現在分詞	varattava varattavan
条件法現在	varattaisiin		varattavaa varattavia
完了	olisi varattu	過去分詞	varattu varatun
可能法現在	varattaneen		varattua varattuja
完了	lienee varattu		

40 kaivata

直説法

現在	現在完了
kaipaan	olen kaivannut
kaipaat	olet kaivannut
kaipaa	on kaivannut
kaipaamme	olemme kaivanneet
kaipaatte	olette kaivanneet
kaipaavat	ovat kaivanneet

過去	過去完了
kaipasin	olin kaivannut
kaipasit	olit kaivannut
kaipasi	oli kaivannut
kaipasimme	olimme kaivanneet
kaipasitte	olitte kaivanneet
kaipasivat	olivat kaivanneet

条件法

現在	完了
kaipaisin	olisin kaivannut
kaipaisit	olisit kaivannut
kaipaisi	olisi kaivannut
kaipaisimme	olisimme kaivanneet
kaipaisitte	olisitte kaivanneet
kaipaisivat	olisivat kaivanneet

可能法

現在	完了
kaivannen	lienen kaivannut
kaivannet	lienet kaivannut
kaivannee	lienee kaivannut
kaivannemme	lienemme kaivanneet
kaivannette	lienette kaivanneet
kaivannevat	lienevät kaivanneet

命令法

——
kaipaa
kaivatkoon
kaivatkaamme
kaivatkaa
kaivatkoot

不定詞

第1不定詞	短形	kaivata
	長形	kaivatakseen
第2不定詞	内格	kaivatessa
	具格	kaivaten
第3不定詞	内格	kaipaamassa
	出格	kaipaamasta
	入格	kaipaamaan
	所格	kaipaamalla
		kaipaamaisillaan
	欠格	kaipaamatta
	具格	kaipaaman
第4不定詞	主格	kaipaaminen
	分格	kaipaamista

分詞

現在分詞	kaipaava	kaipaavan
	kaipaavaa	kaipaavia
過去分詞	kaivannut	kaivanneen
	kaivannutta	kaivanneita
行為者分詞	kaipaama	kaipaaman
	kaipaamaa	kaipaamia

動名詞

kaipaaminen kaipaamisen
kaipaamista kaipaamisia

受動態

直説法現在	kaivataan	命令法	kaivattakoon
過去	kaivattiin		
現在完了	on kaivattu	第2不定詞内格	kaivattaessa
過去完了	oli kaivattu	第3不定詞具格	kaivattaman
条件法現在	kaivattaisiin	現在分詞	kaivattava kaivattavan
完了	olisi kaivattu		kaivattavaa kaivattavia
		過去分詞	kaivattu kaivatun
可能法現在	kaivattaneen		kaivattua kaivattuja
完了	lienee kaivattu		

41	kihistä		

直説法		命令法	
現 在	現在完了	——	
kihisen	olen kihissyt	kihise	
kihiset	olet kihissyt	kihisköön	
kihisee	on kihissyt	kihiskäämme	
kihisemme	olemme kihisseet	kihiskää	
kihisette	olette kihisseet	kihiskööt	
kihisevät	ovat kihisseet	不 定 詞	
過 去	過去完了	第1不定詞短形 kihistä	
kihisin	olin kihissyt	長形 kihistäkseen	
kihisit	olit kihissyt	第2不定詞内格 kihistessä	
kihisi	oli kihissyt	具格 kihisten	
kihisimme	olimme kihisseet	第3不定詞内格 kihisemässä	
kihisitte	olitte kihisseet	出格 kihisemästä	
kihisivät	olivat kihisseet	入格 kihisemään	
条 件 法		所格 kihisemällä	
現 在	完 了	kihisemäisillään	
kihisisin	olisin kihissyt	欠格 kihisemättä	
kihisisit	olisit kihissyt	具格 kihisemän	
kihisisi	olisi kihissyt	第4不定詞主格 kihiseminen	
kihisisimme	olisimme kihisseet	分格 kihisemistä	
kihisisitte	olisitte kihisseet	分 詞	
kihisisivät	olisivat kihisseet	現在分詞	kihisevä kihisevän
可 能 法			kihisevää kihiseviä
現 在	完 了	過去分詞	kihissyt kihisseen
kihissen	lienen kihissyt		kihissyttä kihisseitä
kihisset	lienet kihissyt	行為者分詞	kihisemä kihisemän
kihissee	lienee kihissyt		kihisemää kihisemiä
kihissemme	lienemme kihisseet	動 名 詞	
kihissette	lienette kihisseet	kihiseminen kihisemisen	
kihissevät	lienevät kihisseet	kihisemistä kihisemisiä	

受 動 態			
直説法現在	kihistään	命令法	kihistäköön
過去	kihistiin	第2不定詞内格	kihistäessä
現在完了	on kihisty	第3不定詞具格	kihistämän
過去完了	oli kihisty	現在分詞	kihistävä kihistävän
条件法現在	kihistäisiin		kihistävää kihistäviä
完了	olisi kihisty	過去分詞	kihisty kihistyn
可能法現在	kihistäneen		kihistyä kihistyjä
完了	lienee kihisty		

42 rakentaa

直説法		命令法	
現在	現在完了	――	
rakennan	olen rakentanut	rakenna	
rakennat	olet rakentanut	rakentakoon	
rakentaa	on rakentanut	rakentakaamme	
rakennamme	olemme rakentaneet	rakentakaa	
rakennatte	olette rakentaneet	rakentakoot	
rakentavat	ovat rakentaneet	不定詞	
過去	過去完了	第1不定詞短形	rakentaa
rakensin	olin rakentanut	長形	rakentaakseen
rakensit	olit rakentanut	第2不定詞内格	rakentaessa
rakensi	oli rakentanut	具格	rakentaen
rakensimme	olimme rakentaneet	第3不定詞内格	rakentamassa
rakensitte	olitte rakentaneet	出格	rakentamasta
rakensivat	olivat rakentaneet	入格	rakentamaan
条件法		所格	rakentamalla
現在	完了		rakentamaisillaan
rakentaisin	olisin rakentanut	欠格	rakentamatta
rakentaisit	olisit rakentanut	具格	rakentaman
rakentaisi	olisi rakentanut	第4不定詞主格	rakentaminen
rakentaisimme	olisimme rakentaneet	分格	rakentamista
rakentaisitte	olisitte rakentaneet	分詞	
rakentaisivat	olisivat rakentaneet	現在分詞	rakentava rakentavan
可能法			rakentavaa rakentavia
現在	完了	過去分詞	rakentanut rakentaneen
rakentanen	lienen rakentanut		rakentanutta rakentaneita
rakentanet	lienet rakentanut	行為者分詞	rakentama rakentaman
rakentanee	lienee rakentanut		rakentamaa rakentamia
rakentanemme	lienemme rakentaneet	動名詞	
rakentanette	lienette rakentaneet	rakentaminen rakentamisen	
rakentanevat	lienevät rakentaneet	rakentamista rakentamisia	

受動態			
直説法現在	rakennetaan	命令法	rakennettakoon
過去	rakennettiin		
現在完了	on rakennettu	第2不定詞内格	rakennettaessa
過去完了	oli rakennettu	第3不定詞具格	rakennettaman
条件法現在	rakennettaisiin	現在分詞	rakennettava rakennettavan
完了	olisi rakennettu		rakennettavaa rakennettavia
可能法現在	rakennettaneen	過去分詞	rakennettu rakettu
完了	lienee rakennettu		rakennetun raketun
			rakennettua rakettua
			rakennettuja rakettuja

43 tietää

直説法

現在
- tiedän
- tiedät
- tietää
- tiedämme
- tiedätte
- tietävät

現在完了
- olen tietänyt / olen tiennyt
- olet tietänyt / olet tiennyt
- on tietänyt / on tiennyt
- olemme tietäneet / olemme tienneet
- olette tietäneet / olette tienneet
- ovat tietäneet / ovat tienneet

過去
- tiesin
- tiesit
- tiesi
- tiesimme
- tiesitte
- tiesivät

過去完了
- olin tietänyt / olin tiennyt
- olit tietänyt / olit tiennyt
- oli tietänyt / oli tiennyt
- olimme tietäneet / olimme tienneet
- olitte tietäneet / olitte tienneet
- olivat tietäneet / olivat tienneet

条件法

現在
- tietäisin
- tietäisit
- tietäisi
- tietäisimme
- tietäisitte
- tietäisivät

完了
- olisin tietänyt / olisin tiennyt
- olisit tietänyt / olisit tiennyt
- olisi tietänyt / olisi tiennyt
- olisimme tietäneet / olisimme tienneet
- olisitte tietäneet / olisitte tienneet
- olisivat tietäneet / olisivat tienneet

可能法

現在
- tietänen / tiennen
- tietänet / tiennet
- tietänee / tiennee
- tietänemme / tiennemme
- tietänette / tiennette
- tietänevät / tiennevät

完了
- lienen tietänyt / lienen tiennyt
- lienet tietänyt / lienet tiennyt
- lienee tietänyt / lienee tiennyt
- lienemme tietäneet / lienemme tienneet
- lienette tietäneet / lienette tienneet
- lienevät tietäneet / lienevät tienneet

命令法

——
- tiedä
- tietäköön
- tietäkäämme
- tietäkää
- tietäkööt

不定詞

- 第1不定詞短形 tietää
- 　　　　長形 tietääkseen
- 第2不定詞内格 tietäessä
- 　　　　具格 tietäen
- 第3不定詞内格 tietämässä
- 　　　　出格 tietämästä
- 　　　　入格 tietämään
- 　　　　所格 tietämällä
- 　　　　　　 tietämäisillään
- 　　　　欠格 tietämättä
- 　　　　具格 tietämän
- 第4不定詞主格 tietäminen
- 　　　　分格 tietämistä

分詞

- 現在分詞 tietävä tietävän
- 　　　　 tietävää tietäviä
- 過去分詞 tietänyt tietäneen
- 　　　　 tietänyttä tietäneitä
- 　　　　 tiennyt tienneen
- 　　　　 tiennyttä tienneitä

行為者分詞
- tietämä tietämän
- tietämää tietämiä

動名詞

- tietäminen tietämisen
- tietämistä tietämisiä

受動態

直説法現在	tiedetään	命令法	tiedettäköön
過去	tiedettiin	第2不定詞内格	tiedettäessä
現在完了	on tiedetty	第3不定詞具格	tiedettämän
過去完了	oli tiedetty		
条件法現在	tiedettäisiin	現在分詞	tiedettävä tiedettävän
完了	olisi tiedetty		tiedettävää tiedettäviä
可能法現在	tiedettäneen	過去分詞	tiedetty tiedetyn
完了	lienee tiedetty		tiedettyä tiedettyjä

44 antautua

直説法

現在	現在完了
antaudun	olen antautunut
antaudut	olet antautunut
antautuu	on antautunut
antaudumme	olemme antautuneet
antaudutte	olette antautuneet
antautuvat	ovat antautuneet

過去	過去完了
antauduin	olin antautunut
antauduit	olit antautunut
antautui	oli antautunut
antauduimme	olimme antautuneet
antauduitte	olitte antautuneet
antautuivat	olivat antautuneet

条件法

現在	完了
antautuisin	olisin antautunut
antautuisit	olisit antautunut
antautuisi	olisi antautunut
antautuisimme	olisimme antautuneet
antautuisitte	olisitte antautuneet
antautuisivat	olisivat antautuneet

可能法

現在	完了
antautunen	lienen antautunut
antautunet	lienet antautunut
antautunee	lienee antautunut
antautunemme	lienemme antautuneet
antautunette	lienette antautuneet
antautunevat	lienevät antautuneet

命令法

——
antaudu
antautukoon
antautukaamme
antautukaa
antautukoot

不定詞

第1不定詞短形 antautua
　　　　長形 antautuakseen
第2不定詞内格 antautuessa
　　　　具格 antautuen
第3不定詞内格 antautumassa
　　　　出格 antautumasta
　　　　入格 antautumaan
　　　　所格 antautumalla
　　　　　　 antautumaisillaan
　　　　欠格 antautumatta
　　　　具格 antautuman
第4不定詞主格 antautuminen
　　　　分格 antautumista

分詞

現在分詞	antautuva antautuvan
	antautuvaa antautuvia
過去分詞	antautunut antautuneen
	antautunutta antautuneita
行為者分詞	antautuma antautuman
	antautumaa antautumia

動名詞

antautuminen antautumisen
antautumista antautumisia

受動態

直説法現在	antaudutaan
過去	antauduttiin
現在完了	on antauduttu
過去完了	oli antauduttu

| 条件法現在 | antauduttaisiin |
| 完了 | olisi antauduttu |

| 可能法現在 | antauduttaneen |
| 完了 | lienee antauduttu |

命令法	antauduttakoon
第2不定詞内格	antauduttaessa
第3不定詞具格	antauduttaman

現在分詞	antauduttava antauduttavan
	antauduttavaa antauduttavia
過去分詞	antauduttu antauduttun
	antauduttua antauduttuja

45 kaata

直説法

現在	現在完了
kaadan	olen kaannut
kaadat	olet kaannut
kaataa	on kaannut
kaadamme	olemme kaanneet
kaadatte	olette kaanneet
kaatavat	ovat kaanneet

過去	過去完了
kaasin	olin kaannut
kaasit	olit kaannut
kaasi	oli kaannut
kaasimme	olimme kaanneet
kaasitte	olitte kaanneet
kaasivat	olivat kaanneet

条件法

現在	完了
kaataisin	olisin kaannut
kaataisit	olisit kaannut
kaataisi	olisi kaannut
kaataisimme	olisimme kaanneet
kaataisitte	olisitte kaanneet
kaataisivat	olisivat kaanneet

可能法

現在	完了
kaannen	lienen kaannut
kaannet	lienet kaannut
kaannee	lienee kaannut
kaannemme	lienemme kaanneet
kaannette	lienette kaanneet
kaannevat	lienevät kaanneet

命令法

——
kaada
kaatkoon
kaatkaamme
kaatkaa
kaatkoot

不定詞

第1不定詞	短形	kaata
	長形	kaataakseen
第2不定詞	内格	kaatessa
	具格	kaaten
第3不定詞	内格	kaatamassa
	出格	kaatamasta
	入格	kaatamaan
	所格	kaatamalla
		kaatamaisillaan
	欠格	kaatamatta
	具格	kaataman
第4不定詞	主格	kaataminen
	分格	kaatamista

分詞

現在分詞	kaatava	kaatavan
	kaatavaa	kaatavia
過去分詞	kaannut	kaanneen
	kaannutta	kaanneita
行為者分詞	kaatama	kaataman
	kaatamaa	kaatamia

動名詞

kaataminen kaatamisen
kaatamista kaatamisia

受動態

直説法現在	kaataan	命令法	kaattakoon
過去	kaattiin		
現在完了	on kaattu	第2不定詞内格	kaattaessa
過去完了	oli kaattu	第3不定詞具格	kaattaman
条件法現在	kaattaisiin	現在分詞	kaattava kaattavan
完了	olisi kaattu		kaattavaa kaattavia
		過去分詞	kaattu kaatun
可能法現在	kaattaneen		kaattua kaattuja
完了	lienee kaattu		

代名詞の変化表

A. 人称代名詞

格	単数			複数		
	1人称	2人称	3人称	1人称	2人称	3人称
主　格	minä	sinä	hän	me	te	he
属　格	minun	sinun	hänen	meidän	teidän	heidän
対　格	minut	sinut	hänet	meidät	teidät	heidät
分　格	minua	sinua	häntä	meitä	teitä	heitä
様　格	minuna	sinuna	hänenä	meinä	teinä	heinä
変　格	minuksi	sinuksi	häneksi	meiksi	teiksi	heiksi
内　格	minussa	sinussa	hänessä	meissä	teissä	heissä
出　格	minusta	sinusta	hänestä	meistä	teistä	heistä
入　格	minuun	sinuun	häneen	meihin	teihin	heihin
所　格	minulla	sinulla	hänellä	meillä	teillä	heillä
離　格	minulta	sinulta	häneltä	meiltä	teiltä	heiltä
向　格	minulle	sinulle	hänelle	meille	teille	heille
欠　格	minutta	sinutta	hänettä	meittä	teittä	heittä
共　格	——	——	——	——	——	——
具　格	——	——	——	——	——	——

B. 指示代名詞

格	単数			複数		
主　格	tämä	tuo	se	nämä	nuo	ne
属　格	tämän	tuon	sen	näiden näitten	noiden noitten	niiden niitten
対格 I	tämän	tuon	sen	nämä	nuo	ne
対格 II	tämä	tuo	se			
分　格	tätä	tuota	sitä	näitä	noita	niitä
様　格	tänä	tuona	sinä	näinä	noina	niinä
変　格	täksi	tuoksi	siksi	näiksi	noiksi	niiksi
内　格	tässä	tuossa	siinä	näissä	noissa	niissä
出　格	tästä	tuosta	siitä	näistä	noista	niistä
入　格	tähän	tuohon	siihen	näihin	noihin	niihin
所　格	tällä	tuolla	sillä	näillä	noilla	niillä
離　格	tältä	tuolta	siltä	näiltä	noilta	niiltä
向　格	tälle	tuolle	sille	näille	noille	niille
欠　格	——	——	——	näittä	noitta	niittä
共　格	——	——	——	näine	noine	niine
具　格	——	——	——	näin	noin	niin

C. 疑問代名詞

格	単　数	複　数	単　数	複　数
主　格	kuka	ketkä	mikä	mitkä
属　格	kenen	keiden keitten	minkä	minkä
対格 I 　　II	kenet	ketkä	minkä mikä	mitkä
分　格	ketä	keitä	mitä	mitä
様　格	kenä 又は kenenä	keinä	minä	minä
変　格	keneksi	keiksi	miksi	miksi
内　格	kenessä	keissä	missä	missä
出　格	kenestä	keistä	mistä	mistä
入　格	keneen	keihin	mihin	mihin
所　格	kenellä	keillä	millä	millä
離　格	keneltä	keiltä	miltä	miltä
向　格	kenelle	keille	mille	mille
欠　格	kenettä	keittä	——	——
共　格	——	——	——	——
具　格	——	——	——	——

格	単　数	複　数	単　数	複　数
主　格	kumpi	kummat	kumpainen	kumpaiset
属　格	kumman	kumpien	kumpaisen	kumpaisten kumpaisien
対格 I 　　II	kumman kumpi	kummat	kumpaisen kumpainen	kumpaiset
分　格	kumpaa	kumpia	kumpaista	kumpaisia
様　格	kumpana	kumpina	kumpaisena	kumpaisina
変　格	kummaksi	kummiksi	kumpaiseksi	kumpaisiksi
内　格	kummassa	kummissa	kumpaisessa	kumpaisissa
出　格	kummasta	kummista	kumpaisesta	kumpaisista
入　格	kumpaan	kumpiin	kumpaiseen	kumpaisiin
所　格	kummalla	kummilla	kumpaisella	kumpaisilla
離　格	kummalta	kummilta	kumpaiselta	kumpaisilta
向　格	kummalle	kummille	kumpaiselle	kumpaisille
欠　格	kummatta	kummitta	kumpaisetta	kumpaisitta
共　格	——	kumpine	——	kumpaisine
具　格	——	kummin	——	kumpaisin

D. 関係代名詞

格	単数	複数
主格	joka	jotka
属格	jonka	joiden / joitten
対格 I	jonka	jotka
対格 II	joka	
分格	jota	joita
様格	jona	joina
変格	joksi	joiksi
内格	jossa	joissa
出格	josta	joista
入格	johon	joihin
所格	jolla	joilla
離格	jolta	joilta
向格	jolle	joille
欠格	——	joitta
共格	——	——
具格	——	——

E. 不定代名詞

格	単数	複数	単数	複数
主格	joku	jotkut	jokin	jotkin
属格	jonkun	joidenkuiden / joittenkuitten	jonkin	joidenkin / joittenkin
対格 I	jonkun	jotkut	jonkin	jotkin
対格 II	joku		jokin	
分格	jotakuta	joitakuita	jotakin	joitakin
様格	jonakuna	joinakuina	jonakin	joinakin
変格	joksikuksi	joiksikuiksi	joksikin	joiksikin
内格	jossakussa	joissakuissa	jossakin	joissakin
出格	jostakusta	joistakuista	jostakin	joistakin
入格	johonkuhun	joihinkuihin	johonkin	joihinkin
所格	jollakulla	joillakuilla	jollakin	joillakin
離格	joltakulta	joiltakuilta	joltakin	joiltakin
向格	jollekulle	joillekuille	jollekin	joillekin
欠格	——	——	——	——
共格	——	joinekuine	——	joinekin
具格	——	——	——	——

格	単 数	複 数	単 数	複 数
主 格	kukaan	ketkään	mikään	mitkään
属 格	kenenkään	keidenkään keittenkään	minkään	minkään
対格 I 対格 II	kenenkään kukaan	ketkään	minkään mikään	mitkään
分 格	ketään	keitäkään	mitään	mitään
様 格	kenenäkään	keinäkään	minään	minään
変 格	keneksikään	keiksikään	miksikään	miksikään
内 格	kenessäkään	keissään keissäkään	missään	missään
出 格	kenestäkään	keistään keistäkään	mistään	mistään
入 格	keneenkään	keihinkään	mihinkään	mihinkään
所 格	kenelläkään	keillään keilläkään	millään	millään
離 格	keneltäkään	keiltään keiltäkään	miltään	miltään
向 格	kenellekään	keillekään	millekään	millekään
欠 格	kenettäkään	keittään keittäkään	——	——
共 格	——	——	——	——
具 格	——	——	——	——

目録進呈 落丁本・乱丁本はお取替えいたします。

平成12年 2 月28日 ©第1版発行
平成24年10月20日　第4版発行

著　者	荻島　崇（おぎしま　たかし）
発行者	佐藤　政人

発　行　所

株式会社　大学書林

東京都文京区小石川 4 丁目 7 番 4 号
振替口座　00120-8-43740
電話（03）3812-6281〜3番
郵便番号112-0002

フィンランド語日本語小辞典

ISBN978-4-475-00093-2　　TMプランニング/横山印刷/牧製本

大学書林

語学参考書

荻島　　崇著	**フィンランド語辞典**	A5判 936頁
尾崎　　義著	**フィンランド語四週間**	B6判 408頁
小泉　　保著	**フィンランド語文法読本**	A5判 368頁
荻島　　崇著	**基礎フィンランド語文法**	A5判 328頁
荻島　　崇著	**フィンランド語基礎1500語**	新書判 208頁
庄司博史編	**フィンランド語会話練習帳**	新書判 256頁
荻島　　崇著	**やさしいフィンランド語読本**	B6判 168頁
荻島　崇訳注	**フィンランド語童話選**	B6判 240頁
小泉　保訳注	**対訳カレワラの歌(I)** 呪術師ワイナミョイネンとサンポ物語	A5判 152頁
小泉　保訳注	**対訳カレワラの歌(II)** レンミンカイネンとクッレルボ	A5判 192頁
小泉　　保著	**ラップ語入門**	A5判 218頁
吉田欣吾著	**サーミ語の基礎**	A5判 280頁
岩崎　悦子 浅津　エルジェーベト　著	**ハンガリー語 I**	A5判 528頁
岩崎　悦子 浅津　エルジェーベト　著	**ハンガリー語 II**	A5判 576頁
今岡十一郎著	**ハンガリー語四週間**	B6判 352頁
早稲田みか著	**ハンガリー語の文法**	A5判 196頁
岩崎　悦子 浅津　エルジェーベト　編	**ハンガリー語会話練習帳**	新書判 152頁
岩崎　悦子 浅津　エルジェーベト　著	**ハンガリー語基礎1500語**	新書判 280頁
岩崎悦子訳注	**ハンガリー短篇集(I)**	B6判 192頁
岩崎悦子訳注	**ハンガリー短篇集(II)**	B6判 322頁
小泉　　保著	**ウラル語のはなし**	A5判 288頁
小泉　　保著	**ウラル語統語論**	A5判 376頁

―目　録　進　呈―